西方哲学原著选辑

俄国哲学

徐凤林 编

The Commercial Press
2013年·北京

图书在版编目(CIP)数据

俄国哲学/徐凤林编. —北京:商务印书馆,2013
(西方哲学原著选辑)
ISBN 978-7-100-09276-0

I.①俄… II.①徐… III.①西方哲学—著作—介绍 ②哲学—著作—介绍—俄罗斯 IV.①B5

中国版本图书馆 CIP 数据核字(2012)第 138556 号

所有权利保留。
未经许可,不得以任何方式使用。

西方哲学原著选辑
俄 国 哲 学
徐凤林 编

商 务 印 书 馆 出 版
(北京王府井大街36号 邮政编码100710)
商 务 印 书 馆 发 行
北京瑞古冠中印刷厂印刷
ISBN 978-7-100-09276-0

2013 年 8 月第 1 版　　开本 850×1168　1/32
2013 年 8 月北京第 1 次印刷　印张 27
定价:69.00 元

编选说明

俄国哲学属于西方哲学或欧洲哲学范畴,但又有其独特性。近现代俄国哲学的特点是以重新解释的基督教-东正教精神为基础,来回应西方近代理性主义所遇到的现代问题,力图"把这两种真理结合为一个活生生的思想"或"完整知识"。俄罗斯哲学家对一些重要的哲学问题提出了自己的观点,他们的思想探索是世界哲学史的一个篇章。然而我国学界对俄罗斯哲学史的历程和内容了解甚少。虽然近年来陆续有些译著和介绍,但很零散很不系统,翻译也缺乏规范,理解和研究相对薄弱。

本书选取了11至20世纪俄国哲学史上的32位重要思想家和哲学家,从他们的著作中选出了有代表性或有特色的篇章或片段译成汉语,并在译文前面对每一位俄国哲学家的生平和主要观点做了简要说明。全书按历史年代顺序把俄国哲学发展分为四个阶段:(一)10—16世纪的历史哲学与民族意识;(二)18—19世纪上半期的启蒙主义和斯拉夫主义;(三)19世纪中期—20世纪初的主要哲学思潮;(四)19世纪末—20世纪上半期诸哲学流派。

当然,对俄国哲学思想的一般哲学意义和历史发展阶段问题,一直存在着不同观点。我们认为虽然各种观点都有自己的根据,但更重要的不是空泛评论,而是通过具体文本让读者得出自己的认识。

我们编译本书有两方面意义。第一,从外国哲学中的一个具体学科的学科建设方面看,本项资料选编、翻译和研究是外国哲学中"俄罗斯哲学"这一学科教学与研究的基础工作,其宗旨是为把握俄国哲学的全貌和全部发展历程提供一个原著依据,一种最基本的参考资料。这对于长远的学术积累、相关学科以后的研究和教学来说,都是一项必要的、迟早应该完成的任务。

第二,从国别学研究角度讲,与苏联时期不同,近些年间各学科对俄罗斯的专门研究都越来越关注俄罗斯民族文化传统。而俄罗斯哲学的重要观念与俄罗斯文化有深刻的内在联系,是其民族精神的一种体现。这样,全面了解真实的俄国哲学思想史,对于俄国文化、俄国文学、俄国史学以及俄罗斯政治和国际关系研究,也具有一定参考价值。

本书的选编与翻译具有如下特点:

(1) 全书所选资料内容较为全面,弥补了苏联时期和后苏联阶段的两种片面性。前者只强调唯物主义和马克思主义思想传统和流派,如上世纪50—60年代的《苏联哲学史》;后者只注重宗教唯心主义哲学流派,如洛斯基和津科夫斯基的《俄国哲学史》。本书参照相关资料对全部俄国哲学史上有代表性的哲学家进行选择和确定,采取综合的观点,尽可能把各流派有代表性的哲学家都收录进来。

(2) 本书所选大部分文献由编者或其他译者首次从俄语翻译;其他译者的译文也由编者进行了仔细校对。也有少量章节直接采用了此前在我国已出版的译文,这些部分的大多数内容也由编者根据俄文原著进行了再次校对。编译者力图纠正近些年来对俄罗斯哲学著作的汉语翻译中的一些错误和混乱，把俄罗斯哲学的一些基本概念和术语的汉语表达加以规范化。

(3) 本书不仅是一部俄国哲学史的翻译著作集，而且具有一定的研究和导读性质。编者努力完成了两方面具有一定创作性的工作：第一，不仅对所选每一位俄国哲学家有介绍，而且对俄国哲学史的每个阶段和各阶段主要哲学派别的思想特点都做了简要概括和论述。第二，为了便于不太熟悉俄国哲学原著的广大读者阅读，编者对所选的每一篇较长的译文都做了深层划分，并尽量用原文中的一句话作为小标题概括本段的核心思想。在正文中，由本书中文编选者所加标题均用中括号([ ])加以标示。

本书的导读性质的另一个含义是，由于每位哲学家所能入选的原著篇幅非常有限，我们对许多重要著作只选了其导言或具有概括性质的部分。如果这些简短段落和章节能够引起读者延伸阅读的兴趣并寻找原著进一步研究，便是实现了本书编写的目标之一。因此，这本选读不仅是俄国哲学史原著的文献积累，也是俄国哲学研究的导言和入门。

****

本选辑由编者徐凤林主译和审校。其他译者及其所译章节如下(按译文在本书中的先后顺序)：

刘　超(首都师范大学外国语学院)：7. 恰达耶夫

贾泽林(中国社会科学院哲学研究所)：8. 霍米亚科夫；9. 基列耶夫斯基《答霍米亚科夫》

张百春(北京师范大学哲学学院)：9. 基列耶夫斯基《论欧洲

文明的特征及其与俄罗斯文明的关系》

张桂娜（中国社会科学院哲学研究所）：赫尔岑《来自彼岸》第七章

周来顺（黑龙江大学哲学学院）：12.巴枯宁

赵世锋（复旦大学外国语学院）：13.皮萨列夫

臧仲伦（北京大学外国语学院）：14.陀思妥耶夫斯基

张兴宇（青岛科技大学外国语学院）：15.托尔斯泰

赵艳秋（复旦大学外国语学院）：17.特鲁别茨科伊

石衡潭（中国社会科学院世界宗教研究所）：23.罗扎诺夫（部分）

王　帅（中国社会科学院世界宗教研究所）：24.梅列日科夫斯基

郭小丽（河北师范大学外国语学院）：26.伊里因《哲学是一种精神活动》

目 录

上 卷

第一章　10—16世纪的历史哲学与民族意识

1. 伊拉里昂 ·· 3
   《论律法与恩典》(1037—1050年) ······················ 4
2. 莫诺马赫 ·· 10
   《训言》(1117年) ··· 11
3. 圣尼尔 ··· 15
   《隐修生活规章》(16世纪初) ····························· 16
4. 菲洛费伊 ·· 21
   《致瓦西里大公》(1514—1521年) ······················ 22
   《致全俄大公和国王伊凡·瓦西里耶维奇》(1542年) ······ 23

第二章　18—19世纪上半期的启蒙主义和斯拉夫主义

（一）启蒙主义 ·· 25

5. 罗蒙诺索夫 ··· 25
6. 拉吉舍夫 ·· 34

《从彼得堡到莫斯科旅行记》(1790 年) ·············· 35
《论人，人的死与不死》(1809 年) ·············· 40
7. 恰达耶夫 ·············· 46
《哲学书简》第一封(1829 年) ·············· 48
《疯人的辩护》(1837 年) ·············· 71

(二) 斯拉夫主义 ·············· 89

8. 霍米亚科夫 ·············· 91
《论旧与新》(1839 年) ·············· 92
9. 基列耶夫斯基 ·············· 113
《答霍米亚科夫》(1839 年) ·············· 114
《论欧洲文明的特征及其与俄罗斯文明的关系》(1852 年)
·············· 122

第三章 19世纪中期—20世纪初的主要哲学思潮

(一) 个性自由的哲学辩护 ·············· 155

10. 别林斯基 ·············· 156
11. 赫尔岑 ·············· 174
《来自彼岸》(1855 年) ·············· 175
12. 巴枯宁 ·············· 225
13. 皮萨列夫 ·············· 242
《19 世纪的经院哲学》(1861 年) ·············· 243

（二）存在哲学与道德哲学 …… 262

14. 陀思妥耶夫斯基 …… 263
《地下室手记》(1864 年) …… 264

15. 托尔斯泰 …… 286
《生命概念》(1887 年) …… 287
《我们的生命观》(1907 年) …… 294
《唯一诫命》(1909 年) …… 303

（三）宗教哲学与人学 …… 329

16. 索洛维约夫 …… 330
《完整知识的哲学原理》(1877 年) …… 332
《上帝概念（维护斯宾诺莎）》(1897 年) …… 348

17. 谢·特鲁别茨科伊 …… 377
《论人类意识的本性》(1891 年) …… 378

18. 涅斯梅洛夫 …… 411
《新约启示学说中的生命意义问题》(1895 年) …… 412
《关于人的科学》(1899—1901 年) …… 441

下 卷

第四章 19世纪末—20世纪上半期诸哲学流派

（一）马克思主义哲学 …… 454

19. 普列汉诺夫 …… 455

20. 列宁 465
21. 波格丹诺夫 477
22. 布哈林 487

(二) 新宗教意识与宗教哲学 499

23. 罗扎诺夫 501
    《基督教是消极的还是积极的?》(1899年) 502
    《萌芽》(1899年) 521
24. 梅列日科夫斯基 535
    《托尔斯泰与陀思妥耶夫斯基》(1905年) 536
    《论新宗教行动——致别尔嘉耶夫的公开信》(1905年)
    553
    《为什么复活?——宗教个性与社会性》(1916年) 577
25. 布尔加科夫 587
    《不夜之光:直觉与思辨》(1917年) 589
    《哲学的悲剧》(1920年) 591
26. 伊里因 611
    《哲学是一种精神活动》(1915年) 612
    《黑格尔哲学是关于神与人的具体性的学说》(1918年)
    632

(三) 直觉主义认识论 634

27. 洛斯基 636
    《感性的、理智的和神秘的直觉》(1938年) 638

28. 弗兰克 ··· 675
   《知识对象——论抽象知识的基础和界限》(1915年) ··· 677

(四)俄国存在哲学 ··· 709

29. 舍斯托夫 ··· 710
   《陀思妥耶夫斯基与尼采(悲剧哲学)》(1903年) ······· 711
   《在约伯的天平上》(1929年) ··························· 724
30. 别尔嘉耶夫 ·· 745
   《悲剧与日常性》(1905年) ····························· 746
   《自由精神哲学——基督教的问题与辩护》(1927年) ··· 777

(五)语言哲学与艺术哲学 ··································· 786

31. 叶·特鲁别茨科伊 ·· 788
   《色彩中的思辨:古代俄罗斯宗教绘画中的生命意义问题》
   (1916年) ·· 789
   《古代俄罗斯圣像画中的两个世界》(1916年) ······· 808
32. 弗洛连斯基 ·· 812
   《理性与辩证法》(1914年) ····························· 814
   《思想的分水岭》(1918—1922年) ····················· 820

人名译名对照表 ·· 843

上 卷

第一章 10—16世纪的历史哲学与民族意识

当代俄罗斯哲学家对俄国哲学史有两种不同观点:一般哲学观点和文化学观点。前一种观点认为,哲学是关于普遍之物之形式的反思。只有关于普遍之物的反思的知识才是哲学知识。关于某个国家的特点、它的命运和发展道路的反思不是哲学,而是对这个国家的社会历史研究。后一种观点则认为,任何哲学都是具体文化的产物,超文化的"共相"哲学是不存在的。因此,哲学史研究应当在不同的地区、国家和民族历史上去寻找独立的哲学思考类型[①]。

我们认为,俄国哲学的历史具有自己的特殊性,不应只按照西方传统的纯粹哲学标准来取舍,而应当采取综合的、全面的立场。按照这一立场,公元10世纪古罗斯接受东正教以后,某些俄罗斯主教、大公对基督教思想的解释中,就包含着俄罗斯历史哲学的开

---

① 波里亚科夫:《哲学在俄罗斯与俄罗斯哲学》(Поляков Л. В. Философия в России или русская философия. Вопросы философии. 1988. No 9. С. 93.)

端。其中有代表性的是都主教伊拉里昂《论律法与恩典》。这篇诗作虽然从形式上看是写《旧约》(律法)和《新约》(恩典)之关系的,但作者没有局限于传统的教会学说和教义,而是从基督教历史哲学的观点论述了世界历史的进程和倾向。其中把世界历史划分为三个阶段:多神教阶段(偶像的黑暗),犹太教阶段(遵循摩西律法),基督教阶段(确立基督的恩典和真理)。世界历史进程就是世界各民族逐步走向基督教信仰的"恩典",这也就是从"偶像的黑暗"状态走向"真理"状态。在12世纪基辅大公莫诺马赫的晚年著作《训言》中,则可以看到古代俄罗斯社会道德观念的转变,从野蛮的强权统治,到接受基督教道德标准,旧约和新约诫命。

15—16世纪俄罗斯东正教内部的约瑟派和禁欲派的斗争在俄罗斯精神生活中占有重要地位。按照圣尼尔的学说,苦修的意义不是恪守外部行为诫令,不是在生理上同肉体作斗争,不是以斋戒、超强体力劳动和无数次鞠躬祈祷等方式使身体虚弱。苦修是内心的修行,是精神向内集中,把守心灵不受外来的或从人的不良本性中产生的杂念和欲望的侵扰。通过这种斗争,使人原本躁动不安的心灵能够达到摆脱了日常烦恼和诱惑的安宁平和的心态。这一学说中包含着心灵哲学、心理分析学思想。

这一时期的修道院长菲洛费伊在致莫斯科大公的信中提出的"莫斯科—第三罗马"观念对俄罗斯民族意识的后来发展产生了深远影响。俄罗斯民族的特性和历史使命问题,成为后来俄罗斯哲学的重要论题之一。

1. 伊拉里昂

伊拉里昂(Илариан)生活在11世纪中期,是俄罗斯东正教基辅教区第一位俄罗斯籍都主教。他的《论律法与恩典》(Слово о законе и благодати)是古代俄罗斯最早的宗教哲学和社会政治著作,创作于1037—1050年间。律法,指旧约圣经的摩西律法,恩典,指耶稣基督所代表的神的恩典。这部作品不仅在语言修辞上达到了很高水平,而且表现了作者的高度神学修养,其中包含着两种基本思想:(1)一般基督教世界观;(2)俄罗斯民族自我意识。

伊拉里昂在这部长诗中阐明了俄罗斯接受基督教的意义及其在历史进程中的地位和作用。因此把俄罗斯皈依基督教的历史和世界历史进程联系起来,把实现俄罗斯受洗的弗拉基米尔大公的智慧比作基督的使徒,把他的伟大比作罗马皇帝君士坦丁一世。其中宣布,接受了基督教的俄罗斯民族将走向得救之路,将走向伟大的未来。这被认为是俄罗斯民族自我意识的体现。

全篇分三个部分,第一部分讲基督教的产生及其与犹太教的对抗,第二部分讲基督教在俄罗斯大地的传播,第三部分是对瓦西里和格奥尔基(弗拉基米尔和雅罗斯拉夫大公的教名)的赞颂。

《论律法与恩典》(1037—1050 年)[①]

"恩典引导俄罗斯认识真理"

论摩西订立的律法,
和在耶稣基督里显现的恩典和真理,
论律法退去,
而恩典和真理充满全世界,
信仰向各民族延伸,
也来到我们俄罗斯民族。
赞颂我们的弗拉基米尔大公,
我们因他而受洗;
我们全世界都祈祷神。
称颂主,我们的父!
称颂主,以色列的神,基督教的神,
因他眷顾他的百姓,为他们施行救赎[②],
因他没有让自己的造物永受偶像的黑暗的控制,
和在侍奉魔鬼中毁灭。
但他首先用律法碑文

[①] 选自《俄罗斯思想》,马斯林编(Русская идея. Сост. М. А. Маслин. М. 1992. С. 19—29)。
[②] 参见《新约·路加福音》1:68。

第一章 10—16世纪的历史哲学与民族意识

给亚伯拉罕家族指明了道路,
然后通过自己的儿子拯救全人类,
用福音和洗礼带领众人走向死后的新生——走向永恒生命。
这诸天使不断称颂的神,
我们称颂他,赞美他,
并崇拜他。
众司智天使和六翼天使都崇拜他,
因为他们看见了他眷顾自己的百姓。
不是他的使者,不是信使,
而是他自己拯救我们。
不是以幻象降临世界,而是真实地降临,
为我们而肉体受苦,直到死亡,
但又和他自己一起使我们复活。
他穿上肉身,来到世上活着的人这里,
也去到阴间,到死人那里。
活人和死人都知道你的造访和神的到来,
都懂得无论对活人和死人,
神都同样坚固和强大。
因为有谁能如我们的神一样伟大呢?
他是唯一行奇事的神[①],
他设立了律法作为真理和恩典的预备;
人性将习惯于此,

---

① 参见《旧约·诗篇》77:13—14。

避开偶像的多神,
信仰独一的上帝。
就像用水洗净污浊的容器,
人类将通过律法和割礼而接受恩典和洗礼;
因为律法是恩典和真理的仆人和先驱,
而真理和恩典是未来世纪和不朽生命的仆人。
正如律法把守法者带向有益的洗礼一样,
洗礼使自己的孩子进入永恒生命。
……总之,这篇文字所讲的,
就是关于摩西带来的律法,
和在基督身上显现的恩典和真理。
律法带来了什么?恩典带来了什么?
先有律法,后有恩典,
先是影子,然后就有了真理。
而律法和恩典的形象——是夏甲和撒拉,
奴仆夏甲和自由的撒拉,
先是奴仆,然后是自由人
读者须要会意[①],亚伯拉罕在年轻的时候,
有自由的妻子撒拉,而不是女仆。
神在太初之前就愿望和设想
派遣自己的儿子到世间
并通过他的恩典来显现。

---

① 参见《新约·马太福音》24:15。

撒拉没有生育,是不能生育吗?

不是不能生育,她注定

按神的设想到老年才生育。

神智慧中的沉默和奥秘

向天使和人们隐瞒,

不是模糊不清,而是隐而不宣,

在末世的时候应有的东西才会彰显。

撒拉对亚伯拉罕说:"神主使我不能生育,你去到我的女仆夏甲那里去,从她那里生育"[1]。

恩典对神说:"我降临世间和拯救世界的时辰还没有到来,你去到西乃山订立律法"。

亚伯拉罕听从撒拉的话进了女仆夏甲的房。

神也听从了恩典的话,上了西乃山。

女仆夏甲生了亚伯拉罕的后代,从女仆生的仆人,

亚伯拉罕给他起名叫做以实玛利。

摩西也从西乃山带来了

律法,而不是恩典,是影子,而不是真理。

亚伯拉罕和撒拉逐年变老。

有一次,在正午的时候神向亚伯拉罕显现,

此时亚伯拉罕正坐在帐篷门口,幔利的橡树下[2]。

亚伯拉罕去迎接他,向他鞠躬到地,

---

[1] 参见《旧约·创世记》16:2。
[2] 参见《旧约·创世记》18:1。

在自己的帐篷里接待了他。

当这个时代要结束的时候,主降临于人类,

从天上下来,进入童女腹中。

童女恭敬地接受他进入自己肉体的帐篷

然后毫无痛苦地对天使说:"我是主的使女,情愿照你的话成就在我身上。"[1]

……

这样,恩典和真理应当在新人类中放射光芒!

但用主的话来说,不是把新的恩典学说的酒倒进

在犹太教中损坏了的旧皮囊。

如果皮囊破裂,酒就会洒掉。

既然犹太人不能坚守律法,

却多次崇拜偶像,

那么怎能守住真正的恩典学说?

新学说需要新的皮囊,新的民族,

这样它们才能被持守。

事实的确如此。恩典的信仰传向全世界,

也达到了我们俄罗斯民族。

律法的湖水干涸了,

福音之泉却大水涨满,

覆盖了整个大地,也漫到了我们这里。

因此我们也和全部基督徒一起,

---

[1] 参见《新约·路加福音》1:38。

第一章 10—16世纪的历史哲学与民族意识

赞颂圣三位一体。

……

我们不再被称作偶像侍奉者,而是基督徒,

我们不再处于无望境地,

我们期望获得永生。

我们已经不再围造撒旦的庙堂,

而是等待基督的教会。

我们不再彼此把对方给魔鬼献祭,

我们知道基督已为我们牺牲,

被钉十字架为神和父牺牲。

我们不再因献祭的血而毁灭,

而是因喝基督的圣洁的血[①]而得救。

我们仁慈的上帝保佑所有国家,

不鄙视我们,愿意拯救我们,

引导我们认识真理。

……

罗马国家用赞美的词句称颂彼得和保罗,

它因他们而信了耶稣基督,神之子;

亚细亚、以弗所、拔摩称颂神学家约翰,

印度称颂多玛,埃及称颂马可[②]。

---

① 指基督徒的圣餐礼。
② 这些地方是各使徒最早在此传道的地方。拔摩——爱琴海中的一个岛,传说使徒约翰曾被流放到此地并在此看见神的异象。参见《新约·启示录》1:9。

全部国家,它们的城市和人民,
都崇敬和称颂自己的导师,
教给了他们正确的信仰。
我们也尽心竭力地赞美
我们的导师,伟大和神奇国家的创造者,
我们的伟大国王弗拉基米尔,
老伊戈尔之孙,
荣耀的斯维亚托斯拉夫之子。
……

2. 莫诺马赫

弗拉基米尔·莫诺马赫(Владимир Мономахю,1053—1125年),从1113年至1125年任基辅大公。他晚年(大约1117年)的著作《训言》(Поучения)是古代俄罗斯思想的杰出文献。这是他的政治和道德遗嘱,其中号召王公们在他们的行为中遵循整个国家的利益,而非个人和家庭的利益,要严格遵守法制,彼此和睦相处。这里涉及了关于道德、政治和法律等各类问题,论述了"公正"、"法律"、"灵魂"等概念,以及人的道德行为原则问题,包括忏悔、忍耐、顺从、仁慈、施舍、谦卑、公义等基督教道德。

《训言》(1117年)[1]

[三种善行:忏悔、眼泪、施舍][2]

我,一个瘦人,祖父是受祝福的、荣耀的雅罗斯拉夫,我的受洗教名是瓦西里,俄罗斯名是弗拉基米尔,仁慈的父亲和母亲出自莫诺马赫家族……我身居高位,内心思考和赞颂上帝,他保佑我这个罪人直到今天。我的孩子或其他什么人,在听这些文字的时候,不要笑,我的孩子们中必将有人喜欢这些文字,那么就要把它们接纳于内心,不要懒惰,而要勤劳。

首先,为了上帝和自己的灵魂,要心怀神的恐惧,奉献慷慨的施舍,因为这是一切善良的开端。如果有人不喜欢这些文字,那么,他们即使不是嘲笑,也会这样说:这是在遥远的路上、身居高位者的胡说八道。

因为有一次我的兄弟们派使者在伏尔加河上见我,对我说:"快到我们这来,我们把罗斯提斯拉维奇家祖赶走,没收他们的乡土;如果你不和我们一起走,那么就我们是我们,你是你"。我回答

---

[1] 选自《哲学史文选:俄罗斯哲学》,国立莫斯科师范大学哲学教研室编(Хрестоматия по истории философии. Русская философия. Сост. Московский государственный университет, Кафедра философии. Москва, 1997. С. 22—24)。文中标注页码为文献来源《古代俄罗斯文献. 俄罗斯文学的开端,11—12 世纪初》(Памятники литературы Древней Руси. Начало русской литературы. XI—начало XII вв. М.,1978)之页码。

[2] 本书各节中用[ ]标示出的标题为本书中文编选者所加。全书下同。——编者

说:"即使你们生气,我也既不能跟你们走,也不能违背誓言"。

放走他们以后,我拿起《圣经诗篇》,忧伤地打开它,于是这样的词句呈现在我眼前:"你为什么忧伤,我的灵魂?你为什么搅扰我?"等等。然后,我把这些所喜爱的词句收集起来,把它们按顺序排列好并写下来。如果你们不喜欢后面的,就看一看前面的。

"你为什么忧伤,我的灵魂?你为什么搅扰我?""不要和狡猾的人比个高低,不要对违背律法的人生出嫉妒,因为狡猾的人将被消灭,服从主的人将掌管大地"[①]。(第393—395页)

因为正如巴西尔召集年轻人教导说:要有一颗纯洁无瑕的心灵,消瘦的身体,言语温和,遵守主的话:"饮食切勿大声喧哗,老人在场时要沉默不语,听智慧者的话,对长者要服从,对同辈人和小辈人要友爱,不要说假话,要更多理解;不要言语暴虐,谈话中不要诽谤,不要过多地笑,要羞于年长,不要同愚蠢的女人谈话,眼睛要保持向下,而灵魂则要向上,要摆脱尘世的空虚;不要回避教导那些迷恋权力的人,不要把普遍荣誉当回事"。(第395—397页)

真的,我的孩子们,你们要明白,爱人的上帝是慈悲的,非常慈悲的。我们这些俗人,是有罪的,有死的,如果谁对我们作了恶,我们就想消灭他,要尽快杀死他;而我们的主,他掌管我们的生和死,但他在我们的一生中,比我们的头脑更能容忍我们的罪过。像一个父亲爱自己的孩子,打他之后又把他拉到自己近前,同样,我们的主告诉我们怎样战胜敌人,怎样用三种善行来摆脱敌人和战胜他们,这三种善行就是忏悔、眼泪和施舍。我的孩子,这对你们来

---

① 参见《旧约·诗篇》37:1—10。

说,是并不困难的神的诫命,就是也用这三种善行来摆脱自己的罪孽,这样就不会失去天国。

我恳求你们,为了上帝,你们不要懒惰,不要忘记这三种善行,因为这并不难做到,既不需要闭关,也不需要出家,也不需要饥饿,像有些德行高的人所要持守的那样,但只要有这些小的善行就能够得到神的怜爱。

"人是什么,你怎么认为?""主啊,你是伟大的,你的作为是神奇的;人的理智不能认识你的神奇,你的名字在全世界永远是荣耀的和值得称颂的"。因为谁能不赞美和称颂你的伟大力量和你的伟大奇迹,以及在这世上所创造的财富:天是怎样构造的,还有日月星辰,黑暗和光明,还有大地置于水上,主啊,这都是你的预设!各种野兽,各色的鸟和鱼,主啊,这都是你的装点!我们为这样的奇迹而感到惊讶,怎样从泥土造人,为什么人的面孔各不相同;如果把所有人聚集在一起,就会看到不是所有人都是同样的面貌,而是每个人都有自己的相貌,这是神的智慧所成。让我们感到惊讶的还有,天上的鸟儿从天堂来,首先归我们掌管,它们不是住在一个国家,而是无论强弱都布漫全世界,按照神的安排,充满森林和田野。所有这一切都是神为人安排的,为了给人们提供食物和快乐。(第397—399页)

如果上帝使你们的心变软,你们当为自己的罪过流泪。……你们不要忘记那些最贫穷的人,要尽你们所能给他们食物,要给残疾人以施舍,要替寡妇辩护,不要让强者伤害人。无论是无辜的人,还是有罪的人,都不要处死,也不要吩咐别人处死他。如果有人犯罪当杀,那么,也不要伤害任何一颗基督教的灵魂。你们在说话的时候,无论坏话还是好话,都不要指着上帝起誓,不要画十字,因为你完全不需要这样做。如果你必须对兄弟或其他什么人吻十字架起誓,那么,你们要扪心自问,你们凭什么能够持守誓言,以便假如违背也不至于损害自己的灵魂。对主教们、神父们和修道院长们要尊敬,要喜欢接受他们的祝福,不要拒绝参与他们的事,要尽力地热爱和关心他们,以便能够按照他们的祈祷得到恩赐。在心中和头脑中最不该有的是傲慢,而应当对自己说:我们是固有一死的,今天还活着,明天就会进入坟墓;这一切都是你(上帝)赐给我们的,不是我们的,而是你的,你把这些托付给我们不多时日。你们不要保存这世上的任何东西,这对我们来说是大罪过。你们要尊敬长者,像对待父亲一样,对待青年人,要像自己的兄弟一样……你们要谨防谎言、酗酒和淫乱,因为这会使灵魂和身体毁灭。在自己的土地上无论你们朝哪里走,都不要使少年受到你们自己的和别人的伤害,也不要使乡村和城镇受到破坏,这样他们才不会诅咒你们。无论你们去哪里,在哪里停留,都要发给穷人饮食,最重要的是要尊敬客人,无论他们从哪里来到你们这,无论是平民,是贵族,还是使者;如果不能赏赐他们礼物,也要给予他们餐饮:因为他们路过之后,将给世界各地的人增光,无论是善良的地方还是邪恶的地方。你们要探望病人,给死者送葬,因为我们所有人都有死的。不要不对一个人表示敬意就让他过去,要用好话为他祈祷。你们要爱自己的妻子,但不要受她们管制。而对你们来说所有这一切的基础是:你们最重要的是要有神的恐惧。(第399—401页)

3. 圣尼尔

索拉的圣尼尔（Нил Сорский，约 1433—1508 年），是俄罗斯宗教著作家,俄罗斯静修主义(исихазм)的著名代表,东正教修道院"禁欲派"(нестяжатели)的首领,这一派主张远离"世界"进行禁欲苦修的修道理想。索拉的圣尼尔所做的修道院规章(Устав)成为俄罗斯哲学和伦理学某些思想的重要源泉。东正教静修主义神学家认为,祈祷有两种,言语祈祷和内心祈祷(умная молитва)。Ум 所指的是内在精神领域。内心祈祷是沉默无言的祈祷。言语祈祷有时间长短,内心祈祷则无时间限制,是内心与上帝的不断交流。谁只用嘴祈祷,而忽视内心,那么他就是对空祈祷。上帝关注内心。索拉的圣尼尔把这一思想运用于宗教生活实践,强调了"内心行为"(умное делание)的必要性,即在内心中不断地与躁动的意念和邪恶的欲望作斗争。

在索拉的圣尼尔《规章》中有十一章是关于"内心祈祷"的。其中前四章论述了与杂念和欲望作内心斗争的本质;第五章,主要的一章,逐一论述了八种罪孽意念以及反抗这些意念的斗争。这些意念是:贪吃、好色、爱财、愤怒、忧郁、沮丧、虚荣、傲慢。其他六章论述进行精神斗争的方法和手段:祈祷上帝,呼唤上帝的圣名,记住死亡和最后审判,不关心世俗需要,内心哀伤和哭诉,沉默无语等[①]。

[①] 参见俄罗斯东正教会编:《东正教百科全书》,莫斯科,2000 年版,第 319 页。——译者

《隐修生活规章》(16世纪初)[1]

(1) 应当与之做斗争的各种意念活动

教父教导说,伴随着胜利或失败的思想战斗或斗争,在我们内心是以各种不同形式发生的:首先是产生意念的或客体的表象——附体(прилог);然后是对这一表象的接受——容纳(сочетание);进而是对它的赞同——成心(сложение);然后是受它奴役——沉迷(пленение);最后是形成酷嗜(страсть)。

附 体

阶梯约翰、西奈的菲洛费伊等人,把忽然进入内心或呈现于人的头脑的简单意念或对某种对象的想象,叫做附体。西奈的圣格·里高利说,附体是来自敌人的授意:你去做什么什么,就像(魔鬼)对我们的神耶稣基督所做的那样:"去把这些石头变成食物"(太4:3);或者更简单地说——这是来到人的头脑中的某种思想。附体本身被称作是无罪过的,既不值得赞扬,也不值得谴责,因为它不依赖于我们,因为,我们听从了那远离天堂和上帝者的话,因而使魔鬼获准走近人,在此之后,就不可能阻止敌人的阴谋闯入我

---

[1] 选自《哲学史文选:俄罗斯哲学》,国立莫斯科师范大学哲学教研室编(Хрестоматия по истории философии. Русская философия. Сост. Московский государственный университет, Кафедра философии. Москва, 1997. С. 33—37)。

们内心了:在这样的远离状态下他(魔鬼)已经可以动摇任何人的思想和头脑了,——新神学家西蒙说。难道有些完善的和达到了很高精神生活境界的人能够保持不为所动吗,哪怕是一时的?——圣以撒补充说。

容　纳

教父所说的容纳,就是与到来的意念进行交谈,也就是仿佛与出现在心里的意念进行热烈的或冷静的秘密谈话;或者是接受来自敌人的思想,留住它,赞同它,随意地容许它来到我们内心。教父认为这已不总是无罪过的了,但这种容纳还是可以被称赞的,假如能够做出合乎神意的决定的话。合乎神意的决定是:如果谁不立刻反驳魔鬼的意念,而是与它交谈——在自己内心留住它一段时间,那么,敌人就将使你对这个意念产生迷恋:这样就要竭力用相反的意念——善的意念去和它对抗,或者把它改变成好的意念。怎样对抗或改变呢? 我们将在后面讲到。

成　心

教父把心怀好感地接受来到内心的意念或呈现于心的对象,叫做成心。这种情况比如说,有人接受了敌人的思想或对象,和它进行思想交流,然后对它产生好感或在自己头脑里打算照敌人意念的指使去做。教父认为,一个人处在有所作为的精神年龄的时候,他就有这样的责任能力。就是说,如果谁取得了某种巨大成就并博得了上帝的帮助和力量来铲除魔鬼意念,但他却由于懒惰和疏忽而没有这么做,——那么他就不是无罪过的。但如果一个新开始的人,他还没有力量拒绝意念附体和产生,他将会偏向魔鬼意念一方,但他马上就忏悔和愧疚,向主表白并祈求他的帮助,照神的话说:"你们要称谢主,求告他的名"(诗105:1);那么,神就会出于自己的仁慈,为了他的软弱,而宽恕他。

沉 迷

沉迷是我们的心不由自主地迷恋于我们的意念,或者,使此意念常住于我们内心——与它串通一气,因此使我们的善的构造受到损害。在第一种情况下,你的头脑被诸意念所控制,与你的愿望相反,你的心智被恶魔的思想强行夺走,这时候,你可以依靠神的帮助,把持住理智,使其回到自身和自己的事业。在第二种情况下,理智像狂风巨浪一样波动,挣脱善的结构,奔向恶的思想,这时候头脑已经不能达到宁静平和的状态了。这通常是由于疏懒和过多的无益的谈话造成的。在这些情况下责任是不同的,要看什么时候和怎样的意念深入于心和在其中起作用:是在祈祷(独自祈祷或共同祈祷)的时候,还是不在祈祷的时候;意念是中性的——无罪过的,还是直接的恶意念……

酷 嗜

所谓酷嗜,是指这样一种倾向和这样一种活动,它们通过在灵魂中长时间积蓄，通过习惯，而仿佛走向灵魂的本性。人进入这种状态是随意的和自愿的；这时候，意念因与这些倾向和活动的经常共存而得以确立，并在心中得到温暖和培育，变成习惯，因此使人不断受到敌人所授意的嗜好的搅扰而躁动不安。这种状况通常出现在这样的时候，即敌人十分经常地向人展现某种东西，或满怀酷嗜的人，激发人对这种东西或这个人的极端热爱，因此，——自觉不自觉地——人就会在思想上受其奴役。其原因，正如有人说过的，是由于漫不经心和随意而长期迷恋某一对象。各种形式的酷嗜，都注定要么受到与罪过同等程度的忏悔，要么受到未来的痛苦。……

这样，苦修圣徒们给我们证明了，人的全部堕落都是逐步实现的。第一阶段是附体，这时，罪恶观念或者通过外部和内部感觉，或者通过想象，而在无意中或违背意志地进入灵魂。这是无罪的，只不过是罪的理由和向罪的接近；一些最伟大的圣徒，在最神圣的时代，也常常被恶意念所附体，因此不得不与它们做斗争。容纳意味着对附体的接受，自愿地思考它，这就不总是无罪的了。成心是灵魂对到来的意念或形象的享受，也就是某人在接受了敌人提供的意念或形象之后，与它们进行思想上的交谈，并很快将其与自己的思想结合在一起，像意念所指使的那样。在此需要马上进行祈祷和呼求上帝的帮助。沉迷是这样一种灵魂状态：心智被迫和不自觉地离开自身，走向了那些破坏心灵平和状态的坏思想，这时灵魂只有依靠神的帮助才能努力回到自身。酷嗜是对来自敌人的热烈意念的长期享受，乃至成为习惯，这种酷嗜是由于对它们的经常思考、梦想，以及与它们的交谈而确立起来的。这已经是被罪孽所奴役了,不进行忏悔的人,不从自己身上根除酷嗜的人,将遭受永远的痛苦。在此需要进行伟大的和紧张的斗争,已经特殊恩典的帮助,才能摆脱罪孽。(参见:《天国阶梯》15,75)

(2) 与附体的意念做斗争的主要方法

教父教导说,修士要以与敌方对等的力量与敌方进行对抗,所指的是,修士在自己头脑中进行的斗争,他可能取得胜利,或者遭到失败。简单地说:应当竭尽全力地与恶意念进行抗争。斗争的结果要么是达到圆满,要么是受到惩罚;圆满属于胜利者,而痛苦则属于有罪的人和在此生中不忏悔的人。

最好的和最可靠的斗争应当在意念附体的最初时刻就驱除它,这时需要不断地祈祷。因为谁若是在第一思想中与附体意念做斗争,那么,他就可以一下子消除它的全部后来影响。(17—22[①])

如果你不能进行内心无言的祈祷,不能毫无意念,你看见这些意念已经在你头脑中孳生,那么,也不要因此而胆怯,你什么都不要看,只要保持祈祷。(23)

而当你的头脑安静下来,摆脱了诸意念之困扰的时候,你应当重新关注内心,进行心灵的或心智的祈祷,因为虽然美德的修炼和劳作是多种多样的,但这一切方法对保持清醒来说只具有局部的

---

① 此数字为圣尼尔原著《隐修生活规章》(Устав о скитской жизни. Свято-Троицкая Сергиева лавра,1991)之段落序号。下同。

意义;而内心祈祷是一切美德的源泉。(24)

总之,在这一思想作为中,耶路撒冷的圣伊西赫伊(Исихий Иерусалимский)提出了四种方法:或者是对附体意念进行看管,也就是对其加以注意和监视,并将其铲除于最初的萌生状态;或者深刻全面地守护自己的内心,使其保持清静,不让任何意念进来,并进行祈祷;或者,呼求主耶稣基督的帮助;或者,记住死亡。这一切都关闭邪恶意念的大门;每一种方法,在其单独状态下,都叫做醒脑活动和内心作为。听取这一切,我们每个人就能够像他一样有所建树。(30—31)

4. 菲洛费伊

菲洛费伊(Старец Филофей,约 1465—1542 年)是普斯科夫叶列阿扎罗夫修道院的院长和长老,16 世纪上半叶的著名政论家。他在致莫斯科大公瓦西里三世和伊凡四世的信中涉及了神权政治的历史哲学问题,提出了著名的"莫斯科—第三罗马"观念。

《致瓦西里大公》(1514—1521年)[①]

["第三罗马正巍然屹立,第四罗马不可能有"]

甚至是出于最高的、全能的、无所不包的上帝之手(君主用它来统治,伟人和强者因它而扬名)的安排,人们都在宣告你的正义,你是最圣明的、至高无上的大公国王,东正教的君主和万民的主宰,神的神圣宝座和贞洁圣母(她的贞洁而荣耀的安息)的教会(神圣的、普世的、使徒的教会)的掌管者,你取代了君士坦丁堡的罗马统治者而发出光芒。因为旧的罗马教会因阿波利纳里异端的不信仰而毁灭了,第二罗马,君士坦丁的城堡,它的教会之门也被阿加尔人[②]的子孙用斧钺打破了。现在,第三个新的罗马,你所统治的王国,它的神圣的、普世的、使徒的教会在世界各地都具有东正教信仰,在普天下比太阳还要发光。

……你不要忘记,要注意,虔诚的君王,全部基督教王国都汇聚于你的王国,两个罗马已经灭亡,第三罗马正巍然屹立,而第四罗马不可能有。按照伟大神学家的话来说,你的基督教王国是不会被其他王国所取代的,而对于基督教会来说则将应验那句神圣

[①] 这两封信片段均选自《哲学史文选:俄罗斯哲学》,国立莫斯科师范大学哲学教研室编(Хрестоматия по истории философии. Русская философия. Сост. Московский государственный университет, Кафедра философии. Москва, 1997. С. 41—42)。小标题为中文编者所加。

[②] 古历史学家对阿拉伯游牧部族的称呼。

的大卫之言:"这是我永远安息之所,我要住在这里,因为是我所愿意的"(诗 132:14)。圣伊波利特说:"我们将看到,当罗马受到波斯军队的围攻,当波斯人和斯基泰人来和我们战斗的时候,我们就会毫无疑问地明白,这是敌基督"。

《致全俄大公和国王伊凡·瓦西里耶维奇》(1542 年)

["第三罗马——伟大的俄罗斯"]

这是我们所喜爱的神学家约翰在说话,他在神秘的最后晚餐上投入主的怀抱,从这里获取了不可言说的奥秘。他在自己的启示录中写道:"我看见天上现出大异象来:有一个妇人身披日头,脚踏月亮,头戴十二星的冠冕;她怀了孕,在生产的艰难中疼痛呼叫。天上又现出异象来:有一条大红蛇,七头十角,七头上戴着七个冠冕。它的尾巴拖拉着天上星辰的三分之一,摔在地上。蛇就站在那将要生产的妇人面前,等她生产之后,要吞吃她的孩子。……于是有大鹰的两个翅膀赐给妇人,叫她能飞到旷野,到自己的地方,躲避那蛇;……蛇就在妇人身后,从口中吐出水来,像河一样,要将妇人冲去"。(启 12:1—15)解释:妇人——象征神圣教会;身披虔诚的太阳——象征基督;脚踏月亮——象征旧约;头上的冠冕——象征十二使徒的学说;痛苦地生产——象征通过神圣洗礼把世俗的人变成教民;蛇——如通常所说象征魔鬼,而红色象征它的残酷;七头——象征它的罪恶的、大逆不道的力量;十角——象征它消灭的国家,比如阿拉美亚、君士坦丁堡、埃及等。蛇要吞吃的妇人的孩子——象征受洗重生的人,但魔鬼在他们受洗之后诱使他们成为不洁的人,使他们走向毁灭之路;妇人从旧罗马逃向旷野——因为那里做礼拜用无酵面饼,因为伟大的罗马帝国曾因无可救药的不信仰——阿波利纳里的异端而毁灭。妇人逃到了新罗马,即君士坦丁堡,但在那里也未得安宁,因为东正教徒与天主教徒在第八次公会议上串通一气,因此君士坦丁堡教会也遭到破坏,备受凌辱,就像一座储藏蔬菜的仓库。最后,妇人逃到第三罗马——来到新的伟大的俄罗斯。这里仍然是旷野,因为在这里没有神圣信仰,没有神的使徒在这里布道,但在他们之后,这里却闪耀着神的救恩之光,我们依靠救恩的帮助认识了真正的神。当今,独一的、普世的、使徒的东方教会在普天之下比太阳还光亮。只有东正教的、伟大的俄罗斯皇帝在普天之下,像逃脱洪水的方舟上的诺亚一样,掌管和指引着基督的教会,确立着东正教信仰。当蛇从口中吐出水来,想淹没妇人的时候,我们会看到,全部其他国家都将因无信仰而被淹没,而新的俄罗斯仍将依靠东正教的堡垒而屹立……

第二章　18—19世纪上半期的启蒙主义和斯拉夫主义

（一）启蒙主义

彼得改革时期,俄国改变了从前以东正教会主导的宗教文化占统治地位的状况,加强了与西欧文化的交流,上层社会更多地了解和接受了西方当时的世俗文化,特别是法国启蒙主义思想。这一时期的俄国哲学也不仅限于基督教—东正教世界观,而出现了对世界、自然和历史的唯物主义认识,出现了知识分子对个人自由和社会平等的理想追求。

到了19世纪,随着俄国的对外战争和国内政治斗争,俄国思想界更加复杂和多元化,各种思潮进行着激烈交锋,终于引发了西方主义与斯拉夫主义两大思想派别的持久争论。恰达耶夫的《哲学书简》成为这场争论的导火索。

5. 罗蒙诺索夫

米哈伊尔·瓦西里耶维奇·罗蒙诺索夫(Михаил Васильевич Ломоносов,1711—1765年)是18世纪俄罗斯科学家,百科全书式的学者,启蒙主义者和诗人。他在许多自然科学和技术领域开辟了新的科学认识之路,发现了化学反应中的物质守恒定律,发现了金星周围的大气层。他也是物理化学的奠基人,并建立了最早的科学语法学。

在哲学立场上,罗蒙诺索夫最先在18世纪的俄国把科学的自由研究与宗教的真诚信念结合起来。他的自然哲学、形而上学、历史哲学和社会政治思想包含在《物理学和粒子哲学札记》、《论物体的重量和第一运动的自古就有》、《物理化学教程前言》、《光和电理论的127个札记》、《北海漫游简记》、《论俄罗斯民族的保持和繁殖》等著作中。

["自然固守其自身规律"][1]

14. 在谈论物质的时候,首先应该描述一下它的定义:1)物质是广延性的、不可入的、可分解成细微部分的东西(但首先应该说,物体由物质和形式构成,并指出,形式依赖于物质)。2)应当证明,存在着不可分的微粒。

50. 在关于物质的论文中只应当指出,内聚力只依赖于微粒

---

① 选自《哲学史文选:俄罗斯哲学》,国立莫斯科师范大学哲学教研室编(Хрестоматия по истории философии. Русская философия. Сост. Московский государственный университет, Кафедра философии. Москва, 1997. С. 64—71)。文中段尾标注为罗蒙诺索夫原版本及页码:1.《罗蒙诺索夫全集》10卷本(Ломоносов М. В. Полное собрание сочинений. В 10 томах. М.-Л. 1950—1953);2.《罗蒙诺索夫哲学著作选》(Ломоносов М. В. Избранные философские произведения. М. 1950)。——译者

的大小,而把解释留给未来。

60. 化学是物理学的右手,数学是物理学的头脑;但更重要的是能给正确判断指出道路的东西。

75. 许多人深信,以原子为根据的哲学思维方法要么不能解释事物的发生,要么尽其所能地拒绝创造者上帝。当然,这两种观点都是完全错误的,因为没有任何自然原理能够更明确更完全地解释物质的本质,也没有任何自然原理更坚决地要求全能推动者的存在。

108. 我想把对自然的解释建立在一定的、我自己所设立的根据上,以便知道我能够在多大程度上信任这一根据。

109. 我把一个经验看得高于一千个只凭想象而生的意见。但我不认为必须使经验与物理学的需要相适合。那些试图仅仅从经验中得出真理、只从自己的感觉出发的人,他们大部分人必然一无所获,因为他们要么没有发现更好的、更必需的东西,要么不善于利用那些借助于他人的感觉所看到或认识的东西。

136. 应当提示一下,我在对现象进行解释的时候,将力图这样做,即不仅使这些现象从一个基本原理中轻易得到解释,而且使这些现象证明这一原理本身。

139. 一种光能使另一种光变暗,比如太阳光使烛光变暗,正如一种较强的声音能淹没另一种较弱的声音一样。由此可见,光是物质。

156. 自然完全是单一的;与此相矛盾的观点应当抛弃。

159. 微粒也因有引力的物质而运动。

160. 提出证据是多么困难! 因为(在这种情况下)我们仿佛

应当一眼就包揽全部事物的总和，才能不在任何地方遇到反证。这就好比除法和求立方根或更高次方的根。但我在此弃绝这一观点，根据这样一个原理或格言：自然固守其自身规律，处处都是相同的。

198. 假如我不认识字母就想阅读，这是荒唐的。同样，假如没有事物本原的任何观念，就去谈论自然形象，这也是荒唐的。

203. 谁的字写得模糊不清，这要么是不自觉地暴露了他的无知，要么是故意而为，想掩盖自己的无知。自己想象不清楚的东西，就写不清楚。

209. 我们在昆虫身上看不到任何力学的东西，然而实际上它们拥有力学部分；由此我们可以正确地得出，微粒也服从力学定律。这是完全正确的：因为一切具有广延性和运动的东西，都服从力学定律，而微粒是广延性的和运动的。

210. 物体的不断形成和毁坏充分说明了微粒的运动。

217. 自然中所具有的一切都具有数学的精确性和固定性；虽然我们有时怀疑这种精确性，但我们的无知丝毫不能使其减少：假如全世界都怀疑 $2\times2=4$，但 2×2 在所有怀疑者那里仍然等于 4。

237. 如果数学家们抛弃最简单的概念，去研究困难的概念，那么，他们就错了；如果物理学家们忽视日常经验，而进行精致的、困难的试验，那么，他们也错了。

238. 简单本质是不可能存在的，这可以从以下情况看出来：如果它们曾经存在，那么它们在物体的形成中要么互相接触，要么不接触。如果互相接触，那么一切都会聚集为一个点，就不可能形成有广延性的物质。如果不接触，那么物体就会成为可透的。世界就会处于萌芽状态。

265. 微粒在活的和死的动物中都在运动,在活的和死的植物中都在运动,在矿物质或无机物中也一样,就是说,在全部存在物中都是这样。(2,第92—96页)

存在着引力物质。它的概念

1.因为它把物体压向地球中心。2.因为物体奔向中心。2.a.因为它们都在运动。

定 义

第一运动——是自己以自己为根据的运动,也就是不依赖于其他运动。

定 义

派生运动——是依赖于其他运动的运动。

公 理

一切静止的东西,如果没有另外某种东西的推动,就不可能开始运动。

原　理

第一运动不可能有开端,而是应当从来就存在。

证　明

假定第一运动不是从来就存在,这就意味着,在某个时间内,这一运动曾经不存在,运动的物体是静止的,后来终于被推动。由此得出,有某种外部的东西推动它,这样,第一运动就不是第一运动了,这是自相矛盾的。因此,必须采取西方的观点,承认第一运动永远不可能有开端,而是从来就是如此。(1,第201—203页)

我们再退一步说,假如物体中存在着真正的吸引力,那么物体A吸引另一个物体B,也就是没有任何碰撞就使其运动;为此不需要A靠近B,也就是不需要A向B运动:对B的运动来说,不需要A朝向其他方向的其他运动,因此,A完全不动地推动了B。这样,B获得了某种新的、就是说朝向A的运动,这一运动是它从前所没有的。但是,在自然中所发生的一切变化,其情形都是,从一个物体里减去多少,就给另一个物体加入多少,比如,如果在一个地方减少了某些物质,就会在另一个地方增加同样多的物质,谁醒着几小时,他就少睡几小时。这个普遍的自然规律可以扩展为运动的规则本身;因为一个以自己的力量推动另一个物体运动的物体,它把多少运动给予了另一个它所推动的物体,它自己就会损失多少运动。因此,按照这一普遍规律,物体B朝向物体A的运动来自物体 A。但从一无所有的地方就会一无所获,因此这就要求,在物体 A 吸引另一个物体 B 的时候,它自己必须是运动的。但按照我们开始的设定,物体 A 在吸引物体 B 的时候是完全不动的。这样,物体 A 既是运动的,同时又是完全静止的。但这就与这样一个最基本的哲学理由相矛盾了,即一个事物不能同时既存在又不存在,因此,真正的和不可怀疑的引力在自然中是没有的……总之,纯引力是没有的,可见物体的重力来源于推动力;所以必定存在一种使物体向地心运动的物质。(1,第三卷,第 381—383 页)

§1. 研究化学可以有两个目的:一个是使自然科学得到完善,另一个是增加生活幸福。后一个目的是一切过去的时代所遵循的,特别是上个世纪和现代,为此耗费了大量金钱和付出了大量劳动,为这一目的的研究取得了巨大成就;而第一个目的(这一目的未必被一些求知的人所发现)则几乎没有使对自然的哲学认识更加丰富。为什么如此,我在此简要说几句。大多数盲目的、有死的人,都认为照顾身体高于发展灵魂;因此,下述状况就不足为奇了:化学家们通过无数劳动发明了无数这样的产品,它们用于保护健康、唤醒贪婪、装饰身体、豪华奢侈,乃至用于刺激欲望和引发暴力死亡。而对这一切的清楚认识(这才是走向使化学家们所努力追求的东西得到进一步发展和完善的正确道路),则被化学家们所忽视,当作初看起来毫无益处的东西。(2,第 181—182 页)

3. 但愿任何人都不要惊奇,在最小的物体中也有组织结构,——因为我们在可感知的物体里看到了更加令人惊奇的东西。高超的大师为复制这样的现象建立了机构,制造了适合于所有情况的工具。

4. 因为自然现象是不变的,所以最微小的物体的形式也应该是不变的。

5. 这就证明了创造者上帝的存在,表明了物质构成万物不是偶然的。(1,第三卷,第239页)

[批判精神为科学发展开辟道路]

我们生活在这样一个时代,科学在欧洲得到恢复之后,正在走向完善。在那个野蛮时代,与人类的普遍停滞一道,科学遭到破坏,甚至完全被毁灭,那个时代在两百年前就结束了。那时,那些教导我们追求幸福的领导者,特别是哲学,因盲目固守于名人的观点而遭受的痛苦,不亚于因当时的不安而遭受的痛苦。那时从事这些工作的所有人,都追随亚里士多德,把他的观点当作真正的观点来崇敬。我不是蔑视这位荣耀的、同时是与众不同的哲学家,但我不无遗憾地惊奇于这样一些人,他们认为,这个有死的人的观点仿佛毫无错误,这是哲学和其他科学(它们在很多地方依赖于哲学)增长的主要障碍。这样就消灭了那些从事科学的人争先恐后地努力进行新发明的高尚热情。第一个著名的近代哲学家笛卡尔勇敢地推翻了亚里士多德哲学,并按照自己的观点和构想来教导。除了他的其他功绩之外,我们特别感谢他的是,他以此鼓舞了学者们有理由反对亚里士多德、反对他自己和反对其他哲学家,并因此给自由的哲学思考和科学的更大增长开辟了道路。倚仗这些,欧洲的高明专家展现了多少新发明,写出了多少有益的著作啊!莱布尼茨、克拉克、洛克,那些人类的智慧导师,他们因提出规范而超越了先前占支配地位的苏格拉底和柏拉图。马尔皮基、波义耳、格里克、奇尔豪森、斯图谟①和本书中提到的其他一些人,他们以自己好奇的和努力的研究发现了自然界中令人意想不到的活动,因此令世界惊奇。很难想象,开普勒、伽利略、惠更斯、德·拉·希尔②以及伟大的牛顿,他们以专心的观察和深刻的论断,在很短时间内就使天文学获得了巨大发展,因为他们对天体的认识已达到如此遥远,乃至假如希帕库斯③和托勒密现在读了他们的著作之后,都未必能够认出那个自己当年所观察的天了。毕达哥拉斯为发明了一条几何学定律而用100头犍牛给宙斯献祭。要是按照这样的迷信做法,为了当今机智的数学家所发现的许多定律,甚至在全世界也未必能找到那么多带角的牲畜。一句话,当代科学达到了如此增长,以至于不仅千年以前的人,而且百年以前的人都未必能够想象。

在结束本书的时候,我真心地希望这些科学在我们国家得到广泛传播,希望俄罗斯儿女对这些科学的爱好和热情也同样增长。(2,第124—127页)

国家的富足、荣耀和繁荣状况,是从三个源泉中发生的。第一,来自内部稳定,安全和臣民的愉快;第二,来自对敌人的常胜不

---

① 马尔皮基(Malpighi,1628—1694年)——意大利生理学家;波义耳(Robert Boyle,1627—1691年)——英国化学家,物理学家;格里克(Guericke,1602—1686年)——德国物理学家;奇尔豪森(Tschirnhausen,1651—1708年)——德国物理学家,数学家;斯图谟(Sturm,1635—1703年)——德国物理学家。——译者

② 惠更斯(Christian Huygens,1629—1695年)——荷兰天文学家,物理学家和数学家;德·拉·希尔(Де Ла Гир)——法国数学家。——译者

③ 希帕库斯(Hipparchus)——古希腊天文学家。——译者

败,并缔结有利的和荣耀的和约;第三,来自国内剩余产品与遥远国家通过商业而进行的相互交流。俄罗斯帝国以其国内的富有和著名的胜利而与欧洲国家并驾齐驱,甚至超过许多国家。(1,第六卷,第421页)

6. 拉吉舍夫

亚历山大·尼古拉耶维奇·拉吉舍夫(Александр Николаевич Радищев,1749—1802年)生于莫斯科贵族家庭,是18世纪俄罗斯杰出思想家、作家和革命民主主义者。他是俄国社会激进主义的鼻祖,他的社会思想与19世纪俄国解放运动思想家别林斯基、赫尔岑、奥加廖夫等人非常接近。他的哲学和社会政治思想深受法国启蒙主义哲学家卢梭、爱尔维修、狄德罗、霍尔巴赫等人的影响,是一种启蒙理性主义的人学。

《从彼得堡到莫斯科旅行记》是拉吉舍夫的主要著作,书中包含了他对哲学、法律、道德、教育、文学、艺术等问题的思想,书中也论证了俄国革命的必要性和必然性。正是由于这本书中所体现的革命热情,拉吉舍夫被判处死刑,后改判流放西伯利亚,在这里完成了自己的哲学论文《论人,人的死与不死》。本书所选内容即出自他的这两部著作。

《从彼得堡到莫斯科旅行记》(1790年)①

["科学的明灯照耀着我们"]

致最亲爱的朋友

无论我的理智和心灵想要说些什么,哦,我的同情者!但愿这一切都是献给你的。虽然我关于许多事物的观点与你不同,但你的心与我一起跳动——你是我的朋友。

环顾四周,我的心为人类的苦难而伤痛。反观我的内心,我看见,人的不幸是由于人自己而发生的,常常只是由于他没有正视他周围的事物。我曾暗自思忖,难道自然对自己的儿女如此吝啬,以至于对无辜的流浪者永远隐藏真理?难道这个严厉的后娘生下我们是为了让我们感到不幸,而丝毫没有幸福?这个想法令我的理智为之战栗,我的心远远地抛开了它。我看到,人的安慰者就是他自己。"揭掉自然感觉之眼上的帐幕,我就是幸福的"。这个自然的声音在我身上大声响起。我从多愁善感和同情心曾使我陷入的沮丧中振作起来了;我感到自己身上有足够的力量来对抗谬误;而且——这是难以表达的喜悦!——我感到,每一个人都有可能成为与自己相似的人们的幸福生活的参与者。这一思想促使我写下

---

① 选自拉吉舍夫:《从彼得堡到莫斯科旅行记》(Александр Николаевич Радищев. Путешествие из Петербурга в Москву)俄文电子版。

你将读到的文字……

未来的行程

当我们的心把我们亲爱的祖国逐渐引领到现在所处的繁荣状态,看到科学、艺术和手工艺达到人所能达到的最高完美程度;在我们自身领域,看到人的理性处处都自由地展开翅膀,毫无阻挡地、正确无误地飞升到伟大的高度,如今成为社会法制的可靠捍卫者,——此时,在它的强大保护下,我们的心在向最高创造者的祈祷中就可以带着无以言表的快乐说,我们的祖国是神所喜欢的居所;因为它的构成不是建立在偏见与迷信基础上的,而是建立在众人之父慷慨赠与我们的内在感觉基础上的。我们没有信仰分裂所造成的敌对,也没有强制。因为我们在这样的自由中诞生,所以我们真诚地认为彼此是兄弟,属于同一个家庭,拥有同一个父亲,就是上帝。

科学的明灯照耀着我们的法制,它使我们的法制与许多世间法制有所不同。权力的平衡,财产的均等消除了国民纷争的根源。关于获得和保护财产的明文规定不会造成家庭纠纷。公民地产划分界限分明,有目共睹,被大家视为神圣不可侵犯。惩罚的适中使最高权力尊重法律,好比温柔的父母管教自己的子女,这种适度惩罚甚至能够预防朴实的恶行。我们这里很少发生个人间的相互侮辱,而总能友善地相互妥协。国民教育所关心的是使我们成为温顺的人,成为热爱和平的公民,但首先是成为人。

自由颂

一

啊!你是上天的恩赐,
你是一切伟业的源泉,
自由啊,自由,无价的礼物!
请容许奴隶来歌颂你。
让你的热情充满心灵,
在心中挥动你强有力的双手,
把奴役的黑暗化作光明,
让布鲁图①和泰尔②
再次苏醒,掌握政权,
让沙皇听了你的声音胆战心惊。

二

我来到世上,你就与我相伴;
你在我的手上没有被钉住;
我能够用自由的手,
把这面包变成食物。

---

① 布鲁图(约公元前85—42年):密谋刺杀独裁者恺撒皇帝的组织者,这个反动贵族的代表在18世纪被看作是理想的共和主义者。——俄文编者注
② 泰尔:民间传说中的英雄,14世纪初反抗奥地利压迫争取瑞士解放的英勇战士。——俄文编者注

我可以关注我能理解的东西，
我能够在我喜欢的地方停住脚步；
我可以说出我的想法，
我能爱人，也能成为被爱者；
我能行善，也能受人尊重；
我的律法是，我的意愿由我做主。

三

但是什么憎恶我的自由？
我看见愿望的界限到处都有；
在人民中产生了总政权，
这是全部政权的共同体。
社会完全听命于它，
到处都与它保持一致。
为了共同利益没有障碍。
在全部政权中我看到了我自己的一份，
在遵守大家意愿的时候，
也遵守了我的意愿：
这就是社会中的法律。

四

在肥沃山谷的中部，
在庄稼成熟的田地，
在百合花娇嫩盛开的地方，
在和平的橄榄树丛之间，

有一座四处透明的庙堂,
比帕罗斯的大理石更洁白,
比白天的光线更明亮。
这里虚伪的祭品已经冷却,
这里镌刻着火红发光的字句:
"消除无辜的不幸"。

五
这是法律的庙堂。
法官之神威严肃穆,
头戴橄榄枝,
端坐在坚石宝座上。
法衣洁白如雪,
仪表永远不变,
有天平、明镜和宝剑在他面前,
真理守护在右边,
正义侍立在左边。

六
他抬起严厉的眼睛,
流露出喜悦,又令人战栗;
他对一切都一视同仁,
既无爱,也无恨。
他不受奉承,不徇私情,
漠视财富、望族和名门,

厌恶腐朽的供品；

他不袒护亲友，

他赏罚公平；

他是人世间的上帝形象。

《论人，人的死与不死》(1809年)[①]

["理智和心灵会感觉到有一种超越自己的权力"]

这样，受造物中的最完善者问世了，他是物质构造的最高成就，是大地之王，但他是大地上一切生物的异父同母的亲戚、兄弟，这些生物不仅包括野兽、鸟、鱼、昆虫、甲壳虫、水螅虫，还包括植物、蘑菇、苔藓、霉菌、金属、玻璃、石头、土地。因为无论他的构造在多大程度上是人为的，他的原初部分也遵循与地下长出来的东西相同的规律。……

人像地下之物，最像植物……而只有人与植物的直立状态最相似。……

人与动物的相似性是最显著的。人和动物一样，与植物的区别都在于有嘴……植物作为地上的低等生物，全身都是嘴……它们用根吸收地下的汁液，用叶吸收空中的露水。而人，和其他动物一样，已经与昆虫不同了；因为昆虫，比如虱卵，整个只是口腔、胃

[①] 选自拉吉舍夫：《论人，人的死与不死》(О человеке, о его смертности и бессмертии) 俄文电子版。

及其延续。人所具有的器官,动物也在不同程度上具有。听觉、嗅觉、味觉、触觉、视觉,所有这一切动物也都具有。……

但是,假如人不具有一种自己所独有的能力——语言能力,那么,人对动物的全部优越性都应该圈上细线。人是自然界中唯一具有语言能力的,所有其他动物都不会说话。只有人具有说话所需要的器官。

语言仿佛是把思想汇聚到一起的手段;人的全部发明和自身的完善,都要感谢语言的帮助。谁能想象,这个小小的工具,语言,竟然是人所拥有的全部高雅的东西的创造者。

在世上的全部动物中,只有人能够认识到,存在着一个万有之父,万物的开端,一切力量的源泉。我在这里将不说,人达到这样的认识,即从作用上升到原因,最后上升到最高原因,是依靠理性的力量;也不讨论对上帝的认识是起源于恐惧,还是起源于快乐和感激;关于最高存在物的概念是人内心所具有的;是人自己构造的,还是他从哪里得到的,我们不研究这个问题。但真真切切的是,当理智和心灵没有被情欲所掩盖的时候,整个身体,全部骨肉都会感觉到有一种超越自己的权力。无论人们怎么称呼它都可以;但霍布斯、斯宾诺莎感觉到了它。如果你不能说出来,那么,你应该感觉到自己的天父,他无所不在;他住在你内心,你所感觉到的东西,都是他的博爱的礼物。

[“人的情感和希望指引他越过分隔生死的界限”]

希望作为与人的意愿形影不离的伴侣,对于已经一只脚踏进坟墓的人来说，也是不离开的。希望指引着他的理智，于是他得出结论："我活着，我不可能死去！我现在活着并将永远活下去"。这是置所有理由而不顾的希望和内在感觉的声音。一个人如果想要把内在感觉作为自己信念的唯一根据，那么，谁能够确信自己会死呢？有感觉和成为无感觉之物，生和死，是相互矛盾的，正如我们所见，假如不以相似性法则作为推理的根据，那么，我们就不可能得出这样的结论；因为认识不是内部视觉。但是我看到我周围的万物都在变化，鲜花在褪色和凋谢，绿草在枯萎，动物在丧失活动和呼吸，它们的身体在毁坏；我在自己的同类身上也看到相同的情形。我到处都看到死亡，也就是毁灭；我由此得出，我自己也会不复存在。看来，似乎只要从思想中除去我们关于死亡的概念，那么，活着的人就不会理解死亡；但死亡迫使一切生存之物都面临同样的命运。

现在让我们想象一个确信其躯体会毁灭、他本身会死亡的人。他被最牢固的锁链捆缚在自己的存在上，毁灭总是可怕的。当他走近墓穴的洞口，看到了自己毁灭的时候，他将会踌躇，慌乱，呻吟。就是你！……末日的钟声敲响，你的时日之线就要中断，你将要成为死人，停止呼吸，失去感觉，你将化作虚无！——多么可怕的转化呀！感觉在颤抖，理智在摇动！正在枯竭的思维由于惊恐和茫然而颤动着，在全部可能之物的角落飞快运转，捕捉幽灵，捕捉相似之物，而如果能够抓住点什么可以救命的稻草，不管是实物还是幻想，就抓住不放。难道人会憎恨自己的生存吗？当我抬起腿，将要向永恒世界迈出第一步时，我总要回头观望。"站住！等一等！呵，你是我生活中的幸福，你要上哪儿去啊！……"呵，这声音比雷霆还震撼！这是爱的声音,友情的声音！我的朋友,我的整个思想都已慌乱！我正在死去,留下妻子和儿女！执行吧,残酷的判决,我将失去朋友！我最亲爱的朋友,并非是胆怯使我在临终时唉声叹气。如果我不能无动于衷地忍受你的不在,如果离别又是永恒的,那么我的痛苦将是多么巨大啊！

人虽然有延续自己生命的强大动机,但却找不到继续生存的方法,被悲伤、忧愁、威胁、疾病、痛苦赶出世间,但他还是让自己的目光脱离腐朽,努力超出自己生命时间的界限之外,于是在极度疲惫的心灵中重又产生了希望。他再次奔向自己的内在感觉并向它发问,于是神秘之光透进了他的理智。在情感和希望的指引下,在理智、可能还有想象的支持下,他越过那个分隔生与死的无形界限,迈出了进入永恒世界的第一步。他刚一感觉到或者最好说是他刚一想象到,躯体的死和毁灭并不是他的终结,他死后仍能生活,能获得新的生命,他就高兴异常,于是他抛弃了自己将毁灭的想法,精神抖擞地摆脱了它,并开始蔑视一切苦难、悲伤和痛苦。严重的疾病在他的坚定的永生的灵魂面前烟消云散了;奴役、囚禁、酷刑、死刑、所有精神和肉体上的痛苦,都以最快的速度飞离他那得到了新生并感到了永恒的灵魂。

人的动机大概如此。在他的理智和内心又将产生未来生命的概念。许多人希望有这种生命;有些人只是胡思乱想;另一些人,而且他们的人数很多,把统一的成见和继承的观点作为自己信念的基础;许多人则把自己的观点和信念建立在某些根据之上。但不管这种观点的根据是什么,各种对来世的可能设想都离不开人的丰富想象力。但是,过去和现在也有许多人摒弃自己的感性信念和希望,不同意人有来生,并竭力找出论据,论证人的死就是人最后的完全终结;论证在人完成自己的生命历程之后,就永远死去,不能起死回生,不能继续存在,不能存在于任何想象的可能性之中。他们的论据是很出色的,甚至可以说是令人信服的。亲爱的朋友们,我尽量把两种对立的观点都提出来,好让你们挑选那最接近真理的、或者说最清晰的(尽管不是显而易见的)观点。而我,我的朋友们,在失去了你们的时候,我将遵循能使我悲痛的灵魂得到慰藉的观点。

["物质的不可入性、广延性、形状、可分性、硬度、静止"]

迄今人们认为在自然界中有两类可能的存在物。所有属于第一类的叫做物体,而关于这些物体的一般的或者抽象的概念叫做物质。物质本身究竟是什么,这是人所不知的;但是它的某些性质是人能感觉到的,而且人关于物质的一切知识都以对这些性质的认识为基础。另一类存在物是我们感觉不到的,但是世界上的一些现象使我们认为它们不是物质的作用,而是另一类存在物,而这一类存在物的性质是与物质的性质相对立的。这种存在物就叫做精神。……

让我们迅速浏览一下物质所具有的属性和思维的属性,看一下其中有什么东西可能是对立的;或者有无迹象表明这些属性可能是同一种存在物所固有的。

一般认为物质具有下列属性:不可入性、广延性、形状、可分性、硬度、静止。精神存在物的属性有:思维、感觉、生命。但精神存在物所具有的这些属性,由于是通过物质向我们显示出来的,所以被认为是来自精神存在物的可以看得见的作用或现象,而精神存在物本身虽然能够具有这种属性,但不能被感觉出来。可见,问题在于:物质能否有生命? 能否进行感觉、思维? 或者精神存在物能否有空间、形状、可分性、硬度、静止? 这两种问题的提法,结果都一样。如果这点可以得到证明,那么,对存在物划分为物质的和精神的,这种划分就将消失。如果论据不够充分并且找到了与此相反的证据,那么就应当而且必须提出有两种不同种类的存在物——精神[①]和物质。

人们把作为我们感觉对象的存在物叫做物质,我所指的是,它是或者可能成为我们感觉的对象。因为,假如此存在物现在不能被感觉到,那么是因为它的微小或精细的缘故,而不是因为它自己的本性。现在我们来解释一下物质的属性。

我们所说的不可入性指的是,两个物质粒子,或两个物体,不可能同时存在于一个地方。这是一个公理,因为相反的提法是有矛盾的。或者是指,物质的一个不可分的粒子或原子,在其途中碰上了另一个不可分的粒子,如果前者不让出位置,则后者就不能继续前进。广延性,就是物质在空间要占有位置的一种属性;而由于广延性是有界限的,所以任何有限的广延就叫做形状。在有限定的意义上说,广延性是有形状的。总之,不可入性、广延性和形状都是我们能感觉到的,是任何一种物体的不可分割的属性。形状使物质具有固定性,广延性则使物质占有一定位置,而不可入性则

[①] 说精神的时候,我所说的只是一种东西,即所谓人的灵魂。

使物质具有单个性。

化学实验证明了物质有极大的可分性。但自然学家认为,用足够的力量就有可能使物质的最小粒子无穷无尽地分解下去。因为,既然我们认为物质是有广延性的,那么,不管这一物质的粒子是如何微小,完全可以设想还有比这粒子更小到无穷的东西,当然也就会有足够的力量来分解它们。

但是,只要这种分解仅仅是一种可能性,并且没有一种自然力量可用来分解物质的本源,那么从对这一点进行的推理中,人们就认为硬度是物质的又一属性。

物质的不动具有双重意义。第一,处于静止状态的物质在没有某种原因使它运动之前,将一直或者可能永远处于静止之中。我们将预先指出,这一属性并不是物质的根本性质,而是相对性质,因为可以认为物质是没有运动的;第二,物质这一概念是指被引入运动状态的物质的粒子,它始终以同一速度沿着同一方向自己继续永远运动下去,直至某种东西阻止或者改变这种不断运动的状态为止。

7. 恰达耶夫

彼得·雅科夫列维奇·恰达耶夫(Петер Яковлевич Чаадаев,1794—1856年),俄国思想家,政论家。1808—1811年就读于莫斯科大学,毕业后参加1812年的卫国战争,1821年退役。1823—1826年旅居国外,结识了许多著名学者,包括哲学家谢林。1828—1831年被称作他的隐居时期,此间写作了他的主要著作

《哲学书简》。1831年以后开始在莫斯科参加各种沙龙,表达自己的观点,并尝试出版自己的作品。1836年9月他的《哲学书简》第一封在《望远镜》杂志上的发表后引起了轩然大波,乃至一时间成为街谈巷议的话题。议论的主流是批评和否定,甚至有读者称他是俄罗斯的叛徒。一个月后,根据沙皇尼古拉一世的命令,《望远镜》被查封,恰达耶夫被官方宣布为"疯子"。1837年,恰达耶夫用法文写下了《疯人的辩护》,但在他生前未能发表。

恰达耶夫的观点具有西方主义的倾向。按照弗洛罗夫斯基对俄国思想史的评价,"通常把恰达耶夫叫做第一个西方主义者,西方主义的历史正是从他开始的。但是只能在非直接的意义上称他是第一个西方主义者,——所有那一代人都是西方主义者,有的简直就是西方人。而恰达耶夫是一位特殊的西方主义者。这是一种宗教的西方主义。俄罗斯西方主义的主流在那个年代就已经走向了无神论、'现实主义'和实证主义。"[①]

本书收录了《哲学书简》第一封和《疯人的辩护》的完整译文。这两篇文章论述的核心问题是历史哲学问题和俄罗斯民族文化及其历史命运的问题。包括是否存在着全人类统一的思想运动和历史过程问题,以基督教精神为基础的西方文化是否具有普遍价值的问题,俄罗斯精神文化的历史地位和未来命运问题,等等。

[①] 弗洛罗夫斯基:《俄罗斯宗教哲学之路》,吴安迪等译,上海世纪出版集团,2006年,第310页。

《哲学书简》第一封(1829年)[①]

愿你的国降临。[②]

夫人：

我最喜欢和珍惜的是您的直率与真诚。请您想象一下，您的信是如何让我吃惊。从我们相识的最初，我就被您性格中的这些美好品质所吸引，当您周围的一切令我保持沉默的时候，也正是这些品质唤起我与您谈论宗教。我还要说，请您想象一下，当我收到您的来信时，我有多么地吃惊啊！夫人，这就是我应该对您说的、我在评价您的性格时所表达的全部想法。但是我们将不再谈论这一点了，我们马上转到您的信中非常重要的那一部分。

首先，您的思想中使您感到躁动和疲惫的这种不安状况来自哪里呢？用您的话来说，这种不安状况甚至反映到您的身体健康方面了。难道它是我们谈话造成的不良后果吗？它没有带来安慰与平和（心中被唤起的情感本应带来这样的安慰与平和），却引起了您的不安、怀疑，甚至是良心的谴责。不过，这有什么令人惊讶的吗？这是我们所有人的心灵和头脑都处于其控制下的事物的可悲状况的自然结果。您只是屈从了这些力量的影响，这些力量在

[①] 标题原为《致某某夫人的哲学通信》(Философические письма к Г-же＊＊＊)，写作于1829年，发表于1836年10月的《望远镜》杂志上，该通信名义上是写给恰达耶夫的邻居E. 潘诺娃的私人书信。译自《恰达耶夫文集》(Чаадаев П. Я. Сочинения. Москва. Изд. «Правда». 1989. С. 15—34)。

[②] 《圣经·马太福音》6:10。

此支配着所有的人,从社会的最上层到一个只为自己主人的快乐而活着的奴隶。

这样,您又如何能够幸免于此呢?那些使您区别于民众的品质,应该会使您特别容易受到您所呼吸的空气的有害影响。我对您说出的那简短的言论,在环绕您的所有东西中能否给您的思想带来稳定性?我们生活在其中的环境的净化依赖于我吗?

我应该预料到结果,我也确实预料到了结果。由于这个原因,我常常沉默不语,这些沉默妨碍了我深入到您的灵魂深处的信念,也自然使您陷入迷惘。除非我不相信,宗教情感在任何一颗心中哪怕被部分地唤醒,无论它使这颗心多么痛苦,但毕竟比完全麻木要好——除非我不相信这一点,我才会不得不为自己的努力而后悔。但我希望,现在笼罩着您的天空的云彩将化为欣喜的露珠,使散落在您心灵中的种子发芽,而我的寥寥微言在您身上产生的影响,对我来说是那些更为重要的结果的可靠保证,那些更为重要的结果是将来您自己的思想工作必定会带来的。夫人,请您大胆地相信关于宗教的思考在您心中唤起的躁动吧:从这一纯净的源泉只能流出纯洁的情感。

在外部条件方面,您暂且知道下面一点就足够了,即只有建立在最高的统一原则和真理(通过其侍奉者的连续传承)的直接传递基础上的学说,才能成为最符合真正宗教精神的学说,因为真正的宗教精神完全在于这样一种理念,即把世上所有的精神力量融合为一种思想、一种情感,逐步确立这样一种社会体制或教会,它应当在人们中间建立真理王国。任何其他学说都只因背离了原初学说而远远地抛弃了救主的最高遗训:圣父啊,保守他们,叫他们合而为一，像我们一样，[1]也拒绝在世间建立神的王国。但是，不应该由此得出，您有责任在世人面前大声宣告这一真理：您的使命当然不在于此。相反，产生这种真理的那一原初学说本身责成您在您所处的世界状况下从这一真理中只要看到您信仰的内在明灯就可以了，没有更多的要求。促进您的思想转向宗教我认为是一种幸福，但是，夫人，如果与此同时我所引起的您意识中的混乱随着时间的推移使您的信仰冷淡下来的话，那我会感到不幸。

我似乎跟您说过，保持宗教情感最好的方法是遵守教会规定的各种教规。这种自我服从的练习比人们通常所认为的更加重要，最伟大的人慎重思考、有意识地接受这种练习，这是对上帝的真正侍奉。没有什么能够像严格遵守所有与信仰有关的义务那样能如此地加强信仰中的理性。其实，大多数来自最高理性的基督教礼仪，对每一个能够洞察到这些仪式中所包含着的真理的人来说都是一种积极的力量。在这一具有绝对特点的规律中只有一种情况是例外的，只有一个例外，——恰恰是当一个人能够在自身中找到相对大众信仰来说是对更高秩序的信仰，这种信仰能够使灵魂上升到最初的源头，从这一源头产生所有信念，同时这种信仰与大众的信仰不会产生冲突，相反还会强化大众的信仰；在这种情况下，也只有在这种情况下才可以轻视外在的仪式，以便能更加自由地致力于更重要的工作中。但是如果有人将自己虚荣的幻想或者

---

[1] 参见《圣经·约翰福音》17：11，原文是：从今以后，我不在世上，他们却在世上，我往你那里去。圣父啊，求你因你所赐给我的名保守他们，叫他们合而为一，像我们一样。——译者

是自己理智的迷失当成可以不受普遍律法约束的特别启示,那将是一种悲哀。而您,夫人,穿上与您性别相称的衣服不是再好不过的吗?请您相信,这对消除您精神上的窘迫,将平静带入您的生活来说是最好不过的。

还有,甚至从世俗的观点来看,请问,对于有能力认清科学活动和严肃思考之美妙的妇女来说,有什么东西能够比主要投身于宗教意念和修炼这样的凝神思考的生活更加自然呢?您说,在读书的时候没有什么能够像宁静、沉思的生活画面那样激发您的想象力,这些画面好比黄昏中美妙的村庄,给心灵带来安宁,使我们从琐碎、平淡的现实中脱离片刻。但是要知道这完全不是幻想出来的画面:要实现这些令人陶醉的想象之一只有依靠您:您身上已经具备了实现这一点的所有必需的东西。您看,我完全不是在向您宣讲过于禁欲主义的道德:在您的兴趣中,在您富有想象力的美好幻想中,我寻找的是能够给您的心灵带来安宁的东西。

[俄国既不属于西方也不属于东方]

生活中有这样的情况,它们不属于人的物质存在,而属于人的精神存在,不应该忽略它们。就像肉体有肉体的运转机制一样,灵魂有灵魂的运转机制:应该学会服从这种机制。我知道这是个古老的真理,但是在我们这里,它还具有新事物的所有价值。我们独特文明最令人痛惜的特点之一在于,我们仍然在发现的那些真理,在其他国家甚至是在那些许多方面落后于我们的民族那里,已经是老生常谈了。问题在于我们从没有与其他民族一起行进,我们不属于人类著名家族中的任何一个，既不属于西方，也不属于东方，我们既没有西方的传统，也没有东方的传统。我们好像站在时代之外，人类全球性的教育没有波及到我们。人类思想代代相承的这种惊人的联系和人类精神的历史在其他世界已经使人类精神达到了现代状态，对我们却没有产生任何影响。那种在别人那里自古以来就构成社会和生活本质自身的东西，对我们来说还仅仅是理论和抽象推论。举例来说，您，夫人，是如此幸运，天生就能理解世间所有的真和善，好像您来到世间就是为了体验所有最甜蜜和纯粹的心灵享受一样，请问，在具备这些优势的情况下，您得到的是什么？您仍然不得不去寻找某些东西，甚至不是用来充实生命，而仅仅是为了充实现在的日子。您完全缺少的是这样一种东西，它在其他国家构成生活的必要框架，这些框架自然地将日常事件纳入自身当中，没有它们就不可能有健全的精神生活，就像没有空气就不可能有健康的身体状态一样。您能理解，现在谈的还不是精神性的原则，不是哲学原理，而谈的仅仅是生活的完善，是这样一些习惯，是意识的平坦道路，它们赋予理性以从容，能引起心灵的有条不紊的运动。

请您看一看周围。难道有什么东西是稳固的吗？一切仿佛都在十字路口徘徊。任何人都没有确定的活动范围，没有任何好的习惯，什么事情都没有确定规则，甚至也没有家园，没有什么东西令人依恋，能唤起您的好感、您的爱；没有任何稳定的东西，没有任何恒常的东西；一切都在流动，一切都在消逝，无论在您身上还是在外界都没有留下痕迹。我们在自己家里就像在集中营；我们在家里就像外来人的样子；我们在城市里像是游牧人，甚至不如那些在我们的草原上放牧畜群的游牧人,因为他们对自己的大漠比我们对自己的城市有更多的依恋感。您无论任何不要以为这是没有意义的小事。我们是不幸的人,我们不要在我们的其他不幸上再加上一条——创造关于我们自身的虚假观念了,不要再想象自己是在过纯粹灵性存在物的生活了,我们要学会理智地生活在既定的现实中……但是我们还要从头谈谈我们的国家,这样做我们不会偏离主题。没有这个预先说明,您就不会明白我要向您说什么。

[各民族的生活都建立在人类普遍思想运动基础上]

所有的民族都有这样一个时期,在这个时期满是激烈的动荡、强烈的不安,活动缺乏深思熟虑的意象。这一时代的人们无论在肉体上还是在精神上,都在到处流浪。这是各民族都有强烈的冲动、伟大的成就和高涨的热情的时代。那时,他们在发狂,没有明确目的,但是对后辈人却不是没有益处的。所有的社会都经历过这样的时期。在这些时期,各民族都积累了自己最鲜明的回忆、自己的奇迹、自己的诗篇、自己最有力量和最富有成果的思想,这也正是社会所必需的基础。没有这些时期,各民族就无法在自己的记忆中保存曾经热爱、迷恋的东西,他们或许只能依恋于自己土地上的灰尘。这是各民族历史上的迷人时代,这是各民族的青春期;在这一时代,各民族的才能得到了最大的发展,关于这一时代的回忆构成了各民族成年期的乐趣和教益。相反,我们没有过任何类似的时代。开始是野蛮,接下来是愚昧的迷信,再后来是残酷、屈辱的外来统治,这种外来统治的精神后来被国家政权所继承,——

这就是我们青春期的悲惨历史。那种充满热情洋溢的活动、民族精神力量热烈表现的时代,我们这里完全没有。我们的社会生活与这一年龄相对应的时代,则充满了灰暗和忧郁的生活,没有强大力量,没有紧张状态,只有暴行才能使它振作,只有奴役才能使它软化。我们的记忆中没有任何迷人的回忆,没有任何美妙的图景,我们的民族传统中也没有任何有效的教训。请您打量一下我们活过的所有世纪,我们占据的所有空间,您不会找到一个令人着迷的回忆,不会找到一个可敬的古迹,它能够威严地向您讲述过去,并且生动、鲜活地描绘过去。我们仅仅活在有限的、没有过去和未来的现在,在平淡乏味的停滞中。如果我们有时候有所激动,那也不是出于期待或要求得到某种普遍幸福,而是出于婴儿的幼稚轻浮,此时他伸手想去抓奶妈给他看的拨浪鼓。

当一个民族的生活还不比最初时代处于不确定性之中的生活更有序、更轻松、更安定的时候,对这个民族来说,人的社会存在的真正发展就还没有开始。当社会即便在日常琐事中还处于无信念、无规则的摇摆状态时,怎能期待善的种子在其中成熟呢?现在——还是精神世界的对象处于混乱纷扰的状态,就像地球历史上发生在我们星球的现在形态形成之前的灾变时期一样。我们至今还处在这样的状态。

我们在静止的野蛮中度过的最初年代没有在我们的头脑中留下任何痕迹,而且在我们身上没有任何我们所自身固有的、我们的思想能够立足其上的东西;我们由于奇怪的命运安排而脱离了人类的普遍运动,我们也没有接受人类传统的思想。然而各民族的生活正是建立在这些思想基础上的,从这些思想中产生了它们的未来,形成了它们的精神发展。如果我们想与其他文明民族一样具有自己的面貌,我们就应该以某种方式在自己这里重复人类的全部教养。各民族的历史都可以为我们效劳,全部历史运动的结果都摆在我们面前。毫无疑问,这一任务是艰巨的,一个人或许不能解决这一庞大的课题……但是,首先应该明白问题在哪里,这种人类的教养是什么,我们在总队列中占据怎样的位置。

各民族只有依靠保持在他们头脑中的来自以往时代的强烈印象,依靠与其他民族的交往才能生存。通过这种方式每个独立的个性都能够感觉到自己与全人类的联系。

西塞罗说,如果关于以往时代的记忆不能连接起过去和现在,那么何为人的生活呢?我们来到世界上,就像私生子,没有遗产,跟生活在我们之前大地上的人们没有联系,心中没有保存任何我们之前留下来的教诲。我们每个人不得不自己去想办法恢复与中断了的家族之线的联系。那种在其他民族那里只是习惯和本能的东西,我们必须用大锤才能敲进我们的头脑中。我们的回忆不会超出昨天;我们对自己人来说仿佛是外人。我们就这样在时间中奇怪地行进着,随着不断地向前运动,我们过去的生活对我们来说就不可逆转地消失了。这是完全以借用和模仿为基础的文化的自然后果。我们完全没有内在的发展,没有自然的进步;原有的思想被新思想扫除,因为后者不是从前者派生出来的,而是从哪个外部来到我们这里的。我们接受的只是现成的思想;因此,那些通过思想的连续发展而铭记于心并创造了智慧力量的不可磨灭的痕迹,没有在我们的意识中划出沟痕。我们在生长,但是现在还没有成熟,我们在沿着一条无法到达目的地的曲线在向前运动。我们就像是这样一些孩子,他们不被人要求自己做出判断,因此,等他们长大后,他们没有任何自己的东西;他们所有的知识都是表面的,他们整个的灵魂都外在于他们。我们就是这样。

[俄罗斯民族的历史一无所成]

民族——是精神的存在物,就像个人一样。时代养育着民族,就像岁月养育着人们一样。关于我们可以说,我们好像构成了各民族中的一个例外。我们属于这样一些民族,它们好像不是人类的组成部分,它们的存在只是为了给世界提供重大教训。当然,我们注定要提供的那一教训不会不留痕迹地过去,但是有谁知道,哪一天我们才能在人类中找到自己?谁能够算出,在我们的命运完成之前我们要经历多少灾难?

欧洲民族有着共同的面孔、家族相似性。尽管它们划分为各个分支,拉丁民族和条顿民族,南方人和北方人,但是存在着它们联结为一个整体的特点,这一特点对于任何一个深入了解这些民族的共同命运的人来说,都是非常清楚的。您知道,还在不久前,整个欧洲还冠有基督教世界这个称谓,这个词语被列入公法。除了大家共同的容貌之外,每个民族都有自己的特点,但这一切都根源于历史和传统之中,它们构成了这些民族的遗产。在它们内部,每一个单独的个人都在共同遗产中拥有自己的份额,每个人不用费力,不用紧张就可以在生活中获得散布在社会中的知识,并且利用这些知识。您比较一下,我们这里是什么做法,您自己判断一下,有哪些基本思想我们可以在日常生活中加以汲取,以便以这样或那样的方式利用它们来指导生活？这样您就会发现，这里所说的不是学识，不是阅读，不是什么文学或科学的东西，而是意识的关联，是这样一些思想，它们包围着摇篮中的孩子，母亲在对孩子的抚爱中把它们低声说给他听，它们在孩子的游戏中环绕着他；这里所说的是这样一些东西，它们以各种感觉形式与空气一起渗透到孩子的大脑，它们在他还未出生和进入社会之前就构成了他的精神本性。您想知道这些思想是什么吗？这是关于义务、公正、法律和秩序的思想。这些思想的源泉是这样一些事件本身，这些事件在那里创造了社会，形成了那些国家社会生活的基本要素。这就是西方的氛围，这是某种大于历史或心理学的东西，这是欧洲人的生理学。而您在我们这里又看到了什么？

我不知道能否从上述内容马上得出某种完全无争议的东西，并在此之上确立不可置疑的原则；但是很清楚的是，当一个民族不能将自己的思想集中为任何一种系列思想（这些思想在社会中是逐渐发展起来的，一个思想是从另一个思想中逐渐产生的），当一个民族对人类理性一般进程的全部参与都归结为盲目地、外在地、经常是胡乱地模仿其他民族的时候，这种奇怪状况必然会强有力地影响该民族中每一个个人的灵魂。这就是为什么，如您察觉到的，我们大家的头脑中都缺少某种稳定性、某种连续性、某种逻辑性。西方的三段论与我们格格不入。在我们的优秀思想中有某种比肤浅还要糟糕的东西。优秀的思想，由于缺乏联系和连续性，就像无结果的闪光一样，在我们头脑中失去了活动能力。当一个人没有能力将自己与他之前、他之后的东西联系起来时，他就丧失了人的本性；那时他就会丧失一切坚定性和全部信念；他既然不受不断延续性的感觉所指引,他就会感觉自己是迷失在世界中的人。这种不知所措的人在所有国家都能遇到;在我们这里这则是一种普遍属性。这完全不是人们指责法国人的那种轻浮,其实,那种轻浮只是轻松理解事物的方法,它既不排除思想的深刻,也不排除视野的广阔,并且使如此多的美妙和有魅力之物得以通行;我们这里是没有经验和预见的无意义的生活,这种生活除了脱离了自己的类整体的个体的虚幻存在以外,与任何东西都没有关系,这个个体既不顾及荣誉的要求,也不顾及思想和利益的任何总成就,甚至不顾及家庭的祖传愿望和一切这样的法令和观点,这些法令和观点既决定了处于以对过去的记忆和对未来的关心为基础的体系中的社会生活,也决定了这一体系中的个人生活。我们的头脑中根本没有任何共同的东西;我们头脑中的一切都是孤立的,一切都是不稳定的、不充分的。我甚至发现,在我们的目光中有某种极其奇怪的不确定性、冷漠和迟疑,好像处在社会发展阶梯最底层的民族的容貌。在其他国家,特别是在南方,那里人们的面容是那么活跃和富有表现力,我多次拿自己同胞的面容与当地居民的面容进行比较,为我们表情的这种缄默而感到惊讶。

外国人将在社会底层中表现尤其突出的无所畏惧的勇敢看作是我们的优点;但是,他们有可能看到的只是民族性格的个别表现,不能对整体做出判断。他们没有发现,那种使我们有时成为勇敢者的原因本身,也经常使我们丧失深度和顽强;他们没有发现,那种使我们对生活中的意外事件如此漠不关心的属性,也引起了我们身上对善恶、对一切真理、对一切谬误的冷漠,并且正是这一点使我们丧失了那些能够把人们引向完善道路的强烈动机;他们没有发现,正是由于这种慵懒的大无畏精神,甚至连我们的上层阶级——无论多么令人痛惜,也不得不承认这一点——都没有摆脱那些在其他国家那里只是最下层阶级才固有的缺陷;最后,他们没有发现,如果说我们具有某些年轻的和健康的民族的某些优点,那么,我们则丝毫没有成熟的、文化高度发展的民族的特点。

当然,我不是断言我们只有缺点,而欧洲民族只有美德,完全不是。但是我所说的是,为了正确地评价各民族,必须研究构成各民族本质的普遍精神,因为只有这种普遍精神,而不是民族性格的其他特点,才能将民族提升到更加完善的精神状态和指引它们走向无限发展。

大众处于来自社会顶层的一定力量的影响之下。大众不直接思考。大众当中有一定数量的思想家,他们为大众思考,给民族的集体意识以推动,促进民族运动。一小部分人思考,其他人感受,结果就实现了共同运动。世界上的所有民族都是如此,只有某些野蛮种族例外,这些种族只保留了人性的外貌。欧洲的原始民族,如克尔特人、斯堪的纳维亚人、日耳曼人都有过自己的祭司,自己的歌唱诗人,他们都以自己的风格成为颇有影响的思想家。请您看一看那些正在被美国物质文明所竭力消除的北美部落:在它们中间也会遇到思想惊人深刻的人。现在我问您,我们的智者、我们的思想家在哪里?谁曾经为我们思考过,现在又是谁在为我们思考?

然而,由于我们身处世界的两个巨大部分——东方和西方之间,一侧倚靠着中国,另一侧倚靠着德国,我们本应该把精神本性的两大原则——想象和理性结合于自身,在我们的文明中把全世界的历史命运统一起来。天意没有注定让我们扮演这样的角色。相反,天意好像完全不关注我们的命运。他将我们排除在他通常具有的对人类理性的有益影响之外,他让我们完全自行安排,不想干预我们的任何事务,不想教给我们任何东西。时代的经验对我们来说是不存在的。一辈辈人和一个个世纪对我们来说都徒然地过去了。看一看我们就可以说,人类的普遍规律对我们而言都归为乌有。我们在世界上是孤独的,没有带给世界以任何东西,也没有从世界里获取任何东西,我们没有给人类思想总库带来任何一种思想,对人类理性的进步没有起过任何作用,而我们由于这种进步所取得的任何东西都被我们歪曲了。从我们社会存在的最初,我们就没有为人类共同的幸福做过任何有用的事情,没有一个有益的思想产生于我们祖国这不结果实的土壤之上,没有一个伟大真理是从我们的环境中诞生的;我们没有努力在想象领域创造任何东西,而从别人的想象所创造的东西中,我们所借鉴的只是虚假的外表和无益的奢侈。

真是怪事!甚至在无所不包的科学世界里,我们的历史也与任何东西无关,什么也解释不了,什么也证明不了。如果那令世界震动的鞑靼军队在入侵西方之前不先经过我们生活的国家,我们恐怕不会在世界历史中占据一页。为了使我们自己得到重视,我们不得不从白令海峡一直延伸到奥得河。曾经有一位伟大人物[1]想要使我们走向开化,为了引起我们对启蒙的爱好,他把文明的外套扔给了我们;我们捡起了外套,却没有触及启蒙。又一次,另一

---

[1] 指彼得一世。

位伟大的君主①使我们参与了他的光荣使命,带领我们以胜利者的姿态从欧洲的一端走到另一端②;当我们从那些世界上最文明国家的胜利游行中归来之后,我们随身带回来的只是一些恶劣的概念和致命的谬见,这些概念和谬见的后果就是那场灾难③,它使我们后退了半个世纪。在我们的血液中,有某种与所有真正进步相敌对的东西。一句话,我们过去和现在的生活只是为了给久远后人提供他们能够理解的伟大教训;无论那时他们怎么说,我们现在还是理性存在秩序中的空白点。我一直惊诧于我们社会存在中的这种空白和这种惊人的孤立。这可能部分地归罪于我们的不可知的命运。但毫无疑问的是,这里也有人参与的成分,就像精神世界中发生的一切一样。我们将重新向历史寻求解释:历史能给我们提供理解各民族的钥匙。

[西方基督教推动世界历史进步]

当现代文明的大厦在诸北方民族充满力量的野蛮性与宗教的崇高思想的斗争中矗立起来的时候,我们在这个时代做了什么呢?按照不祥命运的指使,我们转向了腐败的拜占庭,转向了这个这些民族所深为鄙视的对象,去寻求道德学说,这一学说应该培育我们。在此之前,一位沽名钓誉的人④使这个家庭刚刚脱离全世界

---

① 指亚历山大一世。
② 指1813—1814年俄国军队的国外远征。
③ 指十二月党人起义。
④ 指当时的拜占庭牧首福吉,他是东正教会与罗马天主教会分裂的直接参与者。

社会,我们因此便接受了这种被人的情欲所歪曲了的思想。那时在欧洲一切都被富有朝气的统一原则所鼓舞。那里的一切都来自这一原则,一切都归向这一原则。那一时代所有的智力运动都只是追求确立人类思想的统一,一切动机都源于寻找世界性思想的主导需求,这一思想是新时代的鼓舞者。我们与这种奇迹创造的原则没有关系,我们成了征服的牺牲品。后来当我们从外族桎梏下解放出来的时候,我们本来能够利用这一时期在我们的西方兄弟那里正在兴盛的思想,假如我们没有隔绝于共同家庭的话。但我们陷入了更为残酷的奴役,而且这种奴役还被使我们摆脱桎梏这一事实所神化。

那时,在笼罩欧洲的表面黑暗中,已经发出了多少明亮的光线啊!现在的人类理智引以为傲的大部分知识,已经被人们预先猜测到了;新社会的性质已经确定,并且,基督教世界在回头诉诸多神教的古代世界时,重新获得了它所缺乏的美的形式。而我们作为分裂出来的异端而自我封闭,欧洲发生的任何事情都不能到达我们这里。伟大的世界性工作不关我们的事。宗教赋予现代民族的优秀品质(这些品质在健全理性的眼中使现代民族高于古代民族,就像古代民族高于霍屯人或拉普兰人一样);宗教用以丰富人的头脑的新力量;由于对无武装的权力的崇敬而变得温和的习俗(无论这些习俗从前多么冷酷)——所有这一切都被我们完全错过了。我们尽管名义上也是基督徒,但当基督教沿着它的神圣缔造者预定的道路阔步前进并吸引着一代代人的时候,我们却原地未动。整个世界都进行了重新改造,我们这里却没有创造出任何东西:我们像从前一样,栖居在用原木和干草垒成的茅舍里。总之,人类的新命运对我们来说还没有实现。尽管我们也是基督徒,但对我们来说基督教的果实还没有成熟。

我要问您,在我们这里占主导地位的假设,即认为,欧洲各民族在同一种精神力量的直接作用下慢慢实现的这一进步,我们能够一下子掌握,甚至无须弄清它是怎样实现的——这样的假设不是荒谬的吗?

谁没有看到基督教的历史方面,谁就完全不理解基督教,基督教的历史方面构成教义的重要部分,乃至可以说其中在某种程度上包含着全部基督教哲学,因为正是在这里才能发现,基督教已经为人们做了什么,它将来还应当为人们做什么。在这个意义上,基督教就不仅仅是作为在人类理性的暂时形态中被接受的道德体系而展现的,而且是作为以普遍形式在精神世界中起作用的永恒的神圣力量而展现的,因此,基督教的外部表现应该成为对我们的不断教导。关于统一的普世教会的信经教义,其含义也正在于此。在基督教世界中,一切都应当坚定不移地导致世间完善制度的建立,并且实际上也确实带来了这一成果,否则事实就会推翻救世主的话。他就不会在自己的教会里直到世纪之末。新制度——应该借助于救赎而到来的天国,就不会区别于旧制度——应当被救赎所根除的恶的王国。我们就会重新停留于关于不断完善的想象,这是哲学的幻想,历史的每一页都在反驳这种幻想:这是理性的空洞激发,它只能满足人的肉体存在的需求,如果它能将人提升到一定高度,那只是为了把他抛入更深的深渊。

但是,您会说,难道我们不是基督徒吗?难道我们不按照欧洲的榜样就不可能成为文明人吗?毫无疑问,我们是基督徒,但是,埃塞俄比亚人不也是基督徒吗？当然，成为不同于欧洲的另外一种文明人是可能的，能说日本不是文明的吗？而且，如果听信我们的一位同胞①的话，日本在很大程度上比俄国更文明。但是，难道您认为，埃塞俄比亚的基督教和日本人的文明能够实现我刚才所说的、作为人类终极使命的制度吗？难道您认为，这些偏离了神的真理和人的真理的荒谬偏差会使天国降临大地吗？

在基督教中有两个很容易区分的方面：第一是它对个性的作用，第二是它对世界理性的作用。这两种作用在最高理性中自然地交融，导致同一个目标。但是，我们有限的眼光无力把握神圣智慧的永恒使命在其中得以实现的全部时间过程。我们必须区分在一定时间在人的生活中表现出来的神的作用，与只有在无限中才能表现出来的神的作用。在救赎事业最终完成的那一天，所有的心灵和智慧都将构成一种感情、一种思想，那时，隔离各民族和各宗教的壁垒都将倒塌。但是现在，对每个民族来说，重要的是要弄清自己在基督徒使命的总体系中所处的位置，也就是知道，它能在自身和自己周围找到什么样的方法，以便能够在争取达到整个人类社会所面临的目标的过程中彼此合作。

因此，必须有这样一个特殊的思想圈子，以便在这一目标应当在其中实现的社会里，也就是在启示思想应当在此成熟和达到完满的地方，使得意识能够在这个圈子范围内运动。这个思想圈子，这种精神氛围，必然唤起特定的生活和特殊的观点，这些生活和观

---

① 指俄国航海家瓦·米·戈洛夫宁（1776—1831 年），他曾于 1811—1812 年在日本做俘虏。

点在每个个人那里有可能不是同一的,但与我们相比,与全部非欧洲民族相比,它们创造了同样一种行为特点,这是18个世纪的过程中所进行的巨大精神工作的结果,人们向这一精神工作投入了全部激情、全部兴致、全部痛苦、全部想象力和理性力量。

所有的欧洲民族在从一个时代走向另一个时代的时候,都是携手并进;无论他们现在多么努力地想各走各的路,他们仍然不断地在同一条道路上相遇。要弄明白这些民族发展的亲缘关系,甚至没有必要去研究历史:只需要读一读塔索的作品,您就会看到所有的民族都跪拜在耶路撒冷的围墙之下。请您回想一下,在15个世纪的历史中,欧洲各民族持同一种语言与上帝交流,有同一个精神权威,同一种信念。请您想想,在15个世纪的历史中,他们每年在同一天、同一个时刻,用同样的语言赞颂最高存在者,赞颂他的伟大恩赐:这奇妙的共鸣比物理世界中所有的和谐都要壮丽一千倍。在此之后就清楚了,既然欧洲人生活于其中的氛围(并且只有这一氛围才能使人类实现自己的终极使命)是宗教作用的结果,既然我们的信仰的弱点或我们的教义的缺陷使我们驻留于这一世界过程之外(基督教的社会思想在这一过程中得到发展并获得明确的表达),我们注定只能间接地和更迟地接受基督教的作用,——既然如此,那么,就必须千方百计地恢复我们信仰的生机,使我们具有真正的基督教动机,因为在那里一切都是基督教所完成的。我在谈到我们必须重新开始人类的教育时,所说的就是这个意思。

近代社会的全部历史都是在信念基础上形成的。就是说,这是真正的教育。从一开始就确立在这一基础上的近代社会,只有依靠思想的力量才能进步。社会利益总是跟随在思想之后,而从来不是在思想之前。在这一社会中,利益总是从信念中产生的,而从来不是利益引起信念。在这一社会中,所有的政治革命实际上都是精神秩序的转变。人们寻求真理——从而找到了自由和富裕。只有这样才能解释近代社会及其文明的特殊现象;否则就完全不可能理解近代社会。

宗教迫害,殉教,基督教的布道,异端,宗教会议——这是充满最初几个世纪的事件。这一时代的全部运动,也包括蛮族入侵在内,都完全是与新精神的幼稚努力相联系的。等级制度的形成、宗教权力的集中和基督教在北方各民族中的持续传播——这是第二个时代的内容。再后来是宗教感情的高涨和教权的巩固。哲学和文学方面的智慧发展,以及道德习俗在宗教影响下的温和化,结束了这段历史,这段历史可以称作神圣历史,就像古代被拣选民族的历史一样。最后,当今的社会状况是由宗教的反动、宗教对人的精神的新冲击决定的。这样,近代各民族主要的甚至是唯一的利益,只在于信念之中。一切利益——物质的、实证的、个人的利益——都容纳在信念中。

我知道,有人不去崇拜人类天性谋求尽可能完善的这种神奇热情,而是把这叫做狂热和迷信;但是不管他们在那里怎么说,请您自己判断一下,完全是由同一种情感(无论在善中的还是在恶中的)所引起的社会发展,在这些民族的性格中留下了多么深的痕迹。无论那些肤浅的哲学[①]怎样大声叫嚷宗教战争和由于不宽容而引起的火刑,——对我们来说,我们只能羡慕那些民族的命运,

---

① 指法国启蒙运动时期的百科全书派哲学。

他们在这一信仰的冲突中,在这些为保卫真理而进行的血腥战斗中,为自己创造了这样一个概念世界,这个世界我们甚至无法想象,更不必说,像我们所希望的那样全身心地投入其中了。

我重复一遍:当然,在欧洲各国并非一切都充满理性、美德和宗教,——完全不是这样。但那里的一切都隐秘地服从在数世纪里独占统治地位的力量;那里的一切都是从事实与思想的持续结合中产生的,这种持续结合也创造了社会的现状。可以顺便举一个例子来说明这一点。有这样一个民族,它的个性表现得最鲜明,它的形成最能够反映近代精神,这就是英国人——实际上,英国人除了教会的历史没有历史。英国人将自己的自由和富裕归功于最近的一次革命[1],而这次革命,以及从亨利八世起导致这次革命的全部事件,不是别的,正是宗教的发展。在整个这一时期,纯粹政治利益只是次要动机,这些动机或者很快完全消失,或者成为信念的牺牲品。就在我写这封信的时候[2],在写下这句话的时候,同样是宗教问题又在困扰着这个被拣选的国家[3]。总之,任何一个欧洲民族都可以在自己的民族意识中找到(如果它想在其中寻找的话)这样一个特点,这一特点像神圣约言一样,在该民族的全部生命过程中,都是该民族生命力的永恒本原和该民族社会存在的灵魂。

基督教的作用完全不局限于它对人们精神的迅速的和直接的

---

[1] 指1640年英国资产阶级革命。
[2] 1829年。
[3] 指1829年4月通过的关于解放英国天主教徒的法律草案。

影响。基督教应当产生的巨大作用,应当由道德方面、思想方面和社会方面的多种结合组成,在这些结合中,人的精神的完全自由应当找到自己的任何空间。这样就可以理解,从我们纪元的第一天开始,或者更确切地说,从救世主向他的门徒们说"*你们往普天下去,传福音给万民听*"[①]的那一刻开始,——从那时开始所成就的一切,包括对基督教的所有攻击在内,都完全在于基督教的作用这种一般观念。只要去观察一下,基督的统治在人们的心中处处实现,无论是有意识地还是无意识地,自愿地还是被迫地,——只要观察一下这些,就足以确信基督预言的应验。因此,尽管现代状况下的欧洲世界还存在各种不完善、缺陷和犯罪,仍然可以说,天国在一定意义上在欧洲真的实现了,因为这一社会自身包含着无限进步的原则,拥有处于萌芽状态的为天国在未来世界上的彻底实现所必需的一切基本要素。

在结束关于宗教对社会的作用的这些思考之前,我在此要重复一下我曾经在一篇您所不知道的文章中所作的有关论述。

我写道:"毫无疑问,当你还没有发现基督教在人类思想与它相遇(无论以什么方式相遇,即便是为了与它斗争)的地方都处处发生影响的时候,你就不会有关于这种影响的明确观念。凡是叫出了基督之名的地方,这个名字本身都不可避免地吸引着人们。任何东西都不能比基督教所固有的绝对普遍性特点更正确地揭示这一宗教的神圣起源,由于这一普遍性,基督教以各种可能的方式进入人们的心灵,不知不觉地占据人们的头脑,统治人们的理智,

---

① 《圣经·马可福音》16:15。

甚至在人们仿佛强烈对抗自己的时候使其服从,给思想带来此前格格不入的真理,使心灵获得前所未有的体验,向我们授予这样的情感,这些情感不知不觉地使我们在一般体系中占据一席之地。基督教以此决定了一切个人的行为,使一切都走向同一个目的。从这种观点看待基督教,基督的每一句格言都成为可以触摸的真理,于是你就能够分辨出基督的全能的手所发出的全部推动力,这种推动的目的是使人实现自己的使命,而不干涉人的自由,不破坏他的自然力量,而是相反,为的是引起这些自然力量的高度紧张,无限地激发人自己的全部力量。这时你就会看到,在新秩序里任何一种精神要素都没有不发挥作用,一切都可以在其中找到自己的位置和得到应用,包括理性的活动天赋,情感的热烈流露,强大心灵的英雄精神,以及温顺灵魂的忠诚。启示思想是任何一个有自觉意识的存在物都可以达到的,它与心灵的全部运动结合在一切,无论心灵是为何跳动的,启示思想抓住一切,它甚至由于在自己道路上受阻而生长和巩固。它和天才一起上升到有死的普通人所达不到的高度,它和胆怯的灵魂一起伏在地上,一步步前进;它在聚精会神的头脑里是独立的和深刻的,它在富于想象的心灵中存在于梦想中并充满形象;它在温柔的和慈爱的心灵里表现为仁慈和爱;它总是与每一个相信它的意识共同前进,使这个意识充满热情、力量和光明。它激发了多种多样的性格和许多力量,它把各种能力融为一体,它使许多不相似的心为同一个思想而跳动。但基督教对整个社会的作用更加令人惊讶。只要打开近代社会发展的整个画卷,你就会看到,基督教把人们的全部利益都变成了它自己的利益,处处把物质需要换成了精神需要,在思想领域激起了一些大辩论,这些辩论是任何其他时代和其他社会都不曾有的,基督教还引起了信念之间的残酷斗争,因此人民生活成为一种伟大思想和包容一切的情感;你会看到,一切都成为基督教的表现形式,包括私人生活和社会生活,家庭和祖国,科学和诗歌,理性和想象,回忆和希望,快乐和痛苦。那些在由上帝自己所激发的伟大运动中对自己进行的活动有内在意识的人是幸运的。但在这一运动中并非所有人都是活动者,不是所有人都在自觉地工作;大众被迫盲目活动,就像无灵性的原子和惰性的巨物,不知道推动他们的力量,认不清他们走向的目标"。

现在该回到您这里了,夫人。我承认,我很难脱离这些广阔的视野。从这一高度上,在我眼前展现出这样一幅图景,其中包含了我的全部安慰;在包围着我的苦难现实的压迫下,当我感觉到需要呼吸更清新的空气,看到更明亮的天空的时候,对人类未来幸福的美好希望,是我的避难所。不过,我不认为我滥用了您的时间。应当对您解释清楚这样一种观点,应当从这种观点来看基督教世界和我们在这个世界上所做的事。您会觉得我在对祖国的批评上是残酷的。但我说的只是实情,甚至还不是全部实情。况且基督教意识不容忍任何迷惑,最不能容忍民族偏见,因为这一偏见最能够使人们分裂。

我的信过于冗长,夫人,我们两人似乎都该喘口气了。起初我以为,我能够用不多的话语把我所思考的东西告诉您;环顾四周,我看见,这里有一整本材料。这对您适合吗,夫人?请您告诉我。不管怎样,都请您不要错过第二封信,因为我们刚刚进入问题的实质。同时,如果您同意把第一封信的内容丰富看做是对您不得

第二章 18—19世纪上半期的启蒙主义和斯拉夫主义

长时间等待的一种补偿,那么,我将非常感谢您。我在收到您信的当天就动笔写回信了。那时令人伤心和厌烦的忧虑完全吞噬了我:在开始交谈如此重要的对象之前,应当先摆脱这些忧虑;然后,我不得不重新抄写我的完全不易懂的凌乱语句。这次您不需要等待很久了:我明天就重新动笔。

1829年12月1日于大墓地[①]

《疯人的辩护》(1837年)[②]

哦,我的兄弟! 我道出了
许多痛苦的真理,却没有任何痛楚。

——柯勒律治

一

使徒保罗说,仁慈包容一切,相信一切,忍耐一切[③],于是,我们将包容一切,忍耐一切,相信一切,——我们将是仁慈的。但是,首先,刚刚以非同寻常的方式歪曲了我的精神存在的、使一生的劳动付之东流的那场灾难,实际上只是这样一种恶意叫喊的结果,这

[①] 指莫斯科。
[②] 1836年《哲学通信》在《望远镜》杂志上发表后,俄国政府查封了该杂志,通信作者恰达耶夫被宣布为疯子,并被永生禁作。1837年,恰达耶夫郁闷之极写下了《疯人的辩护》。译自《恰达耶夫文集》(Чаадаев П. Я. Сочинения. Москва. Изд. «Правда». 1989. С. 139—154)。
[③] 参见《圣经·哥林多前书》13:7。

种叫喊是在我的文章出现时从社会的一部分人中间响起的,我的文章可谓尖刻,但是显然,它完全不值得如此这般的叫喊。

[爱祖国和爱真理]

实际上,政府只是履行了自己的职责;甚至可以说,在目前对我采取的这些严厉措施中,没有任何令人感到骇人听闻的东西,因为这些措施无疑还远未超出那一部分人的期待。的确,受到最美好意图所激励的政府,它如果不遵循那被它真诚地视为国家之郑重愿望的东西,它还能干什么呢?社会的号叫完全是另外一回事了。爱国的方式是多样的;例如,萨莫耶德人爱那片使他们变成近视眼的故乡雪原,爱那些他们在其中蜷缩着度过半生的、被熏黑的帐篷,爱那种在他们周围散发着酸臭味的鹿油。他们对自己国家的爱显然与英国公民不同,英国公民是为其光荣岛屿上的机构和高度文明而自豪;毫无疑问,假如我们不得不以萨莫耶德人的方式去爱我们出生的地方,那么这对我们来说是一种悲哀。对祖国的爱是美好的,但还有一种比这更美好的东西——这就是对真理的爱。对祖国的爱培养出英雄,对真理的爱则造就智者和人类的恩人。对祖国的爱会分裂各民族,引起民族仇恨,并马上给大地披上丧服;对真理的爱则会传播知识的光芒,创造精神享受,使人接近上帝。通往天堂的道路要经过的不是祖国,而是真理。的确,我们俄罗斯人很少关心何为真理、何为谬误,因此,如果针对社会疾病所进行的有些刻薄的愤怒演说触到了社会的痛处,也不应该对社会生气。因此,我敢担保,我对这些可爱的民众没有任何恶意,他们曾经这样长久地、阴险地抚慰过我:我将竭尽力量沉着地、不带有任何气愤地弄清我的奇怪处境。请问,我要努力弄清一个被国家最高司法机关宣判为疯子而受到损害的人与自己的这些同胞和自己的上帝是一种什么关系,这难道不是很自然的事情吗?

我从未获得过民众的掌声,也没寻求大众的宠爱;我总是在想,人类只应该跟随自己自然的领袖,上帝的受膏者,人类只有在这样一些人的领导下才能在其真正进步的道路上前进,他们以某种方式从天上获得了引导人类的使命和力量;公众的意见完全不能等同于绝对的理性,正如我们时代的一位伟大作家所认为的那样[①];大众的本能远比个人的本能更加热烈、更加狭隘和自私,所谓人民的健全理智根本不是健全理智;真理不是在人群中产生的;真理不能用数量来表达;最后,人的意识的强大和光辉只能出现在个别人的智慧中,这人的智慧是他所处环境的中心和太阳。我不懂怎么会发生这样的事情:在一个美好的日子里,我不知不觉地要面对愤怒的公众,而这些人,我从来没有获得过他们的赞扬,从来没领受过他们的抚慰,他们的任性要求也没有触犯我。我的思想本不是针对我们世纪的,我不希望它与我们时代的人发生关系,在我的意识深处是要把这一思想遗赠给知识更渊博的后代人的,尽管这一思想在一个小圈子里早就获得了公开性,可是这一思想怎么会冲破了自己的桎梏,从自己的修道院里跑出来,冲到大街上,在发呆的人群中蹦跳呢?对此我无法解释。但我能够确信无疑地说明下面的事情。

[①] 指法国宗教哲学家拉门奈(1782—1854年)。

[俄罗斯民族的历史无力创造自己的未来]

俄罗斯追求与西欧融合已经有三百年了,从那里借用了所有最重要的思想、最有效的知识和最真实的享受。但是,近一个多世纪以来,俄罗斯不再局限于此。我们最伟大的一位帝王[①](大家公认,是他为我们开辟了一个新时代,大家都说,应该将我们的强大、我们的光荣和我们现在拥有的一切财富都归功于他),他在150年前面对全世界摈弃了旧俄罗斯。他以自己的强大气魄清理了我们的全部机构;他在我们的过去和现在之间掘出一道鸿沟,并将我们全部传统都一起抛进这条沟里。他亲自去了西方国家,在西方他成为最渺小的人,但当他回到我们这里的时候却成为了伟人;他面对西方躬身下拜,站起身时他却成为我们的主人和立法者。他将西方的话语引入我们的语言中;他以西式的名字命名自己的新首都;他抛弃了自己祖传的封号,接受了西方的封号;最后,他甚至拒绝自己的名字,多次用西方的名字签署最高决议。从这时起,我们所做的只是紧盯西方,吸收从西方来到我们这里的风尚,从中汲取营养。应该说,我们的君主们几乎总是在牵着我们的手,几乎总是在国家本身没有任何参与的情况下硬拖着国家,他们自己强迫我们接受了西方的风俗、语言和服饰。从西方的书籍中我们学会了根据音节拼出物体的名称。西方的某一个国家教会了我们了解我们自己的历史;我们完整地翻译了西方的文学,记熟了它们,用西

---

① 指彼得一世。

方文学的碎片来装点自己,最后,我们因为像西方而感到幸福,因为西方勉强同意将我们纳入它们的行列而感到自豪。

应该承认,这是美妙的,这是彼得大帝的创造,这一强有力的思想曾经控制了我们,并推动我们走上了我们注定要如此辉煌走过的道路。他对我们讲的那段话是深刻的:"你们看见那里的这种文明了吧,这是多少劳动的成果——这些科学和艺术耗费了多少代人的精力啊!只要你们拒绝自己的偏见,不死守你们野蛮的过去,不夸耀你们无知的年代,而是仅仅把掌握所有民族取得的劳动成果和人类理性在全球范围内获得的财富作为自己功名的目标——只要这样,上述文明的一切就是你们自己的"。伟人不仅仅只为自己的民族而工作。这些被天意拣选的人永远是为全人类而被派遣来的。起初,他们被某一民族据有,后来他们就会被全人类吸收,就好比一条河,在流经了广大地区之后,又会将自己的河水奉献给海洋。当他离开王位和祖国,隐藏在文明民族的最后行列的时候,他向世人展现的场景只能是这样的:他必须以人类天才的新努力摆脱祖国的狭隘藩篱,才能在人类的广阔舞台上占据一席之地。这就是我们应当把握的教导,我们也确实利用了这一教导,直到今天我们还一直走在这位伟大帝王为我们预先规定的道路上。我们的巨大发展只是这一宏伟纲领的实现。从来没有哪一个民族能像彼得大帝所养育的俄罗斯民族那样少地偏爱自己,也没有一个民族能在进步的舞台上取得如此多的光荣成就。这个非同寻常的人以其卓越智慧准确无误地猜测到了,我们在文明和世界思想运动道路上的出发点应该是怎样的。他看到,由于我们几乎完全没有历史素材,我们无法在这一软弱的基础上确立我们的未来；他非常明白，面对作为全部先前文明之最新体现的欧洲文明，我们没有必要憋死在我们的历史中，没有必要像西方各民族那样重新经历民族偏见的混乱，沿着地方观念的狭窄小道，循着本地传统的崎岖车辙缓慢前行，我们应该借助我们内在力量的自由迸发、民族意识的坚决努力来掌握注定属于我们的命运。正是他，使我们摆脱了所有这些过去的残余，这些残余堆满了历史上的社会生活，阻碍着社会运动；他使我们的理智向人类中存在的全部伟大的和美好的思想敞开；他向我们传达了全部的西方，许多世纪造就的西方，他给予了我们西方的全部历史作为历史，西方的全部未来作为未来。

难道你们以为，如果他在自己民族这里能找到丰富的和富有成果的历史、鲜活的传统、有深厚根基的制度，他会毫不犹豫地将自己的民族投入新的形式吗？难道你们以为，如果他面对的是轮廓鲜明、有清晰表现的人民性，那么，组织者的本能不会使他转回身面向这一民族性本身来寻求复兴国家的必要手段吗？从另一方面来说，国家能够允许剥夺它的历史，并将欧洲的过去强加于它吗？但完全不是这样的。彼得大帝在自己家里找到的只是白纸一张，他用他那强有力的手在这张白纸上写下两个词：欧洲和西方；从那个时候起，我们就属于欧洲和西方了。不应当误解，因为无论这个人的天才是多么伟大，他的意志有多么非同寻常的力量，他所做的事情，也只有在这样一个民族中才是可能的，这个民族的历史没有威严地指出它应该走的路，它的传统无力创造自己的未来，它的回忆可以被一个大胆的立法者不受惩罚地消除。既然我们如此顺从地听从唤起我们走向新生活的君主的声音，显然，那是因为我们的历史中没有任何能与之抗衡的东西。我们历史面貌的一个最深刻特点是,在我们的社会发展中缺少自由的创举。你们好好看一看,就会发现,我们历史中任何一个重要的事实都是外来的,任何一个新思想几乎总是借鉴来的。但在这一观察结果中,没有任何有辱民族情感的东西;如果这一观察结果是正确的,那就应该接受它——这就完事了。存在着伟大的民族,就像那些伟大的历史人物一样,我们无法用我们理性的常规来解释,但是它们却隐秘地受到天意之最高逻辑的规定:我们的民族正是这样;但是,我再重复一遍,所有这些和民族的荣誉没有任何关系。任何一个民族的历史不仅仅是相继发生的一连串事件,而且是互相联系在一起的思想链条。每一个事件都应该通过思想来表达;思想或原则应该像丝线一样穿过事件,力图实现自身:那样事实就不会消失,而是在头脑中划出沟痕,在心灵中留下烙印,世界上任何力量都无法将之从这里驱走。这一历史不是历史学家创造的,而是事物的力量创造的。历史学家只是来到历史面前,发现既成的历史并把它讲述出来;但是,不管历史学家是否到来,历史总是存在着的,历史家庭中的每一个成员,无论他是多么轻微、渺小,他都在自己存在的深处承载着历史。我们应该习惯于没有历史地生活,而不应该谴责首先察觉到这一点的人。

当然,可能我们那些狂热的斯拉夫人在种种搜寻中,会不断地为我们的博物馆和图书馆挖掘出稀有文物来;但是,我还是认为,他们能否在什么时候成功地从我们的历史土壤中抽取出某种能够填充我们空洞的心灵、让我们含糊不清的意识富有严密性的东西,这是值得怀疑的。请看中世纪的欧洲:那里没有一件事不在一定程度上是绝对必要的,没有一件事不在人类的心中留下深厚的印记。这是为什么呢?因为你们可以在每一个事件的背后发现思想,因为中世纪的历史,就是力图在艺术、科学、个人生活以及在社会中体现出来的近代思想的历史。因此,这一历史在人们的意识中留下了多少沟痕,怎样开发了人类理智在其上发挥作用的土地啊!我很清楚,并不是任何历史都像那一非凡时代的历史那样,是严格地和合乎逻辑地发展的,那个时代,在统一的最高原则的统治下建立了基督教社会;但是毫无疑问,这正是一个民族或各民族大家庭的历史发展的真正特点;不具备这种历史的民族,不应该在自己的历史和自己的记忆中探寻继续发展的因素,而应该在别的地方谦卑地寻找。民族生活中所发生的事情与个人生活中的事情几乎是同样的。尽管每一个人都生活着,但是只有天才的人或者被置于特殊条件下的人才具有真正的历史。例如,某个民族,借助于并非它自己所创造的状况的巧合,由于并非它自己所选择的地理位置,它分布在一片广大的空间里,没有意识到自己在做什么,而在一个美妙的日子里,它成了强大的民族:这当然是惊人的现象,对此你们怎么惊讶都不过分;但是,你们想一想,它可以说得上有历史吗?因为实际上,这不是别的,正是纯粹的物质事实,也可以说是个地理事实,当然是大规模的地理事实,但也仅此而已。历史将会记住它,会把它记入自己的编年史,然后翻过这一页,就一切都结束了。这个民族的真正历史只能从它被它所信赖的和它应当实现的思想所充满的那一天算起,只能从它以顽强的(虽然也是隐藏的)本能来履行这一思想的那一天算起,这一本能能够指引各民族走向自己的使命。这就是我用自己心灵的全部力量为我的祖国所呼唤的因素,这就是我希望你们承担起来的任务,我亲爱的朋友和同胞们,你们生活在高度文明的时代,而且不久前刚刚让我看到你们身上充满了神圣的爱国热情。

[东方和西方是涵盖全人类生活结构的两种思想]

世界自古以来就分为两个部分——东方和西方。这不仅是地理上的划分,而且是受理性存在物的自身本性所制约的事物秩序:这是对应着自然界的两种动态力量的两个原则,是涵盖着人类整个生活结构的两种思想。人类智慧在东方是在凝神、沉思和自我封闭中产生的;人类智慧在西方则是通过向外扩展、向四方辐射、同所有障碍作斗争而发展的。社会就是按照这些原初的状况自然形成的。在东方,思想因沉浸于自我,躲入僻静之地,隐匿在荒漠里,从而让社会政权掌管世上的全部财富;在西方,思想到处奔跑,维护人们的全部需求,渴望各种形式的幸福,因此它把政权建立在法律基础上;不过在这两种环境下,生活都是强有力的和有成效的;无论在哪里,人类理性都不缺乏高度的灵感、深邃的思想和高尚的创造。东方首先出场,它从自己孤独直观的深处向大地发出光芒;随后,西方到来了,带着自己无所不包的活动、鲜活的语言和全能的分析,它掌握了东方的劳动成果,结束了东方开始的一切,最后,把东方吞没于自己的广阔怀抱。但是,在东方恭顺的思想跪倒在历史权威面前,在对他们的神圣原则顺从的服务中耗尽了自己,最终昏睡过去,封闭在自己停滞的综合中,没有猜透为它们准备的新命运;然而在西方,思想骄傲地、自由地推进,它们只对理性和天的权威鞠躬,只在未知的东西面前驻足,从不停息地把目光投向无限的未来。在这里他们还在继续前进——这你们是知道的;你们还知道,从彼得大帝时代开始,我们就认为,我们正在与它们一道前进。

但是,现在冒出来一个新流派[①],不再需要西方了,应该毁掉彼得大帝的创造,应该重新遁入荒漠。忘记了西方为我们所做的,不知道感谢使我们变得文明了的伟人,不知道感激教导我们的欧洲,他们排斥欧洲和那位伟人,这一新出炉的爱国主义已经情绪激昂地急于将我们宣布为可爱的东方之子了。他们说,我们何必要到西方民族那里去寻找启蒙呢?难道我们自己这里没有欧洲无法相比的社会结构的所有萌芽吗?为什么不等待时间的作用呢?凭借我们自己,我们的光明智慧,潜藏在我们强大本性深处的有效原则,特别是我们神圣的信仰,我们很快就能超过那些执着于荒谬和谎言的民族。西方有什么东西可令我们羡慕的呢?是它的宗教战争、教皇制、骑士制度、宗教法庭吗?西方有什么好东西,完全谈不上!西方是科学和所有深刻事物的故乡吗?不是——众所周知,东方才是。因此,我们要退回到这个东方,我们处处与这一东方相关联,不久前我们才从那里获得了我们的信仰、法律、美德,总而言之,我们从东方获得了使我们成为世间最强大民族的一切。古老的东方正在退出舞台:我们不正是它自然的继承者吗?从此,这些神奇的传说流传在我们中间,所有这些伟大而神秘的真理也将在

[①] 指斯拉夫主义者。恰达耶夫在1839年斯拉夫派作为一个流派形成以前,就对其展开批判。

我们当中实现,这些真理自万物之始就被委托给了东方保存。你们现在明白了,我刚刚遭受的风暴是来自何处,你们也看到,我们这里正发生着民族思想中的真正的转向,这就是激烈反抗启蒙,反抗西方思想,——反抗那些使我们变成如今模样的启蒙和思想,现在促使我们对这些启蒙和思想所进行的反抗本身,也是这些启蒙和思想的结果。但是,这一次推动力不是来自上头的。相反,据说在社会上层从来没有像今天这样尊敬地纪念我们的强大改革者。所以这个倡议是完全属于地方的。获得解放的人民理性的第一行为会将我们带到何方呢?天晓得!但是谁郑重地爱祖国,他就不能不为我们某些最先进思想家的背叛而深感痛心,他们背叛了我们应将我们的光荣与强大归功于之的所有东西;我认为,一个诚实的公民要做的事情,就是要尽其所能地对这一非同一般的现象做出评判。

我们生活在欧洲的东边,这是正确的,但是我们却从来也不属于东方。东方有东方的历史,它跟我们的历史没有任何相同之处。正如我们刚才看见的,东方本来具备富有成果的思想,这一思想曾经决定了理性的巨大发展,它以惊人的力量完成了自己的使命,但是它已经注定不能再现于世界舞台了。这一思想将精神原则作为社会的主导;它使一切权力都服从于一个牢不可破的最高法则——历史法则;它深刻地制定了精神等级体系;尽管它将生活勉强塞入了一些十分窄小的框框内,但是它将生活从外在影响下解放出来,并且给它打上深刻的烙印。我们这里不曾有过这些东西。精神原则一成不变地从属于世俗原则,精神原则从来就没有在上层社会得到确立;历史法则、传统从来就没有在我们这里获得绝对统治;我们这里的生活从来不是按照一成不变的方式来安排的;最后,我们这里从来没有过精神等级的痕迹。我们只是一个北方民族,无论是就思想来说,还是就气候而言,我们都与那芬芳的克什米尔盆地和神圣的恒河岸边相距甚远。的确,我们的某些地区与东方国家接壤,但是我们的中心不在那里,我们的生活不在那里,而且,只要某种天体摄动不改变地球轴心的位置或新的地理变迁不再次将南方生物抛向极地冰原,我们的生活就永远不会在那里。

问题在于,我们还从来没有从哲学的角度考察过我们的历史。我们民族存在的伟大事件中没有一件事得到应有的描述,我们历史中的伟大转折没有一个得到过认真评价;由此才有了现在正令我们爱国主义思想家焦急不安的这些奇怪的想象,这些复古的乌托邦,这些对不可能实现的未来的幻想。50年前,德国学者[1]发现了我们的编年史作者;后来,卡拉姆津又用响亮的音节讲述了我们君主的事业和功勋[2];在我们当今,有一些蹩脚的作家、拙劣的古董爱好者和几个不入流的诗人,既没有那两个德国人的学问,也没有那位知名的历史学家的文采,就自信地描绘和复活那些我们谁也不记得、谁也不喜欢的时代和习俗,这就是我们在民族历史方面的研究的结果。应当承认,从所有这一切中获得对我们所面临的命运的严肃预感,这是明智的。而且,现在全部问题正在于此;正是这些结果,是当今历史探索的全部兴趣所在。我们时代的严肃

---

[1] 指德国历史学家 Г. Ф. 米勒(1705—1783年)和考古学家 A. Л. 施勒策尔(1735—1809年)。米勒搜集了由古代手稿组成的大量档案文献,他在1733—1743年的考察旅行中收集的文献,对于研究西伯利亚历史至今仍具有非常重要的史料价值。他的收藏被叶卡捷琳娜二世购买。施勒策尔是彼得堡科学院院士,他在1802—1809年在哥廷根出版了五卷本研究俄国编年史作者涅斯托尔的著作。

[2] Н. К. 卡拉姆津的《俄罗斯国家史》在1836年之后得到广泛阅读。

思想首先要求对这样一些时刻进行严谨思考和审慎分析,在这些时刻,某一民族的生活表现出或大或小的深刻性,该民族的社会原则得到完全纯粹的表现,因为这里包含着它的未来,包含着它可能取得的进步的要素。如果你们的历史中很少有这样的时刻,如果你们的生活缺乏力量和深度,如果你们的命运所服从的规律不是在民族功勋的夺目光彩中得到加强的辉煌原则,而是某种苍白的、黯淡的、隐藏在你们民族存在的地下环境中见不着阳光的东西,那么,你们也不要抛弃真实状况,不要想象你们曾经过的是历史民族的生活,而实际上你们像是被埋葬于你们的广阔墓地一样,曾经过的只是矿物的生活。但是如果你们在这种空洞中偶尔撞上这样的时刻,此时民族有真正的生活,它的心脏开始真正地跳动,如果你们听到民族的浪潮在你们周围喧嚣四起,——哦,那时候请你们停下来,思考思考,研究研究,你们的劳动是不会白费的:你们就会知道,在伟大的日子里你们的民族能做什么,它能够拥有怎样的未来。比如,我们民族就有过这样的时期,它结束了可怕的皇位空缺时期①,那时,我们这个达到极端性的、自感羞愧的民族最后终于发出了自己伟大的警戒呼唤,以自己全部力量的自由爆发挫败了敌人,高度赞扬了至今还在统治着我们的那一高贵的姓氏:这是一个无与伦比的时期,对这一时期你无论怎么称赞都不过分,尤其是如果你回想起我们历史上此前几个世纪的空洞,回想起我们国家在这个难忘的时刻所处的完全特殊地位的话。由此可以弄清楚,

---

① 指1598—1613年俄国历史上的动乱时期。1613年结束了这一时期,开始了罗曼诺夫王朝。

我远远不是有些人认为的那样,要清除我们的全部回忆。

我已经说了并且要再说一遍的是,该到了用清醒的眼光来看待我们历史的时候了,但这不是为了从历史中抽取腐烂遗物、被时间所吞没的陈旧思想,以及早已被我们的君主和人民自己的健全理智所消除的陈旧反感,而是为了弄清楚,我们应该怎样对待我们的历史。这正是我在我未完成的著作中尝试做的事情,而那篇奇怪地触犯了我们民族虚荣心的文章应该是这部著作的序言。毫无疑问,那篇文章表达上有急躁之处,思想有些尖锐,但是它自始至终浸透的感情却没有任何敌视祖国的意思:这是一种带着痛苦和忧愁表达出来的对我们的软弱性的深刻感受,仅此而已。

[我们走在其他民族之后是为了比他们做得更好]

请相信,我比你们之中的任何一个人都更爱自己的国家,更希望它获得荣耀,更善于对我们民族的高尚品质做出评价;但下面的状况也是同样正确的:激励我的爱国情感与这样一些人的不完全相似,他们的叫喊声打破了我生活的宁静,将我停靠在十字架脚下的帆船重新抛向了人们愤怒的海洋。我没有学会闭着眼睛、低着头、闭着嘴巴地爱自己的祖国。我发现,一个人只有清楚地认识自己的国家,才能成为一个对自己国家有用的人;我认为,盲目钟爱的时代已经过去了,现在我们首先有责任把真实状况告知祖国。我像彼得大帝教给我的那样爱着我的祖国。我承认,我与那种怡然自得的爱国主义、懒惰的爱国主义格格不入,这种爱国主义是适合于把一切都看成是玫瑰色的,具有自己的幻想,遗憾的是,现在我们很多能干的思想家也患有这种爱国主义的毛病。我认为,我们走在其他民族之后是为了比他们做得更好,不重复他们的错误、迷误和迷信。有人断定,我们注定要重复那些处境比我们更差的民族完成的诸多疯狂举动,重新历经它们所受的所有灾难,我认为做出这种判断的人对我们要扮演的角色表现出了极度的无知。我认为我们的处境就是幸运的,只要我们能够正确地对我们的状况做出评价;我觉得,有可能从自己的思想高度直观和判断世界,这是一个巨大优势,这一思想高度摆脱了抑制不住的激情和可鄙的私欲,这些激情和私欲在其他一些地方扰乱人的视线,歪曲人的判断。此外:我深信,我们具有这样的天赋,即能够解决社会秩序的大部分问题,实现旧社会中产生的大部分思想,回答人类面对的最重要的问题。我经常说,也愿意重复:事物的自然天性本身赋予我们以这样的使命,使我们成为真正的良心裁判法庭,来裁决人类精神和人类社会的伟大法庭上进行的许多诉讼。

实际上,你们看一看,在那些可能被我过分称赞的、但确实是全部文明形态的最完善榜样的国家里发生了什么。在那里可以不止一次地看到:一种新思想刚要问世,全部狭隘的自私自利、全部幼稚的虚荣心、起伏于社会表面的全部固执的党派性——这一切就立刻扑向这一新思想,控制它,把它翻转过来,歪曲它,不久,被所有这些因素打碎了的这一思想便飞散到一些抽象领域,在这些领域一切无成果的灰尘都消失了。而在我们这里则没有这些热烈的兴趣,没有这些现成的意见和固定的偏见;我们以童贞的理智迎接每一种新思想。无论我们的君主们所随意创造的制度,还是用他们全能的犁所耕耘出来的生活方式的微薄残余,或者是我们那些妄图在最微不足道的事物方面确立自身的意见——所有这些都不是与天意赋予人类的全部幸福的迅速实现相矛盾的。需要的只是某个威严的意志在我们中间说出自己的观点，那么，一切意见都会逐渐消失，一切信仰都会顺从，一切有头脑的人都会向他们所面对的新思想敞开自身。我不知道，或许，最好必须经历其他基督教民族所经历的全部考验，必须像这些民族那样穷尽自己的全部新力量和新方法；或许，我们民族的特殊处境预先使我们避免了那些伴随着这些民族的漫长而艰难的成长的苦难；但毫无疑问的是，现在所说的已经不是这些了：现在所需要的是努力认清我们国家的当今性质，认清由事物的自然本性所造就的这一性质的现成形态，并从中汲取一切可能具有的教益。的确，历史不再由我们掌管，但科学属于我们；我们不能重新去做人类精神的全部工作，但我们可以参加人类精神的下一步劳动；过去已经不归我们管辖，但未来依赖于我们。不应怀疑，世界的大部分都受自己的传统和回忆所压制：我们将不再嫉妒那个世界在其中争斗的狭小圈子。毫无疑问，大部分民族都在自己内心具有对完善生活的深刻感受，这种感受在当前生活中占主导地位，都在自己内心具有对过去日子的顽强回忆，这些回忆充满了现在的每一天。我们将让它们仍旧与自己固定不变的过去进行斗争。

我们从来没有生活在时代逻辑的致命压迫之下；我们从来没有被强大力量推入时代给各民族造成的深渊。我们拥有这样一种巨大优越性，由于这一优越性，我们应当只听从开明理性和自觉意志的声音。我们将认识到，对我们来说没有不可改变的必然性，由于上天的帮助，我们没有站在陡峭的斜坡上，这个斜坡曾经吸引许多其他民族走向他们未知的命运;我们的政权衡量着我们走出的每一步,斟酌着我们的意识所遇到的每一个思想;我们能够指望比那些热烈投身于进步事业的人所梦想的更加广阔的幸福生活,为了取得这些最终结果,我们所需要的只是这样一个最高意志的权威行动,这个最高意志自身容纳了全民族的意志,表达了全民族的愿望,它已经不止一次地为我们民族开辟了新道路,在我们民族面前展现了新的天地,给我们民族的理性带来了新的启蒙。

怎么,难道我给我的祖国提出的是贫乏的未来?或者,难道你们发现我为祖国诉求的是可耻的命运?这一无疑将会实现的伟大未来,这些无疑能够实现的美好命运,将只是我那篇不幸的文章中第一次指出的俄罗斯民族的特别属性的结果。无论如何,我早就想说,并且为现在有机会做出这一承认而感到幸福:是的,我对我们伟大民族的这一指责是夸大的,因为我们民族的全部过错归根到底就在于它被抛向世界所有文明的边缘,远离了那些启蒙可以在其中自然积累的国家,远离了启蒙的发源地,启蒙的光辉从这里照耀了几个世纪;我没有给予我们的教会以应有的赞扬,这也是夸大的,因为我们的教会是如此温顺,有时又如此英勇,唯独它在我们编年史的空白中给我们提供安慰,我们祖先的每一个英勇行为,每一种杰出的自我牺牲,我们历史的每一页精彩文字,都归功于我们的教会;最后,我对我们民族命运的哪怕是片刻的忧伤,可能也是夸大的,因为从我们民族的深处走出了天性强大的彼得大帝、智慧广博的罗蒙诺索夫、优雅的天才普希金。

但是,在这一切之后也应当承认,我们大众的变化无常是令人吃惊的。

我们记得,我那篇不幸的文章发表不久,在我们国家的舞台上就上演了一出新剧①。从来没有任何一个民族受到如此抨击,从来没有任何一个国家遭到如此诽谤,从来没有大众遭到如此粗鲁的咒骂,然而演出从来没有获得如此圆满成功。难道一个对自己国家及其历史和民族性格进行深刻思考的严肃的人,因为他不能用戏子的口表达出被压抑的爱国情感,就注定只能沉默不语吗?为什么我们对喜剧的下流教训如此宽容,而对深入到现象本质的严谨词句却如此胆怯?应当承认,原因在于,我们暂且只拥有爱国的本能。我们距离那些古老民族的自觉爱国主义还很遥远,那些民族是在智力劳动中成熟起来的,是被科学知识和思维所启蒙的;我们对自己祖国的爱还具有那些年轻民族的风格,它们还没有被思想所惊扰,还在寻找他们应当在世界舞台上扮演的角色;我们的理智能力还没有经受重大事物的训练;一句话,至今我们还几乎没有智力工作。我们以惊人的迅速达到了文明的一定水平,欧洲确实为此感到吃惊。我们的强大在动荡中支撑着世界,我们的大国占据着地球的五分之一,但是应当承认,我们应当把这一切仅仅归功于我们君主们的强大意志,我们国家的物理条件促进了这一意志。

我们是被我们的统治者和我们的气候所加工、浇铸、塑造出来的,我们只凭着顺从才成为伟大民族。从头到尾看看我们的编年史,你们在其中的每一页上都能找到政权的深层作用,土地的不断影响,却几乎永远也看不到公众意志的表现。但公正性也要求承

---

① 指果戈理的《钦差大臣》的演出。恰达耶夫记错了,喜剧《钦差大臣》在莫斯科的第一次上演是1836年5月25日,这是在《望远镜》杂志发表第一封《哲学书简》之前。

认,俄罗斯民族为了自己的统治者而弃绝自己的强大力量,向自己国家的自然条件让步,这表现了俄罗斯民族的高度智慧,因为它承认这样一种自己命运的最高定律:这是不同序列的两类因素的非同寻常的结果,不承认这一点就会导致民族扭曲自己的存在,使自己自然发展的原则本身丧失活力。我希望,从我的观点对我国历史的快速审视,将使我们十分清楚地看到这一定律。

二

有这样一个事实,它富有权势地统治着我们的历史运动,它像一条红线贯穿着我们的全部历史,它包含着我们历史的全部哲学,它表现在我们社会生活的全部时代并决定了这些时代的性质,它同时既是我们政治强大的根本因素,也是我们理智弱小的真正原因:它就是地理事实。①

(二) 斯拉夫主义

恰达耶夫对俄罗斯历史和精神文化的严厉批评,必然招致持对立观点者的反驳,后者强调俄罗斯宗教——历史和民族——文化的独特性,主张俄罗斯走不同于西方的发展道路。这种观点在19世纪30—40年代形成了俄罗斯社会思想的重要派别——斯拉夫主义。斯拉夫主义既是一种社会政治哲学,也是一种历史观和文化学说。

斯拉夫主义与西方主义的分歧可以分为两个层面。首先是两

---

① 恰达耶夫的手稿到此为止,没有证据表明他在什么时候曾经续写此文。

种社会政治观点的分歧。前者主张俄罗斯未来的社会发展是应当以本民族传统宗教和道德为基础,走自己的独特道路;后者认为西方精神文化更具有先进性,西方历史和文化的发展代表着人类文化的先进成果,因此俄罗斯民族的未来发展必然要走西方民族所走过的道路。

其次,在社会政治观点分歧的背后,斯拉夫主义与西方主义之间还存在着历史—文化观的分歧。弗洛罗夫斯基指出:斯拉夫主义与西方主义,"这与其说是两种历史—政治的意识形态,不如说是两种完整的、互不相容的世界观,首先是两种文化—心理方针"①。西方主义者坚持理性主义的历史观和文化观,认为文化和历史是人类的自觉创造,是以社会精英为代表的人类理性自我设计、创造和实行的过程。这接近于黑格尔在法哲学和社会哲学中所主张的观点。在我们看来,这也与中国的儒家思想有某种一致性,即首先需要和可能有合乎理性的崇高目标,这是圣贤所提出的道德学说和社会理想,然后,每个人和大众都应当按照这一要求来修身和建设社会;斯拉夫主义则坚持有机论的世界观和文化观,认为真正的文化是民族精神生活的有机整体,它是在民众中自发地成长起来的,具有其自身价值和意义。这方面思想后来也发展成为俄罗斯民粹主义。这与中国古代道家追求人性的真实存在和道法自然的观念也不无相似之处。

斯拉夫主义学说在当今时代仍然具有思想意义。首先是具有

---

① 弗洛罗夫斯基:《俄罗斯宗教哲学之路》,吴安迪等译,世纪出版集团,2006年,第321页。——译者

俄罗斯问题的意义。在后苏维埃时代、全球化时代的当代俄罗斯，民族文化属性与世界意义问题重新引起热烈讨论。关于俄罗斯的历史文化属于东方还是西方的问题，欧亚主义问题，俄罗斯与欧洲文化的关系问题——早期斯拉夫主义者对这些问题都做出了自己的回答。

其次是具有一般文化学的意义。可以看到，斯拉夫主义与西方主义的分歧在根本上也就是我们当今全球化时代所面临的民族主义（或特殊主义）与普世主义（或普遍主义）之间的分歧。后者主张人类精神文化和历史发展具有统一性和一般规律性，这种观点在19世纪后期之前占统治地位；前者主张文化的多样性和民族文化的自足性，这种观点体现在丹尼列夫斯基—施本格勒—汤因比当代文明冲突论的思想中。两种观点的分歧在19世纪70年代俄罗斯文化史家丹尼列夫斯基与哲学家索洛维约夫之间关于"文化历史类型"的争论中得到更加突出的体现[①]。这个问题早在19世纪30年代就由早期斯拉夫主义者霍米亚科夫和基列耶夫斯基提出了，他们的解决方法是，既强调不同文明类型的特殊性，又主张世界历史进程的统一性。

8. 霍米亚科夫

阿列克谢·斯捷潘诺维奇·霍米亚科夫（Алексей Степано-

[①] 参见索洛维约夫：《俄罗斯与欧洲》，徐凤林译，河北教育出版社，2002年版。——译者

вич Хомяков,1804—1860年),俄国宗教哲学家,诗人,政论家。出身贵族,受到了良好的家庭教育,学过多门欧洲语言及希腊语和拉丁语。1822年通过了莫斯科大学申请数学副博士学位考试,后来参军。他认识十二月党人运动的参加者,但不赞同他们的观点。他于1829年从军队退役,从事写作和社会活动。

《论旧与新》一文最早是在1838—1839年冬的一次 И. В. 基列耶夫斯基"礼拜三"沙龙里宣读的,不是为了发表。它引发了基列耶夫斯基的一篇论战性的答复文章——《答 А. С. 霍米亚科夫》。这两篇文章曾被许多人传抄,在同时代人中广为人知,在莫斯科沙龙里引起广泛讨论。此二文通常被认为是俄罗斯斯拉夫主义最早的纲领性文献。霍米亚科夫这篇文章里的某些观点仿佛与他后来关于俄国历史的观点有矛盾,但据知情者说,此文从来没有准备发表,霍米亚科夫撰写此文很可能是特意为了引发基列耶夫斯基的反驳和争论。本书收录了此文的完整译文。

《论旧与新》(1839年)[①]

[旧俄国的好与坏]

有人说,旧时的俄国一切都更好,农村有文化,城市有秩序,法院有公正,生活有富足。俄国走在前列,发展了自己的一切力量,

[①] 选自《俄罗斯思想》,马斯林编(Русская идея. Сост. М. А. Маслин. М. 1992. С. 53—63)。

包括道德力量、思想力量和物质力量。有两个其他世界所没有的要素保护和巩固了俄国,这就是与国民友好相处的政府的权力,和纯洁而开明的教会的自由。

真的文化普及吗！在我保存的一份复制文献中,记载着一些俄国贵族向罗曼诺夫王朝第一位君主效忠的誓言,上面没有特罗耶库罗夫公爵、两位叫勒季谢夫的贵族以及其他许多更没有名气的人的签名,而是由于只字不识,他们都用划十字记号来代替签名。——真的秩序井然吗！我所认识的许多老人对有关贡民呼叫的许许多多故事至今仍记忆犹新;而贡民呼叫就相当于西方的战斗号令(cri de guerre),这一呼叫在京都(莫斯科)不断地把许多追随者、亲属和贵族附庸召集在一起,他们之间只要发生一点口角,就会涌到街上,不顾死活地大打出手。——真的有正义吗！波扎尔斯基公爵[①]曾因贿赂而被诉诸法庭;许多旧谚语都表明,对旧时代法庭人们是持诋毁态度的;在米哈伊尔·费奥多罗维奇和阿列克谢·米哈伊洛维奇[②]所颁布的命令中,同样重复了关于贿赂和防止被告人与上级接触的新措施这一章;刑讯被普遍采用,而弱者从来只能任强者宰割。——真的生活令人满意吗！稍一歉收,成千上万的人就会被饿死,或逃亡波兰,忍受鞑靼人的奴役,把自己

[①] Д. М. 波扎尔斯基(1578—1642年)——俄国公爵,大贵族,俄国统帅,民族英雄。——译者

[②] 米哈伊尔·费奥多罗维奇·罗曼诺夫(1596—1645年)——俄国历史上罗曼诺夫王朝的第一个沙皇,1613—1645年在位。阿列克谢·米哈伊洛维奇·罗曼诺夫(1629—1676年)——罗曼诺夫王朝的第二个沙皇,米哈伊尔·费奥多罗维奇之子,1645—1676年在位。——译者

的一生和后代的未来出卖给克里米亚人,或者出卖给自己的俄罗斯弟兄们,他们也未必比克里米亚人和鞑靼人好。——政权真的与人民友好相处吗!不仅在遥远边区,而且在梁赞,在卡卢加,在莫斯科市内,人民和火枪手的暴动是十分常见的事件,沙皇政权常常为一小撮火枪手对自己的反抗而大伤脑筋,或者对卑鄙的贵族叛乱做出让步。有数的几个执政者操纵着俄罗斯的事物和命运,为了自己的个人利益而扩大或阉割等级权利。——教会真的开明和自由吗!对大牧首的任命从来都依赖于世俗政权,只要世俗政权想干涉选举事务的话;普斯科夫的高级主教因杀人和溺死数十个普斯科夫人而被禁闭在修道院[①],而斯摩棱斯克主教因生活奢侈而被罚为大牧首清扫庭院和洗刷马匹[②]。"百章会议"[③]迄今仍是愚昧、粗野和异端的永恒见证,而反高级主教侍从敲诈的法令则表明神职人员们的道德水平是何等的低下和令人厌恶。那么黄金时代又如何呢?提起它来,我们就感到沮丧。在罗曼诺夫王朝之前,我们简直找不到善和幸福的一点影子。我们见到的是伊凡雷帝的鹰犬横行,他年轻时期的不可理喻的阴暗心理和行为,瓦西里

[①] 这里可能是指诺夫哥罗德大主教阿列克谢,他在 1375 年曾经残酷迫害一伙普斯科夫异端分子;或者是指普斯科夫大主教马卡里,他由于积极反对 1650 年起义而被世俗群众大会决定戴上镣铐。

[②] 指斯摩棱斯克都主教西蒙·米留科夫(1670—1680 年在任),他因喜欢奢侈而多次受到大牧首约阿基姆的惩罚。

[③] 1551 年 5 月在莫斯科举行的宗教会议,其通过的决议编辑成册共分 100 章,故称"百章会议"。

的无道德统治,顿斯科伊之孙的失明①,后来是来自蒙古的桎梏、分封、内讧、卑躬屈膝,把俄罗斯出卖给野蛮人,污秽和流血冲突。在俄罗斯,从来不曾有过善行、崇高行为和任何值得尊敬和效仿的东西。到处永远都是没文化、不公正、抢劫、叛乱、人身攻击、压迫、贫穷、混乱、无教养和道德败坏。你的目光既不要只专注于人民生活中的那一闪光的时刻,也不要只专注于那一令人宽慰的时代,而当你关注当下时刻时,我们祖国呈现出的那副光芒四射的情景定会使你怦然心动。

好吧!那么我们将如何看待雅季科夫搜集的那些有关农村的材料②,我们怎样对待斯特罗耶夫发现的那些文献呢③?这些材料绝非伪造和杜撰,也不是分类学家的猜测,这是一些确凿的无可辩驳的事实。乡村也有文化和组织:它们留下了村社大会和米尔会议决议的遗迹,这些会议和决议是无论地主权力还是国家管辖权都无法废除的。的确有证据表明城市秩序井然,公民之间可分摊职务,有这样一些机构,其目的是尽可能地使下层人容易向高级法庭申诉,对这些证据应作何解释呢?在俄国北部和中部无疑曾有过陪审制,在整个俄国都有过口头的公开审判(它以良心审判的名

---

① 可能是指莫斯科大公瞎眼瓦西里二世(1425—1462年),他在内讧过程中被德米特里·舍米亚卡公爵(1420—1453年)刺瞎了眼睛。在此之前,瓦西里二世曾命人刺瞎了自己的堂兄(舍米亚卡的弟弟)瓦西里·科索伊公爵(1421—1448年)的眼睛,科索伊公爵也是顿斯科伊之孙,因此这里所指的也可能是他。

② H. M. 雅季科夫于1830年在西伯利亚省找到了许多民间创造作品和历史文献。

③ 指 П. M. 斯特罗耶夫在1817—1818年及后来在档案馆(主要是一些修道院档案馆)找到的珍贵历史文献,其中包括1073年的手抄文选和伊凡三世法典,以及都主教伊拉里昂和图拉的基里尔的作品等。

称保存下来,这种审判在形式上是美妙的,但在制度上是不完善的[①]),对这些又应作何解释呢?对歌颂农民生活方式的歌曲又当如何对待?这些歌曲是今天的俄罗斯农民杜撰不出来的。又如何解释没有农奴法(如果可以把对一切法的肆意违背叫做法的话)?各阶层的人均可以越过一切国家公务等级而获得高级称号和荣誉,这种各阶层的平等、几乎完全的平等,又应作何解释?我们对此已掌握了许多证据,即使俄国古时最恶毒敌视俄国古代的人,也不能不承认它在这方面确实要比西方民族优越。政权向我们明确地证明了自己在俄国战胜许多强大敌人而扩展过程中的存在。而政权同人民的友好关系则烙印在从阿列克谢·米哈依洛维奇皇帝时代起维持至今的那些旧习俗之上,这些习俗指的是:召集各阶层人士的代表共同商讨国家的各种最重要的问题。最后,纯洁而开明的教会的自由体现在这样一些圣徒身上,他们强有力的言辞比国王的智力和计谋更有力地促进了国家的建立,——我们教会的自由还体现在不仅俄国人,还有外国人都对我们宗教领袖的尊重之中,体现在各位牧首和都主教的丰富藏书中,体现在灵修文献、神学争论、约翰书信中,特别是体现在我们教会对罗马教会的反击中。

在这之后,我们对古罗斯又作何想呢?两种完全对立的观点,既可用无可辩驳的事实加以证明,也可用无可辩驳的事实予以否定,并且,任何一个体系,任何一种对古代的人为重建,都不符合古

[①] 良心审判,即不是按照法律,而是凭法官的良心进行审判,并且贵族在审理中享有特权。这种方式在叶卡捷琳娜二世时代开始实行。

代文物本身,都不能完全解释古代的全面意义。

当现实如此清晰地向我们表明它只是一种过渡的状态时,当未来的走向几乎完全取决于我们对过往的理解时,我们怎可听任上述问题得不到解决呢。如果说在俄国,以往的生活中任何美好而富有成果的东西都不曾有过,那我们就只能从其他民族那里、从理论本身中、从最文明民族的榜样和劳动中,以及从现代的努力中吸取一切有益的东西。我们可以勇敢地面对现实,将他人的果实稼接在自家的果树上,把未曾撒种的土地再翻耕一遍,而在颗粒无收之时,我们就用这样的思想来安慰自己的良心:做点什么都行,只要别做得比以前更糟。相反,如果说古老的俄罗斯是一座取之不尽用之不竭的真理和善行的宝库,那么我们的辛勤劳作就会改变性质,而所有的一切也都会变得容易些。你面前摆着各种各样的档案,古旧纸张写就的记事、契约、判决书、年代纪等等,等等。你要做的只是把被批判的事实放入档案汇编,并在国家的自由空间中,使那些正在被遗忘的箱柜里腐烂的机构和法律重新复活。

对上述两种意见作过简述之后,很难决定支持其中哪一种意见。问题显然要复杂得多,而决定则很难作出。哪一个更好,旧俄国还是新俄国?是有许多异国因素注入到它现在的机体中吗?这些因素对它是适合的吗?它是失去了许多自己的根本原则吗?这些原则值得我们为之惋惜并努力加以恢复吗?

我们看到的是现代的俄国,它既使我们感到愉悦,又使我们感到憋闷;我们可以不无骄傲地向外国人谈起它,然而有时我们却羞于和自家人讲起它;但对旧俄罗斯,我们却只能去猜测它。

[俄国应当从先前的优良传统中吸取未来发展的力量]

当我们把各种各样的历史证据加以对比时,如果我说的不错的话,它将使我们得出如下一个简单的结论:无论过去还是现在,在律法与生活之间,在各种法定的机构与活生生的国民习俗道德之间,始终存在着不协调的情况。无论过去还是现在,律法时而好于习俗,时而坏于习俗,都很少得到遵守,它要么变质,要么在附属条款中被修改。如果我们把这种解释当成真理,那么俄罗斯生活中发生的所有变化都将可以得到相应的说明。我们将会明白,表面关系的改变很容易,同时我们将会知道,这些变化极少触及民众与机构之间,国家、公民与教会之间关系的实质。我们可以举出一个例子,它是一项最高尚的现代法律,可以成为我们向古代进行夸耀的资本,同时也是一项古老法令,想起它我们应当感到伤心。当刑讯几乎在欧洲所有法庭都被使用之时,在俄国却已被废除了。那时在法国和德国,人们可以大言不惭地谈论刑讯,并认为刑讯是追查和惩治罪犯所必须使用的有力手段。然而,我们能说在俄国就不存在刑讯了吗?刑讯依然存在,而且还被认为是必不可少的,每次侦讯都必使用之,在所有法庭中都不加任何掩饰地加以采用。不久前在首都,当着成千上万名观众的面,当着高官显贵和皇帝的面,刑讯用快乐的声音高喊:"你不想尝尝鲱鱼吗?"①农民的农奴状态是彼得大帝建立的;然而当我们想到,农民不能离开自己的土

---

① 可能是指当众鞭刑。

地,甚至他们不敢未经允许就离开,而法庭很遥远,在莫斯科,在地主的手中,他们的对手总是更为富有,在政府的官阶中总是比他们高出许多,想到这些,我们便不难理解,尽管农民的奴隶处境并未得到法律的认可,它却存在于日常生活中间,而农奴衙门的废除并未曾引起震动和暴动,而对务实的彼得来说,这只不过是消除了一个不需要的和几乎被遗忘的位置而已。实际情况与法定机构之间的分歧就是这样。当然,我们当中的任何一个人也不可能毫无痛苦地记起,法律同意自己为习俗所带来的下流奴役负责,法律使早已产生的贵族舞弊成为固定规则和根深蒂固,法律明显地限制了教会的自由;但我们也记得,贵族身份在一天天削弱,范围扩大,向几乎所有愿意者敞开自己的大门,贵族们自己感到深深苦恼,乃至愿意自己请求脱离贵族;而教会在专制国家里更多地受困于政府对它的漠视,而不是身居高位的、却总是依赖性的、半宫廷化的牧首。彼得之前的俄国的无限混乱令人无法将其与现在的俄国相比,因此我所说的总是彼得时期的俄国,它是从前俄国的自然发展。我知道,在当时的俄国保留着许多美好的本能,这些本能正在时时刻刻被歪曲,我知道我们迟早要为我们对平等、自由和教会纯洁等神圣真理的破坏而付出代价;但不能不承认,在那时的人民生活中,一切优秀原则不但没有得到发展,而且在法律触及他们的虚假生活之前就被完全抹黑和破坏了。

　　随着俄罗斯帝国的形成和巩固,社会最初的、纯朴的和宗法的状态的痕迹便逐渐地被抹掉。城市的特权消失了,市民大会停止起作用,千人长①的祖护权被废除,门阀制度兴起,贵族体制确立,人们被束缚在土地上,苟且偷生,善良道德只保留在僵死的形式中,丧失了从前的内容。国家不可能同时朝各个方向前进。当国家的存在本身受到威胁之时,当它因无限扩张自己又记着自己从前的诞生而恐惧未来的时候,它便会置所有局部的、个人的蝇头小利于不顾,藐视那些在一定程度上被悬置的习俗和法令,不停地去寻求优良本质,这一本质却变成了无益的仪式,国家努力追求一个目的,把所有精力集中在一个任务之上,并积聚自己的所有力量来解决这一任务:把各种分散的部分整合起来,加强各种政府联系,完善各种社会设施。

约翰三世剥夺了北方诸城的自由,确立起门阀体制,以便按照大贵族的共同编号把全部分封的公国拉到莫斯科;约翰四世炮制出沙皇直辖区的体制;费多尔在莫斯科设立了大牧首职位;戈杜诺夫将人们固定在土地上;阿列克谢·米哈依洛维奇促使军队西方化;费多尔消灭了对政权无益、对俄罗斯有害的门阀制度;最后,出现了一位所有这些前人功绩的终结者,他具有钢铁的意志,具有非凡的、但是单方面的理智,对这个人,我们怎么赞扬都不够,怎么指责也都不够,但后人提起他时唯有感怀之情——这个人就是彼得大帝。我不想对他的事业作出评价;但我想顺便指出,不应把他看成是俄国贵族制的奠基人,因为把那些被米哈伊尔·费奥多罗维奇和阿列克谢·米哈依洛维奇封为世袭领地的地产进行了无条件

---

① 领导城市民兵(千人团)的军事首领,与市民大会一起被选举产生,或由大公任命。15世纪中期这个职位逐渐消失。

出售，这已经为贵族制奠定了合法开端；同样也不应指责他压制教会，因为教会的独立性已为大牧首职位可以在国家内部转移所消灭，这个职位在君士坦丁堡可以是自由的，但在莫斯科已经不可能是自由的了。

如果把俄国19世纪的状况与17世纪时的状况相比较，我们就可以得出如下结论：国家变得更巩固了，并获得了自觉性和不经内部斗争而逐渐改进的可能性；从前丧失的和被遗忘的某些优良原则，成为不可动摇的律法，被建立在坚实的基础之上：例如废除死刑，在刑法中对人格的尊重，低等级阶层有可能在一定的正确条件下晋升为国家高层。最后，法律阐释了某些被习俗带入民众生活中的舞弊行为，通过这些阐释使得这些行为在表面上固定下来。我深知，法律的道德纯洁性对社会是何等重要；我明白，在这种纯洁性之中蕴含着国家的全部权力、未来生活的所有准则，但我同时也认为，法律所阐明的舞弊行为有时恰是由于它的过分厚颜无耻而得以纠正，然而悄无声息的、隐蔽的恶劣习俗的瘟疫却几乎是无法纠正的。我们时代法定的恶劣奴役行为（它们无论从物质意义还是从精神意义上说，对我们都是十分沉重的），应该很快就可以通过一般的和强硬的措施加以消除，然而彼得大帝之前的农民的主奴共生制，却可能成为难以消除的顽症，起码会导致无产者的境地或失掉土地的英国工人的境地。

我看到很少有别国的原则：彼得三世推行的贵族制在人民精神的作用下已经发生了如此改变，乃至它不仅不具有贵族制性质，甚至比彼得大帝之前、大贵族势力得到加强和把地产无条件变成世袭领地之后这一时期的贵族制更为纯粹。

而在生活和启蒙进程中,则是过分的世界主义,思想上的某种新教精神,背离信仰的实证原则和基督教的精神完善,同时伴随而来的是消除了丑陋的形式化,消除了对人的漠视,这种漠视甚至转化成憎恨,消除了某种理智的和精神的昏睡,这种昏睡近似于犹太教的自满自足和多神教的无忧无虑。

我已经谈到我们所遗失的许多美好因素;可我好像也指出了,它们是在法律尚未触动它们之前被仪式所消灭的。它们起初是被人民杀死的,然后才被君主埋葬。我们能不能说:"让这些因素安息吧"? 不能,我们最好说:永恒的记忆归于它们,我们将永远记住它们。康巴塞莱斯说:"过时了——这是对法律的最公正和最苦涩的批评"[1]。这是真理,但是不完全的真理。当国家在几个世纪里一直处在戒严状态时,许多法律可能完全被遗忘;但这种不由自主的遗忘并非法律之过。它只是暂时软弱无力,失去效用,但它却仍然潜在地活在人们的心灵之中,尽管出于必要而推行的种种坏习俗依然存在,尽管国民的愚昧或政权的高压依然存在。

被基督教所培育和变得高尚的俄罗斯灵魂,它的这些优良本能,这些对未知的、但却暗中活在我们心里的古代的回忆,造成了一切美好的东西,令我们为之骄傲的东西:废除死刑,使希腊和希腊教会在土耳其的腹地得到解放,发现了使人们凭功绩或教育就可以升官的合法途径,使政治得以朝和平方向发展,宣布了基督和真理的法律是作为人民生活及其相互关系之基础的唯一法律。有些东西已经做到了;还有更多的事需要去做,那个活在古代保留下

---

[1] 康巴塞莱斯(Cambaceres,1753—1824年)——法国政治活动家,法学家。

来的回忆、传统或象征之中的精神呼唤我们去做。这个美好的世界整个地僵滞了,几乎完全消失在俄国内部和外部的无休止的争斗之中。如果没有国家的复兴,一切可能早就毁灭了;国家苏醒过来,站稳脚跟,变得异常牢固:现在所有从前的原则都能够并应该得到发展,依靠自身的不灭动力向前推进。——如果没有超过西方,我们会感到羞愧的。英国人、法国人、德国人并没有什么过人之处。他们往从前看得越远,他们所看到的社会就越坏和越缺乏道德。对我们来说,我们的古代乃是我们私人生活、诉讼程序、人际关系等方面的一切美好因素的典范;然而所有这些都因为缺少国家要素,因为内部纷争和外部敌人的压迫而被压制和消灭了。西方人不得不把过去的一切都当成坏东西加以抛弃,而所有好东西不得不从头建起;我们只要复活和阐明旧的东西,让它们进入人们的意识和生活,就足够了。我们对未来抱有很大的希望。

[希腊正教对俄国的最初影响]

关于俄国历史的开始阶段我们可以弄清楚的一切,都可以用几句话来概括。由瓦兰人组成的政府是外在方面;地方市民会议是国家的内在方面。在全俄国,行政权、保卫边界、与邻国交往,都掌握在一个瓦兰人—俄罗斯人的家庭手里,这个家庭领导着雇佣侍卫军;法庭、维护习俗、解决各种内部治理问题,则属于国民会议的权限。在全国,行政建制几乎完全一模一样;但是,不仅在相距较远的城市之间,而且甚至在诺夫哥罗德和普斯科夫这两个在地域、利益和居民构成方面都很接近的城市之间,都找不到统一的习俗。哪里能有内在联系呢？几个互不了解的、从来没有过共同的国家生活的斯拉夫民族，偶然地联合在一起；它们的联合或者是这样一种联邦，它是以一些并非来自民间的公爵的亲缘关系为基础的，这种联合也可能主要是商业利益的统一体：适合于未来俄罗斯的因素多么少啊！

另一个基础可以支撑国家大厦，这就是信仰的一致和教会生活；但是由希腊给我们派遣高级教士，希腊与我们有相同的信仰、相同的教义、相同的礼仪，但希腊对我们来说不仍然完全是外国吗？如果没有基督教的影响和激发，俄罗斯大地很可能便无法重现生机；但我们无权说只有基督教才使它重现生机。当然，一切真理，一切善、生命和爱的原则都蕴含在教会之中，但这个教会是可能的教会，是开明的和战胜世俗原则的教会。无论在任何时代和任何地方，都没有过这样的教会。在西方，它与日常生活方式和异教生活方式相联系，它长时间都是潜在的和无意识的，但却是活跃的和纯粹实用的；后来，它割断了与东方的联系，为了阐明自我，它求助于理性主义，失掉了纯洁，把导致未来堕落的毒素注入自身，但它却控制了愚蠢的人类，发展了它的物质力量和精神力量，创立了美丽的、诱人的、但却注定要灭亡的世界，天主教的和改良教派的世界。东方教会的命运则刚好相反。它长时间与个人判断的失误进行斗争，它在信仰的正确性上长时间无法使受希腊哲学的傲慢和埃及或叙利亚的神秘主义所激发的理性安静下来。几个世纪逝去了，概念得到澄清，理性的傲慢得到平息，真理在清晰的观点、确定的形式中得到显现；但那时候天意却不容许希腊收获自己的劳动和杰出斗争的成果。社会已经建立在稳固的基础上，这一基础是历史带来的、被实证的、符合逻辑的法律所确定,被从前的伟大荣耀、艺术奇迹和华美诗歌所固定下来;然而所有这些——历史、法律、荣耀、艺术、诗歌,都与基督教精神的单纯及其爱的真理大相径庭。人民不能脱离自己的历史,社会不能重建自己的法律;基督教以希腊为栖息地,但希腊并不依赖基督教而生。帝国长期从信仰这个生命之泉获得力量,这是一种对抗外部敌人的非同寻常的力量;这具衰朽的躯体长时期地与来自北方的野蛮民族、南方好战的宗教狂和中亚的野蛮民族进行斗争;但它却无法为建立新生活而重整旗鼓和巩固自己,因为古代的那些僵硬的形式没有能力接纳完整的基督教学说。思想在与社会和国家生活方式的外部现实进行徒劳斗争中被湮没,思想退避于荒漠,深居于埃及和巴勒斯坦的修道院,以及小亚细亚和希腊的高山修道院。一些优秀的、被拣选的人从公民社会带走了自己内心生活的美,来到这里,他们远离那个他们不喜欢也无法顺从的世界,他们选择了直观、沉思、祈祷和精神狂热的场所。在他们身上曾活跃着全部美好和崇高的东西,全部现代社会所无法实现的东西。那时,希腊的竖琴不再发出声响,诗歌的源泉也已干枯。诗歌转入修道院,融入修道士的日常生活,进入隐修者的本质本身。然而由于人类注定总是要或多或少地听从或起码要崇敬诗歌精神的纯真,希腊世界对那些拒绝它的人们充满无限敬意。对修道生活的伟大导师和创立者的崇敬,吸引了无数的仿效者,而假修士的数量则在东方日益增多,就如同假诗人在当今的西方日益增多一样。人与人彼此疏远的情况遍及全社会;利己主义和追求私利成了希腊人的突出特征。公民把祖国忘诸脑后,只为利益和虚荣而活;基督教徒把人类忘诸脑后，只求个人灵魂得救；国家丧失自己的神圣性，不再体现道德思想；教会丧失任何作用，只维护教义的僵死的纯洁性，失掉了自己的活力意识，忘记了自己的崇高目的。它继续对人充满怜悯，安慰人，使人脱离暂时的世界；但它早已把它肩负的建造全人类大厦的使命忘得一干二净。这就是当时的希腊，这就是当时按照神的意愿把生命和真理的种子遗撒到我们北方的那个基督教。拜占庭神职人员无法在俄罗斯传播公民生活的准则，因为这些准则在他们自己的国家里从不曾有过。希腊当初喜爱修道院，正如我说过的，是迫不得已的，但希腊在展现给我们的时候，则带着自己的成见，带着对苦修主义的爱，号召人们忏悔和自我完善，容忍社会，但却决不为社会祝福，在有国家的地方顺从国家，但在无国家的地方却决不去建立它。不过，即使在这方面，希腊仍然值得我们尊敬。它用学说的纯洁性改进了习俗，使各个不同民族的习俗得到一致，用精神统一的链条把整个俄罗斯连接在一起，并为人们走向另一个更美好的时代做了精神准备。

[俄罗斯国家的早期历史]

所有这些还不够。在留里克家族保护之下的南方民族和北方民族的联盟，并没有组成一个强大而统一的整体。各地方过着单独的、自己特有的生活。诺夫哥罗德并不是基辅的敌人的敌人。基辅也不曾以自己的力量保卫诺夫哥罗德。人民并不要求统一，也不希望实现统一。国家的外部形式并未同他们融为一体，没能渗透到他们隐秘的心灵生活中去。公爵纷争造成俄国的分裂和贫穷,而各地方无论对胜者还是败者都一律抱着无所谓的态度。当追求功名的、善战的大公力图扩展自己的权力、把民众力量集中在一起之时(无论他行为的动因是对社会福利的爱还是自私自利),他不仅遭到贪图权力的其他公爵的反对,而且遭到了贪图自由的村社和地方的反对,它们过惯了独立生活,虽然一直在忍受压迫。前者有权,后者务实。

诺夫哥罗德是自由、高傲而自私的,它习惯于自己独立的政治生活,在这种生活中民族原则占主导地位,诺夫哥罗德从未想到要把整个俄罗斯联合在一起;基辅则是软弱无力的,偶然接受了瓦兰人的好战性格,基辅不可能去实现伟大国家的思想。在蒙古人入侵之前,任何人、任何城市都不可能站出来说:"我是俄罗斯的代表,我是俄罗斯的中心,我集中了它的生命和力量"。

令人胆寒的风暴从东方袭来,它摧毁了亚洲所有帝位,足以消灭整个欧洲——如果不是因为欧洲过于遥远才得以幸免的话。俄罗斯未来的影子在卡尔卡河之战①中迎接它,俄罗斯虽然是战败者,但它大可不必为自己的失败而感到羞耻。上帝仿佛在召唤我们走向统一和联合。但教会却保持缄默并未能预见灭亡的命运;人民仍旧无动于衷,公爵们继续自己的内讧。惩罚是公正的,再生是必要的。当人的内心活动沉睡不醒,暴力将起着拯救作用。当蒙古人再次进攻俄国,俄国的陷落是毫不光彩的。它没有作任何

---

① 卡尔卡河,今卡尔奇克河,卡尔米乌斯河的支流,在乌克兰顿涅茨克州。1223年5月31日在卡尔卡河上发生了俄国和波罗维茨军队与蒙古-鞑靼军队的第一次战斗,后者获胜。

反抗,没有企图反抗,就灭亡了①。读编年史时你会感到,有某种深层的沮丧渗透于整个俄国社会的混乱结构中,它已无法继续存在下去,而蒙古人对我们来说是一种偶然的幸运:因为这些野蛮的入侵者在摧毁一切现存东西的同时,起码并不想、也不能创造任何东西。

当可汗消灭了俄国的东部和南部,当俄国西部自愿不自愿地承认了粗鲁的立陶宛民族的统治,而完全没有伟大的国家观念的俄国北部则继续愚蠢地过着有限的、地方性的商业和强盗生活的时候,——这时,产生了新的俄国。来自顿河和第聂伯河两岸的逃亡者,沃伦和库尔斯克富饶地区的被驱逐者,投身到遍布于奥卡河和特维尔察河沿岸、伏尔加河上游和阿伦斜坡②的森林之中。许多旧城人满为患,新农村雨后春笋般地涌现出来,新城市一个接一个地建造起来,北方与南方错综交织在一起,在此前的不毛之地、在莫斯科周边的蛮荒之地,新的生活开始了,这已不是氏族的和区域的生活,而是全俄共有的生活。

莫斯科是一座全新的城市,它没有历史,没有任何固定的特征,各种斯拉夫家庭混居在一起,这正是它的优点所在。它既是公爵们的创造物,又像人民的女儿一样;因此,它把国家的外表性与内在性紧密地结合在一起,这就是它所以强大的秘密所在。外表形式对它来说已不是偶然形式,而是活生生的、有机的形式,它在与其他公国斗争中取得胜利,是毫无疑问的。正因为如此,在这个

---

① 历史事实证明,许多俄国城市在蒙古-鞑靼人入侵时曾进行了顽强反抗。
② Скаты Алаунские——瓦尔代高地的古称。

新兴的小城(按照编年史作者所证明的俄罗斯古代习俗,这个小城在各城市门第排列中应当谦逊和温和)忽然产生了公爵们的强烈功名心,所以人民才能对公爵们表示同情。

我不想叙述莫斯科公国的历史,从前面的材料中很容易了解莫斯科的争战及其获得的胜利。它很快就声称它愿意成为俄国,这一愿望应该得到实现,因为这个愿望同时在公爵、国民和以都主教为代表的神职人员身上表达出来。诺夫哥罗德无法站稳脚跟,因为城市观念应让位给国家观念;诸公爵不可能长期对抗,因为他们在自己的公国里是偶然现象;地方的自由和被蒙古人打垮并消灭了的各城市的嫉妒不能成为障碍,因为接受过血的教训的人民,其本能渴求把各种势力联合在一起,而神职人员则把莫斯科作为俄国东正教的首脑,他们教导人们要服从莫斯科的善良意志。

这就是得胜的原因。其后果又是怎样的呢?俄国扩张了,物质力量得到发展,地方法规被消灭,村社习俗被压制,国家思想征服了每一个人,国家思想集中在君主身上,——这些就是彼得大帝前的俄国的善与恶。新时代是从彼得大帝开始的。俄国变得与西方接近了,而此前西方对它来说却是完全异己的。它从莫斯科出发走向边境,走向海岸,以便能够更好地接受其他国家的商业和文明的影响。但这一运动并不是人民意志的行为;彼得堡过去和将来都仅仅是一个政府的城市,也许,国家中心本身之中的这种分裂,无论过去还是将来对俄国的健康和合理发展未必是无益的。国家政权的生活与人民精神的生活,两者甚至已被它们的集中地点所分割。前者来自彼得堡,它以俄国的全部有形力量、俄国的全部制度变革、俄国的全部对外活动在发展;后者在不知不觉地培养着未来时代的性格、思想和情感,这些东西还需要获得具体形态和从本能转化为完全的、理性的、显现出来的活动。由此可见,国家的物质个性获得了坚决的、确定的、摆脱了各种内在激情的活动,同时,人民灵魂的冷静意识,在保持自己的永恒权利的同时,则朝着越来越远离各种暂时利益和冷漠的实际外在性的有害影响的方向发展。

我们看到,俄国历史的第一时期是多个独立地区的联邦,它们由共同防卫的链条连接在一起。城市利己主义并未被瓦兰军队和瓦兰军事领袖改变分毫,我们把这些军事领袖称作公爵(在不了解这个词的明确含义的情况下)。语言的统一是无成效的,像在所有其他地方一样:古希腊世界教我们懂得了这个道理。统一的信仰并没能把人们联合在一起,因为这种信仰是从这样一个国家传到我们这里的,信仰本身已经放弃了这个国家,因为它感到不可能重建这个国家。而当蒙古的风暴和有机建立的莫斯科公国的权势欲摧毁了各民族的边界,当罗斯融为一个整体的时候,各个部分的生活消失了;但是,放弃了自己在各封地和地区所进行的反叛和有限活动的人们,还不能对新建的整体抱着这样一种热爱的感情,他们曾带着这种情感奔向自己故乡城的旗帜并高呼:"为了诺夫哥罗德和索菲亚"或"为了弗拉基米尔和爱上帝的圣母"。在俄国国内还没有人爱俄国,因为人们虽然懂得国家是需要的,但谁都不懂得它的神圣性。由此可见,即使在我国的历史可以稍稍以此自夸的1612年,获得信仰自由的愿望也比爱国主义起了更大的作用,而功绩仅限于整个俄国战胜了一小撮波兰人而已。

然而,当一切古老习俗,各城市和阶层的一切权利和自由都成为建立国家躯体的牺牲品的时候,当受物质政权维护的人们不是友好共处,而是相互敌对的时候,社会生活的无道德性这一瘟疫就广泛流传开来,人的一切不良欲望就得到了无拘无束的发展:法官们的自私自利,他们的名字在民间成为灾祸,大臣们的贪图功名,他们乞求成为贵族,神职人员的贪图权势,他们试图设立新的教皇圣座。出现了彼得大帝,由于高尚心灵的奇特本能,他一眼洞穿了祖国的所有疾病,理解了国家这个词语的全部美好而神圣的意义,他给了俄国一个打击,像一场可怕而有益的风暴。他打击了恶法官阶层;打击了只关心自己家族而忘记祖国的大贵族;打击了这样一些修士,他们只在修道小室寻求灵魂得救或在各城市谋求钱财,却忘记了教会、人类和基督教团体。历史将为他们当中的哪一个辩护呢?

太多的错误使得这位俄国改造者的荣耀变得黯淡起来,但唤醒俄国走向强大和认识强大,这一功劳仍属于他。他使用的手段是粗暴的和物质的;但我们不可忘记,精神力量属于人民和教会,而不属于政府;而政府只能用某种严酷程度不同的暴力来唤起它们或消灭它们。这样一种看法是很糟糕的,即认为,那个生动而强烈地理解国家的意义、使自己的个性像一切臣民的个性一样完全服从于国家的人,他同时能不记得,只有在有爱的地方才有力量,只有在有个性自由的地方才有爱。

或许,我对古代风气的责难太过严厉了;但当古代风气自己责难自己的时候,我这样做有什么过错呢?既然无论是从前的习俗还是教会,都没能造就出任何一个看得见的形式,使古代俄罗斯能够在其中得到体现,那么,难道我们不应承认,它们缺少某一种或多种自然力量吗?事情就是这样发生的。社会在自我之外寻找维护自我的力量,这种社会已处在病态之中。全部联邦制都包含着对一个共同原则的默默反抗。偶然结成的联邦表明的是人们彼此间的疏远、冷漠,其中尽管还不到敌对的地步,但也不会有相互的爱。人类是被宗教所养育的,但这种养育相当缓慢。在信仰渗透到大众意识、进入人们的生活、进入人们的血液之前,已经过去了许多个世纪。俄罗斯在接受基督教之时,由于自己的愚蠢而妨碍了它深入理解这一神圣学说的丰富底蕴,而它的导师们已经丧失对基督教原初之美的感受。因此,当公爵的内讧毁坏了俄罗斯国家之时,人民还追随公爵们;而当神甫们在规劝人们远离个人犯罪之时,他们似乎不知道,还有社会性的犯罪。

即使这样,面对西方我们还是有许许多多的优点。在我们初始时期的历史中没有侵略他人的污点。鲜血和仇恨并不构成俄国国家的基础,祖辈也没有把仇恨和复仇的传统遗留给后辈。教会把自己的行为限制在一定的范围内,它从来不曾丧失自己内在生活的纯洁,也没有把不公正和暴力的教导传布给自己的孩子们。鞑靼统治前的地方制度的纯朴并不是没有人类真理,正义和互爱的律法是这种宗法生活的基础。现在,当国家创造的时代业已结束,当大众已经结成外部敌人无法摧毁的整体,对我们来说,懂得以下道理的时刻就已经到来了,也就是懂得,人只有在这样的社会中才能达到自己的道德目的,在这个社会中,每个人的力量属于所有人,所有人的力量属于每个人。这样,我们将勇敢而不犯错误地向前迈进,借鉴西方的偶然发现,但赋予这些发现以更深的意义,或者在这些发现中揭示出那些西方还未知的人类原则,向教会历史及其法规寻找我们未来发展的指路明星,复活俄罗斯生活的古代形式,因为它们是建立在家庭关系的神圣性和我们民族未被败坏的个体性的基础上的。于是,这样一个古罗斯就将复活,它具有文明而协调的规模,具有独特的社会之美,这个社会把地方生活的宗法制与体现道德和基督教面貌的国家的深刻含义结合在一起,但这个俄罗斯已是有自我意识的俄罗斯,而不是偶然的俄罗斯,它充满活跃和有机的力量,而不再摇摆于生存与死亡之间。

1939 年

9. 基列耶夫斯基

伊万·瓦西里耶维奇·基列耶夫斯基(Иван Васильевич Киреевский,1806—1856 年)——俄国哲学家,文学批评家,斯拉夫主义理论家。生于贵族之家,受到良好家庭教育。在继父影响下从少年时代就对西方哲学感兴趣,旁听过莫斯科大学哲学课程。19 世纪 30 年代初开始到国外旅行,听过黑格尔、谢林、施莱尔马赫的课,与黑格尔有过私交,黑格尔发现他很有哲学才能,曾劝说他系统研究哲学。但从欧洲回到俄国之后,基列耶夫斯基的观点逐渐转向斯拉夫主义,1839 年的《答霍米亚科夫》一文就表明了他的立场转变。这种立场在 1852 年的《论欧洲文明的性质及其与俄罗斯文明的关系》一文中得到了更加鲜明的表现。

基列耶夫斯基认为东方(指基督教世界的东方)与西方思维方式的区别在于,在寻求真理的时候,东方思想所关注的首先是精神内在状态的正确性,西方思想家更关心的是概念的内在联系。东方思想家为了达到完满的真理所寻求的是理性的内在完整性;理智力量的集中,一切单独力量融合为一种最高统一体。西方思想家则相反,认为分散的理智力量、每一个单独的力量自己也可以达到完整真理。西方思想家用一种情感来理解道德,用另一种情感来理解高雅,也用特定的情感来理解有益性,用抽象知性来理解真理,各种理解力之间互不相通。

基列耶夫斯基指出了东正教思维的独特性。在东正教中,宗教信条与人的思维没有像在西方那样混淆起来,神圣之物与人性之物的界限没有被科学所逾越,也没有被教会所破坏。科学与信仰之间的界限是牢不可破的。神的启示的界限的这种不可侵犯性保证了东正教会中的信仰的纯洁性和牢固性,保护了东正教的教义免遭自然理性的不正确的重新解释,同时,也保护了理性免遭教会权威的不正确的干预。基列耶夫斯基认为,东正教会不应干预国家的世俗事务。他提醒说,在俄罗斯最初接受东正教的时候,当弗拉基米尔大公因接受基督信仰而希望宽恕一切罪犯的时候,教会最先阻止了他履行这一愿望。这样就确立了人的精神义务与世俗政府的义务之间的区别,确立了教会与国家之间的区别。

《答霍米亚科夫》(1839年)[①]

[回归旧俄国还是发展西方成分?]

问题通常被这样提出:从前的俄国,事物的秩序是由其自身诸

[①] 选自《俄罗斯思想》,马斯林编(Русская идея. Сост. М. А. Маслин. М. 1992. С. 65—72)。

成分构成的,而现在的俄国,事物的秩序则从属于占主导地位的西方成分,这两个俄国中间哪个好些或是坏些呢?人们通常说,如果从前的俄国比现在的俄国要好些,那就应当寄希望于复兴旧有的纯粹俄国的东西,消灭歪曲俄国特点的西方的东西;如果说从前的俄国根本很坏,那就应当尽力引进所有西方的东西并消灭俄国特点。

我认为这种推理并不完全正确。即使说旧的要好于现在的,由此也并不能推论说从前好过现在。在一段时间里、在一些情况下适用的东西,可能在另一段时间里、在另一些情况下并不适用。如果说旧的东西不好,由此同样不能推论说它的诸多成分本身不能发展成为某种更好的东西,只要这一发展不被强行引进的异己成分所中断。小橡树当然要比同年栽下的柳树长得矮一些,柳树从远处能看见,很快有树荫,很早能成材。但您当然不会用给橡树嫁接柳树的方法来侍弄橡树。

由此可见,问题的提法本身就是不对的。与其问从前的俄国是否更好,不如问:为了改善我们的生活,现在是否需要复归于旧的俄国或是否需要发展与它相对立的西方成分。……

[俄国社会的有机构成]

在考察先前俄国社会体制时,我们从中发现了许多与西方的相异之处,首先是:社会构成了一些小的所谓米尔(世界)。我国对作为西方发展基础的个人独特性所知甚少,就像我们对社会强制所知甚少一样。人属于米尔,而米尔则属于人。土地所有制这种在西方构成为个人权力来源的东西,在我国是属于社会的。个人掌握多大权力取决于他在多大程度上成为社会的一部分。

但这个社会并不是独断独行的,它不能自己构造自己,不能自己为自己立法,因为它不是脱离其他一些和自己相似的、也是由一模一样习俗管理着的社会的。组成俄罗斯的这些数不胜数的小米尔笼罩在教堂、寺院、隐修小屋之网下,从这些地方持续不断地传播出同样一些有关社会关系和私人关系的概念。这些概念应逐步地转变为共同的信念,即相信习俗应取代法律,这些概念在我国教会监管下的各地都建立了一种思想,一种观点,一种追求,一种生活秩序。习俗的这种到处都一模一样、整齐划一的情况很可能是它异常稳固的原因之一,这种稳固性使得习俗的一些活残余透过对毁灭性影响(这些影响在 200 年间力图用新原则取代习俗)的一切反抗而保持至今。

由于这些稳固的、单一的和无处不在的习俗,社会体制中任何与整个体制不符合的改变都成为不可能的了。每个人的家庭关系在人出生之前就已经定型了;在这种预先确定好了的秩序中,家庭服从于米尔,米尔服从于更为广阔的村社成员大会,而村社成员大会则服从于市民大会,等等,各种小的集团集聚在一个中心,一个东正教会周围。任何一种局部看法,任何一种人为的协议都不可能营造出新的秩序,不可能凭空臆造出新的法权和财产。在我国甚至连法权(право)这个词本身都与在西方的含义不同,它只意味着正义和真理。因此任何政权都不能把法权赐予和出让给任何人、任何阶层,因为真理和正义既不能出卖也不能攫取,而是自身存在的,不依赖于契约关系。与此相反,在西方,一切社会关系都建立在契约基础上或力求取得这种人为的依据。在契约之外不存在正当关系,而是产生恣意妄为,这种恣意妄为在统治阶级中被称为专制,在被统治阶级中则被称为自由。但在上述两种场合下,这种恣意妄为表明的并不是内心生活的发展,而是外在形式生活的发展。一切力量、一切利益、一切社会权力在那里都是单独存在的,其中每一种本身都不按正常法规结合在一起,而是在偶然秩序或在人为协议中结合在一起。在前者的情况下(即在偶然秩序下)物质力量占上风,在后者的情况下,个人见解的总和占上风。但物质力量,物质优势,物质多数,个人见解总和,实际上构成的都是同一原则,只不过它处在自己发展的不同阶段上而已。因此,社会契约并不是百科全书派的发明,而是全部西方社会所追求的现实理想,这是在胜过了基督教因素的理性因素的影响下发生的,从前的追求是无意识的,现在的追求是自觉的。

在俄国,我们不太了解在诸分封公国从属于莫斯科公国之前,公爵政权的权限有多大。但我们可以想象得到:一成不变的习俗力量足以使任何专制立法成为不可能的;在某种情况下属于公爵的审理权和法庭,如果不与无所不包的习俗达成一致,便无法顺利行使权力,由于同样原因它也不可能对这些习俗进行随意的解释;诉讼案件总过程属于米尔和军团,它们同样是按照自古就有的因而是人人皆知的习俗来进行审判的;最后,在极端的场合,破坏了自己与民众和教会正常关系的公爵,将被民众赶走。懂得了所有这些,便不难理解:所谓公爵权力主要是兵团首领,而不是内在监控,主要在于武装保护,而不在于区域统治。

一般说来,好像俄国很少知道那些西方小官吏,他们把社会当作无生命的财产用来满足个人利益,同样,俄国也很少知道那些西方贵族骑士,他们只依靠个人势力、堡垒和铁镣,只承认自己的剑和建立在独自法律基础上的约定荣誉规则,不承认其他法律。

不过,在我国之所以没有骑士制度,还有其他原因。

乍看上去似乎无法理解:为什么在我国没有产生某种类似于骑士制度的东西,起码是在鞑靼统治时期。社会四分五裂,政权不具有物质实力,每个人都可以从一个地方走到另一个地方,森林很深远,警察还未被想象出来;为什么这样一些人没有形成社会组织,这些人本来可以利用自己胜过温顺的土地占有者和城市居民的力量,进行掠夺,按自己的想法进行治理,占有分散的土地、乡村,在那里构筑城堡;彼此之间制定某种规则,这样便可以形成强力阶层,这个阶层由于自己的力量就可以称为贵族阶层;教会可以利用他们,把他们组成一个一个具有自己规章的骑士团,可以利用它们来反对背教者,像西方十字军那样——这些情况为什么没有发生?

我想正是由于,我国的教会那时并不想为换取暂时利益而牺牲自己的纯洁性。在我国只是在引进基督教之前曾有过勇士。而在基督教引进之后,在我国有的则是强盗,管理良好的匪帮,关于他们的记忆迄今仍保留在我们的歌曲中,但匪帮是被教会所歧视的,因而是软弱无力的。假如要在我国唤起十字军征战,把强盗纳入教会的侍从之列,许诺他们可以因杀死背教者而赦免他们的罪——假如这样做就再容易不过了:所有人都会去做圣洁的强盗。天主教就是这样做的,它没有使民众因信仰而得到提高,而只是把他们推向一个目的,把他们称之为圣徒。我国的教会没这样做,因

第二章　18—19世纪上半期的启蒙主义和斯拉夫主义　　　119

此我们也就没有骑士制度,同时也就没有成为全部西方教育主要因素的贵族阶级。

在西方,哪里更加混乱无序,那里的骑士制度也就越多和越强大;骑士制度在意大利最少。骑士制度越薄弱的地方,那里的社会就越接近于民众体制;哪里的骑士制度越多,那里也就越是倾向于独裁制度。独裁制度本身是从贵族体制中自然而然产生出来的,强者压制弱者,然后便将出现如下情况:拥有有限权力的统治者将变成拥有无限权力的统治者,他将联合下等阶级(即欧洲所说的人民)来反对贵族阶级。这一由下等人组成的阶级,按照欧洲发展的一般公式,将成为上等人士,同是这股势力将把一个人推向独裁宝座,将把政权变成为一股物质力量,它本身已经有可能自行创造某种形式上的体制,它至今还处于这样的发明创造过程中。……

[俄罗斯的纯粹基督教及其历史蜕变]

俄国无论在艺术方面还是在科学发明方面都无出色表现,它没有时间进行这方面的独立发展,也没有接受这样一种别国的发展,这种发展是建立在错误观点基础上的,因而是与俄罗斯的基督教精神相敌对的。但因此在俄国却保存着正确发展的首要条件,只是这种正确发展要求有时间和良好环境;在俄国曾经汇集生存着这样一种构建知识的原则,这样一种基督教哲学,它能为各门科学提供正确的根据。全部希腊教父,包括那些最深刻作者的作品,都被译成俄文,在我国的那些宁静的修道院中被诵读、抄写和研究,而这些修道院则是未实现的大学的萌芽。所有哲学作品中最深奥的叙利亚的以撒的著作,迄今仍在12—13世纪的抄本中。而这些修道院则同民众保持着活跃而从不间断的联系。我们仅从这样一个事实中就有理由推断出我国下等阶级受到了怎样的教育啊!但是,这种不是华丽的、而是深刻的,不是奢侈的、以外部生活便利为目的的、物质性的,而是内在的、精神性的教育;这种没有专制和奴役、不把人分成上等和下等的社会体制;这些没有成文法典的古老习俗,它们来自教会并通过道德与教义的一致而得到巩固;这些保持着未来独特文明的全部条件的神圣修道院、基督教制度的传播者、俄罗斯的精神中心;这些隐修者,他们放弃奢侈生活走进森林、在人迹罕见的洞穴里研读思想深刻的希腊基督教智慧者作品,并从那里走出来去教导理解他们的大众;这些文明程度很高的村会决议;这些市民大会;这种保留在歌曲中的俄罗斯生活的自在逍遥——所有这一切都哪里去了?怎么可能在它们尚未带来成果之前就被消灭掉?它们怎么可以向异己势力的暴力让步?那个破坏俄罗斯、引进德国东西的彼得大帝怎么可能出现?如果说这些破坏是在彼得大帝之前出现的,那么,那个消灭了诸公国、把俄国联合在一起的莫斯科公国又怎么可能出现?为什么这种把各个不同部分联合成一个整体的活动没有以另外的方式发生?为什么在这种情况下是外国原则得胜而不是俄罗斯原则得胜?

我国历史上有一个事实能够给我们解释出现这种不幸转折的原因,这个事实就是"百条宗教会议"(1551年)。看看异端是怎样以极快的速度出现在教会的,就不难理解精神的紊乱也必会在生活中显现出来。出现了一些程度不同背离真理的党派。主张新政的党派战胜了保持古风的党派,其原因正在于古风被思想分歧所摧毁。从这里,在精神的内在联系被破坏的情况下,就出现物质联系、形式联系的必要性,出现了地方主义、沙皇管辖区、奴隶制等等。从这里也出现了因误解和无知而对经书进行曲解的现象,出现了按个人见解和随心所欲的批评而对它们所作的修正。从这里也产生了彼得大帝之前的政府,这个政府与那些被称作分裂派而被排斥的大多数民众离心离德。从这里也出现了彼得大帝,他作为国家中一党的首领组建了社会中的社会,以及后来所发生的一切事情。

上述这些导致了什么结果呢?我们是否希望恢复从前的俄罗斯,它能否得到恢复?如果事情果真是这样,即俄国生活方式的特点在于这种生活方式渊源于纯粹的基督教,而这一生活形式已随着精神的衰退而一蹶不振,如果事情是这样的,那么这一僵死的生活形式现在将不会有任何重要性。强行恢复它将是可笑的,如果不是有害的话。但是,只有那种不相信俄罗斯在某个时候能够复归于其教会赖以为生的充满活力的精神的人,才能彻底摧毁残余的形式。

现在我们只希望出现一种情况,即某个法国人能够理解基督教学说的独创性,懂得它是怎样蕴含在我国的教会中,他能在杂志上发表有关这些问题的文章;某个德国人能够深入地研究俄国的教会并在演讲中证明在我国的教会中完全偶然地发现了西方文明现在孜孜以求的那些东西。这样一来,毫无疑问,我们将会相信法国人和德国人,我们自己将知道我们拥有哪些东西。

1839 年

《论欧洲文明的特征及其与俄罗斯文明的关系》(1852年)[①]

在最近这次见面时,我们关于欧洲文明的特征以及它与俄罗斯文明的特征之间的区别谈了许多。这里的俄罗斯文明指的是古代俄罗斯的文明,其痕迹不但在普通人的风俗习惯和思维方式中至今还有所显现,而且可以说还渗透到尚未经过西方文明改造的俄罗斯人的整个灵魂、全部思维方式之中,渗透到他的整个内在结构之中,如果可以这样说的话。您要求我用书面形式表达自己关于这个问题的想法。但在当时我无法满足您的要求。现在我应该就这个问题给《莫斯科文集》[②]写篇文章,请允许我赋予这篇文章以给您的一封信的形式:一想到与您谈话,就会激发我的玄想,使之更加生动。

当然,现在很少有比俄罗斯文明与西方文明的关系更重要的问题了。如何在我们的头脑中解决此问题,这不但决定我们文学的主流方向,而且也许还将决定我们全部理智活动的方向,决定我们个人生活的意义,决定社会关系的特征。然而,就在不久以前,这个问题还几乎是不可能的,或者说,那时这个问题已经被轻易解

[①] 本文副标题为"给科马罗夫斯基伯爵的信"。第一次发表在1852年的《莫斯科文集》时经检查机关删改。未经删改的版本收入1911年出版的基列耶夫斯基两卷本全集第一卷。卡马罗夫斯基(1802—1875年)是基列耶夫斯基青年时期的好友。译文选自基列耶夫斯基:《走向真理的理性》(Киреевский И. В. Разум на пути к Истине, М., С. 151—188; 207—209)。——译者

[②] 由科舍廖夫出资,И. С. 阿克萨科夫主编,1852年出版,实际上是莫斯科斯拉夫派第一个独立出版物。——译者

决了,正如它被毫不费力地提出来一样,这两种说法是一个道理。那时的普遍观点是,欧洲文明和俄罗斯文明之间的差别只在程度上,而不在特征上,更不在文明的精神或基本原则上。那时一些人①说,我们以前只有野蛮,当我们开始模仿西方时,我们的文明才开始出现,在思想发展方面,欧洲远远地超过了我们。当我们这里还没有科学时,各种科学在欧洲已经繁荣,当科学在我们这里刚刚开始萌芽时,在欧洲已经成熟。因此,欧洲人是老师,我们是学生。不过,他们通常很得意地补充说,我们这些学生十分聪明,很快就会迎头赶上老师,不久就会超过自己的老师。

1714 年,在里加,彼得(大帝)在刚刚下水的船上喝干一杯酒后说道:"兄弟们,30 年以前有谁能够想到,你们俄罗斯人将与我在这里,在波罗的海上造船,穿着德国大衣举行宴会呢?"他补充说:"历史学家们认为古代科学的故乡在希腊,后来科学又从那里转移到了意大利,并在整个欧洲传播。但我们祖先的愚昧致使科学的传播没有能够穿越波兰,尽管波兰人以前也曾和当初所有的德国人一样地愚昧无知,而我们至今还是这样地愚昧无知。只是由于统治者的无限努力,他们才最终睁开眼睛,学会了欧洲的知识、艺术和生活方式。我把科学的这种运动与人体的血液循环进行了对比;我认为,科学总有一天会离开英国、法国和德国,转移到我们这里,停留几百年后再回到自己的故乡,回到希腊。"②

---

① 指西方派代表。——译者

② 不确切地引自戈里科夫:《彼得大帝行传》(Голиков И. И. Деяния Петра Великого, мудрого преобразователя России, собранные из достоверных источников и расположенные по годам: В 15 т. 2—е изд. М., 1838. Т. 5. С. 261—262)。

这些话可以解释彼得行动的热情,在很大程度上也为他的极端性做了辩护。对文明的热爱是他的激情所在。彼得认为只有文明才能拯救俄罗斯,而文明的根源只在欧洲。但这个信念活得比他自己长了整整一百年,继续存在于其臣民中间有教养的,更正确地说,是被他改造过的阶层里。30年前,没有一个善于独立思考的人会认为,除了从西欧借用来的文明之外还能有另外一种文明方式。

然而,从那时起,西欧的文明和欧洲式的俄罗斯文明都发生了变化。

[欧洲文明显露出片面性的弊端]

19世纪下半叶,欧洲文明获得了充分的发展,其独特意义对一些旁观者而言也是十分明显的。然而,这个充分的发展,发展结果的这种清晰性却导致了一种普遍的不满和失望的感觉。并不是因为西方文明陷入不能令人满意的境地,使得科学在西方丧失了自己的生命力,相反,各门科学看来比任何时候都更加昌盛;也不是因为某种外部生活形式统治了人际关系或妨碍了其中的主流关系的发展,相反,与外部阻力的斗争只能加强对所喜爱的人际关系方向的偏爱,外部生活似乎从来没有如此地顺从人际关系的理智要求,如此地与之和谐一致。但不满和忧郁空虚之感潜入到这样一些人的内心深处,这些人的思想没有局限于暂时的狭隘利益,这恰好是因为欧洲智慧的胜利自身暴露了其基本追求的片面性:尽管在各门科学里的个别发现和成就十分丰富,可以说,这些发现和成就具有重大意义,但是,从全部知识中所获得的普遍结论对人的内在意识而言却只有否定意义;尽管生活变得丰富多彩,其外表完善而舒适,但是,生活自身却丧失了实质意义,因为在这种生活中没有任何共同的和强大的信念,它既不能被崇高的希望所妆点,也不能被深深的同情所温暖。几个世纪的冷酷分析破坏了欧洲文明从发展之初就建立在其上的全部基础,所以,欧洲文明从其中生长起来的那些基本原则成了对它而言是外在的、异己的、与其最高成就矛盾的。而破坏了欧洲文明根基的这个分析自身,理性的这个自我运动的利刃,除了自己和自己的经验之外不承认任何东西的抽象的三段论,还有这个自足的知性,都成了欧洲文明的直接财富。或者说,如何更准确地称呼这个逻辑活动呢? 除了那些最粗俗的,最原始的感性材料之外,它脱离了人的全部其他认识能力,而且它只在这些材料基础上建立其空洞的辩证体系。

不过应该记住,不满和失望的感觉在西方人身上并不是在其破坏性的知性最初明显胜利时突然地出现的。西方人在打破了自己几个世纪以来的信念之后,就开始信赖抽象理性的万能,而且这些被抽象理性破坏了的信念越是强大、牢固和无所不包,他就越信赖自己抽象理性的万能。在成功的最初时刻,西方人的喜悦不但没有与遗憾混在一起;相反,他陶醉于自己的过分自信,到了某种想入非非的兴奋程度。他相信,依靠自己抽象的智慧立即就能为自己建立一种合理的新生活,在他改造过的大地上建立天堂般的幸福生活。

可怕的、血的教训没有吓倒西方人;巨大失败没有使他的希望冷却;个人痛苦只能给其丧失理智的头脑加上一个受难者的光环;

也许,无数次失败的努力只能使他疲惫,但却不能令其过分的自信心感到失望,直到他所信赖的那个抽象理性靠自身发展的力量意识到其有限的片面性为止。

欧洲文明的这种最后结果尽管还远没有成为普遍的现象,但它在西方先进思想家那里显然已经开始占统治地位,这种最后结果属于抽象哲学思维的最新时代,很可能是最终时代。但是,哲学意见不能长时间地只是学者书斋里的财富。今天还是书斋里思考的结果,明天就将成为大众的信念,因为对于一个除了信仰理性科学之外不再有任何信仰的人,对一个除了自己的理性结论之外不承认真理还有其他根源的人而言,哲学的命运就是其整个理性生活的命运。不但所有的科学和所有的日常生活关系在这个命运上是一致的,它们聚集在普遍意识的一个焦点上,而且,从这个焦点里,从这个普遍的意识中又引出了通向所有科学和所有日常生活关系的主导线索,这些线索赋予所有的科学和所有的日常生活关系以意义和联系,并按照自己的方向将它们组织起来。因此我们常常看到这样的情况,在欧洲的某个角落里勉强能够发觉的思想在某个科学工作者的大脑里成熟了,他周围的大众勉强能够注意到他的面孔。但20年之后,这个不显眼的人的不显眼的思想由于大众的意愿而控制了人们,在某个给人深刻印象的历史事件中展示给大众。这并不是因为某个书斋式思想家事实上可以从自己昏暗的角落里根据自己的意愿支配历史,而是因为历史通过他的思想体系发展到了其自我意识的阶段。他只是发现了全部主要结果,并将它们归结为一个普遍的结论,而且,其思维过程中的任何随意性都将削弱思想对现实的整个影响,因为只有当一个思想体系自身就是从先于它的信念中获得的必然结论时,它才能成为具有统治作用的体系。有这样一些民族,它们把自己的信念完全建立在自己的个人观点基础上,那么在这些民族的有机体中,哲学家的头脑就是一个必要的天然器官,生命力量的全部循环都要通过这个器官。哲学家的大脑从外部事件上升到内在意识,从内在意识重新返回到显而易见的历史活动领域。因此可以说,并不是西方思想家们确信逻辑理性具有片面性,而是欧洲的逻辑理性自己在达到其最高发展阶段后,意识到了自己的局限性。在弄清楚自己活动的规律后,逻辑理性确信其自我运动的全部力量只不过是人的意识的否定方面而已;它对推导出来的概念所进行的抽象联结还需要从认识的其他根源那里获得基础;最高的智慧真理、智慧的活生生的视觉和实质性的信念都处在其辨证过程的抽象范围之外,尽管它们与智慧的规律不矛盾,但是,它们也无法从智慧的规律中推导出来,甚至是智慧活动所无法达到的,假如智慧活动脱离了人的其他精神力量的共同活动,不与这个共同活动处在一种历来就有的联合之中。

西方人因其抽象理性的片面发展而丧失了对所有不是从抽象理性中获得的信念的信仰,由于这个理性的发展,他还丧失了对理性全能的最后的信仰。这样,西方人被迫或者停留在这样一种状态上,即对一切高于感性需求和商业盘算之上的东西的近于动物般的冷漠(有很多人这样做,但也有很多人没有这样做,因为欧洲以前的生活得以保存下来的遗迹使他们走了另外一条发展道路),或者返回到被拒绝的那些信念,在抽象理性的有限发展之前,这些信念鼓舞了西方人。但只有少数人这样做,其他人做不到这一点,因为在西欧历史发展中形成的这些信念已经遭到了抽象理性的瓦解作用的侵害。因此，这些信念从自己的完满和独立的状态过渡到理性体系的层次，作为片面的理性而呈现给西方人的意识，但已不再是他的最高的，能鼓舞人的原则。

思考着的欧洲人还能做点什么呢？继续向后退，返回到这些基本信念的原初纯洁状态去吗（在西欧的知性对这些基本信念产生作用之前，它们就处在这种纯洁状态）？返回到西方发展开始之前的那些原则上去吗？对于被西方文明的全部诱惑和偏见所包围和渗透的人们来说，这几乎是不可能的。大部分欧洲思想家既不能忍受有限而自私的，受感性目的和个人利益局限的生活，也不能忍受片面的理智生活，这种生活与他们完满的思想意识直接对立。他们既不愿意落到完全没有信念的地步，也不愿意服从明显是虚假的信念。也许这就是他们寻找其他出路的原因，每个人都开始在自己的头脑中为整个世界发明新的普遍的生活原则和真理，在自己的不现实的思维游戏中寻找它们，把新的和旧的，不可能的和可能的混淆起来，无条件地沉浸在无限的希望之中。每个人都与另外一个人对立，每个人都要求其他人的普遍承认。所有的人都成了哥伦布，决心在自己的头脑中发现新美洲，在不现实的希望、个人推测和按照三段论严格推导出来的结论的无限海洋中寻找另一半地球。

欧洲的这种思想状况对俄罗斯产生的影响，与其后来对西方产生的影响相反。在俄罗斯，只有少数人，而且是暂时地迷恋这些轻率的思想体系的表面辉煌，被它们腐朽之美的做作的仪表迷惑。大多数跟踪西方思想现象的人都坚信欧洲文明不能令人满意，所以,他们把自己的注意力转向了欧洲人没有看重的那些特殊的文明原则,俄罗斯以前就靠这些原则生活。在俄罗斯,除了欧洲影响外,现在还能看到这些原则的影响。

于是,在我们这里有声有色地展开了历史性的搜索、校对和出版古代书籍的事业。在这件事上,我们政府的行为是特别有益的,它在修道院里,在被遗忘的档案中,找到并出版了那么多珍贵的古代文献[①]。那时,俄国学者才大概在一个半世纪之后第一次把不带偏见的、审视的目光转向自己和自己祖国的内部,研究其中对他们而言是新的因素。一个奇怪的现象令他们惊讶:他们十分惊奇地看到,几乎在一切涉及到俄国,它的历史、民族、信仰、文明的基础,以及这种文明在俄罗斯人以前的生活中,在俄罗斯民族性格和智慧中所留下的清晰而亲切的痕迹等方面,至今他们都处在被欺骗的状态。这并不是因为谁想故意欺骗他们,而是因为对西方文明的毫无疑问的偏爱,以及关于俄国的愚昧的那种不自觉的偏见,妨碍了他们对俄罗斯的理解。也许,从前他们自己在这些偏见的影响下就曾促进这种盲目性的流行。但西方的魅力如此之大,致使他们看不见可以说就在他们眼前的非常清晰的东西;然而,俄国学者觉醒得如此之快,乃至以其出人意料而令人惊奇。

我们每天都能看到认同西方主流的人,其中经常有这样的人,他们是最有教养的人,拥有最坚定的性格,他们可以彻底地改变自己的思维方式,仅仅是由于他们合理而深入地把注意力转向自己

[①] 指由俄国外交和国务大臣尼·彼·鲁缅采夫领导的、于1810年开始的对国家和修道院档案材料的收集和出版工作。

的内部,转向自己祖国的内部,研究构成俄国生活的独特性的那些基本原则,他们在自己身上发现了精神的这样一些实质性的方面,这些方面在西方理智发展中既找不到自己的位置,也找不到给养。

不过,理解和表达构成俄国生活的独特性的这些基本原则,并不像某些人想的那么容易。因为俄罗斯文明的根本原则在俄国生活中展现得不如西方文明原则在西方历史中展现得那么明显。要想获得这些基本原则,就必须去寻找;它们不能像西方文明那样,自己暴露在我们的眼前。欧洲已经完全地表达了自己。可以说,在19世纪,欧洲结束了自己从第9世纪开始的整个发展过程。尽管在历史生活最初几个世纪里,俄国在文明方面并不亚于西方,但是,由于外部的、表面上看是偶然的阻力,俄国在自己的文明道路上经常被终止前进。所以,俄国为今天保存下来的不是这种文明充分的和彻底的表现形式,而只是对这种文明的真正意义的一些所谓的暗示,是这种文明的最初原则,以及这些原则在俄国人的智慧和生活中留下的最初痕迹。

俄罗斯文明的这些原则是什么?它们区别于西方文明所从发展出来的那些原则的独特性是什么?它们的进一步发展是可能的吗?如果是可能的,那么它们能给俄罗斯理智生活带来什么?又能给欧洲的理智生活带来什么?因为在俄罗斯与欧洲发生了相互渗透之后,既不能不顾与欧洲的关系而思考俄罗斯智力生活的发展,也不能不顾与俄罗斯的关系而思考欧洲智力生活的发展。

俄罗斯文明的原则与构成欧洲各民族文明的那些原则完全不同。当然,欧洲每个民族在自己的文明特征方面都有某种独特的东西。但这些个别的、种族的、国家的或历史的特殊性并不妨碍所有这些民族共同组成一个精神的统一体,每个部分都作为一个活生生的器官而构成一个具有个体性的机体。因此,尽管有众多历史偶然性,欧洲各民族总是在密切的和相互支持的关系中发展。

俄罗斯在精神上与欧洲不同,在生活道路上独立于欧洲。英国人、法国人、意大利人和德国人永远都是欧洲人,尽管总是保留着自己民族的独特性。与此相反,俄罗斯人差不多得消除自己的民族个性,才能与欧洲文明接近。因为在俄罗斯人身上,理性的外貌和内部结构(它们是相互解释和相互支持的)完全是另外一种生活的结果,这种生活完全产生于另外的根源。

[西方文明的三个历史特征]

除了种族差别外,还有三种历史特征使西方文明整个发展具有了独特性:一种是独特的形式,基督教通过这种形式渗透到西方;一种是独特的面貌,古典世界的文明以这个面貌进入到西方;最后是一些独特的因素,它们构成了西方的国家性。

基督教是西方各民族智力生活的灵魂,这和俄罗斯一样。但是,基督教进入西欧仅仅是通过罗马教会。

当然,在基督教世界里,每个种族,每个部落,每个国家在参与全教会统一的共同体时,依然保留着自己的特殊性。由于地方的、种族的或历史的偶然性,每个民族在自己身上发展的主要是智力活动的某一个方面。无论在自己的精神生活里,还是在自己神学家的著作里,各民族自然都应该保持自己的独特性,比如保持自己天生的面孔,只是这个面孔经过了神圣意识的照耀。比如,叙利亚的神学家们似乎主要关注脱离世界的人的内心的、直观的生活,而罗马神学家们主要从事实践活动以及研究概念之间的逻辑联系。拜占庭文明的宗教作家似乎比其他人更强调基督教与在其周围昌盛起来的各门科学的关系,这些科学起初与基督教敌对,后来服从了基督教。亚历山大的神学家们在两条线上战斗,与多神教战斗,也与犹太教战斗。包围着他们的是哲学、神智学和诺斯替教的各种学派,因此他们更注重基督教学说的思辨方面。各条不同道路都通向一个共同目的,只要走这些道路的人不偏离共同的目的。当时,到处都有异端出现,它们总是和自己诞生地的各民族的思想主流有很密切的关系,但是,它们都被拥有一致观念的普世教会给消灭了。普世教会把全部个别教会联合到一个神圣的一致之中。也有这样的时代,偏离正轨的危险威胁到各宗主教管辖的教会,与普世教会学说不一致的学说却符合各民族自己的主流和理智的独特性,这些民族构成一个个别的教会。但是,在这些考验时代,个别教会必须做出果断的选择:或者脱离普世教会,或者放弃自己的个别意见。救主靠着整个正教世界的完全一致拯救了自己的各个教会。只有当每个个别教会脱离了圣传,脱离了与其他教会的交往之后,它的独特性才导致教会分裂。如果每个教会始终忠实于共同的圣传和爱的普遍和谐,那么它的精神活动的独特性只能增加整个基督教的共同财富,丰富其完满的宗教生活。比如,在脱离普世教会以前,可以说罗马教会也有自己合法的独特性。在与普世教会分离后,它自然使自己的独特性具有了特殊的形式,基督教学说只是通过这个形式才潜入到服从罗马教会的各民族的思想当中去。

古代前基督教世界的文明——它作为欧洲文明所从发展出来的第二个因素——在15世纪中叶之前是被西方所知晓的,是它在古代多神教的罗马人生活中被接受的那种独特面貌,然而古代前基督教世界文明的另一个方面,希腊文明和亚洲文明,在君士坦丁堡被征服以前,则几乎没有以纯粹形态传播到欧洲去。众所周知,罗马根本不是整个多神教世界文明的代表:它所拥有的仅仅是对世界的物质统治,而对世界的精神统治属于异教和希腊文明。因此,把人类智力的全部经验,以及人类经过六千年努力而获得的全部财富[①],都放在这些财富在罗马文明中获得的那个形式里,这意味着把它们放在十分片面的形式里,因此必然会遭遇危险,使自己的文明也具有这种片面性。欧洲的实际情况就是如此。15世纪,当希腊流亡者带着自己珍贵的手稿逃到西方时,已经晚了。欧洲文明确实因此而活跃起来,但是,它的意义始终没有变:智力结构和生活方式已经确定了。希腊科学扩展了人们的知识视野和兴趣,唤醒了思想,让思想运动和驰骋起来。然而,希腊科学已经无法改变精神的主流方向。

最后,西方文明的第三个因素,社会组织性,是西方的这样一个特点:几乎没有一个欧洲民族的国家是从民族生活和民族自我意识的平稳发展中产生的,在这种理想的状态下,人们的宗教和社会的主导观念在体现于日常生活关系之中的时候,自然地会获得巩固并发展起来,联结成为一个和谐一致的共同体,而这个共同体又将正确地体现在完整的社会有机体之中。相反,欧洲社会日常

[①] 这是东方教会计算时间的方法,从创世开始。——译者

生活方式不知是由于哪里来的历史的偶然性,几乎到处都是以暴力的方式形成,在两个敌对种族的殊死战斗中产生,即产生于征服者的压迫,产生于被征服者的抵抗,最后,产生于这样一些随意的协定,力量悬殊的敌对双方的纷争靠这些协定而在表面上结束了。

西方的这三个因素:罗马教会,古罗马文明以及在暴力征服中产生的国家,与古代俄罗斯完全是格格不入的。俄罗斯从希腊接受了基督教学说之后,处在与普世教会不断的交往之中。古代多神教世界的文明是通过基督教学说而传播到俄罗斯的,因此不是作为片面的诱惑,不是作为某个个别民族的一堆残羹冷炙而对俄罗斯产生作用。只是在后来,当俄罗斯已经在基督教文明中获得确立,它才开始接受古代世界人类科学的文明的最高成就。那时候,看来上帝希望终止俄罗斯智力发展的进程,也许是为了使它摆脱这样一种片面性的危害。假如在欧洲结束其智力发展的全部进程之前,还没有显示其最高成就之前,俄罗斯就开始自己的智力活动的话,那么这种片面性必然将成为俄罗斯的厄运。这样,俄罗斯就会更加不自觉地和更加深入地把这个片面性带入自己发展的有限领域。基督教在传入俄罗斯后没有遇到它在罗马和希腊以及被罗马文明浸透了的欧洲各国所遇到的那些巨大困难,在那些地方基督教必须与这些困难作斗争。斯拉夫世界没有给基督教学说对人的内心生活和社会生活的纯洁影响设置无法克服的障碍。但基督教在古代世界的封闭文明中和在西方各民族的片面文明中就遇到过这样的障碍。斯拉夫人生活方式的民族特点在很大程度上甚至有助于基督教原则在这里成功地实现。同时,斯拉夫人关于自己的权利和义务,关于自己个人、家庭和社会关系的基本概念,不是从敌对种族和阶级之间形式上的约定中强行获得的,如同战后在相邻国家之间根据争吵后签署的协议上的条款划定人为的国界一样。俄罗斯民族没有经历征服,它是独立地形成的。压迫过俄罗斯民族的敌人永远都位于它之外,没有干预其内部发展。鞑靼人、波兰人、匈牙利人、德国人以及上帝送给俄罗斯民族的其他灾难,只能阻止其形成过程,也确实中断了它的形成,但却不能改变其内部生活和社会生活的实质意义。

然而,与俄罗斯格格不入的欧洲原初文明的这三个因素:罗马教会,古罗马世界和在征服基础上产生的国家却决定了欧洲以后发展的全部进程,如同空间中三点决定一个通过它们之上的圆一样。

古罗马文明遗迹遭破坏后残存下来的、依然还有活力的废墟对西方刚刚诞生的文明的影响是无所不包的。古罗马文明渗透到社会关系的主体结构之中,渗透到法律、语言、风俗、习惯之中,波及到欧洲科学和艺术的最初发展。古罗马不自觉地把它所具有的区别于其他民族的那个独特性或多或少地传递给西方人的全部关系。人周围的全部关系的这个独特性必然地波及到人生的最内在结构,并按照自己的主导方向在一定程度上改变人所受到的全部其他影响。

所以,罗马在智力特征上的主要独特之点应该反映在西方智力的独特性上。如果我们打算用一个通用的简单说法表达罗马文明的这个主要特征,那么下面的这个说法是不会错的,即罗马智力的独特结构就是,其中外在知性获得了相对于事物的内在实质的优势地位。显然,罗马的社会生活和家庭生活向我们显现的就是这一特性，它按照随意冒出的法律的外部条文，逻辑地和毫无悔意地破坏了人们的自然关系和道德关系。罗马人的诗歌向我们显现的是同样的特征，这种诗歌就是对别人灵感的外在形式做艺术上的完善。罗马人的语言也具有这种特征，这种语言具有人为的、严谨的语法结构，但却压制了内心活动的天然自由和真正天性。这个特征还可以在罗马人最著名的法律中找到，在这里，外部形式的严谨性已经达到了令人惊讶的逻辑完善，但其中同样令人惊讶地缺乏内在的公正性。我们觉得，罗马的宗教也是思想间的外部联合，但缺乏内在的、真正的意义的完满，它追求外部礼仪，几乎忘记了这些礼仪的神秘意义。罗马宗教就是多神教世界全部不同的、甚至是相互敌对的诸神的集合，它们表面上联合在一起，但内在地却是相互对立的。与此同时，诸神在逻辑上被构造为一个象征性的崇拜，在哲学的联系之下隐藏的却是信仰的内在缺失。我们也可以在罗马的风俗中看到理智趋向的这个特征，在这里，人的外部活动获得很高的评价，但对活动的内在意义却很少注意；高傲是美德；每个人的逻辑信念是其行动的唯一指南；因此，在这里，每个个性不但把自己看作是某种独特的东西，而且还是某种有别于其他个性的东西，除了从生活的外部环境中逻辑地推导出来的关系外，不理解与其他个性的其他关系。所以，罗马人除了共同利益的联系外，几乎不知道人们之间的其他联系，除了党派的统一外，不知道其他统一。罗马人的爱国主义是他所能够达到的最无私的情感。但这种爱国主义不是希腊人的爱国主义。罗马人不喜欢祖国的炊烟；希腊炉灶里冒出来的炊烟对他而言甚至更有吸引力。罗马人喜欢祖国，实际上是喜欢其中的自己党派的利益，特别喜欢祖国维护他的高傲。然而,全人类的直接情感在罗马人心中几乎被消灭了。罗马人差不多是这样看待自己和自己同胞的关系,如同伟大的罗马理解自己和它周围其他民族的关系一样;罗马人可以同意参加联盟,同样也可以同意参加战争,这要看是否有利可图。他经常听从贪欲的暗示,这种贪欲通常在纯粹逻辑的和自私地行动的人那里占统治地位:我说的是比别人占优势的贪欲,这种贪欲在罗马人心中所占的位置,和轻率地追求荣誉的贪欲在希腊人心中所占的位置一样。总之,在罗马人的所有这些独特性中,在智力和心理活动的所有这些细微变化中,我们看到一个共同特征,即对他来说,其逻辑概念表面上的严谨比本质自身更重要,其存在的内在平衡(如果可以这样说的话)在他看来仅仅是在知性概念或外部形式活动中的平衡。

显然,基督教开始在多神教世界出现之时,就是与罗马人自私的个性和自命不凡的知性这种倾向相矛盾的。基督教使精神的主要活动转向了存在的内在完整性,它不但抵抗任何贪欲,哪怕是被体面的借口掩盖的贪欲,同时还把智力提升到自我认识的真正中心的高度。基督教还与精神堕落的状态斗争,在这种状态下,片面的知性脱离精神的其他力量,企图通过概念的外部联系获得真理。然而,正如对这个外在的知性智慧来说基督教的布道是愚拙一样——从基督教学说的高度看,这个傲慢的知性是极度贫乏、麻木而且盲目的。因此,在教会发展的最初几个世纪里,我们看到,甚至罗马世界的神学家们也经常攻击多神教哲学的错误。然而,纯基督教思想的统治也没能从他们的智慧中完全消除罗马面貌的特征,正如我们已经指出的,这一特征存在于自己的合法范围内,它不但没有妨碍精神的真正指向,相反,还应当增加精神表现的各方面财富,只有在这个特征过度破坏了精神内在平衡状态的地方,它才导致错误。比如,德尔图良也许是罗马神学家当中最善于辞令的一位,特别是其论点之间出色的逻辑和外部联系达到了令人吃惊的地步。他的许多著作永远是教会的骄傲,尽管其过分突出的逻辑能力,或者更正确地说,这种能力与理性其他力量的分离,使他陷入这样一种极端,在这里,他的学说已经脱离了纯正的基督教学说。德尔图良的著名弟子圣基普里安更幸运些,尽管其独特的逻辑能力并不亚于自己的老师。也许,在古代和近代教父当中,没有哪一位能够像圣奥古斯丁那样偏爱对真理进行逻辑上的联结,他主要被称为西方的导师。奥古斯丁的某些著作仿佛是一个由诸多三段论构成的环环相扣的链条。也许正因为如此,他有时流连忘返,光顾思想的表面严谨,看不见其背后的内在片面性,所以在生命的最后几年,他亲自写文章反驳自己以前的论断。

  如果罗马人对概念的外部联结的这个独特爱好,即使是在那个时候,对罗马神学家们而言也不是没有危险的,当时罗马教会还是普世教会的一个活生生的部分,整个正教世界的共同意识将每一个特殊性都控制在合理的平衡之中,——那么,就可以理解,在罗马脱离普世教会后,罗马人智慧的这个特殊性在罗马神学家的学说中必然占有明显优势。这个罗马的特殊性,这个孤立的知性,这种对概念间的表面联结的过分迷恋,曾经是罗马脱离普世教会的最主要原因之一。当然,在这里无论分析这次脱离的原因,还是其具体情况(想占据优势的罗马精神是主要活动家的秘密动机,还是其他原因),都是不适当的,——所有的推测都会引起争论,但毫无疑问的是这次脱离普世教会的借口：对以前的信经所做的教义上的新补充，是与古老的圣传以及教会的共同意识相矛盾的，这个新补充只能由西方神学家们的逻辑推论来证明。

我们之所以特别提到这个具体情况，是因为它最能向我们解释西方文明的特征。在这里，罗马人孤立的知性从 9 世纪起就潜入到神学家们的学说当中，以其片面性破坏了内部思辨的完整和谐。

从这个角度看就可以理解了，为什么西方神学家们尽管拥有知性的善意，却只能把主教职位上的表面统一看作是教会的统一，而不能有另外的看法；为什么他们赋予人的外部事业以极其重要的价值；为什么他们不能理解，在心灵有了内在准备的情况下，在这些外部事业不充分的情况下，除了一定期限的炼狱外，还有其他拯救心灵的手段；最后，为什么他们加给某些人以过多的外部事业的荣誉，并认为这个多余的荣誉可以抵消同样是为了教会外部利益所犯下的其他过错。

这样，让信仰服从知性的逻辑结论后，西方教会在 9 世纪就在自己内部无可避免地播下了宗教改革的种子。宗教改革把罗马教会送上了这样一种逻辑理性的法庭，正是教会自己使这种逻辑理性超越了普世教会的普遍意识；善于独立思考的人在当时就能从教皇尼古拉一世身上看到路德的踪影，正如按照罗马天主教徒的说法，一个善于独立思考的人在 16 世纪就可以在路德身上看到施特劳斯的踪影。

显然，这个道德原因，这种逻辑片面性的优势（这个优势导致了关于教会表面统一的必要性的学说）产生了关于教会可见首脑永无谬误的学说。这是已经开始统治西方世界的那个文明的独特性的直接后果。欧洲社会思想的这个普遍状态还导致一个事件发生,即法国皇帝把一部分世俗统治权交出来,而罗马高级主教在自己的主教区上接受了这个世俗统治权。后来,根据同样的逻辑原因,教皇的一半世俗一半宗教的统治权开始传播到西方所有国家的统治者,确立了所谓神圣罗马帝国的整个建制以及中世纪历史发展的全部特征。在这里,世俗政权与宗教政权经常混淆,并与之进行不断的斗争,相互为对方未来在大众心目中的垮台做了准备。与此同时,在西方人的心里发生着同样的斗争,即信仰和理性,圣传和个人的自命不凡之间的斗争。教权在世俗权力中为自己寻找基础,西方人的宗教信念同样也在知性的三段论中为自己寻找基础。

这样,虽然西方教会人为地为自己确立了外部统一,在自己之上选出一个统一的首脑,这个首脑把宗教权力和世俗权力集中在自己手中,但是,西方教会在自己的宗教活动中,在自己的内部利益上,在自己与世界的外部关系中却造成了分裂。通常在天主教教堂上边建造的两座塔楼可以作为这个分裂的标志。

于是,那些服从戴三重皇冠的教会统治者①之最高权力的世俗统治者,就这样联合成了所谓神圣罗马帝国的封建体制。也许这是其国家建制产生于征服的那些民族生活的唯一合理的结局。因为压迫和被压迫的两个互相争吵的民族之间存在着不可调和的斗争,这个斗争给它们的全部历史发展带来了阶层间不断的相互

---

① 即教皇。——译者

仇视。这些阶层互不相让,它们都在维护自己的敌对权利,维护一方的排他性优势,满怀对另一方深深的不满和无尽的抱怨,顽固地嫉妒在它们之间产生的中间阶层。它们的相对优势普遍地、永远是病态地动摇着,这种相对优势产生了表面的、形式上的和强迫性的和解条件,但各方对这些条件都不能满意。实际上,这些和解的条件只有在国家之外的原则中才能获得社会意识的某种肯定。其实,由被征服种族构成的阶层的权利越少,在征服者所构成的阶层的观念中正当性也就越少。每个出身高贵的人都企图使自己与他人的关系成为最高法律。关于一般的国家或民族的思想无法深入到他们独立的内心之中,因为他们用高傲和各种障碍将自己的心严实地封闭起来了。只有他们自己发明和自行确立的外部形式的关系规则才能降伏他们专横的自由。这样,尽管荣誉规则产生于时代需求,是对彻底的无法无天状态的唯一可能的替代,但是,荣誉规则的特征使其具有了社会生活方式上的片面性,极端的表面性,个人关系中的形式主义。这些规则的实质方面已经被遗忘了,如果不考虑整个欧洲生活的话,那么它们可以被看作是西方全部社会生活发展的一面完整的镜子。

每一个出身高贵的骑士在自己的城堡内部就是一个独立王国。所以,出身高贵的人们之间的关系只能拥有外部的、形式上的特征。他们与其他阶层的关系也应该具有这种外部的、形式上的特征。这样,在西方国家里,公民权的发展也获得了同样的外部的意义,获得了有争议而且是条文性质的形式,正是这种外部意义成了人们社会关系的基础。仍然在欧洲某些城市里存在并发挥作用的罗马法更加巩固了欧洲法学中这种外部形式上的倾向。因为罗马法拥有同样的外部形式特征,这个特征使外部形式的条文背后的公正性被遗忘了。也许,这是因为罗马社会生活也是在两个对立民族间不断的斗争中展开的,这两个民族被强迫纳入到一个国家里。

顺便指出,这就可以解释,欧洲各民族为什么能够如此轻松地习惯了与它们格格不入的罗马法,只有几个国家除外,在这里,社会组织不是从征服中产生,因此,这些国家预示着未来的更加完整的发展方向。

但是,从暴力开始的欧洲国家应该通过革命来发展,因为国家发展不是别的,正是它建立在其上的那些内部原则的展开。欧洲社会以暴力为基础,靠形式化了的个人关系联合起来,并贯穿着片面的知性精神,因此它们从自身中发展出来的不是社会精神,而是孤立的个人精神,这种孤立性靠个人和党派的私人利益的纽带联系着。因此,欧洲国家的历史尽管有时也向我们展示其社会生活的外部昌盛,但事实上,隐藏在社会形式之下的永远是一些个别党派,它们为了自己的局部利益和个别体制而忘记整个国家的生活。有教皇党派、皇帝党派、城市党派、教会党派、宫廷党派、个人的党派、政府的党派、宗教党派、政治党派、民间党派、中间阶层的党派,甚至还有形而上学的党派,它们经常在欧洲国家里相互斗争,每个派别都企图根据自己的目的改变国家建制。所以,欧洲国家的发展并不是平稳的增长,而总是伴随着比较明显的革命。革命是一切进步的条件,只要进步自身已经不再是手段,而是大众追求的独立目的自身。

显然,在这些条件下,欧洲文明的结局应该是它自己建立起来的整个思想大厦和社会大厦的倒塌。

理性分裂为个别力量,知性优先于其他精神活动,这种分裂和优先虽然后来破坏了中世纪欧洲文明的整个大厦,但它们当初却发挥着相反的作用,而且它们越是片面,就越带来更快的发展。这就是人类理性偏离的规律:内部黯淡,外部辉煌。

阿拉伯文明的发展更加迅速地完成了,因为这个文明更加片面,尽管它也拥有中世纪欧洲所具有的那种抽象知性的倾向。但伊斯兰教文明比在本质上是活生生的和完整的基督教文明更容易使自己的基本信念变成抽象的形式。抽象概念之间的系统联系是伊斯兰教徒理性自我意识所能达到的最高目的,可以说,这个目的就是其信仰的基础。因为这个信仰只要求伊斯兰教徒抽象地承认某些历史事实,在形而上学的意义上承认神的统一,但它不要求信徒具有自我认识的内在完整性,而是任凭人的分裂本性处在不可调和的矛盾之中。伊斯兰教信仰不把存在的最高目的指示给信徒,相反,却把粗俗的感官享受状态指示给他,不但把这种状态作为此世生活的最高奖赏,甚至作为未来的最高目的。所以,伊斯兰教徒的理性需求所能提出的全部要求就是抽象的逻辑统一的要求,就是说,他的思想要有外部秩序,这些思想之间相互关系应该被容纳到一个正确的体系之中。伊斯兰教徒的求知欲为自己提出了一个最高的形而上学任务(可以说这是一种伊斯兰教哲学的诗篇),这就是为精神世界的不可见的活动构造可见的公式:在地上的规律和天上的规律之间寻找符箓的联系。由此就有了他们对逻辑的嗜好,由此就有了他们的天文学、炼金术、手相术,以及他们的全部抽象—知性的和感性—精神的科学。由此还可以解释,为什么阿拉伯人尽管从叙利亚的希腊人那里获得了自己理智文明的基础,并与拜占庭有密切的关系,却对希腊文明进程几乎没有任何影响。然而,他们对西欧却产生了最为强烈的影响,当欧洲几乎处在完全的愚昧无知状态时,他们把自己科学繁荣的全部辉煌带到了那里。毫无疑问,阿拉伯人的抽象逻辑的学术倾向也加强了欧洲文明中的这个倾向,而且有一段时间还把自己符箓思维的多彩之流混入欧洲思维的主流之中。阿拉伯人最先把亚里士多德的著作介绍给拉丁神学家。拉丁神学家们第一次了解的这些著作就是从阿拉伯文翻译过来的,并带有阿拉伯人的解释,——拉丁神学家们对希腊文明了解甚少。

众所周知,从来也没有被完整地理解、但在其细节上却被详尽研究的亚里士多德,是经院哲学的灵魂,而经院哲学又是当时欧洲全部理智发展的代表,是这个发展的最鲜明的表达形式。

经院哲学不是别的,正是追求类科学的神学。因为神学当时既是一切知识的最高目的,又是其主要根源。经院哲学的任务是,不但要把神学概念联结到一个合理的体系之中,而且还要为它们奠定一个知性的形而上学基础。实现这一任务的主要手段是圣奥古斯丁的著作和亚里士多德的逻辑著作。中世纪大学发展的顶峰是关于信仰对象的争辩。最著名的神学家们都努力从自己的逻辑结论中推导出信仰的教义。从苏格兰人爱留根纳到 16 世纪,也许没有一个神学家不努力用某个精致地提炼出来的三段论来试验自己关于上帝存在的信念。他们的大部头著作里充斥着由纯粹的知性概念逻辑地联结起来的抽象细节。思维的最无关紧要的方面对他们而言成了科学研究的对象、党派纷争的原因、生活的目的。

唯名论者和唯实论者之间的抽象争论,关于圣餐礼、恩典、圣母诞生以及类似对象的奇怪争论,都不能够提供关于经院哲学的精神,关于当时思想状况的真实概念。最清楚地表达经院哲学精神和当时思想状况的,是在这些争论中成为注意对象的、并占据了最有学问的哲学家思想的那种东西,即针对无法实现的设想构造一些随意的问题,然后分析赞成或反对这些问题的全部可能的论据。

这个持续了七百年的没完没了的、令人厌倦的概念游戏,这个无益的、在理智视觉前随意转动的抽象范畴的万花筒,必然导致对高于知性和逻辑的活生生信念的普遍无知;必然导致对人们通过三段论无法获得的信念一窍不通。相反,当人们企图把这些信念放在三段论推理的基础上时,只能歪曲它们的真理,如果不彻底消灭这个真理的话。

对内在精神生活的活生生的和完整的理解,对外部自然界直接的直观,同样都被排除在西方思维的封闭圈子之外,前者是在"神秘主义"的名义下被赶出去的,对经院哲学的知性而言,神秘主义在本质上是令人厌恶的(这里也包括东正教会学说中与西方学说体系不符的方面),后者直接在"无神论"的名义下遭到迫害(这里包括与当时的神学概念相矛盾的那些科学发现)。因为经院哲学用一个不可分割的命运将自己的信仰与其对科学的狭隘理解束缚在一起。

所以,随着拜占庭被占领,还没有被破坏的希腊思想的新鲜气息从东方传到西方,西方善于思考的人也感觉到了更大的轻松和自由,这时,经院哲学的全部知识便顷刻间瓦解了。然而,经院哲学片面性的痕迹依然残留在它所培养的人们的头脑之中。思维对象已经变了,思潮也不同了,但对知性的偏爱,对活生生真理的视而不见,却依然如故。

近代哲学著名奠基者(笛卡尔)就是一个很好的例子。他以为自己彻底地抛弃了经院哲学的桎梏,但他没有感觉到,自己在很大程度上依然被这些桎梏束缚。因此,尽管他对理性的形式规则有天才的理解,但奇怪的是他对活生生的真理仍然如此盲目,甚至自己关于自身存在的内在的、直接的意识在他看来也是没有说服力的,只要他还没有从抽象的三段论推理中将这个意识推导出来。这个例子不是一个哲学家个人的独特之处,而是表达了当时思潮的普遍倾向,因此就更加值得注意了。笛卡尔的逻辑结论不是他自己所独有的财富,而是被近代(几乎直到18世纪中期)的大部分哲学家欣喜地接受了,并成了他们思维的基础。也许,现在还有这样一些思想深刻的人,他们在这个结论的基础上断定自己存在的确凿性,以此来满足其对坚定信念的文明需求。至少笔者还清晰地记得自己生活中的这样一个时期,当时这种做作的思维过程很好地满足了他对理智安慰的渴望。

关于笛卡尔下面这个独到之处我就不想多说了,他迷恋其推理的精确的必然性,却心平气和地坚信,除了人之外的所有动物仅仅是造物主精致地构造出来的外部机器,它们没有意识,既感觉不到疼痛,也感觉不到快乐。

因此,毫不奇怪,笛卡尔的学生,其在统治哲学发展方面的后继者、著名的斯宾诺莎十分精致地,十分卖力地锤炼关于第一因,关于整个世界的最高秩序和建制的理性结论。然而,透过这个由定理和三段论构成的完整而连续的网络,在整个世界里他却看不见活生生的造物主的痕迹,在人身上他也看不见其内在自由。同样过分发展了的逻辑知性致使伟大的莱布尼茨在其抽象概念的理性联结背后,看不见明显的因果联系。为了解释因果联系,他被迫提出其先定和谐的概念。不过,这个概念使其基本思想具有一层诗意,这种诗意多少弥补了思想上的片面性。

我说思想的诗意多少弥补了思想上的片面性,因为我认为,如果逻辑优点能够和审美的优点或道德的优点结合起来,那么借助各种力量的这个结合,理性自己在一定程度上就能向其原初的完满状态返回,它就会接近真理。

还有必要继续罗列后面的西方哲学代表,以便回忆他们的思想体系,确信西方哲学思想的普遍的片面性吗?

还有必要提休谟和康德吗?休谟是西方哲学另一分支直接的和必然的结果,他是培根、洛克以及与他们同类的思想家的追随者。这位公正的休谟借助公正的理性力量证明,世界上不存在任何真理,真和假应该接受同样的怀疑。那位由休谟唤醒的,由德国学派培养出来的,著名的康德从纯粹理性的规律中推导出一个无可争辩的证明:对纯粹理性而言,不存在关于最高真理的任何证据。

也许,由此到达真理仅有一步之遥,但是,西方世界当时还没有准备好去接受真理。

费希特思想体系只发展了康德思想体系的一个抽象的方面。费希特用令人惊讶的三段论证明,整个外部世界仅仅是想象力的幻影,事实上只存在一个自行发展的自我。

谢林由此发展出一个对立的假说，即，尽管外部世界确实存在，但世界的灵魂却是人的这个自我。自我在宇宙存在中发展的目的仅仅是为了在人身上认识自己。黑格尔进一步巩固和传播了人的自我意识自我发展的这个思想体系。但是，黑格尔比以前的任何人都更加深入地研究了逻辑思维的规律自身，他以其非凡而巨大的天才力量使这些规律达到了最后的完满和清晰的结果，这就为谢林证明整个逻辑思维的片面性提供了条件。因此，西方哲学现在就处在这样一种状况之中：既不能按照其抽象理性之路进一步发展了，因为它意识到了抽象理性的片面性，也没有能力为自己开辟新的道路，因为其全部力量都用在了发展这个抽象的理性。

然而，与罗马神学借助经院哲学而发展的同时，东方教会的作家们却并没有陷入三段论论证之中，而是一贯地维持思辨的完满性和完整性，这种思辨的完满性和完整性就是基督教哲学的突出特征。不要忘记，当时整个文明全部集中在了拜占庭。有教养的希腊人对古代基督教作家和多神教作家，特别是哲学家有简单的了解，在15世纪中叶以前的大部分宗教著作里都可以看到对希腊人认真研究的明显痕迹。然而，没有教养的西方，如果与拜占庭相比的话可以说是无知的西方，在自己的思想上直到14世纪之前几乎只围绕着一些拉丁作家转，只有为数不多的几个希腊作家除外。只是在14世纪中叶才在意大利成立了第一所学术性的研究院，是由彼特拉克的老师，著名的修士瓦尔拉姆创办的。瓦尔拉姆是东正教会的不幸的背叛者，他染上了西方的毛病，即对逻辑理性坚信不疑，拒绝了基督教学说中他所不能理解的一些教义，他因此在君士坦丁堡宗教会议上被审判，遭到羞辱后被赶出希腊，但他在意大利却受到欢迎,还被给予很高的荣誉。

　　毫无疑问,希腊人比拉丁人更熟悉亚里士多德,对他的研究也更全面。希腊人所熟悉的亚里士多德没有经过阿拉伯学者和拉丁学者的补充。经院哲学教育在欧洲衰落之前,这些补充是西方理性的一切发展的必要条件。然而,我们在希腊思想家那里看不到对亚里士多德的偏爱;相反,在大多数希腊思想家那里我们看到的是对柏拉图的明显偏爱。当然,这不是说基督教作家打算学习哪一位思想家的多神教观念,这里指的应该是柏拉图的思维方式自身在理智活动中具有更大的完整性,在理性的思辨活动中具有更多的热情与和谐。因此,在两个古代哲学家之间存在的那种关系,也存在于以经院哲学为代表的拉丁世界的哲学和东方教会作家的精神哲学之间,后者特别清楚地体现在生活于罗马脱离普世教会后的教父们身上。

　　值得一提的是,10世纪后进行创作的东方教会教父的这个精神哲学是真正的和纯粹的基督教哲学,它十分深刻,十分活跃。它使理性从知性机械论上升到最高的、在道德上是自由的思辨。这种哲学异常丰富和深刻,心理观察十分细腻,因此,甚至对非信徒思想家而言也是有教益的。尽管这种精神哲学有诸多优点(我在这里只说思辨的优点,不考虑神学方面的意义),但是它很少为西方知性流派所理解,西方思想家不但不看重它,更令人惊讶的是,他们至今几乎依然还完全不了解它。

　　至少没有一个哲学家,没有一个哲学史家提到过这种精神哲学,尽管在每部哲学史著作中我们都能找到关于印度哲学、中国哲学和波斯哲学的长篇大论。东方教会思想家们的著作长期以来在欧洲不为人所知；至今还有许多著作是西方人没有听说过的，另外一些著作即使他们知道，也不受重视，因为这些著作没有被他们所理解；还有一些著作不久前出版了，但同样不受重视。尽管有些西方神学家提到过东方教会作家的某些特点，但是，他们很少理解这些特点，不符合事实的结论在他们的话里随处可见。最后，几乎在任何一位西方神学家那里我们都看不到东方教会著作对他们产生的活生生的影响。只要西方神学家用他们研究多神教作家著作的一半精力研究东方教会著作，那么他们就必然会受到东方教会著作的影响。也许只有一个人应该是个例外，即托马斯·肯皮斯基或格尔松，假如人们以为是他们写的那本书确实是他们写的，而不是像某些人所说的是从希腊文翻译过来的，只是根据拉丁概念经过一些修改[1]。

当然，生活在罗马教会脱离普世教会后的东方教会作家们没有创造相对基督教学说而言的任何新东西，没有提出任何在最初几个世纪作家那里没有的东西。这正是东方教会作家们的优点；我认为，这也是他们的独特性之所在，他们保护并延续了真正的基督教学说的纯洁性和完满性。可以说，他们永远处在真正信念的最核心之处，从这里他们才能更清楚地看见人类理智的规律，看见把理智引向真知识的道路，以及理智的各种偏离的外部标志和内在动因。

---

[1] 托马斯·肯皮斯基(Фома Кемпийский，又译垦庇斯，1380—1471年)，德国神秘主义者。格尔松(Герсон，又译赫尔孙，1363—1429年)，法国神秘主义者。这里指的是《效仿基督》一书。——译者

然而,即便是生活在罗马脱离普世教会之前,因此是东西方都承认的古代教会教父,在东方和西方所受到的理解也不总是一样的。产生这个差别的原因可能是,东方总是十分熟悉普世教会的所有作家和教师,而西方学者所知道的主要是拉丁作家,只有几位是希腊作家,而且西方学者透过从罗马教师那里获得的现成概念来看这几位希腊作家。因此在现代,当西方学者已经简单地了解了希腊文献后,还是继续不自觉地从那个有限的窗口看希腊文献,这个窗口镶的玻璃即便不是有色的,也是昏暗的。只有这一点才能解释,西方学者怎么能在这么长时间里一直处在其知性倾向的片面性之中,否则的话,所有古代教父的共同作用就可以破坏这种知性倾向。由于坚持自己的片面性,所以西方学者或者不注意,或者有时甚至不知道这样一些古代作家,在他们身上特别突出地体现了直接与这个局限对立的方面。西方学者在神秘主义的名义下得意地拒绝了这个方面。

因此,在东方和西方之间,除了概念上的区别外,还在神学和哲学的思维方式上有区别。因为在追求思辨真理时,东方思想家首先关注思维着的精神的内在状态的合理性。西方思想家更多地关注概念的外部联系。为了获得完满真理,东方思想家寻找理性的内在完整性,可以说寻找各种理性力量的这样一个中心,在这里,精神的所有个别活动都融入到一个活生生的和最高的统一之中。与此相反,西方思想家认为,理性的分裂了的、在自己的分立状态下独自行动的力量也可以获得真理。他们用一种感觉来理解道德,用另外一种感觉来理解优雅;有益性也在特定的意义上被理解;他们用抽象知性来把握真理。但是,一种能力不知道另外一种尚未结束自己行为的能力在干什么。西方思想家断定,所有的道路在汇合为一个共同运动之前,每条道路都能通向最终目的。在他们看来,不动情感的冷漠判断和心灵活动的极端嗜好同样都是人的合理状态;当西方学者在14世纪了解到东方直观者们追求保卫完整的内在精神安宁时,他们为这个想法发明了各种可笑的绰号,对其加以嘲讽。

确实,有时西方学者也使用东方学者所使用的概念,也谈论"精神的内在集中"、"理性在自身的聚集"等等,但是,他们把这些概念理解为另外一种东西:不是各种内部力量的集中、聚集和完整性,而只是它们的极度紧张状态。一般地说,他们寻找的不是精神存在的中心。西方人不理解最高理性力量的那个活生生的综合体,在这里没有一股力量的运动是在没有其他力量的支持下发生的。西方人不理解内在生活的平衡,这种平衡状态甚至能够把东正教世界普通传统培养出来的人的最表面的活动突出出来,因为在他的活动中,甚至在生活中最剧烈转折的时刻,也有一种深刻的安宁,一种自然的匀整、尊严与谦卑,它们表明精神的平衡,表明普通的自我意识的深刻性和完整性。与此相反,欧洲人总是追求强烈的激情,总是忙忙碌碌,即便不是矫揉造作,总是在其内心和外部活动中没有安宁,他只能靠故意的努力才能赋予这些活动以勉强的平和。

可以说,东正教教父们的学说伴随着基督教钟声的第一个福音来到了俄罗斯。在这些学说的指导下,形成和养育了原有的俄罗斯理智,这种理智是俄罗斯日常生活的基础。

……

第二章 18—19世纪上半期的启蒙主义和斯拉夫主义

基督教渗透到西方各民族人们的头脑中,仅仅是通过罗马教会的学说。在俄罗斯,基督教是在整个东正教会的思想巨擘上点燃的;在西方,神学具有知性的抽象性,但在东正教世界里,神学保存着精神的内在完整性;在西方,发生了理性力量的分裂,在俄罗斯,追求理性力量的活生生的整体性;在西方,理智向真理的运动借助对概念的逻辑联结而实现,在俄罗斯,借助于自我意识向完整心灵和理性中心的内在上升来追求真理;在西方,寻找外部的和僵化的统一,在俄罗斯,追求内在的和活生生的统一;在西方,教会把宗教权力与世俗权力结合在一起,并且把教会作用和世俗作用融入到一个具有混合特征的建制当中,因此教会与国家混淆了,在俄罗斯,教会始终没有与世俗目的和建制混淆;在西方,有经院哲学的大学和法律的大学,在古代俄罗斯有以祷告为主的修道院,其中集中了最高知识;在西方,对最高真理进行知性的和学院式的研究,在俄罗斯,追求对最高真理进行活生生的和完整的理解;在西方,多神教文明和基督教文明共生,在俄罗斯,不断追求对(基督教)真理进行净化;在西方,国家产生于征服暴力,在俄罗斯,国家产生于人民日常生活的自然发展,这种日常生活贯彻着基本信念的统一;在西方,各阶层之间存在着敌对的划分,在古代俄罗斯,各阶层在自然区分的基础上构成和谐一致的整体;在西方,骑士城堡之间的人为联系及城堡的隶属关系构成单个的国家,在俄罗斯,整个国家的总体一致性在精神上表达了不可分割的统一;在西方,土地私有制是公民关系的首要基础,在俄罗斯,私有制只是个人关系的偶然表达;在西方,有形式逻辑的规律,在俄罗斯,有来自日常生活的规律;在西方,法制偏向于外部公正,在俄罗斯,倾向于内在的公正；在西方，法学追求逻辑规则，在俄罗斯，法学寻找合法的信念与信仰及日常生活的信念之间的内在联系，而不是形式与形式之间的表面联系；在西方，法律人为地来自于占统治地位的意见，在俄罗斯，法律自然地产生于日常生活；在西方，生活改善总是靠强行的革命来实现，在俄罗斯，生活改善靠平衡的自然增长来实现；在西方，党派精神骚动不安，在俄罗斯，基本信念十分牢固；在西方，贪恋时髦，在俄罗斯，日常生活方式稳定；在西方，有不稳定的个人自我立法，在俄罗斯，家庭和社会联系十分稳定；在西方，讲究奢侈和生活的人为性，在俄罗斯，生活需求十分简单，道德勇敢十分饱满；在西方，有梦想的娇气，在俄罗斯，有各种理性力量构成的健全整体；西方人在理智上相信自己道德的完善，同时在精神上伴随着内在恐惧，俄罗斯人经常对自己不信任，无限地要求道德完善，但他却保持内在自我意识的安宁与平和。总之，在西方，精神分裂了，思想分裂了，科学分裂了，国家分裂了，阶层分裂了，社会分裂了，家庭权利和义务分裂了，道德和心灵状态分裂了，人的社会存在和个人存在的总体和全部个别形式分裂了，在俄罗斯，与此相反，主要追求内在和外在、社会和个人、思辨和生活、艺术和道德的完整性。所以，如果我们上边说的都合理，那么，分裂与完整，知性与理性就是西欧文明与古代俄罗斯文明的最终表达。……

第三章　19世纪中期—20世纪初的主要哲学思潮

19世纪中后期到20世纪初是俄国社会政治、文学、艺术、哲学等领域各思想流派斗争激烈的时期。斯拉夫派与西方派论战进一步加剧，一方面出现了具有激进民族主义情绪的新斯拉夫派（斯特拉霍夫），拒绝一切外来文化；另一方面也有哲学家从基督教普遍主义观点对这一思潮的批判（索洛维约夫）。一方面有无神论的个人主义，强调个性价值与尊严，反抗来自各个方面的对个性自由的压抑；另一方面也有宗教哲学，证明宇宙存在的万物统一，在信仰中寻求生命的价值与意义。一方面有主张个人内在修养和人格完善的道德哲学，另一方面也有坚持在社会物质生产基础上实现理想社会目标的马克思主义哲学。

（一）个性自由的哲学辩护

俄罗斯思想固有村社传统的集体主义和道德主义精神，同时也具有为个人的完整生命和个性自由进行辩护的鲜明特点。这里所说的"个人主义"不是非道德的、个人至上的、反社会的利己主义，而是在现代思想和社会生活中，当个性受到来自各方面侵犯和压迫的时候,思想家力图反抗这些侵犯和压迫,维护个人自由。不同的哲学家具有不同的反抗路向。别林斯基维护个人自由,反抗理性的普遍性;赫尔岑维护个人自由,反抗抽象的自然和社会秩序;巴枯宁维护个人自由,反抗虚幻的上帝信仰和国家强制;皮萨列夫维护个人自由,反抗唯心主义的天真梦想。

10. 别林斯基

维萨里奥·格利高里耶维奇·别林斯基(Виссарион Григорьевич Белинский,1811—1848年),1811年5月30日生于斯韦阿堡,今芬兰的苏奥梅林纳。他的祖父是神父,父亲是海军医生。他在童年时代就表现出了对文学的兴趣,对他来说文学的魅力主要不在于其艺术性,而在于其总是关注人、人的内心世界和人的命运。他在莫斯科大学语文系读书期间(1828—1832年)参加了斯坦凯维奇小组,在这里初步认识了谢林的自然哲学。1836年曾短期迷恋费希特哲学,1837—1840年在斯坦凯维奇和巴枯宁的影响下成为热烈的黑格尔主义者,主张"与现实妥协"的思想。19世纪40年代他又抛弃了黑格尔哲学的普遍理性主义,承认个性的伟大价值,维护个性自由。

["用思想来解释事实,而不是从事实中引出思想"][1]

有两种研究真理的方法:先验的(a priori)方法和后验的(a posteriori)方法,也就是从纯粹理性出发的方法和从经验出发的方法。关于哪种方法更优越的问题有过许多争论,甚至现在也完全没有可能使这两个敌对的方面和解。有些人说,认识要成为可靠的,就应当从作为我们意识的源泉的理性本身出发,因此,就应当成为主观的,因为一切存在物只有在我们的意识中才有意义,而不是自我存在的;另一些人则认为,意识只有在从事实、现象中得出和以经验为根据的时候,才是正确的。对第一类人来说,只有意识是存在的,实在只在于理性中,其余的一切都是无生命的、死的,是没有与意识的关系就自身无意义的;一句话,在他们那里,理性就是王,是立法者,是赋予非存在之物和僵死之物以生命和意义的创造力量。对第二类人来说,实在之物只存在于物体、事实、自然现象之中,而理性不是别的,正是死的现实的苦工和奴隶,按照现实的任性要求改变自己,因此,理性只是梦想、幻影。整个宇宙,全部存在不是别的,正是多样中的统一,是同一个观念变换形态的无限链条;理智沉浸在这一多样性之中,又力图在自己的意识中把多样性引向统一,哲学史不是别的,正是这种意图的历史。被作为万

---

[1] 选自《哲学史文选:俄罗斯哲学》,国立莫斯科师范大学哲学教研室编(Хрестоматия по истории философии. Русская философия. Сост. Московский государственный университет, Кафедра философии. Москва, 1997. С. 156—157)。——译者

物开端和起源的勒达的蛋①、水、气、火证明,年幼的理智就是表现在这样的意图中的,它现在依然表现在这种意图中。那些从纯粹理性中得出的最初的哲学体系,它们的不牢固性完全不在于它们不是经验为基础的,而是相反,正在于它们依赖于经验,因为年幼的理智总是用来作为自己思维基本规律的,不是其中所包含的观念,而是某种自然现象,因此,是从事实中引出观念,而不是从观念中引出事实。事实和现象不是自身存在的,它们都存在于我们之中。比如说这张红色的四角桌子:红色是因观看桌子而引起的视神经震动的产物;四角形状是我的精神所创造的一种形式类型,这种形式类型存在于我的内心,是我赋予桌子的;而桌子的意义本身是一个概念,也是存在于我内心的,是我创造的,因为对桌子的需要先于桌子的发明,因此,桌子是人所创造的概念的结果,而不是人从某种外部对象里获得的。外部对象只是给我们的"自我"一个推动力,在"自我"中唤起由"自我"赋予外部对象的概念。我们完全不想以此来否定研究事实的必要性:相反,完全容许这种研究的必要性;只不过我们同时想说,这一研究应当是纯粹思辨性的,用思想来解释事实,而不是从事实中引出思想。否则的话,物质就成为精神的本原了,而精神是物质的奴隶。在18世纪就是这样,这是经验和经验主义的时代。这导致了什么后果呢?怀疑主义、唯物主义、无信仰、腐化和在大量认识中对真理的全然无知。百科全书派知道什么?他们的学识有什么成果?他们的理论在哪里?这

---

① 勒达,希腊神话人物。她受到化身为天鹅的宙斯的引诱,生了两个蛋,每个蛋变成两个小孩。第一个蛋中的波吕克斯和海伦是宙斯的孩子,另一个卡斯托耳和克吕泰墨斯特拉则是延德尔斯的孩子。——译者

些理论都像肥皂泡一样飞散了、破灭了。我们来看看这样一种从事实中得出的审美理论,它是依靠布瓦罗、巴托、拉加尔普、马蒙特尔、伏尔泰的权威而确立起来的:这个理论现在在哪里?或者确切地说,这个理论现在算什么呢?只不过是这样一种人类思维之无力与卑微的遗迹而已,这种人类思维不遵循自己活动的永恒定律,而是服从于事实的视觉欺骗。

["个人的命运比整个宇宙的命运更重要"][1]

我早就料到,黑格尔哲学只是一个方面,虽然是一个伟大的方面,但其结果的绝对性无论对……都不适合,容忍这些结果还不如去死更好些。这一点我在收到你这封信之前就想写信告诉你。愚蠢的人说,黑格尔把生活变成了僵死的图式,这是闲扯;但是说他把生活现象变成一群幽灵,挽紧枯瘦的双手在墓地上空跳舞,这倒是正确的。主体在他那里不是自身的目的,而是为了短暂地表现一般之物所需要的手段,而此一般之物在他那里对主体来说却是莫洛赫[2],因为它用主体装扮一下自己之后,就把主体像旧裤子一样丢弃了。我有特别重要的原因对黑格尔发怒,因为我感到自己曾经忠于他(在情感上),曾经容忍俄国现实,称赞扎戈斯金[3]和类

---

　①　选自别林斯基1841年3月1日和1847年2月17日致波特金的信(俄文电子版)。
　②　古代腓尼基等国以活烧儿童为祭的太阳神。
　③　扎戈斯金,米哈伊尔·尼古拉耶维奇(Загоскин М Н 1789—1852),俄国浪漫主义历史小说家。——译者

似的丑恶现象,并憎恨席勒。我对后者曾经比黑格尔自己还要更彻底,虽然比闵采尔愚蠢些。黑格尔关于道德的全部论断,都是地道的胡说,因为在思想的客观王国里是没有道德的,正如在客观的宗教(例如在印度的泛神论里,梵天和湿婆同样都是神,也就是在这里善与恶具有同等的自主性)。我知道,你会嘲笑我,噢,你这个秃顶的!但是,你想嘲笑就嘲笑吧;我还是坚持自己的:主体、个体、人格的命运比整个世界和中国皇帝的健康(即黑格尔的普遍性)更重要。我听说:去发展自己的全部精神财富吧,为了得到精神的自由享受;痛哭吧,为了得到安慰;悲伤吧,为了获得快乐;去争取完善吧,去爬到发展的最高阶段吧,——要是绊了一下,那就摔倒,去他的吧——狗杂种的……太感谢啦,叶戈尔·费奥多雷奇①,——谨向您的哲学尖顶帽致敬;但是,我怀着对您哲学上的庸俗行为的全部敬意,荣幸地告诉您:即使我成功地爬上了发展的最高阶段,我在那里也会要求您让我知道历史和生活条件的全部牺牲者,偶然性、迷信、宗教裁判所、菲利普二世等等的全部牺牲者,否则我就要从那最高阶段一头栽下。如果我不能对我的每一个亲兄弟——与我骨肉相连的人感到安心,我就不想白白得到幸福。人们说,不和谐是和谐的条件;或许,这对于音乐迷来说是十分有益的和令人愉快的,然而,对于那些注定要用自己的命运来表现不和谐思想的人来说,则显然不是这样。不过,如果把这一切都

---

① 这是在俄国西方派斯坦凯维奇小组里对黑格尔的称呼。

写出来,将写个没完。抄自艾希特迈耶尔①的摘录使我很高兴,它像是对黑格尔哲学尖顶帽的有力敲打,它是这样一个事实,证明即便德国人也有可能成为一般的人,而不再是德国人。但对我来说这里并非一切都令人快慰。我属于在任何事情中都能看出魔鬼的尾巴的那种人,——而这,看来就是我最后的世界观了,一直到死。我因此而受苦,但不为此感到羞愧。人自己是一无所知的——一切都来自这样一副眼镜,这副眼镜是他的不依赖于他意志的心情和他天生的任性给他戴上的。我一年前所想的和现在所想的截然相反,我真的不知道,对我来说思考和感觉、理解和受苦是同一回事,这种状况对我来说是幸福还是不幸。这就是狂热的可怕之处。你知道吗,现在的我极其痛恨从前的我,假如我有力量和权力,那么,今天那些和一年前的我一样的人们可就倒霉了。当你看到自己活着身穿尸衣捆缚双手躺在棺材里的时候,你将会在一切事物中都看见魔鬼的尾巴。如果命运安排我去做偶然性、非理智和兽性力量取得胜利的见证人,那么,我相信理性的胜利和未来的美好,这对我又能怎样呢?如果我感觉很糟糕,如果我感觉很糟糕的过错不在我,那么,你我的孩子们将会很好,这对我又能怎样呢?你会不会陷入沉思呢?

孔德是个杰出的人,但要成为新哲学的奠基人,他还相差很远!这需要天才,而孔德身上没有天才的特征。他是作为对神学干预科学的反动这一现象而出现的,这一反动是强有力的,不平静

---

① 艾希特迈耶尔(Эрнст Теодор Echtermeyer, 1805—1844),德国作家。——译者

的,不安的。孔德是个博学的人,具有很高的心智,但他的心智是干瘪的,缺乏一切有能力推动科学发展的创造性人物(哪怕是数学家)所必需的那种飞跃性……

孔德消除的形而上学不是作为先验荒诞之物的科学,而是作为理性规律的科学,对他来说最新的科学,科学的科学,是生理性。这证明,哲学领域也像历史领域一样,处于他的现实之外,他唯一能够达到的知识领域是数学和自然科学。心智的活动是大脑组织活动的结果,这一点是毫无疑问的;但在我们的心智活动中是谁来窥视这些脑组织的活动?这些活动是否在什么时候被窥视?孔德把自己的希望寄托于颅相学的进一步成果。但这些成果将只能证明人的生理本质的胜利——仅此而已。不应把人的精神本质作为某种特别的、不依赖于身体本质的东西,与他的身体本质加以割裂,但应当把精神本质与身体本质加以区分,正如对解剖学领域和生理性领域的区分一样。心智的律应当在心智活动中发现。这是逻辑学和科学的事,它们直接跟随在生理学之后,就像生理学跟随在解剖学之后一样。让形而上学见鬼去吧:这个词意味着超自然之物,因而是荒谬的,而逻辑学,按其词源学含义来说,则既意味着思想也意味着语言。逻辑学应当走自己的道路,只是时刻不能忘记,它的研究对象是扎根在土地上的花朵,也就是作为身体活动的精神之物,而不是别的。

["历史的本质在于把人类概念提高到理想人格的高度"][1]

在我的内心发展出对人的个性自由与独立性的一种野性的、发疯的、狂热的爱,这样的自由与独立性只有在以正义和英勇为基础的社会中才是可能的。当我着手读普鲁塔克的时候,我想,希腊人会挡在我面前使我看不见罗马人——实际并非如此……通过普鲁塔克我理解了许多从前不理解的东西。现代人类就是在希腊和罗马的土地上生长起来的。没有希腊和罗马,中世纪就会一无成就。我也理解了法国革命,以及我从前所嘲笑的它的罗马排场。我也理解了马拉对自由的刻骨热爱,以及他对一切想把人类与博爱分开(哪怕是用带着徽章的马车)的东西的刻骨仇恨。

我开始按照马拉的方式爱人类:为了让人类的最小部分成为幸福的,我宁愿用火和剑来消灭其他部分。

这样,我现在走向了新的极端——这就是社会主义思想,它对我来说,是思想的思想,存在的存在,问题的问题,是知识与信仰的全部。一切都从这一思想中来,为了这一思想,朝向这一思想。它是问题,也是对问题的解决。它(对我来说)占据了历史、宗教和哲学。

社会性,社会性——要么就是死亡!这就是我的座右铭。当个人在受苦的时候,普遍的生活对我有什么意义?当大众在污泥里打

---

① 别林斯基:《给波特金的信》。译自《哲学史文选:俄罗斯哲学》,国立莫斯科师范大学哲学教研室编(Хрестоматия по истории философии. Русская философия. Сост. Московский государственный университет, Кафедра философии. Москва, 1997. С. 158—162)。

滚的时候,天才生活在人间天堂对我有什么意义?我理解思想,知晓艺术、宗教和历史中的思想世界,但如果不能与所有那些应当成为我的人类兄弟的人们分享,这些理解和知识对我又有什么意义?

否定——是我的上帝。我在历史中的角色是旧事物的破坏者——路德,伏尔泰,百科全书派,恐怖分子,拜伦(《该隐》)等等。知性判断现在对我来说要高于合理性(当然是直接的合理性),因此伏尔泰的亵渎言论要比承认宗教权威、社会权威和任何个人权威更令我高兴!我知道,中世纪是伟大的时代,我明白中世纪宗教的宏伟和神圣;但更令我愉快的是18世纪——宗教衰落的时代:中世纪烧死了许多异端分子、自由思想者和巫师;18世纪把许多贵族、神父和其他反对上帝、理性和人道的人送上了断头台。但将会到来这样的时代——我热切地相信将会到来这样的时代,到那时,任何人也不会被烧死,任何人也不会被送上断头台,到那时,罪犯为了得到宽恕和拯救将祈祷判处自己死刑,但他不会被处死,在死刑中他的生命将仍然保存,就像现在的死刑一样;到那时将没有毫无意义的仪式,没有对感情的契约和条件,没有债务和责任,意愿将不对意愿让步,而只对爱让步。

妇女将不是男人和社会的奴隶,而是像男人一样,自由地献身于自己的爱好,不失去自己的名字——这个神奇的假定概念。那时候将既没有富人,也没有穷人,既没有国王,也没有臣民,而只有兄弟,只有人……这一切都将通过社会性来实现。因此,没有任何东西比促进社会性的发展和进程更高尚。但认为这一目标可以靠时间自动实现,不需要暴力改变,不需要流血,这种看法是可笑的。人们如此愚蠢,乃至必须强行把他们带到幸福。几千年流血与数百万人的屈辱和苦难相比算什么。而且：fiat justitia-pereat mundus!①

可以说，哲学是历史的灵魂和意义，而历史是哲学在事件和事实中的活的实践表现。按照黑格尔学说，思维仿佛是在自己的时刻具有自我意识的精神的历史运动；任何一位哲学家也没有像这位哲学的最伟大的和最后的代表这样，赋予历史这样包罗万象的无限意义。

历史是每一个民族都从来具有的：历史在有的民族那里是传言，在有的民族那里是神话，在有的民族那里是史诗，在有的民族那里是大事记，等等……作为科学的历史，其本质在于把人类概念提高到理想人格的高度，在于通过这一"理想人格"的外部斗争来展现必然、理性、永恒之物与偶然、任性、暂时之物的斗争，在于通过这一"理想人格"的前进运动，来展现必然、理性、永恒之物对偶然、任性、暂时之物的胜利。

人类的运动不是直线式的，也不是曲线式的，而是螺旋式的，因此，人类所经历的真理的最高点，同时已经是从这一真理上的转折点，——当然，不是向上转折，而是向下；但是这种向下是为了划出新的、更大的一圈，站在新的、比从前更高的点上，然后继续前进，向下之后再向上……正因为如此，人类永远也不会停留在一个地点，它向后退是因为从前走过的道路是无益的：这只是后退一步，为的是以更大力量向前猛冲。

在历史事件的运动中，除了有外部的因果性之外，还有内部的必然性，它赋予历史事件以深刻的内在意义：事件的运动本身不是

---

① 为了实现正义，哪怕世界毁灭！（拉丁语）——译者

别的,正是辩证发展的观念从自身之中和在自身之中的运动。因此在历史的总进程中,在历史事件的总和中,没有偶然性和随意性,而是一切都带有必然性与合理性的印迹。这种观点与一切宿命论相去甚远:它既容许随意性,也容许偶然性,假如没有这两者,生命就会成为机械的和无自由的,但它把随意性和偶然性看做是暂时的恶,这种恶永远和合理的必然性作斗争,永远被后者所战胜。历史学家应当首先上升到这样的高度,即能够在个别中洞见一般,换言之,在事实中洞见观念。这里他面临着同样困难的任务——他要出色地穿越这样两个极端之间,而不迷恋于其中任何一个:这也是两种危险,一个是迷失于事件的复杂性之中,在事件的局部和细节中思绪混乱,看不到它们之间的辩证联系以及它们与整体和一般(观念)的关系,另一种危险是把事件随意牵强地归结为某种观念,用这些事件来虚假地证明某种要么是片面的要么是完全错误的学说。最天才的历史学家也只有借助于诗性的灵感和现代哲学教育,才能避免上述两个极端。

对观念的信仰是一切知识的唯一基础。应当在科学中寻求观念。没有观念,也就没有科学!事实的知识之所以是珍贵的,只是因为在事实中隐藏着观念;没有观念的事实对于头脑和记忆来说是毫无用处的。自然科学家的眼光在观察自然现象的时候,在它们的多样性中发现了一般的和不变的规律,也就是观念。他在观念的指导下,在自然现象的分类中所看到的已经不是人为的记忆之便,而是从低级到高级的发展等级,因此是运动和生命。难道作为人生必要形式的社会生活现象不比自然现象更重要、更合理吗?曾经有过这样一些怀疑论者,他们过去和现在都确认,自然界是从某些原子中偶然发生的,而这些原子天晓得是从哪里来的;但是以下类型的怀疑论者早已绝迹了,他们以感觉的欺骗为根据,否定秩序、和谐和自然界的存在所遵循的规律的不变性。而社会是无意识的自然界的最高现象——人的合理性的最高表现,难道社会是从偶然性中产生的,是受偶然性支配的? 然而却有人这样想,也许他们自己都不知道他们是这样想的! 因为拒绝历史作为科学的可能性,就意味着否定社会生活发展中的不变规律,意味着把人的命运只看作是无意义的随意事件。

历史学家应当指出,道德完善的出发点首先是物质需要,物质需要是道德活动的最大推动力。假如人不需要衣食住行和生活便利,他就将永远停留在动物状态。

……伟大人物是永远存在的,只是环境不总是呼唤他们走上世界舞台,——那些生逢其时和找到自己事业的人是有福的! 伟大人物从来不为自己臆造事业,而是在时代中,在思想(这一思想是在事件中历史发展的)辩证运动的一定时刻找到自己的事业。因此,伟大人物不是创造自己的意志,而是创造派遣他的人的意志,因此往往有这样的情况,他认为是在履行自己的愿望,而实际上他只是另一个更高意志的工具。因此事件的形式总是偶然的,所以这些事件既不能预见,也不能预言;但事件的原因总是必然的,因此才说——"该发生的事情,就不可避免"。

至于伟大人物,他们主要是自己国家之子。伟大人物总是具有民族性的,正如他的人民一样,因为他之所以伟大,正是因为他代表自己的人民。天才人物与人民的斗争不是个人与民族的斗争,而是新与旧的斗争、观念与经验的斗争、理性与偏见的斗争。

在人民那里处于无意识状态的、作为可能性的东西,在天才人物那里已经实现,是现实。人民与自己的伟大人物的关系,就像土地与它上面生长出的植物的关系。这里是统一,而不是分裂,不是二重性。与三段论者(新词语!)相反,对于一个伟大的诗人来说,最大的荣耀莫过于成为最具有民族性的诗人,因为否则他也不可能成为伟大的诗人。

["俄罗斯在本性上原是一个极端无神论的民族"][1]

您在我的文章中看出我的气愤,这只是部分正确:用气愤这个词来表达我在读了您这本书[2]之后所陷入的心境,还嫌太弱,太温和。但如果您认为这是由于您对崇拜您天才的人所做的、确实不完全是称赞的评论造成的,您就完全错了。不,这里有更重要的原因。自尊心受辱还可以忍受,如果问题仅仅在此,我还有对此保持沉默的理智;可是真理和人的尊严遭受凌辱是不能忍受的;在宗教的庇护和鞭笞的保护下,把谎言和无道德当作真理和美德来宣扬,对此是不能够缄默的。

是的,我曾经带着强烈的热情爱过您,一个与祖国血肉相连的人,可以带着这样的热情去爱祖国的希望和荣誉,爱祖国在自觉、发展和进步道路上的领袖之一。如果失去这样的爱,您有充分理由至少将会片刻失去精神平静。我说这些不是因为我认为

---

[1] 选自别林斯基1847年7月15日给果戈理的信(俄文电子版)。
[2] 指果戈理的新著《与友人书信选》。

自己的爱是对伟大天才的奖赏,而是因为我在这方面不是代表我一个人,而是代表许多人,这些人中的大部分您和我都从来没见过,他们也从来没见过您。我无法向您转达您的书在全部尊贵的心灵中引起的愤怒,也无法转达您的书问世时您的全部敌人所发出的狂喜的嚎叫,这些敌人有非文学界的(乞乞科夫们,诺兹德列夫们,高罗德尼奇们,等等),也有文学界的,他们的名字您都知道。您自己可以清楚地看到,就连显然和您的书气息相投的那些人,都不理睬它了。假如这本书是由于深刻而真诚的信念而写出来的,那么,它就应该使大众产生这样的印象。既然大家(除了那少数人,我们必须认清他们,不要因为他们的赞许而高兴)都把这本书当作是一种用宗教方法来实现纯粹世俗目的的、精巧却弄巧成拙的把戏,那么,这只能怪您一个人。这一点没有什么可奇怪的;可奇怪的,只是您觉得奇怪而已。我认为,这是因为您只是作为一个艺术家,而不是作为一个思想家,而深刻地了解俄国,但您却在这本荒唐无稽的书里不成功地把自己作为思想家的角色。这不是因为您不是一个有思想的人,而是因为您这许多年来一直习惯于从您的美丽的远方[①]眺望俄国;然而大家都知道,从远方看对象最容易把它们看成我们想要看见的东西。因为在这美丽的远方,您过着一种完全与它隔绝的生活,您活在自己里面,或者在心境和您相同而又无力抗拒您的影响的单调的小圈子里。因此,您没有发现,俄国认定自己得到拯救不

[①] 此处别林斯基带有讽刺意味地影射了《死魂灵》第十一章里的话:"罗斯!罗斯!我在看你,从我那神妙的、美丽的远方看你"。

是在神秘主义、禁欲主义和虔信主义里面,而是在文明、教育和人道的成就里面。俄国所需要的不是布道(她听得够多了!),不是祈祷(她背诵得够多了!),而是在人民中间唤醒几世纪以来埋没在污泥和尘芥里面的人的尊严,需要的不是与教会学说相符合,而是与健全理智及正义相符合的权力与法律,并尽可能严格地履行这些法律。与此相反,她目前却呈现出一个国家的可怕景象,在这里,人贩卖人,甚至连美国农场主硬说黑人不是人的狡猾辩解也没有;在这里,人们不是用名字,而是用家畜名来称呼自己:万卡,斯焦施卡,瓦斯卡,帕拉施卡;最后,在这里,不仅人格、荣誉和财产没有保障,甚至连治安秩序也没有,有的只是各种官贼官盗的大帮会!现在俄国最迫切的国家问题是:消灭农奴制,废除体罚,尽可能严格地实施哪怕是现有的法律。……

压迫制度的布道者,宣扬无知的使徒,蒙昧主义和宗教黑暗势力的捍卫者,鞑靼习俗的赞颂者——您在干些什么?看看自己的脚下,您正站在深渊的边缘……您把这样的学说倚靠在东正教会之上,我还可以理解:它永远是压迫制度的支柱和专制主义的帮凶,可是您为什么在这里把基督也搅和进来?您在基督和任何教会、特别是东正教会之间,找到了什么共同之处呢?他首先把自由、平等和博爱的学说传布给人们,并用殉教证明了、确立了自己学说的真理性。这学说只有在其没有组织成教会、没有把正统性原则作为基础的时候,才是人们的拯救力量。教会则是一种等级制度,从而是不平等的拥护者、权力的诌媚者、人与人之间博爱的死敌和迫害者,——从前是这样,今天仍旧如此。可是,基督学说的意义已经被上世纪的哲学运动所昭示了。这说明了为什么那位以嘲笑为武器、在欧洲扑灭了宗教狂热和无知之火的伏尔泰,反而比一切您那些东方和西方的神父、主教、都主教、宗主教更是基督之子,更是基督的亲骨肉!难道,您连这一点都不知道吗!这现在对于任何一个中学生都不是什么新鲜事了⋯⋯

因此,难道您,《钦差大臣》和《死魂灵》的作者,是真诚地、发自内心地歌颂丑恶的俄国神职人员,把他们看得比天主教神职人员更加高尚吗?就算您不知道后者曾经具有某种社会作用,而前者除了充当世俗政权的仆役和奴隶之外简直一无所为;可是难道您真不知道我们的神职人员是被俄国社会和俄国人民所普遍鄙视的吗?俄国人民讲的是哪些人的淫秽故事?所讲的就是那些神父、神父太太、神父女儿和神父的长工。俄国人民把哪些人称为杂种、骗子、公马?神父们。俄国神父对于一切俄国人来说,不就是饕餮、贪婪、下贱和无耻的代表吗?您好像这一切都不知道似的,真奇怪!照您的说法,俄国人民是世界上最虔信宗教的:这是撒谎!宗教性的基础是虔诚、崇敬、对上帝的恐惧。俄国人却一边叫着上帝的名字,一边在屁股上瘙痒。他是这样讲到圣像的:合用,拿来祈祷,不合用,拿来盖瓦罐。再仔细看看,您就会发现,在本性上这原是一个极端无神论的民族。在它里面,还有许多迷信,可是宗教性的痕迹却一点也没有。迷信将随着文明的成就而消失,宗教性却常常与之和睦相处;法国就是一个生动的例子,直到今天,在开明和有教养的人中间,还有着许多真诚的和狂热的天主教徒,许多叛离基督教的人还固执地拥护着某个神。俄罗斯民族则不是这样:神秘主义的亢奋完全不是它的天性;它有太多的健全理智、心智中的明晰性与肯定性。也许,它将来历史命运的巨大便在于此。

在俄罗斯民族,宗教性甚至都没有嫁接到神职人员身上,因为只有几个个别的例外人物以冷淡禁欲主义的直观能力著名,这证明不了什么,我们的大多数神职人员,却总是以大肚子、神学的迂腐习气和野蛮的无知见称的。不该指责他们在宗教上的偏执和狂热;更应当称赞他们在信仰活动中的标准的冷淡主义。在我们这里,宗教性只表现于分裂的若干教派中,他们在精神上与人民大众相对立,在人数上与人民大众相比又是微不足道的。……

在我看来,您不十分懂得俄国大众。他们的性格是被这样一种俄国社会状况所决定的:在俄国社会中,有一些鲜活的力量在沸腾和向外突破,但被沉重的压迫紧压着,找不到出路,结果只引起了沮丧、苦闷和冷淡。只有在文学里面,尽管有鞑靼式的审查制度,但还显示出生命和进步的运动。这便是为什么在我们这里作家的称号如此受人尊敬,为什么在我们这里即便是小有才能者也很容易获得文学上的成功的原故。诗人的头衔,文学家的称号,在我们这里早已使灿烂的肩章和多彩的制服黯然失色了。这便是为什么特别在我们这里,每一个所谓自由主义流派,纵然才能贫乏,都会受到普遍关注,为什么那些诚意或非诚意地献身于东正教、专制制度、国民性的伟大诗人,声名迅速衰落的原故。一个明显的例子是普希金,他只写了两三首忠君的诗,穿上了宫廷侍从的制服,立刻就失去了人民的热爱。如果您认真地以为您这本书之所以失败,不是由于恶劣倾向,而是由于您对大家说了苛刻的真理,那您就大错而特错了。就算对于作家们来说您可以这样认为,可是怎么能把大众也归入此类呢?难道您在《钦差大臣》和《死魂灵》里对大众说出的真理不那么苛刻和苦涩吗?的确,大众生您的气,气得要发疯,可是《钦差大臣》和《死魂灵》没有因此而名声扫地,而您最近的这本书却遭到了可耻的彻底失败。在此大众是对的:他们把俄国作家们看作是使自己摆脱专制制度、东正教和国民性的黑暗境地的唯一领袖、保护者和救星,因此,尽管总是愿意宽恕作家写一本不好的书,却决不能宽恕他写一本恶毒的书。这证明在我们的社会里,存在着一种多么新鲜、健康的辨别力,纵然它还在萌芽状态中;同时也证明,这社会是有远大前途的。如果您爱俄国,就请您跟我一同庆幸您这本书的失败吧!……

我不无自我满足感地告诉您,我觉得我是稍为懂得一些俄国大众的。您这本书使我惊恐的是它可能会对政府、对审查制度有不良影响,而不是对大众发生不良影响。当彼得堡方面盛传政府想要数万册地印行您的书并以极低的价格出售的时候,我的朋友们都十分沮丧,可是我那时就对他们说,不管怎么样,这本书决不会成功,很快就将被人忘却。的确,它现在被大家记得更多是因为那些论到它的文章,而不是因为它本身。是的,在俄国人这里,真理的本能是很深的,虽然还没有发展。

您的改宗可能是真诚的,可是您要把改宗昭示大众,这想法却是最为不幸的。即使对于我们的社会,天真虔敬的时代也早已过去了。我们的社会已经懂得,在哪里祈祷都一样,只有那些心中从来没有基督或者已经丧失了基督的人,才会到耶路撒冷去寻找他。凡是能够以别人的痛苦为痛苦,看到别人受压迫也感到切身之痛的人,心中就有基督,他用不着再徒步到耶路撒冷去。您所宣扬的谦恭,首先,并不新鲜,其次,它一方面是由可怕的傲慢引起的,另一方面又是由对自己人性尊严的最可耻的羞辱造成的。要达到抽象的完美,在谦恭方面高出于任何人之上,这种想法只能是傲慢或者低能的结果,不管在哪一种情况下,不可避免地都将导致伪善、伪君子作风、中国人习气。而且,您在这本书里不仅容许自己卑鄙无耻地谈论别人(这只不过是不礼貌),并且还这样谈论自己——这已经是可恶了;因为如果说一个打邻人嘴巴的人会引起愤怒的话,那么,打自己嘴巴的人则会引起蔑视。不,您只是被变暗了,而不是被照亮了;您既没有懂得我们现代基督教的精神,也没有懂得其形式。从您的书里散发出来的不是基督学说的真理,而是对于死亡、魔鬼和地狱的恐惧!……

11. 赫尔岑

亚历山大·伊万诺维奇·赫尔岑(Александр Иванович Герцен,1812—1870年),俄国哲学家,思想家,作家,革命民主主义者。是莫斯科富裕地主 И.Я.雅科夫列夫与德国姑娘路易斯·哈格的私生子。1829—1833年就读于莫斯科大学物理-数学系,1834年因与奥加廖夫一起组织反政府倾向的大学生组织而被捕,次年被流放,1840年返回莫斯科和彼得堡,1841年再次被流放,1842年回到莫斯科后写作了早期哲学著作《科学中华而不实的作风》(1841—1843年)和《自然研究通信》(1845—1846年)。他在此间还积极参加政论活动,批评官方意识形态的代表,参与同斯拉夫派的论战。1847年来到法国,两年后决定定居国外以便于在没有舆论管制的环境下与专制制度作斗争。1852年迁居伦敦,在那里创办了"自由俄罗斯印刷厂",1855—1869年出版《北极星》杂志和

《钟声》报。1870年1月在巴黎逝世。

赫尔岑的哲学世界观是在歌德、黑格尔、费尔巴哈和蒲鲁东的影响下形成的,在一般世界观上主张唯物主义——理性主义观点,认为理性不仅是人的主观属性,而且是自然本身的自我意识,因此不应把自然与理性的关系看作是外在对立的关系。但赫尔岑研究理论哲学的动机是试图将其运用于争取人的自由与尊严的斗争,争取社会正义的斗争。个性价值与个人自由的观点在他的晚期著作《来自彼岸》中得到了鲜明体现。

《来自彼岸》(1855年)

序言①

["这本书里没有答案"]

致吾子亚历山大

我的朋友萨沙:

我把这本书献给你,因为我从来没有写过比这更好的书,以后可能也不会写出任何更好的书了;也因为我喜欢这本书,它是我斗争的纪念碑,我在这场斗争中牺牲了许多东西,但没有牺牲知识的勇气;最后,因为我丝毫不害怕把这样一种有些鲁莽的反抗交给少年的手里,这是独立的个性对陈旧的、奴隶的、充满谎言的观点的

---

① 《来自彼岸》序言及第一章,译自《赫尔岑文集》30卷本(Герцен А. И. Собрание сочинений в 30 томах. Том 6. С. 7—8,19—39)。

反抗,是对一些荒唐偶像的反抗,这些偶像属于另外的时代,在我们中间已毫无意义,它们妨碍一些人,恐吓另一些人。

我不想欺骗你,你应该知晓真理,就像我知晓真理一样;但愿你获得真理不需要经过痛苦的错误,不需要通过难忍的失望,而只凭继承权。

在你的生活中还会遇到另外的问题,另外的冲突……痛苦和艰难将会不少。你现在 15 岁——你已经经历了可怕的打击。

不要在这本书中寻找答案——这里没有答案,在现代人这里都没有答案。已经解决了的问题,就是已经终结的,而未来的转折才刚刚开始。

我们不是在建设,我们不是在破坏,我们不是在宣告新的启示,我们是在消除旧的谎言。现代人是伟大的桥梁建设者,他只能铺设桥梁——给另外的、不认识的、未来的人走。你也许将会看见这个人……别停留在旧的岸边……最好与未来人一起牺牲,也不要在反动派的养老院里得救。

未来社会改造的宗教——是我遗赠给你的唯一宗教。它没有天堂,没有奖赏,只有自己的意识,只有良心……你在适当的时候要回到我们的祖国去传布这一宗教;那里人们曾经喜欢我的文字,也许那时大家还会记得我。

……祝福你走上这条路,为了人类理性,个性自由和兄弟之爱!

你的父亲
特威克纳姆,1855 年 1 月 1 日

第一章　暴风雨前

（甲板上的谈话①）

什么是上帝、人和世界，
这个伟大奥秘有那么伟大吗？
不，谁也不喜欢听这些，这仍然是奥秘！

——歌德

["我们生活于其中的世界正在死去"]

……我同意，您的观点中有许多勇气、力量和真理，甚至有许多幽默；但我不能接受这种观点；这也许是机体组织和神经系统的问题。在您还没有学会脱胎换骨之前，您不会有追随者。

——也许是这样。但我的观点您已经开始喜欢了，您在寻找生理学的原因，诉诸天性。

——只是肯定不是为了安慰，为了摆脱痛苦，像歌德那样，对动荡不安的世界予以傲慢地袖手旁观，欣赏这一混乱的骚动，这骚动正在无奈地渴望平静。

---

① 作者与"理想主义者和唯心主义者"加拉霍夫的对话。И. П. 加拉霍夫（1809—1849年），赫尔岑和奥加廖夫的朋友。赫尔岑在《往事与随想》第29章详细描述了加拉霍夫的个性和思想特点，并说，他与加拉霍夫在1847年末曾有过"长谈"和"争论"，《来自彼岸》的头一章就是在这个谈话基础上写成的（参见赫尔岑《往事与随想》，中卷，项星耀译，人民文学出版社1993年）。——译者

——您成为有恶意的,但这与我无关;如果我努力弄懂生活,那么我在这里没有任何目的,我是想认清某些东西,我是想看得更远些;我所听到和读到的一切,都不能令我满意,没有使我更清楚,而是相反,却把我引向矛盾或荒诞。我既没有为自己寻找安慰,也没有为自己寻找绝望,这是因为那时我年轻;现在我对一切稍纵即逝的安慰和一切短暂的快乐时刻都非常珍惜,它们保留下来的越来越少了。那时我只寻求真理,寻求力所能及的理解;是否弄懂了许多,是否明白了许多,我不知道。我不能说,我的观点是特别令人安慰的,但我开始更加平静了,我不再因为生活没有给我它不能给我的东西而对生活发怒,——这就是我所完成的一切。

——我从我自己方面,既不想停止发怒,也不想停止受苦,这是人的权利,我不想放弃它;我的愤怒就是我的反抗;我不想和解。

——跟谁不和解呢。您说,您不想停止受苦;这就是说,您不想按照真理向您自己的思想所展现的样子来接受真理,也许真理并不要求您受苦;您提前弃绝了逻辑,您根据接受与拒绝的选择事先设定了结果。您记得有一个英国人,他一生都不承认拿破仑是皇帝,尽管拿破仑两次加冕也无妨。在这个始终与世界相脱离的固执愿望中,不仅包含着不彻底性,而且有无限空虚;人喜欢效果,特别是喜欢悲剧角色;受苦是好的,是高尚的,它要求有不幸。这还不是全部——除了空虚之外,还有无限怯懦。请您不要为这样的话生气,许多人由于害怕认清真理而宁愿受苦,而不去分析研究;受苦能吸引人,引起人的兴趣,令人安慰……是的,是的,令人安慰;而主要的是,像所有的活动一样,受苦能妨碍人深入自我,深入生活。帕斯卡尔说,人们玩牌是为了不使自己陷入孤独[①]。我们不断地寻找这样或那样的牌,只要为了忘记事务甚至愿意输牌。我们的生活是不断地逃避自我,仿佛良心的谴责在折磨我们,令我们恐惧。人一旦以自己的双脚站立,他就开始喊叫,以便听不见自己内心响起的话语;他很忧郁——他急于想办法排遣郁闷;他无所事事——他想出某种活动;从独立到孤独——他结交所有的人,阅读所有的书,关心外人的事情,最后,匆忙结婚。这里是港湾,家庭和睦和家庭争吵没有给思想留下许多位置;有家的人思考太多仿佛是不体面的;他不该那么清闲。谁没有取得这样的生活,他就会尽享世间的一切——喝酒、古玩收藏、打牌、吝啬、慈善活动;沉浸于神秘主义,加入耶稣会,让自己担负可怕的劳动,所有这些对他来说,仿佛都比他内心隐藏的某种可怕的真理更加轻松。我们害怕研究,以便不看见被研究者的胡说八道,在这样的害怕中,在人为的无暇中,在假装的不幸中,我们每走一步都被臆造的羁绊弄得十分艰难,我们过着半睡半醒的生活,没有等到苏醒过来,就在荒诞与肤浅的醉意中死去。非常奇怪的是,在一切不关涉内在生命问题的事情上,人们更聪明,更勇敢,更富有洞察力;例如,他们认为自己是自然界的局外人,他们仔细认真地研究自然;这里有另外的准则,另外的方法。如此害怕真理、害怕研究,不是很可悲吗?比方说,如果许多梦想都将熄灭,那么这不会带来更多轻松,而是带来更多沉重——毕竟不胡闹是更道德、更应当、更勇敢的。假如人们像看待自然界一样彼此看待对方,笑着走下自己的台座和最

[①] 类似的说法参见帕斯卡尔《思想录》第五章。

高等级座椅,那么,他们就会用更简单的态度对待生活,就会不再因生活不能满足他们的傲慢指令和个人梦想而怒不可遏。比如说,您对生活所期待的,并不是生活所给您的东西;您不珍视生活所给予你的东西,却对生活发怒。这一愤怒,好吧,就像强烈的酵母,激发人前进、行动;但是要知道,这只是一个开始的推动力,不应当只是愤怒,在失败的痛哭中、在斗争和沮丧中度过整个一生。请您坦白地告诉我:您打算拿什么来说服自己,您的真理要求什么?

——我没有臆造这些真理,是它们无意中在我胸中产生的;后来我越多地思考这些真理,它们的正义性和合理性就越明显地向我展现——这就是我的证据。这完全不是变态,不是神经病;千万个其他人,我们这一代人几乎都在这样经受痛苦,只是根据状况不同,发展程度不同,有的痛苦多些,有的痛苦少些,发展程度越高,痛苦越多。到处是苦难——这是我们时代最显著的特点;沉重的寂寞压在现代人的心头,精神软弱无力的意识使他苦恼,缺乏对任何东西的信任使他未老先衰。我把您看作是例外,是的,除此之外,您的冷漠在我看来也是可疑的,它转向了冷却的绝望,转向了这样一个人的冷漠,他不仅失去了希望,而且失去了无望;这是不自然的平静。正如您几次重复的那样,自然在一切行动中都是真实的,在这种苦难和沉重的现象中也应当是真实的,这种现象的普遍性给了它某种权利。您应当承认,正是从您的观点很难反驳这种权利。

——我不是要必须反对什么;我需要的最好东西是赞同您的观点。您说的沉重状态,显然有权得到历史的辩护,更有权寻找摆脱它的出路。受苦，疼痛——这是斗争的呼唤，是生命的警惕呼叫，让人注意到危险。我们生活于其中的世界正在死去，也就是生命在其中得以体现的形式正在死去；任何药物对它的腐烂身体也不能再起作用；为了让后继者轻松休息一下再埋葬它，人们还坚持要医治它，阻止它的死亡。您一定有机会见过，在即将有人死去的家里蔓延着令人压抑的忧伤和痛苦的、令人担忧的未知；失望因希望而增加，所有人都精神紧张，健康人也像生病一样，什么事都做不成。病人的死使留下的人内心轻松了，眼泪在流，但再也没有致命的期待，不幸就在眼前，完全显露，无法挽回，割断了全部希望，生活开始治疗、调节，开始了新的一轮。我们生活在巨大的和艰难的濒临死亡的时代，这足以解释我们的痛苦。而且，先前的几个世纪特别培养了我们的忧郁、病态的苦闷。三百年前，一切单纯的东西，健康的东西，生命的东西，还都是被压制的；思想未必敢于抬高自己的声音，它的处境就像中世纪犹太人的处境，不得不狡猾、受奴役、左顾右盼。在这样的影响下形成了我们的心智，它在这种不健康的环境中生长、壮大；它从天主教神秘主义自然地转向了唯心主义，保留了对一切自然之物的恐惧，被欺骗的良心的谴责，对不可能实现的幸福的奢望；它仍然处于与生活的分裂中，在浪漫主义的痛苦中，它培养自己去受苦和与世隔绝。从童年起就被吓住的我们，早就不再拒绝最纯洁的动机了吗？当我们在自己内心发现了没有列入浪漫主义目录的激情冲动的时候，我们早就不再战栗了吗？您刚才说，令您备受折磨的要求是自然发展起来的；它们无论这样还是那样，反正是自然的，淋巴结结核病会很自然地由于不好的食物和恶劣的气候而发生，但我们依旧认为这是某种我们机体之外的东西。教育对我们所做的就像汉尼拔的父亲对自己的儿子所做的一样①。它接受了认识之前的誓言,用这样一种道德的债约束缚我们,我们由于错误的礼貌,由于难以摆脱提早被灌输给我们的东西,最后,由于懒于弄清怎么回事,而认为这种债约是必须履行的。教育在我们还不能理解的时候就先欺骗了我们,使孩子们相信不可能的东西,割断了他们与对象的直接关系和自由关系。长大以后,我们发现,什么东西都不能顺利进行,无论是思想还是日常生活;我们被教导可以依靠的东西,是腐败的、脆弱的,而我们被警告要像躲避毒药那样躲避的东西,却是有益健康的;我们备受折磨和愚弄,习惯于权威和指示,我们逐年走向任性,每个人都依靠自己的力量,在斗争中,在犯错误中,艰难地走向真理。由于渴望知道,我们在门口偷听,努力向门缝里观看;我们昧心说话,伪装自己,把正义看作缺陷,把对谎言的鄙视看作粗鲁。在此之后,就毫不奇怪,我们既不善于妥善安排内在生活,也不善于妥善安排外部生活,我们要求得过多,又无谓地牺牲,我们忽视可能的东西,却又因不可能的东西忽视我们而愤怒;我们反叛生活的自然条件,顺从于随意的胡说。我们的全部文明就是这样的,它是在精神的内讧中生长出来的;在脱离了学院和修道院之后,它没有进入生活,而是越过了生活,像浮士德那样,是为了看一看,反省一下,然后就远离粗鲁的人群,走进休息室,走进学院,走进书本。它手举两面旗帜完成了自己的全部道路:一面旗上写着"为了内心的浪

---

① 北非古国迦太基统帅哈米尔卡让自己9岁的儿子汉尼拔(公元前247—前182年)发誓一生与罗马人战斗("汉尼拔的誓言")。

漫主义",另一面旗上写着"为了理智的唯心主义"。我们生活中的大部分混乱无序就是从这里来的。我们不喜欢简单的东西,我们不根据传统尊重自然,我们想要命令自然,我们想用咒语给人治病,并且为病人没有被治好而感到奇怪;物理学的独立特性使我们感到屈辱,我们想要炼金术和魔法;而生活和自然冷漠地走自己的道路,人在多大程度上学会了运用自然的手段进行活动,自然才在多大程度上服从于人。

——您好像认为我是德国诗人,还是过去时代的,他们因为自己有身体、要吃饭而生自己的气,他们寻找非人间的少女,寻找"另一种自然,另一个太阳"①。我既不想要巫术,也不想要神秘活动,而只是想摆脱现在被你夸大十倍的心灵状态;摆脱道德的软弱无力,摆脱信念的可悲的无用性,最后,摆脱这样一种混乱,我们在这样的混乱中不再能明白谁是敌人和谁是朋友;不论我转向哪里,我都厌恶看见被拷问者,或者拷问者。需要有很大的迷惑力,才能向人们解释清楚,他们生活得很糟糕是他们自己的过错,才能让人们明白,比如,不应当抢劫穷人,在要被饿死的人跟前大吃大喝是令人厌恶的,夜里在大街上偷偷地杀人和白天在广场的鼓乐声中公开地杀人,是同样恶劣的,说一套做一套,是卑鄙的⋯⋯一句话,所有这些新的真理,都是从希腊七贤时代开始,就被说出、重复和刊载的,——而且我想,就是在那个时候,这些真理也已经很古老了。道德家、神父在讲坛上慷慨陈词,解释道德、罪孽,宣读福音书,宣读卢梭——谁也不反对,谁也不履行。

---

① 指席勒等人对待现实的浪漫主义理解。

——凭良心说，这没什么可惜的。所有这些学说和布道大部分都是不正确的，不便于履行的，是比简单的日常生活更加混乱矛盾的。不幸的是，思想总是远远地跑到前面，人民来不及跟随自己的导师；就拿我们时代来说，几个人提到了政变，而这个变革是无论他们自己还是人民都无力做到的。先进人士认为，只要说"扔掉自己的床跟我们走"，大家就会行动起来；可是他们错了，人民对他们的了解很少，就像他们对人民的了解很少一样，人民不相信他们。他们没有发现自己身后一个人也没有，他们自己率先前进；醒悟过来之后，他们对落后者呼喊、挥手、召唤、大加指责，——但已经晚了，距离太远，声音已听不见，而且他们的语言也不是大众所说的话。我们痛苦地意识到，我们生活在昏聩的、衰老的、虚弱的世界，我们舍不得旧世界，我们习惯于它，就像习惯于父母的家一样，我们在力图毁掉它的时候，却在支撑着它，我们让它的那些无能的形式适应于我们的信念，却没有发现，这些形式的第一个艾欧塔①——是对它的死刑判决。我们穿的衣服不是按我们的尺寸，而是按照我们祖先的尺寸制作的，我们的大脑是在先前状况的影响下形成的，它不能学会许多东西，它从错误的角度看许多东西。人们费了这么多力气才达到了现代生活，这种生活对他们来说仿佛是经过了封建主义的疯狂和随之而来的麻木压抑之后而达到的幸福港湾，以至于他们害怕改变，他们在现代生活方式中变得臃肿沉重，住惯了这里，习惯改变了爱好，视野缩小了……思想范围变窄，意志力减弱。

---

① 希腊字母ι的名称。

——美丽的图景;还可以补充一些,在这些能够胜任现代制度的满意者近旁,一方面是贫苦的、不发达的、痴呆的、落后的、饥饿的人民,他们在与需要进行着无望的斗争,在从事着令人疲惫不堪的、却无法养活自己的工作;另一方面是我们,我们像土地测量者一样不小心地跑到前面,钉好了新世界的路标,但我们却永远也看不到新世界修好的地基。从全部期望中,从白白浪费掉(仿佛是浪费掉)的全部生命中,如果还留下了某种东西的话,那么就只有对未来的信念;在将来的某一天,在我们死后很久,在我们曾经为之清理场地的地方,大厦将建设起来,住在里面是方便舒适的——是别人住在里面。

——不过,没有理由认为,新世界将按照我们的方案来建设……

["您在拯救自己的时候,也是在拯救未来"]

……年轻人不满地摇了摇头,然后立刻望了望大海——海面上依然风平浪静;浓重的乌云在头顶上慢慢移动,是那样低沉,以至于和弥漫的船烟混合在一起——大海昏暗,空气不清新。他沉默片刻,说:

——您对我就像强盗对旅行者;您抢劫了我的一切之后,还觉得不够,您逼迫我只剩下最后一件御寒的衣服,只剩下头发;您使我怀疑许多东西,我本还有未来——您把它消除了,您夺取了我的希望,您扼杀了我的梦想,像麦克白一样。

——可是我想,我更像是切掉您伤口上的浮肉的外科医生。

——也许这样更好,外科医生割除身体的有病部分,不用健康的部分来代替。

——而且顺便救人,把他从久治不愈的疾病的沉重镣铐中解放出来。

——我知道您说的解放。您打开监狱的大门,想把带着枷锁的囚犯推到荒野上,劝说他相信他是自由的;您拆掉了巴士底狱,但没有在这个地方建造任何东西来代替监狱,只留下一片空地。

——要是像你说的那样,那就太好了,糟糕的是瓦砾、垃圾妨碍人迈出每一步。

——妨碍什么?实际上我们的使命在哪里?我们的旗帜在哪里?我们相信什么?我们不信什么?

——我们相信一切,我们不信自己;您寻找旗帜,我却希望失去它;您想要指点,我却觉得,到了一定年龄靠指点来阅读是可耻的。您刚才说过,我们在给新世界钉路标……

——这些路标被分析和否定精神从地上拔掉了。您对世界的看法比我灰暗得多,您抑制自己只是为了更可怕地表达现代的沉重。如果未来不是我们的,那么,我们的全部文明就都是谎言,是15岁少年的梦想,他自己在25岁时都会嘲笑这一梦想;我们的著作是胡说,我们的努力是可笑的,我们的期望像"多瑙河畔的农民"[①]的期待。不过,也许您也想这样说,为的是使我们抛弃我们的文明,拒绝文明,回到落后。

——不,拒绝发展是不可能的。怎样能够让我不知道我已经

---

① 拉·封丹的寓言《多瑙河畔的农民》。

第三章 19世纪中期—20世纪初的主要哲学思潮

知道的东西呢?我们的文明是现代生活的最美花朵,谁会放弃自己的发展呢?然而,这和实现我们的理想有什么关系?这里,注定了未来将嘲弄我们制定的纲领。

——或许是我们的思想带我们走向了无法实现的希望,走向荒诞的期待;我们与这些希望和期待一起,和我们劳动的最后成果一起,在正在沉没的船上被波浪包围。未来不属于我们,现在我们无能为力;无处寻找拯救,我们的生与死都系于这条船上,我们所能做的只是袖手等待被水淹没,——谁感到无聊,谁更勇敢,他可以跳下水去。

> 世界遭受毁灭;
> 像一条旧船,被大浪击穿,
> 它正沉入深渊——让我们自己游上岸![1]

——我不求任何更好的东西,但是在游泳自救和被淹死之间是有区别的。您刚才这首诗里提到的两个年轻人,他们的命运是可怕的;深受苦难的人,无信仰的殉难者,就让他们的死归咎于他们所生活的可怕环境吧,就让他们的死揭露和羞辱这一环境吧;可是谁跟您说过,除了死之外,没有脱离这个衰老和垂死的世界的另外出路?您是在侮辱生命。如果您真的感到世界与您格格不入,

---

[1] 摘自法国诗人贝朗热(Pierre-Jean de Béranger,1789—1857年)为法国浪漫派诗人-剧作家维克多·埃斯库斯和奥古斯特·列博拉之死而作的诗 Le Suicide。他们因所写剧本失败而一起自杀。——译者

您就应当脱离您所属的世界。我们不能拯救世界,您就应该拯救自己脱离危险的废墟;您在拯救自己的时候,也是在拯救未来。您和这个世界有什么共同的东西——它的文明吗?但要知道,文明现在属于您,而不属于它,它造就了文明,或者确切地说,人们从它身上造就了文明,甚至它在对文明的理解上也没有毛病;它的生活方式——这是您所憎恨的,的确,很难喜欢这样的不合理性。您的痛苦——它没有料到;您的快乐它也不知晓;您还年轻,它已衰老;您看看,它已经陷入了自己破旧的贵族制服里,特别是1830年以后,它的脸上已遮盖着一层灰暗的土色。这是 facies hypocratica(希波克拉底氏面容),医生根据这样的面容可以断定,死神已经举起镰刀。它有时无力地强化自己,想再次抓住生命,再次掌管生命,摆脱疾病,但享受已经不可能了,它陷入了沉重的、热病一般的半睡状态。这里人们在解释法朗吉大厦、民主、社会主义,它听着,却完全不懂——它有时对这样的讲话微笑,摇一摇头,想起它曾经相信的梦想,但它后来明白过来,早就不信了……因此他像衰弱的老者一样冷漠地看待共产党人和耶稣会士,看待牧师和雅各宾党人,看待罗特希尔德兄弟[①]和要饿死的人;它看着眼前的一切飞逝的东西,——把几个法郎紧紧抓在手里,为了这几个法郎它愿意去死或成为杀手。不要去管在养老院里等死的老者,你为他做不了任何事情。

——这谈何容易,再说,这是令人反感的,——往哪里逃避?哪里有这个新的、现成的宾夕法尼亚?……

---

① 罗特希尔德,法国银行家。

——为了新砖瓦盖的旧房屋吗？威廉·佩恩①随身把旧世界带到新土地上；北美洲——只不过是先前文本的修订版，仅此而已。而罗马的基督徒已不再是罗马人——这种内在的出发更加有益。

——凝神于自身，割断把我们与故乡、与世界联结在一起的脐带，这种思想早已有人传布，但实现得不好；它在人们那里是在一切失败之后，在每一次丧失信仰之后出现的，以这种思想为根据的是神秘主义者和共济会会员，哲学家和启蒙主义者；所有这些人都指出了内在的出发——可是谁也没离开。卢梭怎样呢？——他也断绝了与世界往来；他脱离了世界，却热爱世界——因为他不能没有世界。他的学生们在国民公会②中继续着他的生活，在斗争、受苦、处死他人、把自己送上断头台，但既没有逃离法国，也没有逃离火热的活动。

——他们的时代与我们的时代毫不相似。他们面临的是无限希望。卢梭和他的学生认为，如果他们的博爱思想不能实现，这是由于物质的障碍——那里言论受限制，这里行动不自由——他们完全合乎逻辑地起来反抗一切妨碍他们思想的东西；这个任务是可怕的、巨大的，但他们胜利了。胜利之后，他们心想：现在终于可以……但是现在他们被送上断头台，这对他们来说是再好不过的

---

① 威廉·佩恩（1644—1718年），英国基督教教友会的首领。教友会是新教的激进教派，教徒们17世纪在英国遭受迫害。1655年起其信徒陆续渡过大洋到美洲新大陆落户传教。

② 雅各宾派是卢梭的学生，他们在制定1789年《人权和公民权宣言》和1793年宪法时，以及在组织革命政府的实践活动中，运用了卢梭的社会契约论，特别是体现在国民公会中的关于立法权与司法权统一的思想。

事情:他们满怀信念地死去,是战斗、劳动、陶醉中的惊涛骇浪把他们带走的;他们相信,有朝一日恢复平静的时候,他们的理想将会实现,虽然他们不在了,但理想还会实现。这样的风平浪静终于到来了。所幸的是,所有这些狂热分子早已被埋葬了!他们不得不看到,他们的事业没有前进一步,他们的理想仍然是理想,只是拆毁巴士底狱,不足以使囚犯成为自由人。您把我们和他们相比,但您忘了,我们知道他们死后50年发生的事件,我们见证了,理论家们的全部希望如何被讥讽,历史的魔鬼因素如何嘲笑这些理论家们的科学、思想和理论,这个魔鬼因素如何从共和国中制造出拿破仑,从1830年革命中制造出交易所的流通①。作为所有这些的见证者,我们不可能具有我们前辈们的希望了。在深入研究了革命问题之后,现在我们所要求的比他们更多,更广泛,而他们的要求仍然是无法应用的,和从前一样。一方面,您看到了思想的合乎逻辑性,思想的成功;另一方面,您会看到思想对世界是完全无能为力的,这是个聋哑的世界,它没有能力把握拯救思想,照这一思想对它说出时的样子,——或许是因为拯救思想表达得不好,或许是因为这一思想只具有理论的、书本的意义,就像从来没有超出文人小圈子的罗马哲学。

——理论思想正是这样在历史中形成和发展的,但是自觉形成和发展的;现代世界的事实拒绝思想,也和思想一样,是过去历史的必然结果——照您看,理论思想和现代世界的事实,两者哪个是正确的?

---

① 法国1830年革命的后果是确立了金融资产阶级政权。

——两种都是完全正确的。全部混乱性是由于,生活有自己的生成机制,不符合纯粹理性的辩证法。我举古代世界的例子:古代世界没有实现柏拉图的共和国和亚里士多德的政治,而是实现了罗马共和国和征服者的政治;没有实现西塞罗和塞内卡的乌托邦,却实行了伦巴德人的伯爵制度和日耳曼人的法律。

["只看结局不看事情本身——这是一个巨大错误"]

——您要预言我们的文明也像罗马文明一样毁灭吗?——令人安慰的思想和美妙的前景……

——这个思想不美妙也不糟糕。世间万物皆流逝,这个妇孺皆知的思想您怎么会感到惊奇呢?不过,只要人类没有完全中断地继续自己的生活,文明就不会毁灭,——人是有良好记忆的;难道罗马文明对我们来说不是还活着吗?它像我们的文明一样,远远超出了周围生活的界限;正是因此它一方面曾经如此繁荣,如此辉煌,而另一方面它在实际上又是不能实现的。它给现代世界贡献了自己的东西,也给我们带来很多东西,但罗马的最近未来是在另外的牧场上生长出来的——在受迫害的基督徒所隐藏的墓窟中,在野蛮的日耳曼人所游牧的森林里。

——这在大自然中是完全合理的,但是,文明作为人们的最高努力,作为时代的最高成就,难道会从大自然中无意义地脱离、从现实中堕落、最终消失、只留下不完整的回忆吗?——然而人类退缩、逃避,又重新开始伸展,以便用茂盛却无籽的多瓣花朵来完成……在我们的历史哲学中有某种东西令人愤怒——这一切努力都是为了什么？人们的生活成为徒劳的游戏，人们一粒沙一块石地粘贴垒砌，但这一切都将再次倒塌在地，人们从瓦砾堆里爬出来，开始重新清理场地，用青苔、木板和掉落的碎块建设茅舍，经过长期的劳动，然后再次倒塌。无怪乎莎士比亚说，历史是傻瓜讲述的枯燥童话[①]。

——您这是悲观的看法。您就像是这样一些修士，他们见面时找不到任何更好的话，只是彼此说一句可悲的"要记住死"，或者就像这样一些敏感的人，他们一想到"人生必有一死"就不能不落泪。只看结局不看事情本身——这是一个巨大错误。这些鲜艳的、茂盛的花朵对植物有什么用？这些令人陶醉的芳香必将无用地消散，它们又有什么用？但是大自然完全不是那么吝啬的，不是那么忽视身边流逝的现在，它在每一个点上都达到了所能达到的一切，达到极致，达到芳香、享乐、思想，达到发展的极限，达到死亡，死亡遏制和限制了它过于诗意的想象和任性的创造。谁会因为花早晨开放傍晚凋谢、因为大自然没有给玫瑰和百合赋予石头的坚硬而对大自然生气呢？然而我们却要把这个贫乏枯燥的观点转移到历史世界！谁把文明局限在现有范围内？——它的围墙在哪里？文明是无限的，就像思想，就像艺术，它描绘生活理想，它梦想着自己日常生活的庄严时刻，但生活中并不包含着实现它的思想和幻想的义务，并且这样的义务只不过是思想和幻想的改进版，而生活喜欢新的东西。罗马文明要比野蛮制度高级和人性得多；但在野蛮制度的紊乱中有罗马文明中所完全没有的某些方面的萌

[①] 赫尔岑不确切地转述莎士比亚《麦克白》中主人公的话（第五幕，第五场）。

芽,不管《公民法典》如何,也不管罗马哲学家的智慧观点如何,野蛮制度取得了胜利。大自然快乐于已经达到的东西,强求更高的东西;它不想侮辱现存的东西;就让现有的东西继续存在吧,只要它还有力量,只要新的东西还在成长。这就是为什么很难把大自然的作品拉成一条直线,大自然憎恨队列,他分散到各个方向,永远不沿着正确的大路前进。野蛮的日耳曼人在自己的直率方面,自己的潜能方面超过了文明的罗马人。

——我开始怀疑您在等待野蛮人的进攻和民族迁徙。

——我不喜欢猜测。未来是没有的,未来是由数千个必然和偶然条件的总和以及人的意志构成的,人的意志能给予许多意想不到的戏剧结局和剧场效果。历史都是即兴创作的,很少重复,它拥有一切偶然事件,它一次敲击数千扇大门,哪一扇将会打开……谁知道?

——也许是波罗的海的大门,那样俄罗斯就将会涌向欧洲?

——也许吧。

——这样,我们长时间地自作聪明,还是再次走向了松鼠的轮子,再次走向维科老人所说的"高涨"和"衰落"①。再次回到瑞亚,她在可怕的痛苦中不停地生孩子,都被克洛诺斯吃掉了。只不过瑞亚是自愿的,没有用石头代替新生儿,也不值得费力气,其中既没有宙斯,也没有马尔斯……这一切都有什么目的?您回避了这个问题,没有解决它;生许多孩子是为了让他们的父亲吃掉他们,

---

① 指意大利哲学家和社会学家维科在《新科学》中提出的历史循环论,按照这一理论,历史进程是一个封闭的循环,历史文化的高涨时期之后就会到来衰落时期。

这是值得的吗？而且一般地说,蜡烛游戏是值得的吗？

——怎么不值得！况且又不用您来付费。令您不安的是,并非一切游戏都能进行到最后,但假如不是这样的话这些游戏就会是极其枯燥乏味的。歌德在很久以前就解释说,美是流逝的,因为只有暂时的东西才能成为美的,——这令人难过。人有一种本能的爱,就是爱保存他所喜欢的一切;他出生了就想永远活着;爱上了,就想爱和被爱一生,就像第一次表白的那一刻一样。他抱怨生活,因为他看见50岁的时候没有了20岁时那样的感觉的新鲜和响亮。但这样的静止不动是与生命精神相违背的,它不储备任何个性的、个体的东西,它每次都在当下时刻完全地流出,尽可能地赋予人享受能力,既不保障生命,也不保障享受,不保障它们的继续。在全部生物的这种不断运动中,在这些到处进行的变化中,自然界更新着,生活着,并因这些运动和变化而永远年轻。因此,每一个历史瞬间都是完满的,自我封闭的,就像每一年一样,都有春夏秋冬,都有风雨和好天气。因此,每一个时期都是新的,新鲜的,都充满着自己的希望,都具有自己的快乐和痛苦,具有自己的现在;但这对人们来说还不够,他们还希望拥有未来。

——令一个人痛苦的是,他在未来也看不到他努力要去的码头。他带着苦闷的不安看着面前的无尽道路,他看见,经过了一切努力之后,距离目的还是那么遥远,就像一千年、两千年前一样。

——可是歌手唱的歌有什么目的吗？……声音,从她胸中迸发出的声音,在传出来的那一瞬间就消失了的声音。如果您除了欣赏这些声音之外还要寻求什么,期待另外的目的,那么,当您等到赞美歌手不再歌唱的时候,您就将只剩下回忆和懊悔,懊悔自己当时没有听却等待什么东西……那些以不良方式感受生活的范畴把您弄糊涂了。您好好想一想:这个目的是什么——是纲领,还是命令?是谁制定的纲领?是向谁宣布的命令?是一定要服从吗?如果是,那么实际上,我们是木偶还是人,是具有精神自由的存在物还是车轮?对我来说,把生活、因而把历史看作是已达到的目的,要比把它们看作是达到目的的手段更加轻松。

["自然和历史的目的就是我们自己"]

——也就是,简单地说,自然和历史的目的——就是我们自己?

——部分是这样——而且全部存在物的现在;这里包括一切:既有从前一切努力的遗产,又有未来一切的萌芽;既包括演员的灵感,也包括公民的力量,还包括这样一个年轻人的享乐,他此刻偷偷溜进朝夕思慕的凉亭,那里有女友在等他,她羞怯地完全投身于现在,既不想未来,也不想目的……也包括快乐戏水的鱼,仿佛在月亮的世界……也包括整个太阳系的和谐,等等。

——对自然界来说,您是完全正确的,但我认为,您忘记了,穿过历史的全部变化与混乱有一条红线,它把历史连结为一个整体,这条红线就是进步,或者,您也许就不接受进步?

——进步是不断的自觉发展的不可剥夺的属性;这是人的活动的记忆和人们通过社会生活来实现的生理完善。

——难道您在这里没看到目的?

——完全相反,我在这里看到的是后果。如果进步是目的,那么我们为谁工作？谁是这样一个莫洛赫，他随着劳动者向他走近，没有按照许诺给予他们奖赏，而是为了安慰那些疲惫不堪和注定死亡的人们，他们向他高喊："被判死刑的人向你致敬"①——为了安慰他们，他只能苦笑着回答，在他们死后世界将更加美好？难道您要让现代人遭受女像柱的可悲命运，它们支撑着露台，让别人在上面跳舞……或者，您要让现代人成为一群不幸的苦力，他们在没膝的泥水中拖着木船，船旗上简陋地写着"进步在未来"？一些人精疲力竭倒在路上，另一些人带着新力量抓起绳子，而道路，正如您说的，还是像开始时那样漫长，因为进步是无限的。这一点应当引起人们警惕；无限遥远的目的——不是目的，而可以说是诡计；目的应当是切近的，至少是——工资或劳动中的享乐。每一个时代，每一辈人，每一个生命，都有自己的完满性，顺便发展新的需要，新的体验，新的手段，一些能力依靠另一些能力而得到完善，最终，大脑的物质得到改善……您笑什么？……对，对，是大脑得到改善……一切自然物质是怎样变成了您的肋骨，这令你们这些唯心主义者感到惊奇，正如当年骑士惊奇于农民也想要人权一样。当歌德在意大利的时候，他曾将古代的牛颅骨与我们现在的牛颅骨进行比较，他发现，我们现在的牛颅骨更细小，大脑半球的容量更大；显然，古代的牛比现代的牛更有力量，而我们现在的牛，则在对人的温顺服从中使自己的大脑方面得到了发展。您凭什么认为人的发展能力不如牛呢？这是类的生长，不是您所认为的目的，而是世代延续存在的属性。目的对每一代来说，就是它本身。大自

---

① 古罗马角斗士在走上角斗场时向皇帝说的问候语。

然不仅从来没有把哪一代人变成未来成就的手段,而且它完全不关心未来;它就像克里奥帕特拉①一样,随时都可能把珍珠放进葡萄酒里,只是当下取乐一会儿,她有一颗印度舞女和酒神女祭司的心。

——不幸的女皇,她不能实现自己的使命!……吃病号饭的祭司,穿丧服的舞女!……她在我们时代更像忏悔的抹大拉的马利亚。要么是大脑长偏了。

——您这不是开玩笑,您说出了比您自己认为的更有意义的东西。片面的发展总是带来其他某些不被注意的方面的不发达。在心理方面过于发达的儿童都发育得不好,身体虚弱;我们用几个世纪的非自然的生活培育出了自己的唯心主义和人为的生活,破坏了平衡。在我们的孤独中,在我们理论上的怡然自得中,我们是伟大的、强有力的,甚至是幸福的,而现在,我们走过了这一阶段,这个阶段对我们来说成为不可忍受的;然而与实践领域的脱离变得很可怕;在这里无论哪方面都没有过错。大自然拉紧了全部肌肉以便让人跨过野兽的局限性;而人是这样跨越的,他一只脚完全脱离了自然生活,——他这样做是因为他是自由的。我们如此解释意志,如此为它而自豪,同时又抱怨没有人牵着我们的手,抱怨我们会犯错误并为自己行为的后果负责。我很愿意重复您说的话,大脑由于唯心主义而长偏了,人们开始发现了这一点,现在正走向另一方面;他们将从唯心主义中痊愈,就像已经从其他历史疾

---

① 克里奥帕特拉(Kleopatra,前69—前30年)——古埃及托勒密王朝的末代女王。——译者

病——从骑士精神、从天主教、从新教中痊愈一样。

——不过,您也会承认,充满病态和偏离的发展道路是非常奇怪的。

——是的,其实道路也不是被指定的……自然很容易通过一般规则暗示自己的外貌和使自己的全部细节听命于人们、局势、气候和无数冲突。自然力量与意志力量的斗争和相互作用的结果是不可提前预知的,这种斗争给每一个历史时代赋予了吸引力。假如人类是直接走向某种结果的,那么就不会有历史了,只会有逻辑,人类就会成为直接存在的现成之物,像动物一样。幸好,这一切都是不可能的,不需要的和比现有状况更不好的。动物有机体在自身中逐渐发展自己的本能,在人身上的发展更多……艰难地、慢慢地培养出了理性,——这种理性无论在自然之中还是在自然之外都没有,它应当是被努力获得的,生活必须与它友好相处,因为没有现成剧本。如果有现成剧本,历史就失去了全部趣味,成为不需要的、枯燥的、可笑的;塔西佗的悲伤和哥伦布①的喜悦就会变成儿戏,变成出洋相;伟大人物也将退出历史舞台,像戏剧人物一样,无论他们演得好不好,都将走向和达到某种结局。在历史中一切都是即兴作品,一切都是意志,一切都是无准备的当下,前方既没有边界,也没有固定路线,只有一些条件、神圣的忧虑、生命之火和对战士的永恒召唤,让他们向着想去的远方前进,只要是有路的地方,——而没有路的地方,会有天才最先开辟道路。

---

① 指古罗马历史学家塔西佗(约公元56—约120年)描述罗马社会衰落的作品所具有的悲伤色彩和哥伦布到达美洲海岸时的喜悦。

——可是如果不幸没有出现哥伦布呢?

——那么考特斯①将会代他完成这项事业。天才人物几乎总是可以找到的,在需要他们的时候;不过,他们不是必需的,没有他们人民以后也将达到、通过另外的、更加艰难的道路达到同样的结果;天才——是历史的奢侈品,是历史的诗歌,是历史的政变,是历史的跳跃,是历史创造的胜利。

——这一切都很好,但我觉得,在这种不确定性、任性的情况下,历史有可能永远继续,也有可能明天终结。

——毫无疑问。人们不会寂寞而死,即便人类生活得太久;虽然人们也可能走到本性自身中的某些边界,遇到某些作为人而无法超越的生理条件;但在活动中,在事业中没有缺陷,我们所做的全部事情,有四分之三是重复他人已经做过的。由此您可以看到,历史可以延续数百万年。另一方面,我完全不反对历史明天终结。这是有可能的!彗星尾巴撞击地球,地面发生地质灾难,使一切底朝天,某种气体蒸发造成半小时无法呼吸——这就是历史终结。

——哎呀,好恐怖!您在吓唬我,就像吓唬小孩子,但是我向您担保,这些都不会发生。不妨带着令人快乐的未来好好发展三千年,然后由于某种硫化氢的蒸发而窒息!您没看到这很荒诞吗?

——我惊讶的是,您为什么至今还不习惯于生活的不同道路。在大自然中,就像在人的心灵中一样,沉睡着无数力量、可能性;一旦唤醒它们所需要的条件形成了,这些力量就会发展,并将发展到极致,它们希望充满世界,但它们有可能在半路上被绊一下脚,采

---

① 荷南·考特斯(Hernan Cortez),16世纪西班牙探险家。——译者

取新的方向,停下来或毁灭。一个人的死,其荒诞性不亚于全人类的毁灭。谁向我们保证了我们行星的永远存在?它在太阳系的某种变革中也很难存活下来,就像天才苏格拉底面对毒芹很难存活一样,——不过,也许这种毒芹不会给行星……也许……我从这一点开始。实际上,对于大自然来说,这一切都无所谓,它不会受损失,从它里面什么都带不走,无论你怎么改变,一切都在它之中,——它在以伟大的爱埋葬了人类之后,又将从丑陋的蕨类、从半里长的蜥蜴开始自己的发展,或许能从新环境和新条件中获得某种完善。

——但是,这对人们来说远不是无所谓的;我想,马其顿的亚历山大要是知道他死后将变成塞酒桶口的泥土,他不会有任何愉快,——正如哈姆雷特说的[1]。

——关于马其顿的亚历山大,我可以安慰您,——他永远也不知道这一点。当然,对人来说生存还是毁灭完全不是无所谓的;由此可以看清一点,应当享受生命,现在的生命;难怪大自然总是用自己的一切语言引诱人活着,在所有人耳边低声说 vivere memento(记住生命)。

——徒劳的话语。我们记得我们在生活,凭着无言的疼痛,凭着刺痛心灵的烦恼,凭着单调的报时钟声而记得……当我们知道我们周围的整个世界正在坍塌,也许会压死我们——当我们知道

---

[1] 《哈姆雷特》第五幕,第一场"墓地"中哈姆雷特对霍拉旭说的话。"谁知道我们将来会变成一些什么下贱的东西,霍拉旭!要是我们用想象推测下去,谁知道亚历山大的高贵的尸体,不就是塞在酒桶口上的泥土?""恺撒死了,他尊严的尸体,也许变了泥把破墙填砌;啊!他从前是何等的英雄,现在只好为人挡风遮雨!"

这些,就很难有享受,很难使自己陶醉。而且,无论怎样,其实都要衰老死亡,虽然看到摇晃的旧墙也不想倒塌。我不知道历史上有这样令人窒息的时代;从前也有斗争,有苦难,但还是有某种东西可以取代,至少可以带着信仰牺牲,——然而我们,没有什么可为之去死,也没有什么可为之而生……是享受生活的时代!

——您认为在衰落的罗马生活更轻松吗?

——当然,它的衰落是如此明显,就像来取代它的世界一样。

——对谁来说的明显?难道您认为,罗马人看待自己时代也像我们看待那个时代一样?吉本[①]不能摆脱古罗马给每一颗强有力的心灵带来的诱惑力。您回想一下,罗马帝国的垂死挣扎延续了几个世纪;只是这些时代由于缺乏重大事件,缺乏重要人物,以及生活懒散单调,而不容易被我们察觉!正是这些沉寂的、平淡的时期对同时代人来说是可怕的;因为这些时代的每一年同样是365天,因为那时候也有一些满腔热情的人,他们由于大墙的倒塌而暗淡了、消失了。那时候从人们胸中迸发出怎样的痛苦声音?他们的呻吟现在给心灵带来了恐惧!——他们可以画十字祈祷。

——那时候基督徒的处境也很悲惨:他们在400年中都是躲藏在地下的,成就是不可能的,牺牲就在眼前。

——但他们有狂热的信仰支撑着,这种信仰得到了承认。

——只是在胜利的第二天就出现了异端,多神教世界侵入了

[①] 吉本(Edward Gibbon,1737—1794年),英国历史学家,著有《罗马帝国兴衰史》六卷,叙述自古罗马马可·奥勒留末年(公元180年)至拜占庭帝国灭亡(1453年)的历史,认为基督教的传播是古罗马帝国灭亡的原因。——译者

他们团体的神圣的宁静之中,基督徒泪流满面地怀念受迫害的时代,画着十字追忆那些受迫害的蒙难者。

——您似乎开始安慰我说,任何时代都和现在一样,一切都很糟。

——不,我只是想提醒您,我们时代并没有垄断痛苦,您把过去的苦难看得太轻了。思想首先是无耐性的:它想要现在,他憎恨等待,而生活不满足于抽象思想,不急于做事,每一步都拖延,因为生活的步伐是很难纠正的。因此才有思想者的可悲处境……但是为了不再次跑题,请允许我问您,您为什么认为,我们周围的世界是如此牢固和长久的?……

重重的大雨滴早就打在我们身上,沉闷的雷声变得更响,闪电更亮,瞬间大雨倾盆……所有人都奔向船舱;轮船吱吱作响;摇晃无法忍受;谈话不再继续。

第七章　我的全部财富都在我身上[①]

> 在你们门口的不是喀提林[②]，而是死亡！
> ——蒲鲁东《人民之声》

> 到这里来，让我们坐在桌边！
> 这样的蠢行究竟惹恼了谁？
> 世界在瓦解，犹如一条腐烂的鱼，
> 我们却不为它涂上防腐的香膏。
> ——歌德

外在的、古老的、官方的欧洲不是在沉睡，——它正在死亡！

先前生活的衰弱的、病态的最后残余，仅足以暂时维持身体的那些正在瓦解的部分，而这些部分正在竭力重新组合，发展另外的

[①] 此语出自希腊七贤之一的庇阿斯(Bias)。当庇阿斯的故乡(Priene)遭受外敌入侵时，人们都拖着沉重的家资逃难，而庇阿斯(Bias)却两手空空，人们惊奇地看着他，问他为何什么都不带，他说："我所有的财富都在我身上。"这句话意思是，真正的财富是人内在的智慧和崇高的精神，这个闪耀着希腊贤人自足精神与独特个性的短句，后来被崇尚希腊文化的罗马人接受，在拉丁语中，它变成了一个常用的习语。在这篇书信中，赫尔岑直接以之为题，而且是以拉丁语原文的形式。本章译自《赫尔岑文集》30卷本(Герцен А. И. Собрание сочинений в 30 томах. Том 6. С. 155—132)。——译者

[②] 喀提林(Lucius Sergius Catilina, 公元前 108－前 62 年)，曾任罗马的司法官，阿非利加行省的地方长官；公元前 66 年，在罗马执政官的竞选中，他因受到行政不当的控告而不敌西塞罗，最终落败；公元前 63 年，计划刺杀西塞罗和其他对他有敌意的元老，由于阴谋被预先察觉而未遂；后来，西塞罗曾数次发表反喀提林阴谋的公开演讲。——译者

形式。

　　从外表看,还有许多东西是坚实可靠的,事情依然按照自己的秩序进行着。法官在判案,教堂在开放,交易所里进行着热火朝天的交易,军队在演习,宫殿灯火辉煌;但是,生命的精神却已消逝,在心灵深处,每一个人都惶恐不安,死亡近在咫尺,实际上,一切都止息了。实际上,既没有教堂,也没有军队、政府和法庭——所有的一切都变成了警察局。警察局保护并且拯救了欧洲,王座和圣坛都处在它的庇荫下,它是这样一股电流,人们为了赢得当前时刻,而用它来强行维持生命。但是,疾病的蚕食之火并未被熄灭,它只是被驱赶到内部,被藏匿起来了。所有这些发黑的墙壁与柱石(它们似乎凭借着自己的年龄而获得了山岩的永久性)都是不牢靠的。它们与那些在森林被砍伐后又存留很久的树根很相似,——这些树根只是在没有人用脚踩踏之前,保持着一副牢固的、坚不可破的样子。

　　很多人看不到死亡,仅仅是因为他们把死亡想象成某种毁灭。死亡并不消灭各组成部分,而是使它们从之前的统一中解散,给予它们在另一种条件下生存的自由。世界的完整部分不可能从地球上完全消失,它将要保留下来,正如罗马保留在中世纪那样;在未来的欧洲中,它将分裂、解散,失掉自己现今的特征,并服从于新的特征,同时,也对这一新的特征施以影响。从生理学和民事意义上来说,父亲传给儿子的遗产延续着已故父亲的生命;然而,在他们之间还是存在着死亡,正像在朱利亚·恺撒的罗马和格里高利七世的罗马之间存在着死亡一样[1]。

现代国家制度形式的死亡,应当更多地使灵魂感到愉悦,而不是使灵魂受到折磨。然而可怕的是,正在离去的世界没有留下继承人,而是留下了一个怀了孕的孤孀。在一个人的死亡和另一个人的诞生之间,要流走许多水,要度过混乱而荒凉的漫漫长夜。

我们将活不到神的接纳者西面老人所活到的那个时刻[2]。无论这个真理多么沉重,都应当接受它,应对它,因为改变它是不可能的。

很久以来,我们都在研究欧洲羸弱的机体,在一切层面和每一个角落,我们都可以找到死亡身影的临近,然而,只是在极其稀少的情况下,才能听到预言从远方传来。我们起初也曾期望过,信仰过,尽力地信仰过。可是,临死前的斗争如此迅速地扭曲了一个又一个特点,以至于瞒不过去。生命已经停息,正像黎明前窗口的最后烛光。我们已被击溃,惊慌失措。我们无所事事地观望着死亡所获得的可怕成功。我们从二月革命中看到了什么?……不要再说了吧,两年前我们还年轻,如今我们已经老了。

我们越是接近党派与民众,我们四周的沙漠就变得越宽广,我们就变得愈加孤单。如何能够认同一些人的丧失理智,另一些人的冷漠无情呢?这里是懒惰、冷漠,那里是谎言和目光短浅,——

---

[1] 从另一个方面来说,在格里高利七世的欧洲与马丁·路德、国民公会、拿破仑的欧洲之间,则不是死亡,而是发展、变形和生长;这就是为什么一切复兴古希腊的尝试(布兰克莱翁,里恩基)都是不可能成功的,而君主制的复辟在近代欧洲却如此容易。——作者

[2] 根据福音书,公义又虔诚的西面老人得到圣灵启示说,他在见到基督之前不会死(路2:25—32)。

力量、强力哪里都没有；这样的力量和强力也许只在某些为人们而死的殉道者那里有，却没有给他们带来任何好处；在某些为民众受尽折磨的受苦者那里有，他们愿意抛头颅、洒热血而又被迫珍惜这些，但他们看到的却是并不需要这些牺牲的民众。

["我们的命运大部分掌握在自己的手中"]

在这个从各方面都崩溃了的世界上，我们陷入迷茫，无所事事，耳边响彻无意义的争论和每日的侮辱，我们沉湎于悲痛与绝望之中，我们只想要这样一种东西——把疲倦的大脑随便放置在什么地方，不问是否有梦。

但是，生命发挥了自己的作用，我不再绝望，不再希望毁灭，我现在想活着；我不想更多地承认自己对世界的依赖性，不想一生都呆在将死者的床前做一个永远的哭灵人。

难道在我们自己身上完全一无所有，我们只能成为某种东西——成为这个世界，在这个世界中？——因此，现在，当这个世界完全被另外的规律所破坏而正在死去的时候，难道我们没有别的事情可做，只能忧伤地坐在它的废墟上；我们没有别的意义，只能成为它的墓碑？

不要再忧伤了。我们将属于这个世界的东西都给了它；我们没有吝啬，而是将我们最美好的年华奉献给了它，怀着满腔的热情参与到它其中；我们受它的苦比它自己更多。现在，我们要擦开眼泪，勇敢地正视周遭的一切。最后，无论它给予我们什么，我们都能够和应当承受。最糟糕的事情我们都经受过了，而这经受过的不幸则是最后的不幸。我们已经成功地认清了我们的现状,我们不再期望什么,也不再等待什么,或者,我们大概是在等待一切;这可以归为同样的一点。许多东西都可以侮辱、摧残、伤害我们;已经没有什么令我们吃惊了,……或者我们所有的思想和语言都只能在口头上。

船正在沉底。希望与危险并存的怀疑时刻是可怕的;现在,情况很清楚了,船不可能被救,留给我们的要么是毁灭,要么是自救。从船上下来,到救生艇上,圆木上,——让每个人都尝试自己的运气,试验自己的力量。水手的"荣誉与责任"是不合适我们的。

让我们快从憋闷的屋子里走出来吧,这里会让久长的、蓬勃的生命终结!我们要走出沉闷的、有传染性的环境,来到纯净的空气里;走出医院的病房,来到田野里。有很多行家在给死人涂抹防腐香膏;有更多的蠕虫依靠这些腐物为生。我们将把尸体留给他们,不是因为他们比我们坏或者比我们好,而是因为他们想要尸体,而我们不想要;因为他们可以在此生活,而我们则因此而受苦。我们知道我们没有遗产可继承,也不需要遗产,我们将自由地、无私地离开。

在旧时,这种有尊严地与现代性的决裂,被称为逃跑;现在,无可救药的浪漫主义者在一系列事件在他们眼前发生过之后,仍然这样称呼。

然而,自由的人不可能逃跑,因为他只由自己的信念而不由除此之外的更多的东西决定;他具有留下或者走开的权利,因此,问题也许不是关于逃跑,而是关于人是不是自由的?

此外,"逃跑"一词变得异常地滑稽,它竟被用来指这样一些人：他们的不幸在于他们比其他人更需要朝前展望、向前行进，且不愿返回。他们也许会像科里奥兰①那样对人们说："不是我们在逃跑，而是你们落后了"。但是，这两种做法都是荒谬的。我们做我们自己的事，我们周围的人做他们自己的事。个人和群众的发展成为这样的，即他们都不能自己为后果承担全部责任。但是，发展的一定阶段——无论它是如何发生的和由什么造成的——都要求这样做。抛弃自己的发展就意味着抛弃自己本身。

人比人们通常所认为的更加自由。虽然人在很多方面依赖于环境，但是，这并没有达到使他屈从于它的地步。我们命运的大部分掌握在自己的手中，我们应当理解它，不让它从手中溜走。然而，理解了之后，人们却容许周围世界压制他们，无视他们的意愿地牵制着他们；他们抛弃了自己的独立性，在任何情况下，他们都不立足于自身，而是立足于周围世界，他们把捆绑自己与周围世界的绳索拉得越来越紧。他们期待从世界那里得到生活中的全部善与恶，他们最后才指望自己。在这样幼稚的顺从下，决定性的外在力量正变得不可战胜，与它作斗争对人来说似乎是丧失理智的。然而，这一可怕力量从这样一个时刻起就会变得黯然失色，在这一时刻，人的心灵中不再有自我牺牲和悲观失望，不再有恐惧和顺从，而是产生了一个简单的问题："他是否真的生死都要被如此束缚于环境，以至于当他实际上已从它那里分离出来，当他不需要任何从它那里而来的东西时，当他对它的恩赐不感兴趣时，他也不可能从它那里获得解放？"

---

① 科里奥兰（Coriolan），莎士比亚同名悲剧中的人物，古罗马将军。——译者

我并非是在说,这种为了人的独立性和自主性而进行的反抗是轻易的。反抗不是无缘无故地从人的心中流露出来的,在它之前,要么是个人承受了漫长的考验和不幸,要么是有过这样的沉重时代:在这个时代,人对世界的理解越深,他和世界的分歧就越大;将人自身和外在世界联系在一起的纽带变成了锁链;他感到自己与时事和大众的对抗是正确的;他意识自己是身处其中的大家庭的敌手、异己分子,而不是它的成员。

在我们之外,一切都在变动,一切都在摇摆,我们站在深渊的边缘,看见它正在塌陷;黎明将要到来,天空中没有一颗指路明星。除了在我们自身中、在我们无限自由的意识中、在我们至高无上的独立性中,在别的地方,我们找不到避风的港湾。在这样自我拯救的时候,我们就站在了这样一个勇敢而广阔的根基上,只有在这一根基上,才可能有社会中自由生命的发展——如果这样的发展对人们来说是普遍可能的话。

当人们不是想要拯救世界,而是想要拯救自己,不是想要解放人类,而是想要解放自己的时候,——他们就会对于世界的拯救和人类的解放做出很多。

人依赖于环境和时代,这不容任何置疑的。由于人与环境之间的纽带有一半是在意识的背后得到巩固的,因此这种依赖性变得更加强烈;这里有生理学的联系,意志和理智很少进行反抗这种联系的斗争;这里有遗传因素,它是我们生而具有的,就像面貌特征一样,它是新一代人与一系列前辈之间的联系环节;这里有道德—生理因素,以及培育人的历史感与现代性的教育;最后,还有自觉性的因素。人生于其中的环境,人活于其中的时代,都引导他参与到周围所发生的事件中去，引导他继续着由他的父辈所开始的事业；人依附于周围事物，这对他来说是很自然的，他不能不在自身中反映自己的时代、自己的环境。

但正是在这一反映形象本身之中，表现出他的自主性。周围事物在人身上激起的反作用，正是人的个性对环境影响的回应。这个回应可能充满同情，也可能充满反抗。人的精神独立性——这是不容置疑的真理和现实性，正如他对环境的依赖性一样，不过区别在于，二者有着相反的关系：意识越多，自主性就越大；意识越少，人与环境的联系就越紧密，环境就越多地吞没人。因此，假如没有意识，本能就无法达至真正的独立性，而自主性也要么成为野蛮人的那种尚未得到教化的自由，要么变成这样一种对社会条件某一方面的极端激烈的、无逻辑的否定，这种否定被称作犯罪。

独立意识还不意味着与环境的决裂，自主性也还不是与社会之间的敌对。环境不总是以单一的方式对待世界，因此，它并不总是招致个人的反抗。

有这样一些时代，那时，人在共同事业中是自由的。在这样的时代中，一切精力充沛的个性所渴求的活动与他生活于其中的社会的追求是一致的。在这样的时代（这样的时代是极其稀有的），所有人都投身于事件的进程中，在其中生活着、痛苦着、欢乐着，然后死亡。一些独特的天才个性，比如歌德，远远地站着；而那些平淡无奇的个性则依旧漠然。甚至那些敌视主流的个性，在当时的斗争中，也感到兴致勃勃、心满意足。侨民们像雅各宾派那样被革命完全吸引着。在这样的时代里，没有必要谈论自我牺牲和忠心耿耿，——这一切都会自己形成，并且极其容易。任何人都不会退缩,因为他们所有人都有信心。自然,也没有牺牲,简单地履行意志,自然的行为方式,这些行为对观众来说仿佛就是牺牲。

还有这样一些时代(它们比一切时代都要平淡无奇),即平和的甚至死气沉沉的时代,在这样的时代中,个性对待环境的态度延续着上一次变革所提供给他们的方式。他们不是紧张过度,以至于濒于崩溃;不是沉重不堪,以至于无法承受;最后,他们也不是与众有异、倔强固执,以至于生活无法补足他们主要的欠缺,无法打磨掉他们主要的凹凸。在这样的时代,关于社会与个人之间的关系问题不那么引人注意。出现的只是局部的冲突,一些只吸引了几个人牺牲的悲惨灾难;被束缚着的人的呻吟声在大声地响着;但是,在被确立起的井然秩序中,这一切都消失得无影无踪,已被认可的关系仍是无法动摇的,它建立在习惯上,建立在人类的潜意识上,建立在懒惰上,也建立在批判和讽刺因素的匮乏上。人们在私人的利益中、在家庭生活里、在科学活动和工业活动中生活着,他们评判挑剔,讨价还价,同时以为,他们在做事情,在辛勤地工作,这一切都是为了妥善安排孩子们的命运;孩子们呢,也正从自己的角度安排着自己孩子的命运,因此,正在生存着的个人和当下似乎正在消失,认为自己只是某种过渡环节。类似的时代在英国至今仍在继续。

然而,还有第三种类型的时代,这是极其少有的也是最为悲哀的时代。在这种时代中,社会形式已经丧失了意义,正在慢慢地、痛苦地消亡;这一独特文明不仅达到了极限,甚至还超出了历史生活所给定的可能性的范围,它似乎是属于未来;然而,实质上,它既脱离了它所鄙视的过去,也同样脱离了按照另外的规律发展着的未来。就在这里,个人和社会发生了冲突。过去的事表现为疯狂的反抗。暴力、谎言、凶残、贪婪的奴性、局限性、对人类尊严的一切感觉的丧失,成为大多数人的共同习性。往昔的一切英勇都消失不见,衰败的世界自己就不相信自己,因为惧怕而绝望地自我保护,由于自我保护而忘记了自己的诸神,用脚践踏着自己以之为根基的法律,抛弃了教育和荣誉,变成野兽,迫害人,折磨人,然而它手中仍然掌握着力量。人们服从它,不是由于怯懦,而是由于一切都动摇不定,什么都没有被决定,也没有被准备,——主要的是,人们毫无准备。另一方面,未知的将来正在乌云笼罩的地平线上升起,这是搅乱一切人类逻辑的未来。罗马世界的问题是由基督教、由这样一种宗教来解决的,行将灭亡的罗马的自由人与这一宗教很少有联系,如同与多神教很少有联系一样。为了从罗马法的狭隘形式中走出而向前迈进,人类退回到了日耳曼人的野蛮。

那些由于生活的重负、由于痛苦和恐惧的折磨而投身于基督教罗马人,获得了拯救;然而,难道这样一些人,他们感受到的痛苦并不少,而且在性格上和理智上更加坚强的人,他们不愿意摆脱一种荒谬而接受另一种荒谬,难道他们就应当受到谴责吗?他们能否和叛教者朱利安一起维护旧的诸神?或者他能否和君士坦丁大帝一道支持新神?他们能否一边观察时代精神将走向何方,一边参与到当代的事件中去呢?在这样的时代中,自由的人很容易就离群索居,而不会和民众同道而行;他很轻易地扼杀掉自己的生命,而不愿意将它奉献出来。

难道人会由于无人赞同而减损他正确的程度吗?难道理智需要另外的检验,除了用理智之外?那么,普遍的疯狂能够从哪里推倒个人的信念呢？

　　罗马人当中最有智慧的那些人完全退出了舞台，他们卓越地完成了自己的事业。他们分散在地中海沿岸，对他人来说，他们在沉默的巨大痛苦中销声匿迹了，然而，他们对自己来说没有消失——经过了15个世纪之后我们应当意识到，他们其实是胜利者，他们是人独立个性与尊严的唯一的、自由的和强大的表达者。他们是人，但却不能用人头来计算他们，他们不属于群体，他们离群索居——他们不愿意撒谎，与群体没有任何共同之处。

　　那么，我们和我们周围的世界有什么共同之处呢？一些由同一个信念和我们联系在一起的人，所多玛和蛾摩拉城的三个有德之人，他们和我们有同样的处境：他们属于反抗着的少数，他们有强有力的思想能力和软弱无力的行动能力。除了这些，我们和当代世界没有更多的现实联系，正像和中国一样（此时，我忽略了生理上的和习惯上的联系）。这种说法是如此正确，乃至在这样一些少见的情况下也是正确的，即人们和我们说同样的话语，但他们的理解却各不相同。你想要越南山地人的自由吗？你想要立法会议的秩序吗？你想要共产主义者设想的埃及人式的工作安排吗？

　　现在，所有人都是在摊牌后进行着游戏，这使得这个游戏极大地被简化，犯错误是不可能的——在欧洲的每一个角落，都有同样的斗争，也都有同样对垒的双方。你们完全清楚地感觉到了你们所反对的一方；但你们同样清楚地感觉到你们与另一方的联系了吗，像对它的嫌恶与憎恨一样？

　　坦白的时刻已经到来，自由的人们不再欺骗自己，也不再欺骗他人，任何的宽容仁慈都会导致某种虚假和偏袒。

过去的一年,为了无愧地结束和施行一切道德凌辱与拷问措施,向我们展示了一幅可怕的场面:一个自由人与一些人类解放者的斗争。蒲鲁东那大胆的言辞、刻薄的怀疑主义、无情的否定、冷酷的讥讽,对痴迷的革命者的激怒不亚于对保守派,这些革命者残酷无情地攻击他,带着帝国复辟主义者的顽固去维护自己的传统,他们被他的无神论和无政府主义吓坏了,他们不理解,没有国家,没有民主管理,怎么可能成为自由人;他们惊奇地听着这种不道德话语:共和国为了人而存在,不是人为了共和国而存在。当他们缺乏逻辑和辞令的时候,他们就宣称蒲鲁东是可疑的人,将他革出革命的大门,将他从自己的正教统一体中驱逐出去。蒲鲁东的天才与警察局的野蛮使他免遭诋毁。虽然关于他叛变的无耻指责已经流传在民主大众的口中,但是,当他把自己著名文章的矛头指向总统时,总统却找不到很好的回答,而是被这个打击惊呆了,他就像是在逼问一个被禁止思想和言论的囚犯一样[①]。看到这一点,民众就与他和解了。

你们看这些自由的十字骑士,享有特权的人类解放者!他们害怕自由;他们需要主人,为的是不被宠坏;他们需要政权,因为他

[①] 在1848年12月至1949年1月,蒲鲁东发表了一些指向路易·拿破仑的文章。他呼吁罢免路易·拿破仑的总统之职,并追究他的司法责任。由于这些文章,1849年3月20日,他被判处三年监禁的惩罚,监禁期间具有会见亲朋和参与报刊的权利。1850年2月5日,蒲鲁东的反波拿巴的文章《皇帝万岁!》在报纸《人民之声》上发表之后,他在狱中受到惩罚,并被剥夺了出版权。——俄文版编者

们不信任自己。少数随卡贝迁居美国①的人刚在临时窝棚中安顿下来,欧洲国家生活的一切不便就在他们中间显露出来,这是不足为奇的。

尽管如此,他们比我们更现代,更有益,因为他们更贴近实际;他们将在群众中得到更多的支持,他们更被需要。群众希望阻止那只强行夺取他们所挣得的面包的手,这是群众的基本要求。对于个性的自由、言论的独立性,他们是漠不关心的,群众喜欢权威,政权那侮辱性的光辉仍然使他们陶醉,独立自主的人仍然使他们感觉屈辱。他们将平等理解为平等地受压迫,害怕独断和特权,他们怀疑地看着天才,不允许他人不做那些他们所做的事情。民众希望有一个社会性的政府,这个政府为了他们的利益而管理他们,而不是像目前这样违背他们的利益。自己管理自己,这种念头不会出现在他们的头脑中。这就是为什么解放者远比任何自由人更加贴近当代变革。自由人也许是完全不被需要的人,但由此并不能得出这样的结论:自由人应当反抗自己的信念。

然而,你们会说,应当自我节制。我怀疑由此能得出什么结论;当一个人完全献身于一项事业的时候,他所能创造的都不很多;如果他故意去掉自己的一半力量和器官,那么,他还能做成什么呢?假如委任蒲鲁东为财政大臣、总统的话,那么,他将会成为另一种类型的波拿巴。这个波拿巴处于不断摇摆和犹豫不决之中,因为他迷恋于皇权。蒲鲁东也将会处于不断困惑中,因为现存

---

① 赫尔岑指的是卡贝1849年在北美组织的共产主义移民区的试验。卡贝的思想在不少工人团体中获得了同情,他们随他一同前往美国。卡贝的"伊卡利亚"移民区很快就解散了。——俄文版编者

的共和国也像令波拿巴厌恶一样地令他厌恶,而社会的共和国目前远比帝国更加不可能。

不过,感觉到内在分歧而希望或能够公开参与党派斗争的人,并不要求走自己的路,尽管他看到别人的路不通向那里。谁不认为迷失和完全毁灭比出让自己的真理更好,就让他和别人一起行动吧。他甚至将会做得很好,因为没有别的什么东西了,而人类的解放者们将会把君主制欧洲的旧形式连同自己一起拖进深渊;我承认希望行动的人与希望回避的人拥有同样的权利;他的意愿将会如此,关于这一点不是我们要说的。

我很高兴,我已经论述了这个含糊不清的问题,这是束缚人的所有桎梏中的最坚固的一环:它之所以是最坚固的,是因为人要么感觉不到它的暴力,要么更糟糕,认为它是绝对正义的。让我们看看,它不是也锈断了吗?

["基督教将人二重化,弄乱了人的概念"]

使个性屈服于社会、民族、人类、理念,这是以人献祭的继续,是为了与神和解而牺牲羔羊,是为了罪人而将无辜者钉十字架。一切宗教都将道德建立在顺从即自愿被奴役的基础上,因此,它们永远都比政治制度更加有害。那里是暴力,这里却是意志的腐化。顺从同时就意味着将个人整个的独立性完全转移到普遍的、无个性的、不依赖于个人的环境上。基督教是矛盾的宗教,一方面,它承认个人的无限尊严,然而,这似乎是为了在赎罪、教会、天父面前更加隆重地毁灭它。基督教的观点已经渗入习俗之中,发展成为一套完整的道德奴役体系,形成一整套扭曲的、就自身而言又非常合乎逻辑的辩证法。当世界变得越来越世俗化,或者更确切地说,当它终于发觉自己实际一直是这样世俗的时候,它就将自己的元素混入了基督教的训诫之中,而它的基础仍然和原来一样。个人——社会真正的、活动的单子——历来都是为某种一般概念、集合名词、某种旗帜而牺牲。个人如果放弃了自由,那么他为了谁而工作,为了谁而牺牲,谁来享受,谁得到解放,这些问题谁也不问。所有人(至少在口头上)都牺牲自己或彼此牺牲。

这里不是查明民众的未开化性在何种程度上为这样的教育措施提供了辩护的地方。或许,这些措施是自然的和必要的,我们处处都可以遇到它们,但是,我们可以大胆地说,假如它们产生过伟大的结果,那么,大概也是在一定程度上减缓了发展进程,因为它们用一些虚假概念歪曲了理智。我一般不太相信谎言的益处,尤其是当人们不再相信这一谎言的时候:整个这种马基雅维利主义,全部的漂亮言辞,在我看来,都主要是那些布道者和说教者的贵族式消遣。

人的道德奴役和个性屈辱所赖以牢固维持的观点,其一般基础几乎完全在于贯穿于我们的全部判断之中的二元论。

这种二元论——就是上升到逻辑高度的基督教,是摆脱了传说与神秘主义的基督教。它的主要手法是:将实际上不可分离的东西分裂成虚假的、对立的双方,比如,肉体与精神;把这两个抽象观念彼此敌对,把作为不可分割的统一体而结合在一起的东西加以不自然地调和。这就是关于被基督所和解的神与人的福音神话,它被翻译成哲学语言。

例如,正如基督在为人类赎罪时蹂躏肉体一样,在二元论中,理想主义也用同一个幽灵的一面来反对另一面,它让精神垄断物质,类垄断个体,从而为国家而牺牲人,为人类而牺牲国家。

现在可以想象被植入这样一些人们的良心和理智中的全部混乱,他们从童年时代起就没有听到过任何其他东西。二元论如此扭曲了一切最简单的概念,以至于人们需要付出巨大的努力,才能掌握如白昼般显明的真理。我们的语言——是二元论的语言,我们的想象也没有其他的形象和其他的比喻。在过去的1500年中,所有的教导、宣传、写作、行动,都渗透着二元论,直到17世纪末,才有几个人开始怀疑它,但是,在怀疑的同时,却出于礼貌,也出于恐惧,而继续用它的语言说话。

不言而喻,我们的全部道德都来自这一原则。这种道德要求经常地献身、不断地苦修、不断地自我牺牲。因此,它的规范大部分也是从来也没有被履行的。生活要比理论顽强得多,生活不依赖于理论,并且无声地战胜它们。不可能有什么比这种实践上的否定是对传统道德的更充分的反驳;但是,人们平静地生活在这种矛盾中,千百年来对它习以为常。基督教将人二重化为某种理想和某种牲畜,弄乱了人的概念;由于无法从良心与愿望的斗争中找到出路,人便如此习惯于伪善,常常是公开的伪善,乃至言与行的对立也不会使他愤怒。人以自己有软弱的、恶的本性为借口,于是,教会就急忙通过赎罪券和宽恕罪孽来提供轻易的方法以清算惊惶失措的良心,因为教会担心绝望会导致另一类思想,这些思想不那么容易用忏悔和宽恕来安抚。这些玩闹如此根深蒂固,以至于比教会权力本身更有生命力。牵强的公民美德取代了牵强的伪善行为；由此产生了罗马风格的、基督教殉教者和封建骑士风格的矫揉造作的振奋。

实际生活即便在此也仍然按照自己的节拍前进，毫不顾英雄主义的道德。

但是，任何人都不敢指责它，一方面，它建立在宽恕与尊重的某种秘密协议之上，正像圣马力诺共和国①那样；另一方面，它建立在我们的胆怯、优柔寡断、虚假的羞耻感和我们的道德奴隶地位之上。我们害怕被指责为不道德，这使我们受到严厉控制。我们重复着我们所听到的道德呓语，不赋予它们任何意义，但也不驳斥它们，——正如自然主义者出于礼貌而在前言中谈论造物主并惊奇于他的智慧一样。对人群野蛮喊叫的恐惧迫使我们做出的尊重，如此变成了习惯，以至于使我们带着惊愕和愤怒来看待这样一个坦率的、自由的人的勇气，他敢于怀疑这一空洞言辞的真理性；这一怀疑使我们受到如此侮辱，就像对国王的无礼评论往往使臣民感到侮辱一样，——这是仆人的高傲、奴隶的傲慢。

这样就形成了假定的道德和假定的语言；我们用这样的语言把对虚假的诸神的信仰传递给我们的孩子，如此欺骗他们，正像我们的父母欺骗我们一样，也正像我们的孩子将欺骗他们的孩子一样，直到大变革使这个谎言的、虚假的世界完全终结。

我终于不能漠然地忍受这种永远的空洞言辞、这些对生活毫无影响的、爱国主义和慈善主义的高谈阔论了。愿意为任何东西

---

① 亚平宁半岛上的小国家，形式上是独立的，被认为是最古老的共和国。——俄文版编者

牺牲生命的人有很多吗？当然不多，但仍然比这样的人多，——这样的人有勇气说："为祖国而死"实际上并不是人类幸福的顶峰，假如祖国和人本身都完好无损，那样会好得多。

我们是怎样的孩子，我们又是怎样的奴隶，我们的意志、我们的道德的整个重心和支点——完全在我们之外！

这个谎言不仅是有害的，而且是侮辱性的，它凌辱了尊严感本身，使行为变坏；应当拥有言行一致的性格力量；这就是为什么人们应当在语言上承认那被每日生活所承认的东西。也许，这种多情善感的废话在野蛮时代曾经多少更有益处，正如外表的恭敬一样，但是，这样的话现在则使人软弱，令人昏睡，令人糊涂。我们曾经有足够的时间容许自己不受处罚地朗读所有这些修辞练习，它们是从被加热的、被理性主义的混水和慈善主义的糖浆所稀释了的基督教中构成的。现在，终于到了深入分析这些《西卜林书》[①]、要求我们的老师做出解释的时候了。

["利己性和社会性——既不是美德，也不是缺陷"]

一切反对利己主义、反对个人主义的高谈阔论，其意义何在？——什么是利己主义？——什么是博爱？——什么是个人主义？——什么又是对人类的爱？

当然，人们都是利己主义者，因为他们是个体，如果没有对自己个性的强烈意识，又如何成为自己本身呢？剥夺人的这一意识

[①] 《西卜林书》(сивиллинские книги, Sibylline Books)，古罗马的神谕式诗句集。

就意味着肢解他,使之成为平淡乏味的、被磨损的、无性格的存在物。我们是利己主义者,因此,我们才能够取得独立、福祉和承认我们的权利,因此,我们才能够渴望爱,寻找活动……也是因此,我们不能无明显矛盾地拒绝别人拥有同样的权利。

一个世纪之前,个人主义的宣教将人们从沉沉的梦中惊醒,人们是在天主教罂粟的影响下陷入这一梦中的。这种宣教导向了自由,正如温顺导向屈从一样。伏尔泰的利己主义作品为解放所做出的贡献,要比充满爱心的卢梭的作品为博爱所做出的贡献更多。

道德家们谈论利己主义者正像谈论坏的习惯一样,他们不问:祛除了对个性的活生生的感觉,人还能是人吗?他们也没有说,在"博爱"和"对人类的爱"中,替代人的将会是什么;他们甚至也没有解释,为什么应当对所有人都要有兄弟之爱,什么是爱世上一切的人的义务。我们同样看不到对某种东西的爱和恨的原因仅仅是因为它存在。让人在自己的同情中保持自由,他会找到爱的人和与他成为兄弟的人,为此他既不需要宣教,也不需要命令;假如他找不到,那么,这是他自己的事情和他自己的不幸。

基督教至少没有停留在这样的小事上,而是勇敢地命令人们不仅要爱所有的人,而且主要的是要爱自己的敌人。人们为此感动了十八个世纪;终于到了意识到这是个空洞规则时候了……为什么要爱敌人?或者说,假如他们如此可爱,为什么还要与他们敌对?

问题仅仅在于,利己性和社会性——既不是美德,也不是缺陷,它们只是人类生活的基本自然现象,假如没有它们,就既不可能有历史,也不可能有发展,可能有的要么是野兽的无序生活,要么是驯顺的原始人群。如果消除了一个人身上的社会性,你就会得到一只残暴的大猩猩;如果消除了他身上的利己性,就会造就一只温顺的黑猩猩。在奴隶那里,利己性是最少的。"利己主义"这个词本身不具有完全的内涵。有狭隘的利己主义、动物式的利己主义、下流的利己主义,就像有下流的爱、动物式的爱和狭隘的爱一样。真正需要的,不是在口头上消除利己主义和赞美博爱,——博爱不能胜过利己主义,——而是将人类生活中的这两种不可分割的原则和谐地、自由地结合在一起。

作为共同生活的生物,人渴望去爱,为此完全不需要命令;恨自己是完全不需要的。道德家认为一切道德行为都是与人类本性如此对立的,以至于他们将一切善行都视为伟大价值,因此,他们认定博爱是一种责任,就像持守斋戒、禁绝肉欲一样。奴性宗教的最新形式建立在把社会与个人二重化的基础上,建立在社会与个人之间的虚假敌对之上。直到一方面将出现博爱—天使,而另一方面将出现利己主义—魔鬼为止,——都将有政府,以便调解和严格控制他们,将有法官,以便惩罚,将有刽子手,以便把人处死,将有教会,以便祈求神的宽恕,将有神,以便引发恐惧,将有警官,以便把人投入监狱。

个人与社会之间的和谐不是一蹴而就的,而是在每一个时期、几乎是在每一个国家里逐渐生成的,并且随着处境而改变,就像一切有生命的存在物一样。在此不可能有普遍的规范和普遍的解决。我们看到,在一些时代,人会轻易地和环境融为一体,而在另一些时代,人只能通过分离来维系与环境的关系,只能离开,随身带着自己所有的一切。改变个人与社会的历史关系,这不随我们的意愿,而且,不幸的是,也不随社会本身的意愿;但是,做符合我们发展的现代人,一句话,针对时代状况来做出我们的行为,这却是依赖于我们的。

的确,自由的人创造自己的道德。当斯多葛主义者说"对智慧者来说没有律法"的时候,他们想说的就是这个意思。昨天的最高尚行为今天可能成了最下流行为。没有不可动摇的、不变的道德,正如没有不变的奖赏与惩罚一样。那种在道德中确实是不可动摇的东西,可以归结为这样一些普遍之物:在这些普遍之物中,几乎一切个人的东西都丧失了;比如说,任何与我们的信念相对立的行为都是有罪的,或者,如康德所说,那种人不能将其概括、提升为规则的行为,是不道德的。

我在文章的开始就建议不要陷入与自己的对抗之中,无论这样做的代价多么高昂,并建议断绝这样一些不真实的关系,这些关系是由虚假的羞愧感和不必要的自我牺牲来维持的(像在邦雅曼·贡斯当的小说《阿道尔夫》中那样)[1]。

当代的情况是不是如我所描述的这样,这应当有争议;假如您能为我证明相反的情况,我将会感激地去握您的手,您将是我的恩人。也许我入迷了,痛苦地考察周围发生的灾难,丧失了看到光明的能力。我愿意倾听,我希望赞同。但是,假如情况就是这样的,那么,就没有争论的余地了。

---

[1] 赫尔岑说的是邦雅曼·贡斯当在长篇小说《阿道尔夫》中所描写的阿道尔夫与爱蕾诺拉的相互关系(赫尔岑在这里把《阿道尔夫》误写作《阿尔弗莱德》)。——俄文版编者

您会说:"这样,我们就应当投身于愤世嫉俗的无所作为之中,与一切都格格不入,毫无结果地抱怨和气恼,就像老人们的气恼一样,远离沸腾的生活舞台,做一个对他人无益、对自己是负担的人过完自己的一生"。

——我不建议和世界相互谩骂,而是建议开启一种独立的、自主的生活,甚至当整个周围的世界都毁灭时,这种生活也能在自身之中找到拯救之道。我建议仔细看看,群众实际上是否正在走向我们所认为的地方,他们在走,是和他们一道走,还是离开他们,不过都要清楚他们的路。我建议抛弃那些从童年时代就灌输给我们的书本观点,使人们成为与现在的样子完全不同的人。我想中止"无益的抱怨和任性的不满",我希望与人们和解,我要使他们相信,他们不可能成为更好,他们现在这样完全不是他们的罪过。

此外,是否将有这样或那样的外在活动,还是什么活动都不会有——我不知道。实质上,这也不重要。假如您是有力量的,假如您有着某种不仅是有用的、而且还深刻地触动着他人的东西,那么,这种东西就不会消亡,——这就是自然的经济学。您的力量,正像一块酵母,必然会使得处在它的影响之下的一切都激动不安,并迫使这一切发酵;您的话语,您的行动,您的思想,都不用特别地劳神费力就能占有自己的位置。假如您没有这样的力量,或者您只是有着那些对当代人不起作用的力量,这无论对您还是对他人来说,都不是巨大的不幸。难道我们是永远的滑稽演员,是妓男!我们活着不是为了占据他人,我们活着是为了自己。总是务实的大多数人完全不关心历史活动的缺乏。

我们不是要使人民相信,他们强烈地期求着我们想要的东西,而是最好想一想,他们此时此刻是否想要什么东西,假如他们想要的完全是另一种东西,想要的是凝神沉思,撤出市场,平静地离开,那么,我们就不要强迫他人,也不要虚耗自己。

也许,这种否定的活动将是新生活的开始。无论如何,这都将是一种善意的行为。

12. 巴枯宁

米哈伊尔·亚历山德罗维奇·巴枯宁(Михаил Александрович Бакунин,1814—1876年),俄国革命家,哲学家,政论家,俄国民粹派奠基人之一,无政府主义理论家之一。1828—1832年在炮兵学校上中学,1832—1834年在军队服役,1834年退役后定居莫斯科,参加斯坦凯维奇小组,结识别林斯基,研究康德、费希特、黑格尔哲学。1840年旅居国外,曾一度在柏林大学学习,但很快投身于社会政治活动,结识了一些西欧革命者,包括蒲鲁东、马克思、恩格斯等。因参加1848—1849年革命而两度被判处死刑,1858年移交给俄国政府,长期关押后流放西伯利亚。1861年从流放地逃跑再次参加欧洲革命运动,逐渐形成了无政府主义世界观。1864年加入第一国际,反对马克思,1868年建立自己的秘密组织"社会主义民主国际同盟",1870年参加里昂工人起义,积极支持巴黎公社。1872年因分裂活动被开除第一国际。1873年出版了他的主要著作之一《国家与无政府》。1876年在瑞士伯尔尼去世。

巴枯宁早年受到歌德、席勒、霍夫曼等人影响具有浪漫主义思想倾向,后来成为左派黑格尔主义者,60—70年代转向了唯物主义立场和人本主义的、战斗的无神论观点。他的理想社会制度是建立在自主、自治原则基础上的个人、公社、区域或民族的自由联邦。

["上帝存在意味着人是奴隶"][1]

我们说的"自然"一词,所指的不是某种神秘的、泛神论的或实体的观念,而只不过是许多生物、事实和产生这些事实的现实方法的总和。(1,第58—59页)

正如在所谓的物质世界,无机物质(机械的、物理的、化学的物质)是有机物质(植物,动物,智能生物)的决定基础一样,在社会世界(其实,社会世界只能被看作是物质世界发展的我们已知的最后阶段),经济问题的发展从来都是并且仍将是一切宗教、哲学、政治和社会发展的决定基础。(2,第529—530页)

自然——这是一种全能,在与它的关系方面,不可能有任何独立性或自主性的存在物,它是这样一种最高存在者,它以自己无法抗拒的作用抓住和贯穿于万物的存在,在生物中,没有任何一个不

---

[1] 选自《哲学史文选:俄罗斯哲学》,国立莫斯科师范大学哲学教研室编(Хрестоматия по истории философии. Русская философия. Сост. Московский государственный университет, Кафедра философии. Москва, 1997. C. 187—201)。文中段尾标注数字为巴枯宁著作版本序号及页码:1.巴枯宁:《哲学,社会学,政治》(Бакунин М. А. Философия. Социология. Политика. М. 1988);2.巴枯宁:《哲学论文与书信集》(Бакунин М. А. Избранные философские сочинения и письма. М. 1987)。

具有(当然,是在较高或较低的发展状态下)这一最高作用和这一绝对依赖性的感觉或知觉,于是,这种感觉和这种知觉,也就构成了一切宗教的基础。(1.62)

　　上帝——这是绝对的抽象物,是人思想自身的产物;它作为抽象力量,把一切已知的生物、世界的全部存在抛在后面,因此,它脱离了全部内容,已经变成了绝对世界,在赤裸的最高状态中不认识自身,它被我们看作是唯一的和最高的存在……当然,从这时起,人就把他在自身之中或在自身之外连续发现的全部品质、全部力量、全部德性都认为是上帝造成的……由此可知,上帝——是无限的掠夺者,因为拟人观是一切宗教的本质,所以,上天,不死诸神的居所,只不过是一面哈哈镜,它让信仰者看到的是他自己的颠倒的和夸大的映像。(1.76—82)

　　宗教的历史,一个接一个的诸神的伟大和衰落的历史——不是别的,正是人们的集体智能和集体意识发展的历史……谁宣布启示,谁就认定有启示的代言人、先知、教士,而一旦这些人被认为是神在世间的代表,是人类永恒生命的导师和教育者,他们就因而获得了领导、命令和掌管人类世间生活的权力。所有人都必须绝对信仰和服从他们;人们作为神的奴隶,也应当成为教会的奴隶,通过教会为国家祝圣,也成为国家的奴隶……

　　假如对全部半哲学家、全部所谓的宗教思想家说下面的话,他们不会见怪:上帝存在必然要求弃绝人的理性和人的正义;上帝存在是对人的自由的否定,必然不仅导致理论上的奴役,而且导致实践上的奴役。

……任何想臣服于上帝的人,都应该抛弃人的自由和尊严。

上帝存在,这意味着,人是奴隶。

人是理性的、正义的、自由的,——这意味着,上帝不存在。

我们号召所有人都走出这一圆圈,立刻就进行选择。

而且历史表明,所有宗教的教士,除了受迫害的之外,都是暴政的同盟者……因此,欧洲的全部政府,全部国家人士,尽管他们自己既不是形而上学家,也不是神学家,也不是自然神论者,他们在灵魂深处既不信上帝,也不信魔鬼,但他们却如此热烈地、疯狂地维护形而上学和宗教,无论是哪一种宗教,只要它宣扬谦卑、顺从和忍耐,——其实,这也是一切宗教所做的。(1.43—45)

我热爱人的自由,并把自由看作是我们在人类中所崇拜和尊重的全部东西的绝对条件,因此我把伏尔泰的格言倒过来说:即便上帝真的存在,也应当消灭他……(1.461)

人民宗教信仰的根源不仅在于无知,而主要在于受私有者侵吞和国家的压迫的人民生活的不完满和人为困难;这一信仰仿佛是人民沉痛的、渴望生活的心灵对丑恶现实的抗议。当人民的处境尚未发生根本改变的时候,期待人民从宗教的疯狂或迷醉中解放出来是徒劳的。你们只通过思想的宣传永远也不能使他们获得清醒。只有社会革命,才能使他们从一切宗教中彻底解放出来。(1.443)

我深信,跟随在全部有神的宗教之后的,应该是社会主义,社会主义在宗教意义上是对实现人在世间的使命的信仰。(2.265)

["科学是生活的指南,但不是生活本身"]

普遍观念总是抽象物,因此在某种程度上——是对现实生活的否定……思想和科学能够把握事物不断变化中的不变因素,但永远不能把握事物的物质个性方面,这方面是生活与现实的呈现,但正因为如此,它是转瞬即逝的和无法捕捉的。科学所理解的是关于现实的思想,而不是现实本身,是关于生活的思想,而不是生活本身……科学的毋庸置疑的权力和伟大使命,就是以思想的这一本质为基础的,但是,科学在生活上的软弱无力,甚至有害作用,也是以此为基础的,每当科学以官方授权代表的身份获得支配生活的权力的时候,有害作用就会发生……一句话,科学是生活的指南,但不是生活本身。科学是牢固的、无个性的、普遍的、抽象的、非感性的,像法律一样,它只是一种观念的、反映的,或者说是意识的,即大脑的复制品……全部生活——都是飞逝的和暂时的,但全部生活都呈现着现实性、个体性、敏感、痛苦、快乐、渴望、需要和激情。生活本身自发地创造着事物和全部现实存在。科学不创造任何东西,它仅仅是确定和辨别生活的作品……从这些可以得出结论,科学的唯一使命是照亮生活,而不是支配生活。(2.476—477)

不仅黑格尔学说的追随者,……而且还有实证论者以及当代科学女神的全部鼓吹者,我们都称之为形而上学家;一般来说,所有这样一些人,他们通过这样或那样的途径,通过对过去和现在的仔细研究(但必然总是不完善的研究),为自己创造了这样一种社会组织理想,他们像新的普罗克汝斯忒斯一样,想要把后代人的生活无论任何都放入这一理想中①；总之，所有这样一些人，他们不把思想和科学看作是自然和社会生活的必然体现，而是把这种不幸的生活变得如此狭隘，以至于把它仅仅看作是自己的思想和自己的科学（当然总是不完善的科学）的体现——所有这些人我们都称之为形而上学家。形而上学家或实证论者，所有这些科学和思想的骑士，他们为了科学和思想而认为自己负有为生活立法的使命，所有这些人，都是自觉或不自觉的反动分子……如果有一天思想成为生活的源泉和唯一指导者，如果科学和学说成为社会管理的首领，那么，这将是人类的不幸。如果这样，生活就会干涸，人类生活就会变成不会说话的、受奴役的牲畜。用科学管理生活，除了使全人类变得愚钝，不可能有另外的结果……我们不仅没有把我们从书本上读到的或我们自己臆造的任何一种社会制度理想强加给我国或外国人民的意图，也没有这方面的任何经验，而且我们确信，人民群众在自己的迫切需要中，在自己自觉或不自觉的愿望中，具有自己未来正常组织的全部要素，我们在人民自身中寻求这一理想……这就是社会革命者的信念，为此我们被称为无政府主义者。(1.434—437)

因而，我所宣扬的东西，在一定程度上是生活对科学的反叛，或者，确切地说，是对科学统治的反叛，不是摧毁科学——摧毁科学是反人类的犯罪，——而是把科学放置在它的真正位置上，使他

---

① 希腊神话故事"普罗克汝斯忒斯之床"：恶魔普罗克汝斯忒斯有一张床，他守在路口，见到行人就把他们抓来放在床上量一量，太长就用斧子砍去脚，短了就拉长，以便符合床的标准。结果被他量过的人都被折磨致死。"普罗克汝斯忒斯之床"，比喻强求一致的规范、制度、政策等。

永远不离开这个位置。(2.480)

["每个人和所有人的完全自由是我们的道德和我们的唯一宗教"]

……人的全部历史——不是别的,正是他通过创造自己的人性而不断远离纯粹动物性。(1.56)

人作为野蛮动物而开始自己的历史道路,作为人而结束自己的历史道路。他作为动物没有任何自由……人类社会产生于理性和自由意志的觉醒之前。人在本能上必然是社会生物,是在社会中诞生的,像蚂蚁、蜜蜂、海狸一样……人只被赋予了一个特征,使他区别于动物。但这个特征无限重要——这就是理性,是这样一种力量,它使人有可能摆脱周围世界的狭窄界限和克服自身的惰性,把握、想象和理解宇宙。正是由于理性,人不仅没有永远停留在原始的野蛮状态,而且由于循序渐进的自我意识和理智的逐渐发展,人创造了第二自然,即人类。这是人的自然联系本能变成了意识、而意识又同样产生了正义的唯一原因。正因为如此,动物的无意识的、墨守成规的、单调的劳动,才变成了战胜和征服世界的劳动。也正是因为人通过循序渐进的巨大历史进化和变革,把自然的原始社会改造成了建立在理性、正义和法律基础上的有组织社会,人创造了自己的自由!因此,这里所说的不是为了减少自由,相反,必须不断地增加自由,因为在构成社会的所有人那里自由越多,这个社会就越多地获得人性的本质。而必须减少、限制和消除的,则是动物因素。(2.269—270)

……当人服从自然规律的时候,他在任何程度上都不是奴隶,因为他只是服从于他自己的本性所固有的规律,服从于那些他用以生存的和构成自己全部本质的条件:他服从于这些规律和条件的时候,就是服从于自己。(2.353)

有三个要素,或者说,三个基本原则,构成了人在历史中的全部表现(无论是个人表现还是集体表现)的重要条件:1)人的动物性;2)思想;3)反抗。符合第一个要素的是社会的和个人的经济;符合第二个要素的是知识;符合第三个要素的是自由。(2.449)

人的全部道德……全部集体的和个人的道德,都主要是以对人的尊重为基础的。我们所说的对人的尊重是指什么呢?就是承认每个人身上都具有人性、人的权利和人的尊严,无论他的种族、肤色、智力甚至道德发展水平如何……在同他进行坚决的、残酷的、必要时是殊死的斗争的时候,我应当尊重他身上具有的人的本性。只有以此为代价我才能保持自己的人的尊严。(1.108—109)

为了在自己存在的完满性中实现自我,正如我们说过的,人应当认识自己……既然人不想拒绝自己的人性,他就应当进行认识,他就应当以自己的思想深入到整个可见世界,不指望有朝一日能够达到世界的本质,而是越来越深入地研究世界的结构和规律,因为只有付出这个代价才能获得我们的人性……

这就是人的任务:它是不可穷尽的、无限的,完全足以满足最爱虚荣的头脑和心灵。人在普遍变动不居的无边海洋中只是一种短暂的和不显眼的生物,在他身后和面前都是不可知的永恒,但人是会思考的,积极活动的,意识到自己使命的,他在对自己所赢得的自由的意识中仍然是自豪的和平静的,因为他能够照亮、解放、必要时能够起来反抗周围世界,帮助周围世界。这里有他的安慰,

他的奖赏,他的唯一天堂。(1.79)

自由!只有自由,每个人和所有人的完全自由!这就是我们的道德和我们的唯一宗教。自由——是人的特征,是使人区别与野蛮动物的东西。在自由中包含着人的人性的唯一证明……这是从奴役向自由、向强大、向完善、向真正自由的漫长的和逐渐的过渡——这是历史的全部意义所在。成为自由的人——这是人的权利、义务、全部尊严、全部使命。这是履行人的使命。成为没有自由能力的人——意味着成为没有人性能力的人。剥夺人的自由,剥夺人取得自由和运用自由的手段——这不仅是杀死一个人,这是杀死人类……(2.268—269)

自由是一切成年男女的这样一种绝对权利——他们可以使自己的行为除了受自己的良心和自己的理性决定之外,不在任何人那里寻找许可,他们可以只依靠自己的意志来决定自己的活动,因此,他们可以以最切近的方式只对自己的良心、理性和意志负责,然后才对他们所属的社会负责,但只是在他们自由地同意属于这个社会的程度上。(2.247)

最后,自由只有在每一个人和所有人的整体相互关系中,才是真正的和完满的自由。没有孤立的自由,自由在其本性上是相互的和社会性的。为了使我成为自由的,必须使我的权利和我的人的本质得到承认,使它们的形象(如果可以这样表达的话)成为所有其他人的自由知识之镜中的反映。我只有在像我一样自由的人们中间才能成为真正自由的人。如果依靠牺牲奴隶的权利或比我自由少的人的权利,来确立我的自由,那么,这可能和应当引起我的特权意识,而不是我的自由意识。但没有任何东西像特权那样与自由相矛盾。由于我的自由,为了成为完全的和真正的自由,应当在所有人的自由中表现出来,所以,哪怕有一个不自由的人,有一个比我不自由的人,这种情况也会束缚、扭曲、限制和否定我的自由。任何对个人自由甚者民族自由的蓄意侵犯,都是对我的权利和我的人性的侵害……由此可以得出,每个人的完全自由只有在所有人真正平等的情况下才是可能的。在平等中实现自由——这也就是正义。(2.273)

人类社会在诞生伊始,是一个先于自由和人的思想觉醒的自然事实;然后是一个按照神的权威和人的权威原则组织起来的宗教事实;今天,人类社会应当得到一种以自由为基础的新形式,自由从今以后应当成为人类社会的政治和经济组织的唯一构成原则。社会秩序应当是达到了尽可能高的发展水平的一切地方自由、集体自由和个人自由的合力。(2.275)

["国家的本性是对人民意愿的合法强暴者"]

……国家是恶,但这是历史必然的恶,它在过去的必然存在,正如它在将来迟早必然完全消亡一样,它的必然存在就像人们的原始动物性和神学迷失曾经必然存在一样。国家完全不是社会,而只是社会的历史形式,是如此粗野的形式,正如抽象的形式一样。在历史上,在所有地区,国家都是从这样一种联盟中产生的,这就是暴力、毁灭、掠夺,一句话,战争与征服,同各民族的神学幻想所逐渐创造的诸神的联盟。国家从自己产生的时候起就是、而且现在仍然是对粗野力量和得胜的非正义的神圣合法化。甚至在最民主的美国和瑞士,国家都不是别的,正是对某些少数人之特权的神圣化和对大多数人的实际奴役……国家——是权威,是暴力,是对暴力的吹嘘和迷恋……因为国家按自己的本性完全不愿意进行说服,而只是进行强迫;无论它怎样伪装自己的本性,它都仍然是对人民意愿的合法强暴者和对人民自由的一贯否定。甚至当它命令某件好事的时候,它也使这件好事失去价值和遭到破坏,因为这是命令的,也因为,任何命令都会激起和引发自由的正当反抗,还因为,从真正道德(当然是人的道德,而不是神的道德)观点看,从人的自尊和自由观点看,善行一旦是按照命令做出的,它就会变成恶。自由、道德和人的尊严正在于,人行善不是因为受到谁的命令,而是因为他意识到善,想要善和喜爱善。(2.505)

国家的职责不局限于保证维护自己的成员免受一切外来侵犯,它还应当在内部生活中保证自己的成员不互相侵犯,维护每一个成员不受国家自己的侵犯。因为国家——这也是它的特性和基本特征,——任何国家,也像任何神学一样,都是建立在人在本质上是恶的和坏的这样一个假设基础上的。(1.97)

任何一种合理的、真诚的国家理论,都是主要以权威原则为根据的,也就是以这样一种最高级的神学、形而上学和政治学理念为根据的:民众总是不具有自我管理能力,他们在任何时代都应当处于智慧与正义的有益压迫之下,这种压迫是以某种方式从上面强加给他们的。(1.105)

任何政权的逻辑都是这样的:它同时既以不可抗拒的方式损害掌握它的人,又毁灭从属于它的人。(1.136)

在私人生活中被称为丑恶、卑鄙和犯罪的东西,对国家来说则成为英勇、美德和义务……

政府的科学是在几个世纪中制定和完善的……它是关于怎样以不被察觉的方式来如此掠夺人民的科学,如此掠夺,以便不给人民留下任何剩余之物,因为任何剩余财富都可能给予人民剩余力量,但同时,又不能剥夺人民为维持自己的卑下生活和继续生产财富所必需的最后一点东西;是关于如何从民众中招募士兵……使数百万人处于恐惧和服从状态的科学;是这样一种科学,它研究怎样用最小的官僚网络覆盖整个国家,怎样用一系列官僚制度、法令、措施来禁锢、分裂、削弱人民群众,以便使他们既不能达成协议和团结起来,也不能发起运动,使他们永远处于相对的、对政府、对国家和对等级来说都是挽救性的无知状态,使新思想和活跃的人都不能接近他们。(1.169—170)

什么是财富和权力,难道不正是剥削人民的劳动和人民的无组织力量的两种不可分割的形式吗?(1.158—159)

……我坚决不赞同对普选权的迷信崇敬……在少数掌握财产和资本的人在经济上统治着人民和劳动大众的社会里,无论普选权是多么或显得多么自由和在政治上独立,它也只能导致欺骗性的和反民主的选举,这样的选举完全不符合居民的需要、动机和真正意志。(1.202—203)

当今时代,重要的、强大的国家只能有一个牢固基础——军事的和官僚制度的集中化。君主专制与民主共和国之间只有一个本质区别:在君主专制下,官僚界为了特权阶级、有产阶级的更大利益,也为了自己的腰包,以君主的名义压迫和掠夺人民;而在民主共和国,官僚界也将同样地为了那些阶级和为了自己的腰包而压迫和掠夺人民，只不过是以人民意志的名义。在共和国里，虚假的人民，仿佛代表国家的合法的人民，压迫着和将要压迫活的、真正的人民。但如果人民仍将受到棍棒的打击，即使这根棍棒叫做人民的棍棒，那么，人民的日子也不会更好过。(1.313—314)

……最荒谬的、同时也是最有害的、对人民来说最致命的做法，就是把虚假的民族性原则作为全部人民追求的理想。民族性不是全人类原则，而是历史的、地域的事实，这个事实无疑具有获得普遍承认的权利，像一切真实的和无害的事实一样……每一个民族，就像每一个个人一样，都不得不是他自己，都无疑拥有成为他自己的权利。全部所谓的民族权正在于此。……在全部历史时代都存在着全人类利益，它超越一切其他的、局部的和个别民族的利益，某个或某些民族，如果它们发现自己具有完全献身于全人类利益的使命，也就是对这种献身的充分理解、激情和力量，那么，这些民族就主要成为历史的民族。(1.338—339)

当然，真正的爱国主义，爱国情感，是非常可敬的，但同时，这种情感也是狭隘的、排他的、反人类的，往往是兽性的。彻底的爱国主义者只能是这样的人，他热烈地爱自己的祖国和自己的一切，也狂热地恨一切外国的东西，与我们的斯拉夫主义者丝毫不差。(1.305)

俄罗斯国家主要是、也可以说完全是军事国家。其中的一切都服从于完全暴力的政权的强大这一个唯一利益。君主、国家——这是最主要的，而一切其他的东西——人民，甚至各阶级利益，工业、商业和所谓文明的繁荣，都仅仅是达到这一唯一目的的手段……在俄国……国家吞没了一切，它同时也是巨大的国家阶层(军人,文职官吏,宗教人员)的供养者。官方的到处偷盗、侵吞、掠夺人民,这是俄罗斯国家文明的最正确的表现。(1.396)

我们不去维护帝王的俄国,因为正是由于我们对俄罗斯人民的深爱,正是由于我们热切地希望俄罗斯人民的完全幸福和自由,所以我们憎恨这个可恨的全俄帝国……俄国社会革命者所争取的首先是完全摧毁我们的国家,他们相信,只要国家(无论任何形式的国家)仍将压迫我们的人民,我们的人民就将是低级奴隶。(1.299)

对人民有益的宪法只能有一个——摧毁帝国。(1.356)

拉萨尔和马克思的学说向劳动者建议一种终极理想,或者至少是切近目标——这就是建立人民国家,按照他们的解释,人民国家不是别的,正是"把无产阶级提高到统治阶级地位"。

试问,如果无产阶级成为统治阶级,那么它将统治谁呢?这意味着,还有另一个无产阶级,它将服从于这一新的统治,新的国家。例如,有可能让低贱的农民(众所周知,他们没有得到马克思主义者的青睐,他们的文化水平很低)受城市和工人无产阶级管理;或者,如果从民族观点来看待这一问题的话,比方说,对于德国人来说,斯拉夫人也由于同样的原因,将奴隶式地服从于取得胜利的德国无产阶级,正如德国无产阶级现在从属于德国资产阶级一样。

如果有国家,就必然有统治,因此也就有奴役;没有公开的或伪装的奴役的国家,是不可思议的——这就是为什么我们是国家的敌人……

马克思主义者理论中的这个两难推理是被简单化地解决的。他们把人民管理理解为人民通过自己选出的少数代表来管理……但是,马克思主义者说,这少数人将由劳动者组成。是的,也许是由先前的劳动者组成,但他们一旦成为管理者或人民代表,就不再是劳动者了,就开始从国家的高度来看待低级劳动者,就将不再代表人民,而代表他们自己和自己统治人民的奢望。

但这些被选举出来的人将是具有热烈信念的并且是有学识的社会主义者。在拉萨尔主义者和马克思主义者的著作和讲话中不断出现"有学识的社会主义者"、"科学的社会主义"等词句,这些词句本身证明,虚假的人民国家将不是别的,正是人民群众受少数新贵族的管理,这一新贵族是由真正的或虚假的学者组成的。人民没有学识,就意味着,他们将完全从管理的操劳中被解放出来,将完全被归入被管理的一群。好一个解放!

马克思主义者感觉到了这个矛盾,他们意识到,学者的管理,世界上最沉重、最侮辱和蔑视人的管理,尽管具有各种民主形式,但将是真正的专政,不过马克思主义者用这样的思想来安慰自己:这种专政将是临时的和短暂的。他们说,这种专政的唯一关怀和目的将是教育人民,无论在经济上还是在政治上都把人民提高到这样一个水平,使得一切管理都很快成为不需要的,国家在失去了一切政治性质,也就是统治性质以后,就将成为经济利益和公社的完全自由的组织。

这里显然是有矛盾的……他们说,这样的国家压制和专政是为达到完全的人民解放所必需的过渡手段:无政府或自由——这是目的,国家或专政——是手段。这样,为了人民大众的解放,应当首先奴役他们……马克思主义者确认,只有专政,当然是人民的专政,才能创造人民意志,我们回答说,任何专政除了为使自己永远存在之外,不可能有另外的目的,专政只能在忍受专政的人民中产生和培育出奴隶性；自由只能由自由来创造，也就是由全体人民的暴动和工人群众自下而上的自愿组织来创造。(1.482—484)

真正的革命正在于完全消灭任何监管，彻底废除一切国家统治。我们想要的是人民的成熟……(1.135)

……从无产阶级自身的深处……终于制定出了一种全新的方针，它直接指向消灭一切剥削，消灭一切政治的、法律的、同样包括政府—行政的压迫，也就是通过使一切阶级经济上平均化来消灭一切阶级，消灭一切阶级的最后基础——国家。

这就是社会革命的纲领。

因此，当前对于文明世界的所有国家来说，只存在一个全世界性的问题，一种世界利益——使无产阶级从经济剥削和国家压迫中获得完全和彻底的解放。(1.341)

……绝望的贫穷不足以唤起社会革命。它们能够引起许多个人的或地方的造反，但不足以发动全体人民大众。为了发动人民大众还必须有全体人民的共同理想，这一理想总是在历史上从人民本能的深处制定出来的，这种人民本能是通过一系列有重大意义的事件、通过许多沉重的和痛苦的经验而培育、推广和被认识的，——为了发动人民大众还必须有关于自己权利的一般观念，有对这一权利的深刻的、热烈的、可以说是宗教的信仰。当这样的理想和这样的信仰在人民中与令其绝望的贫穷相遇的时候，社会革命就是不可避免的、临近的，任何力量都无法阻挡它的发生。(1.323)

这样的理想在俄国人民的观念中是否存在？毫无疑问，是存在的，并且甚至没有必要过多地深入到我们人民的历史意识之中，就可以确定这一理想的主要特点。

第一个也是主要的特点——是全体人民的这样一种信念:土地、全部土地,都属于人民,人民用自己的汗水浇灌土地,用自己的双手使土地获得丰收。第二个同样重要的特点是,使用土地的权利不属于个人,而属于整个村社,属于米尔,米尔把土地临时分配给个人;第三个与前两个同样重要的特点,是准绝对的自治,村社的自我管理,因此,村社坚决反对国家。

这就是作为俄罗斯民族理想之基础的三个主要特点……但俄罗斯民族理想也被另外三个特点所抹黑,这三个特点歪曲了俄罗斯民族理想的性质并极大地妨碍和减缓了这一理想的实现;因此我们应当竭尽全力地与这后三个特点作斗争,而且这一斗争是可能的,因为它已经存在于人民自身之中了。

这三个给民族理想抹黑的特点是:1)宗法制;2)米尔对个人的吞噬;3)对沙皇的信仰(1.511—512)。人民的事业仅仅在于实现人民理想,这种理想可能有根源于人民自身之中的修正,但它具有更好的、更加直接和快速走向目的的方向(1.515)。这里仿佛有一个无出路的循环:为了解放人民,就应当教他们知识;而为了教他们知识,就应当给予他们学习的方法、爱好和时间,也就是把他们从现在所受的政治和社会压迫中解放出来。应当把所有村庄、乡镇和尽可能包括州县的最好的农民,与来自俄国农民米尔的先进人士、天生的革命者联系起来,也应当在一切可能的地方,建立工厂工人与农民之间的这种活联系(1.522)。在这种形势下,我们这些聪明的无产者,正直的、真诚的、彻底献身于社会革命的俄国青年,可以做些什么呢?毫无疑问,他们应当到人民中去,因为如今在任何地方,主要是在俄国,在人民之外,在千百万干粗活的大众之外,再也没有生活、没有事业、没有未来(1.518—519)。……有这样一些历史时期,此时革命是根本不可能的;也有另外一些历史时期,此时革命是不可避免的。我们现在处于上述那个历史时期?我深信,我们处于到处都是不可避免的人民革命时期。(1.538—539)

13. 皮萨列夫

德米特里·伊万诺维奇·皮萨列夫(Дмитрий Иванович Писарев,1840—1868年)——俄国哲学家,批评家。出生于俄国奥尔洛夫省的没落贵族家庭,16岁就以优异成绩毕业于彼得堡贵族中学,进入彼得堡大学历史—语文系,同时成为《俄罗斯言论》杂志的主要成员,1862年因宣传暴力推翻现行制度罪而被关押于彼得保罗要塞4年多,1866年因大赦被释放,继续从事政论写作,28岁那年夏天在波罗的海游泳时不幸溺水身亡。皮萨列夫是19世纪60年代十分活跃的政论家、文学评论家和唯物主义者,他针对当时俄国内外的许多重大事件写作了大量富有才华的评论文章,在哲学上积极宣传自然科学的唯物主义、达尔文主义和实证主义。有哲学史家把皮萨列夫与尼采相提并论,认为他是俄国虚无主义的创始人,虽然皮萨列夫自己不喜欢"虚无主义"这个词,而称自己的思想属于"现实主义"流派。

《19世纪的经院哲学》是皮萨列夫21岁时写的文学评论。在他看来,一切抽象的问题,比如无法解决的"自我"问题,都属于繁琐的经院哲学,是空洞的智力游戏;思想应当转向具体现实,去解决"生命的直接需要"的问题。

《19世纪的经院哲学》(1861年)[1]

第八章

["生活在你提出问题之前就会解决问题"]

我们的时代完全不利于理论的发展。正像我们的农夫们说的,人民变得更鬼了,他们什么当都不上。我们的理智要求事实和证据;空泛的辞藻不能迷惑我们,在最美丽的、构造严谨的梦想中我们会发现根据的脆弱性和结论的随意性。在我看来,对观念和原则的狂热迷恋,一般来说不是俄罗斯民族的性格。我认为,健全理智和一定程度的幽默感与怀疑论,是纯粹俄罗斯心灵的最显著属性;我们更能够接受哈姆雷特,而不是堂吉诃德;我们很少能理解狂热信徒的激情与神秘主义。在这一基础上,我认为,世界上没有任何一种哲学像现代的、健全的、新鲜的唯物主义那样,能够牢固而轻易地嫁接到俄罗斯心灵。辩证法,夸夸其谈,词语争论,这些都是与这种朴素的唯物主义学说格格不入的。词句当然是我们非常喜欢的,但在这种情况下我们关注的是言辞的过程,而不是构成判断或争论对象的思想的本质。俄国人能够争论某种高尚之物

---

[1] 选自《皮萨列夫文集》4卷本(Писарев Д. И. Сочинения в четырех томах. Том 1. Статьи и рецензии 1859—1862. М., Государственное издательство художественной литературы, 1955)。

整整六个小时,然后,当他们口干舌燥、声音嘶哑的时候,他们会对所争论的对象发出温和的微笑,这微笑将明确显示,实际上刚才发火的先生对他所叫喊的东西并不怎么在意。我们的这一性格特点会令严谨的德国人大失所望,但实际上这是超级可爱的特点。狂热有时是好的,能够推动历史,但在日常生活中它却可能导致很大的不便。合适剂量的怀疑主义总是能够可靠地带领你绕过生活和文学的各种暗礁。在温柔和善的天性背后所具有的自私信念,能使你成为幸福的人,不令别人难以忍受,自己也觉得愉快。生活的困境是很容易遭遇的;但将不可能有失望,因为将没有诱惑;堕落将是轻松的,因为你没有爬到不可企及的理想高度;生活将不是操劳,而是享受,是一本引人入胜的书,它的每一页都与前一页不同,都能引起独特的兴趣。你不必用不受欢迎的操心去束缚别人,你自己也不会要求他们为你做出牺牲;你将为他们做你的真实情感吸引你去做的事,你自己也会心怀感激地,或者确切地说,也会感觉良好地接受他们自愿为你带来的东西。假如所有人在信念方面都是严格意义上的利己主义者,也就是只关心自己,只听从一种情感欲望的支配,不为自己设立人为的理想和义务概念,不干预别人的事务,那么,那时候的世间生活和我们现在相比,真的会更加自由自在,我们现在的生活中几乎从摇篮开始就有数百人关心你,你几乎不认识他们,不知道他们是怎样的人,只知道他们是一个个体,是一个社会成员,具有这样或那样的名号。当然,这种状况的可能性是不可实现的梦想,但为什么不善意地对待这样的梦想呢,这个梦想不会带来有害的后果,不会变成偏执。梦想世界也可以成为享受的丰富源泉,但运用这个源泉应当特别小心。最极端的唯物主义者也不拒绝享受自己的幻想或跟随别人的幻想。第一种情况是诗歌创作过程的基础,第二种情况是诗歌阅读过程的基础。另一方面,最无拘无束的唯心主义正是由于一些情况而产生的,即幻想因素获得了过多的空间,玩到了不属于自己的领域,进入思想领域,科学研究领域。当我意识到我所唤起的形象只属于我的想象的时候,我至此还是在拿它们来玩,我掌管它们,只要我愿意就可以自如地摆脱它们。但是,一旦被唤起的形象的光亮迷惑了我,一旦我忘记了自己对这些形象的统治,这种统治也就衰落了;形象变成了幽灵,不顾我的意愿而活着,有了自己的生命,像噩梦一样压制我,对我造成影响,统治着我,让我恐惧,使我陷入紧张状态。例如,珀拉斯戈斯[①]创立了自己的原始宗教,在创立自己的思想之前灭亡了。他的幻觉太强,令人盲目;批评过于微弱不足以摧毁梦想;幽灵与人之间的斗争是不对等的,人低下头,感觉抑郁……

与梦想开玩笑是危险的;破碎的梦想能造成生活的不幸;在追逐梦想的时候,有可能虚度生活或者在疯狂的激情中牺牲生命。在所谓实证的人那里,梦想具有了更加可靠的形态,变成了这样一种假定的理想,它是从先辈那里继承下来的,是在整个阶层或阶级的人群中传布的。体面的人,能干的人,顾家的人,好官员——他们的梦想都会带来许多牺牲。这些梦想都在或多或少地毒害生活,妨碍奋不顾身的享受。你会问,那么怎样生活,难道无目的地生活吗?生活的目的!多么响亮的词句,它常常令人失去知觉,把人领入迷途,迷惑过于轻信的听众。让我们离近一点看看它。如

[①] 珀拉斯戈斯(Пелазг)——希腊最早原始居民珀拉斯革部落的始祖。

果你把你的天性力图去做的活动当作自己的目的,那么你只是给自己提供多余的劳动;你自己就会沿着思维给你指引的道路走;直接的本能推动你走直路,这个推动或许比谨慎分析对你的引导更快和更可靠;如果(千万别这样)你给自己提出与你的爱好不一致的目的,那么你就是在损害生命;你将把全部精力都耗费在与自己的斗争上;如果你不能战胜自己,你仍然会不满意;如果你战胜了自己,你就会变成一个机器一样的人,一个纯粹理性的人,一个枯燥呆板的人。你要竭力过完整的生活,不要刻板地训练自己,不要摧残自己,不要压抑自己的独特性去迎合已有秩序和大众的喜好——当你这样生活的时候,你就不会问目的;目的会自己到来的,生活在你提出问题之前就会解决问题。

你也许觉得有一个问题难以解决:这些利己主义原则怎样同对人类的爱相符合呢?对此无须担心。人在天性上是很善良的存在物,如果不用矛盾和刻板训练使他变质,如果不要求他有非自然的、道德的古怪念头,那么,在他身上就会自然地发展起来对周围人的爱的情感,他就会为了自我满足而不是出于义务感而帮助贫苦者,也就是出于善良意志,而不是受道德强迫。你可能会觉得我给你指出的是"自然状态"(etat de la nature),你会提醒我说,生活在原始习俗中的野蛮人远不具有和善的特点,他们的利己主义达到了兽性的地步。我对此的回答是,野蛮人的生活条件妨碍了他们性格的自由发展:第一,他们服从于外部自然界的影响,然而我们已经成功地摆脱了这一影响;第二,他们相信我前面说过的幽灵;第三,他们不同程度地追求假定的理想,他们的理想是一样的,因为他们的全部活动只限于狩猎和战争;这种理想的存在是对个性生命力量的最大限制。从上述一切可以得出,完整个性的发展只有在社会发展高级阶段才能不依赖于外部限制;个性解放和对个性独立性的尊重是最新文明的最后成果。在历史发展中除了这个目的之外我们还什么都没有看见,这个目的还相当遥远,以至于谈论它就意味着几乎是在梦想。我扼要表达的发自内心的思想是一种完整世界观的基础;得出这些思想的全部结论并不困难,我希望读者,如果愿意的话,能够按照画好的图纸在想象中重建整个大厦。遗憾的是,我们的批评界至今没有说出这些思想,并把利己主义当作一种恶习来对待,而把自我牺牲的把戏和行为看作是高尚美德。至于生命哲学,它至今都认为理想是完全必要的,把追求理想和义务感看作是人的个性和活动的最生动方面。它把追求享受叫做纯粹动物属性,但它也认为,从这一源泉中也可能发展出自我完善的良好和高尚的意向。体系深深扎根于你们的道德哲学中,在人的思想和情感领域主宰一切,却丝毫不注意主人本身。理论家与现实存在毫无关系;他们说:应当如此,他们把一切都颠倒过来,还自我安慰说他们给活的现象世界带来了对称和体系。谁若只是听说一点黑格尔的历史哲学,他就会知道,到处强加规律和对称的癖好甚至会使聪明人达到怎样惊人的极端性。如果你在去年的《祖国纪事》上读到瓦格纳先生的精彩文章《自然界与米尔—爱德华兹》[①],那么,你就会确信,在自然科学领域热衷于分类将导

---

① 俄国动物学家 Н. П. 瓦格纳是一位天才的科普作家,他的这篇文章发表于《祖国纪事》杂志 1860 年第 10—11 册。文中考察了法国动物学家米尔—爱德华兹(Milne-Edwards,1800—1885 年)的观点,爱德华兹是一位动物分类学家,生物进化论思想的反对者。

致惊人的和明显的荒谬结果。体系化在人类道德领域没有导致如此荒谬结果仅仅是因为,我们已经习惯于用道德的眼睛来看事物;我们是在人为的道德体系的影响下生活和发展的;这个体系从摇篮时开始就压制我们,因此我们已经完全习惯于这种压制;我们与整个文明世界一道赞同这种体系的压迫,看不见自己的笼子,认为自己在道德上是自由的。这种思想的和道德的奴役虽然是我们所看不见的,但它像慢性毒药一样毒害我们的生命;我们故意割裂自己的本质,监视自己就像监视危险的敌人,对自己实施诡计,在诡计中揭露自己,在自己身上找到动物本能并用思想的力量来攻击它。这整场愚蠢的喜剧将如此结束:在临死之前,我们也像罗马皇帝奥古斯都那样问周围的人:"我把自己的角色演得好吗?"无话可说!时间过得很愉快,很值得!你会不由得想起涅斯托尔的话:"谁也没有打他们,但他们自己折磨自己"①。

第九章

["明显可见是事物存在最好的证据"]

唯物主义只与理论作斗争;在实际生活中,我们大家都是唯物主义者,都与我们的理论不一致;唯心主义者与唯物主义者在实际生活中的全部区别在于,对于唯心主义者来说,理想成为永恒的责难和经常的噩梦,而唯物主义者,当他实际上没有对任何人作恶的

---

① 出自《远古纪事》导言中关于古代诸夫哥罗德人的故事,与原话略有不同。

时候,他感觉到自己是自由的和正确的。我们假设,你在理论上是极端的唯心主义者。你坐在书桌前,寻找你已经开始工作的书本。你环顾四周,搜寻每一个角落。如果你没有在你目光所见、伸手可及的地方找到你的书本,那么你就断定,书本不见了。于是你会起身到别的地方寻找,虽然你的意识告诉你,您明明就把它放在书桌上了。如果你饮一口茶,觉得似乎没放糖,那么你立刻就会纠正自己的疏忽,哪怕你确信之前已经放过糖了,而且是像平时一样该放多少放多少。你看,这样一来,最坚定的确信也被显而易见的事实扰乱了,你不自觉地赋予你的感觉的证据以更大的意义,这意义超过了你理性的思考力。

把这个原则引申到整个思维领域,从最低的层面到最高的层面,这样一来你得到的是彻底的唯物主义。我仅仅知道我所看到的,或者,就一般而言,我只相信我感觉的证据。我可以亲自去非洲看看那里的景色,然后再相信旅行小说中描绘的热带植物;我可以亲自去检验历史学家的著作,核对原始文献,然后再认可他的研究成果;诗人没有给我提供任何条件让我确信他所描绘的人物和情节具有物质实在性,因此我可以大胆地说,这些人物和情节是不存在的,虽然有存在的可能性。当我看到一个事物,并不需要辩证地论证它的存在,"明显可见是事物存在最好的证据"。当我提及到某个事物的时候,我无法看到它,甚至在任何时候都无法看到或者感触到它,那么我们就可以说,或者可以认为,它对我来说不存在。"不可能明显表现的东西,就不可能是现实存在"。

这就是唯物主义的原则。一切时代和民族的哲学家,如果他们不把他们的研究范围扩展到可以直接观察到的事物范围之外,那么或许他们可以节省大量的时间和精力,在很多情况下,也可以使勤奋的读者免于努力去弄清不存在者的徒劳。

在人类的历史上有过一些明智的人,他们提出了认识的界限的问题。然而,追求不存在的无限性的梦想通常胜过了怀疑主义的冷静批评,引起了新的希望和新的绝望与迷茫。在希腊原子论者之后是柏拉图和亚里士多德,新柏拉图主义与伊壁鸠鲁派共生。在培根和洛克,在18世纪百科全书学派之后出现的是费希特和黑格尔。极有可能,在费尔巴哈、福格特和摩莱萧特[①]之后,又将出现某种唯心主义的体系,这些体系,其学说比让人更加清醒的唯物主义世界观更能让大众满意。然而,说到当代,毫无疑问的是,让人更清醒的唯物主义胜利了;所有的科学研究都以观察为基础,而不以事实为依据的基本逻辑发展在学界遇到了坚决的怀疑。我们现在需要的不是结论的彻底性,而是事实的可信性,严格的确实性,在分类和选择事实的过程中除去个人的专断。自然科学和建立在对史料的精细考订基础上的历史学,正从根本上取代思辨哲学。我们只想知道什么存在,而不是假设什么可能存在。德国——思辨哲学之邦,现代唯心主义的古典之国——诞生出了一批现代经验论者,推动了像费尔巴哈、摩莱萧特这样一些思想家的整个学派。哲学开始在自己的结论中与自然科学相接近,逐渐避免了对人和对语言的神秘主义的观点。著名青年学者,威廉·洪

[①] 福格特(Carl Vogt,1817—1895年)——德国自然科学家,动物学家,病理学家,医生;摩莱萧特(Jacob Moleschott,1822—1893年)——荷兰生理学家、哲学家,庸俗唯物主义的代表之一。——译者

堡的注释者施泰恩塔尔在他杰出的小册子《洪堡的语言学和黑格尔哲学》中开诚布公地承认:思辨哲学自身无法独立存在,它必须与经验相融合,从中掘取自己的全部力量;他把哲学理解成仅仅是说明一切知识的意义,他认为在可见的个别现象范围之外,不可能有知识和思维。

不要忘记,这是来自对立阵营的声音,是来自人文主义者的声音——他们不习惯于在自己所从事的工作中带着显微镜和解剖刀去寻找最高原因和推动力;既然这些人在观念上与自然主义者相类似,那么这就证明,后者的论据自身确实具有无法反驳的真理力量。施泰因塔尔的坦白在我们看来远非一般规则之外的唯一事实和例外。比如说,海姆在他的黑格尔哲学讲座的前言中说(《黑格尔和他的时代》,第9页):"有些人无论如何也无法避免培根所谓的剧场假象[①],因此,他们将一贯地害怕跨越那种将形而上学之物和纯粹人类历史之物分隔开来的鸿沟。属于这类人的是那样一些人,他们不是在自身之中,而是在自身之上和自身之外寻找支撑点"。接下来又说:"在我们时代占据主导地位的那种对于哲学研究的远离以及越来越增长的历史科学和自然科学的独立性,正如所有人都会同意的那样,至少应当享有像任何其他事实一样的权利"。

从上述施泰因塔尔和海姆的话中似乎可以得出这样的结论:思辨哲学在学术界的社会舆论中已经失去了威信,并且思辨哲学

[①] 培根所说的"剧场假象",是指在某种错误理论影响下产生的错误认识。培根在《新工具》中提出阻碍人们认识真理的四种假象:"族类假象"、"洞穴假象"、"市场假象"与"剧场假象"。

的这种衰落甚至被这样一些人所认可,这些人像黑格尔的学生和从事哲学研究的人一样,依照职权本应捍卫思辨哲学的存在权。下面我们粗略地看一下,我们的评论和学术文献是如何对待这些当代现象和问题的。

第十章

["思辨哲学对生活和时代是无益的"]

体面地写哲学对我们来说还是件新鲜事,神学院的哲学存在已久,然而,幸运的是,这种哲学还没有在一定帮派范围之外找到读者和赏识者。诺维茨基先生和《哲学辞典》编撰者[①]的僵死学说对任何人来说都不可能是危险的。这种学说不属于这个世界,世界也不理解这种学说。对这些老朽现象,批评尽可以大胆地放过,不使其引起公众的任何注意。可以说,安东诺维奇先生在对《哲学辞典》的评论文章[②](《现代人》杂志1861年2月号)中是同风车作

[①] 此处指的是两个反动哲学家,即基辅神学院的两个教授,O. M. 诺维茨基和C. C. 戈果茨基(《哲学辞典》的编撰者)。在谈到"在一定帮派的界限外"找不到读者的"神学院的哲学"时,讥讽地指出这种哲学"不属于这个世界,世界也不理解这种哲学"(仿照《圣经》中基督说"我的国不属于这世界"的句式),皮萨列夫是在报刊检查的条件下揭露这些猛烈抨击唯物主义的哲学家同反动僧侣主义之间的联系。——俄文编者

[②] 皮萨列夫指的是 M. A. 安东诺维奇的文章《现代哲学》,在这篇文章中,以及在另一篇文章《现代哲学家的两种类型》(《现代人》杂志1861年第4册)中,唯心主义哲学特别是戈果茨基的辞典都受到了来自唯物主义观点的批评。

战;假如用再简单不过的方法,为读者提供这部作品的两、三段摘录,读者就会马上明白是怎么回事,也许,他们就会丧失花钱去买这种档次的哲学词典的任何愿望;同哲学辞典的思想作斗争对有教养的人来说是有损害的,也是根本不值得的,因为这些思想只就其自身被赋予的陈旧形式而言,就已经不对任何人构成危险了,需要做的只是避免读者的一些无谓的花费,这一目标可以用较少的劳动和时间花费就能得以实现。我完全赞同安东诺维奇先生在论文中谈到的新鲜而又健康的思潮,同时我想表示惋惜的是,这些新鲜力量花费在了反驳胡说八道上面,而这种胡说八道谁也无法诱惑,没有一个《现代人》的读者会将这种胡说八道拿在手里。

最近四年来,我们这里开始出现一些具有哲学内容的文章,它们在某种程度上通俗易懂。当然,其中阐释的是有关一般理念的问题,其中有很多"晦涩之处和无益的辩证法",但至少它们没有对不赞同它们观点的思想家大发雷霆,而只是用一种温和的语调来争论,没有使用古斯拉夫言辞,没有陷入神圣的恐惧,也没有表现出虔诚的愤怒。拉甫罗夫先生关于黑格尔主义、形而上学的世界理论和现代德国有神论者等方面的文章①,显露出作者的博学多识和对哲学体系外部历史的充分了解。这两种在我们时代从事写作的人中甚为罕见的品质,为拉甫罗夫先生赢得了期刊界的声誉。

---

① 拉甫罗夫的文章《黑格尔主义》发表于《阅读文库》杂志1858年第5期;《黑格尔的实践哲学》发表于同上杂志1859年第4期;《形而上学的世界理论》发表于《祖国纪事》1859年第4期;《现代德国有神论者》发表于《俄罗斯言论》1859年第7期。在关于德国有神论者的文章中,拉甫罗夫站在不可知论立场考察了小费希特、费舍尔等德国唯心主义者的理论。

我们的批评界不可能触及拉甫罗夫先生的薄弱环节,因为结论的不确定性和辩证的细微性非常符合我们批评界的心意。然而拉甫罗夫的薄弱方面正在于缺乏主观性、缺乏确定的和完整的哲学信念。当拉甫罗夫先生写哲学史概要和叙述别人体系的时候,这一薄弱方面可以掩藏起来不被公众看见;在这类著作中,作者本人信念的不确定性可以被认为是历史的公正和客观,在读者眼中变成正面的优点。然而在今年一月号《祖国纪事》上以《关于哲学现代意义的三次谈话》为总标题,刊登了拉甫罗夫的三篇公开讲座稿①。这个标题就已经应当给人这样一种希望,即拉甫罗夫先生将要表达自己的哲学概念,将要公开地归属于构成现代哲学世界大分裂的两个派别之一,也就是说,他或者宣布思辨哲学是不可能的,或者开始捍卫其存在权。每次单独谈话的题目都提供了更加诱人的期望;在这些题目中拉甫罗夫许诺将阐明诸如此类的问题:什么是知识中的哲学?什么是艺术中的哲学?以及什么是生活中的哲学。读者有权期待,这些谈话能够为他们阐明哲学领域的当代运动,能够提出由当代有教养的俄罗斯人的独立智慧所制定的、或者至少是重新制定的完整世界观。根据拉甫罗夫之前的著作,读者可以断定,他掌握了许多资料,在他的谈话中,读者将以通俗的形式获得拉甫罗夫长期以来认真研究的最重要结论。

---

① 《关于哲学现代意义的三次谈话》曾出过单行本(圣彼得堡,1861年)。其中,拉甫罗夫作为哲学上典型的折衷主义者,论述了资产阶级实证论的观点,并对康德的唯心主义哲学主要原理表示赞同。车尔尼雪夫斯基在《哲学中的人本主义原则》一文中,在分析拉甫罗夫早先出版的《实践哲学问题论纲》一书时,对他的折中主义进行了批判。——俄文编者

结果完全不是这样。谈话并没有涉及哲学的现代意义,完全绕过了这一领域的最新流派思想家所提出的问题,也没有提供任何确定的世界观。拉甫罗夫先生竭力隐藏自己的个性,以至于让人完全弄不明白。由于没有打算讲出任何一种鲜明的、确定的论断,拉甫罗夫没有跳出中学语文学科中所教的基本逻辑学、心理学和美学的一般范围。思想一个接一个地出现,它们之间存在联系,具有逻辑顺序,但它们为何出现,是什么引起了这些思想流派,最后,这一流派导致了什么结果——这些仍是完全不清楚的。最后,到底什么是哲学?难道哲学是思想的医疗体操,是奥斯特洛夫斯基笔下商人所说的"大脑"活动①,这种活动开始于我们的任性要求,结束于我们的裁定,不导致任何结果,不解决任何问题,不击溃任何谬见,不在大脑中引起生动的思想,不在胸中激起心跳的加速吗?够了,这就是哲学吗?……难道不是哲学推动了民众,难道不是哲学打破了衰老的神像,动摇了公民社会和社会生活的陈旧形式吗?十八世纪呢?百科全书派呢?……不,悉听尊便,拉甫罗夫先生所谓的哲学脱离土壤,没有血肉,陷入文字游戏,——这是一种经院哲学,空洞的智力游戏,这样的游戏无论在英国还是在阿尔及利亚,无论在天上帝国还是在当代意大利,都可以取得同样的成就。这种哲学的现代意义何在?哪里有对它的现实证明?其存在的权利何在?——拉甫罗夫先生提出这样的问题:什么是"自我"?他用一整页的篇幅绞尽脑汁地讨论这个问题,最后得出,关于我们

---

① 商人古斯托梅索夫(Густомесов)的话,出自奥斯特洛夫斯基的剧本《一个老朋友胜过两个新朋友》(第2幕,第4场)。——俄文编者

的"自我"的问题在科学上是得不到解决的。那为什么还要提出这个问题呢？有什么自然的、紧迫的需要来招致解决"什么是自我"这个问题吗？这一问题的解决能够在思维领域、私人和公民生活中带来什么样的结果吗？类似问题答案的寻找犹如化圆成方一样，是不可解的问题。与这些思想体操的把戏相比，智慧石、长生水和永动机倒是特别有益的东西。这些东西谁也得不到，但最起码那些渴望得到它的人追求的是可以触摸的财富且会通过经验之路去寻找它们，因此，在这条通路上偶然也可能会有意料之外的有益发现。什么是"自我"这个问题本身，以及拉甫罗夫先生要从各个方面弄清这一问题的企图，对于拥有普通健全理智和没有陷入哲学流派神秘剧的人来说，是不可理解的；在我看来，这种情况正是类似的智力训练之不合法性，或更确切地说是完全无益性的最明显证明。把无知的平民从科学的殿堂赶走，这不符合我们的时代精神；这是不人道的，也是危险的；拉甫罗夫先生当然也不希望如此，因为他亲自开设了"公开"讲座。既然一般的所有人，而不是被拣选的某些人，都应当和愿意学习和思考，那么就不妨从科学中抛弃那种只被少数人理解的、永远不能被普遍接受的东西。因为如果把没人能理解的《浮士德》第二部称作歌德的最天才作品，这是很奇怪的；同样，如果把那些只能被少数片面发达的人所模糊理解的思想或问题称作世界性的思想或世界性的问题，也是很奇怪的。有些人毕生沉湎于抽象性，玩弄无内容的形式，故意脱离生动现象的丰富多彩，脱离他人的实践活动，脱离祖国的利益，脱离周围世界的痛苦和欢乐，怎么能不将这些人的发展称为片面的和畸形的呢？这些人的行为只是指明了机体个别部分发展中的某些不相称性；全部生命力量都集中在头部，而那种自我满足的且在自身寻找自己目的的大脑活动，以这一不可分的整体性代替了被称为生命的多样复杂过程。赋予这种现象以定律的力量，同样是奇怪的，就像把禁欲者或被阉割者看作是人的发展的最高阶段一样。

抽象性只对那些不正常发达的极少数人才可能是有兴趣的和可理解的。因此，我们在科学中完全有权使用全部力量反抗抽象性，这有两个原因：第一，为了人的个性的完整性；第二，为了这样一个健全的原则，这个原则正在逐渐进入社会意识，正在不知不觉地消除等级界限并打破帮派的封闭性和例外性。智力上的贵族作风之所以是一种危险现象，其原因正在于，它在不知不觉地起作用，不以激烈的形式来表达。当然，知识和人道发展的垄断是最为有害的垄断之一。如果科学在其本质上是为大众所不可企及的，那还算什么科学？如果艺术只有少数专家能够欣赏，那还叫什么艺术？因为应当记住，不是人为了艺术和科学而存在，而是科学和艺术来自于人享受生活和用各种手段装点生活的自然需求。如果科学和艺术妨碍生活，如果它们使人分裂，如果它们构成了等级的理由，那么，即便有神与它们同在，我们也不想知道它们；然而这是不正确的：真正的科学通向的是可以感知的知识，而那种可感知的，可用眼看、用手摸的知识，无论是十岁小孩，还是普通农夫，无论是世俗民众，还是专家学者都能理解。

因此，无论从哪一方面来看辩证法和抽象哲学，它都是一种徒劳无功和无益之事。要评价拉甫罗夫的公开讲座，所需要做的，我认为，就前两个讲座而言，不是跟随作者的脚步走，不是驳斥他的个别论点，不是抓住他的局部矛盾，而是在某些大的方面指出他所从事的工作是毫无益处的。安东诺维奇先生针对拉甫罗夫的前两个讲座写了内容丰富的评论(《现代人》杂志1861年4月号)，在其中提出了一种新鲜的现代哲学观，但在我看来，他陷入了一些完全不需要的细枝末节。在反抗辩证法的时候，他却在用辩证法的武器来同其作战。当需要证明实践上的无益性的时候，他却证明了逻辑上的不连贯性。问题并不在于，关于事物的本质和关于"什么是自我"的问题解决得是否正确，而在于，是否需要解决这些问题。安东诺维奇先生和拉甫罗夫先生的争论，犹如一个学派的信徒同另一个学派的信徒之间的争论；我觉得，如果安东诺维奇先生从一个完全门外汉的观点来提出这样一个问题：你的倍加赞扬的哲学以什么样的知识和思想使我得到丰富？这样就会更简单，对读者也会更加有益。甚至这样一个问题，我认为，都要比安东诺维奇先生用来反对拉甫罗夫先生的整个长篇论证[①]更加严肃和彻底。

安东诺维奇先生只专注于俄国思想家的一种个性，完全忽视了一般的思辨哲学，仿佛这种思辨哲学早就应当被安葬一样。拉甫罗夫先生尝试同我们的社会谈谈思辨哲学；这一事实可以从两个方面来讨论。可以问，第一，这一尝试是否适宜？第二，这一尝试是否成功地完成了？第一个问题具有一般的意义；在讨论这个问题的时候，我们也是在解释我们社会的需要，也是在考察我们时代的特性。第二个问题纯粹与拉甫罗夫先生的个性有关，和第一个问题相比，只具有局部的、狭窄的意义。然而安东诺维奇先生加强研究的是第二个问题，却不去解决第一个问题；我们从他那里得

[①] 指安东诺维奇评论拉甫罗夫讲座的文章《现代哲学家的两种类型》。

知,拉甫罗夫先生是一个折衷主义者,但我们不能得知,一般思辨哲学对于我们的时代和我们的社会是否适合。总之,安东诺维奇先生的文章充满了完美的细节,但这些细节是如此之多,以至于埋没了本该清晰提出的一般思想。我还注意到,安东诺维奇先生徒劳地局限于研究拉甫罗夫先生的前两篇谈话;而第三篇谈话(关于生活中的哲学)与前两篇的不同是内容更多。在此,拉甫罗夫先生的哲学信念终于以更加确定形式表达出来,并且在实际生活领域得出了现实的结论。关于这篇谈话值得说几句。

首先,拉甫罗夫先生说,生命的目的处于其过程之外,这个过程"在每一个瞬间都只是一种过渡性的偶然表现,为的是那种无法充分实现的、人身上最高的、最本质的、相对不变的东西——为的是人的道德理想"。

第二,拉甫罗夫先生说,最粗俗、最肤浅的生活观是,我们在这种观点下只追求享受:"最初原则:要追求我们能享受的东西,这一原则无论对动物还是对人类,对野蛮人还是对文明人,对幼童还是对男子汉,都是同样通行的。最后原则:要藐视一切,除了至高幸福,这句格言是最严谨的禁欲主义者也不会拒绝的;而众所周知,真正的禁欲主义者在人群中是非常罕见的"。

我顺便指出,畸形人在人群中也是极为罕见的;他们甚至被保存在酒精里!

第三,拉甫罗夫先生说,"人性是一个人生活中的全部主要活动领域的综合。但它是一种综合,而不是混合。每项活动都提出自己的问题、目标、理想,都与另外的活动有很大差别,人类的主要罪过之一在于没有充分区分这些问题,在于把理想从一个活动领域转移到另一个活动领域"。

但是要知道,如果完全没有理想的话,那么就没有什么可转移的,也不会有任何混乱了。那么为什么还要把理想看作发展的必要条件呢?

以上摘录清楚地表明,拉甫罗夫先生倾向于这样一种世界观,它与我前面所说的思想有根本区别。我把一切建立在直接感觉基础上,拉甫罗夫先生则把一切都建立在思维和体系之上;我要求从哲学中得到可感知的结果,拉甫罗夫先生则满足于思想在形式逻辑领域中的漫无目的的运动。我认为明见性是现实性的最完全的和唯一的保证;拉甫罗夫先生则赋予辩证的证明以重要的意义,追问事物的本质并说本质是不可企及的,因此假定本质仿佛是不依赖于现象而存在的。在道德哲学领域,我们的观点几乎是完全对立的。拉甫罗夫先生在生活过程之外要求理想和生活的目的;我只把生活看作过程,而排除了目的和理想。拉甫罗夫先生特别尊重禁欲主义者;我则为禁欲者感到惋惜,就像惋惜盲人、断臂者或者疯子一样。拉甫罗夫先生把人性看作是各种道德要素的复杂产物;而我认为,人性只有在这样一种完整的个性中才能得到最完满的体现,这种个性是完全自然和独立地发展的,没有被服务于各种理想所压迫,没有把力量消耗在同自己作斗争上。

我说过,我认为评论家最好说出"自己"对事物的观点,同读者分享"自己的"个人感受;在对待拉甫罗夫的态度方面我就是这样做的。我把自己的观点同他的观点相提并论,使读者可以完全自由地选择这种或那种观点,或者拒斥这种或那种观点。我并不竭力去使人相信我的思想是正确的,并不把无论如何让读者认同我的观点作为自己的任务。思想的和道德的宣传在一定程度上是侵犯他人的自由。我并不想强迫读者同意我的观点,而是希望引起他们思想的自主性,给他们一个独立探讨我所提出的各种问题的理由。我的文章中或许有许多的错误和浅显的观点;但这在本质上毫不碍事;如果读者自己能够发现我的错误,那么这已经是思想独立运行的表现了;如果这些错误还是由某个评论家向读者指出来的,这将同样是很有益的。法国人说:du choc des opinions jaillit la verite(从观点冲突中诞生真理),读者在参与争论的时候自身也会判断和沉思。我敢抱有这样一种希望:如果我的文章引起了某些反驳,那么争论将会围绕现实的生活现象展开,而不会转变成繁琐的争辩。我遵循我普通的健全理智来评论我们的批评现象,我希望,如果有人反驳我的话,其反对意见也是来自现实生活现象的源泉,而不是伴随着公众所不懂的对康德、黑格尔以及其他权威的援引。

在谈到我们的哲学文献时,我仅提到了拉甫罗夫先生的文章,我认为讨论斯特拉霍夫先生和埃德尔松先生的著作完全是多余的[1];这些现象如此苍白无力,完全不值一提,也没什么可说的。读这些作品只会让人感到疲倦无聊;没有什么好反驳的,也没有什么好争论的,这一切都是肤浅的、令人完全乏味和极度平静的。斯特拉霍夫先生认为有必要证明人和石头之间存在巨大的不同,而

---

[1] 皮萨列夫指的是两篇文章,一篇是唯心主义哲学家、评论家 H. H. 斯特拉霍夫的文章《生命的内容》(《火炬》杂志1861年第1、2册),其中再现了典型的唯心主义生命观;另一篇指的是评论家 E. H. 埃德尔松的文章《有机体思想》(《阅读文库》杂志1860年第3册),其中捍卫"纯粹艺术"和唯心主义哲学。——俄文编者

埃德尔松先生无缘无故地赞叹有机体的思想,然后又毫无理由地警告学者们不要沉迷于这一想法。

万民为什么躁动不安?(Вскую шаташася языцы?[①])

(二)存在哲学与道德哲学

俄罗斯哲学与文学有着紧密的双向联系。一方面,俄罗斯的哲学思想常常以文学方式表现出来。当代俄罗斯哲学家吉列诺克在谈到俄罗斯哲学的特点时说:"俄罗斯话语的第一个特点就是这样一种认识,即认为真理与语言无关,而与形象有关。所以,与其说真理是被思考的,或者更进一步,把真理看作是思维的产物,不如说,真理是可以看见的。真理来自上帝,它并不是思维的产物。这种观念限制了无直观的抽象概念思维的可能性。正是俄罗斯话语的这种'生动性'使它更接近于文学,而同时远离术语的哲学。俄罗斯哲学是以文学的形态产生和存在的"[②]。另一方面,某些杰出的俄罗斯文学家具有丰富而深刻的哲学思想。最典型的代表就是陀思妥耶夫斯基与列夫·托尔斯泰。他们在关于理性和道德等方面的观点上存在重大分歧,但他们都具有对人性的真切关怀和深入探讨。陀思妥耶夫斯基的《地下室手记》成为俄国存在哲学的先声,托尔斯泰的道德哲学也产生了广泛而深远的影响。

---

① 此句是古斯拉夫语对《圣经·诗篇》2:1 的翻译。
② Кто сегодня делает философию в России. Т. 1. Составитель А. С. Нилогов. М.: Поколение, 2007. С.55.

14. 陀思妥耶夫斯基

费奥多尔·米哈伊洛维奇·陀思妥耶夫斯基（Фёдор Михайловия Достоевский. 1821—1881 年）不仅是伟大文学家，小说家，而且具有丰富而深刻的哲学思想，对俄罗斯和欧洲现代哲学产生了重要影响。他没有写过专门哲学著作，他深刻的哲学思想是以文学形式表达出来的，主要体现在后期小说里，特别是《地下室手记》(1864 年)、《罪与罚》(1866 年)、《群魔》(1871—1872 年)和《卡拉马佐夫兄弟》(1979—1880 年)。按照别尔嘉耶夫对陀思妥耶夫斯基的评价，"他的直觉天才知晓自己特殊的哲学思考之路。他是真正的哲学家，最伟大的俄罗斯哲学家。他给予哲学的东西无限多。他的创作对哲学人学、历史哲学、宗教哲学、道德哲学无比重要"[①]。

陀思妥耶夫斯基不是通常意义上的哲学家，他的哲学不在古典本体论和认识论，而在于生存哲学，或人的哲学。这些思想的基本特点我们可以从五个基本观念中加以考察：理性观，自由观，道德观，信仰观，人性观。理性不是人的全部本性，也不能决定人的整个生活和社会历史；自由是超越理性和利益的，自由精神有权"以头撞墙"和反抗"二二得四"；人的灵魂最深处超出了通常的善恶观念，但在恶的深渊中仍然闪烁着精神复苏的光亮；信仰是生命

[①] 别尔嘉耶夫：《陀思妥耶夫斯基的世界观》，《别尔嘉耶夫论俄罗斯哲学》2(1)，斯维尔德洛夫斯克，1991，第 40 页。

的内在要求,虽然人常常在信仰的边界内外徘徊;人性不可简单归结为理性与善恶,人的生命是在自由、爱和信仰中的磨难与修炼。

《地下室手记》(1864年)[①]

["自然规律和算术跟我有什么关系"]

三

……我想继续心平气和地谈谈那些对某种微妙的快感一窍不通的神经坚强的人,在某种特殊情况下,比方说,这些先生虽然可以像公牛般大声吼叫,而且我们姑且假定,这还可能给他们带来极大的荣誉,但是我已经说过,因为不可能,他们也只好立刻偃旗息鼓。这"不可能"是否意味着遇到一堵石墙呢?这石墙究竟又是什么呢?唔,不用说,这就是自然规律,是自然科学的结论,是数学。比如说,他们会向你证明,你是猴子变的,于是你也只好接受这一事实,大可不必因此皱眉。他们还会向你证明,实际上,你身上的一滴脂肪,在你看来,势必比别人身上的与你同样的东西贵重十万倍,由于这一结果,一切所谓美德和义务,以及其他的妄想和偏见,最终必将迎刃而解,你就老老实实地接受这一事实吧,没有办法,因为二二得四是数学。是驳不倒的。

[①] 选自陀思妥耶夫斯基《双重人格 地下室手记》,臧仲伦译,译林出版社,2004年版,第185—187,193—212页。

"对不起,"他们会向您嚷嚷,"反对是办不到的:这是二二得四!自然界是不会向您请示的;它才不管您的什么愿望,它才不管您是不是喜欢它的什么规律呢。您必须接受它,因此它引起的一切结果,您也必须如实接受。既然是墙,那它就是墙……等等,"主啊上帝,要是我由于某种原因根本就不喜欢这些自然规律和二二得四,这些自然规律和算术跟我又有什么关系呢?自然,假如我真的没有力气用脑袋撞开这堵墙,我就不去撞它,可是我也不会仅仅因为在我面前的是一堵石墙,而我的力气还不够去撞开它,就向它妥协。

似乎这样一堵石墙还当真成了我的一种安慰,其中还当真包含着某种刀剑入库、马放南山的和好之意,而其唯一的理由无非是二二得四。噢,真是荒唐已极!如果把一切都弄个明白,如果把一切,把一切不可能和石墙都认识清楚,那就完全不同啦;你们厌恶容忍、迁就,那你们就同这些不可能和这些石墙斗到底,一个也不迁就好啦;如果利用不可避免的最符合逻辑的推断居然得出令人最厌恶的结论,似乎说来说去,甚至连碰到石墙也是你自己不对,虽然显而易见,而且一清二楚,你根本没有任何不对之处,因此你只能默默地、无能为力地咬牙切齿,在惰性中变得麻木不仁而又自得其乐,想到甚至你想迁怒于人。结果却无人可以迁怒,甚至连对象也找不到。也许永远也找不到,这里出现了偷天换日,出现了掉包捣鬼,总之这里简直乱成了一锅粥——既不知道什么是什么,也不知道谁是谁,可是尽管你们什么也不知道,和出现了掉包捣鬼,你们还是会感到痛苦,你们不知道的事情越多,你们心里就越痛苦!

[""随心所欲的愿望是被忽略的最大利益"']

七

但是这一切都是宝贵的幻想。噢,请问,是谁第一个宣布,是谁第一个宣告,一个人之所以净干卑鄙下流的事,乃是因为他不知道自己的真正利益;如果让这人受到教育,如果让他睁开眼睛看到他的真正的、正常的利益,那这人就会立刻停止作恶,就会立刻成为一个善良的人,因为他受到了教育,已经懂得自己的真正利益,正是在做好事中看到了自己的切身利益,很清楚,没有一个人明知道自己的利益所在却反其道而行之的,因此,可以说,他是因为必须这样做才去做好事的?噢,幼稚的孩子!噢,纯洁而又天真的孩子啊!首先,在这数千年中,究竟何年何月,一个人仅仅是出于自己的利害考虑才去做这做那的呢?我们究竟应该怎样来看待这成百万、成千万的事实,这些事实都证明,有些人明知道,也就是说完全懂得自己的真正利益,可是他们硬是把自己的利益摆到次要地位,奋不顾身地硬要走斜路,去冒险,去碰运气,可是谁也没有,什么事情也没有强迫他们去这样做呀,似乎他偏不愿意走指给他们的正路,而是顽固地、一意孤行地硬要开辟另一条困难的、荒谬的路,几乎在漆黑一团中摸索前进。要知道,这意味着,他们还当真觉得这顽固地一意孤行比任何利益都要开心……利益!什么是利益?你们敢不敢给它下个完全精确的定义:人类的利益究竟何在?如果出现这样的情况:有时候人类的利益不仅可能,甚至必须存在于在某种情况下希望自己坏,而不希望对自己有利——那怎么办呢?如果这样,如果这样的情况可能出现,那整个规则就将化为乌有,你们是怎么想的呢?常常会出现这样的情况吗?你们在笑;你们笑吧,诸位,不过请你们回答,人类的利益被计算得完全精确吗?有没有这样一些利益,不仅无法归类,而且无法归入任何一类。要知道,诸位,据我所知,你们的人类利益清单,是从统计数字和经济学公式中取了个平均数演算出来的。要知道,你们的利益——就是幸福、财富、自由、太平,以及其他,等等;因此一个人,比如说,他明知故犯地非要逆潮流而动,反对这一利益清单,那,在你们看来,是呀,当然,我也是这么看的,那他就是个蒙昧主义者或者完完全全是个疯子,不是吗?但是,要知道,有一点叫人感到很吃惊:为什么会发生这样的情况,所有这些统计学家、哲人以及热爱人类的人,在计算人类利益的时候,常常会忽略一种利益呢?甚至都不把它以它应有的形式计算在内,可是这整个计算是否正确却取决于这点。其实也没什么大不了,把它,把这利益拿过来,加到清单里面去就是了。但是要命的是,这一十分微妙的利益却归不进任何一类,因此也填不进任何清单。比如说,我有一个朋友……唉,列位!他不也是你们的朋友吗;再说,他跟谁不是朋友呢!这位先生在准备做一件事的时候,他会立刻向你们口若悬河和一清二楚地叙述他将怎样按照理性和真理的规律付诸行动。此外,他还会激动地和充满热情地向你们讲到真正的、正常的人类利益;他还会讥诮地指责那些既不懂自己的利益,又不懂高尚品德的真正意义的目光短浅的蠢货;可是——才过了刚刚一刻钟,也没有任何突如其来的、外来的缘由,而是完全根据某种内在的,比他的所有利益都强烈的冲动——猝然改弦更张,抛出一个完全不同的新花样,也就是说公然反其道而行之,与他本人刚才说的南辕北辙:既违反理性的规律,又违反他自己的利益,嘿,总而言之,违反一切……我要在这里提醒大家,我的这位朋友是个集合名词,因此很难仅仅责备他一个人。诸位,问题就在这里,是否存在而且还当真存在着这样一种几乎任何人都把它看得比他的最佳利益更宝贵的东西,或者说(为了不违背逻辑)有这样一种最有利的利益(也就是我们刚才说的被忽略的利益),它比所有其他利益更重要,更有利,为了它,在必要时一个人甚至不惜违背一切规律,也就是说,不惜把理性、荣誉、太平、幸福——一句话,不惜把所有这些美好和有益的事物都置诸脑后,只要能够达到他看得比什么都宝贵的这一始初的、最有利的利益就成。

"嘿,这毕竟也是利益呀。"你们一定会打断我的话说道。对不起,您哪,且听在下慢慢道来,再说问题并不在于玩弄文字游戏,而在于这一利益之所以引人注目,因为它破坏了我们的所有分类法和热爱人类的那些人为了幸福而建构的所有体系,经常把它们砸得粉碎。总之,到处捣乱,妨碍一切。但是,在我向诸位说明这利益究竟是什么之前,我还想不揣谫陋,冒昧地宣布,所有这些美好的体系,所有这些向人类说明什么是他们真正而又正常的利益的理论,为的是让人类在努力达到这些利益的同时,立刻变成一个善良和高尚的人——在我看来,目前这还不过是个逻辑斯提[①]!是的,您哪,逻辑斯提!要知道,哪怕确立这样一种理论,即利用人类

[①] 逻辑学名词。指数理逻辑或符号逻辑,或指繁琐空洞的议论。

自己的利益体系来使得全人类获得新生的理论,要知道,在我看来,几乎都一样……嗯,比如说吧,哪怕我们紧随巴克尔之后主张,由于文明,人会变得温和起来,因此会变得不那么嗜血成性,不那么好战①。从逻辑看,他讲得似乎也有道理。但是人是如此偏爱建立体系和偏爱抽象结论,因此宁可蓄意歪曲真相,宁可装聋作哑,视而不见,只要能够证实自己的逻辑就成。我之所以援引这个例子,因为这例子太明显了。再请诸位环顾一下四周:血流成河,而且大家还十分开心,倒像这是香槟酒似的。再请诸位看看巴克尔所生活的我们的十九世纪。再请诸位看看拿破仑——那个伟人以及现在的这一个②。再请诸位看看北美——这个永恒的联盟③。最后还要请诸位看看那个闹剧般的石勒苏益格—荷尔斯泰因④……这文明到底使我们的什么东西变温和了呢?文明只是培养了人的感觉的多样性……除此以外,别无其他。正是由于培养了这种感觉的多样性,人大概才会发展到在流血中寻找乐趣。要知道,人发生这样的事已屡见不鲜。你们注意到没有,手段最巧妙的屠杀者,往往几乎都是最文明的大人先生,甚至所有那些形形色

---

① 巴克尔·亨利·托马斯(1821—1862年),英国历史学家和社会学家,他在其所著《英国文明史》中说,随着文明的发展,民族与民族间的战争将会逐渐终止。
② 指拿破仑一世(1769—1821年)与拿破仑三世(1808—1873年),他俩在位时,法国曾多次发动对外侵略战争。
③ 1861—1865年间,北美曾发动"南北战争",征讨南部各州奴隶主掀起的叛乱,结果以林肯为首的联邦政府取得胜利而告终。
④ 石勒苏益格-荷尔斯泰因,原为德意志的一个公国,从1773年起,实际上已经成了丹麦的一个省。1864年,普鲁士联合奥地利发动了丹麦战争,遂把这一地区并入普鲁士。

色的阿提拉们和斯坚卡·拉辛们①都不敢望其项背,如果说他们并不像阿提拉和斯坚卡·拉辛那样引人注目,那也只是因为这样的人见得太多了,太平常了,见怪不怪。由于文明的发展,如果说人不是因此而变得更加嗜血成性的话,起码较之过去在嗜血成性上变得更恶劣,更可憎了。过去他肆意屠杀,还认为这是正义行为,因此他消灭他认为应当消灭的人时问心无愧,心安理得;可现在我们虽然认为肆意屠杀是一种丑恶行为,可是我们依旧在做这种丑恶的事,而且还较过去更甚。哪种更恶劣呢?——你们自己决定吧。据说,克娄巴特拉②(请原谅我从罗马历史中举的这个例子)喜欢用金针刺她女奴的乳房,在她们的喊叫和痉挛中寻找乐趣。你们会说,这发生在相对而言的野蛮时代;不过现在也是野蛮时代呀,因此(也是相对而言)现在也有用针刺人的现象;即使现在人学会了有时候比野蛮时代看问题看得更清楚些,但是还远没有养成像理智与科学指引他的那样行动的习惯。但是你们仍旧坚信不疑,他一定会养成这习惯的,那时候某些古老的坏习惯就会一扫而光,健全的头脑、清醒的理智和科学将会把人的天性完全改造过来,并指引它走上正路。你们坚信,那时候人自己就不会再自愿去犯错误了,可以说吧,他不由得再也不愿把自己的意志和自己的正

---

① 阿提拉(约406—453年),人称神鞭,匈奴王。他曾在罗马帝国、伊朗和高卢境内发动多次毁灭性的远征。斯坚卡·拉辛系顿河哥萨克,曾领导过1667—1671年的俄国农民战争。

② 克娄巴特拉(公元前69—前30年),古埃及托勒密王朝的末代女王,貌美,有绝代佳人和埃及艳后之称。她一生的浪漫悲剧成了后世许多文艺作品的题材,其中以莎士比亚的悲剧《安东尼和克娄巴特拉》最著名。她的名字在1861年的俄国报刊上常被提起。见陀思妥耶夫斯基《答〈俄国导报〉》(1861年)。

常利益分开了。除此以外:你们会说,那时候科学本身就会教会人认识到(其实,照我看来,这不过是奢侈),实际上他既不可能有意志,也不可能恣意妄为,而且这样的情况从来也不曾有过,而他自己无非是某种类似于钢琴上的琴键[①]或者管风琴中的琴栓而已;此外,世界上还有自然规律;因此他不管做什么,根本不是按照他的愿望做,而是按照自然规律自行完成的。因此,这些自然规律只要去发现就成,人对自己的行为可以不负责任,因此他活得非常轻松。不言而喻,人的一切行为也将根据这些规律按数学方式就像查对数表似的进行核算,直到十万零八千,然后再把它记在日程表上;或者还有更好的办法,将会出现几种方便大家使用的出版物,就像现在常见的百科辞典那样,其中一切都精确地计算过和排列好了,这样一来,世界上就再也不会有任何自行其是的行为和意外了。

那时候(这些话都是你们说的)就会出现一种新的,已经是完全现成的,也是用数学方法精确计算过的经济关系,因此各种各样的问题也就在刹那间烟消云散了,说实在的,因为这些问题已经有了各种各样现成的答案。到那时候就可以建成水晶宫了[②]。那时候……嗯,总之,那时候就会飞来一只可汗鸟[③]。当然,没有人能

[①] 指法国哲学家狄德罗(1713—1784年)在其所著《达兰贝尔和狄德罗的谈话》(1769年)中所说:"我们不过是些天生有感觉能力和记忆力的工具,我们的感觉就是琴键,我们周围的大自然常常敲击它们,它们也常常会自己敲击自己。"

[②] 影射车尔尼雪夫斯基的小说《怎么办?》中《维拉·巴甫洛夫娜的第四个梦》,其中描写了一座用金属和水晶玻璃建成的宫殿,正如傅立叶在《普遍统一论》中所想象的那样,里面住着社会主义社会的人。这座宫殿的原型,则是伦敦塞屯汉山上始建于1851年的水晶宫。

[③] 据民间传说,这种神奇的鸟会给人带来幸福。

够担保(我现在还是这么说),那时候,比如说,不会让人觉得十分无聊(因为那时候一切都按对数表计算,又有什么办法呢),不过一切都会做得非常理智。当然,由于无聊,什么事情想不出来呢!由于无聊,金针不是也可以扎进人的身体里去吗,但是这也没什么。糟糕的是(这又是我说的),就怕那时候人们还欢迎金针来刺他们呢。要知道人是愚蠢的,少有的愚蠢。也就是说,他虽然根本不愚蠢,但是却非常忘恩负义,忘恩负义到再也找不到比他更忘恩负义的人了。我对出现这样的现象是一点也不会感到惊奇的,比方说,在未来大家都很理智的情况下,突然无缘无故地出现了一位绅士,相貌粗俗,或者不如说,相貌刁顽而又满脸嘲弄,他两手叉腰,对我们大家说:怎么样,诸位,咱们好不好把这整个理智一脚踢开,让它化为乌有呢,我们的唯一目的就是让这些对数表统统见鬼去,让我们重新按照我们的愚蠢意志活下去!这还没什么。但可气的是他肯定能找到追随者:人的天性就是这样。而这一切都是一个最无聊的原因造成的,而这原因似乎都不值得一提,这无非是因为一个人,不论何时何地,也不论他是谁,都喜欢做他愿意做的事,而根本不喜欢像理性与利益命令他做的那样去做事;他愿意做的事也可能违背他的个人利益,而有时候还肯定违背(这已经是我的想法了)。纯粹属于他自己的随心所欲的愿望,纯粹属于他自己的哪怕最刁钻古怪的恣意妄为,有时被刺激得甚至近乎疯狂的他自己的幻想——这就是那个被忽略了的最有利的利益,也就是那个无法归入任何一类、一切体系和理论经常因它而灰飞烟灭去见鬼去的最有利的利益。所有这些贤哲们有什么根据说,每个人需要树立某种正常的,某种品德高尚的愿望呢?他们凭什么认定每个人必须树立某种合乎理性的、对自己有利的愿望呢？一个人需要的仅仅是他独立的愿望，不管达到这独立需要花费多大代价，也不管这独立会把他带向何方。须知，鬼知道这愿望……

["理性仅仅知道它已经知道的东西"]

八

"哈哈哈！如果您愿意的话，其实，这愿望根本就不存在！"你们会哈哈大笑地打断我。"科学至今已经把人这东西解剖透了，因此现在我们已经知道，愿望和所谓自由意志，无他，不过是……"

"且慢，诸位，我自己本来也想这样开始分析的。不瞒诸位，我甚至都害怕了。我刚才本来想大叫，鬼才知道一个人的愿望取决于什么，这大概得谢谢上帝，我想起了科学，可是……话到嘴边又咽了回去。而这时候你们就说起来了。要知道，说真格的，要是有朝一日人们果真能找到我们所有的愿望和恣意妄为的公式，也就是它们依据的公式究竟是根据哪些规律产生的，它们是怎么发展的，它们在如此这般的情况下追求的目标是什么，等等，也就是说找到那个真正的数学公式——那，到那时候，这人大概也就会立刻停止愿望什么了，而且，也许，肯定不会再有什么愿望了。谁乐意根据对数表来愿望这愿望那呢？而且，他还会立刻从一个人变成管风琴中的一根琴栓或者与此相类似的某种东西：因为一个人如果没有愿望，没有意志，没有意愿，那还算什么人呢？这不是跟管风琴中的琴栓一样了吗，诸位高见？咱们来计算一下概率——这情形会不会发生呢?

"唔……"你们认定道,"由于我们对我们利益的错误看法,因此我们的愿望也大部分是错误的。因此,有时候我们情愿听一些纯粹的胡说八道,由于我们的愚蠢,我们在这胡说八道中居然看到达到某种预先设定的利益的最便捷的途径。嗯,当这一切都在纸上写清楚和计算清楚了(这是非常可能的,因为,如果预先就相信某些自然规律是人永远无法认识的,那岂不太可恨,也太没意思了吗),到那时候,当然,也就不会有所谓愿望了。要知道,假如什么时候愿望与理性完全串通好了,到那时候我们就只会发发议论,而不会想去做什么了,因为不可能,比如说吧,一方面保持着理性,另一方面又想做一些毫无意义的事,这样岂不是明知故犯,置理性于不顾,希望自己坏吗……因为所有的愿望和所有的议论的确可能都已经计算好了,因为总有一天人们会发现我们的所谓自由意志的规律的,这样一来,不是开玩笑,还真可以建立一个类似于对数表的东西,因此我们还真可以按照这个表来表现自己的愿望。比如说吧,假如什么时候有人给我计算好了,并且向我证明,如果我向某某人做那个表示轻蔑的手势[1],因为我不能不做,并且一定得用某个手指来这样做,那样我还有什么自由可言呢,尤其因为我还是个学者,还在某某大学毕过业?要知道,那样的话,我就能预先计算出我今后三十年的整个一生了;总之,如果真是这样,那我们岂不是无事可做了吗;反正好赖都得接受。再说我们还得不厌其烦地一再对自己说,肯定在某个时候和某某情况下,造化是不会征

---

[1] 西俗以手握拳,把拇指置于中指与食指之间,以示轻蔑与嘲弄。——译者

求我们的意见的;造化怎么安排,我们就得怎么接受,而不是我们怎么幻想,就怎么接受,如果我们果真想按照对数表和日程表办事,嗯……哪怕就按蒸馏罐办事呢,那有什么办法,那就只好接受蒸馏罐了! 要不然,即使你们不同意,这蒸馏罐也会照样被接受……"

"是啊,您哪,但是正是这点是我思想上的一大障碍! 诸位,请你们原谅,我不着边际地净高谈阔论了;这是因为我四十年来一直住在地下室! 请允许我发挥一下自己的幻想。你们瞧:诸位,理性的确是个好东西,这是无可争议的,但是理性不过是理性罢了,它只能满足人的理性思维能力,可是愿望却是整个生命的表现,即人的整个生命的表现,包括理性与一切搔耳挠腮。即使我们的生命在这一表现中常常显得很糟糕,但这毕竟是生命,而非仅仅是开的平方根。要知道,比如说,十分自然,我之所以要活下去,是为了满足我的整个生命的官能,而不是仅仅为了满足我的理性思维能力,也就是说,理性思维能力只是我的整个生命官能的区区二十分之一。理性知道什么呢? 理性仅仅知道它已经知道的东西(除此以外,大概它永远也不会知道别的东西了,这虽然不足以令人感到快慰,但是为什么不把它如实说出来呢?),可是人的天性却在整个地起作用,天性中所有的一切,有意识和无意识,哪怕它在胡作非为,但它毕竟活着。诸位,我怀疑,你们不胜惋惜地看着我;你们一定会翻来覆去地对我说,一个受过教育和有文化修养的人,总之,一个未来的人,是不可能明知对自己不利而偏要跟自己为难,跟自己作对的,这是数学,是明摆着的事。我完全同意,这的确是数学,但是我要向你们第一百次地重复一个道理,只有一种情况,只有这一种,即一个人可能会故意,会有意识地甚至希望对自己有害,希望自己干蠢事,甚至干最蠢的事,即:有权希望自己能够做甚至最蠢的事,而不是只许做聪明事来束缚自己的手脚。要知道,这愚蠢无比的事,要知道,这乃是他们自己随心所欲想干的事,诸位,说不定,对于我辈,它还真是世界上最有利的事,特别是在某种情况下。甚至包括在这样的情况下,它非但对我们明显有害,而且公然违背我们的理性关于是否对我们有利的最合理的结论,可是它对我们也可能是最有利的——因为无论如何给我们保留了最主要和最宝贵的东西,即我们的人格和我们的个性。于是有些人说,这对于人的确是最宝贵的东西;愿望,当然,如果它愿意的话,也可能与理性是一致的,尤其是不滥用它,而是适可而止地使用它的话;这非但有好处,有时甚至还值得赞许。但是愿望经常,甚至多半与人的理性完全背道而驰,甚至顽固地违背理性,而且……而且……你们知道,这非但有好处,甚至有时候还非常值得赞许吗?诸位,我们姑且假定,人并不笨。(的确,关于人是无论如何不能这么说的,哪怕就凭这一点也不难看出,如果说他笨,那还有谁聪明呢?)但是,即使他不笨,却极端忘恩负义!少有的忘恩负义。我甚至认为,人的最好定义……这就是:忘恩负义的两脚动物。但是这还不是全部;这还不是人的主要缺点。他的最主要的缺点是一贯的品质恶劣,一以贯之,从远古时代普天下洪水泛滥时起,直到人类命运的石勒苏益格—荷尔斯泰因时期为止。品质恶劣,因而也就出现了不明智;因为早就众所周知,人的不明智无非产生于人的品质恶劣。请诸位不妨浏览一下人类史;嗯,你们看见什么了?雄伟壮观吗?大概是吧,尽管很壮观;比如说,单是罗得岛上的那座巨像①就值得大书特书!难怪阿纳耶夫斯基先生谈到它时说,有些人说它是人工创造的作品;而另一些人则坚持这是造化的杰作。五彩缤纷?大概是吧,尽管五彩缤纷;只要看看各个时代和各民族军官与文官的礼服就行了——单凭这个就值得大书特书,而文官制服就足以令人目迷五色,分也分不清;任何一个历史学家都会对此感到头疼。单调吗?嗯,也许吧,的确显得很单调:打过来,打过去,现在打仗,过去打仗,今后还要打仗——你们得承认,这甚至于太单调了,总之,一切都可以用来形容这整个世界史,即最紊乱的想象力能够想到的一切。只有一句话没法拿来形容——即合乎理性。刚说头一句话你们就被人噎了回去。甚至还常常会碰到这样一类把戏:要知道,生活中常常会出现这样一些品德优良和富有理性的人,这样一些贤哲和热爱人类的人,他们的人生目标就是好好做人,尽可能做到品德优良和合乎理性,可以说吧,以身作则,给他人指明方向,说实在的,就是为了向他人证明,一个人活在世上的确可以做到既品德优良而又合乎理性。结果怎样呢?大家知道,许多有志于此的人,早也罢,晚也罢,在生命行将终了的时候,叛变了自己的为人宗旨,闹了个大笑话,有时这笑话甚至还非常不登大雅之堂。现在我要请问诸位,一个具有这样怪异品质的人,我们能期望他做出什么好事来呢?你们可以把一切人间财富撒满他全身,

---

① 罗得岛上的巨像指位于地中海希腊罗得岛上的太阳神青铜巨像(高32米),是世界七大奇迹之一。这七大奇迹是:(一)埃及的金字塔;(二)巴比伦的空中花园;(三)以弗所的阿苔密斯神殿;(四)奥林匹克的宙斯神像;(五)哈利卡纳苏的摩索拉斯陵墓;(六)罗得岛的太阳神巨像;(七)亚历山大城的灯塔。——译者

你们可以把他完全淹没在幸福中,就像在水面上似的只看见他在幸福的表面不断冒泡;你们可以让他在经济上如此富足,让他再也不需要做任何事情,除了睡觉、吃蜜糖饼干,以及张罗着不要让世界史中断①以外——即便这样,他,也就是这人,出于他的忘恩负义,出于纯粹的血口喷人,也会做出肮脏下流的事来,他甚至会拿他的蜜糖饼干冒险,故意极其有害地胡说一气,故意做出毫无经济头脑的极其荒谬的事,他这样做的唯一目的就是为了在这一切积极有利的合乎理性的行为之中硬掺上一些他自己的极端有害的虚妄的因素,他之所以硬要留住自己的虚妄的幻想,留住自己的极端卑鄙的愚蠢,唯一的目的就是为了向自己证明(倒像这样做非常必要似的),人毕竟是人,而不是钢琴上的琴键,可以任由自然规律随意弹奏,但是弹奏来弹奏去却可能弹出这样的危险,即除了按日程表办事以外,什么事也不敢想不敢做,不仅如此,甚至在这样的情况下,即便他当真是一只钢琴上的琴键,而且有人甚至利用自然科学和运用数学方法向他证明了这点,即便这样,他也不会变得理性一些,他非要反其道而行之,他这样做仅仅因为忘恩负义;非固执己见不可。倘若他没有办法,不可能这样做——他就会想办法来破坏和制造混乱,想办法来制造各种各样的苦难,非把自己的主张坚持到底不可!然后向全世界发出诅咒,因为只有人才会诅咒(这是人的特权,也是人之所以区别于其他动物的最主要之点),要知道,他单靠诅咒就能达到自己的目的,也就是说真正确信他是人,而不是钢琴上的琴键!假如你们说,这一切也都可以按照对数表

---

① 指繁衍后代。

计算出来，既包括混乱，也包括黑暗和诅咒，既然可以预先算出来，就可以防止一切，理性就会起作用——那人遇到这种情况就会故意变成疯子，为的就是不要有理性，为的就是固执己见！我相信混乱并且对这说法负责，因为，要知道，整个的人的问题，似乎还的的确确在于人会时时刻刻向自己证明，他是人，而不是什么管风琴中的琴栓！哪怕因此而挨揍，还是要证明；哪怕说他野蛮，说他不开化，还是非证明不可。而在这之后怎能不作孽，怎能不夸耀，说什么这倒还没有发生，这愿望暂时还只有鬼知道取决于什么……"

你们一定会向我嚷嚷（假如你们还肯赏光向我嚷嚷的话），这里谁也没有剥夺我的意志呀；这里大家关心的只是怎样才能使我的意志自觉地与我的正常利益，与自然规律和算术取得一致呀。

"唉，诸位，当事情发展到运用对数表和算术，当人们只知道二二得四的时候，这时候还有什么自己的意志可言呢？即使没有我的意志参与，二二也是得四。所谓自己的意志难道就是这样吗！"

["二二得四已经不是生活，而是死亡的开始"]

九

诸位，当然我在开玩笑，我自己也知道我这玩笑开得不成功，但是，要知道，不能把一切都当成玩笑看待。我也许是不得已才开这玩笑的。诸位，有些问题在折磨我；请为我释疑。比如说，你们想让人改掉老习惯，想改变他的意志，使之符合科学的要求和清醒的看法。但是你们怎么知道，人不仅可以改造而且必须这样来改造呢？你们根据什么得出结论，人的愿望务必这样来纠正呢？一句话，你们凭什么知道，这样纠正果真能给人带来好处呢？干脆全说了吧，你们为什么这么有把握，如果不与真正的、正常的利益（这利益是有保证的，因为得到了理智和算术的证明）背道而驰，真的会对人永远有利吗？有没有一个适用于全人类的普遍规律呢？要知道，这暂时还只是你们的一个假设。就算这是逻辑定律吧，但是也许根本就不是人类的逻辑定律。诸位，你们也许以为我是疯子？请允许我预先申明。我同意：人是动物，主要是有创造性的动物，注定要自觉地追求目标和从事工程艺术的动物，也就是说，要不断给自己开辟道路。不管这道路通向何方。但是他之所以有时候想脱离正道走到邪路上去，正是因为他注定要去开路，大概还因为不动脑子的实干家不管有多笨，但有时候他还是会想到，原来，路几乎总是要通到什么地方去的，但是主要的问题不在于它通到哪儿，而在于这路总是要往前走，希望那些品行优良的孩子，尽管他们轻视工程艺术，还不至于沉溺于害人的游手好闲，而游手好闲，大家知道，是万恶之源。人爱创造也爱开路，这无可争议，但是他为什么又非常爱破坏和爱制造混乱呢？这事我倒要请教诸位！不过关于这事我自己倒有两句话想单独谈谈。他之所以这样喜欢破坏和制造混乱（他有时候还非常喜欢，这无可争议，因为事实就是如此），说不定，该不是因为他下意识地害怕达到目的，害怕建成他所建造的大厦吧？你们怎么知道，也许，他之喜欢他所建造的大厦，只是从远处看着喜欢，而绝不是在近处喜欢；也许，他只是喜欢建造大厦,而不喜欢住在里面,宁可以后把它让给 aux animaux domestiques① 住,比如蚂蚁呀,绵羊呀,等等。但是蚂蚁的口味完全不同,它们有一种大致相同的绝妙大厦,永远毁坏不了的大厦——蚂蚁窝。

十分可敬的蚂蚁从蚂蚁窝开始,大概也以蚂蚁窝告终,这给它们的孜孜不倦和吃苦耐劳带来很大的荣誉。但是人却是个朝三暮四和很不体面的动物,也许就像下象棋的人似的,只爱达到目的的过程,而不爱目的本身。而且,谁知道呢(谁也保证不了),也许人类活在世上追求的整个目的,仅仅在于达到目的的这个不间断的过程,换句话说——仅仅在于生活本身,而不在于目的本身,而这目的本身,不用说,无非就是二二得四,就是说是个公式,可是,诸位要知道,二二得四已经不是生活,而是死亡的开始了。至少,不知怎的,人永远害怕这二二得四,而我直到现在还害怕。我们假定,人成天忙活的就是寻找这二二得四,为了寻找这二二得四,不惜漂洋过海,牺牲生命,可是,说真的,他又有点害怕找到,害怕真的找到它。因为他感到,一旦找到了,他就再也没有什么东西可找了。工人干完活以后起码能拿到钱,起码能去酒馆,然后进警察局——这就是他们一周要做的事。可是人能上哪儿去呢?起码每次在他达到诸如此类的目的的时候,他脸上总能看到一种尴尬。他喜欢达到目的的过程,但是真要达到了目的,他又不十分喜欢了,这当然非常可笑。总之,人的天性就是滑稽可笑的;在这一切当中显然也就包含了某种滑稽的闹剧。但是二二得四——毕竟是

---

① 法语,家庭动物。

个令人非常受不了的东西。二二得四——要知道,在我看来,简直是无赖。二二得四,一副自命不凡的样子,两手叉腰,当街一站,向他吐唾沫。我同意,二二得四是非常好的东西;但是既然什么都要歌功颂德,那二二得五——有时候岂不更加妙不可言吗。

你们为什么这么坚定,这么郑重其事地相信,只有正常和积极的东西——总之,只有幸福才对人有利呢？对于什么有利什么不利,理智不会弄错吗？要知道,也许,人喜欢的不仅是幸福呢？也许,他也同样喜欢苦难呢？也讲,受苦与幸福对他同样有利呢？有时候一个人会非常喜欢苦难,喜欢极了,而且这是事实。这事用不着到世界通史中查证;问你们自己就行了,只要你们是人,而且多少活过一把年纪就成。至于问我个人的意见,那我认为,一个人如果只喜欢幸福,甚至有点不成体统似的。不管这样做是好是赖,反正有时候毁坏某种东西也会感到很愉快。要知道,说实在的,我在这里并非主张苦难,但我也不主张幸福。我主张的是……随心所欲,而且主张,当我需要随心所欲时,我随时都有随心所欲的保障,比方说,在轻松喜剧里就不允许有苦难,这我知道。在水晶宫里,它更是不可思议:苦难,这就是怀疑,这就是否定,如果也可以怀疑水晶宫,还算什么水晶宫呢？然而我还是深信,一个人绝不会拒绝真正的苦难,即绝不会拒绝破坏和混乱,痛苦——要知道,这是产生意识的唯一原因。起初我虽然说过,在我看来,意识乃是人的最大不幸,但是我也知道,人喜欢意识,绝不会用它来交换任何满足。比方说,意识比二二得四就高明得多。在二二得四之后,当然什么也做不成了,不仅无所作为,甚至也不需要去了解什么了。那时候能够做的一切,就是**堵住自己的五官,沉浸于内省之中**。嗯,可是在进行意识活动时,虽然会产生同样的结果,即也同样无所作为,但起码有时候可以把自己揍一顿,这毕竟可以使人活跃些。这虽然是倒行逆施,但毕竟比什么也不做强。

十

你们相信用水晶建造的、永远毁坏不了的大厦,也就是说你们相信既不能向它偷偷吐舌头,也不能把拳头藏在口袋里向它做轻蔑手势的大厦。嗯,可是我也许正因为这点才害怕这大厦,因为它是用水晶建造而且永远毁坏不了,再就是甚至都不能对它偷偷吐舌头。

你们瞧:如果不是宫殿,而是个鸡窝,又下起了雨,为了不致把自己淋湿,我也许会钻进鸡窝,但是我终究不会因为鸡窝替我遮风挡雨,出于感激,我就把鸡窝当成宫殿。你们在笑,你们甚至会说,在这种情况下,鸡窝与巍峨的宫殿——毫无二致。"是的,"我回答,"如果活着仅仅为了不被雨淋湿的话。"

但是,那有什么办法呢,如果我认准了,不是仅仅为了这点才活着,如果活着,就得住在富丽堂皇的高楼大厦里。这是我的愿望,这是我的心愿。只有你们改变我的心愿之后,你们才能把它从我的心里剜出去。好,你们改变吧,你们用另一种东西使我感到神往,给予我另一种理想吧。可眼下我绝不会把鸡窝当成宫殿。哪怕甚至是这样,这座水晶大厦不过是空中楼阁,根据自然规律它根本不可能存在,我所以把它虚构出来,仅仅因为我自己的愚蠢,以及我们这代人的某些古老的、不合情理的习惯。但是,就算它根本不可能存在吧,这跟我又有什么关系呢。即使他只存在于我的愿望中,或者说得更恰当些,只要我的愿望存在,它就存在——这还不是反正一样吗?也许,你们又笑了?你们尽管笑吧;我可以接受人们的一切嘲笑,反正我感到饿的时候,我绝不会说我饱了;因为我毕竟知道,只要我感到腹中空空,饿劲一阵阵上来,我是绝不会妥协,绝不会善罢甘休的,因为根据自然规律它存在着,的确存在着。我绝不会认为有一座大楼,里面有供贫苦居民居住的一个个房间,根据协议可以住一千年,而且为了以防万一还有牙医瓦根海姆在挂牌行医——我绝不会认为这就是我的最高愿望。把我的愿望消灭掉,把我的理想一扫光,看到你们有更好的东西,那我就跟你们走。你们大概会说,不值得同您这样的人打交道;既然这样,我也可以用同样的话回敬你们。我们在严肃地谈问题;既然你们不愿意对我惠予关注,我也不会低三下四地求你们。我有地下室。

只要我还活着和有自己的愿望——倘若我给这样的大厦哪怕添一小块砖①,那就让我的手烂掉!你们别以为,我方才否定水晶宫仅仅是因为不能向它吐舌头,逗它耍它。我所以说这话完全不是因为我就那么爱吐舌头。也许,我之所以生气,仅仅是因为可以对它不吐舌头的这样的大厦,在你们的所有大厦里,至今都找不出来。相反,出于感谢,我情愿让人把我的舌头完全剜掉,只要他们能够做到使我自己再也不愿意吐舌头,永远也不想吐舌头就成。至于说这办不到,有房子住就该知足了,这跟我有什么关系。为什

---

① 影射法国空想社会主义者傅立叶的弟子孔西德朗(1808—1893年)经常说的话:"我要为未来社会的大厦添砖加瓦。"

么我天生会有这样的愿望呢?难道我生下来就只是为了得出结论,我的整个天性只是一个骗局吗?难道人生的全部目的就在于此吗?我不信。

可是,你们要知道:我坚信,对我们这种地下室人必须套上笼头。他虽然能够在地下室里一言不发地一住就是四十年,可是他一旦重见天日,挣脱了牢笼,他就会说呀,说呀,说个没完……

十一

最后,诸位:最好是什么事也不做!最好是自觉的惰性!总之,地下室万岁!我虽然说过,我非常嫉妒正常人,不过我看见他现在所处的状况,我倒不想成为他这样的人了(虽然我还嫉妒他。不,不,无论任何地下室更好!)在地下室起码可以……唉!要知道,我现在说的话是违心的!因为我自己也像二二得四一样地知道得很清楚,根本不是地下室好,而是别的什么东西,完全不同的东西,我渴望得到而又无论任何得不到的东西更好!让地下室见鬼去吧!

……在任何人的回忆录中总有这样一些东西,除了自己的朋友外,他不愿意向所有的人公开;还有这样一些东西,他对自己的朋友也不愿意公开,而只能对自己公开,而且也得对外保密;但最后还有这样一些东西甚至对他自己也害怕公开,可是这样的东西,任何一个正派的人都积蓄了很多很多。就是说,甚至有这样的情况,这人越是正派,这样的东西就越多。起码我自己才在不久前下定决心回忆我过去的一些艳遇,而在这以前我对这些事一直是绕着走的,甚至心里还带着某种不安。至于现在,我不仅回忆了,甚至还决定把它们写出来,现在我硬是要考验一下自己:能不能够哪怕对自己做到全部公开,不害怕披露全部真相?我想顺便指出,海涅断言:实事求是的自传几乎是不可能的,一个人关于他自己肯定会说许多假话。在他看来,比方说,卢梭在他的忏悔录中肯定对自己说了许多假话,而且甚至于是蓄意这样做的,出于虚荣[①]。我确信海涅的话是对的;我非常清楚,有时候一个人纯粹出于虚荣会编出一整套罪行来自己诽谤自己,我甚至很清楚,这虚荣属于哪一类。但是海涅谈的是一个面向读者忏悔的人。而我把这写出来纯粹是为了我自己,并且我要铁板钉钉地申明,如果我把这写出来似乎是为了写给读者看的,那也仅仅是为了行文方便,因为我这样写要容易些。这不过是形式,一个空洞的形式,因为我是永远不会有读者的,我已经申明过这点了……

15. 托尔斯泰

列夫·尼古拉耶维奇·托尔斯泰(Лев Николаевич Толстой. 1828—1910年)不仅是一位伟大作家,而且是一位道德大师,提出了以《福音书》学说为基础的非暴力伦理学。这些道德观念和学说

[①] 海涅在他于法国出版的《论德国》一书的第二卷,在《自白》(1853—1854年)中写道:"做自我鉴定,不仅不方便,而且简直不可能……尽管你非常想说真话,可是关于自己没有一个人能够做到说真话"。在该书中,海涅还断言,"卢梭在自己的《忏悔录》中,做的是虚假的自白,其目的就是想利用它来掩盖真实的所作所为",或者是出于虚荣。

不仅体现在他的多部杰出长篇小说中,而且体现在他的许多论述作品中。

托尔斯泰的道德哲学是建立在他的一般世界观基础上的,这就是托尔斯泰对生命及其意义的理解。

《生命概念》(1887年)[①]

["生命是两个极限之间的运动"]

不妨假设一种不可能的情形,假设当今有关生命的科学所欲知道的一切,都已清清楚楚,就像大白天一样!已经清楚,有机物质是如何通过适应而从无机物质中产生出来的;已经清楚,力如何变成情感、意志和思想;这一切不光古典中学的学生知道,而且乡下中学的学生也知道。

我知道,某些思想和情感是从某些运动中发生的。但这又能说明什么呢?我能否驾驭这些运动,以便在自己心里激起这样或者那样的思想?我应当在自己心中和他人那里激起什么样的思想和情感,这个问题不仅没有得到解决,而且甚至根本没有触及。

而这个问题,也正是生命核心概念的唯一问题。

科学选择一些与生命相伴随的现象作为自己的研究对象,而

[①] 译自《19世纪末至20世纪初的俄罗斯哲学(文选)》(Русская философия. Конец XIX- начало XX века. Антология. Изд. С.-Петербургского университета. 1993. C.144—148)。

且,由于把部分看作整体,于是就把这些现象称之为生命的总体。

与生命概念不可分割的问题,不是生命从何而来,而是如何生活的问题;只有从这个问题入手,才能对什么是生命这一问题做出某种解决。

对如何生活这一问题的回答,对人来说是如此一清二楚,从而觉得不值一提……尽可能生活得更好,仅此而已。乍看起来,这似乎非常简单且人所共知,但这绝非如此简单和人所共知……

人们最初觉得,生命的概念是最为简单和明确的。首先在人们看来,生命就在他们身上,在他们的肉体中。我生活在肉体里,因此生命就在我的肉体里。但一旦人们开始在自己肉体的某处寻找这一生命,困难一下子就来了。它不在指甲里和头发里,也不在脚和手这些可以砍削去的部位里,血液里、心脏里、大脑里等也没有它的踪影。它处处存在,又处处不在。看来,根据它的住处找不到它。那么人们在时间中寻觅它,起初同样似乎很简单……但还是老样子,当你在时间中开始寻找他的时候,你立刻就会看到,事情并不那么简单。我活过了58个年头,这是根据出生证明知道的。但我知道,58年里,我睡觉用去了20年,那么这些年我活了还是没有活?然后,在娘胎里,在乳母那里,同样,我是活了还是没有活?随后,在剩下的38年中的一大半时间中,也在走路,睡觉,我同样不知道,活了还是没有活?稍稍活了,稍稍没活。因此在时间里同样也可以得出,生命处处存在而又处处不在。如此一来,无意中引带出了一个问题,这个我在哪儿也找不到的生命从何而来?我这就去探究……但是,就是在这里,那个在我看来如此轻易的事情,却不止是困难的,而且是不可能的。原来,我去找寻了别的什么,而不是自己的生命。看来,寻找,要是去寻找它的话,不要在空间、时间中去找,不要把它看作结果和原因,而是看作我从自身所知道的完全不依赖于空间、时间和原因的某种东西。这么说来,研究自己吗?我怎样知道存在于我自身的生命呢?

我是这样知道的。我首先知道,我活着,并且希望自己一切顺遂地活着,自我记事起到现在我就希望如此,并且从早到晚希望如此。对我来说,所有在我身外生活的东西都很重要,但这种重要,只有在它们有助于我感觉很惬意的时候才体现出来。世界对我重要是因为它能为我带来快乐。

但与关于我生命的上述知识一道,还有另外一种东西与我的生命有关联。在我身上,与我所感受的这一生命密切相关的,还有一种这样的认识:除我之外在我的周遭生活着整个生物世界,他们都认为自己的生命与他人有别,所有这些生物都为了自己的、我所陌生的目的而活,并且他们不知道也不想知道我对与众不同的生命的热衷,而且所有这些生物为了达到自己的目的时刻准备着毁掉我。不仅如此,看到像我一样的其他生物的毁灭,我还知道,我——这一我所珍视之物,我把生命看作只在此物之中——也很快面临着不可避免的毁灭。

人身上好像有两个"我",它们似乎彼此无法友好相处,似乎总是彼此相斗,相互排挤。

一个"我"说:"只有'我'一个过的是真正的生活,其余全部只是看起来像在生活,因此世界的全部意义在于为了让我感觉好。"

另一个"我"说:"整个世界不是为了你,为了你的目的而存在,它并不想知道,你感觉好还是坏。"

这样,生活变得可怕起来。

一个"我"说:"我要满足自己的需要和愿望,只是为此我才需要世界。"

另一个"我"说:"所有动物都为了满足自己的愿望和需要活着。满足一群动物愿望和需要只会以损害他者为代价,因此所有动物彼此相斗。你是动物,因此需要永远去斗。但无论你斗争得怎样成功,所有尚在斗争的生物迟早会把你毁掉。"

还有更糟的。情况还会更加可怕。

而最可怕(它包含了前面的所有可怕)的情况是:

一个"我"说:"我想活着,直到永远。"

另一个"我"说:"你注定很快,或许现在,就要死去;所有你爱的一切也都要死去,不管你还是他们,你们一举一动都会毁灭自己的生命并走向磨难、死亡,走向你最憎恨和最害怕的。"

这是最糟糕的……

改变这一状况是不可能的……可以不运动,不睡觉,不进食,甚至不呼吸,但不思考是不可能的。可想而知,思想,我的思想在毒化着我个人生命的每一个环节。

人刚一开始自觉地生活,理性意识便不断地向他强调同一件事:你的这样一种生活——它是你在从前的自己身上感觉到和看到的,动物就是这样生活的,很多人也都是这样生活的,使你成为现在的你的东西,也是这样生活的——这样的生活再也不能继续下去了。如果你试图这样做,你就摆脱不掉与整个生命世界的斗争,这些生命也像你一样为了个人的目的而生活,他们必将把你毁灭……

这一状况也不可能被这样一件事情所改变,这件事情也是人总是在做的,即当人开始生活的时候,他就把自己的目的转向自身之外并且努力争取达到它们……但无论他提出的目的离自身多远,随着他的理性的复苏,没有一个目标能使他满意。

俾斯麦①统一了德意志并号令整个欧洲,如果理性为他照亮他的活动,那么,他就应当感觉到,在他所获得的东西之虚妄性和非理性,与万物的永恒性和合理性之间,存在着无法解决的矛盾,就像为他做午餐的厨师所感觉到的一样,这桌午餐过一个小时就要被吃掉。不管是俾斯麦,还是厨师,要是他们思索一下,就会清楚地看到,首先,无论俾斯麦公爵午餐的完整性,还是强大德国的完整性,都只有依靠某种东西的维持才能存在的:前者靠的是警察,后者靠的是军队,只要警察和军队都保持警醒,因为饥饿的人想吃到午餐,而其他民族也希望像德国那样强大;其次,俾斯麦公爵的午餐和德国的强大不仅与世界生命的意义不一致,而且与其相矛盾。而且,再次,无论做午餐的人,还是德国的强大,两者都将很快死亡,他们的午餐和德国同样也将很快死亡,而世界将依旧存在,它甚至既不记得午餐,也不记得德国,更不用说它们的造就者了。

随着理性意识的增强,人们想到,任何与个人相关的幸福都不是功绩,而是必需……个人只是生命所从开始的原初状态,是生命的一个极限……

---

① 俾斯麦(1815—1898年)——公爵,德意志帝国首相(1871—1890年)。在普鲁士军国主义的基础上统一了德意志。——译者

"但生命从哪里开始,在哪里结束?"——有人问我。黑夜从哪里结束,白天从哪里开始?海岸上海域在哪里结束,陆地从哪里开始?

有白天和黑夜,有陆地和海洋,有生命和非生命。

我们的生命,自我们意识到它那时起,便表现为在两个极限之间的运动。

一个极限是对无限世界的生命完全淡漠的态度,是只倾向于满足个人需要的活动。另外一个极限是完全舍弃自己,最大限度地关注无限世界的生命并与这一世界相一致,把幸福的愿望从个人转移到无限的世界和我们之外的生物。

越接近第一个极限,生命和幸福就越少;越接近第二个限度,生命和幸福就越多。因此任何人总是从一个极限走向另一个极限,亦即活着。这个运动也就是生命本身。

既然我在说生命,那么,生命概念在我心里是与理性生命的概念密不可分的。

除了理性生命之外,有否其他生命,我不知道并且也没有谁能知道。

我们把动物、有机体等等的生命称为生命。所有这些都不是生命,而仅是某种展现给我们的生命状态。

但什么是这样一种理性,它要求排除个人生命并把人的活动转移到自己之外,进入这样一种状态,它被我们意识到是爱的快乐状态。

什么是理性?无论我们对什么下定义,我们总是用理性来定义的。那么,我们用什么来定义理性呢?

既然我们是用理性来定义一切的,那么,正因为这一点,我们就无法为理性下定义了。但我们大家不但知道它,而且只知道它一个,无疑,我们都同样地知道。

这就是同任何有机体、动物、植物的生命法则一样的法则,仅仅有那样一个不同,就是我们看见植物生命中的理性法则是正在施行的。而我们所服从的理性的法则,就像树木服从于自己的法则一样,我们是看不见的,但我们在奉行着……

我们确定,生命是这样一种不是我们生命的东西。这里也包含着谬误的根源。我们不去研究那种我们完全在自己身上所知晓的生命,因为我们对其他东西一无所知,反而为此去考察那种不具有我们生命的主要属性——理性意识——的东西……我们所做的,就像一个人根据对象的影子或映像来研究这个对象一样。

如果我们认清物质微粒虽然变换着形态,却总是受有机体的活动所支配,那么,我们认清这点完全不是因为我们观察、研究了有机体,而是因为我们具有为我们所熟悉的、与我们浑然一体的有机体——我们的肉体,我们对之非常熟悉,它是我们生命的材料,也就是我们应当去加以改造的对象,以便使其服从于理性法则……一个人一旦怀疑自己的生命,一旦把自己的生命转移到不是生命的事物上,他就要变得不幸并会看到死亡。一个人如果像生命已注入到他的意识中那样来感知生命,那么,他就既不知道不幸,也不知道死亡,因为其生命的幸福只存在于使自己的肉体服从于理性法则之中;并且这不仅处在他的控制之下,而且在他身上必然发生……我们知道生物粒子的死亡,我们也知道动物本身的死亡和作为动物的人的死亡,但理性意识的死亡我们不知道也无法知道，因为它就是生命本身。而生命不可能是死亡。

动物恰然自得地生活着，它看不到死亡，虽然在走向死亡，它却看不到。为什么要让人看到这一幕，为什么它对人来说如此可怕，让他扯心撕肺，使他由于恐惧死亡而毁掉自己？这是为什么？因为，看到死亡的人，是有病在身的人，是破坏了自己生命的法则、并不是生活在理性生命之中的人。他也和破坏了自己生命法则的动物一样。

人的生命是走向幸福的努力，是他努力追求的东西，是那赋予他的东西。在人的灵魂中发亮的光，就是幸福和生命，这一光亮不会变成黑暗，因为对人来说存在着的、真正存在着的，只有这唯一的光，它在人的灵魂中闪耀。

《我们的生命观》(1907年)[①]

["我们生命的本质在于精神本原"]

我们总体上赞同同样一种生命观，它与任何一种流行的宗教和哲学学说都不相符合，由于常常有人向我们提出我们无法做到的要求，因此我们认为，为了避免类似的误解，有必要尽可能简要明确地表达我们的生命观，以及由此得出的我们对待现有生活制

---

① 译自《19世纪末至20世纪初的俄罗斯哲学（文选）》(Русская философия. Конец XIX- начало XX века. Антология. Изд. С.-Петербургского университета. 1993. С.138—144)。

度的态度。

1838年,威廉·劳埃德·加里森[①]在美国公布了一份声明,在这份声明中他与其战友宣明了自己的信仰。

这份声明的本质可归结为以下几个方面:

承认只有一个主宰者和立法者,即上帝,因此否定任何人类政府。加里森把全世界看作祖国,把全人类当作同胞。各民族既不应防御外部敌人,也不应对他们施以侵略。个人在自己私人关系方面以强力侵犯或防卫同样也是不可取的。关于所有国家和现存政权皆由上帝设立这一教会学说,也像亵渎一样,是荒谬的。这些政权从来没有依照教会学说的精神和基督做出的示范行事,因此它们不可能是由上帝设立,并且应当废除,但这种废除不应采取暴力方式,而应通过人们的精神再生。

如果不论是侵略战争还是防御战争,都被认为是不合乎基督教的和非法的,那么,为战争所做的一切准备、常备军、军事首脑、武装占领、义务兵役制等的存在,便是不合乎基督教的和非法的。

无论是建立在暴力强制基础之上的民事法庭,还是建立在旧约"以眼还眼,以牙还牙"之律法基础上的刑事法庭,也同样是违背基督教的和非法的。这样的法庭为基督所废止,他宣扬对敌人要宽恕而不是一无例外地在任何情况下都进行报复。

有鉴于此,加里森和他的追随者拒绝在政府机关任职并拒绝选举他人就任这些职位;而且,一概拒绝为政府服务,不管以什么

[①] 威廉·劳埃德·加里森(William Lloyd Garrison,1805—1879年),美国新闻记者,1838年在费城创办了美国反对农奴制协会。——译者

形式。

人类历史上充满了这样的证据,证明善能消除恶,而从这一点可以得出,基督关于不以暴力抗恶的基本学说是真理。因此,加里森反对宣扬暴力的革命学说,也反对同现存的政府进行暴力斗争,因为这种斗争与福音书的要求相抵牾。

自这份声明公布日起,已经过去70年了。即便在当前,亦即1907年,我们也完全同意声明中所表述的原则立场,与此同时,我们不妨对这份声明做出如下补充:

1. 我们认为,我们生命的本质不在于我们的身体,我们的身体会遭受痛苦,遭受不可避免的和总是切近的死亡。我们生命的本质在于这样一种精神本原,它赋予了和正在赋予人以生命。因此,我们把只有越来越多地意识到和表现这一精神本原,看做是我们生命的幸福和使命。

2. 与人人相异的肉体相反,这一精神本原对一切生命而言是相同的,所以对这一本原的意识把我们与所有的生物联结在一起,这种意识在我们的生命中通过爱显现出来。

3. 因此爱他人,就像爱自己;以及由此而来的准则:像希望他人对你那样对待他人,我们把这些看作我们生命的精神法则。

4. 我们根据经验得知,任何通过暴力对自由的限制都会招致痛苦,而且,还会导致人们之间与爱相对立的不良的情感,因此任何形式的暴力,无论是施诸个人还是施诸自称为政府的人之群体,我们都认为是与我们生命的基本法则相对立的。

5. 我们认定维系人们并使其走向和睦生活的唯一力量——是爱的法则,其基础在我们每个人的心中,因此:

第一,我们不承认任何人或其群体有权以暴力或者以暴力相威胁的方式掠夺一部分人的财产并把它转给另一部分人(赋税)。

第二,我们不承认任何人自己或他人有权以暴力方式庇护使用任何对象的特权,尤其是享有使用构成所有人公共财产的某片土地的特权。

第三,我们不承认任何人自己或他人有权以暴力的方式对他人进行审判,剥夺他们的财产,或判以流放、监禁和处决。

第四,不管什么人,无论自称为君主、立宪政府还是共和政府,我们均不承认他们有权集结、武装人们并使之习惯杀戮,不承认他们有权侵略他人,向其他民族的人民宣战,对他们烧杀抢掠。

第五,我们不承认任何人自己或他人有权打着由用暴力手段搜刮的资财支撑的教会或者什么假冒的教育机构的旗号,对他人的良知和启蒙教育指手画脚。

第六,在不承认任何自称为政府的人有权管理他人的时候,我们同样也完全不承认非执政人士有权使用暴力推翻现政府并建立某种另外的新政府。

我们不承认任何人有这些权利,因为一切暴力就其实质而言,都是与我们所承认的人类生活的基本法则——爱——相违背的。一种暴力战胜另一种暴力之后,获胜的暴力完全与此前的暴力并没有什么两样,又引发反对自己的新暴力,如此无休无止。

我们不承认任何人有这些权利,我们认为建立在这些虚假权利之上的所有活动都是有害和丧失理性的,因此我们不仅不应参与或者利用这些活动,而且要永远以全部的力量去反对它们,努力根除它们。

第七，根除这些错误的和有害的活动，我们认为只有一种手段是可能的，即在我们自己的生活中彰显崇高的爱的法则，这一法则是我们所认定的唯一的和无疑正确的人类生活指南。

第八，因此我们全部的力量、我们所有的活动将只有一个目的，就是在我们的生活中力所能及地彰显爱的法则。与其他任何手段相比，这一法则能更为可靠地消除现在生活体制中的恶，也会越来越近地确立当今饱经患难的人类所殷切期盼的真正的人间友爱。

我们相信，这一王国已经很近，"就在门口"。

在这个补充声明中所表达的思想，也像就在加里森宣言中一样，并不是初次出现。所有这些都已经为古圣先贤，婆罗门教徒，佛教徒，中国人，特别是其圣贤之一、宣扬用爱取代暴力的墨子，苏格拉底，斯多葛派哲学家反复说过无数次了，而最为清晰、明确表达出这一思想的便是基督本人（不在保罗的、准基督教的教义中，这种教义曲解真正的基督教；而在真正的基督学说中，在登山宝训里）。道出并宣扬与此相近真理的还有伊便尼派（эбиониты）、艾赛尼派（эссенян）、卡特里派（катары）、阿尔比派（альбигойцы）、捷克兄弟会（моравские братья）、贵格派（квакеры）、拿撒勒教派（назарены）、伊朗巴布教派（персидские бабисты）、反仪式派（духоборы），以及千千万万信仰过且仍在信仰这一真理的人等等。

但到目前为止，所有这些一目了然、通俗易懂、颠扑不破的真理，这些无疑能给人们带来真正的幸福而不是痛苦的真理，并没有改变人类社会制度，大部分人的生活还是一如既往。

所有这些贤哲的学说都归结为这样一个真理:**为了不再有那种让人们深受其苦的恶,必须停止作恶**。难道能有比这一表达更简明易懂、更有说服力的吗?看起来,理解并且奉行这点,就如人呼吸一样,仅需不多的气力。需要努力的,似乎只是为了不去作恶。然而,这一朴素的真理已经为那些被认为是世界上最伟大的圣贤的人们反复讲了千百年,人类却仍然没有理解、没有接受这一真理,并且还继续这样生活,就像他们对这一真理一无所知一样。

这是为什么?

原因就是,好比一个聪明、优秀、善良的年轻人,他听到饱含人类智慧的话,要他去劳动、节制、净化心灵、为人善良,但他却片刻也没有在意,没有把它们付诸生活。这个年轻人首先依靠自己的动物的和半动物的欲望来生活,他被这些欲望控制,它们具有全部新奇的力量,又得到周围人群的激发和支持,这些人怂恿他去效仿。不仅如此,如果他哪怕片刻思考一下脚下所走的道路正确与否,人们马上就会给他提出建议,不是用那些谴责他生活方式的古老的永恒真理,而是用这样一套理论,据此他可以像现在那样——无所事事、毫无节制、耽于淫欲、仇视他人、热衷名利——继续生活下去,据此他可以确信,他的生活正是有理性的人所应过的那种生活。而且,年轻人掌握了任何一种诸如教会的、政治的、经济的、科学的理论之后,就会坚持这一理论,像抓住救命的锚一样,日子一天天过去,他渐变成熟,越来越习惯于自己的生活方式。生活方式支持着理论,理论支持着生活方式。于是,他越这样生活下去,他的生活条件就变得越来越复杂,即便他愿意,也越来越难以回到他年轻时当作耳旁风的那些朴素的、必要的生活真理。他这样生活下去，直到有一天，与这种生活有必然联系的痛苦最终把他带到了他一开始就知道的这一古老而朴素的真理面前：**为了使生活变得美好，只有一个方法：应当好好生活**。一个人，如果他还没有不可挽回地毁掉了自己，那么，他改变自己的生活，通常即便在生命的最后都不能做到完满，而假如他一开始就去做的话，就会做得轻松而完满。

这就是个人逐渐接近真理的道路。这一道路似乎不可思议。不再犯下对自己的生活并无益处的错误并一下子相信真理，这对人来说好像很简单。但这仅仅是好像而已。这些错误是不可避免的，因为任何只通过头脑获得的真理，只对很少的人才能成为行为指南。对大多数人而言，真理只有在被个人的苦难经验所证实的时候才是真理。只有当人们对没有真理便是痛苦认识得一清二楚，只有当真理和幸福相一致的时候，真理也才会成为大多数人的真理。

因为大多数人的本性是这样的，所以全人类的本性也是这样的。

全人类起初（从我们看得见的最初开始）都自然地依靠自己的动物或半动物的欲望生活。完全像在个人那里一样，这些欲望的力量也是依靠其新奇而增长。也完全像对个人一样，那些指出生命真正意义的罕见的圣贤的声音，也不被大多数人所接受，他们同样迷恋于新奇和受人影响。也像对个人来说一样，出现了一些假冒的、错误的理论（其中大部分是被歪曲的圣贤学说，就像全部教会学说和科学学说一样）。所有这些错误学说都纵容人们的欲望，诱使他们越来越远离真理。对个人来说，改变生活的难度由于这样一些条件而增加,这些条件把人束缚于自己过去的错误经历中;同样,对于背离了真理的人类而言,改变的难度也由于人类数百年走过的错误道路和完成的事业而增加。

这就是为什么会出现如此莫名其妙的现象:人们即便对可以拯救他们的朴素、明确的真理一清二楚,却好像任何人对这一真理从来一无所知一样地生活着。导致这一现象的原因也存在于那些歪曲宗教和科学的错误的理论之中,存在于人类在自己错误的生活中所做出的事业中。

人类在错误的理论指导下过着错误的生活的时候,无论在精神领域还是在物质领域都曾经做出了许多错误的、不需要的事业,乃至人类目前无论如何也下定不了决心遵循朴素、明确、他们易懂的真理,假使遵循这一真理,他们那样艰苦努力、费心劳神所做的几乎一切,就都成为不需要的了。所有这些空中航线、36层高楼、装甲舰、议会以及所有被称之为科学和艺术的东西,一切对任何人都毫无用处的发现和精密研究——所有这一切看起来如此重要,以至于拒绝这一切,或者敢冒失去哪怕其中一部分的风险,对我们当代人来说都是不可能的和疯狂的冒险。

行在途中的人们来到了河边。他们之中最聪明那些人知道,路要经过河,家在对面,应当渡过河。在人们靠近河边的那一地方,河面不宽,河水也不深,要想跨过它,并不会费多大力气。但人们并不想做出这一努力,而且,其中间还有这样的一些人,他们向人们担保说,也可以不做这个努力和不下河。这样人们沿着河向下游走,寻找过河通道,但越向前走,河面越宽,河水越深。人们不安地感到,这样顺流往下走他们将找不到过河通道,但是他们对自己所走过的路感到很可惜,他们还是相信自己,认为河水很快会不再流,或者出现奇迹,就像对以色列人那样,他们就会从旱地过河。但河面变得越来越宽,淹没了河岸和沿着河岸走的人们。

自远古时起,贤哲们便认识到这样一个真理,即人类生活制度只能建立在爱和由爱而来的人们彼此间自愿服务这样的基础之上,因此,现有的依靠暴力来建立人类社会的方式,是错误的方式,企图以暴力消除暴力是最明显的错误,暴力只能以不施用暴力的方式去消除。看起来,这一真理不可能不懂,但人们不相信这个一目了然的事理,不相信圣贤们和健全理智对他们的忠告,而是信任那些从暴力中捞得好处的人。人们之所以信赖这些人,是因为克制自己不使用暴力尽管需要不多的努力,但还是要付出努力,而服从暴力和参与其中则不需要付出任何努力。

这一状况从远古时代起便是如此,在中世纪也是如此,在近代也是如此,当今也是如此。

人们依旧自寻苦吃,在河岸的这一边摇摆不定,所有人还期望,河水将会不再流淌,河水会让路。但任何事情都有限度,而人们在当代已经走到了这一限度跟前。试图以恶除恶的人们现在所过的生活,这种生活的苦难、疯狂、愚蠢和凶恶变得越来越明显,而明白不能再这样生活下去的人也变得越来越多。

我们认为,现在的,亦即当今的,基督诞生后 1907 年的人类,由于无用知识的精细和混乱已达到极限,由于自己的分裂和愤恨,由于自己的磨难——而最终认识到了,必须理解和接受这一古老的、早已向人们宣布的、众所周知的、朴素而明白的真理:人——拥有精神意识的存在物——能够并且也应当把自己的生活不是建立于粗暴的力量上面,像动物那样,而是建立在从精神意识中产生的爱的本性之上,这一本性本身就可以赋予所有人这样一种财富,对这一财富的追求构成了他们生命的基础。

《唯一诫命》(1909年)[①]

["对爱的信仰和爱的诫命"]

神就是爱。

——《新约·约翰一书》4:16

从来没有人见过神。我们若彼此相爱,神就住在我们里面,爱他的心在我们里面得以完全了。

——《新约·约翰一书》4:12

"夫子,律法上的诫命,哪一条是最大的呢?"耶稣对他说:"你要尽心、尽性、尽意,爱主你的神。这是诫命中的第一,也是最大的。其次也是相仿,就是要爱人如己。这两条诫命是律法和先知一切道理的总纲。"

——《新约·马太福音》22:36—40

[①] 译自 http://www.marsexx.ru/tolstoy/tolstoy-edinay-zapoved.htm。

一

　　福音书教义包含着朴素的信仰，这一信仰就是，皈依和崇奉上帝，或者同样的，遵从他的律法。他的全部律法归结为一点：爱他人。

——斯宾诺莎

　　基督教的全部信仰体现在爱中。我们人人都知道这一点。而之所以知道它，因为这不只写在福音书里，也写在了我们的心里。随便对什么人，比如俄国人、德国人、中国人、日本人、印度人，对他们谈到爱，或者对窃贼、强盗、刽子手等谈到爱的时候，他们当中没有人否认，遵照爱来生活对人们来说比他们现在这样生活更好。不仅如此，每个人都知道，遵照爱来生活要比生活在敌对和仇恨中的时候更好，每个人也都知道，是可以这样生活的。

　　此处撇开其他信仰的人不说，为什么我们这些基督徒们，这些像所有其他人一样，知道遵照爱来生活是好的也能做得到，并且我们从福音书中也知道这一点，而福音书被我们当作神圣经书，——为什么我们基督徒不是遵照爱来生活，而是生活在敌对和仇恨中？

　　这是为什么？

　　这是因为，在福音书里以及在我们的灵魂中，我们被赋予了一个唯一的信仰，对爱的信仰，和唯一的诫命——爱的诫命。而我们除了对爱的信仰之外，除了信奉爱之外，还信奉其他许多东西，除了爱的训诫，我们认为还有其他许多诫命是神的诫命，因此我们在自己的生活中更多遵循的是这些其他的诫命,而不是那个赋予我们心里的和在基督学说中的诫命。

二

自最早参加大公会议的人士说出"我们和圣灵都愿意"那一刻起,人们便把外在的威权置于内在的威权之上,承认大公会议上人们毫无价值的争论的结果比人们身上那统一的和真正神圣的理性和良知还重要、还神圣。自那一刻起,哄骗人们心灵的谎言便出现了,这一谎言戕害了数百万人的生命,并且至今仍在制造出可怕的事情。

当我们谈起人们皈依这样或那样的宗教时,我们对其大多数人给予了太多的尊重,因为他们不了解也没有寻求任何宗教。法定的教会信仰——这是他们用宗教这个词所暗指的一切。因此,如此频频震撼世界并使世界沾满血污的所谓的宗教战争,不是别的,正是由于宗教信仰而引起的争端,被压迫者所抱怨的实际上不是有人阻止他归属他的宗教,因为任何外在的力量都不可能做到这一点,他抱怨的是不让他公开地信奉他的宗教信仰。

——康德

主人给雇工们指明工作,吩咐他们只是做工,并承诺他们为此能得到好生活。雇工中间有这样一些人,他们想到为了得到好生活可以不只靠做工,还可以通过用别的事情去迎合主人。这些人挖空心思想出了各种各样的事情去投主人所好,并着手去做,而主人指明让做的工作只是想起来的时候才去做,其他时间根本不做。此外,还有这样的情形,有些雇工认定,主人并不需要所有那些他们被教导说可以用来讨好主人的无关紧要的事情,他们怀疑主人怎么可能需要从雇工那里得到什么,于是便不再做主人吩咐的工作。还有这样一些雇工,径直决定,并没有什么主人,生活和工作也可以只为自己。于是,这些雇工的生活就变得很糟糕,很不好。

同样的情况也会发生在这样一些人身上,他们除了对爱的信仰外,还确立了各种其他信仰,他们也称之为神圣信仰:对三位一体的信仰,对基督神性的信仰,对基督为人赎罪的信仰,对圣母的信仰,对圣徒和灵异创造者的信仰,以及对许多其他东西的信仰;还确立了许多诫命,他们也称之为神圣诫命:关于受洗、忏悔、圣餐、婚姻、参拜教堂、持斋的诫命以及许多其他的诫命,他们想通过这些诫命为自己建立好生活和奉承上帝。确立和承认了这些信仰和诫命的人,还会发生这样的情况,他们中的大部分人只是说相信所有这许多信仰和诫命,但在心里并不信奉它们,同样也不信在人们中间已经丢失了的爱的诫命,这些诫命中只有那些可以较为轻易做到的和能够博得人们赞许的诫命才被履行。至于爱的诫命,他们只是口头上承认,可落在实处,他们做起事来时时与这一诫命直接相违背:本来应当遵照爱的诫命彼此分享,但实际上是一些富人在饥饿贫苦的人们中间过着奢侈的生活,而穷人则仇恨富人并极力对他们做坏事。人们不是爱护和宽恕兄弟,反而彼此间相互折磨,致使他人破产,施以流放、禁闭、死刑等刑罚,战争中彼此杀害成百上千的人。但不止于此。有一种情形,许多优秀和聪明的人,他们接受了这样的教育,即可以通过人们彼此传达的不同信仰和诫命来满足上帝愿望,他们开始理性思考,认识到所有这一切统统都是人们的杜撰,于是不再相信一切教会信仰和诫命,其中也包括爱的训诫。现在还有这样一些人,这样的人逐年增多,他们不仅不信奉任何神圣诫命,而且也不相信上帝本身。因此,我们这个时代这样的人越来越多,他们什么也不信,不考虑也不知道他们为什么来到神的世界以及他们在这里应当做什么。他们苟且活着,直到死去,随心所欲、心血来潮地做着事情。这样一来,我们世界上的人们的生活便如此糟糕了,而且逐年、逐月、逐日变得越来越糟糕。

而生活之所以糟糕是因为人们的生活违背了这样一个诫命,它不仅记录在福音书中,也不仅包含在世界上所有贤哲——印度人、中国人、埃及人和信仰穆罕默德教的人等——的全部学说中,而且存在于世界上所有人的心里。人们在生活中违背那一写在所有学说里和存在于所有人心里的信仰和诫命,原因在于,人们不是承认这一个诫命,不是只遵循这一个,而是同它一起还确立了许多其他的信仰和诫命,并且遵循这些其他诫命要比遵循这一全世界统一的爱的诫命更多。

三

哲人说:我的学说很简单,其含义很容易理解。这一学说的全部思想归结为一点,爱人如己。

——中国智慧

有一个文士来,听见他们辩论,晓得耶稣回答得好,就问他说:"诫命中哪是第一要紧的呢?"耶稣回答说:"第一要紧的,就是说:'以色列啊,你要听。主我们神,是独一的主。你要尽心,尽性,尽意,尽力,爱主你的神。'其次就是说:'要爱人如己。'再没有比这两条诫命更大的了。"

——《马可福音》12:28—31

"不过要是承认只存在一个真正的信仰——对爱的信仰和只有一个必需的诫命——爱的诫命,那么信仰的本质是什么,对神灵的崇祀、祈祷将会是什么样子,怎样与上帝交流?"——人们如此问。"当你皈依了被确立下来司空见惯的信仰,就会知道,谁是你的上帝,谁为万物之源,向谁祈祷,期待谁的怜悯。而如果只信奉爱,那么就会没有真正的上帝,没有任何对上帝的崇祀。没有了可心领神会的上帝和对上帝信奉,人们便无法生活,也从未这样生活过。"

当只赋以人们有些费解的对爱的信仰,而不是人人可以理解、能够向其祈祷和为之效劳的上帝的时候,他们将会这么说。不但那时人们会这么说,而且现在也这么说。

"不过要是承认只存在一个真正的信仰——对爱的信仰和只有一个必需的诫命——爱的诫命,那么信仰的本质是什么,礼拜和祈祷将会是什么样子,怎样与上帝交流?"——人们如此问。"当你皈依了通常的被设立的信仰,你就会知道,谁是你的上帝,谁为万物创造者,向谁祈祷,期待谁的怜悯。而如果只信奉爱,那么就会没有真正的上帝,没有任何对上帝的崇拜。而人们从来不曾在没有可理解的上帝和对上帝崇敬的状态下生活,而且人们也不可能这样生活。"

当人们被赋予的不是可理解的、可祈祷和侍奉的上帝,而只是某种不可理解的对爱的信仰的时候,他们就会这么说。不仅将会这么说,而且现在也是这么说的。

他们说人们从来不曾也不可能在这样的状态下生活,即没有大多数人明确理解的信仰对象,没有来自信仰的大多数人清楚可及的上帝崇敬——这样的说法是完全正确的。他们的错误只在于,在他们看来,爱是对大多数人来说不够清楚明白的信仰对象,从这一信仰中产生的活动是对大多数人来说不够清楚可及的上帝崇敬。他们之所以如此考虑,只是因为他们已经如此习惯于把信仰的主要对象看作是想象中的具有人的形象的、永恒的、万能的存在物,以各种超自然方式向人们显现自己意志的造物主上帝;因为他们已经如此习惯于有形式、时间、地点等明确规定的上帝崇敬,它要求一定时间有一定外部行为,至于对没有任何外在形象的爱的唯一信仰及由这一信仰而来的没有任何形式、时间和地点规定的上帝崇敬,在他们看来是大多数人所不明白和不能接受的,甚至是值得怀疑的。

然而,对爱的唯一信仰以及由这一信仰而来的上帝崇敬,它对大多数普通人来说的明确性和可及性,并不亚于人们所设立的有着众多信仰对象和诫命的信仰,而且相对于其他信仰来说还有一个巨大优越性,这就是,所有各种互相对立和互相谴责的信仰和上帝崇敬都把人们引向仇恨、杀戮、战争、使人们分离,而只有对爱的信仰及由此而来的对上帝崇敬能做到自己的承诺,亦即把所有的人联结在同一个信仰下、同一种上帝崇敬中。

四

人只要活着,他便有信仰。他的信仰越接近真理,他的生活就越幸福;越远离真理,人就越不幸。

只能相信确实存在但我们无法用理智领悟的东西。

最好的上帝崇敬是不希望达到某种目的;不好的上帝崇敬是有一定目的。谁要是崇拜最高存在物,他就应当在全部受造物中洞见他和在他身上洞见全部受造物。

——《往世书·阿耆尼》[1]

最致命的无信仰不在于人的不信,而在于人信奉他所不信的。

——马蒂诺[2]

但是,对爱的信仰除了比人们设立的其他所有信仰更清晰、更确定、更明白,除了只有这一信仰才能把人们团结起来,而其他所有信仰则使人们分裂之外,这一信仰与其他所有信仰相比还有一个优越性,它同时也是最为无可怀疑的。

---

[1] 《往世书》(Пурана)为古印度文学名著,被认为是印度教的经典,根据每卷所崇祀的神,此经典分为毗湿奴书、湿婆书、梵天书等。阿耆尼(Агни)为吠陀教中的火神。——译者

[2] 哈里埃特·马蒂诺(1802—1876年),英国女作家、社会学家、经济学家及历史学家。——译者

无论一个人如何相信自己信仰的真实性,但当他知道别人也同样确信自己信仰的真实性并且认为他的信仰是虚假的时候,他也很难不对自己的信仰发生怀疑。只有对承认所有人都有一个共同的信仰对象即爱的人来说,才不可能对自己信仰的真实性有任何怀疑。

因为任何宗教信仰都总是只承认这样一种本原的存在,它是人的理智不能理解的,但离开它人又既不能理解自己的生命,也不能理解世界的生命,因此人应当相信它的存在。所有的信仰都承认这一本原的存在。这便是梵天(Брама)[①]、耶和华、三位一体、真主安拉、道士们的道、佛家弟子的爱(Танга)[②]、唯物主义者的物。对爱的唯一诫命的信仰也承认这种生命本原,但与其他宗教信仰的不同之处仅在于:在诸如犹太教、婆罗门教、教会基督教、伊斯兰教等所有的信仰之中,这一本原称为上帝,并且在一定程度上他被确定为和被看作人格的、万能的、永恒的生命,人们通过这一生命本身做出的关于自己的神奇的天启而知道他的意志和行为,而在对爱的信仰中,这一本原也称之为上帝,即作为爱的上帝("上帝是爱"),它被所有人理解不是根据人类的传说得来的,而是根据他的爱对任何人都同一的、直接的、不间断的启示以及每个人的灵魂而得来。

因此,这一信仰不能不是不仅比所有其他形形色色的建立在因民族不同而相异的人类传说之上的信仰以及其他的神崇拜都更

---

① 又称婆罗贺摩。婆罗门教和印度教中三大主神之一——创造之神。——译者
② 佛教中十二因缘中第八因缘,亦释为贪爱。——译者

清晰明确的,不能不是对人类更有益的,因为这一信仰把人们团结在一起而不是像其他信仰那样导致人们分离,而且这一信仰不能不是最无可怀疑的,因为这一信仰的确立不是建立在人的传说之上,而是建立在对任何人都总是一样的、直接的上帝意识之上。

五

人类的智力无法领悟上帝。我们只知道他的存在。

你要信仰上帝、侍奉他,但不要努力了解他;你了解他的努力将一无所获,除了思想混乱。甚至不必关心知道他是否存在;你只应当侍奉他,就像他无时不在、无处不在一样。

——腓利门[①]

我们认识上帝存在主要不是通过理智,而是通过意识到对上帝的完全依赖性,我们在这种依赖性中感知到自己,这种感觉好像哺乳期的婴儿在母亲臂弯里的感觉一样。婴儿不知道谁在抱着他,谁给他以温暖,谁喂他奶吃,但他知道,有这样一个人,不但如此,他还知道,他爱这个佑护他的人。人们与上帝之间也是如此。

不必因你对上帝的概念不明白而难为情。上帝的概念越简洁明晰,它就越远离真理和越支撑不住。

当我与你说起上帝时,不要认为我对你说的是用金银打造的

[①] 腓利门(公元54—68年间去世),耶稣七十门徒之一。加沙主教,殉教圣徒,于罗马皇帝尼禄迫害时期在歌罗西遇难。——译者

东西。我与你说的上帝,你在自己的心里能感觉到他,你自身承载着他,并且,你在用自己的邪念和劣行玷辱他在你心里的形象。在被你当作上帝来崇拜的金制偶像面前,你有所顾忌而不做有失体面的事情,而在你心中的、能看到和听到一切的上帝面前,当你沉湎于自己卑污的思想和恶劣的行为时,你甚至不会脸红。

要是我们时常记着上帝在我们心中——是我们所思所行一切的见证者,那么,我们就会不再做坏事,这样上帝就会不离弃我们。让我们记起上帝,尽可能经常想着他和与他交谈吧!

——爱比克泰德[①]

对爱的诫命以及由此而来的对上帝崇敬的信仰,比任何其他信仰更清楚、更明确、更有益和更可信,只是应当理解这种信仰本身和上帝崇敬本身是什么。

对爱的诫命的信仰就是,我们只能在自己身上认识到上帝。而且我们只能通过他给我们启示的一面认识他。他是通过爱向我们启示自身的。因此,尽管我们对他的了解还很不完满,只了解他的一面,也就是他借以向我们启示自身的那一面,但我们无疑知道上帝的存在,知道我们从自己身上所意识到的他的属性,并且知道他想要我们做什么。

这一信仰从最古老的埃及和印度的所谓多神教开始,就在世界上所有宗教学说中表达出来,特别是在基督学说中非常明确地

[①] 爱比克泰德(约50—约138年),罗马斯多葛学派哲学家,主张依靠自然规律生活。——译者

表达出来。

它在《马可福音》第十二章第二十八节至三十一节中表达出来,在约翰福音和约翰书信中表达得特别清楚。

"因为父怎样在自己有生命,就赐给他儿子也照样在自己有生命"。(《约翰福音》5:26)

耶稣说:"你们的律法上岂不是写着,'我曾说你们是神'吗?经上的话是不能废的。若那些承受神道的人,尚且称为神,父所分别为圣,又差到世间来的,他自称是神的儿子,你们还向他说'你说僭妄的话'吗?我若不行我父的事,你们就不必信我;我若行了,你们纵然不信我,也当信这些事,叫你们又知道又明白父在我里面,我也在父里面。"(《约翰福音》10:34—48)

"我在父里面,父在我里面,你不信吗?我对你们所说的话,不是凭着自己说的,乃是住在我里面的父作他自己的事。你们当信我,我在父里面,父在我里面。即或不信,也当因我所做的事信我"。(《约翰福音》14:10—11)

"使他们都合而为一。正如你父在我里面,我在你里面,使他们也在我们里面,叫世人可以信你差了我来"。(《约翰福音》17:21)

"从来没有人见过神。我们若彼此相爱,神就住在我们里面,爱他的心在我们里面得以完全了。神将他的灵赐给我们,从此就知道我们是住在他里面,他也住在我们里面。神爱我们的心,我们也知道、也信。神就是爱,住在爱里面的,就是住在神里面,神也住在他里面。"(《约翰一书》4:12、13—16)

对爱的信仰——就是承认我们生命的本原是以爱的形式在我们身上显现出来、为我们所无法理解的属性。

六

人们不知有上帝,这不好,但更糟的是人们把本不是上帝的却认作上帝。

——拉克坦修①

有两类信仰:一类是相信人们所说的话,这是对人或人们的信仰,这样的信仰有许多种;还有一类是相信我依赖于那差遣我到世上来的人,这是对上帝的信仰,这种信仰对所有的人来说只有一个。

人的宗教不是由他所怀疑和努力相信的许多东西构成的,而是由丝毫不需费力就相信的很少的东西构成的。

——卡莱尔②

对唯一诫命的信仰就在于,上帝通过爱活在我们心中并在我们身上显现出来。

对唯一诫命的信仰这种上帝崇敬,也和在所有信仰中一样,就在于做信仰所吩咐的事,而不做它所禁止的事。但区别在于,所有信仰的上帝崇敬,包括教会信仰的上帝崇敬,为满足上帝愿望都要

---

① 拉克坦修(约240—320年),古罗马基督教作家,主要著作有《论迫害者之死》、《神圣教规》等。——译者

② 托马斯·卡莱尔(1795—1881年),苏格兰散文家和历史学家,著有《法国革命》、《论英雄、英雄崇拜和历史上的英雄业绩》、《过去与现在》等。——译者

求做许多事和节制更多,而唯一信仰的上帝崇敬则要求只做一件事,也只要求节制一件事。

教会信仰为满足上帝愿望要求施行各种圣事:洗礼、坚振、忏悔、圣餐、婚配等,要求承认某些经书和人物的无错误性,要求参拜教堂、在某时做某种祈祷等等,还要奉行其他众多从正面表述的诫命。从反面表述的教会诫命则更多。在要求不要杀人、偷盗、淫欲的同时,要求放弃对其他神的崇拜、在某时不要享用禁食的食物,更不要玷污圣物,这样的圣物为数众多。

而对唯一诫命的崇敬则对每个人只有一个要求,即爱:爱自己身上的上帝和爱住在其他所有人身上的上帝。爱自己身上的上帝是说,努力追求最完善的爱;爱其他人身上的上帝是说,承认在每一个人身上都有一个在我身上也同样存在的上帝;因此,每个人应当做的不是自己想要的事,而是住在所有人身上的上帝想要的事。这就是按照对唯一诫命的信仰人所应当做的事,按照这一信仰人不应当做的事,即对人的禁令也只有一个。全部禁令只在于一个:不要破坏对住在我及每个人身上的上帝的虔敬。不破坏对住在我身上的上帝的虔敬是说,记住上帝在自己身上的临在,改正、消灭自己身上那些跟人的灵魂中之上帝的临在不相符合的东西;不要破坏对住他人身上的上帝的虔敬是说,不仅不要伤害、欺凌、侮辱他人,不管其为什么人,而且要把他作为世间仅有的神圣对象本身来尊重他、崇敬他。

实际上,对爱的信仰的诫命,不管是正面表述还是反面表述,都可归为一点:承认上帝住在人身上,因此应该崇敬而不要侮辱不管是住在自己身上还是住在无论什么人身上的上帝。

这种上帝崇敬多次在人类所有宗教道德学说中表达出来,正面意义的表达是,要爱住在自己身上和他人身上的上帝,反面意义的表达是,不要侮辱住在自己和他人身上的上帝。

七

一切国家性宗教的基础都是暴力,基督教的基础是爱。国家是强迫,基督教是信念。利剑与牧人的拐杖两相对立,无法成为联盟者。

——坎宁安·盖基①

错误的信仰给人带来的和仍在给人带来的危害无法估量。信仰是确立人与上帝和世界的关系及由这一关系而来的对自己使命的规定。如果这一关系及由这一关系而来的对自己使命的规定是错误的,人类的生活不知会是什么样子。

抛弃错误的信仰,亦即抛弃对待世界的错误关系,这还不够,还需要确立真正的关系。

人们的不幸和灾祸的发生与其说是因为他们不知道自己的职分,不如说是由于他们把那种不是他们职分的东西认作是自己的职分。

对人的爱将会赋予真正的、内在的、不可剥夺的福,因为爱使人与他人及上帝结合在一起。

---

① 坎宁安·盖基(1824—1906年),英国宗教作家。——译者

人们对一个不懂事的小男孩纷纷议论说，他不是自己诚实、善良、慈爱、一直供养他衣食的母亲的儿子，而是某一个美貌出奇、威力强大、会施展各种奇迹的女魔法师的儿子，如果他尊敬和崇拜她，她就能给他带来一切巨大幸福。于是小男孩信以为真，疏远了亲生母亲，不再听从她，不再运用母亲赋予他的善，而是期待着从想象的女魔法师那里得到非同一般的巨大幸福。他不仅相信那些仿佛是女魔法师所创造的奇迹，而且甚至自己臆想出这样的奇迹并相信它们，尽管他从来没有看到过任何奇迹。到后来，他越来越相信女魔法师，因为既然他疏远了自己的母亲，他便把全部希望寄托在女魔法师身上。他不间断地祈祷，祈求奇迹显现，尽管他对此没有看到过。但日子一天天过去，奇迹并没有出现，他开始怀疑女魔法师。可是，他既然已经疏远了自己的母亲，忘记了她，于是到头来他还是没有回到她的爱的怀抱，与此相反，他非但不去顺着母亲的意愿去做，而是做违背她的意愿的事情。

大多数人也是这样，他们相信从来没有任何人见过的某个人格上帝创造的奇迹（"从来没有人看见神"，《约翰福音》1:18）。这些人也同样期待在这一想象的上帝那里得到巨大的、丰富的恩典，他们向他祈祷，替他臆造出言语、命令，最主要的是臆造出一些最为古怪的、令人惊异的和毫无用处的奇迹。就像那个不懂事的小男孩一样，这些人不了解也不想了解自己淳朴的、和蔼可亲的、一直和他们生活在一起的母亲，她从来没有停止爱他们，只有他们认她，她就能够给予他们不是想象的、而是真正的幸福。这位母亲就是作为爱的上帝，他赋予了并仍在赋予我们生命，并且他自己就能给予我们幸福，真正的、无论什么也破坏不了的幸福。为了相信这位母亲,这一唯一人人都可接近的上帝——爱,不需要任何奇迹;为了从她那里获得幸福也并不需要任何请求和祈祷,仅需要一点:正如那个小男孩不应相信那些闲谈和欺骗,而应当相信自己的母亲一样,人们只应相信那确实存在之物,此物能赋予我们幸福,只应相信那不能不信的东西,只应相信那活在每个人心中的上帝——爱。要是人们相信这个上帝——爱,那么,每一个人都理应努力追求的幸福便会向他开启,展现在他面前,并且用任何手段也不可能从他那里夺去。之所以不可能夺去是因为,这一幸福的获取无论如何不是通过任何人的外部力量,而只能通过自己的力行。人只要献身于上帝——爱,他便能获得那属于他灵魂的幸福。

八

没有任何东西像顽固地坚守被时间所神化的古代传统那样强劲地阻碍真理的传播。

尊重那些在我们时代得不到任何理性证明的习俗、律法和设施,会造成恶,而不尊重传统则不会造成这种恶的千分之一。

没有比这样的人更加不配做理性存在物了,他对我们的父辈认为是真理的东西原来是谬误这个事实只会哭泣。寻求统一的新基础以替代此前的不是更好吗?

——马蒂诺

有这样一些人,他们掌握着别人对上帝和世界的关系的决定权;也还有这样的人,这种人为数极多,他们把这一权利付诸他人,盲目地听信别人对他们说的话。

你常常会惊讶于这样的事实,人们怎么会相信那些奇怪的、愚蠢的、荒诞的关于亚当、夏娃、该隐、亚伯的传说,怎么会相信那些更加愚蠢的和不需要的奇迹:用面包让众人吃饱、耶稣升天、复活、用圣像来治病、通过对圣礼的信仰来赎罪,怎么会相信那些印度教的、佛教等等的荒诞传说。尤其让人惊讶的是,对这些信以为真的往往是完全具有理性的人,他们做出智力上的最大努力去证实、解释所有这些显然是不需要和不可能的假设。

为什么会出现这种情况?这是因为,人们失去了信仰(之所以失去是因为他们被灌输了错误的信仰)——自然的、合理的、必要的信仰,甚至不是信仰,而是自己与作为爱的上帝具有精神联系的意识。而失去了这一意识,他们便需要一种可以替代它的东西。为了代替这一失去的、与永恒者相联系的意识,他们不可避免地被导向臆想出这样一个上帝,他们以这个上帝的存在来解释自己与世界的联系。为了使自己和他人相信这个奇怪的上帝(这个上帝并不符合主要的上帝概念,即某种超时空的、无法用理智和语言来规定的上帝),为了相信这一人格的上帝,需要把他看作特别的、超越所有人的、能做出人们无法理解的奇迹的上帝。他所做的奇迹越多,仿佛对他的信仰就应该越坚固。除了没有对爱的信仰所赋予的、与万物本原相联系的意识之外,还需要这个上帝所创造的奇迹;为了巩固对这个创造奇迹的上帝的信仰,需要上帝为了不信奇迹所做的威胁和惩罚。

为了相信这样的上帝,就需要相信他所创造的奇迹;而为了相信他所创造的奇迹,就需要相信让人们去相信奇迹的上帝。这一错误的循环论证不会长久维持。对人格的上帝及其所创造的奇迹的信仰越来越被打破。而随着对人格的上帝及其所创造的奇迹的信仰的破灭,越来越清晰地显现出唯一的、人们所固有的信仰对象:爱,它就像慈爱的母亲没有停止召唤与她疏远的孩子一样,一直召唤着人们回到自己身边。

九

"宗教差异",这是多么莫名其妙的字眼!当然,可能有对这样一些历史事件的不同信仰,这些历史事件不是应用于宗教,而是应用于历史以便巩固宗教,这些历史事件也属于工具科学领域;同样,也可能有各种不同的宗教经典(阿吠陀经、吠陀经、古兰经等),但对一切时代来说只能有一种真正的宗教。而全部各种不同信仰不可能包含任何别的内容,只能包含宗教的辅助手段,这些辅助手段是偶然出现的,并视时间、地点的不同而有所区别。

——康德

宗教不是因为使徒的传布才是真的;而使徒正因为宗教是真的才传布它。

——莱辛[1]

不能不相信这样一种宗教学说,运用它能够给所有人带来简

---

[1] 莱辛(1729—1781年),德国作家、批评家。——译者

单的实际幸福。再也没有比这更适当的检验学说正确与否的方法了。基督的学说就是这样。

已经了解爱的训诫的人,哪怕暂时抛弃自小接受的对创世主、报答者,因时间、地点不同而有别的形形色色训诫的制定者等这一人格的上帝之盲目的信仰,那么信仰对全世界而言共同的上帝"爱"和信奉共同的爱的训诫(这一训诫不是被爱之上帝曾经赋予过,而是从不间断地赋予所有的人)便会成为自然而然、无可置疑、可行而且必要的事情。

认识了爱的诫命的人,只需要哪怕暂时地抛弃那种从童年就养成的对人格上帝的信仰(这个上帝是世界创造者和奖赏者,他根据不同时间地点而设立了各种诫命),以便使对作为爱的上帝(他对全世界是统一的)和对爱的诫命(它不是上帝一次给予的,而是不断给予的,对所有人是一样的)的信仰成为一种可能的、自然的、必然的和无疑的信仰。

一个人一旦明白自己是谁,一旦明白他只应当在自身中寻找上帝和上帝的律法,这个人就会带着困惑和惊奇地回忆起所有那些他曾说自己相信并且觉得仿佛真的相信的奇怪对象和传说。这样的人除了对他能够相信这些莫名其妙的、与理智和感觉的要求相违背的信仰对象感到惊讶外,他还体验到一种安慰、踏实的特别愉快的感觉。这感觉,就好像一个人紧张、吃力地踩在摇摆不定、时时要从脚下和手中滑脱的高跷上,当他从高跷上下来站在坚固的地上并用他自己的双腿在地上走路。

实际上,也不可能有另外的感觉。

对作为创造者、惩罚者、奖赏者、各种不同诫命的设立者、在不同地方行这种奇迹者——对这样的上帝,尽管有理性的明显反对,有情感的更强烈反对(因为情感不能容忍做与爱相反的事的上帝概念),人们之所以仍然信仰,只因为人们信仰古代的神圣传说,他们所信的只是人,而不是上帝,因此他们不知道上帝。而对这样的上帝——他不是创造者,不是惩罚者,而是永远对人行善者,不是各民族不同诫命的设立者,而是(在事实上,而不是在口头上)设立对所有时代和所有民族都统一的爱的诫命的人,不是做出各种奇迹以便让人们相信自己的存在,而是不断地只行一个最神奇最有益的奇迹,即把自己显现在每个人的心中——对这样的上帝不能不信。

十

真正的幸福永远在我们手中。它与善的生活如影随形。

真正的幸福并不多。只有为了所有人的幸福和善,才是真正的幸福和善。因此,为了不偏离所选的目标,应当使这一目标是与所有人的幸福相一致的善。谁使自己的活动方向朝向这一目标,谁就会为自己赢得幸福。

——马可·奥勒留[①]

来自塔洛摩的克萨之子到佛陀那里抱怨说:

[①] 马可·奥勒留(公元 121—180 年),罗马帝国安东尼王朝皇帝,后期斯多葛派代表,著有《沉思录》。——译者

——世尊,他说,每一个僧侣都夸耀自己的信仰,说唯有他的信仰是真的,诅咒别的信仰,把其他的信仰说成是假的。疑虑困扰着我,我不知道应当去听信谁的话。

佛陀回答说:

——你的怀疑是有根据的,克萨之子。请仔细听我的教导。不要根据传闻相信任何东西,不要因为一些传说来到我们这里之前已经传了许多世代就相信它们。不要根据风闻或者根据人们说得多就相信任何东西。不要因为让你看到哪个古代圣贤的证言就相信任何东西。不要因为于你有益、或者因为由来已久的习惯诱使你以此为真就相信任何东西。不要根据你的师父或僧侣的权威就相信任何东西。

——只有那与你的经验相符合或者根据你的考察与你的理性认识相一致并且能给你和一切生灵带来幸福的东西,你才可以当作真理并生活在其中。

——增支部经[1]

是的,只要让人们如此去相信,就像他们现在相信许多被认为是神圣的诫命那样:相信三位一体、赎罪之神基督、圣母、克里希纳[2]、摩西、佛陀,相信那些被认为是神圣的、因此便仿佛包含无可争议的真理的经书,相信谁也没有见过的奇迹,相信那些谁也不知

---

[1] 增支部经:南传巴利文《经藏》五部(长部、中部、相应部、增支部、小部)之一。相当于梵文北传四阿含(长阿含、中阿含、增一阿含、杂阿含)之《增一阿含》(汉译为《增一阿含经》)。——译者

[2] 克里希纳:印度教中的神,被认为是毗湿奴的化身。——译者

道也不可能知道其作用的圣礼和祈祷——只要让人们哪怕是与上述近似的方式来相信这个上帝赋予所有人并且烙在每一个人心里的唯一诫命,相信这个一直发生的、从不间断的、上帝在人们心中临在的奇迹;只要让人们履行来自这一信仰的上帝崇敬,哪怕是近似于他们现在履行教会的上帝崇敬(圣礼、仪式、个人的或共同的祈祷)那样——只要让人们这样,人们就会很快忘记所有那些他们现在彼此所行的可怕事情,对人们来说,特别是对基督教世界的人们来说,就会不需要外部动荡地自动形成我们时代的人们所具有的这样一种正义生活,这种生活是人们当前想通过与爱相违背的暴力与酷虐活动来达到的。

——但难道这是可能的吗?

最好这样问:不这样是可能的吗?现在这样是可能的吗?让人们,让那些承认对作为爱的上帝的信仰是最高神律、意识到这一上帝在自己内心的不断表现的大多数人——让他们继续信仰那些奇怪的、毫无用处的虚假的神启,而不是从事唯一的、从对作为爱的上帝的信仰中产生的上帝崇敬,即对上帝和他人的积极的爱,让他们继续进行那些显然是徒劳的尝试,即用原有的方法改善自己的状况——让人们这样是可能的吗?

为了完成所有那些由于没有它们人们就会深受痛苦的事情,所需要的其实很少。

所需要的只有一点:信仰,是真正的信仰,不是对人的信仰,而是对上帝的信仰。只需要不再信仰人,而是信仰上帝,不是信仰写在经书里的上帝启示,而是信仰这样的上帝,他活在我们心里并不断地告诉我们他是谁,我们是谁,我们应当怎样按照他的意志生活。

只要让人们像他们现在相信必须履行某些圣礼和祈祷那样，去相信履行爱的唯一诫命的必要性；只要让人们像他们现在对圣书、圣殿、圣餐故事的神圣性深信不疑那样，相信世上仅仅存在一个毋庸置疑的圣物——人，他是唯一不能也不应为人所亵渎和欺凌的东西，是神的本原的承载者——只要让人们这样做，那么，不但死刑和战争是不可能的，而且任何人对人的暴力都将成为不可能。

只要让人们从小接受这样的教育，即承认上帝是人身上的唯一圣物，承认对上帝的爱和尊崇是唯一的上帝崇敬，那么，任何人都不会决定亵渎自己和兄弟身上的上帝，都不会因仇恨而与兄弟分离并向他施加暴力。

你对佛教徒、伊斯兰教徒和教会基督徒说，让他去亵渎那些他认为神圣的、无生命的上帝崇敬对象，那么，这些信徒将会更愿承受任何损失，他宁愿自杀，也不会决定去亵渎他认作神圣的圣物。

对于按照基督的方式、在人与人的关系中培养出来的基督徒而言，也是如此。不管为了什么利益，不管因为什么惩罚甚或是死亡的威胁，他也绝不会去做违背爱这个唯一诫命的事情：不会亵渎、玷辱自己身上的以及他人身上的上帝，更不会去侵害被信仰爱的诫命的人们看作最崇高和唯一的圣物——他人的生命。因此，任何一个信仰唯一诫命的人，都将不会成为刽子手、帝王、士兵、法官、狱吏、地主、税吏、资本家，不会以直接甚或间接的方式去参与亵渎、玷辱、破坏、毁灭人的生命的事。越来越多的人就不会同意去做这样的事，不会参与这样的事，我不能说天国就会自行建立起来(天国是人们不能不追求的境界的完全实现,它在人们还有人间生命的时候永远也不可能建立起来),但可置疑的是,就会建立起来这样一种生活,在这样的生活中,人们既耻于统治他人,也耻于自愿服从于人对人的统治,耻于成为富人,耻于拥有私有土地,更不用说耻于战争,甚至耻于把其他民族认作敌人。而人们就会明确地意识到他们不应做什么,我们现在所过的那种违背理性和情感的兽性生活就不能再继续下去了,我们就会不可避免地走近那种我们当代人所应有的合理的幸福生活。

附 记

理想是指路明星。没有它就没有坚定的方向,而没有了方向,便没有运动,没有生命。

理想只有在这样的时候才是理想,即它只能在观念、思想中实现,它只有在无限中才能成就,因此只能无限地接近它。

"但是,即便假设爱的诫命是上帝的唯一诫命,那么,按照福音书学说所要求的那样履行这一诫命,对人来说也是不可能的。"——那些信奉由教会所设立的信仰和诫命的人说。"为了按照福音书学说的要求完全地履行爱的诫命,就应当憎恨家人,抛弃他们,就应当不以暴力抗恶,成为穷人,弃绝自己和自己的生命,而这些没有一个人能做得到。因此,我们不否认爱的诫命,也不否认在某种限度内履行它是必要的,但我们同时力图通过履行上帝的其他诫命来侍奉上帝,这样可以给自己减少履行爱的诫命的可能性,同时可以使自己有希望宽恕自己在此生中没有完全履行神律。"

皈依教会信仰的人们如是说。但这一论断的根据是认定不可能完全履行爱的诫命,因为它要求弃绝自己的生命,因此必须承认为侍奉上帝而履行的其他诫命——这个论断不仅是完全错误的,而且是故意欺骗。

基督学说不要求也无法要求人们无法做到的完全放弃自己的肉体生命,它只是给人们展现了他们理应去追求的那一崇高的理想,履行爱的诫命所要求的不是完全履行爱的全部要求,这是人在此生不可能做到的,而是越来越多地接近这一理想,通过爱在自己心中的日益增长和越来越多的自我放弃。因此,承认爱的诫命无法达到理想,这只是一个幌子,其目的是想表明,既然完全履行爱的诫命是人在此生做不到的,那么爱的诫命就不可能成为唯一诫命,而应该有另外的诫命,人可以通过履行它们而侍奉上帝。

承认履行爱的诫命是不可能的,因为爱的诫命指向无法达到的理想,因此容许这样的可能性,即背离爱的要求,用履行其他诫命来代替履行爱的诫命——这就好像一个配备罗盘的旅行者的行为,如果他认定按照罗盘所指示的直线方向运动由于途中山脉和河流而成为不可能的,他便不再遵循罗盘所指示给他的最短的直线方向,而在自己的旅途中遵照另外的、不依赖于罗盘指示的臆断。

下述论断也是如此,即因为人无法做到完全履行爱的诫命,包括完全弃绝自己,他便需要承认另外一些神圣诫命,用履行这些诫命来部分地代替履行爱的诫命。

这是错误的。这是欺骗。这种欺骗通过让人们脱离真正的生活而戕害他们的生命。奉行爱的诫命,包括在事务、言语、思想中越来越多地使自己习惯于充满爱心的生活,不仅是可以做到的,而且只有这样的生活能够总是赋予人完全的自由和不断的幸福。

雅斯纳亚·波良纳
1909 年 7 月 15 日

(三) 宗教哲学与人学

洛斯基在论述俄国哲学的特点时说:"许多俄国思想家毕生研究包罗万象的基督教世界观。俄国哲学的最大特点即在于此……俄国哲学的发展,完全是为了用基督教精神解释世界"[①];津科夫斯基在《俄国哲学史》中认为,俄国哲学与宗教世界观的联系不仅是俄国哲学之特点的主要根源,而且是俄国哲学思想探索的动因。俄国哲学家力图以东正教价值为基础来解决西方世俗思想所难以解决的问题[②]。的确,广义地说,实际上,从早期斯拉夫主义者基列耶夫斯基和霍米亚科夫到思想家陀思妥耶夫斯基和托尔斯泰,从索洛维约夫到 20 世纪初俄国宗教复兴运动时代的弗洛连斯基和布尔加科夫、别尔嘉耶夫和舍斯托夫等,从 19 世纪末神学院的 M.M.塔列耶夫和涅斯梅洛夫到 20 世纪的"新教父综合"派哲学家,他们的哲学思想都与宗教精神密切相关。

---

① 洛斯基:《俄国哲学史》,贾泽林等译,浙江人民出版社,1999 年,第 517 页。
② 津科夫斯基:《俄国哲学史》,第一卷第一部,列宁格勒,1991 年,第 12 页。

俄国"宗教哲学"一词不是指以宗教为对象的哲学思考,而是从宗教世界观原则出发对人和世界进行哲学认识和解释,这与西方近代理性主义哲学的思想原则大不相同。如果说西方哲学家习惯于在知识和文化反映中思考问题,那么,俄国哲学家则常常直接"站在存在的奥秘前面",这使得"俄罗斯思想更鲜活,更率真"(别尔嘉耶夫语)。

当然,俄国宗教哲学家不是教会神学家,他们没有局限于宗教内部,不是依据基督教——东正教的教义信条和教会传统来思考,而是从自己的宗教体验和信仰出发,利用基督教的思想资源,来建立关于世界与人生的形而上学和认识论。因此,俄国宗教哲学也具有一般哲学意义和现代思想价值。

索洛维约夫是宗教哲学家,但这并不影响他对经典哲学领域的贡献,他的完整知识学说是对西方近代哲学的综合和发展;特鲁别茨科伊是索洛维约夫哲学本体论和认识论思想的继承者,他通过运用现代心理学和生理学的成果对意识本质的内在分析,得出一个认识论的结论:"认识是以意识的某种潜在的万物统一性、以在认识中逐步发展出来的某种共同意识为前提的"。涅斯梅洛夫虽然是神学院的神学家,但他的人学体系贯穿着对从古至今的哲学人学和宗教人学的系统考察,他的人学学说不仅是对基督教信仰的证明,而且对后来的俄罗斯哲学人学产生了重要影响。

16. 索洛维约夫

弗拉基米尔·谢尔盖耶维奇·索洛维约夫(Владимир

Сергеевич Соловьев,1853—1900年)作为俄国第一个职业哲学家,他的独特贡献在于不仅深刻地提出了一系列哲学问题,而且创造了庞大的综合思想体系。我们选译的前一篇文字便是这种综合思想体系的突出表现。

  索洛维约夫认为真正哲学是完整知识,完整知识是和"抽象原理"相对立的。索洛维约夫把历史上产生的、彼此斗争不断更替的、确认自己的绝对性而至今尚未达到完整综合的各种哲学和思想流派,都称之为"抽象原理":传统的经验论、实在论、感觉论、唯理论、经济政治生活制度和规范甚至忽视了人、自然和社会之统一的宗教,都是抽象原理。完整知识就是要克服各种片面性,达到现实的内在生命与外在表现的有机结合。真正哲学是经验论、唯物论和神秘主义的综合。其中神秘主义是真正哲学的基础,因为它以内在绝对信仰的形式提供了直接知识。但这种信仰所提供的知识还不是完整知识,为了获得完整知识还不能就此止步,神秘主义还必须经受理性的反思和获得经验事实的证明;完整知识也是"神学、哲学和科学的有机综合,只有这种综合才能包容知识的完整真理:没有这种综合,无论科学、哲学还是神学,都仅仅是知识的一个局部或方面,是一个脱离完整机体的器官,因而不会与完整真理有任何程度的相似之处"。

  后一篇论文是索洛维约夫的晚期文章,从中鲜明地反映出他思维的深刻、严谨和富有雄辩力量。

《完整知识的哲学原理》(1877年)[①]

第二章 论哲学的三种类型

自由神智学是神学、哲学和经验科学的有机综合,只有这种综合才能包容知识的完整真理:没有这种综合,无论科学、哲学还是神学都仅仅是知识的一个局部或方面,是一个脱离完整机体的器官,因而不会与完整真理有任何程度的相似之处。当然,从任何一个器官出发都能达到所需要的综合。由于真正的科学离开了哲学与神学是不可能的,真正的哲学离开了神学和实证科学是不可能的,真正的神学离开了科学和哲学也是不可能的,所以,三者中任何一者若达要到真正的完满,都必须具有综合性,成为完整知识。比如实证科学要深入到自己的真正本原和根基,就变成了自由神智学;克服了片面性的哲学也变成了自由神智学;最后,脱离了绝对性的神学也必然成为自由神智学;如果把自由神智学定义为完整知识,那么它也就意味着完整科学,或完整哲学,或完整神学;区别仅仅在于出发点和表述方式,而结果和实际内容是相同的。在真正的结合中,出发点是哲学思维,自由神学在这里被看作是哲学体系,但我们首先应当指出,真正的哲学必须有这种神学性质,或者说它只有成为我所说的自由神智学或完整知识时才是可能的。

[①] 选自索洛维约夫:《完整知识的哲学原理》(Соловьев Вл. С. Начало цельного знания. Минск. 1999. С. 234—259)。

众所周知,"哲学"一词没有一个确切意义,而是在许多彼此不同的含义上使用的。我们首先遇到的是彼此不同的两个主要的哲学概念:照第一个概念,哲学**仅仅**是理论,仅仅是学院的事业;照第二个概念,哲学大于理论,哲学主要是生命事业,而其次才是学院事业。按照第一个概念,哲学**仅限于**人的认识能力;按照第二个定义,哲学还要符合人的意志的最高愿望,符合人的情感的最高理想,这样,哲学不仅具有理论意义,也具有道德和审美意义,处于同创造和实践活动领域的内在相互作用之中,尽管与后两者有所不同。对于适合于前一个概念的哲学来说——对于学院哲学来说,人只需要有发达到一定程度的、富有某些知识的和摆脱了庸俗偏见的心智;对于适合于后一个概念的哲学来说——对于生命哲学来说,则除此之外,还需要特殊的意志趋向,亦即特殊的道德情感,还需要有艺术感和理解力,想象力或幻想力。前一种哲学只研究理论问题,与个人和社会生活没有任何直接的内在联系,后一种哲学则力图成为这种生活的形成力量和指导力量。

试问,这两种哲学哪一种是真正的哲学呢?两者都同样奢望认识真理,但它们对认识真理的理解却完全不同:一者认为认识只具有抽象—理论意义,另一者看来认识则具有活的、本质的意义。如果我们为解决这一问题而诉诸"哲学"一词的词源学,我们就会得到有利于后者的解答。显然,"爱智"一词,即对智慧的爱(希腊文"哲学"一词的含义)不适用于抽象的理论科学。智慧一词的含义不仅在于知识的完满,还有道德的完善和精神的内在完整性。这样,"哲学"一词就意味着对人的本质的精神完整性的追求——这个词最初也是在这种意义上使用的。但是显然,这个词源学论据本身并不那么重要,因为一个从死语言中借用的词,可以在后来获得不依赖于其词源学的意义。比如说,"化学"一词在词源学上具有"黑土地的"或"埃及的"之义,而在现代意义上当然已同"黑土"或"埃及"很少有共同之处了。但就哲学而言,应当指出,现在大多数人也还是按照它的最初含义来理解它的。一般理解及其表达即口语,至今都认为哲学大于抽象科学,哲学家大于科学家。在口语中不仅可以把学问少的人,而且可以把毫无学问的人叫做哲学家,只要他具备特殊的心智和道德情怀。这样,不仅哲学的词源学,而且这个词的一般用法,它们所赋予这个词的意义完全不适合于学院哲学,而是接近于我们所说的生命哲学,这当然已是一个有利于后者的很大的 praejudicium(偏见)了。但这种情况毕竟还没有决定性意义:流行的哲学概念可以不符合更发达的思维的要求。这样,为了在根本上解决问题,我们应当考察这两种哲学的**内在**原理,只应当从其正确性或不正确性中得出有利于前者或后者的结论。

学院哲学的全部多种多样体系,都可以归结为两种哲学类型或流派,而且其中一些体系是这两种类型的简单变种或其发展的各个阶段,另一些体系是一种类型向另一种类型的过渡阶段或中间环节,还有一些体系是这两种类型的折中组合的尝试。

[经验主义]

属于第一种类型的观点认为哲学的基本对象在外部世界,在物质自然领域,与此相适应,认为认识的真正源泉是外在经验,亦即我们通过我们日常的感性意识而获得的经验。按其所提出的哲学对象，这种类型可以叫做**自然主义**；按其所认定的认识源泉，这种类型可以叫做外部**经验主义**。

但是，自然主义在承认哲学的真正对象是我们的外部经验中被给定的自然的时候，却不能认为这种意义是我们周围的复杂多变的直接现实造成的。假如哲学所寻求的真理是和这种我们周围的现实相同一的，因而假如此真理就在我们掌握之中，那么就完全无须寻求了，作为一门特殊知识的哲学也就没有了存在的缘由。但问题在于，我们这种现实不是自足的，它是局部的、变化的、派生的，因此要求从另一种作为其本原的真正存在中得到解释。这种作为现象的现实，——亦即我们总称为世界的东西，——只是哲学的现成对象，是需要解释的东西，需要解决的问题，需要破解的谜。这一问题的关键，这个谜的谜底，则是哲学的未知数。一切哲学流派，无论它们在哪里寻求真理，无论它们对真理如何定义，都同样承认，此真理应当具有普遍性和永恒性，把它区别于暂时的和分散的现象现实。作为哲学观的自然主义也承认这一点，因此它不是在外部多样现象之总和的意义上，而是在这些现象的一般现实基础或实体的意义上，承认自然是真正存在的。自然主义在确定这一基础的时候经历了三个发展阶段。自然主义哲学的第一个发展阶段，幼年阶段（比如以古代伊奥尼亚学派为代表的阶段），可以叫做初级的或自发的唯物主义；在此把一种所谓原素当作始基或本原（αρχη），而认为其它一切都是它的变种。但不难看到，每一种原素作为不同于其它事物的有限实在，都不可能成为真正的本原；只有一般的不确定的原素或所有原素的一般基础（阿那克西曼德的"无限")才能成为真正本原。

这个唯一的万物产生者,这个从自身中产生全部生命的普遍自然之母(来自 mater 的 materia),不可能是死的和无灵性的实在,它应当包含存在的全部活力,它自身应当是活的和有灵魂的。这种使物质自然具有活性的观点叫做物活论,是自然哲学的第二阶段(其代表者是 15 至 17 世纪的自然哲学家,其最大代表是乔尔丹诺·布鲁诺)。这些把自然看作是活的灵性存在的观念可能是完全正确的(后来我们看到,它们实际上正是这样),但从自然主义观点无法给它们指出任何充分根据;这些观念只有在自然主义尚不知晓符合自身的认识方法的时候,才能在自然主义中存在;一旦出现这样的意识:既然万物始基在外部世界,那么它就只能从外部经验中被认识,——一旦出现了这种意识,物活论对于自然主义来说就成为不可思议的了。的确,我们在外部经验中没有找到作为一切现象之第一因的任何灵性本质;我们在外部经验中所找到的总是物质的机械运动和各种变种;而产生这些运动的起作用的活力不仅不在外部经验中,而且单从外部经验材料中也不可能符合逻辑地得出。这样,我们从这一观点出发,可以认为万物的基础仅仅是机械运动的基质,亦即恒常的不可分的物质微粒——原子。

原子——不可分的物质微粒——是真正存在,是不变的存在物,其余的一切皆由这些原子的多种机械组合而生,都仅仅是暂时现象——这一原则决定了自然主义的第三阶段,也是最后阶段——机械唯物主义或原子主义。这种观点全然不知物活论所确立的全世界的活性力量,但机械唯物主义又**总是**不能不承认一般的力:它至少要承认原子所固有的基本粒子之力。这样,就出现了如此论断:全部存在物都由物质和力(Kraft und Stoff)组成。如果我们能够消除某些主要涉及词语而不是事物本身的误解,那么我们就将赞同这种唯物主义基本原则。的确,万物皆由物质和力**构成**。这个论断的真实性和朴素性使唯物主义在所有时代都获得了广泛普及性,但另一方面,唯物主义从来也没有令深刻的哲学思想感到任何满足。其原因是可以理解的:唯物主义说出了真理,但没有说出**全部**真理。说宇宙由物质和力构成,这是正确的,正如说维纳斯雕像由大理石构成是正确的一样,但后一个论断对艺术家来说毫无意义,同样,前一个判断对哲学家来说也毫无意义。当然,关于存在物的普遍基质问题对哲学来说,远比雕像的材料问题对艺术家有更大意义;但我这里指的是,唯物主义者对这个重要问题的回答,在其一般性上是完全不明确的和无内容的。然而,当唯物主义试图超出这种一般性而对自己的原则作出切实的定义的时候,它却遭到了十分悲惨的命运。

唯物主义把物质定义为原子的总和。但什么是原子呢?对自然主义者来说,原子是经验上给定的单个粒子,它们是相对不可分的,亦即我们在现有条件下用任何方法也不能将其分裂。这样,对什么是物质的问题,我们就得到了郑重的回答:物质是物质微粒的总和。但有少数唯物主义者对这个回答感到有些不满,他们采取了另一种定义方法,即对物质进行**质的**分析。这种分析除去了物质的全部局部的和次要的属性,把物质归结为不可入性,亦即反抗外界作用的能力。其实,我们在此能说的只是对**我们的**作用的反抗。我们所感觉到的反抗形成了一般物质观,但由于物质的全部次要的和局部的表现如声、光等,都可归结为我们的感觉——听觉、视觉等,因此物质的全部经验内容就不是别的,正是我们的感觉。显然,这个结论破坏了自然主义观点,把全部存在物的基础从外部世界转到了我们自身。为了避免这个结论,唯物主义应当回到原子观念本身,但这些原子已不再是归结为我们的感觉的经验物质粒子,而是一些绝对不可分的实在点,它们不依赖于任何经验而自我存在,相反,却通过自己对主体的作用而决定一切经验。这些形而上学的原子按其自身定义,作为绝对不可分的粒子,是不可能在经验上找到的,因为我们在经验中拥有的只是相对存在,而不是绝对存在;既然它们不可能在**经验**上给定,则对它们的承认就应当具有**逻辑**根据和受到逻辑批判。然而,这种批判不仅找不到充分根据来确立这些绝对不可分的物质点,而且完全明显地显示了这种观点在逻辑上的不可能性。的确,这些原子要么有一定的广延性,要么没有。在前一种场合它们就是可分的,因而只是经验的原子,而不是真正的原子。如果原子本身不具有任何广延性,那么它们就是数学的点;但为了成为全部存在之物的基础,这些数学的点就应当具有实体性,而这种实体性不可能是物质的,全部物质属性,包括广延性,在原子那里都被去掉了,全部物质性的东西都被认为是现象性的,而非实体性的;因此,这种非物质性的实体性应当是动态的。原子不是物质的组成部分,而是生成物质的力量。这些力量以彼此间的相互作用和对我们主体的共同作用形成了我们的全部经验现实及整个现象世界。这样,并非力量是物质的属性,如当初所设定的那样,相反,物质是力量的产物,或者确切地说,物质是力量之相互作用的相对界限。这样,原子要么根本不存在,要么是非物质的动态个体,活单子。由于这个结论,机械唯物主

义彻底衰落了,全部自然主义世界观也彻底衰落了。(184—187略)

经验主义只容许对现象的认识。但什么是现象呢？现象是和自在之物相对而言的,因此现象被定义为不是自在的,只能相对于他者而存在,也就是相对于作为认识主体的我们而存在。全部现象都被归结为我们的感觉,或者确切地说,被归结为我们意识的各种状态。全部被我们通常作为不依赖于我们的外部对象的东西,我们所看到、听见和触到等等的一切,的确是由我们自己的感觉构成的,也就是由我们主体的变种构成的,因此,它除了主体的所有其他变种如愿望、情感、思想等等之外,不能指望达到任何其他的实在。这样,外部经验与内在经验的矛盾就消失了;已不能把外部对象和我们的心理状态当作某种彼此对立的东西来谈论了,因为外部对象实际上就是我们的心理状态,仅此而已——一切都同样是现象,亦即我们主体的变种,都是我们意识的各种状态。不仅所谓无灵性的对象是这样,而且在我们之外被设定的主体也是这样。我们可以知道的关于他人的一切,都可归结为我们自己的感觉:我们看到、听见、触到了它们,正如我们看到、听见和触到其他外部对象一样;在这方面,——在我们认识外界对象的方式方面,人和其他对象没有任何差别,正如经验主义所做的那样,如果从认识方式上得出关于认识对象之存在样式的结论,从这个物质对象是在我的感觉中被我**认识**的这一点,得出此对象仅仅是由我的感觉构成的结论,那么这个结论也应当适用于人。我知道他人只是通过我的感觉,他们只是在我的意识的这些状态中才对我存在。而我也只是在我的意识的状态中才知道作为主体的我自己,因此,作为主体的我自己也应当被归结为我的意识状态;但这是荒谬的,因为**我**

的意识已经是以**我**为前提的了。因此,仍然可以设定,存在着意识现象,但不是我的意识,因为我不存在,而是一般意识,没有意识者的意识,正如没有被意识者的意识一样。存在着现象本身,表象本身。但这是和这些术语的逻辑含义直接矛盾的。与存在相对的现象,仅仅意指那种不是自在,而是对他者存在的东西;表象的含义也正是如此。如果没有这个他者——没有被表象者,也就没有表象,没有现象,那么,一切都成为某种无差别的、自我封闭的、与他者毫无关系(因为不存在他者)的存在,——这个结论与经验现实毫无共同之处,因此它也彻底取消了经验主义。

[唯心主义]

为了避免这样的结论,还可以认为,认识主体本身不仅拥有现象存在,而且拥有绝对存在,它不仅是现象,而且是真正存在。这样的论断是学院哲学的第二个流派或类型的原理,这个流派通常叫做**唯心主义**。在此,真正存在已经不被认为在外部世界了(像自然主义那样),而被认为在我们自己内部——在认识主体中。彻底意识到自身的经验主义通过把全部外界东西归结为主体感觉而吞没了自然主义原则,这样,这种经验主义就是从自然主义到唯心主义的自然过渡。

当然,唯心主义在确认绝对存在是认识主体的时候,它所指的不是这样的经验主体,它们有其具体的多样性,有其受物质制约的局部个体认识行为;它所指的是这样的认识主体,它在其认识的普遍必然形式之中,或在**观念**之中(唯心主义便由此得名)。显然,这些普遍必然观念不可能在经验上给定；它们只有纯粹理性的先验思维才能达到；因此相对于认识方法来说的唯心主义必然是纯粹理性主义。[众所周知，这种观点的最自觉和纯粹的形式，是在从康德开始的现代德国哲学中发展起来的。这一哲学的发展是众所周知的，我在此只提醒几句。]对唯心主义来说，真正存在是由纯粹思维来认识的东西；但由纯粹思维所认识的只是一般概念；观念就归结于此，因为观念是在纯粹理性思维中给定的。这样，真正存在是一般概念，而由于全部存在之物应当是作为普遍基础的真正存在的表现，所以全部存在物不是别的，正是一般概念的发展，而一般概念只能是不包含任何具体内容的东西，亦即毫无内容的纯**存在概念**，它和**虚无**概念没有任何不同，因此就等于虚无。这样，理性主义的唯心主义达到了黑格尔的绝对逻辑，按照这一逻辑，全部存在者都是这个等同于虚无的纯存在概念的自我发展。既然一切都只有在自己的概念中才能具有真正现实性，那么，认识主体也就不是别的，而是概念，它在这方面没有任何优越于其他存在的地方。这样，这些形成全部存在物的概念或观念，不是思想主体的观念，它们只是它们自身，而一切存在物，如上所述，都是这些概念或概念的自我发展的结果，确切地说，是纯存在或虚无这一个概念的自我发展的结果。换言之，万物皆由虚无而生，或万物都是虚无。万物都是纯思想，也就是既无思想者也无被思想之物的思想，既无行为者也无行为对象的行为。这里我们看到了这样一个特别明显的例子：两个对立的流派怎样在各自极端的结论中达成了一致。的确，我们看到，彻底的经验主义得到了这样的结果——承认既无表象者也无表象之物的表象，既无意识者也无被意识之物的意识状态，——简言之，承认无存在的现象——承认某种无差别的现有存在。区别仅仅在于，经验主义是从感觉主义观点，把这个存在定义为感觉或感性表象，而泛逻辑主义则从理性主义观点，把这个存在定义为一般概念。但这个差别只是表面上的，因为一方面万物都被看作是感觉，另一方面，万物又都被看作是概念，那么，感觉和概念也就失去了自己的规定性和自己的特定意义。是万物的感觉已不再是感觉，是万物的概念也已不再是概念——差别只是词语上的。失去了主体和客体的感觉和概念消散为一种绝对的不确定性，即纯粹虚无。这种它们自己完成的归入虚无，是对这两种片面观点的最充分的反驳。既然这样的自我毁灭是从思想的逻辑过程中发生的，此一过程所得出的必然结果已包含在这两种观点的出发点或前提之中了，那么显然，这两种观点的错误就在这些前提之中。经验自然主义的大前提就是确认，真正存在就在外部世界，在自然界，认识它的方式是外部经验。理性唯心主义的大前提是确认，真正存在在认识主体中，在我们的理智中，认识它的方式是纯粹理性思维或构造一般概念。然而在对这些原理进行彻底发展的情况下，经验主义得出了对外部世界、自然界和作为认识真正存在之方式的外部经验的否定，而理性主义得出了对认识主体和认识存在之方式的纯思维的否定（因为存在本身已经被否定）。这样，在反驳这两个流派或两类哲学的原理的时候，我们无须任何外部论据：一旦它们得出自己的最终逻辑结论的时候，它们就自己推翻了自己，与此同时，以它们二者作为必要的两极的整个抽象学院哲学，也随这两个流派一道垮台了。

这样一来，要么应当一般否定真正认识，赞成绝对怀疑主义①，要么就应当承认，哲学所要探求的东西既不在于外部世界的现实存在，也不在于我们理性的观念存在，它是依靠经验之路和纯粹理性思维之路都认识不了的。换言之，应当承认，真正存在具有自己特有的绝对现实性，这一现实性完全不依赖于外部物质世界的实在性，也完全不依赖于我们的思维；相反，它使这个世界具有自己的实在性，使我们的思维具有自己的观念内容。认为真正存在是这样一种超宇宙的和超人的本原，而且不仅仅是一个抽象原则（比如笛卡尔和沃尔夫的有神论中的抽象原则），而是充满了活的现实性，——这样的观点超出了学院哲学的界限，和学院哲学的两种类型一道，构成了特殊的第三种思维类型，通常叫做**神秘主义**。

[神秘主义]

按照这种观点，真理既不在于认识的逻辑形式，也不在于认识的经验内容，一般地说，真理不属于孤立的或独特的理论知识——这样的知识不是真理知识。真理知识只是那种符合善的意志和美的感受的知识。虽然对真理的定义直接与知识相关，但不仅仅与这一领域相关（排他性的知识真理已不是真理）。对真理的定义之

---

① 怀疑主义就是对一切**确定的**哲学的否定（因为怀疑也就是**否定**，正是对可靠性和确定性的否定），因此，认为怀疑主义是一种特殊的哲学类型或流派（如许多人所认为的那样），这是无根据的。

所以应当属于知识，仅仅是因为知识是和精神存在的其他领域相符合的，换言之：真正意义上的真东西，亦即真理本身，只能是那种同时也是善和美的东西。当然，也存在着这样一些所谓的真理，它们是单独的或抽象的认识能力所能达到的；这些真理一方面是纯形式真理，另一方面是物质或经验真理。某种数学定理具有形式上的真理性，与意志和情感毫无关系，但此定理自身也因此失去了任何现实性和实在内容。另一方面，某种历史的或自然科学的事实具有物质的真理性，与伦理学或美学毫无关系，但此事实本身也因此失去了任何理性含义。第一类真理是不现实的，第二类真理是不符合理性的，前者需要实现，后者需要赋予理性意义。而真正的真理，完整的和活的真理，其自身就既包含自己的现实性，也包含自己的合理性并赋予其他万物以现实性和合理性。据此，神秘哲学的对象不是被归结为我们的感觉的现象世界，也不是被归结为我们的思想的观念世界，而是具有内在生命关系的存在物的活现实性；这种哲学所研究的不是现象的外部秩序，而是存在物及其生命的内在秩序，此秩序是由这些存在物与本原存在物的关系决定的。当然，和任何一种哲学一样，神秘主义也是以观念和思想的形式活动的，但它知道，这些思想之所以有意义，只是因为它们与它们所思考的东西，与本身已大于思想的东西有关系。学院哲学要么将真正存在与存在的某种形式即表象混为一谈，要么否认真正存在的可知性。神秘哲学一方面知道一切存在都只是真正存在的表象形式，而不是真正存在；另一方面也否定怀疑主义的论断，即人除表象之外无所能知，神秘哲学指出，人本身是大于表象或存在的东西，这样，人甚至无须超出自身就能认识真正存在。

神秘主义是可能存在的哲学观点中的最后一种，因为显然，哲学所探求的东西，其现实性要么在外部世界，亦即在被认识的客体本身，要么在我们之内，亦即在认识主体本身，最后，要么在既不依赖于我们也不依赖于外部世界的自身之中，第四种假设显然是不可思议的。既然构成学院哲学的前两种观点不能接受，因为它们自己消灭自己，那么能做的就是要么一般地拒绝对真理的探索，要么接受第三种观点，将其作为真正哲学的**基础**。既然真理无论在外部世界还是在我们自身都不可能找到，因而属于绝对本原的超验现实本身，同时，正如怀疑主义所指出的，我们不可能认识这一超验现实，那么，这就意味着，我们一般就不能认识真理，这样，怀疑主义用以反对神秘哲学之可能性的证据，也就是反对一切真理探索、反对一切哲学、最终是反对一切知识的证据。

这样，神秘知识是哲学所必需的，因为如果没有神秘知识，哲学在彻底的经验主义和彻底的理性主义中都同样导致荒诞。但这种神秘知识只能是真正哲学的基础，正如外部经验是经验主义哲学的基础和逻辑思维是理性主义的基础一样，但神秘知识本身还不能构成真正哲学或综合哲学的体系，亦即我称之为完整知识或自由神智学的体系。这一体系按其概念本身来说应当摆脱任何排他性和片面性，而孤立的神秘主义有可能是也确实是排他性的，它只确认具有内在绝对可信性的直接知识。当然，真知识也应当建立在这种可信性基础上，但为了成为完满的或完整的知识，它不应停留于此（正如排他性的神秘主义所做的那样）：它还必须做到：第一，受到理性的反思，得到逻辑思维的证明；第二，从经验事实方面得到确认。在抛弃经验主义和理性主义的错误原理和荒谬结论的时候,真正哲学应当把这些流派的客观内容作为次要的或从属的成分包含于自身。因为既然完整知识是哲学、神学和科学的综合,那么显然,在这种广泛的综合之前就应当先有一个与此相应的哲学领域里的小综合,亦即哲学的三个流派(神秘主义,理性主义和经验主义)的综合。这两方面的相似性是无疑的:神秘主义相应于神学,经验主义相应于实证科学,而理性主义具有抽象的哲学性,因为它局限于纯粹哲学思维,而神秘主义在宗教材料中寻求支撑,经验主义则在实证科学材料中寻找根据。

在完整知识或自由神智学体系中,三种哲学因素的相互关系取决于上述相似性。神秘主义因其绝对性而具有头等意义,决定哲学知识的最高原理和最终目的;经验主义因其物质性而成为高级原理的外部基础,同时也是这些原理的极端运用或实现;最后,理性主义因素,即哲学本身的因素,主要具有形式性,因此是整个体系的媒介或一般联系。

从上述内容可以明显看到,自由神智学或完整知识不是哲学的流派或类型之一,而应当是整个哲学的最高形态,这一哲学既是其三个主要流派——神秘主义、理性主义和经验主义的内在综合,也与神学和实证科学有更广泛的联系。哲学也服从历史发展的一般规律,经历了三种主要形态,这是和我们在第一章中指出的全部知识领域(其他领域也一样)的发展阶段完全相适应的。第一个时期的特点是神秘主义的完全统治,这种神秘主义以隐藏的或混合的状态保持着理性主义和经验主义成分(这是与神学的一般统治相符合的);这些成分在第二阶段开始独立化,哲学分解成三个流派或类型,它们力图达到绝对的自我确立,因此也是互相否定;与理论领域分解成彼此敌对的神学、抽象哲学和实证科学一样,我们在哲学中看到了片面的神秘主义、片面的理性主义和片面的经验主义。在第三阶段这三者达到了内在的自由综合,这种综合成为知识三阶段之一般综合的基础,进而也成为全人类生活的普遍综合的基础。既然我们把必然由神学或神秘主义原理所决定的知识领域的统一叫做神智学(确切地说,统一知识就是神智学),那么,我认为可以把更高的第三阶段的综合统一(有别于第一阶段的非自由的或混合的统一)叫做自由神智学或完整知识。

按照一般定义,完整知识的对象既是自在的真正存在,也是处于同主客观世界之经验现实的关系中的真正存在,它是这些现实的绝对本原。由此就已经产生了对完整知识哲学体系的划分——分为三个有机部分。因为,既然哲学对象中有两种成分,亦即绝对本原和由此派生的次要现实,那么,这两种成分只能处于下述三种关系中。第一,直接统一;第二,相互对立;第三,有现实差别的统一或综合。这样,我们得到了三种哲学科学:第一种哲学在绝对原理自身的普遍必然的(因而也是先验的)规定性中考察绝对原理,在这些规定性中,他物,有限存在物,只是潜在的——这是直接统一阶段;第二种哲学把绝对原理看作是派生的、在自身之外设定有限现实的东西——这是分裂阶段;最后,第三种哲学的对象是这样一种绝对原理,它把有限世界与自身重新结合成现实的最后统一体。这种从哲学自身本质出发对哲学的三划分,具有很古老的起源,并且以这样或那样的形式出现在一切完善的和深刻的哲学体系中,因为每一个个别体系虽然实际上都仅仅是哲学知识的某个阶段的片面表现,却都力图从自己的有限观点出发充当完整哲学。[1]

我坚持用三个老名词来称呼自由神智学的三个组成部分:逻辑学,形而上学和伦理学;为了把它们与其他哲学体系的相应部分加以区别,我将使用如下三个术语:有机逻辑学,有机形而上学和有机伦理学。按照思想的内在秩序,我们下一章应当从逻辑学开始叙述这一体系。

《上帝概念(维护斯宾诺莎)》(1897年)[2]

应当承认,亚历山大·伊万诺维奇·维坚斯基十分善于给有思想的人直截了当地提出最切身的哲学问题。尽管人们关于作者对这类问题所做的解决有不同看法,然而,这些解决的明确提出,已经是哲学创作的重大功绩了。我认为,这位尊敬的教授发表于《哲学和心理学问题》杂志第37期上的《论斯宾诺莎哲学中的无神论》一文就是这样的功绩,——尽管我坚决不赞同其中所表达的关于斯宾诺莎学说及关于一般上帝概念的观点。我认为是一大功绩的,是对问题的清晰明了和分门别类的表述:上帝概念的思想内容是什么?是怎样一些思维条件的存在使得上帝概念在我们头脑中确实存在,而它们的消失也使上帝概念在我们头脑中消失,使这一

---

[1] 黑格尔哲学尤其如此,他在其纯逻辑思维的形式领域是完满的和封闭的。因此黑格尔主义的一般公式仍然是哲学的永恒公式。

[2] 选自《索洛维约夫著作集》10卷本(Соловьев Вл. С. Собранные сочинения в десяти томах. Том 9. Санкт-Петербург. 1913. С.3—29)。

概念只剩下一个空洞无物的词语？——但是说实话，亚·伊·维坚斯基的文章触痛了我的心，首先是因为斯宾诺莎（他是我在哲学领域的初恋），其次是由于另外的、更为重要的利益。

[并非所有宗教的神都是有意志的人格神]

一

正如作者所指出的，按照斯宾诺莎的定义，上帝是绝对—无限的存在物，也就是由无限多个属性构成的实体，每一个属性都表现永恒的和无限的本质。因此斯宾诺莎否定了上帝中的追求目的和按照意愿的活动，因而也否定了其通行意义上的位格性。维坚斯基由此得出，斯宾诺莎哲学是无神论。尽管斯宾诺莎在其《伦理学》中每时每刻都在谈论上帝，把自己的绝对实体叫做上帝，但他无权这样做，因为在他那里上帝概念是不存在的。

维坚斯基教授说："毫无疑问，人人都有权对上帝有自己的理解，只是必须在一定限度内，这个限度也就是使我们的思想不与一般上帝的古印度特征相矛盾。因为对上帝的理解也应当服从于逻辑要求，就像对任何事物的理解一样：我们思考任何事物的权限只在于不与其概念的内容相矛盾。按照自己的方式思考上帝的权力也应当有这样的界限，这是显而易见的，因为否则的话，就什么都不能妨碍我们约定以'上帝'一词指涉任何东西，譬如说物质，也不能妨碍我们否定一切另外的上帝存在。假如每个人都有权以自己的方式思考上帝而无任何界限，那么我们就不可能被指责为无神论了。但这显然是荒唐的。"①

完全正确。每个人以自己的方式理解上帝的权力无疑是有自己界限的,此界限是这一概念之本质特征的要求,排除这些特征,此概念便会失去全部内涵。但如何找到这些特征呢？按照维坚斯基的意见,现有的一切宗教对上帝的规定都是相似的,这种一般性就表达了上帝观念的固有本质。他说:"我们看到,无论是宙斯、雷神、伊斯兰教的真主、基督教的上帝,还是拜物教徒的神等等,他们的特征都是共同的。如果不陷入逻辑上不容许的词语游戏,那么,这些特征是谁也无权与之矛盾的,无论他在其他方面怎样理解上帝。

"任何一个上帝,其第一个共同特征是,他总是在或大或小的程度上超越于人的。基督教的上帝是无限超人的;宙斯仅在一定程度上是超人的,而不是无限的;拜物教徒的诸神的超人程度还要低于宙斯,——但是一切上帝总是被想象成或多或少是超人的。我们还可以把上帝固有的不死性列入这种超越性之中。上帝的第二个特点是,上帝总是被想象为某种按目标行动的个体人格,因而是有意志的(此人格或者有一张面孔,如在大部分宗教中;或者有三张面孔,如基督教的上帝)。有些上帝按道德目标行事,基督教上帝便是如此;而有些上帝则按其任意设定的目标行事,如宙斯;但不论在任何宗教中,上帝都必然被想象为按目标行事的。甚至拜物教徒也使自己的崇拜物具有目标活动。这就是一切不同宗教中任何上帝概念中必然包含的两个一般特征。抛弃其中任何一个

---

① 《哲学和心理学问题》第 37 期,第 159 页。以下正文中所注皆为该期页码。

特征,就意味着消灭上帝概念。实际上,如果抛弃超越性这一特征,那么,上帝概念就和伟人概念或有目标行为的动物概念毫无差别了。如果抛弃按目的行事的个体人格这一特征,则我们将看到,上帝概念就不再有别于物质概念或某种巨大的超人的自然力(如飓风)的概念了。

"忽视了、也就是消灭了构成上帝概念的这些本质特征,同时又使用'上帝'一词——这就意味着语言游戏;而斯宾诺莎正是这样做的。在他的上帝概念中只提到上述两个特征中的一个——超越性,因为按照通过的定义,上帝是绝对无限的存在物。但他坚持力争消除第二个特征——按目标行事的个体人格和拥有意志。这样,在运用上帝概念的同时,也就毁掉了上帝概念"(第159—161页)。

这段论述不可谓不清楚明白,但却会引起很大的反对。我们不认为一切上帝都按目标行事,他所认为的上帝具有这一特征,是在这位可敬的学者自己思维方式中出现的。他在从一切现有宗教中抽象出一定的上帝概念时,完全忘记了那些根本不适合于做此抽象的宗教;而对于不太适合于他的宗教,他都施行了某种适应性的手术。

南传佛教保留了释迦牟尼及其弟子的原始学说,这种宗教在锡兰岛、尼泊尔和印度支那大部分地区仍然占统治地位。在这种佛教中就没有把某种个体存在物作为崇拜对象。把这样的存在物作为世界始因在此是一种莫大的错误和亵渎。崇拜个体神对于正信的佛教徒是骂人话。这类佛教徒不崇拜任何个体神,他们容许许多幻想的存在物,但并没有把它们变成神,他们只信佛陀——这是一个人,他以自己的学说拯救众生,他弃绝一切个体性,一切意志和一切活动,处于绝对静止和无差别的涅槃之中。

当然,亚·伊·维坚斯基可以像许多学者一样,将此类宗教叫做无神论(虽然这是不正确的),他可以认为具有高大的佛寺的北传佛教胜于这种南传佛教,但问题依旧毫无改变。作者确认,他从全部宗教中抽象出上帝概念所同样必需的两种本质特征——超人性和个体目标意志,这些特征应当存在于一切宗教之中,毫无例外。然而我们现在所说的这种具有世界历史意义的宗教却与这种观点相矛盾。在正信的佛教徒的观念中,维坚斯基所确定的上帝必须同时具有的两个特征,是严格的和彻底分开的。这些流浪的僧人轻易地从先前宗教中继承了大量遗产——接受了许多人形的和兽形的神,这些神的行为是或多或少有目标的,虽然是神奇的;但这些僧人从这些神中永远除掉了其超人性和一切高于人的权力。另一方面,他们确立了一些新的宗教对象和某种绝对超越性的存在物或状态,但这些都是完全没有意志、目标、活动和个体性的。断定这种学说是无神论显然是不正确的。涅槃的神性不是一个空洞无物的词语,虽然十分明显,这个概念同维坚斯基教授认为绝对必需的上帝概念是相矛盾的。

我丝毫不怀疑,一般佛教,特别是南传佛教,是片面的、有缺陷的;为了不陷入语言的争论,我准备将佛教直接叫做错误的宗教。但是,如果要从全部现有宗教中做出某种结论,那么显然也必须考虑到此种宗教,尽管我们厌恶它。断言这种有2000年传统或4000万人信奉的学说不是宗教,这无异于幼稚的语言游戏。

二

另一种与维坚斯基教授的结论相矛盾的重要宗教是婆罗门教——这一学说的最高神圣权威是《吠陀》(广义来说也包括《乌婆尼沙昙》)。婆罗门教是一种十分庞杂的宗教,或许是依据共同经典和婆罗门种姓所信奉的若干宗教的总和。在这种共同基础上,包容了多种多样的信仰和崇拜物、不同的起源和时代性以及离奇古怪的观念或精密的哲学观念。这些多样性无须细究,只要知道它们都以经文《乌婆尼沙昙》为共同宗教基础就够了,就像对于确定伊斯兰教的上帝概念无须细究安拉、国王和教长的种种神话观念,而只需了解《古兰经》和与穆罕默德最有关的传说就够了一样。

《乌婆尼沙昙》的神圣学说宽容地对待民间诸神和敬神礼仪,它自己则坚决超越这种"实际的宗教",它追求全体的真正本质,追求世界的无限灵魂,其中一切都是一,消除了全部分离性和特殊性以及一切局部的和个体的差别。这种一切的灵魂或一切的精神不是像佛教的涅槃那样是纯粹消极性的:婆罗门的经文赋予这一绝对本质以一切可能的积极的物理和心理属性,赋予它以无限潜能——这些经文只是不承认一点,即此种绝对本质有一定意志活动和目标活动;或许《乌婆尼沙昙》经的作者不认为这是积极属性。由于这种观点,维坚斯基应当认定他们是无神论者,无论他们怎样不知疲倦地重申:真正的神是全体,而全体就是神;无论他们怎样表现为彻头彻尾的名副其实的泛神论者——都无济于事,正如他们使神具有绝对思维和无所不知的属性也无济于事一样。斯宾诺莎除了断言绝对实体具有广延性之外，还承认它也具有无限思维，这也是实体的必要属性；此外，他确信，绝对实体还有无限多的其他属性；但这一切都没有妨碍我们的作者指责斯宾诺莎的哲学是无神论，唯一理由仅仅是，斯宾诺莎否认神的实体具有追求目标的意志活动。在这一点上，斯宾诺莎主义与《乌婆尼沙昙》经的宗教学说无任何差别，因此就应当认为这两种学说都是泛神论，就像通常所作的那样；或者也同指责斯宾诺莎哲学一道，指责婆罗门教是无神论，而如果这样的话，就必须完全停止使用泛神论这一概念。维坚斯基教授却顺便指出，这一概念的本质是事物或世界的内在神性。然而，这种内在性与他所认定的上帝概念的第二个特征是相容的吗？维坚斯基教授所讲的人格，亦即具有自己意志和目标行为的个体，怎么能够同时有内在地固有他自身之外的行为对象呢？为了不陷入词语游戏，我们的作者就应当承认万物所内在具有的神是无人格的，因而承认，确认这种无人格之神的泛神论否定了上帝概念，和无神论一样了；这样一来，就应当拒绝使用"泛神论"这一术语本身，视其为重大误解之源。然而，要废除早已确定的和得到公认的哲学范畴，未必能够像废除旧纸币那样轻而易举。

三

我们的作者只字未提佛教和婆罗门教，却有失确切地说到了基督教。在说完上帝总是被想象为一个人格之后，维坚斯基教授在括号里补充道：这位人格或者具有一副面孔，如大多数情况下那样，或者具有三副面孔，如基督教的上帝。由于基督教的上帝是非肉体的,所以"面孔"一词在这里无论如何不能指肉体的面孔,而只能指形而上的或道德的人格。这样,"具有三副面孔的人格"这句话就等于"具有三重人格的人格"。这是什么意思?这难道不是无任何思想内容的词语组合吗?无论在基督教中,还是在另外某种宗教中,我们都没有遇到这样一种规定上帝概念的奇怪公式。实际上,在基督教中,上帝被定义为具有三个不可分割的位格的统一本质或本性,这个上帝概念虽然高出了仅限于有限物质领域的通常人类思维,但它也包含了一定思想,这种思想避开了逻辑矛盾,能够完全满足最高抽象思维的要求。总之,集三种永恒的完善的本质于一体的基督教上帝很难等同于维坚斯基教授所讲的上帝的"第二特征":因为目标的前提是追求目标者的不完善,正因为他不完善才追求目标;活动则要求有时间,只有在时间中才能进行活动。不应忘记,按照基督教教义,在圣三位一体的第二位——也就是与世界最接近的道(逻各斯)之中,神性在显现之前是由于"奴仆之身"而隐蔽不见的,所以,一切宗教的神人同感说只有在这一方面才能避免任何矛盾;而对于上帝概念本身,则无论如何都不能如此了。不应当像基督单性论者或天主受难论者那样,确认是神本身受难、死亡和复活①。

维坚斯基教授正确地指出,思想家对现有宗教概念进行改造

---

① 按照东正教的定义,只是由于基督是两种本性的真正结合,才可以说神受难、死亡和复活。正是在这个意义上,才说受难、死亡和复活者是真神;但不能说神本身或神的本原本身受难、死亡和复活——这样说既是荒唐,又是亵渎。简言之,东正教的神的定义反对基督单性论的定义就在于,基督受难、死亡和复活不是在神的方面,而是在人的方面。

或"重建"的权利应当是有限度的。这是毋庸置疑的:严肃的思想家不会给通行的术语加进某种权宜的内涵,不会用一个特定的词来胡乱指称一切东西。但是,在这里,要给思想家找到一个真正的、必要的限度,要比可敬的教授所想象的困难得多。不管在任何情况下,维坚斯基教授所指出的界限是无论如何也行不通的。在基督教的基本教义中,就已经对先前宗教的上帝概念做了根本改造,也包括对我们的作者认为不可触动的方面的改造。按照基督教观念,上帝的本质特征是绝对完善,不仅在道德意义上,而且在形而上学意义上的绝对完善,也就是说,上帝必然超越一切界限,超越时间,因而也超越孤立的目标活动,因为目标活动必须在时间中进行,而这种活动是我们的作者强加给上帝本身、也就是基督教的上帝的。

我不再执意追究在这位可敬的哲学家的观点与基督教教义的某些原理之间的这种不自觉的矛盾。维坚斯基在随后的论述中,在笼统地援引了一切宗教之后,自己不知不觉地、却又出乎读者意料地做出了这样一个声明,此声明统统废除了一切宗教。

[哲学能否证明信仰对象的真实存在]

四

虽然我认为指责斯宾诺莎哲学为无神论是完全不正确的,但我要马上指出,维坚斯基的这一指责与这位阿姆斯特丹的哲学家所经常受到的令人反感的人身攻击毫无共同之处:这位哲学家常被攻击"不信神"。我们所考察的这篇文章的可敬的作者,则坚决站在理论讨论的高度,竭力表达这样的观点:斯宾诺莎个人不是无神论者,他的内心具有宗教性格,只是由于他片面地、机械地发展了笛卡尔体系,所以导致了他消除上帝概念的观点,但出于善意的幻想,还保留了上帝一词,用以指称与上帝毫不相干的对象。斯宾诺莎是否的确如此,我们在后文中还要细究。在此则应当指出,亚·伊·维坚斯基与他向我们说的斯宾诺莎有某些共同之处。我们同样是站在纯粹理论或思想基础上,也丝毫不怀疑尊敬的维坚斯基教授对宗教利益和基督教原理的个人忠诚,但我们发现,对康德思想的片面发展不自觉地使我们的作者走向了这样的观点,哲学观点消除了一般宗教的本质内容和特定属性,亦即宗教的存在根据。

我们在第 165 页读到:"……上帝概念不适用于经验中给定的客体。假如这一概念适用于这样的客体,那么,它就应当符合自己的客体,若不符合,则哲学就有权改变此概念,而不消除这一概念的名称。但上帝概念中所蕴含的不是经验中所给定的东西,而是满足我们宗教需要的东西,由于这一切,对这种东西我们只是信仰,就像对存在物的信仰一样。在此信仰之后,当我们与哲学相遇的时候,我们当然就会对此信仰提出这样一个问题:我们的信仰是否正确,也就是说,我们所信之物是否存在"。

如此说来,当我们"只是信仰"上帝的时候,我们尚且不知,他是否真的存在,——我们虽信宗教,但按照维坚斯基教授的观点,我们还完全不能证明我们信仰对象的真实存在,我们为了证明这一点应当诉诸哲学,哲学不去从本质上或内容方面考察我们的宗教概念,而只是研究与这些概念相符合的现实对象是否存在。老实说,在读到这些言论的时候,我感到所说的仿佛是土星或水星上发生的事情,在那里也许一切都和我们从这个世界的经验中所得知的东西恰好相反。当然,我将不以自己的个人体验为证;但是在宗教领域,也像在人类精神的其他领域一样,有公认的"鉴定专家",他们就某些问题的论证具有决定意义,不依赖于任何个人意见。例如,下面就是"专家指示",我援引此段话仅仅是就其性质而言的,而与其权威性无关:"论到从起初原有的生命之道,就是我们所听见,所看见,亲眼见过,亲手摸过的。——这生命已经显现出来,我们也看见过,现在又作见证,将原与父同在,且显现与我们那永远的生命传给你们。——我们将所看见、所听见的传给你们,使你们与我们相交。我们乃是与父并他儿子耶稣基督相交的"(约翰一书,1:1—3)。

五

按照维坚斯基教授的观点,上帝概念不适用于经验中所给定的客体。而使徒约翰则特别强调,他的上帝概念正是适用于甚至外部感觉经验中所给定的对象。当然,不可能听到、看到、摸到神的本质,但是,要知道,对于一切本质本身来说都是如此。我们所感觉到的只是本质所表现出来的作用,这些作用对我们来说只是这些本质本身存在和内在本性的表现和特征。

与我认为是错误的康德经验概念不同,我丝毫不否认,在宗教经验与我们从中感知物理世界对象的经验之间,存在着重大差别。

但在我们所说的这一点上,此两类经验是完全相一致的。我们产生对太阳之真实存在的信念是与光和热的感觉分不开的,我们认为这些感觉是这一客体的作用;我们正是通过这些感觉而相信太阳的真实存在,而无须从天文学理论方面对此一信念作任何证明。假如我们站在主观唯心主义或幻想主义观点上,那么任何天文学都不能给我们证明太阳的存在。对于这一客体来说,科学的任务仅仅在于为我们提供关于被我们叫做太阳的这个现象总和的更清晰、更精确、更完满的新概念;至于某种在我们意识之外存在的现实是否与这些现象和概念相符合的问题,也就是关于对象的存在问题,则完全不是由科学所提出和解决的,科学只研究现象的关系。天文学家本人也像野人一样相信天体的客观存在。假如这位天文学家的思维陷入主观唯心主义观点,那么,一切望远镜的观察、光学分析和数学计算,都不能提供一项重要证据以证明太阳的真实存在;因为这一切科学资源都是建立在作为现象的天体概念范围内的,这一现象在我们意识内部是按照严格规定的秩序同其他现象相联系的。

尽管在其他方面多有不同,但我们所说的物理的太阳的可信性完全适用于精神的太阳的可信性问题。我们相信上帝真实存在是与宗教经验给我们提供的现象分不开的,我们认为这些现象是上帝对我们的作用。这对一切宗教都是正确的。古希腊人若不是在酒醉状态中感到酒神对自己的灵魂和肉体的作用,就不会相信酒神的存在。对基督教上帝的信仰是建立在他在人类历史经验中的完全显现之基础上的。当然,虽然这一经验集中表现在基督的世间生命事件中,但这并不是全部。谁也不会否认当年的使徒保罗、圣方济各或圣谢尔盖有真实的宗教经验。最后,还有间接的宗教经验,它们是与对他人的信任、与传统生活、与种族的或精神的统一性相联系的。这种间接经验对物理世界的对象也同样适用。即使不用望远镜,我也毫不怀疑我肉眼看不见的土星和其他天体的存在。

如果说对宗教客体之真实存在的信念是建立在宗教经验基础上的,那么,哲学在这方面的任务就仅仅在于改造和扩展这一经验,也就是使我们关于在真正宗教中所得到的事实的概念变得更精确、更清晰、更完满。哲学可以研究宗教对象,但既不能创造这些对象,也不能给我们提供对这些对象本身之真实存在的信念,正如天文学对于天体来说不能做到这一点一样。所谓上帝存在的证明,是徒劳无益的,这些证明有的是建立在逻辑错误基础上的,正如康德所指出的;有的(尤其是目的论证明和道德证明)则不自觉地从外在和内在经验材料中汲取力量,因此也实际上是支持了我们的观点。当然,我们对宗教对象的相信并不等于我们的宗教经验材料,但是,同样毫无疑问的是,这种相信是建立在这些经验材料基础上的,离开这些经验材料这种信念是不可能存在的,正如我们的天文学知识的可靠性不等于我们在天上看见和观测到的东西,但这种可靠性无疑只能建立在此经验材料基础之上。离开了这一经验材料基础就不可能有可靠信念。勒威耶[①]的著名发现就

---

① 勒威耶(Urbain Jean Joseph Leverrier,1811—1877年),法国天文学家。曾任巴黎大学理学院教授,巴黎天文台台长。与亚当斯同时用数学方法推算出海王星的位置。——译者

是一个鲜明的例证。第一，此发现所以能做出，是因为在经验中看到了其他天体现象以及在观测基础上计算出了它们的轨道；然而，第二，进一步的数学计算虽然使这位巴黎天文学家认为必然有一颗新行星存在，但这些计算本身不能使任何人相信这颗新行星确实存在，因为这有可能是个错误结论，像毕达哥拉斯派的"反地球"一样。只是在经过了经验检验之后，亦即在望远镜中确实发现了这颗行星之后，勒威耶的工作才获得了真正意义。实际上，许多天文学家每年都在发现新的小行星和彗星，对于这些天体存在的可信性，他们观测的事实就完全足够了。总之，在天文学成就中起主要作用的无疑是望远镜和光谱分析，也就是观测与经验的先进方式。假如种种所谓上帝存在的证明就能够给我们指出这样一些条件，我们可以在这些条件下得到对上帝的新认识，就像勒威耶的计算为天文学家指出了，他们应当把望远镜望向哪里才能看到新行星，那么，这些证明当然就会对宗教信仰的形成具有重要意义。

六

与对宗教对象的理论推论不同，一切真正宗教中的神，也就是崇拜或宗教体验的最高对象，必然被认为是在经验中给定的东西。这是此概念的第一特征，此特征不会遇到坚决反对的危险。佛教圣哲所崇拜和追求的涅槃对他来说不是抽象概念，而是某种他人体验过的和自己将要体验的东西。把自己内心中的绝对者体验为绝对脱离一切规定性的东西，正是这种内在经验使得佛教具有了其全部宗教内容，因而既不同于其他宗教，也有别于对无限之物的理论推论。婆罗门教徒对"全体之魂"的体认是在将人的全部身心力量集中于内心这样一种真正体验中得到的,在这种全神贯注的状态中,身心确实结为一体并与此宗教对象本身相一致,在这种"主客体同一"中人真正体验到了绝对之神。许多人都经历过和经历着泛神论的宗教体验——也就是内心体验到自己与万物统一的世界本体的同一性。完全未曾有过这样体验的偏重理性的思想家,则把这种内心状态叫做"狂热主义"或"幻想",然而这可以不予理会,更有甚者,我们知道,对许多人来说,全部宗教甚至全部"形而上学"都是狂热主义、幻想和迷信。

与万物统一的本体之交流,这种泛神论的体验是全部宗教学说的源泉。这种泛神论的体验同时给斯宾诺莎、歌德这样的思想家带来了深刻的宗教灵感。泛神论作为遥远的亚洲的民间宗教,在欧洲早已成为形而上学家和诗人所喜爱的宗教,对他们来说,这种泛神论不是抽象概念,而是活的体验。

但更为重要和美妙的是,建立在宗教体验基础上的绝对者思想——无论是对一切规定性的绝对否弃(佛教),还是一切存在的统一本体(婆罗门教)——都无疑作为一个从属要素进入了更富有内容的、以更深刻更完善的宗教经验(真正启示)为基础的基督教观念。我说的不是各种神秘主义的和诺斯替派的异端,这些异端想把这种东方神秘主义要素由从属要素变成决定要素,想在基督教的外壳下复活多神教,——我所说的那些完全正信的、在教会中享有权威的宗教著作家——也就是神学家、神秘主义者和苦修者。我首先指的是这样一些著作,由于其极高价值而被认为是圣徒亚略巴古提的狄奥尼修斯所作[1]，从5世纪以后成为教会中公认的权威；然后，我指的是这些著作的诠释者，深刻的思想家认信者马克西姆（约580—662年），他因在与基督一性论异端斗争中的正确信仰而遭割舌砍手之苦；最后，我指的是一些苦修圣徒所作的、以《爱善集》（Добротолюбие）作统称的各种著作，无论是古代的还是较晚近的。当然，这些文献并非基督教的完全表达，它们只表达了基督教的一个方面；但是，这些著作的流行性和权威性无可置疑地证明，它们所表达的基督教的那个方面具有本质意义，在规定基督教的上帝概念时必须考虑到这些著作。

在这方面应当指出一种基本的传统观点，在这一观点上前述著作的所有作者都是追随亚略巴古提的狄奥尼修斯的。他们都确信，上帝概念应当通过两条途径来确立：1)通过彻底地、绝对地否定上帝的一切规定性；2)通过赋予上帝以最高程度和绝对潜能上的一切肯定属性。

假如这位狄奥尼修斯的神秘主义观点是像斯宾诺莎的泛神论那样远离肯定的基督教的，那么，他就不会被奉为教父的真正法官和教会圣师了；而且，我想，恐怕这位威望甚高的教会神学家在关于上帝的思想上与斯宾诺莎有更多的内在共同性，而不是与维坚斯基。我说此话不是为了指责。维坚斯基教授完全有权更偏爱理性—思辨的上帝概念，而不是直觉的神秘主义思想。只有当维坚斯基教授把自己的权利变成公共义务、从基督教中排除它所无疑

---

[1] 即亚略巴古提或（托名）狄奥尼修斯著作汇集，包括《神秘神学》、《天国等级》、《教会等级》、《信件十札》等。——译者

固有的某种成分(虽然这种成分从某种哲学思维来看是不适宜的)的时候,我们才可以指责他。

七

我们完全同意亚·伊·维坚斯基的下述观点,即我们以自己的方式思考上帝概念的逻辑权利应当有自己的界限,此界限依赖于现实宗教的本质内容。但我们看到,作者所指的界限不符合真实的界限,他所提出的上帝概念的必然特征必须予以改造,才能满足一切宗教所固有的上帝概念。首先需要恢复被维坚斯基教授所忽略的甚至仿佛被他否定的特征,即此概念是以真正的宗教经验为基础的,正是这一特征使上帝概念成为宗教概念,亦即表达人与对象的活的关系的概念,而不是关于对象的抽象推理。然后,从作者所提出的特征中,应当直接接受的只有第一个。无疑,关于上帝的思想中包含着超越人性的概念,正如宗教本身就其概念来说就是虔敬或崇拜一样,这要求对象的超越性。当然,这里所说的超越性是有各个方面和各种程度的。而作者仿佛对这一超越性特征做了限定,他认为在"物质"、"飓风"这样的对象中不可能看到神。实际上,真正的物质和真正的飓风过去和现在都被作为崇敬的对象。有可能我们的作者所指的仅仅是物理学家和化学家关于物质及其现象的概念和假说,这些当然不会使任何人产生神的思想。这些由片面的理智所创造的平庸的神话,显然不能在任何方面超越于人,就更不可能是真正的物质和真正的飓风了。

至于第二个特征——个人自觉意志和目标行为,就更需要改造了。假如我们的作者是以否定形式表达自己的观点：神不可能被想象为无个性的、无意志的、无意识的和无目标行为的，那么，我们现在就可以同意他的观点，我们只需对此作某些解释就可以了。

　　断言上帝是无人格的、无意志的等等，这是不可能的，因为这就意味着使神低于人，或者意味着否定神的必然特征——超人性。当我们不无根据地断言某些对象，譬如家具、石头、圆木、沙土是无意志、无人格、无意识的时候，我们同时也就是认定有人格、有意识、有目标行为的人是超越于这些对象的，任何诡辩论都否认不了我们这个公理判断。但是，如果在这个意义上认为神是无个性的、无意志的等等，就意味着把神降低到比人的本性还低的物的水平，我们坚信，任何多神论的宗教和泛神论的哲学从来都不曾陷入这样明显的荒谬之中。但我们可敬的作者错误地认为，从不能认为神无人格之中必然得出断言神有人格，或者，用形式逻辑的语言来讲，他在相对立的事物中看到了矛盾关系，在存在第三种可能性的地方提出了非此即彼。

[基督教的个体人格概念]

八

　　"面孔"、"个体人格"完全不具有我们的作者强加给它们的固定不变的含义。且不说在罗马术语中个体人格（persona）仅指面具，就是现在，相应的词在所有语言中都是在两个完全不同意向上使用的。一方面，当说到个人尊严、个人权利、个人自由等等的时候,个体人格被理解为积极的独立性,是作为精神存在物的人所固有的属性,与被动的物质的人的消极属性不同。这就是说,在此人的个体性是与低级的、无人格的自然本质相对立的。但另一方面,当我们说,这是个体的人,c'ect un homme personnel, er ist nur einer personlichen Gesinnung fähig——当我们这样说的时候,人的个体性又是和人的最高尊严、使命相对立的,这里的个体性意味着自私自利。如果我们将此与福音书中的话加以对比,这方面的不同含义就更加清楚了:福音书说,谁若珍惜自己的灵魂,谁就是毁灭它,而谁若丧失自己的灵魂,谁就是拯救它(原文参见太10:39;16:25;可8:35;路9:24;17:33;约12:25)。当然,此中所言的对灵魂的拯救性的丧失不是指把人变成无灵魂的物,不是人的形而上本质的自杀,而仅仅是指从道德上消灭人的利己主义。福音书格言中所说的灵魂、我们提出所说的自我或个体人格,不是自我封闭的、具有自身内容、自身本质或自身存在意义的生命领域,而是另外的某种最高之物的体现者或承载者。当一个人服从于这种最高之物而忘记自我的时候,他仿佛失掉了自己,牺牲了自己,但实际上,他是在自己的真正意义和使命中确证了自己,使自己的个人生命充满了真正的内容,把自己的生命与此内容融为一体,使自己的生命成为永恒的生命。相反,一个人如果把自己的精力集中于自己的孤立灵魂,把生命的载体当做生命的内容,把生命的体现者当做生命的目的,也就是服从于利己主义,那么,他就毁掉了自己的灵魂,失掉了自己的真正个体人格,把它变成了空洞的或毫无内容的躯壳。利己主义只是个体人格的虚假的自我确立;而只有当个人自觉自愿地献身于另外的最高本原的时候,他才能真正地确立自身；利己主义实际上是个人与他的生活内容的分离——是存在的载体与存在的本质的分离，是生命存在与生活目的的脱离，是外在事实与内在价值的脱离，是生活本身与值得为此生活的东西之间的脱离。毫无疑问，这种脱离了生命本质的自我关注，就是道德的死亡和灵魂的毁灭。

这样，既然我们个体人格的自我独立和自我内容只是形式上的，而真正的独立性和内容只能是把自己作为另一种最高本原的载体，那么，可不可以有一个脱离我们个体生命而进入这种最高本原的概念呢？在这一最高本原中，我们的个体人格可以和应当依然保留，只是服从于这一本原并与它完全融为一体。是否必须认为这一最高本原也就是上帝，是超个性的呢？当然，可以表示异议，认为上帝虽然对我们、对我们的个体人格来说是超个性的，但其自身仍然是有个性的。但这样就会导致一种观点：上帝除了对我们的关系之外，也是一种和我们一样的个人，这种拟人化的上帝概念只适用于低级的多神教形式。我们有什么权利要求这位荷兰哲学家使自己的概念与多神论者的概念相一致呢？而如果我们从个体人格概念中排除一切不适合于多神论者的神的经验内容，那么，在个体人格概念中就没有任何具体的肯定性特征了，只剩下一个通过双重否定而得到的逻辑的肯定性：上帝不是无个性的，不是无意识的，不是无意志的，等等；这一定义是不可能与任何观察和心理分析材料相联系的，只有超个体性的存在状况而不是个体存在状况，才能取代所有这些双重否定。如果我们说，上帝是有思想的，但完全不是像我们一样的思想，上帝是有意识和意志的，但完全不是像我们这样的意识和意志等等——如果我们说这些，那么，与一切哲学的泛神论格格不入的、有积极宗教思想的人,就会马上同意我们的观点。但是,当我们把上帝定义为超个性的存在物的时候,我们只是用一句话表达了所有这些宗教公理,这句话只是限定上帝概念的适当的逻辑界限,既使上帝概念不混淆于无灵魂的、守旧的存在概念,又使其不混淆于经验个人的概念。然而,当我们说上帝是超个性的时候,我们完全不是赋予包容一切的、超时间的、永恒的存在以独立的个体人格——假如这样,我们便是也陷入了维坚斯基教授那样的语言游戏。

九

虽然上帝的超个性特征是在宗教发展的最高阶段更明显地表现出来的,但它在一切低级宗教中也已存在了,这使我们有理由把这一特征作为上帝概念本身的一般特征。尽管多神教的诸神都有似人性,但其中没有一个神符合这样一种固定的、明确的个体人格的观念,这个个体人格完全不取决于现成的自然本性,甚至脱离了这一本性。拜石、拜树、拜兽,都是真正的宗教崇拜,但在这些崇拜对象中找不到真正的个体人格,因为这些对象是与此石、此树、此兽必然地、不可分割地联系在一起的。在更高级的多神教形式(如古希腊和古埃及神话)中,太阳神之所以发光,是因为他具有太阳的发光本性,而不是他有发光的愿望;冥王之所以生活在阴间而不是在奥林匹斯山上,是因为他有在阴间生活的本性,而不是他更喜欢阴间并自己决定在这里;在创造了一切植物和动物的阿泰密斯女神(阿波罗的妹妹)身上,也很难找到按自己的意愿行事的个体人格;在伊希达女神(古埃及神话中掌管天、地、黄泉三界的女神)身上就更找不到了。显然,在这些存在物身上,自然与精神、必然与自由都是彼此交织在一起的,都不符合我们的个体人格概念。既然我们不能断言这些存在物是无个体性的,既然他们的本性由于强大的力量和坚不可摧而超越了我们的自然本性,那么,我们就应当容许承认他们具有一定的超个性。

人类意识的个体和群体的宗教感愈高,就愈是必然地、明确地把宗教意识的基本客体理解为超个性的。此必然性突出表现在关于三位一体和上帝显现的基督教基本教义之中。每个人本身只限于自己的一个位格,因此,把三个位格统一于一身的人就是超个体性的。再者,假如上帝本身已是个体人格,像维坚斯基教授所理解的自然人那样,也就无须特意变成人和在人中显现自身(道成肉身)了:本身就是个人的上帝就可以保持自身,而不必"成为肉身"了,就不必在自身中加入人的本性以便能为人所接受,向人显现自己,与人建立某种关系了。

[斯宾诺莎学说的失误和片面性]

十

在从物到人再到神的序列中,物的本质是无人格性的,人格性是人所独有的特点。最后,神本身,或作为绝对者的神,是超人格的。在这一点上,无论是泛神论还是佛教的消极主义,都是与基督教教义和哲学思辨的要求相同的。上帝本身的概念或绝对者的概念,从所有这些观点来看都是相同的。亚洲和欧洲的神秘主义者、亚历山大里亚的柏拉图主义者和犹太神秘哲学家、教会神父和独立思想家、波斯的苏菲和意大利的修士、红衣主教库萨的尼古拉和雅各布·波墨、亚略巴古提的狄奥尼修斯和斯宾诺莎、认信者马克西姆和谢林——他们所有人都同此一心地和众口一词地宣称神具有不可思议的和无法表达的绝对性。

在绝对者本身的最基本最原初的概念上是没有分歧的;分歧开始于上帝的第二类规定性,此类规定性在逻辑上是由神与一切非神之物的关系决定的。

绝对的神除自身之外不由任何东西决定(它是自因[causa sui])它又决定一切(它是一切的原因[causa omnium])。一切现有的东西都只在神之中拥有自己存在的最后根据和自己的实体。这样一种作为全部存在的唯一实体的神的概念,在逻辑上来自神的绝对性或真正神性的概念本身(因为假如无论任何东西的绝对根据在神之外,那么就会限制了神的绝对性和消灭了神性),这个统一实体的真理被多神论者在各种名称下传布,也被基督徒叫做主宰者的上帝,在这点上与犹太教徒和伊斯兰教徒是一致的。斯宾诺莎正是从我们的信经的这一不可缺少的基本部分中创造了一个完整的哲学体系。如果仅仅因为他的哲学停留在这一部分没有进一步发展,就断言他的哲学是无神论,这是不正确的,就仿佛由于欧几里得只研究初等几何而未涉及微积分,就确认他不是数学家,或者由于开普勒只限于太阳系的静力学而未研究太阳系和其他星系的起源,就说他不是天文学家一样。

当然,斯宾诺莎停留于绝对实体之上造成了他的一些重大失误。他在一切现有的东西中只看到那些从绝对实体的存在和思维中引出的一般属性和关系,把这种实体看作是全部现有之物的原因。他完全否定主宰者上帝本身的绝对生命,但他马上就把上帝定义为产生自然(我们的现象世界)的自然(natura naturans),而我们现象世界的自然则是被自然产生的自然(natura naturata),或对绝对第一因的正确表现。虽然对我们现在的思想来说,这种观点是完全不正确的,但是我们不应忘记,要在哲学上真正消除这种观点,只有用批判哲学的唯心主义,它指出,在绝对本质与现象世界之间必然有一个认识主体,这一主体仅从其功能的形式性来说就不能被认为是绝对的。这种观点打破了作为哲学体系或完整世界观的斯宾诺莎主义,但并没有把它变成无神论。

十一

斯宾诺莎哲学还有一个更大的片面性,或者说,斯宾诺莎的上帝概念还有一个更大的缺陷,就是仅仅看到绝对实体本身,而没有看到它的运动和发展。现实世界的对象除了具有现有的和共同的一般属性和关系之外,还有与此相对立的东西,还有发展、过程。这个世界不仅存在着,而且其中有某些东西正在形成或进行。除了世界的静态方面之外,还有它的动态方面,或者确切地说,它的历史方面。如果说绝对实体的思想可以把世界的存在和本质与神联系起来,那么,这一思想却不能给世界的发生或形成(werden)提供任何根据,不能使世界和人类的这一历史方面进入任何与神的积极关系。一旦承认和接受世界生命的历史方面的意义,斯宾诺莎的静态的泛神论就既不能满足宗教体验,也不能满足哲学思维了。上帝不可能只是几何学和物理学的上帝,它必须也是历史的上帝。但在斯宾诺莎的体系中几乎没有历史的上帝的位置。许多人都因这一缺陷而责难斯宾诺莎。必须做下列重要的附带说明,否则重复对斯宾诺莎的责难是不公正的。

1. 除了犹太教和基督教以及某些个别的哲学观点之外,在其他一切宗教和哲学体系中都没有历史因素。大多数信徒和思想家都没有把世界变化的总和理解为一个统一进程,通过这一进程而形成或实现某些新东西,而且进程具有一定的积极意义和方向。在一切多神教中,神从来没有在任何地方被理解为历史的上帝。不用说在印度和中国宗教哲学智慧的典型的反历史观点中,即便是在西方国家的宗教—哲学中,我们所遇到的也只是完善的静止,如埃及人的僵死的诸神,襁褓中的阿泰密斯,或者是不断运动,但只是一无所获的徒然运动,如荷马的奥林匹斯诸神。这种多神教所固有的对历史的理解还保留在基督教民族的双重信仰中;甚至在欧洲科学中,统一的历史过程概念也是在斯宾诺莎以后100年才开始出现的。可见,不仅斯宾诺莎的上帝概念中没有历史要素,而且大多数宗教和形而上学学说都不具备这一要素。所以不能因斯宾诺莎的上帝概念的这一缺陷而称之为无神论。

2. 如果承认在神之中有绝对完满的生命,我们就应当把神与世界历史过程联系起来,在神之中为人类集体的历史和个人灵魂的历史找到终极基础。我们确信神参与了世界生命和个人生命的全部事件;我们认为这一切都是必然进行的。但这就涉及到下列事实:神的参与方式——他是怎样进行参与的(quo modo fac-

tum)——也许我们全然不知:我们只知道,这种方式对神是适当的,或者说是符合他的绝对本质的;我们知道,神本身是按照神的方式加入宇宙和历史过程的。人对神在人中的现实参与的认识是不断增长的,这种认识是在启示中得到的,但在此不断增长的是人的方面。我们所知道的是神的本质和人的本质在基督身上的完美结合这一事实,我们可以理解这一事实的一切必然性或合理性;但这种结合的方式——怎样结合的,则是我们所不可能知晓的。无论在任何情况下,上帝作为历史的上帝,不是就上帝本身而言的,而是就其在人类中而言的,因此,上帝概念中缺少历史方面这一情况不能使斯宾诺莎成为无神论者,而至多只是个"无基督论者"。

既然历史过程是其中共同存在的神和人两方面的某种相互关系,那么无论如何也不应当把这一过程的一切条件和特征归结到一个方面,即神的方面。不应把历史过程与通常的人的活动相类比,例如,参与历史过程的人是按照目的行事的,但由此不能得出,参与历史过程的神也应当是按自己的目的行事的。这就好比说,从太阳光作用与灯光作用的类似性中,我们不能得出这样的结论:太阳也可以像灯一样用火柴点亮。

3. 最后,我们看到,虽然作为绝对实体的上帝概念对于宗教历史观来说是有缺陷的,但没有这样一种上帝概念就没有宗教历史观。实际上,一旦我们理解了作为绝对实体或万物主宰者的神,我们也就能够感到把存在物的一切方面包括历史形成方面与神相联系的逻辑必要性。而如果我们没有把神理解为绝对者或万物统一者,我们就会像无神论者一样,毫不介意地认为神就是神本身,而世界(包括自己的历史)也是世界本身。我认为,斯宾诺莎的静止的无神论是黑格尔的历史泛神论及后来的积极的基督教哲学产生的必要前提,这是毫无疑问的。

十二

我还想就亚·伊·维坚斯基的下述观点说几句。他认为,何以有宗教情绪的哲学家斯宾诺莎却创造了一种无神论哲学,真正的元凶是笛卡尔。

维坚斯基教授说:"当然,笛卡尔不仅有上帝的名称,而且有上帝概念。因为不论他在自己的几何学式的叙述中怎样定义上帝,他的上帝毕竟是按目的行事的,比如说,会避免欺骗,而不是盲无目的的无限实体。但是,众所周知,这个上帝在笛卡尔那里,只具有辅助的作用:他借助于这一上帝概念,把那些他不会通过其他途径使之相互联系起来的东西联系起来,正如阿那克萨戈拉不会以机械方式解释某种东西时就求助于理性概念一样。就像文德尔班所正确指出的:'假如物质概念能像上帝概念一样为笛卡尔效力,那么他就会像对待上帝概念一样对待物质概念'。这样,上帝概念仅起辅助作用且尽量回避上帝概念的笛卡尔哲学,就一定产生泛神论而不是其他流派吗?这种哲学不是显然可以同样轻易地产生无神论吗?我们没有忘记,拉美特利在发展自己的唯物主义时更情愿援引笛卡尔,而不是一切其他作家"(第181页)。

维坚斯基在后文(第183页)中写道:"如果有谁彻底贯彻现实关系与逻辑关系的同一性原则,像笛卡尔一样把一切行为和状态看作是结果,而把原因看作是根据,那么他就完全陷入了从这一同一性中产生的纯粹机械论的世界观,他就会比笛卡尔更彻底地贯彻这一同一性原则。这样一来,统一的实体也就失去了一切目的活动,一切都是实体本质的逻辑必然结果,就是说,实体已不再近于上帝概念。笛卡尔哲学就是通过这样的途径造成了斯宾诺莎哲学中的无神论;这是由于,由笛卡尔开始的,斯宾诺莎贯彻的现实关系与逻辑关系的同一性原则,导致了纯粹机械论的世界观,斯宾诺莎就完全陷入了这种世界观"。

作者最后写道:"也许有人会问我,为什么在笛卡尔影响下产生的其他体系,如马勒伯朗士和莱布尼茨哲学,却不具有无神论性质呢? 这是由于,这些体系中没有一个是纯粹机械论;在机会论中的上帝活动是符合我们愿望的,因为上帝是按照我们的愿望行事的,而这些愿望还没有被看作是逻辑的必然性。此外,马勒伯朗士的上帝是按照理念,也就是按照目的创造世界的。在莱布尼茨那里,整个世界最终都被做了神学解释。这样,在他们的体系中没有纯粹机械论,也就是没有产生斯宾诺莎学说之无神论的原因,因此也就没有无神论"(第184页)。

我不想讨论具有无限思维实体的斯宾诺莎哲学是否可以被定义为纯粹机械论世界观的问题,也不想涉及作者关于现实关系与逻辑关系的同一性原则必然导致纯粹机械论世界观的观点——我只指出作者上述一切解释中的基本内在矛盾。既然笛卡尔体系包含着向有神论方面发展的可能性,而马勒伯朗士作为一个有宗教思想的人,正是在这方面发展了自己老师的哲学,那么,斯宾诺莎作为同样有宗教思想的人而不是无神论者,为什么不可以也这样做呢？为什么他一定要从笛卡尔那里接受那种导致与他个人情感和观点不相容的无神论的思想呢？他为什么没有向那些倾向于无神的人们展示笛卡尔主义的无神论因素，就像作者所指出的唯物主义作家拉美特利一样？因为一般来说学生总是从老师那里接受和发展更适合于自己的思想。必然，在黑格尔主义者中，一些神学家和虔信主义者把自己老师的体系变成了对正统路德神学的哲学注解，而一些具有另一种思想倾向的人则从黑格尔体系中得出了激进的无神论。至于斯宾诺莎，则必然是下述两种情况之一：或者，他从笛卡尔学说中引出无神论观点，而不是任何其他观点，因为按照自己的个人信念和情感来说，他是倾向于无神论的——但维坚斯基教授也不同意这一点；或者，应当承认，斯宾诺莎哲学完全不是无神论，而是一种泛神论，这在本质上是与他思想的宗教直觉的泛神论倾向相一致的。

※　　※　　※

斯宾诺莎哲学给我们提供的上帝概念虽然不完善，但它符合人们崇敬上帝和思考上帝的第一要求。许多有宗教情绪的人在这种哲学中找到了精神支持。所写这篇简短的辩护，首先是由一种感激之情所引起的，就是感激我思想转折的青年时代的斯宾诺莎主义，不仅在哲学方面，而且在宗教方面。最后我还应当感谢尊敬的维坚斯基教授，他清楚有趣地提出问题激发我偿还了一份旧债，让我没有继续拖延下去。

17. 谢·特鲁别茨科伊

谢尔盖·尼古拉耶维奇·特鲁别茨科伊(Сергей Николаевич Трубецкой,1862—1905 年)——俄国哲学家,政论家,社会活动家。毕业于莫斯科大学历史—语文系,毕业后留校哲学教研室任教,1890 年答辩硕士论文《古希腊的形而上学》,1900 年答辩博士论文《逻各斯学说史》并获客座教授职位。他积极参加社会活动,支持大学自主。1905 年当选莫斯科大学校长,但在任校长几个月后不幸病逝。特鲁别茨科伊与他的弟弟叶甫根尼·特鲁别茨科伊都是索洛维约夫的朋友,青年时代即受索洛维约夫影响,在哲学观上具有基督教与柏拉图主义相结合的特点,但不认同索洛维约夫的神秘主义。在其主要著作《唯心主义的基础》(1896 年)一书中叙述了自己的"具体唯心主义",不同于德国古典哲学的"抽象唯心主义",其出发点不是黑格尔式的"纯存在"(чистое бытие),而是具体存在者(сущее)。在《论人类意识的本性》(1891 年)一书中深入讨论了个体性与普遍性的相互关系问题,他指出人的意识既不属于单独的经验个体,也不属于普遍的人类,他继承斯拉夫主义传统,得出结论,个人的、有限的意识只有在"聚合的"、共同的意识中才能得到理解。只有把聚合性(соборность)作为意识的本质,才能保证认识的客观性。

《论人类意识的本性》(1891年)[①]

第二章 第三节

对意识的内在分析

从心理学角度研究社会生活和社会发展时,我们从这种生活和发展中发现,在各个独立个体意识领域的有机联系中,意识具有活的继承性。无须诉诸催眠实验和所谓的"心理暗示"现象的佐证(它们能明显证明各个独立意识之间的相互渗透关系),我们就能发现它们之间具有稳定而正常的本质联系,此联系决定了个人心灵生活的全部结构。因为,如果从我们个人意识中消除我们与其他先前或现有意识的有机联系,如果从我们的个人意识中摒弃所有继承下来的、曾经和正在被灌输给我们的东西,那么,意识就会既失去形式,也失去内容,就会变成虚无。

到目前为止,我们所谈论的都是依赖于生理和社会条件的意识。但意识的类的原则(它将彼此独立的意识联系起来)和普遍形式(绝对的理想化的意识在这些形式中得以实现),可以通过心理分析在个体的人的意识中揭示出来。对该问题的详尽研究需要借助心理学、逻辑学、伦理学等一整套体系,我们不得已只能局限于

[①] 选自《特鲁别茨科伊著作集》(Трубецкой С. Н. Сочинения. Москва. Изд. «Паука». 1994. С. 564—593)。

稍作说明，以作为对前文已述内容的补充。

[感觉—记忆—想象]

1. 我们知道，人是前人经验、机体和感觉的继承者，一切人类情感、感知方式、一切本能和欲望都被继承下来，就像我们的器官和心理生理组成结构一样。如我们所见，感觉能力是个人意识的类的基础。所以，正是在意识和感觉里我们可以揭示那些类的、普遍的成分。

我们不自觉地认为所有感觉的属性都具有完全的实在性，并且难以设想，这些属性仅取决于我们主观的、个人的感觉，仅靠我们的视觉和听觉。光、热、硬度、声音、颜色被"素朴的意识"当成事物的客观属性。我们通常认为，太阳的照耀，大海的喧嚣，鲜花的芬芳，这些都不依赖于我们的个人感觉。我们所指的不仅是，在某些现象在场的时候我们能体验到相应的感觉；当我们谈论在人类出现之前发生的世界物理过程时，我们假定了在我们之外存在的不仅仅是感性现象的可能性，不单是这些现象的形式条件。如果我们现在理解，所有被感觉到的事物必须以某种感觉者为前提，那么很显然，影响物质世界的感觉性不可能是主观的：在承认物质世界的客观现实性的时候，我们就假定了在**人类出现**之前有普遍的、类人的感觉能力。因此，在我们每一次实际感觉里，我们都不自觉地认为我们的感觉能力是普遍的、通用的。物体所具有的普遍的、基本的性能和可感觉属性，作为编织世界的主要元素，符合感觉的基本种类，感觉的基本要素。宇宙是可感觉的，因为我们承认它的客观性，我们假定有与我们的个人感觉相关的普遍感觉。

2.心理学中有一个最吸引人的问题(我们不准备解决这个问题)，就是研究感觉要素(即感觉的个别形式)是如何被人所意识到的。声觉、色觉及其相关器官是我们与生俱来的，但同时，在没有相应感觉之前，我们浑然不知它们的存在。我们假定了各种感觉性质是不依赖于我们而客观存在的和普遍的，但在我们却不是在获得对这些性质的感觉之前，就承认它们的存在。我们对它们没有任何原始的概念。我甚至认为，其实我们从来没有对这些感觉的非常**抽象**的概念，就像我们没有任何关于它们的严格个性化的表象一样[①]。我们曾经指出，无论表象还是概念，都不是意识的初始类型，而是从那些融个别和一般为一体的原始不确定形式中发展而来的。无论感性的生理条件如何，它首先是一种**心理**能力，就像与单独种类的感知相符合的知觉也是这样的心理能力一样。因此，可以认为，正如在我们进行知觉活动的机体里有对感性材料(声音、光线等)进行感知的禀赋一样，在人的不发达的感性中，在他的知觉本身中，也暗含着对这些感性材料**共同的**、类的**表象**。这是一些完全被遗忘的、沉睡的、潜在的表象。但是许许多多的感觉和知觉可以唤醒我们意识里的这些表象。因此，遗忘仿佛发生在记忆之前，是记忆的原始形式。柏拉图从回忆中解释知识，把辨认看做是认识的开端，他的观点在我们看来是非常正确的。对此，还完全不必和柏拉图一起假定人事先存在于某种理想的灵魂世

---

① 如果我运用了某种不确定的象征形式来作为颜色、声音等的表象，那么，我完全意识到，这样的表象具有假定性、辅助性。

界里。只需承认，所有包容全部个人经验的个人记忆是在类的遗传性基础上发展的，就足够了。否则就难以解释所有我们的基本的感觉表象和所有的意识经验所潜在具有的普遍性和类的性质。我们在文章开头已经提到了，我们的表象、记忆和意识都一般具有类的基础；我们曾指出，这一基础不仅是由彼此之间的联系决定的，而且在于，我们的表象被保存在意识中，就像它们自身具有自然的概括能力一样。正是由于先前的记忆，我们有时候只需体会一次便能从事物的属性中了解事物本身并记住它；我们有时只需一点经验就可以概括一种现象。因为，记忆中的一切都很容易概括，所以一定数量的表象都可能会无明显变化地重复无数次。

3. 什么是记忆？在意识中它有何意义？有关这一问题，有多少心理学家就有多少答案，如同在描述不同对象的时候，每个人都会按照自己的方式记忆一样。事实上，大家众说纷纭，我们也不想再提出新观点。一部分心理学家把记忆看做是意识的一般潜能，另一些心理学家则将记忆与意识等同，还有些心理学家认为记忆只是意识的一种特殊形式。我们更不必说心理物理学领域中的多种理论了。所有的观点都会既有很多支持者也有很多反对者——这都取决于如何看待记忆。

一方面，记忆潜在地包含着我们表象的全部因素。另一方面，自然界中任何地方都不曾存在一种抽象的能力，**纯粹的潜能**：只有强弱不同的作用力和压力，因此，记忆，作为所有可能回忆的总和，有强弱之分，但总是来自于生活的某一层面。接下来，**记忆不可能无条件的与时常超越现在和过去的意识相等同**。因此可以说，意识永远高于简单的记忆，即便记忆正是意识的基础。在每一个给定的时刻,我们意识到的只是我们记忆中的很少一部分;但是在这对记忆内容的意识里,在这回忆中,有某种比简单的记忆更多的东西。这里有某种心理活动,有明确的、有时是完全自觉的、故意的行为,在这一行为中,我把某些表象客观化,有时把它们作为一系列与现实的或曾经实在的现象相关的回忆来**思考**。因此,在滞留的记忆表象中,掺杂着一系列复杂的心理和逻辑过程。这里包括选择、注意、想象,思维等。但同时很明显的是,**记忆并非是与其他意识活动相隔离的一种特殊的意识活动**。因为,如果没有记忆,不仅对事物的了解、经验和认识都难以想象,而且还缺乏从一种状态向另一种状态的任何明显过渡。如果一种状态没有被保留,没有留下任何心理印迹,并被一系列同样没有留下印迹而消失的连续状态所取代,那么,就没有意识的任何连续性,没有时间和空间意识,也就没有任何明确的意识。因为,意识高于个别的状态,高于时刻和空间关系,意识之所以可以感觉到它们,就是因为意识中包含着那些连续的和独立的时刻、状态和关系的理想综合。

我们可以记住太多太多内容。记忆是一种记的能力,以及所有记住的事物的集合,因为它是实际存在的,而不可能是纯粹的潜能。如果不与我们已经记住的东西相嫁接,那我们就什么也记不住,所以记忆的能力与记忆的丰富内容直接相关。无论我们的研究如何深入,我们在记忆中都无法找到与其他回忆没有联系的独立的回忆。再比如说——我们根本无法指出记忆的原始点。因为,如果我们保留了我们认为是生命中最早的回忆,即对某一事件,某一个人的回忆,那这也仅仅是已经保留下来的复杂回忆当中的最早的回忆,如果我们没有那么多先前的最简单的回忆,我们是不能领会、意识和自我保留这些最早的回忆的。最后,根据我们所能作出的评判,如果在我们的感觉里,在我们进行感觉活动的机体里没有遗传性的类的记忆,那么,这些先前的最简单的回忆是不可能在我们的脑海中形成和保留的。如果不是这样,它们就不能被了解、被意识和被保留。因此,记忆和感觉相互渗透,并且如果一部分人认为记忆来源于感觉,相应地,感觉如果没有记忆也是无法解释的。

我们已经发现,意识是一个返祖的、遗传的过程;这一点的最切近的表现形式应该说是记忆。仅从一个原因就可以把记忆现象归结为生理遗传,这就是,在大脑物质和大脑细胞的不断更新中,回忆却能够保存下来。心理属性在个人的机体中从一个粒子传达到另一个粒子,就如同种族代代相传一样。但是,从另一方面来看,机体遗传现象本身也可以归结为机体成分的记忆,归结为机体保存一定的、无限复杂的运动形式的心理能力。这正是海克尔[①]的假说。根据这位著名自然主义者的观点,在机体形态和功能的遗传中和在胚胎发展过程中的同一样式,只能根据活细胞及其粒子的这一心理属性加以解释。所有动物的胚胎卵是相同的,个别种类的动物在发展过程中形成的不同的最终有机形式无论在卵子还是精子中都没有留下丝毫痕迹。因此,差异性就在于细胞粒子的生命记忆。不同动物的这些细胞粒子以不同的方式发挥作用,

---

① 恩斯特·海克尔(Эрнст Геккель,1834—1919年),德国动物学家和哲学家,倾向于唯物主义,支持和宣传生物进化思想。恩格斯在《反杜林论》中对他的思想有所评论。他的主要著作之一《宇宙之谜,生物哲学普通教程》(1899年出版,中译本,上海人民出版社,1974年版)在20世纪初的俄罗斯享有广泛声誉。——译者

重复着无限复杂的行动和过程。因此,差异性实质上重新被归结为记忆的不同种类,或者,几乎同样地,被归结为类思想的不同。

总之,如果记忆复杂现象的基础是某种生理过程,那么同样,所有有生命的过程的基础就是某种有机的生命记忆。但是,无论我们如何看待遗传和记忆之间的相互关系,无论我们是否与格林和海克尔一道承认遗传是机体记忆的结果或者说记忆是心理形态和心理行为遗传性转移的结果,——下面两点都是清楚的,**首先**,记忆本身是一种纯粹的心理属性,它很少像被归结为机械属性和活动,像意识本身那样;**其次**,这种从心理学角度研究的记忆超出了个体性的界限,保留着传统的、被继承下来的成分。我们在研究动物本能的时候已经提到过这一点。无论我们如何对自己解释遗传是一种物理现象,我们都认为**心理学上的遗传性是类的记忆**,即**一部分个体的先前意识在其他个体的当前意识中继续存在**。

4. 还有另外一种精神能力比记忆更扑朔迷离,那就是想象,它同样贯穿于我们意识的各个领域,同样被我们人为地从其他精神活动中抽取出来。如同记忆一样,想象决定着意识,如果说没有记忆提供素材,想象是不可思议的,那么,记忆本身和当下的回忆如果没有想象,也是不可思议的。同表象所具有的有机的类的普遍性一样,应该指出,表象还倾向于个体化,倾向于通过某种形象体现,倾向于表达或者**想象**。这种能力,毫无疑问,已更加具有个体性,与我们的意愿,它的快乐还是痛苦有直接关系。通过仔细的自我观察我们发现,的确,任何表象或者一组表象都不可能是绝对个体性的。每一组表象的周围总是有一系列其他的、隐含的表象伴随,它们按照模糊程度以该组表象为中心层层包围,仿佛构成了这组表象的普遍环境。在这种情况下,这些并发的一系列表象中每一层都具有特定程度的稳定性和强度。中心的表象依靠自己的心理环境存活,需要心理环境提供给它具体的**想象**。一个核心面貌需要在形象的整篇长诗中来体现;一种观念需要在概念的整套体系中来发展;一种思想、一种欲望经常控制着人的意识,使其他的一些附属表象服从于自己。所以,哪种心理状态发展得越强烈、越明显,那么,它的环境就会越宽广,乃至逐渐占据意识的全部通常领域,如果人尚未被新的印象所控制的话。那些伴随的表象的范围相互渗透,彼此交错,改变着自己的次序和强度。但当意识集中精力于某一焦点的时候,那些并发的表象仍然围绕在意识周围不断发生变化。这种稳定的状态在某些情况下表现得越来越强:它通过复杂的一组表象体现出来,这组表象有时获得的是虚幻的实在性,成为依靠我们活着的心理寄生虫。无论是梦里还是现实,童年时代还是成年时期,人经常会受到表象的折磨。野人会崇拜由他的部落集体想象出来的诸神的幻影。小孩会害怕曾被他的祖先认为是神的那些童话形象。于是,我们所有人都为这些形象而高兴、追逐幻影、又害怕幻影。各种幻影使人在个人生活和社会生活都经受痛苦,让生活充斥着谎言。

　　在一些特殊的病态场合,我们发现人真正被表象所控制;在正常心灵生活的每一步,我们都能找到类似的现象,只不过程度较弱而已。每一种明显的、可区分的表象,每一种被体现出来的情感或欲望,每一种具有形象的思想,都生活在我们的意识里;这不是消极的思维素材,而是一些并非总能轻易控制的鲜活成分。在同引诱我们的思想,或者在同众多无序的表象中分散我们注意力的漫不经心做斗争时,我们很容易确信,思维本身就是一种主观任性过程。于是,在观察那些无序的表象以及我们想象出来的任意形象时,我们发现,它们仿佛都有自己的欲望、自己的追求和目的,经常与我们自己的设定相反。同被我们意识光芒集中照耀的那些清晰的表象层一道,我们可以在我们的注意力突然转移的时候,分辨出很多相互交错的、黯淡的、半梦半醒的表象。在接近睡眠的状态下,当意识的光芒开始四处分散,它们会用微弱的余光照耀着这些并行的表象。我们很容易确信,无论在梦里还是在现实中,我们脑海中都会出现很多我们不曾见过的梦。从这些作为意识产生之内在原因的深浅不一的梦里,生发出很多形象、思想、情感、回忆和预见,它们偶尔会莫明其妙地跳到清晰的意识层。

因此,对意识作内在的、心理的分析,可以揭示出意识中隐藏着的多样统一性,这种统一性已被心理生理学所证实。决定我们意识里的所有表象的想象,像记忆一样,不是一开始就是人的个人任意活动:我们只能在有限的程度上控制它,并且只有在长期的坚持不懈的内心工作之后才能做到。即便借助最细致的分析,我们也不可能在这个领域里区分出来哪些东西是个人的,哪些东西是被我们继承下来的,主要是由不断围绕在我们周围的理性存在物直接或间接灌输给我们的。因为各种表象相互沟通,从一个人传递到另一个人,它们也生活在人的社会里,正如生活在每一个独立的个体里一样;并且它们在自己的社会生活中得以发展和普遍化。假如我们要谈论有关集体想象的问题,那我们就不得不写出一整本著作。只一个语言就可以构成社会心理学的一大章。为了不举过多的例子,我们只说不同宗教中诸神的历史,诸神的艺术类型的历史,一般地说,就是艺术和文学史。其中,每一部真实的文学作品就是一个**全人类的形象**,具有**自己的**社会历史,有时涵盖几代人。在某一民族的生活中,一切伟大的事件都演变成**社会表象**,这一表象继续在该民族中生存和发展;任何一个伟大的个人,偶尔还在他在世的时候,就被典范化为不朽的民族英雄形象。在这一典范化过程中,在自己的社会表象里,伟大人物和重大的事件都被全民族真切的体会和掌握,成为民族的历史,成为**共同意识**的永久成分或因素。因此,民族的历史演变为一种民族启示,有时变成圣经;所以这种民族启示往往比那些担当民族发展进程中主要支柱的偶然事件这些现实本身更含义深远、**更具历史意义**。因为,历史并不是哪个民族所发生的各种事件的简单综合,而是它所真实经历和体验的东西。

[个性意识——外物意识]

5. 整个所谓的心理学,从简单的自我观察到心理生理实验,使我们确信个性和意识之间存在差异。如果将两者等同,我们就会否定个性。个人的自我意识只有在我们出世后经过很长时间才被唤醒。做梦、昏迷、患僵直症以及当大脑受到各种损伤、但仍有些许意识的时候,"个性"会消失和被遗忘。在所谓的"人格分裂"现象、"精神分裂"现象中,我们看到在同一个身体里仿佛存在几种个性,几种彼此共存的离散记忆。在正常生活中,当我们在体会我们的梦境和幻想,观察孩子们的游戏,领会诗人的创作和演员的舞台艺术的时候,我们确信我们的精神活动处于一种下意识的、创造性的紧张状态,它不局限于创造形象,有时候我们的整个存在都从属于这些形象,从而使这些形象活跃起来,把它们**体现**出来。我们此时接触的是虚构的、梦幻的,但同时又很紧张的生活,——是虚构的,但往往是非常强烈的痛苦和快乐。在我们每个人身上仿佛都隐藏着几种不同的、只是等待出现机会的潜在个性;或者,更确切的说,每一个个性化的形象或者感觉都可以出现在个性的位置。因为当核心的意志从意识场中被排挤出去,当被延迟的活动和被规定的想象完全或者部分瘫痪的时候,个别形象、个别**角色**或者潜在的个性,就可以代替处于休眠状态的正常个性。这种角色可以由旁人的理性和意志灌输给人,或者在难以觉察的回忆和印象影响下自发的发展起来。因为任何形象或者回忆都可以引起我们重复的和表情的活动。赋予自身的想象力求再现一个个性鲜明的形象;当在被催眠的主体中,所有的意识光芒都集中于某一种思想(所谓的单一概念)的时候,这种思想可以获得非同寻常的鲜明的戏剧性发展。一个在自己的角色中忘记了自己的演员,会全身心地投入这个角色,会自动地、准确无误地完成我这个角色的充分展现所需要完成的一系列动作。

以上所述现象很自然地被这样一些心理学家们反复解释,他们将个性和个性的意识等同起来或者将意识视为人的主观性的、个性的机能。从这个意义上来看,"催眠现象",其实也和对正常心理活动的正确观察一样,给抽象唯灵论带来打击要比给唯物主义本身的打击更加显著。很多研究者把这一现象看做是反对个性实际存在的经验证据。意识分裂,健忘症,几种记忆和几种个性的并存,——所有这些依赖于某种生理改变而出现的现象,根据某些心理学家的看法,都证明了作为意识来源和条件的个性是完全不存在的,个性就是一种普通的意识现象,没有任何先验的现实性:人的个性不是某种个体的东西,因为意识不是个体性的。

心灵感应[1]现象有着奇怪的命运。自从有人类以来,它们就处处众所周知,引起恐惧和误解。只有到了我们今天,科学才开始承认心灵感应的存在,尽管有某些彼此对立的学派的继续反对。唯物主义者拒绝这种现象是因为,在心灵感应中,显然,是不同个体之间有某种现实的**心理**联系在起作用。唯灵论者则像拒绝大脑生理学或一般自然科学的最可靠结论一样拒绝心灵感应现象,因为这些结论不可能与唯灵论者关于众多无身体的、自我封闭的个体性的观念相一致。

这种现象是大脑最真实的生理反应结果或者是一种自然现象,因为他们不会把这种反映结果同自己内心对众多无形的、隐蔽个性的设想等同起来。无论如何,只以这些现象为根据什么也不可能建立;但是,基于这个原因而重新燃起的关于个性的本质的争论,在根本上依赖于这样一种流行的观点,即把意识看做是统一个性的机能,或把意识看做是某种与个性、与人的"灵魂"同一的东西。

6. 实际上,个性通常被理解为三种或四种东西,它们一部分完全不同、一部分彼此紧密相连,由此引起了很多误解和混淆,使本就很复杂的问题变得更麻烦。个性**首先**是指每个人向我们表现

---

[1] 心灵感应现象是指一种个性向另一种个性"空间"转移的心理行为,即不通过生理或者物理途径直接实现的心理行为。

出来的经验个体性,具有自己特点和性格特征;**其次**,个性是指内在的个体性,即从自我意识观点来看的个体性[①];**再次**,个性就是指"我",即意识的必要的主体,它总是与自身等同,决定意识的统一,**最后**,个性就是灵魂,是那个不可见的、我的意志和思想的现实主体,是我所有能力和活动的载体,这一载体在经验上从人的外貌和道德面貌中体现出来,它意识到自己的"我"就是自己个人的代词。因为在语言中,就像在我们的概念里一样,这个被我们所意识到的"我"只能是另外一个我们所假设的主体的代词,该主体谁也看不见,谁也不能真正了解。

显然,被我们赋予如此不同形象的灵魂,不可能和我们的外部表现或我们对自己的感觉、臆想相等同。同样显然的是,它也不可能只是意识的主体;这个我们在自己身上直接意识到的**我**,本身是与我们的意识有区别的东西。我思故我在;但是我认为,当我不思考和暂时丧失意识的时候,我也是存在的。

存在着意志和意识的某种现实主体,它与身体现象以及偶然的内心激情和状态不同——这种现实主体的存在对我们来说具有最高的、内在的主观可靠性;对于我们每一个人来说,我们自己的**我**,自己的存在——这是比什么都更真实可靠的。但是当说到灵魂的存在或灵魂不死的时候,所指的是客观的、绝对的存在,普遍的可靠性。我的灵魂不仅是对于自己,而且一般来讲对所有人来说是存在的吗?她是不是普遍的、客观的存在?在主观方面是无

---

① 从这里已经出现了道德上的"人格分裂"的某些危险:我有时成为另外一个人,而不是我自己,我对所有人来说不是同样的;也可以从不同角度看自己。

可争议的。我无法想象我的"我"不存在或者"我"在某个时候就消失了。这是一种合理的主观信仰或者感觉,也可以说是一种合理的**意识**:当我进入自己存在的意识深处中,意识到自己的道德现实性时,我无法想象我会变成虚无。但是,当我在其他一切经验现象方面客观地思考自己的时候,我不仅承认自己的消亡不可避免,而且很容易怀疑现实的"我"和灵魂的存在。

是否有灵魂,人的真正个性,它是不是客观存在?可否客观地认识灵魂,证实它的存在?形而上学的心理学是否可能?灵魂是不是可认知的客体?野蛮民族和所有时代的唯灵论者都断定,灵魂是一种应该加以感知甚至进行实验的客观现象。但即使允许这种现象存在,那么能否将幻觉和灵魂等同起来,将灵魂问题和幻觉问题写在同一块黑板上呢?唯一应该进行科学研究的客观心理现象,是心理物理现象。心理学中唯一的科学方法**也许**只有实验心理物理学方法,实验心理物理学不提出形而上学问题,而是要弄清有机体过程和灵魂过程之间的具体联系。但是,我们发现,被错误理解的心理物理学导致直接否定灵魂——因为她冒充**完整的**心理学。实际上心理物理学研究的不是灵魂,而是研究我们体内与心理过程相关的物理现象。对于科学的心理物理学来说,灵魂可以、也应该是有疑问的。就像对于几何学家来说不存在身体的物理属性一样,对于心理生理学家来说,也不存在灵魂的精神本性。因此很明显,心理生理现象不是客观的、重要的精神现象,它们自身既不能证明精神的个体性、也不能证明精神的存在,就其本身而言,还不如说心理物理现象是反对精神存在的。究竟在什么地方、在什么条件下精神才可能具有客观的,普遍的现实性呢?

个性和灵魂概念本身为我们回答这一问题作了某些指示。因为**个性**这一概念首先是一种道德—法律概念,它是在道德和法律关系影响下形成的;而灵魂观念是一种原始的**宗教**观念,是在各民族**宗教**生活的影响下发展起来的,就像所有诸如永生、复活等概念一样①。这样,我们完全不可能预先解决人的精神个性问题,我们看到,人只有在**社会**中才能获得关于个性的概念本身。人的个性就是**目的本身**——这就是道德意识的基本推断。我们周围的其他人对于我们来说不是手段,而是在我们行为中、我们与他们交往过程中的目的本身。在意识到自己独特性的时候,我们还要求其他人普遍承认我们的合法**权利**,我们不可侵犯的个性**尊严**。因为人们承认自己不仅是法律责任者,而且是道德责任者,因为他们感觉到自己是道德秩序中的一员,因此他们当中不可避免的会产生关于罪恶和神圣、报应和神的审判等宗教概念。在民族道德和宗教生活中获得的对人的个性的绝对尊严的强烈意识,发展出了个性不朽的信念,同样,对人的个体性的最高评价,发展出了对个体复活的信念。

人的精神只有在社会中,在社会活动中,在同理性存在物的交往中,才是客观的,——只有在这样的场合才是客观的,在这里,一个人不仅是在自我中和为了自我而真正存在的,而且是在他人中和为了他人而真正存在的,在这里,他人也是在此人中和为了此人而存在的,就像他自己一样。因此,人的精神只有在**完善的**,绝对

---

① 从某种意义上也可以说,个体性概念(индивидуальность),即自我完善的活整体概念,首先是一个**审美**的概念。

的社会里才可能是完全客观的。可以说,追求这样的社会也就是追求真实的精神生活,追求永生和复活。

因此,灵魂的问题实际上可以归结为是意识的本性问题:因为如果我的自我性,我的"我"只有在所有人意识中才可能是完全客观的,那么就会产生疑问,这个普遍意识是什么?我的个人意识和它有什么关系?或者,回到先前的提问方式:意识是个体性的,主观性的,还是共同性的?第一种情况下,灵魂不可能具有任何本质上的客观性,任何普遍的意义和存在;如果意识是一种主观现象,那么灵魂只是一种主观的思想,是在人们偶然的共栖生活中产生并发展的思想。第二种情况下,如果人的意识本质上是共同性的,如果意识是对万物统一的意识,那么,就连人的主观**自我**也可以在这一共同性的意识中获得普遍的、客观的存在;他的自我意识就会获得客观的、普世的可靠性。因此,我们得出一个悖论性的结论:个人主义的心理学和主观唯心主义同样导致否定个体灵魂,而**形而上学的社会主义**,对意识的共同性的承认,却证明了我们对个人灵魂的信仰。被抽象确认的、孤立化的个性会变成虚无;个体性只有在社会中,并且是在完善的社会中,才能保留和实现。[1]

---

[1] 我们不打算陷入柏拉图式的有关灵魂不死和本质的思辨。我们深信,不死学说是一种宗教的、教会学说,这一学说在教会之外永远也不可能得到论证并谋求科学意义。但是关于教会,关于完善社会问题本身,毫无疑问,是与意识的本性问题紧密相关的。

["认识是以某种潜在的共同意识为前提的"]

7. 在研究人的各种心理活动形式,即感觉、记忆、想象的时候,我们发现这些能力是以类的意识为前提的。人的知识、能力、本能和欲望——他心理活动中所有**现有之物**都是从他的类的**先前之物**中产生的,是**先前**意识的延续。但是这种关于心理过程具有遗传性、关于意识的继承性的学说,还完全不能解释我们认知过程的内在真实性和**逻辑**可靠性。这种学说只能是拖延对知识可靠性问题的解决或者默认该问题已经解决,并未解释意识的逻辑本性。因为最初的知识,经验本身,已经要求有某种逻辑形式,确切的说,要求有意识的某些普遍成分,比如时间意识,没有它我不能对一种状态和另一种状态加以区分;还有空间意识、因果意识,没有它们我就无法分辨物体和感觉,区分我和非我等等。在研究个性概念的时候,我们发现,个性受现有的集体意识的影响;前面在谈到现实的感性知觉时,我们曾指出,感性知觉是以一种普遍的感觉能力为前提的。同样,如果我们考察一下现实的和普遍的认识,我们就会发现,意识的逻辑性和实证性是以意识的形式共同性为前提的。

我们不可能深入到极其复杂的认识论问题之中,我们在此只限于研究两个基本问题,全部认识论都是围绕这两个问题打转的。我们指的是关于对外部**现实和因果关系的认识和感知问题**,关于对现实事物和发生在我们之外的现实作用的真正感知问题。我如何能真正了解,在我之外还有一个宇宙,在我周围发生的事件是现实原因的作用?

从心理学角度我们对现实的表象是十分复杂的;但是我们所问的并非这些表象的要素或者表象的来源,而是要问,什么是对实在的意识,它是如何可能的。首先,事物的实在不是我们的表象:否则现实的实在就是完全不存在的,我们就会陷入绝对的魔幻主义。当然,为了能谈论实在,我们应该具有关于实在的概念;但是在这一概念本身中实在的最重要特征是它不依赖于我们,不依赖于我们的主观表象而存在。事物的实在被我们理解和表象为各种可能的现象和形象,但是它本身不同于所表象的事物形象。因为,我们作为表象所意识到的一切,正是被表象对象的某种替代品:我可以让表象与它的对象相关联,也可以把表象和它的对象加以区分。而实在是某种不可替代的东西,是某种无论如何也不可能被**表象**为任何东西的:现实的、真正的实在只能**被意识到**。只要是在实在被表象出来的地方,它就是虚构的;而在实在是真正的、现实的地方,它应该是**自己**被意识到的。——无论我对自己的个性、自己的性格有什么样的表象,我都不是在表象,而是在真实地**意识**自己的存在。所以如果我真实地、绝对地知道,有事物和宇宙在我之外存在,并且对此非常清楚,如同清楚我自己存在一样,——我就拥有了对事物的实在**本身**的意识,就像意识到自己的实在一样意识到事物的实在。单独的、被抽象考察的这种意识,必然是无内容的,纯形式的:我不具有其他存在物的自我意识或关于它们的性质和本质的完全知识;我只是意识到它们的存在。但这种意识(它影响着一切进一步的认识)是某种不同于关于事物的单纯的外部知识。事实上,独立于我们之外的事物的实在不能被我们从纯粹的概念中"先验地"(a priori)认识,因为从这些概念中产生的是一些被思考的可能性,而不是现实。与此同时,这种实在也不可能被我们从主观感觉中"后验地"(a posteriori)认识,因为它是非主观的,独立于我们的。事物的实在不是表象,它不能被我们认识,而只能被我们意识,就像我们自身的存在一样:我不仅外在地知道事物的实在,并且同它一起内在地意识到它,**我在自身中拥有它自身的可能知识**。

我不能怀疑在我以外还有某种实在之物,还有某种与我自己不同的东西,我也承认,这种实在是普遍的,绝对的;在这种情况下,我对这种实在的意识不可能是主观的,如果我真的意识到的话。当然,在我关于事物的属性和本质的表象里有很多主观的、幼稚的拟人成分。但是在我们所有知识、经验、知觉的深处,埋藏着对普遍实在的可能(潜在)意识;如果缺乏这种潜在意识,我们就无法现实地、具体地认识个别事物和事物的一般属性。

总之,实在是某种真实之物,或者是某种虚幻之物;我能意识到它本身;或者我只是在表象它。如果我们具有关于实在的真正意识,如果我们像意识到自己的实在那样意识到事物的实在,那么,我们的意识本质上就是共同性的:既然我能真实的意识到其他存在物,那么意识就不单单是我的,而是共同的,即对万物的可能意识。在第一章里我们证明了,对实在的逻辑认识超出了个人性的界限。现在我们更清楚地看到,认识是以意识的某种潜在的万物统一性、以在认识中逐步发展出来的某种共同意识为前提的。

[因果意识——道德意识]

8. 为了能更具体地阐明我们对现实的认识的特点,我们现在来研究一下因果意识,它完全决定了我们对现实的认识。

因果关系是现实的普遍规律,没有因果律就不能认识自然,就不可能有任何经验。没有因果意识,我就不能区分**我**和非**我**,感觉和事物,同样,我就不能区分任何事物,不能区分各种现象在时间上的先后关系,——更谈不上认识现象类别的一致性。如果我们心中有了关于真正实在的意识,我们也就有了关于它对我们的因果作用的意识。因此,因果关系问题是直接与实在问题相关的。

什么是因果意识,它是如何可能的? 我们周围发生着某些变化和事件,我们根据我们的因果意识,把这些变化和事件作为一些**作用**来认识,也就是说,我们假定在这些作用背后有某些已知或未知的**活动者**。作用是原因和结果的中介物;作用是因果性本身,所以作用概念同起作用的原因及客观改变,即结果这两个概念紧密相连。当然,我们把这两个概念运用于一切可能的连续事件中,这种运用往往是错误的:我们给自然界附加了一些想象的活动者,我们在有许多同等因果作用力的地方,只看到了一个原因,或者在根本没有因果联系的地方看到了因果联系。科学研究证明,大多数情况下,我们错误地把作用不是归功于产生作用的那些原因,而是归功于这样一些东西,它们只是促进这些作用的出现、消除阻止作用发生的障碍。但是无论我们关于原因的知识是多么不完美的和有条件的,因果关系——由于这一关系我们总是假定在看得见的结果背后有作用和活动者——这一因果关系范畴都是意识的绝对范畴。

我们如何、根据什么理由承认,除了我们自身的作用之外,还有某些作用也是实在的?为什么我们意识到我们周围发生的改变是其他活动者和其他原因的作用?我们是根据直接的知觉做出这一判断的,还是根据与自己作用的类比,把我们自己的东西赋予了其他存在物?

众所周知,无论是哪种论断都被屡次提出来;在我们对因果关系的判断里,任意的或者象征性的拟人化手法发挥着毋庸置疑的作用,我们的语言本身可以证明这一点(椅子站着,雨下着,枪射击等等)。对于动物,小孩或者野人来说不存在没有生机的自然界。如果我们仔细研究我们自己关于因果关系的观念,我们就很容易发现,一切作用都是我们根据意志作用的相似性所设想的,都被想象为某种行为。尽管我们通常完全承认这些拟人化手法是假定的,但起作用的原因概念本身还是与活动者概念相一致的。

但是,如果的确是我们把事件拟人化,我们自己创造了原因,那么,是什么定律、是意识的哪种一般属性激发我们这样做的呢?这样的心理作业如何能够具有逻辑意义,如何能够决定我们的全部真知识呢?把因果性或现实性解释为意识的纯主观形式,任何这样的解释都不可避免地使我们陷入绝对魔幻主义的谬论,这种魔幻主义是与我们对实在现实性的根本信念和最深刻的意识相矛盾。如果我们在假设这种现实性和事物之间的普遍相互作用的时候,我们同时承认因果概念具有主观的来源,那么,我们还需要假定意识和事物之间有某种"前定和谐",——这个假说是非科学的,也完全没有解释任何东西:因为如果我们没有意识到**实在的**、现实的因果联系,我们就对外界事物一无所知,而因此,就不能得知它们和我们之间的和谐关系。

对作用的意识决定一切经验,因为经验本身不是别的,正是对现实的认识。显然,外部经验先于内部经验,意识先于自我意识和自我认识。仅因为这一点就已经说明,促使我们承认外界存在物、意识到作为作用的事件,这种一般定律不可能建立在与我们的意志和我们的内在作用相类似的基础上。因果意识是**根本的**,而非派生的。如果借助于因果意识我们把外界现象理解为作用,那么,同样是借助于它,我们也把自己的作用理解为能够产生普遍客观结果的外部事件。

根据最可信的东西、根据直接明见的真实,根据因果意识,根据我们对事物实在性的根本信念,我们应该承认,在人在自己的意识中不仅有能力**意识到**自己,还有能力意识到他人,不仅有能力意识到自己的行为,还有能力意识到他人的行为。无论这个原理多么简单、多么明显,从中产生了被很多人认为是非常荒诞的最重要结论。如果我们能有逻辑地、明确地认识因果关系和其他存在物的现实性,那么很显然,我们就应该承认,人类意识有这样一种形式上的共同性,这种共同性使人真正地意识到这一实在和他人的作用,——意识到普遍的现实。正是由于我的意识的这一属性,我才能客观地认识因果关系,也就是把外部事件真正理解为独立的原因或者活动者的现象,这些原因或活动者是为自己而存在的,而不只是为我一个人而存在的。也正是根据这一属性,我才把自己个人的行为理解为一种客观的事件,这些事件不仅对我是现实的,而且对他人也是现实的；把我的自我理解为不仅是对我自己显现的主体，而且是和应当成为为所有人和与所有人在一起的存在物。我们所意识到的是事物本身的因果联系和实在性。但是，如果我们不承认这种意识的共同性特点，我们就会不由自主地假设，其他事物和存在物的实在性和因果联系只是被我们想象出来的，而不是在现实性中被我们意识到的。这就意味着，——承认所有现实和所有作用是被想象的——就是走向绝对的虚无主义。

实际上，我能够像理解我自己的事件一样生动地理解外部事件，我能够同情其他存在物，爱它们胜过爱自己。我看见到处都是活动者，对于被唤醒的思想来说，在它学会看出自己的拟人化具有假定性之前，整个世界是"充满诸神和众灵的"。与此同时，我个人的内心活动，我的行为，我的"自我"，对我来说都获得了客观性。这种从主体到客体，从本质到现象和从现象到本质的不断运动，是我们感受活现实的基本特征。起初，自然对人来说是活的，就像人自身的存在对他来说是客观的一样。当然，人在对原因和作用的本质的认识方面是错误的；在科学思想发展之前，人以拟人化的方式理解自然，把自己的灵魂想象成自己的可感觉的幻象。然而，这种原始世界观的这种朴实的拟人观和唯物主义丝毫没有削弱因果关系和实在性所具有的绝对的形式的可靠性。

因果关系范畴首先是一种认知**形式**。没有这种形式我们就不能意识到自己和他人，不能理解和感知自然，不能认识其他原因的作用，不能认识其他存在物的实在性以及我们的活动的客观结果。但是这种独立的、决定了我们的实际认识和经验的普遍"形式"，还不能给我们提供任何局部的、经验性的知识，任何明确的知识。人不具有关于原因和作用的既成知识,而只是**有可能意识**到它们[1]。人的全部意识,就像我们已经指出的那样,都具有潜在性。因此,我们在经验中获得的关于原因的知识,同时既是可靠的又是不完善的,既是真实的又是虚假的,既是绝对的又是相对的。

我们关于实在性和因果性的概念是由人类意识的内在共同性决定的,所以这些概念具有逻辑性,在一般形式上是可信的[2]。但因为我们意识的共同性本身是正在实现的、可能的(虽然是应有的),所以我们关于实在性和因果性的知识也是外在的、形式上的,不是完全现实的。由此可以解释,为什么我们在确定现象之间的因果联系时常常犯错误,为什么我们在拥有普遍因果律的绝对知识的条件下却不能认识现实的自然规律。由此也产生了我们的概念中所包含的许多矛盾和悖论。我们理性的所有这些悖论,都是由我们意识的潜在性,由意识的形式、意识的理想化的可能性与意识的经验内容之间的矛盾或不一致所决定的。因此,抽象地承认人类理性之绝对性的理性主义,必然陷入理性的实际矛盾的混乱,导致怀疑主义或原则上的诡辩术。

现在我们来考察一下因果关系悖论。我们关于因果关系的一

---

[1] 似乎不需要补充,人基本上不具有行为的既成概念,他并非生而具有现成的因果律公式。他可以在对自己的认知过程完全不了解的情况下去认知,可以在不知道逻辑的情况下去评判,就像他可以在不知道呼吸和血液循环的生理规律的情况下生活一样。

[2] 意识的共同性原则未必可以足以令人信服地证明实在性和因果性概念,特别是考虑到以下情况,即根据特鲁别茨科伊本人的确认,共同性意识与其说是某种实际的、已实现的东西,不如说是某种可能的、应该实现的东西。由此可以看出,共同性意识观点想要证明科学知识的普遍性和必然性,就遇到重大困难。——俄文编者

般概念,显然是针对包括了所有原因总和的普遍现实而言的,是普遍作用或能量的规律。但实际上,我们感受的只是一些局部现象和局部原因,我们用普遍概念把它们联系起来。由此就产生了很多矛盾。我们周围发生的一切现象对我们来说在很多方面都是偶然的:某些情况的相遇或符合是偶然的,当我们根据这些情况发生的最近原因考察每一种情况的时候,我们并不能预测它们的相遇;所有经验上的现实都是偶然的,因为整个现实对我们来说就是各种情况之间的不可知的巧合,是偶然事件的无限聚合。认为经验上的因果关系具有绝对性的唯物主义或所谓机械论世界观,把宇宙视为绝对必然性的产物,同时又是完全盲目的偶然事件的产物!这样所理解的因果观具有**命运**的性质。古人就已经把命运定义为未知的原因。当我们把偶然性看作是某些未知的或不可知的原因的作用的时候,这种偶然性对我们来说就是命运。而当我们把不能单靠一个原因来解释的作用看作是由这个原因造成的时候,这个原因也就具有了命运的性质[1]。既然我们知道的永远只是个别原因,因此我们就认为所有这些原因都具有命运的性质,并且把因果关系本身理解为是一种盲目的、毫无个性的、排除任何自由的必然性。从形式上意识因果关系,我们自然会认为它只是一种外在联系,注定的规律。普遍因果关系概念,普遍作用定律,都是理想化的,都属于绝对的现实;而我们正是将它们用于填补我们知识的

---

[1] 事实上,在时间里进行的任何作用,都既具有这种偶然性,同时也具有命运的性质,因为决定这一作用的原因,在某种程度上**总**是只有在未来、也就是在目的论上才能确定。

实际空白,在这些普遍的、"大公的"公式中把一些局部的东西联结在一起。由此产生了对因果关系的迷信:我们认为因果关系是独立存在的,使它成为一种永恒的、一切事物都"服从"的"法则",然而,普遍的因果关系不是处于作用之外的,而是作用的全部,是普遍作用本身。假如某一存在物,其作用不是由局部原因决定,而是由理想的完满性所决定,那么这个存在物是完全自由的。我们感觉到命定的必然性是一种界限和被迫性,实际上这种命定的必然性是对局部原因的虚假依赖性,这种依赖性是与真正的因果性、真正的作用相矛盾的。在道德领域,只有履行正义的普遍法则的行为,才被认为是善的、内在自由的行为。

当我们按照因果联系在我们经验中呈现的样子来思考现象的因果联系时,我们就会自然地得出外在必然性、无限制约性和无限因果序列的观念。另一方面,任何作用都要求有一个施行作用的活动者。作用概念是普遍的;在时间中被思考的作用是一个无始无终的连续过程,在这个连续过程中我们在任何地方都找不到作用的初始原因,即原因本身。但同时,每一个被决定的作用都要求有一个真实独立的原因。

这就是我们在因果关系概念本身中找到的悖论,——即必然和自由之间的矛盾,现象的普遍联系概念和作用的内在自由(即活动者的独立性)之间的矛盾。我们对因果关系的意识同时既是理想化的又是经验性的,既是客观的又是主观的,既是真实的又是虚假的。因为它是理想化的,所以它是客观的、真实的;因为它是经验性的,所以它是相对的、主观的、虚幻的。

关于外在于我们的存在的感觉形式——关于时间和空间,也必须这样说,如果我们这篇文章的范围允许我们扩展到它们的话[1]。任何东西都不能像这样一些空洞的**完满性和永恒性的形式**那样显著地为我们展现出人类意识的过渡性质,这些形式同时既是现实的又是虚幻的,既是真实的又是虚假的,既是现实矛盾的来源又是哲学家们的绊脚石。

所有这些悖论遍布于我们的概念,它们是人的共同财富,这些悖论是无法只通过理论途径来解决的,因为它们依赖于我们理论意识的特性本身,所以是人的共同遗产。我们的意识和认识只有在可能性中才是普遍的,因此,这一普遍性实际上只是表现在**概念**

---

[1] 关于时间和空间是感觉的普遍形式这一点我们似乎已经完全证实了。无论我们是否和康德一样承认它们是一种"**直觉**",由于它们具有客观的普遍性和无限性,我们都不能认为它们是**主观的**。无论我们是否假定时间和空间是客观的、独立于我们而存在的,我们都应该认为,它们是被我们所意识到的,是被我们所表象的,是意识的必要形式,是我们所有经验的形式,尽管个人感觉、个人意识并不能涵盖这两种现实的无限性。包含着时间和空间的意识必然是普遍的;接受时间和空间的感觉具有无限性和永恒性。但是另一方面,我们意识到这种无限性只是一种外在形式:占据时间和空间的全部事物,时间和空间的全部内容,都是有终结的、有界限的。由此产生了自埃利亚的芝诺时代以来就困扰哲学家们的悖论。芝诺第一个指出了感性存在的内在矛盾:物体不会填满它们看上去所占据的那些空间;运动也不会填满它在外在形式上所占用的时间。因为,空间和时间一样,不仅在外在形式上是永恒的,而且在内在形式上也是永恒的;物质在空间里是可以被无限分解的,同样,运动在时间中也是可以被无限分解的,然而时间和空间都是内在连续的和不可分割的(不可能在时间和空间上把两个临近的点或者两个临近的时刻完全分开)。时间和空间作为感觉的普遍形式,自身处于同自己经验性内容的矛盾中。如芝诺所指出的(参看我的书《古希腊的形而上学》,1890年,第290页及以下),只有当时间和空间在作为绝对**完满性和永恒性**的时候,它们才可能被真实地、内在地充满;它就是这样一种理想的完满性的形式。因此,在这里,时间和空间的肯定而真实的内容是理想化的,而经验性的内容是虚幻的、假定的。一方面,时间和空间具有理想化的、先验的现实性,是一种可能的完满性的形式。另一方面,它们是不完满的、没有内容的、空洞的,它们是不完整的、虚幻的存在的形式,是一种集体幻想的形式。

中,这些概念是我们知识的**形式**。正如我们前面指出的,为了解决意识的主要矛盾,需要把意识变成真正普遍的、共同性的意识,实现意识的内在理想。因此,意识的本性问题把我们引向一个道德问题。

9. 无论我们关于理论意识和经验知识的起源及本性的观念是怎样的,显然,道德意识只能在理性存在物彼此交往的过程中产生和发展。一个道德上与其他人脱离、只过自己的生活、只为自己一人活着的人,显然不可能是一个有道德的人。相反,完美的道德只有在完美的社会里才能达到。

作为道德之根基的善良意志,被称作爱。任何以爱之外的其他东西为根基的道德,都不是真实的,其根本上是非道德的。而爱首先要有爱者和被爱者,它的完全实现是爱者的联盟。完满的爱,道德的最高理想,是完全的完满,是全部被爱者的自由的和不可分割的统一体。也正是从这个意义上可以说,完美的爱只有在完美的社会里才能实现。爱不能也不可能是孤立的;它是**利他主义的**,它内在地要求有**朋友**,它寻找朋友,而不是寻找自己。根据基督教的教义,绝对的神性的爱,是这样一种爱,它在永恒中为自己诞生出被爱者,并在被爱者中和通过被爱者来进行爱,——是这样一种爱,它能充满虚无本身,使其富有生气,它在自己的创造激情中从虚无中创造万物。

我们知道,爱是一种自然倾向,是一种道德律,是一种理想;爱对于人来说首先是一种本能,然后是一种功德,最后,是被赋予人的恩典。因为随着人的道德发展,他就越来越深地被爱的意识所充满。首先,他很自然的**感觉到**对某些人有好感并在自己的家庭生活中学习同情和怜悯他们。然后,随着他社会视野的开拓,他**意识到**善的普遍意义,他把爱看作是自己的**义务**,把爱理解为普遍的**律**,承认爱是自己的**诫命**,以便最后,像相信神圣之物一样地**相信爱**。

爱是每一个生物与生俱来的本性。从爱在人类家庭中的最高表现,从动物的群居本能,到最初级的繁殖过程[①],我们到处都能找到一种基本的、本能的利他主义,由于这种利他主义,各种生物彼此需要,不仅确立自己,而且确立其他生物,为其他生物而生活。其实在动物本能的利他主义中,在动物对自己幼崽的爱中,在它们的相互保护中,偶尔在个人利益完全服从于社会利益的过程中,我们看到了真实的、自我牺牲式的爱的原始光芒。从鱼和昆虫到高级动物,我们发现了人所赞许的同一种道德本能。在这里,爱就已经内在地将所有独立的个体联结在一起,让他们忘记自己,为其他个体而存在,像关心自己一样关心其他个体,甚至比关心自己还要多。

爱是人类天生的情感。它不是通过外部方式形成的,也不可能是人的个人努力的结果。如果不被压抑,爱会在人心中自然而然的产生和发展。不能认为人的道德意识和理论意识之间有明显的界线;如果人能直接意识到与他交往的那些生物的实在性和现实性,他在这种意识中就已经与这些生物是一致的了。就像对生物的现实性和因果关系的承认是从我们意识的可能一致性中产生

[①] 赫尔伯特·斯宾塞在《伦理学原理》中也承认,在这个过程中最早体现了利他主义。

的一样,爱是这种一致性的积极实现。

人类的爱在成为自觉的、普及到所有人的爱之前,在成为诫命或神圣之物之前,它是一种本能,家庭的、氏族的本能。我们很自然的爱自己的家庭和亲人,爱那些已经和我们团结一致的人,爱那些在他们身上能让我们感受到自己的血液,感受到肉体和精神上与我们团结一致的人。

从家庭、种族和部落成员的这种经验上的一致性意识中,产生了氏族生活的一切原始道德,包括要求互相帮助和保护、氏族复仇、尊敬长者、家庭纯洁、勇敢精神等等。这里还没有个人自由和责任意识,没有道德责任的绝对性的意识:个性被种族及其传统所吞没。勇敢精神是古代人的重要美德之一,也正是这种美德获得了**高尚的贵族性**。对荣誉的渴望是古代世界的伦理动机。爱本身局限于自己人,甚至是那种以内心精神相似和个人喜好为基础的**友谊**,也是原始的无个性的道德感的某种理想化的推广。

但是氏族的道德同氏族生活方式一并堕落和瓦解了;个性和个人的自我意识发展起来。人看到,他不应该在偶然的日常生活以及短暂而不固定的规律和传统里寻找自己行为的标准,而应当在自己对普遍真理的意识中寻找。比如在希腊,随着古老社会所有根基的崩塌,在个人主义愿望的极端发展过程中,以苏格拉底为代表出现了新的道德学说。他第一个意识到道德之善的绝对价值,道德律的绝对性和普遍性("开始在伦理中寻找普遍性")。人在认识自己的过程中,必然意识到他在自己良心中发现的这一道德律。他明白,善是对所有人的普遍义务——不仅是对亲人和朋友;只有当善是完全无私的,当我们不是追求自己的目的,而是把每一个邻人看做是目的本身的时候,善才是真实而可贵的。由此产生一种**义务**——"爱人如己","全心全意地"爱善的理想。因为善是绝对的**应有**,是作为每个人的良心必须遵守的律而被意识到的。

下面我不想停留于对道德意识的分析,读者可以去读康德的不朽作品。如果我有可能同大家一致,并且认识到这种可能的一致性是真理,那么显然,我应该在现实中**实现**这一真理。就像我普遍意识到其他存在物的存在和作用一样,我也感觉到,普遍利他主义,也就是对所有人的普遍完全之爱具有理想上和道德上的必要性。这种普遍的爱与自然的喜欢有区别甚至相互敌对;它是我所有人的**义务**,是一种普遍道德律。

不能说人"先验地"(a priori)知晓这一道德律,因为人在知晓道德律之前就是道德的人;更不可能说人是"后验地"(a posteriori)认识这一普遍的、绝对的真理的,——即不能说人能够在自己没有善的情况下理解善,在自己没有道德的情况下理解道德。但是,当人类达到一定程度的自我意识,当他摆脱了氏族道德的偏见和传统规范,他就**意识到**这一道德律,在自身中找到了它。这一道德律不是某种外在于我们的事物:它早已沉积在我们的意识中。我不想和康德一起说人的意志是自律的,人的意志自己赋予自己这一道德律:[1]这是我们的意识的律,我们的意识在其真正本质上是有

---

[1] 伟大的近代哲学之父在这里也犯了与在自己的《纯粹理性批判》中一样的错误:他在承认了道德律的普遍性,证明了道德律先天地决定了人的道德意识之后,又承认道德律是主观性的,并宣布人的意志的自主性,这导致了他在关于人的意志的本质问题上陷入许多矛盾之中。

共同性的，但还是不完善的，还没有达到自己的理想目的。对这个律的认识，就是对我们崇高使命的意识，同时也是对我们的**义务**或罪过的意识。因为人在认识自己的过程中，在自己身上发现了与他所没有履行的真理之间的深刻矛盾，——与他自己意识的真理之间的矛盾。

就像我们能够认识因果律、普遍作用定律一样，我们也同样可以认识道德律。我们因为具有与其他存在物之间的可能的、形式上的一致关系，而意识到它们的现实性；但是只有一种抽象意识对我们来说是不够的，这种意识是与我们对其他存在物的深层无知、与其他存在物的内在隔绝相矛盾的。因此，在我们实际的理论意识的现实性中，在理论意识的不完美和虚假中，已经含有一种道德任务；**理性**本身应该唤醒我们的**良心**，理论意识应当唤醒道德意识。

因果律是一种形式的定律，它没有提供给我们任何现实的知识；它仅仅是我们认识的形式。道德律，道德目的的普遍一致性的律，所要求的不是这种无内容的形式，而是理想的内容本身，是作为某种绝对**应有之物**的普遍意识的真实存在本身：它所赞许的不是各存在物在形式上的一致性，而是它们的理想化的、应有的统一性。我们不能不意识到我们外部的现实和因果性，这种意识**假定**存在者有形式上的联系，形式上的一致性。道德律则**要求**实现完满的理想化的一致性：我们**应当**承认并爱他人，就像爱自己一样，完满的真理**应当**是我们的目的。

当一个人受私人动机和原因的决定而采取行动的时候，他不可能是真正有道德和自由的人。他只有在真正的爱中才能获得自由,在此,他的意志由理想性的完满真理所决定[1]。道德律是对尚未实现的真理的意识,是对自己面对自己、面对一切存在物、面对最高真理本身的义务的意识。这一道德律同时既是人内在固有的,又是在人之外的,它住在人身上并评判人。人越深入于自己的良心,他就越充满了对道德律的理想内容的虔敬,越意识到自己与道德律的全部不符合和全部矛盾——在一切外部或内部活动中,在一切方面。他不能逃避道德律,不能以任何个人修行来满足它。人对自己本性中的恶体会越深刻,他就越强烈地要求称义、赎罪和与最高真理和解。同时他意识到,最终的和解和称义他自己是不可能达到的,因为他应当只在**完善的爱**中寻找这种和解。只有完善的爱才能使人被判无罪,——完全包容一切的爱。但这种爱,完满的和完善的爱,其内涵大于一切的爱,不是人的天生本能或他意志的个人修行,而是独立于人同时又赋予人的**恩典**。

我们不能也不想用抽象思辨来证明这一恩典:它不接受外部证明。但无论如何,道德发展的历史进程是这样的:爱作为本能,是一个经验事实;爱作为义务,是我们良心的道德要求;爱作为恩典,是人的最高宗教理想,是我们信仰的对象。当一个人意识到自己的罪,当他在自己良心的律法面前、在普遍真理的最高理想面前

---

[1] 康德确认,当一个人受实践理性所决定,也就是受道德"命令"的意识所决定的时候,他的行为是自由的。但是康德道德命令的三种形式("应当这样行事,使你的行为的内在准则能够成为**普遍**立法原则";"应当这样行事,使你自己和你的邻人在你的行为中不是成为手段,而是成为**目的本身**";"应当这样行事,仿佛你是目的王国是首领")——这三种绝对命令形式是和三个最高**观念**相符合的——即世界、灵魂和作为精神世界之首领的上帝。因此,实践理性是理想的自我决定能力或按照普遍理想行事的能力。

谴责自己的时候,他就在渴望称义。由于他不能通过自己的个人修行和事业得到称义和神圣化,他就只能信仰爱,——信仰**完美的,宽恕一切的爱**,这种爱可以赎去我们的罪,使我们与它和解。这种信仰本身就已经是爱的事业,同时,是被有信仰的人当成恩典现象来体会的。信仰不是一件轻松的事,而是一件艰难的事。

如果你真的信仰完善的爱,那么,你在实际行动中就不能不去爱;否则就没有信仰。完善的爱是所有人的统一,是在我自身之中意识到所有人和在所有人之中意识到我自己。但是这种完善的、神性的爱不可能在任何自然的人的联盟中实现:爱的王国不来自世界,完善的爱是以**完善的**社会,神人的联盟或**教会**为前提的。——既然信仰爱并相信它可以赎罪,我们就应当和它一起去爱。既然意识到爱的终极目的,我们就应当为这一我们能达到的目的而工作,为建立完善的神人社会而工作。既然任何善事都能使我们更接近这一目的,那么,对人的意识中早已存在的人类普遍目的的认识,就给我们提出一个社会任务,指引我们思索关于完善的社会这一伟大问题。

18. 涅斯梅洛夫

维科托尔·伊万诺维奇·涅斯梅洛夫(Виктор Иванович Несмелов,1863—1937年)——俄国宗教思想家,其主要贡献是哲学人学和宗教人学思想。1887年喀山神学院毕业后开始撰写硕士论文《尼撒的格里高利的信条体系》,1888年成为喀山神学院形而上学教研室教授。他的主要著作是1899—1901年间出版的大部头著作《关于人的科学》，后来很少发表作品。

别尔嘉耶夫在叙述俄国思想史的时候，对涅斯梅洛夫的宗教人学给予了高度评价："人的奥秘——这就是他以极大的尖锐性提出的问题。对于他来说，人是宇宙生命唯一的谜。这种人的奥秘取决于，一方面，人是自然界的产物；而另一方面，人不能被自然界所包容，人超出了自然界的范围……对于涅斯梅洛夫来说，人是双重性动物。他是个信教的心理学家，他希望接触的不是人的存在的逻辑概念，而是人的存在的真实事实，他比弗·索洛维约夫具体得多。他提出了一种上帝存在的新的人类学证明"[①]。弗洛罗夫斯基说"涅斯梅洛夫的这部著作成为他那个时代的里程碑"[②]。

《新约启示学说中的生命意义问题》(1895年)[③]

在《圣经》的开篇，就讲述了一个引人注意的事件，此一事件的意义，在我们这里通常只有神学家们才谈论，虽然它具有更为深刻的哲学意义。这一事件所说的是，人在异于我们世界的恶理性力量的影响下，不再满足于现实，而想要成为神。于是，他给自己制造了一个非凡的幻想，并在这一幻想基础上，拒绝了自己在世界上

[①] 别尔嘉耶夫：《俄罗斯思想》(修订译本)，雷永生等译，三联书店，2004年，第186页。

[②] 弗洛罗夫斯基：《俄罗斯宗教哲学之路》，吴安迪等译，上海世纪出版集团，2006年，第511—516页。

[③] 此文是作者1895年3月19日在喀山市杜马大厅所作的公开演讲。译自《19世纪末至20世纪初的俄罗斯哲学(文选)》(Русская философия. Конец XIX- начало XX века. Антология. Изд. С.-Петербургского университета. 1993. С. 204—227)。

的现实地位,去追求另一种地位,而后者是不存在的,只是一个愿望。但是,因为关于这一所愿望状况的观念是对现实的否定,所以,不言而喻,现实就只能否定人的幻想。现实在每一步都对人说,你不是神,而是卑微的存在物:现实总是用饥饿、寒冷和其他威胁来破坏人关于自己在世界上有特殊地位的幻想,总是确证人完全依赖于偶然的自然恩赐。但是,人能够以神圣生活的愿望诱惑自己,能够不满足于自己在世界中的现实处境并拒绝这一处境,——唯独这一状况,就足以证明,人不是大地的偶然产物和自然的天生奴隶。因为简单的动物永远也不创造关于自己的任何幻想,因此永远也不否定自己存在于其中的现实。对于简单动物来说,甚至剧烈的痛感,甚至暴力死亡的苦难,都不是对现实的否定,而只是依然不变的确认现实;因为在动物思想范围内,痛苦只局限于简单的事实所造成的,在现实中有愉快的生命现象,也有不愉快的生命现象,既然不愉快的现象存在着,就对此毫无办法了,因为现实本身如此。假如动物不这么想,它们当然就会否定现实,假如它们否定现实,它们就会力图改变现实,假如它们力图改变现实,它们就以某种方式向世界宣布这样的意图,然而世界从诞生之初从来没有看见这样的宣言。动物的生活只因为它们出现于世界,只有人的生活是因为他能够创造自己的生活。

人不仅生活着,而且知道自己的生活,正因为他知道自己的生活,所以他能够不是按照被迫的方式生活,而是按照愿望的方式生活。人从对生活事实的沉思中,给自己创造了生活幸福的观念并从这一观念出发来评价自己在世界中的现实地位和决定自己的创造活动。如果现实不符合他的生活幸福观,他就对现实不满并力图改变现实,使其适应于满足自己的需要。人通过自己的这些努力,逐步创造了各种技能——学会了栽培各种有益的植物,驯化了各种野生动物,发明了各种手艺,开创了各类工业,这样,就使得自己的生活和幸福不依赖于自然界的偶然馈赠。也是在这些努力中,为了给自己创造在自然界中的独立地位,他把自己的生活幸福与许多他人的生活幸福联系起来,他承担了这样的义务,即限制自己身体力量的野蛮冲动,使自己个人的爱好和愿望与整个社会的爱好与愿望相一致,因此,人依靠整个社会的集体力量而变得更加强大。这样,人就建立了文明的开端,也就是为自己生活的条件和形式做了立法的规定,使得粗鲁的任性让位于法律,此律法在同等程度上限制全体社会成员的意志并通过这种限制来保障每一个成员的个人生活自由。

在文化和文明的这些过程的巨大发展中,人逐渐改造了整个世界,最终成为世界之王。但高傲地掌管世界,这并未给予人以这样的幸福,即让现实符合于人的梦想,使失去的天堂回到人的不安的灵魂。人为了得到自己的幸福,在许多世纪的历史中花费了无数劳动,流下了大量血泪,然而,现实生活之恶与理想生活之幸福之间的尖锐矛盾非但没有被抚平,反而随着人的发展而逐步扩大了。人类的黄金时代仿佛总是在从前,不是在某个朦胧的远古时代,而是仿佛在不久前。对每一辈人来说,他们的祖父和曾祖父时代仿佛总是接近于黄金时代,因为在每一辈人的思想中痛苦的量都无疑在增加,因此,随着文化和文明的逐步前进,人们实际上感觉自己不是更幸福了;相反,是感觉到比自己的前辈更不幸福了。因此,人类生活的内容实际上总是不符合人们创造这一内容的目的原则,也就是生活幸福原则。这种经常的不符合往往促使人们对这一原则做出更加确切的定义:究竟怎样看待生活幸福,应当在哪里寻找这一幸福?

每个人的生活都直接是对这一问题的实践解决,因为每个人都总是坚定不移地力图在自己的生命中达到他所能达到的最高幸福,因此每个人的生活都必然是直接依赖于对幸福的迷恋,至少是充满对幸福的梦想和希望。对这一问题的理论解决从来都是哲学研究的课题,哲学在古代就制定了对这一问题的三种不同解决。第一种解决,生活幸福在于快乐,第二种解决,生活幸福在于获得个人和社会利益,第三种解决,生活幸福在于德性。第一种解决应当是最基本的,第二和第三种解决是补充的,因为利益和德性永远可以被看作是达到快乐的最好手段。但是显然,第二和第三种回答对生活幸福问题的基本解决所作的补充,只是在具体规定性方面的补充,因为这两种回答对第一种解决的内容非但没有增加任何东西,而且相反,却是对这一内容的限制。第二种回答所说的正是,并非一切快乐都是幸福,而是只有有益的快乐才是幸福;第三种回答在这方面走得更远,因为它说:不是任何有益的快乐都是幸福,而是只有在道德上有益的快乐才是幸福。因此,第二和第三种回答所说的不是生活幸福应当是什么,而是应该通过什么途径来寻求生活幸福。因此它们从自身之中给作为生活幸福的快乐价值规定了两个标准,但由于它们所指出的达到这一幸福的道路是不同的,所以它们对快乐价值的规定也是不同的。功利主义原则认为幸福在人之外——在人类活动的物质产品中,在保证和提高劳动力水平的社会条件中。唯心主义原则指出幸福在人自身内部,在人对自我价值的认识和这一价值的无限完善发展中。显然,功利主义原则保证的是生活富足,因此它不需要证明,只需要解释。唯心主义原则则相反,它确认世界上的一切财富以及世界本身都是虚无,它不仅不保证生活幸福,而且直接使人遭受许多痛苦,因此这个原则不仅需要解释,而且需要证明。唯心主义正是为了证明这一原则,提出了这样的问题:人在世上生活是为了什么——是为了通过痛苦的道路获得快乐,还是为了某种另外的目的?从对这一问题的解决中,发展出了与生活幸福原则不同的另外一种生活原则。正是从这一问题的解决中发展出了生命意义的问题,此时,生活幸福原则虽然没有让位,但已失去了自己的最高地位,而服从于另外的原则——生命的合理性原则,幸福的内容也是从这一合理性的观点来决定的。

在对生命合理性的探索中,古希腊哲学家把人理解为理想原则的代表者和理想生活目标的表达者,但他们没有能够确切地规定这些理想原则,没有明确指出这些生活目标。他们对人生的深刻思考中只是建立了某些理念,这些理念在内容上无疑是伟大的,但在力量上却完全是无生命的。在古希腊哲学家那里,人的理想完全被等同于哲人的理想,哲人只听命于自己的理性,他由于保持着生命的合理性,而不仅通过自己对世界的创造性改造而统治世界,而且获得了更大的胜利——战胜自己。人由于能够战胜自己,所以他可以自由地避免任何恶习,能够自由地掌握一切美德,所以他在自己的生命中成为诸神的朋友,在自己的完善程度上等同于诸神。但多神教世界的大哲学家虽然说出了这样的原则,却不能把这些原则实现出来,甚至不能体现于自己的生活中。众所周知,许多道德哲学的创立者和宣言者都不能忍受生命痛苦,用自杀来结束自己的生命,甚至在他们陷入生命斗争的时候也给自己的所有学生提出同样的建议。显然,与诸神平等的梦想对他们来说仍然是梦想。显然,他们的伟大功绩只在于,他们明确意识到了和坚定地提出了生命合理性的迫切问题并在自己的哲学中积极努力试图寻找这一合理性,但他们虽然寻找却毕竟没有找到。"他在世界,世界也是借着他造的,世界却不认识他"(约1:10)。

［"基督教给人的应许是在复活中重建人的完整存在"］

只有随着基督教的出现,在新约启示学说中和基督教哲学领域,生命意义问题才被深刻地揭示出来和得到最高的解决。

1. 基督教对人说,人的存在不是为了死亡,也不是为了在阿伊达神话的神秘居所中的虚幻存在,而是为了在光明与真理的天国中的永恒生命。因此,基督教给人的应许不仅仅是灵魂不死,而是在从死里复活中完全地重建人的完整存在,基督教的这个应许构成了基督教世界观内容的基本点。正是通过这一应许,基督徒意识到自己是天国的地上成员,他正是在这一意识中发现了自己存在的终极真理(腓3:18—20)。因此,破坏这一信仰的基本点就必然导致破坏整个基督教世界观(林前15:14—17);因为在这种情况下人就会仍然把自己定义为幸运或不幸的大地之子,不知为什么被大地所养育,死后也不知为什么又永远回归大地。在全部多神教世界观的内容中人确实是如此自我定义的,由于这样的自我定义,关于人的神性力量的全部天才的哲学梦想都必然破灭。

死亡不断地嘲弄这些伟大梦想——它可以中止某个命运宠儿的快乐的生命盛宴,这是对伟大梦想的一种嘲弄;也可以打破某个不幸者的苦难锁链,这是对伟大梦想的又一种更大的嘲弄。因为在后一种情况下,死亡对人来说成了唯一的幸福,仿佛他生活在世上只是为了受苦,而他在生活中受苦只是为了死去。尽管如此,人类在漫长的历史过程中却并没有找到对人性的另外定义,人的智慧没有想出另外的定义,因此当关于人的终极真理的基督教启示出现在世界上的时候,它同样引起了犹太教徒和多神教徒的不安,因为多神教徒是在全然不同的另外一条道路上寻求这一真理的,而犹太教徒则期待着这一真理的启示以全然不同的另外一种形式出现。因此,他们一方把基督教看做愚拙,另一方则被基督教所迷惑(林前1:23)[①],但基督教不是真的愚拙和迷惑,只有在基督教的布道中,人们才第一次找到了对生命意义的明确定义,也只有从这一生命意义的观点才能对人类的全部历史做出满意的解释。

基督教对人应许了,人终有一天能够加入神的荣耀和生命(启21:3—4,23—27;22:3—5),人当初正是由于这个愿望才失去自己的伊甸园的;基督教对人说,他来到世界正是为了成为天国的居民(林后5:1—5),所以他不是为世界而存在的,是为自己而存在的;而世界的存在只是人生实现自己最高目的的手段。这个目的早在人被造之前就已经确定了(弗1:3—5),它也正是人生的意义,也是人生的幸福,但人没有实现这一目的;因为人被设定只有通过积极能动地自我发展和自我完善才能实现这一目的,然而人却想要

[①] 中文《圣经》该句中"绊脚石"一词在俄文《圣经》中为"迷惑"。——译者

只凭愿望就实现此目的,具有被设定的应有地位。人的这个愿望没有实现。但由于在这个愿望中人把自己的意志决定置于比神的意志决定更高的地位,所以他听从了自己的意志,这个意志使他必须沿着充满一切诱惑的曲折漫长的道路走向生命的目的。

人按照自己的意志对自己活动的第一次规定,是在对动物生存斗争定律的认定中表达出来的。按照这一定律的力量,人必须付出艰苦的劳动才能维持自己的生命(创 3:17—19),因此,人在世间存在的终极目的,就自然而然地退居次要地位,被另外一个迫切的目的所取代,这就是生命是为了寻找生命手段。因此,他不得不思考的不是发展,而是生存斗争,也是因此,他不得不体验的不是自己发展的快乐,而是生命中的痛苦,只有一点点从生命得以维持而来的快乐。同样是由于这个原因,随着人的生活目的的降低,他关于生活幸福的观念也自然会降低,因为对他来说能够不感受生活之苦,就已经是不小的幸福了。但由于在这个否定式中生活幸福的内容是完全符合被降低了的生活目的的内容的,所以幸福本身也正是人生的终极目的。正是为了达到这个目的,通过多个世纪的巨大努力,人逐渐在更加高级的文化和文明形式中创造和发展了自己的生活,这些文化和文明不断地创造和保证着使人能够获得生活满足和生活享受的新手段。但随着人的发展,他的生命越来越变得无意义。

文化和文明的发展必然造成人们地位和状况的巨大差别,由于这些差别,必然把人的生命定义为一切人反对一切人的战争。这个定义必然脱离人的生命为之被造和发展的基本原则。如果人的幸福被认为仅仅是享受生活,那么,每一个具有这样的生活观的人，都必然会去努力掌握达到自己幸福的更多手段。但由于这些手段对于所有人来说不仅是相同的，而且是有限的，所以，显然，每一个掌握了这些手段的人，必然因为掌握这些手段而损害其他人的幸福，因此，人的生命必然被定义为胜利者的喜悦与失败者的痛苦的混合物。有些人强大，有些人弱小；有些人有文化，有些人没文化；有些人富有，有些人贫穷——这些差别必然在全部生活中表现为在争取幸福的残酷斗争中的成功与失败的差别。如果说成功的人可以享受生活，并把这一享受看做是自己生命的全部意义，那么，对于许许多多遭受痛苦的人来说，这样的生命意义就是不会有的；如果生命没有任何另外的意义，那就意味着，这许多人的不幸生活也是没有任何意义的。历史上也确实是这样。在基督教出现之前的很长时间里，这种生命无意义的思想就逐渐进入了古代文明人类的意识，整个东方文明都慢慢开始对生命意义的迫切问题进行积极的重新考察。但是人的生命没有从这些重新考察中得到任何更新，因为这些考察都是从同一个原则来提出和解决生命问题的，这就是把幸福作为生命的唯一目的。只有佛教哲学从怀疑这一原则的真实性开始，坚决地否定了这一原则，但它没有提出任何另外的原则取而代之。它只限于否定生命的意义，认为生命的出现是神的一个无法理解的注定错误，因此，它给人们指出的只有一种真正的幸福，就是死，只有一个生活目的，就是灭绝生命意志。这种哲学作为数百万人的宗教信条，向世界表明了这样两个惊人的例证，一个是，人没有能力给自己的生命创造出合理的证明；另一个是，人在世界上处境悲哀，他注定既要生活又相信生命的无意义，即否定生命。然而佛教这种悲哀的哲学却比全部其他东方哲学学说更加深刻和优越,因为它没有以任何形式的幸福诱惑人,没有使相信生命意义的人遭受生命无意义的痛苦。而其他一些以幸福为生命目的的宗教哲学学说,虽然给这个目的做出了充分的证明,但显然不能仅仅以此证明来使人得到幸福;因为旧原则的统治完全否定了生命更新的可能性。这样,虽然有各种形式的宗教世界观,但生命在实际上的无意义却仍然保持着自己的全部力量。只有对生命的新证明才能消除这种无意义,但古代世界没有寻找这种新证明,所以不可能找到,甚至在古代世界的最后阶段,已是基督教的初期,希腊罗马哲学只是达到了这样一种意识,即意识到必须对古老的佛教哲学做出一个重要修正。如果说佛教为了避免生命苦难而主张灭绝生命意志,那么,最后阶段的罗马哲学则直接说要否定生命意志,也就是公开宣扬自杀是摆脱一切苦难的唯一手段。

["基督教给人们展现了新的生命基础"]

2. 基督教在世界上的出现给人们展现了新的生命基础,对古代人类的全部内心历程做出了完全解释。正是基督教解释了,人们偏离了正路,失去了自己的生命意义,人们被创造本是为了被神的完善的无限之光所照亮;但他们背离了这一目标,因为他们想要用自己的伟大之光照亮世界,然而实际上他们却给世界带来了一切可以做出来的犯罪的耻辱。因此他们都在罪恶之下,都要受到审判(罗 3:9—18)。但永恒的神的意志是不能不履行的。虽然人类在生命之初曾为了自己的意志而拒绝神的意志,虽然人们后来甚至忘记了这一意志的永恒决定作用,但这一切只是到一定时期为止。神不想只是强迫人,他希望人们先按照自己的意志生活,让他们自己意识到和确认自己终将毁灭,然后再把他们引向自己。神派遣自己的儿子来到世界,不是为了审判世人和定他们的罪,而是为了拯救世界(约 3:17;12:47)。因此基督是作为一个普通人来到世界的,出生在一个贫穷的木匠家庭,过着普通条件下的生活(可 6:3)。因此他从小就知道生活之苦,他的一生都是在贫穷和困苦的负担下度过的(路 9:58),然而任何生命幸福的观念都不能够诱惑他。他完全把自己的人性意志服从于神的意志,因此战胜了世界上的全部诱惑(太 4:3—10)。不仅经常的受迫害和侮辱,而且死亡本身,都没有使他对自己完全拒绝一切世间幸福产生丝毫反悔,没有使他对自己的苦难生活的艰难时刻、甚至无辜受死的耻辱,产生一句怨言。他因人的仇恨而死。但由于他直到自己生命的结束都仍然坚信人的超世界使命,所以神在他身上实现了自己对人生终极目的的永恒定义。他的属灵身体没有长久受大地的统治。他从死人里复活了,并且带着神化的人性坐在荣耀宝座上,作为一代新人的开端,作为全人类的永恒中保和大祭司(林前 15:47—49;弗 4:22—24;林后 5:17;来 7:24—28;8:1—2)。

在关于基督身份的学说中,新约给世界的启示也是关于生命意义的新启示,也是这样一种坚信不疑的布道:这一生命意义实际上在得荣耀和神化的基督身上已经实现(腓 2:6—11)。人们从基督教的布道中听到,他们应当在自己的灵性发展中走向无限完善,以便随着这一发展,他们能够在自身中开启神的王国,在世界上展现永恒的神的荣耀(太 5:48;路 17:21;林后 3:18)。因此,在基督教中人性具有特殊的价值,并且是无限的价值;整个世界与人相比只是虚无,因为什么样的世界宝藏都抵不上活的人的灵魂(太16:26)。但为了这一无限价值的发展还需要无限生命,基督教使人确信这样的生命是现实存在的:人活着不是为了死,而是为了永生,所以死只是生命条件的转变:人转入新的生命(林后5:1—5)。通过这一转变,基督教把基督本身说成是从死人里复活的,因为他从死人里复活并以自己的复活摧毁了死亡的必然规律,从而为普遍复活奠定了开端(林前15:20—26)。但正如世上出生的有些人在体力发展上完全无能力生活因此出生之后很快就走向死亡一样,按照基督教学说,在未来的复活世界,也将会出现这样一些无能力的人,他们不被光明的生命所接纳,因此在复活之后就会再次最后死亡。这些人不是灭亡,而是对新生命来说的死亡,因为他们只适应于现有世界的生活条件,因此,当他们的此世生命结束的时候,他们将会因失去自己可以生活于其中的世界而痛苦,也会因自己无能力在另一个世界的条件下生活而痛苦,这另一个世界是他们永远也达不到的。为了这另一个永恒世界成为人自己的世界,基督教劝导人首先使这另一个世界的开启者成为自己的,也就是说,基督教劝导人接受基督的全部活动,也就是不仅相信基督的神性身份、相信他的启示的真理性、相信他所开启的新世界的现实性,而且要以此信仰为生,自身具有这一信仰体验。因为显然,基督徒不是仅仅在理性上承认或言辞上信仰基督教的人(太7:21—23),只有以基督教为生和自身具有基督教体验的人,才是真正的基督徒,所以真正信基督的人也和他一道为自己的罪孽而受难,而和他一道受难的人也会通过他而复活,而通过他和在他之中复活的人将会得到神化(罗6:3—10)。

这样，人们在基督身上所看见的不仅仅是生活的英明导师，像古代世界的许多其他导师一样，而是最完善的完整理想，是富有生机的、能够吸引人的灵魂并使灵魂再生的理想。也正是这个活的理想使人们具有灵性，在这一理想中取得对世界的伟大胜利。不是高尚道德学说的传布使人们得到新生，而是他们对人生伟大意义的深刻信仰，是他们对这一意义能够实现的强烈希望，因为这个意义实际上已经在基督身上实现了。高尚道德的传布者在基督之前也有，他们想出的不少道德原理也在基督教道德学说中再次出现，然而这些原理在基督教诞生之前只是些死的词句。这些词句只是被耳朵所听见，被知性所接受，但不能提升意志力量，因为它们完全没有在活的自我意识内容中为自己找到任何根基。人为了死而生活，只因死亡恐惧而劳作，所以，对墓地虚无的恐惧不断推动人去疯狂追逐一切今生今世可以达到的幸福。而伟大的道德家们对人说，他应当鄙视一切世间幸福，只为美德而生活，因为人是有理性的，应当按照理性的本性来生活。但理性实际上只能被无理智的表现所激怒，而不是被享受一切世间幸福的意向所激怒。因此，只有当这个意向直接被认为是不合乎理性的时候，才能谴责人们的这个意向。美德的维护者的确认为这个意向是不合乎理性的，因为世间的全部幸福都是偶然的和虚幻的。然而，既然人的生命本身被认为仅仅是一个神秘的幻影，那么显然，人就不必要谈论幸福的虚幻性了，——他确实从来没有谈论过这一点。他非常专心地听了自己著名导师的智慧言论，意识到他们说得很好，但同时又狡猾地暗自想，假如所有其他人都遵循哲学家的学说，那么他自己就可以拥有世界的全部幸福了。无论哲学家在那里怎样谴责这个自私的人,但他的狡猾无疑还是对的,因为他不可能为了受苦而活着,为了死去而受苦。

假如具有自己高水平的道德学说的基督教只给人提供这样的说教,即教导人经营好现世生活,那么,基督教就也不过是一种僵死的学说而已,和一切其他生命学说一样。但实际上,基督教对人说,你当这样活着,就是为在另一个世界存在条件下的新生命做准备;虽然你不得不遭受巨大痛苦,但你还是必须活着并为新生命做准备,因为你来到世上就是为了获得这一新生命的(罗 8:16—18)。正是对新生命的这一信仰,决定了人生的意义,同时为道德提供了唯一的证明。在这一信仰的内容中,人不仅把自己理解为生命的理想基础的承载者和生命的理想目的的体现者,而且确切地定义了自己生命的终极基础和明确指出了自己生命的终极目的,他从这样的自我认识的观点,意识到自己是地上的暂时外来者和天上的永久国民(腓 3:18—20)[①]。正是由于这样的意识,人的现世生活不是目的本身,而只是人为在另一个世界存在条件下的新生活所做的准备。由于这另一个世界是具有最高道德之美的世界,因此,对这一美的唯一表达——美德,就成为达到这一世界的手段,美德不是生命的目的,而是达到这一目的的手段。由于这一目的的实现正在按照人的终极理想的内容逐步改造着经验的人,因此,在这一实现过程中,人也为自己和自己的生活找到了完全的

[①] 这一新约启示学说使基督徒确立了这样一种牢固信念,即如果基督徒在自己的一生中不愧为做救主基督那样的人,那么他就将脱离腐朽和苦难,就将与神一起生活和一起做王。在这一信念基础上,一位不知名作者在《致狄奥格涅特书》第五章写道,"基督徒生活在地上,但实际上他们是天上的国民"。

满足,作为这一满足的结果,是获得了快乐感,这种快乐感不是生活的目的,而只是达到目的的手段。

3. 人为了能够顺利实现自己的理想意向,他就应当超越世界,然而他却因自己个体存在的全部条件而受世界束缚。因此,他在按照所向往和期待的理想生命样式来建立和发展自己的真正生命的时候,总是必然遇到和应当遇到或大或小的障碍。现实生命总是必然要求人适应现实的生命,而不是追求某种另外的生命;而理想意识则总是要求人不要自己适应现实生命,而是相反,应当努力提升现实,使其适应理想生命的内容。由于这两类要求不是从某个外部方面显现给人的,而是在人内心发展起来的,是对人的自我意识的确定,是人的活动的动机,因此,这些要求造成了人与自己的不可避免的斗争,造成了人身上的理想与现实的斗争,亦即不同生命原则的斗争。

当人的自我意识内容中占主要地位的是经验现实因素的时候,也就是当人仅仅从自己的现有生活条件和状况的观点来看待自己的时候,他的活动动机就必然总是从生命幸福原则的观点被确定的。而当人的自我意识内容中占主要地位的是理想因素,也就是当人是从自己的本性、自己的人性方面来看待自己的时候,他的活动动机就必然总是从生命意义原则的观点被确定的。看看人的自我意识是由哪些因素构成的,便可知道人的生命是朝哪个方向确立的。如果自我意识的构成成分是稳定的,生命是朝一个确定的方向成长的,那么,人的活动就受同样的动机所决定,必然具有同一种不变的性质。如果自我意识的成分不具有稳定性,而是变幻不定,那么人的生命必然摇摆不定,他的活动受各种不同动机所支配,在不同时间具有不同的性质。实际上,稳定性的力量是(虽然不完全是,但常常是)站在自我意识的经验因素一边的,因为这些因素是由生命本身直接决定的,而不是从对生命的哲学思考中发展起来的。理想因素不是由生命事实本身引起的,而是由对生命的深刻思考引起的,因此,理想因素是逐步产生的,它们只有通过排挤经验因素,才能获得生命决定因素的力量。但由于经验因素是从现有生命的事实中产生的,是受现有幸福的幻想支持的,因此,这些经验因素实际上只能削弱,不可能彻底消除,所以它们总是时常表现出来,对这些表现甚至最高的理想意向也要考虑到。理想的实现无论如何不能单靠人的善良愿望,这是一个明显的事实。理想的实现必然在人身上引起内在理想生命与外部经验生命之间的艰苦斗争,这场斗争不是仅仅在人生的某个阶段进行的,而是在人的整个一生中进行的,直到他生命的最后时刻。

由于上述状况,当人按照人性的理想改造和发展自己的时候,他就必然要和自己展开艰苦的和不断的斗争,因此,人的理想意识力量就很可能降低甚至完全熄灭。当然,每一次这种降低的事实起初都会在人心里引起良心谴责,使人因背叛自己的原初使命和自己生命的真正意义而感到强烈的痛苦不安。但这只是起初而已。而经常性的自我谴责是任何人都不可能做到的,只因人有自我保护本能这一点就做不到,因为如果经常地自我谴责,人可能就会因为深刻的自我蔑视而死。因此,虽然在理想意识熄灭的时候人会进行内在审判,但在这场审判中,人不仅是指控者,而且是为自己的辩护者;由于人在为自己辩护的时候总是比指控自己的时候更强有力,因此他经过自己的良心审判之后总是显得几乎是无罪的。通过不断的自我辩护,人逐步建立起了对自己全部现有生活实践的一般性辩护,这样就逐步养成这样的习惯:对按照理想来生活的方式不仅予以消除,而且直接进行谴责。如果说人的自我辩护起初总是通过这样两个相反命题进行的,即现实是强大的,人的意志是软弱的,那么,这一自我辩护到最后已经不再用这两个命题了,而总是用另一对相反命题——现实是真理,理想是谬误,就是说,人最后总是通过完全否定任何另外的世界和另外的生命,来证明自己的现有生命。但一旦容许这样的否定,则对生命意义问题的解决便又重新成为不可能的,就连这个问题的提出都成为荒诞的。

按照一位古代圣经哲学家的深刻论断,在现有世界存在的条件下,人的命运和兽的命运是一样的。世人遭遇的,兽也遭遇,所遭遇的都是一样;这个怎样死,那个也怎样死,气息都是一样。人并不比兽更优越(传3:19)。既然人没有给自己提出兽的生命意义问题,那么,他有什么权利提出关于自己生命意义的问题呢?当然,这个权利从来都可以被确定为人的理性的自然权利;但如果理性把人看做是只在此世生存的范围内,那么,他根据什么来解决自己的问题,又会寻求怎样的解决呢?因为已经众所周知的是,人是有生也有死的,如果在这种情况下容许认为死便是人的存在的完全消灭,那么很明显,任何生命意义问题都没有也不可能有了。在这样的条件下可以提出的问题不是生命意义问题,而只是人在此生中活动的目的问题;因为对生命的意义人只能寻求,而自己活动的目的人自己就可以创造和证明。他可以给自己创造也的确创造了一切可能的生活目的,对每一种生活目的他都可以利用生命幸福观来加以证明。但因为给自己创造和证明一定生活目的的权利每一个个人都同样拥有,所以,显然,世上有多少人,就有多少种生活目的,因此在人的生活中总是出现各种生活利益发生冲突的广阔领域,由于这种冲突,使得人的生命痛苦不断增加。正是痛苦增加的事实,迫使人不仅仅给自己提出某些自以为应有的生活目的,而是想出这样一些目的,它们可以满足人对幸福的渴望,而不是引起和使人感到痛苦。生活目的问题的根源就在于此。

这个问题的全部实质就在于,要制定出这样一个生活目的,它能够成为所有人生活的共同目的,而且能够保证每一个人的个人幸福。在对这个问题的现有解决中,大部分都倾向于给人加上一种义务,即在生活中不是寻求自己的幸福,而是所有人的幸福——与所有其他人同甘共苦。当然,毫无疑问的是,假如人们接受并履行这种理想化的义务,那么,幸福人的数量就会显著增加,受苦人的数量就会明显减少;只是——怎样才能使人们接受这种义务呢?因为认识到这种义务和真正履行这种义务,这是两种完全不同的东西。我们每个人都清楚地知道并同样明确地断言,应当为社会谋福利,应当在生命中寻求人们的共同幸福,然而这一切认识和判断都仅仅是些美妙的词句而已。这一切之所以如此,不是因为我们是坏人,而是因为,为社会谋福利或力图达到共同幸福的义务,不是我们活动的自然动机。我们不是在自己身上和为了自己而发现这一义务的——我们只是在关于建设美好的社会生活的思考中逐步认识到这一义务的,因此,我们只有在一定条件下才能在自己生活中接受和履行这一义务,这个条件就是所有其他人也都将履行这一义务。如果其他人为我们着想,给我们带来幸福,那么,他们所做的这一切也要求我们从我们自己方面为他们着想,给他们带来幸福。因此,接受和履行这一义务实质上完全没有超出普通交易的范围。我们得到别人的善遇,从别人那里借了钱,我们就因此欠了别人的债,就有了偿还的义务。当然,也可以改变这个交易过程,我们可以先付给别人钱,但交易的性质并没有因此而发生丝毫改变。如果我们为别人做了好事,那么,我们也给他们加上了一种义务,要求他们也为我们做好事,如果他们接受了我们对他们的善遇,他们也就接受和承担了同样善待我们的义务。只有在这样的意图的基础上,才能确认履行为他人谋福利和争取达到普遍幸福的义务,因为如果消除这样的意图,那么,也就消除了义务本身。因为,假如我们在争取达到他人幸福的时候,却没有任何人关心我们自己的幸福,那么,我们争取实现他人幸福的意图就显然已经不是履行某种义务了,而是自愿的自我牺牲,这种自我牺牲在一些人身上是存在的,但它的存在不是因为他们应该为他人幸福而忽视自己的幸福,而是完全出于另外的动机,关于这一点我们将在下面讲。

[评康德的道德哲学]

既然义务的存在总是和必然是以人们之间一定的相互关系为前提的,也就是要求有承担义务的人,那么显然,任何义务都总是和必然是有条件的。比如,如果世界上有这样一些人,他们的生活幸福不归功于任何人,他们也不愿意承担义务,那么显然,这些独立的人将不会承担对他人的任何义务——这不是因为他们不想承担义务,而是因为他们实际上不欠任何人的情也不负有任何义务。

因此,任何义务都可以被接受,也可以不被接受,任何义务都永远不可能成为毫无例外的所有人的共同义务。因此,在哲学中想出来的人们追求普遍幸福的义务,只不过是哲学的一种美丽创造,而不能给人们带来任何幸福,因为这种义务本身没有任何力量统治人们和推动他们的意志。为了赋予它这样的统治力量,必须给它创造另外一种意义——必须把它从社会生活领域转移到个人生活领域,这样把它变成这样一种内在义务,它是人自己加给自己的,人对这种义务的履行不依赖于别人是否履行。对义务的理解的这种改变也正是在关于义务的道德哲学①中所做出的。

在义务哲学中,消除了对人行善义务的功利主义证明,因此消除了这一义务的外部法律性质,义务成为从人自身中产生的,是他的道德天性的表现。人应当对人行善不是为了得到对方的感谢,而是为了展现自己的道德天性。因此,人生的目的就应当不是获得幸福,而是达到完善,因此,他的活动原则也应当不是某种被掩盖起来的自私自利,而是坚定不移地履行道德义务。

义务哲学把自然主义的道德体系改造成了唯心主义的道德体系,在这种改造中,人的生活完善的理想被代之以人的个性(人格)完善的理想,随着这一替换,生活幸福的原则就显然让位于生命意义的原则。在生命意义的原则之下,人行善的义务的确获得了普遍意义,成为毫无例外的所有人的共同义务,因为这一义务在此不是由生活条件决定的,而是由道德人格的要求决定的,因此,每一

---

① 关于义务的道德哲学,即下文所论述的义务哲学,主要指康德的道德哲学。——译者

个希望自己不仅仅叫做人,而且真正做一个人的人,就必然要承担这一义务。这种对现有生活条件的脱离无疑大大提高了这一学说的理论价值,但这种脱离也在同等程度上降低了这一学说的实践意义。如果人的道德义务只是面对自己的义务,面对自己道德人格的义务,那么显然,义务原则只有在他的个人生活条件下才能真正决定他的活动,而不是在社会生活条件下。在对他人方面,从义务原则观点对人只有一个要求:要求人不要欺辱他人,使得一个人不要把他人作为达到自己个人目的的手段。但几乎全部现实生活条件都使得这个否定原则成为完全不可能的。因为不仅有我们对他人的关系,而且有他人对我们的关系,因此,我们必须不仅要确定自己对他人的关系,而且要回应他人对我们的关系。他人对我们可能漠不关心,也可能对我们有危害;他们可能同情我们,也可能迫害我们。如果我们只注意生活的负面事实,那么,在我们自己这里就会产生一个问题:道德义务要求人平静地忍受欺辱吗?或者用更尖锐的形式来表达:如果一个人不能默默忍受他人的欺辱,他是不是背叛了自己,违背了自己的道德天性呢?如果是违背道德天性,那么就意味着,人的道德天性要求人平静地默默忍受他人对自己的欺辱和给自己造成的痛苦;如果没有违背道德天性,那么就意味着,人性的道德完善不要求这样做。但如果我们假设,道德义务要求我们默默忍受他人的迫害,那么就意味着,在现有生活条件下,做人的特权不仅不是伟大的特权,而且甚至是不幸的特权,因为这个特权仅仅在于,人只能对人行善,为此受苦,并带着快乐的义务感而走向自己的坟墓。如果我们假设道德义务不要求我们默默忍受欺辱,那么就意味着,人对他人行善的义务实际上完全没有绝对性；因为在某些情况下人也可以使自己摆脱这一义务，而一旦容许了这种可能性，那么，道德哲学就再次成为一种美丽的梦想。道德哲学也确实只是一种美丽梦想，因为道德义务虽然要求我们对他人行善，但它完全不要求我们默默忍受他人的恶。甚至相反，人面对自己道德人格的道德义务，同样既不容许我们欺辱他人，也不容许他人欺辱我们自己；所以，平静地忍受欺辱，从这种义务观点看，非但不是美德，而且简直就是对自己人格的犯罪。显然，促使康德说出下面这句深刻诫命的不是这位大思想家的某种无限高傲，而是他对义务的含义和意义的清醒认识，他说："不要容许任何人不受惩罚地践踏你的权利"。但是在这种情况下，人的道德义务本身是什么呢？道德义务的基础显然不是别的，正是人对想象中的人性之伟大感到满足，而在实际运用中这一义务只是用各种合法手段对人性伟大的限制。

[评托尔斯泰的道德哲学]

为了使义务哲学保持它的道德性，需要把义务原则从个人生活领域转移到社会生活领域，也就是必须把人的道德义务不是理解为他对自己道德人格的义务，而是理解为他对一般人性的义务。于是义务原则就将只决定人的社会活动，而人的个人生活，已经被另外一个原则所决定，这就是自我牺牲原则。众所周知，对道德学说的这样一种改造，是不久前在我们俄罗斯做出的，这就是托尔斯泰伯爵的道德哲学。按照这种哲学，人生的目的在于争取幸福，但由于按照自我牺牲原则，人不能给自己提出个人生活目的，所以，他就应当努力争取普遍幸福——为大家的生活服务,不是为自己活着,而是为全人类活着[1]。这样,人对他人的道德关系,按照这一哲学,就不仅仅在于不危害他人,而直接在于对他人行善。人无论如何也无法摆脱履行此义务,因为此义务被托尔斯泰认为是绝对的。而此义务的绝对性绝对地要求人行善和受苦,即便受苦也要行善,要求人要对毫无例外的所有人行善,也就是不仅要对善待自己的人行善,甚至不仅要对不关心自己的人行善,而且要对危害自己的人、也就是自己的敌人行善。由于这样的理想化的要求,自我牺牲的哲学道德无疑被提升到了纯粹基督教道德的高度,然而正是随着这样的提升,哲学道德逐步脱离了自己的基础,最终完全成为空中楼阁。

托尔斯泰道德学说的几乎全部内容,无疑都是从福音书中拿来的,但由于这一学说的真正福音基础是他的理性所没有能力理解和接受的,因此,他的这一伟大学说本身成为不是基督教学说,而是哲学学说。只有那些根本不懂什么是福音和什么是基督教的人,才会严肃地谈论托尔斯泰的基督教。福音在其活的、真正的意义上不是成文规范的汇编,这些规范用于指导人的美好生活,——按照使徒的确切定义,"这福音本是神的大能,要救一切相信的人"(罗1:16);基督教不是某种独特的生活理论,而是一种活的宗教,它不是以人的智慧为根据的,而是通过耶稣基督的启示,以神的大能为基础的(林前2:5;加1:11,12),因此它不是用人的智慧的有争议的学说来表达的,而是只能通过赋予生命的灵性和力量来表

---

[1] 参见托尔斯泰《我的信仰何在》,埃尔皮京第二版,日内瓦,1891年,第125页。

达(林前 2:4)。然而,托尔斯泰却把福音只理解为最佳生活规范汇编,把基督教只理解为最佳生活理论。按照我们这位道德家的看法,"基督教导人不做蠢事——这就是基督学说的最简单的、人人都能理解的意义"[①],托尔斯泰在福音中没有找到任何其他含义。基督教教义的那些重要的和富有生命力的地方——关于活的上帝,关于启示,关于道成肉身,关于基督从死人里复活和再次来临,所有这些,按照我们道德家的英明想法,"都对我们没有任何意义"[②],都应当遭到盲目迷信的厄运。由于对基督教的教义原则持这种否定态度,所以他就很自然地把基督教看做是人类思想无限发展中的一个阶段,这样,在他看来,基督教不是信仰,而是学说,不是宗教,而是单纯的哲学学说。按照我们的道德家的明确定义,基督教"只不过是这样一种生命学说,它符合当今人类所处的年龄和物质发展水平,因此它必然为人类所接受"[③]。也就是说,基督教作为人类发展的暂时产物,它被人接受不是因为它是真理,而是因为它在人类生命现有条件下对人们有益。基督教正是在下述方面对人们有益,即人们只要遵循福音书的道德规范就可以更快地达到托尔斯泰所想象的理想状态,到那时,"所有人都成为兄弟,每个人都会与他人平安相处在神所赋予自己的有生之年享受全部世界财富"[④]。在托尔斯泰看来,这就是基督教的全部意义所在,也是人生的全部意义所在。

---

① 参见托尔斯泰《我的信仰何在》,埃尔皮京第二版,日内瓦,1891年,第172页。
② 托尔斯泰:《天国在你们心中》,柏林,1894年,第一部分,第115页。
③ 同上,第161页。
④ 《我的信仰何在》,第28页。

在消除了基督教道德学说的真正的活的基础之后,托尔斯泰必须为这一道德学说想出自己的合理证明。这个证明他确实想出来了——他把基督教学说规定为生活幸福原则,但是,无疑,他正是通过这样的规定,使得福音的道德学说失去了意义和力量。他要求人不为自己幸福,而是为普遍幸福而自我牺牲,因为在他的哲学中,人格不是目的本身,而只是达到他人目的的手段。个人可能受苦,——那就让他受苦好了,因为只有他的受苦才可以保证某人的幸福;整个一代人可能受苦,——那就让他们受苦好了,因为只有从他们的这些痛苦中才能生长出他们后代人的幸福。因此,个人的人格本身在此没有任何价值,它只是达到一定社会和整个人类生活目的的简单工具[①]。但是,如果个人生存只是达到他人目的的手段这一论断是正确的,那么显然,对于个人本身来说,生存还是不生存是完全无差别的;如果对个人来说他的存在还是不存在是全无差别的,那么他的活动方式就更是无所谓了,因为生活中无论怎样,结果都是一样的。基督教对个人获得永生的希望被托尔斯泰认为是人发疯的最极端表现[②]。因此,生活幸福无论对个人来说,还是对整个人类来说,都只能在此世获得。但如果这个原理是正确的,那么,既然人的生命只有一个而且不长,他为什么要不顾自己而为达到他人的幸福而受苦呢?托尔斯泰认为,这是达到世界生命的最终目的所必需的[③]。但是,第一,托尔斯泰从哪

[①] 参见《我的信仰何在》,第136页。
[②] 同上,第105、116页。
[③] 参见《天国在你们心中》,第二部分,第232—233页。

里得知有这样一个最终目的的呢？第二，难道人是这样一个残酷而疯狂的世界意志的玩偶，它使人不是为了达到自己的目的，而是为了达到他人的目的而受苦和死去？人具有这样的理性：他也可以不承认自己是世界戏剧里的木偶角色；人也有这样的自由：他也可以不接受这样毫无意义的角色。假如人生的全部目的只是在人的尘世生存范围内达到幸福，那么他就会力图达到自己的幸福，任何理性考虑都永远不能阻止人的这种努力，相反，全部理性考虑都会永远不变地确认这种努力。显然，否定人的个性的价值，就意味着破坏道德的基础本身，因为人只有在意识到自己的工作对自己的价值的情况下，才能决定自己的活动。因此，迫使人的个性不为自己的任何目的、只作为达到他人目的的手段而生活和受苦，这就意味着事先把一切高尚道德指令都变成空话，因为如果这样，个性自身就会找不到任何动机来执行这些指令。

显然，福音书的自我牺牲原则完全不应按照托尔斯泰哲学加以解释。

["在基督教中人的自我牺牲和最高幸福是一回事"]

4. 自我牺牲从来不可能是目的本身，也就是为自我牺牲而自我牺牲，因为在这种情况下自我牺牲就也和自杀一样是无意义的。人能够做出自我牺牲只有依靠他对自己的重新定位，也就是他意识到自己完全不是他在世界中表现的样子，他重新肯定了自己到底是什么。这种肯定也是对他现有状况之真理性的否定，是确认在对自己的重新认识中所表达的状况具有真理性。因此,自我牺牲从来不可能在生活幸福原则的观点下做出,它只有在生命意义原则的观点下才能做出;因为自我牺牲不是人否定了其个人生活目的,而只是否定了现有生活条件下的全部目的的终极性。所以,人只有在这样的情况下才能做出自我牺牲,即现有生命及其有限性不被认为是表达了人的存在的全部真理。换句话说,人能够在现有生活中抛弃自身只是为了另一种生命,但不是他人的生命,而必定是自己的生命。如果他确实相信他有这另一种生命,那么,正是由于自己的这一信念,他才能够不是为现有生命的利益而工作,才能不为这些现有生命的利益而同他人斗争,因此,嫉妒和仇恨就会从他的生命中消失,在他的活动中就会实现无私的爱。

无私的爱只因自我牺牲才是可能的,自我牺牲只因对自我的重新定位才是可能的。无论是基督教还是哲学,都告诉人自我牺牲和爱,但关于人的最高观点——此观点决定了自我牺牲和爱的可能性——只有基督教才能提出。只有基督教告诉人有另一个世界和另一种生命,由于承认这另一个世界和另一种生命,基督教给予人的不是虚幻的自由,而是真正的自由;因为基督教使人高于现有世界,因此使人摆脱了为现有生活而斗争的世界规律。当然,在现有世界范围内人无疑也是自由的,只不过他的全部自由在此只表现为虚构,表现为可以选择不同方法来为自己建设美好生活,也就是说,人把自己在现有世界上所具有的全部自由都献给了他注定遵循的必然性。而基督教则给人以摆脱这一必然性的自由,即摆脱了在自己社会中虚构和以各种方式获得和巩固自己的幸福的必然性,因为基督教也使人摆脱了虚幻的幸福本身——这样,在基督教中,人就无疑有可能在完全的自我牺牲中实现自己的自由。人的最高自由和基督教的自我牺牲——两者是一回事。在基督教中人做出自我牺牲只是由于他把自己看作是神的形象和样式在世界上的承载者和体现者,因此,自由被人用来在自己身上揭示这一形象和样式,也就是在生命中实现人性的终极理想。由于这个理想在基督教中不是人的创造的产物,而是神的活理念和永远被神的意志所决定,所以,这一终极理想展现给人的不仅仅是最美好的生活形式,而是人生的真正基础和目的,也就是给人开启了他生命的真正意义,而在对这一真正意义的理解中,包含着把人的经验本质改造和更新为理想本质的基本动因。假如人生没有这样的意义,假如人只生活在和只希望生活在现有世界范围内,他就不可能拒绝世界,因为这样的拒绝是毫无意义的,相反,他必然会力图在世界上获得他可以达到的最高幸福[1]。只有当他在世界上陷入受苦境地,最终使他确信,他的生命中除痛苦之外什么也不可能有,他才会拒绝世界,只是这种拒绝在他那里是对自己生命意志的压制,甚至是否定。自我牺牲和重塑生命只有在另一个世界的观念之下才是可能的,从这一观念来看,人把自己理解为目的本身;因为只有在这种情况下,生命的合理目的才能对他展开,他才能有实现这一目的的强大动力。基督教既在天国理想中,

---

[1] 人在这种情况下也许可以拒绝世界,但只能是遵循托尔斯泰伯爵的聪明榜样,也就是认为自我牺牲就在于把自己的全部财产过户给妻子或另外某个亲近的人,这样来扮演一个光荣角色,既可以教导他人,又可以自我消遣。但是显然,这样的游戏不会给任何人增加一点幸福。

也在人的内心中,为人描绘了这另一个世界的光明形象——在人的内心中,是因为这一理想是人生的目的;在人之外,是因为只有在这一理想中才开启了生命的基础,只有在这一基础上才能解释人生的意义。

当然,人可以按照随便什么意图在世界上生活,甚至没有任何意图,只因为他出现在世界上,但这是与他的理性和自由不相配的。如果他活在世界上只是因为他的出生,那么他只是在动物学意义上,只是凭动物学特征,才被叫做人。人应当生活,不是因为他的母亲把他生在世界上,而是因为他在世界上有特殊使命。但对这个使命可以进行各种不同的规定,而不同的规定赋予人不同的价值。有谁把自己的使命只看作是实现人们的普遍幸福,那么,无疑,他是有很高价值的,但这个价值只是纯粹的商品价值,它可以成为任何人乃至整个人类换取自己的某种生活幸福的代价。有谁把自己的使命看作是按照人性的理想发展自身,那么,他也无疑是有自身价值的,但这一价值只不过是自我安慰的价值,如果它和人一起死亡的话。有谁把自己的使命看作是无限地实现自己的永恒目的,那么,他就在他所实现的目的的内容方面也具有永恒价值。但问题在于,在时间界限内到那里去寻找这一永恒目的,在有限的生命中又如何无限地实现这一目的呢?思考一下这个问题吧,只要你去认真思考这个问题,你就将走向基督教。

《关于人的科学》(1899—1901年)[①]

第一卷 第九章 第六节

研究结果概述和新任务的提出

我们的全部研究都是为了揭示和解释这样一种现实根据,它决定了有可能把基督教看作是神的启示和神的活动。如果我们关于人的研究、关于人的存在奥秘的研究是正确的,那么,只能有一条道路能够真正破解这一奥秘,这就是基督教教义的内容所指出的道路。对我们的思想来说只能有下面两种可能性:要么是存在的永远荒诞,要么是基督教的真理,不存在第三种可能性。我们是通过有些与众不同的途径得出这一论点的,因为我们没有利用可爱的概念逻辑,而是提出了人的现实存在中的活事实的心理学。但在信仰知识的生命发展中实际上只存在这一条道路,也就是在我们的研究中所解释的道路。而根据我们的全部研究过程,我们有可能果断地说,在哲学认识的科学发展领域,只有对活人的科学研究是解决生命和思想的终极问题的真实道路,没有也不可能有另外的道路。随着哲学远离这样的研究,它完全丧失了以肯定知

[①] 选自涅斯梅洛夫:《关于人的科学》(Несмелов Виктор. Наука о человеке 2 тома в одной книге. СПб. Изд. Центр изучения, охраны и реставрации наследия священника Павла Флоренского. 2000).

识做出可靠判断的现实基础,因此变成了可能之物和或然之物的毫无成果的辩证法。因此,不用说形而上学的其他大量问题,即便是关于人自身的本质问题,都是在这样一些科学前提下提出和解决的,这些前提完全不容许和不能容许对这一问题的肯定解决。众所周知,存在着关于人的心灵生活的本质的争论,然而通常对这一问题的解决不在于研究心灵生活,而是研究心灵现象的起源。唯物主义认为,是物质在思维,唯灵论则断言,是精神在思维;人们提出了关于心理现象与生理现象之联系或关于心理现象之特性(不可见性、无法触摸到、非空间性,总之与可以在空间中看见和触及的客观事物和现象完全不同)的各种看法;在这些看法基础上得出确定结论:为了解释心理现象与生理现象的联系,必须假设物质具有在某些不为人知的条件下产生心理现象的能力,或者,为了解释心理现象与物理现象的不相似,必须假设精神的存在作为心理现象的特定原因。谁需要这样的假设,他就根据自己的愿望要么假设物质,要么假设精神,关于精神的问题从哲学一开始出现就处于这样的荒诞境地。事情最终达到如此地步,乃至现在就连改变这一状况的希望都彻底丧失了。现代心理学认为自己的对象仅仅是研究各种心理现象的结构、组成、联系和相互关系,而关于精神的问题已经没有人再提了,只是警告性地指出,这样或那样的心灵生活现象不能用唯灵论的方式来解释,为了避免无结果的争论,应当把关于心灵现象的原因问题从科学思维领域完全消除。

尽管人们避免以学者—心理学家的身份谈论精神问题,但是,人们作为活人,却总是在思考和谈论这个问题。这种奇怪的不一致性非常明显地表明,唯灵论的科学论证不是来自这样一种根据,这种根据是活人的唯灵论信念的真正根据；因此通行的唯灵论观点在科学上的站不住脚，显然丝毫不触及活人的信念，因此，这种站不住脚只是针对唯灵论学说的荒诞构建而言的，而完全不是针对人关于精神的真实存在这一信念而言的。确实如此。假如对一个唯灵论学者说，他相信精神存在，因为他有许多感觉、表象和其他各种心理现象，这些与物理现象不相似的现象迫使他为了解释它们就必须假设存在某种特定的形而上的活动者，那么，他大概会很惊讶于他的唯灵论信念可以用这种荒诞的方式来解释。然而实际上，他完全不是相信精神的存在，而是直接意识到精神的存在，他完全不是假设心灵现象的超感觉本质，而是直接生活于超感觉的个人生命之中。假如他没有意识到自己是一个活的个人，真的除了物理生命之外没有另外的生活，那么，他显然就从来不会想到要对自己的感觉和表象进行唯灵论的解释。这种解释已经是从精神存在意识中得出的必然结论，如果这个结论获得这样一种意义，即成为关于精神存在的相反结论的根据，那么，这个结论的根据在这种情况下就是空中楼阁，因此来自这一根据的结论永远只能是简单的假设形式。因此，对唯灵论学说的唯一证明只能是研究精神生活，也就是研究这样一些现实根据，人的个性由于这些根据而成为存在世界的创造性原因，以及研究这样一些特定目的，人的个性为了这些目的而与物理世界相对抗，力图不顾自己生存的一切物理条件而发展自己的个人生命。因此，我冒着无疑会被指责为明显的反科学的危险，决定不再研究心灵现象的机制，转而研究精神的进程。

在分析心理现象的时候，意识是心理现象的普遍形式，而在分析心灵活动的时候,意识则是心灵活动的构造过程。这一原理在我们的研究中是首要的和基本的原理,因为只有依靠这一原理才真正有可能实现从生理心理学到唯灵论心理学的科学转变。与这一原理一道,通过同样的分析,我们也确立了精神科学的另一个重要原理。在分析心灵现象的时候,思想完全没有被考虑在内,而在分析心灵活动的时候,思想则是联系心理现象的活过程和心灵生活发展的唯一过程。这样,依靠这第二个原理,就无疑有可能实现从机械联想的心理学向精神的活发展的心理学的科学转变(第一章)。我们考察了心灵生活从其自觉表现之初以后的发展,指出了心灵生活发展中的心理自我定位的三个不同阶段。心理活动的开始过程是人的个性在物理世界条件下和范围内的外部自我定位,这个过程以个性与外部世界的分离、人意识到自己的个体性而结束。在这一发展阶段,个性当然只能通过自己与现象世界的关系来自我定位,由于这一自我定位形式,根据在世界范围内的生活所必需的条件,在人那里是必然产生的和终身保持的,因此很容易产生一种幻觉,即没有精神的心灵生活,因为在心灵生活现象之间当然没有也不可能有这样一种现象,在其内涵中精神能够直接意识到自己是实体。然而这种心理自我定位形式尽管是心理上必然产生的,但只是人的自我意识的第一种表现,而完全不是唯一的表现(第二章)。

外部自我定位的心理必然性自然会引起这样一种思想意图,即希望获得对人在其中自我定位的世界有一个完整表象(第三章)。由于这个与物理世界中的生活适应过程相联系的世界表象过程转变成了对世界的自由认识过程和人对外部世界的主动适应,所以,在人的外部自我定位的发展中,人的个性就逐步摆脱了对外部世界的必然从属性,从而实现了这样一种逐步转变,即从作为生理心理个体的人的自我转变成内在自我确定的自我,自我被确定为超感觉的个性(第四—五章)。人在这一心理发展的过渡阶段把自己与外部世界对立起来,把自己作为世界中的自由原因,自由活动者。在分析这种意识的内涵的时候,我们在其中找到了人的自我意识的基本表达,也就是说,我们在其中找到了心灵生活的这样一种成分,它可以不属于外部自我定位的内容,因此可以不是人的自我认识的成分,但它是人的心灵生活的基础,是使人的心理发展成为可能的唯一条件。我们分析的这一结果使得我们可以深入剖析唯灵论与唯物论之间的无结果的争论。我们指出了这两种学说的相对真理性,因为在人的个性的本质内容与个性生存的给定条件之间确实有矛盾;同时我们也指出了这两种学说共同具有的不正确性,因为它们面对这个致命矛盾的事实本身完全无能为力。具有超感觉本性的人的个性具有自己的物理存在,这个原理说出来当然很容易,但要使它成为思想的内容,却是无论如何也不可能的,因为其中包含着内在矛盾。因此,唯灵论在谈论人的个性的超感觉本性的时候,却毫不介意地不谈个性的物理存在,仿佛人完全没有身体,或者身体只属于人,而不属于个性;唯物论在谈论人的物理存在的时候,也毫不介意地不谈人的个性的特定内容,仿佛这个内容与物理世界的本质完全没有矛盾。然而,存在中的现实矛盾即使没有被思考,但对人来说这个矛盾毕竟是真实存在的,正是这一矛盾使人把自己作为超感觉的个性而与物理世界对立起来,也是这一矛盾使人力图在这一内在自我确定的唯灵论内容方面发展自己的生命(第六章)。

但是,在这方面发展生命实际上对人来说是完全不可能的。这种不可能性,由于人的个性的本质内容与物理存在的矛盾,自然使得科学思想完全排除了唯物论和唯灵论对人的问题的全部教条式解决(作为明显不令人满意的解决),只承认人是存在的一个不解之谜。在分析这一不解之谜的内容的时候,我们有可能确定和阐明,人的自我意识的基本内容是由这样一些成分构成的,这些成分只能表达一种绝对存在的现实属性,因此,人的个性的本质在自身物理存在的现实条件方面必然是观念性的本质,也就是说,人的个性的本质在物理世界范围内只能表达人实际上没有和在这种情况下不可能有的存在。我们分析的这一结果为人的全部心灵生活洒下一片光明,在这一光明照耀下,人的个性(在其不同的自我确定的奇怪转变中)发展的基本原则就成为完全可以理解的了。心灵发展的全部之谜在于,人的存在是物理世界的简单之物,但他以自己个性的现实本质在世界上对象性地表现绝对的最高本质。这个原理能够明显地解释人的生命和思想的许多复杂难题:关于对神的意识的起源问题,关于人的宗教意识的本质问题,关于生命的道德律的本质问题,我们甚至找不到另外的方法来解决这些问题。关于上帝的观念不是人的思想的产物,而是人关于绝对存在的活意识,这种绝对存在的现实形象就是人的个性,道德意识不是对人的行为进行通常评价的思想习惯,而是对人生真正目的即似神性的活意识。正是从这些活意识中,也产生了人的活向往,不仅向往超感觉之物,而且向往超世界之物、永恒之物、神圣之物,又从这一向往中产生了人的自然宗教和道德(第七章)。这样,我们逐步得出了对世界唯一之谜的明确规定。这个谜不在于仿佛我们不知道和永远不可能确实知道人身上有没有精神和天上有没有上帝,精神是存在的,上帝也是存在的,我们之所以被迫给自己提出关于精神和上帝是不是确实存在的问题,不是因为我们完全不知道它们的存在,而是因为,即使在我们真诚地希望按照这一知识来生活的时候,我们实际上仍然没有和不能这样生活。每一个人无疑都是上帝的形象,但是,任何一个人也不能意识到自己是上帝的形象,因为这个意识是与人作为简单的世界之物的现实存在完全相矛盾的。正是知识与生活之间存在着注定的、必然的、无法消除的矛盾这一事实,使人为了生活的现实性而否定自己关于上帝存在和精神存在的知识的现实性。我们考察了这种漫长的否定之路,我们看到,这种否定必然归结为人的完全自我否定,因此它必然引起哲学思想追求对人的真实存在和上帝的真实存在的可靠认识,因为只有明确知道人在宗教上的自我确定是非真实的(虽然在心理上是必然产生的),才能有根据进行自我否定。我们考察了哲学思想为探索上帝和人的真实存在而在世界迷途上漫游过的几乎全部道路,我们发现了这些漫游是毫无结果的,我们解释了从这些漫游中得出的某些否定结论的不正确性,我们最后回到了这样一个原理,这个原理必然推动人走上怀疑和否定之路(第八章)。

上帝是存在的,精神也是存在的,但人的存在中的矛盾还是丝毫没有因认识到上帝和精神的存在而消除,这一矛盾的事实还是给人的思想制造了存在的不解之谜。显然,人的存在不是为了在世界上羞辱上帝的形象。如果人的存在是为了展现这一形象的真实性,那么,为什么这种展现在这种情况下是不可能的?这种不存在的可能性又怎样能够实现?对这个问题的回答是我们本章(第九章)的任务。我们指出了在迷信的自然宗教中对这一问题的解决,也指出了哲学领域中关于这个问题的梦想观点,我们最后落脚于基督教教义中对这一问题的解决。基督教教义不否定人之谜,像无知的哲学往往否定这个谜那样,也不回避这个谜,像一切自然宗教的信条常常回避这个谜那样。基督教真正地说出了这个谜的存在并真正地解开了这个谜。全部问题只在于,怎样才能知道或相信,基督教实际上就是它所冒充的那种东西?按照我们的研究进程,这个问题的解决密切依赖于另一个问题的解决:神人的流血牺牲怎样能够成为人的真正改造的现实条件,成为真正消除人的存在中的现有矛盾的现实条件?

随着这个问题的提出,我们暂时放置了个性心理学,转向生命的形而上学。

《关于人的科学》章节目录

第一卷 心理学史的经验与生命基本问题批判

前言

第一章 意识与道德

1.意识是精神的普遍表现形式;2.意识是心理现象的构造过程;3.思想是意识数据的联系过程;4.思想是心理现实的构造

过程。

第二章 主观现实的构造

1.意识的开始世界;2.在感觉、定位、客观化活动中对这个世界的确定过程;3.表象是客观化过程的表现和产物;4.主观与客观的分裂是最初思想活动的必然结果。

第三章 表象和概念世界的组织

1.表象的形成过程和这一过程在概念构造中的完成;2.概念构造是归纳推理过程;3.概念的系统化过程是演绎推理的逻辑过程。

第四章 认识过程

1.心理活动的积极性和认识过程:认识的心理学本质与信仰问题;2.信仰与知识在它们的心理学本质和逻辑构造上的同一性;3.知识可靠性的标准问题和对这一问题的各种解决;4.认识真理的现实基础。

第五章 认识过程与生命发展

1.真理是关于存在之谜:这个谜在人的生命发展中的生动提

出;2.生命过程与对生活环境的现实性的认识过程的联系;3.动物对周围现实的认识是机械适应的简单反映。人在周围现实中的认识是关于现实的自由认识;4.人对物理世界之规律的统治权力的发展;5.人的意志自由的发展和人的个性的发现。

第六章 活世界观的构建

1.消除对心灵生活的机械观点;2.个性意识的逻辑和个性意识的心理学史;3.关于人的个性的本质问题的提出:对意识本质的终极分析和对唯灵论的科学—哲学证明;4.人的个性与感性世界。人的个性存在中的基本矛盾的发现:个性的超感觉本质和物理生活;5.人的个性生活中的基本矛盾的发现;人的个性实际上服从于生活的物理属性和力图否定这些违背个性真正本质的属性;6.对生活的理想化规定和对唯灵论的道德—实践证明。

第七章 活世界观和自然宗教

1.人意识到自己是世界之谜。真正的人之谜和人对上帝存在的现实意识;2.人的意识中上帝观念的起源问题。这一问题的不正确提出和争议的解决;3.人的个性的本质是上帝的真正本质的现实形象;4.关于人间宗教的起源和对上帝的宗教关系问题。这一问题的不正确提出和错误解决;5.人意识到自己存在的真实性在上帝存在之中,这个意识是宗教意识的基本内容和一切宗教的唯一基础;6.宗教意识的真理性和宗教思维中的可能错误。宗教思维自然服从于生活幸福原则和一切自然宗教的现实错误。

第八章 自然宗教与哲学

1.宗教批判的开始和哲学的起源;2.哲学是为了认识宗教真理而对宗教信仰的科学批判;3.对宗教基本思想的哲学批判和宗教怀疑论的心理学;4.哲学思想在对上帝存在的证明中力图消除宗教怀疑;5.这些证明在科学上的不充分性和理论无神论的逻辑。无神论作为根据不可知论得出的知识结论在逻辑上是站不住脚的;6.宗教不可知论是哲学的最后话语。对这一话语的批判和指出认识上帝真理的真正道路。

第九章 人之谜

1.关于人的终极使命的无解问题;2.在迷信的自然宗教中对这一问题的梦想式解决;3.尝试将这一问题替换成关于人的生命意义的问题。在无知的哲学领域关于这一问题的梦想式观点;4.在借用宗教信仰的哲学中的可能努力;5.基督教教义是对人之谜的特定解决。对基督教之解决的不理解和哲学思维的不知不觉的多神教;6.研究结果概述和新任务的提出。

第二卷 生命的形而上学与基督教启示

前言

第一章　基督教教义与理智的诱惑

1.耶稣基督的活动与基督教的出现;2.基督教与犹太教和多神教的关系;3.犹太—多神教对基督教教义的批评和对基督教的坚决否定;4.犹太教和多神教对基督布道话语的不知不觉的服从和对基督教的根本歪曲;5.基督教义在基督徒意识中的双重地位:基督教信仰的基本信条是思想的无解问题;6.基督教义的真理性问题和科学解决这一问题的必要条件。

第二章　拯救思想的本体论基础和意义

1.宗教终极基础问题的提出;2.唯物论的世界存在表象及其明显不足;3.二元论的世界存在表象和对这一表象的批判性证明;4.关于世界存在是绝对存在之启示的表象;5.宗教的世界意义和拯救思想的世界意义。

第三章　恶在世界中的起源和拯救的可能条件

1.哲学的神义论及其根本缺陷;2.圣经关于恶的开端和第一人的堕落;3.对圣经关于恶的本质及其必然后果学说的分析;4.要实现使世界脱离恶需要什么必要条件;5.以自然方式摆脱恶是不可能的,对这种不可能性的认识决定了使徒相对基督启示之真理性的信仰之路。

第四章 基督教关于拯救的教义是神子基督的神人事业的学说

1. 耶稣基督的人间生活是神的正义在世界中的真正表现；2. 耶稣基督的十字架之死是为全世界之罪的赎罪牺牲；3. 耶稣基督从死里复活是真正摆脱罪孽及其后果的唯一可能性的神性实现；4. 人自由参与神的事业和神参与人的世间生活；5. 神国世界的未来启示。

下　卷

第四章　19世纪末——20世纪上半期诸哲学流派

（一）马克思主义哲学

马克思主义哲学思想在俄国的传播和发展是与马克思主义的社会政治思想和俄国社会革命运动联系在一起的。普列汉诺夫、列宁、波格丹诺夫和布哈林都是社会活动家和革命者。他们在积极传播和维护马克思主义、反对民粹主义、合法马克思主义、经济主义、孟什维克主义等思潮的过程中，也论证和发展了马克思主义哲学。虽然在1903年俄国社会民主工党分裂以后，普列汉诺夫作为孟什维克的代表与列宁有政治思想和斗争策略上的分歧，但列宁依然高度评价普列汉诺夫的关于马克思主义哲学的著作，认为这些著作是"马克思主义文献中最好的"。虽然列宁对波格丹诺夫的理论有尖锐批评并把他"开除"出马克思主义，但波格丹诺夫仍然从自己的思想观点来捍卫和发展马克思主义哲学。因此可以说，从普列汉诺夫经过列宁到苏联时期的马克思主义者，是一个统一的哲学传统。按照这一传统，马克思主义哲学（后来是马克思列宁主义哲学）包括关于自然、社会和思维的普遍规律的学说（辩证唯物主义)、关于社会及其结构和发展的学说(历史唯物主义)和若干专门哲学学科——伦理学、美学等。

俄国马克思主义哲学家在自己的哲学著作中对马克思主义一般唯物论、辩证法、认识论和历史唯物主义进行了系统化和进一步发展。

19. 普列汉诺夫

格奥尔基·瓦连京诺维奇·普列汉诺夫(Георгий Валентинович Плеханов,1856—1918年),政论家,哲学家,文学批评家,俄国第一个马克思主义理论家和宣传家。1874—1876年在彼得堡矿业学院学习,后辍学投入革命斗争。他是俄国第一次政治集会游行(在彼得堡喀山大教堂广场举行)的发起人之一,还在集会上发表了为当时被流放的车尔尼雪夫斯基辩护的激情演讲。1877—1878年两度被捕,1880年被迫侨居国外。

普列汉诺夫早在1882年就在西方把马克思的《共产党宣言》翻译成俄语,开始了马克思主义在俄国的传播。在西方,当恩格斯去世以后,马上有人提出这样的疑问:马克思主义有没有自己的哲学?普列汉诺夫则在自己的一系列著作中把马克思主义哲学解释为一种广泛的、自成体系的哲学学说。这些著作证明,毫无疑问,马克思主义有自己的哲学——这就是辩证唯物主义和历史唯物主义。

[什么是"一般哲学意义上的唯物主义"?]①

唯物主义是与唯心主义直接对立的。唯心主义企图用精神的这些或那些属性解释一切自然现象、一切物质属性。唯物主义的做法则恰恰相反。它力图用物质的这些或那些属性,用人类的或一般动物的身体的这种或那种组织来解释心理现象。所有那些把物质看成第一要素的哲学家,都属于唯物主义者阵营;所有那些认为精神是这样的要素的哲学家,都是唯心主义者。这就是关于一般唯物主义,关于"一般哲学意义上的唯物主义"所能说的一切;因为时间在唯物主义基本原理之上建起了最为各式各样的上层建筑,这些上层建筑使得一个时代的唯物主义具有跟另一时代的唯物主义完全不同的面貌。唯物主义和唯心主义穷尽了最重要的哲学思想流派。当然,与它们一道一直存在这样或那样一些二元论体系,这些体系把精神和物质看作是两个单独的、独立的实体。二元论永远不能令人满意地回答这样一个不可避免的问题:这两个彼此毫无共同之处的实体是如何能够相互作用的?因此,最彻底的和最深刻的思想家总是倾向于一元论,也就是借助于某一个基本原则来解释现象("一元论"这个词的词根 monos 在希腊语中意思是"独

---

① 选自《哲学史文选:俄罗斯哲学》,国立莫斯科师范大学哲学教研室编(Хрестоматия по истории философии. Русская философия. Сост. Московский государственный университет, Кафедра философии. Москва, 1997. С. 321—330)。标题为本书编者所加。文中标注为《普列汉诺夫著作集》(24卷本,第二版,莫斯科—列宁格勒,1923—1928年)之卷次及页码。

一的")。任何一个彻底的唯心主义者和任何一个彻底的唯物主义者,都在同等程度上是一元论者。在这方面,比如说,贝克莱与霍尔巴赫之间没有任何区别。一个是彻底的唯物主义者,但无论这一个还是那一个,都同样是一元论者;无论这一个还是那一个,都同样认为迄今为止几乎是最流行的二元论世界观是站不住脚的。

本世纪上半期占统治地位的是唯心主义一元论;本世纪下半期,在科学中(此时哲学与科学完全交融在一起)占据上风的则是唯物主义一元论,不过,这种一元论远不总是彻底的和公开的。(第7卷,第65—66页①)

唯心主义观点在对自然现象和社会发展的解释上是站不住脚的,这应当迫使也确实迫使了"有思想的"人们(也就是说非折中主义者,非二元论者)回到唯物主义世界观。但新的唯物主义已经不可能是对18世纪末法国唯物主义者学说的简单重复。唯物主义复活了,它被唯心主义的全部成果所丰富。这些成果中最重要的是辩证方法,在现象的发展中,在现象的产生和消灭中考察现象。这一新流派的天才代表是卡尔·马克思。(第17卷,第155页)

马克思主义——这是完整的世界观。简而言之,这是现代的唯物主义,是对世界的这样一种观点在当今的最高发展程度,这种观点的基础早在古希腊是由德谟克利特奠定的,一部分也是由德谟克利特之前的伊奥尼亚众思想家奠定的:所谓的物活论不是别的,正是朴素的唯物主义。在研究制定现代唯物主义方面,最主要的功绩

---

① 出自《普列汉诺夫著作集》24卷本,第二版,莫斯科—列宁格勒,1923—1928年。下同。

毫无疑问属于卡尔·马克思和他的朋友弗里德里希·恩格斯。这一世界观的历史和经济方面，也就是所说的历史唯物主义以及与它相联系的对政治经济学的范畴、方法、任务和对社会（特别是资本主义社会）的经济发展的一系列观点——这些基本思想几乎唯独是马克思和恩格斯的事情。他们的先驱者在这些领域所做的贡献，应当只看作是收集材料的准备工作，这些材料有时是丰富而珍贵的，但尚未被系统化，没有被一种一般思想所阐明，因而没有得到真正意义上的评价和运用。而马克思和恩格斯在欧洲和美洲的后继者在这些领域所做的，只是对某些个别问题（当然，有时是最重要的问题）进行了或多或少是成功的深入研究。（第18卷，第182页）

我们首先来考察一下马克思和恩格斯哲学思想的发展进程，这时我们要一次性地事先说明，在这两位唯物主义思想家之间存在着哲学和科学的完全一致性，两个天才人物的史无前例的思想友谊把他们结合在一起，仿佛是为了一种共同的创造工作而融合为一个人。在谈到马克思的时候，许多哲学史家把他简单地归属于左翼黑格尔主义者。这是不完全准确的：他们不知道马克思最重要的哲学著作之一（《神圣家族》，完成于1844年，并发表于1845年初）。在这部著作中，正如我们下面将要看到的那样，马克思用最激烈的方式批判了所谓的左派黑格尔主义者——布鲁诺·鲍威尔和他的同道们。但同样不容置疑的是，黑格尔在马克思的哲学进化中起到了相当重要的作用。……马克思和恩格斯从黑格尔那里解放出来，……但他们全部的道路有三个阶段：第一阶段——黑格尔的抽象自我意识，第二阶段——费尔巴哈的具体—抽象的人，第三个也是最后一个阶段——在一定社会经济状况下生活在现实阶级社会中的现实的人。这样,唯物史观奠基人的发展路线对我们来说是完全清楚的。他们的思想在不断深化和扩展中,从抽象之物发展到具体之物,从无历史内容之物发展到有明确历史内容之物,从心理个人主义和主观道德主义发展到历史客观主义和历史唯物主义。(第 18 卷,第 325—326,333—334 页)

["辩证法是全部运动、全部生命、全部现实中所发生事件的原则"]

众所周知,黑格尔把自己的方法叫做辩证法。为什么这样叫呢?他在自己的《精神现象学》中,把人的生命比作这样一种意义上的对话,即我们的观点在生活经验的影响下逐渐改变,就像在富有精神内涵的对话中对话者的观点逐渐改变一样。黑格尔在把意识发展进程与这样的对话进程加以对比的时候,也用辩证法或辩证运动一词来说明意识发展进程。柏拉图就已经使用了辩证法一词,但它正是在黑格尔这里才获得了特别深刻和重要的意义。辩证法对黑格尔来说是一切科学认识的灵魂。弄清辩证法的本质是头等重要的。辩证法是全部运动、全部生命、全部现实中所发生事件的原则。按照黑格尔的话说,一切有限之物不仅受到外部限制,而且由于自身的本质而否定自己,并转化为自己的对立面……万物皆流逝,一切都在变化,一切都在消亡。黑格尔把辩证法的力量比作神的全能。辩证法是这样一种普遍的无法抗拒的力量,任何东西都不能与之抗衡。同时,在每一个生活领域的每一种现象中都能感觉到辩证法的存在。(第 18 卷,第 134—135 页)

辩证方法——这一最主要的科学工具，是从德国唯心主义那里作为遗产而获得，归它的继承人、现代唯物主义所有的。

但唯物主义不能采用辩证法的唯心主义形式。首先必须使它摆脱神秘外衣。

作为全部唯物主义者中最伟大的唯物主义者，作为在头脑的天才能力方面丝毫不逊色于黑格尔的人，作为大哲学家黑格尔的真正追随者，卡尔·马克思有充分理由说，他自己的方法是和黑格尔的方法完全对立的。(第7卷,第53页)

唯物主义自然观是我们辩证法的基础。辩证法靠它支撑：假如唯物主义注定倒塌，那么，辩证法也将倒塌。反之亦然。没有辩证法，唯物主义认识论是不完整的、片面的，甚至可以说是不可能的。

在黑格尔那里，辩证法是与形而上学相符合的。在我们这里，辩证法则是以关于自然的学说为根据的。

在黑格尔那里，现实的造物主（这里运用了马克思的说法）是绝对观念。对于我们来说，绝对观念只是对这样一种运动的抽象化，这种运动引起了物质的全部状态和结合。

在黑格尔那里，思维是由于对概念中所包含的矛盾的揭露和解决而向前运动的。按照我们的唯物主义学说，包含于概念中的矛盾只是包含在现象中的矛盾的反映，是这些矛盾转化成了思想的语言，这种反映和转化是由现象的一般基础也就是运动的矛盾本质造成的。

在黑格尔那里，事物的进程是由观念的进程决定的。在我们这里，观念的进程是用事物的进程来解释的，思想的进程是用生活的进程来解释的。

唯物主义把辩证法"头脚倒置",从而除去了在黑格尔那里包裹在辩证法身上的神秘外衣。但这也显示了辩证法的革命性。(第18卷,第268页)

[人的社会生活依赖于生产力发展]

为了理解马克思的历史观,需要回忆一下,在紧邻马克思出现之前的阶段,哲学和社会历史科学取得了怎样的成果。我们知道,法国复辟时期的历史学家得出了这样一种坚定的看法,即"市民生活"、"财产关系"是整个社会制度的根本基础。我们同样知道,以黑格尔为代表的德国唯心主义哲学也得出了这样的结论——它得出这个结论是违背自己意志,违背自己精神的,只是因为唯心主义对历史的解释是不充分和不可靠的。马克思吸收了自己时代的科学知识与哲学思想的全部成果,他在上述结论上是与法国历史学家、与黑格尔完全一致的。我相信,——他说,——"法的关系正像国家的形式一样,既不能从它们本身来理解,也不能从所谓人类精神的一般发展来理解,相反,它们根源于物质的生活关系,这种物质的生活关系的总和,黑格尔按照18世纪的英国人和法国人的先例,称之为'市民社会',而对市民社会的解剖应该到它的经济学中去寻求。"①

但这个社会的经济学又依赖于什么呢?无论是法国历史学

---

① 马克思:《政治经济学批判》序言。

家、乌托邦社会主义者,还是黑格尔,都不能令人满意地回答这个问题。他们所有人都直接或间接地引证人的本性。马克思伟大的科学功绩在于,他从正相反的方面看待问题,他把人的本性看作是历史运动的永远变化的结果,而历史运动的原因在人之外。为了生存,人应当维持自身的机体,为此他应当从他周围的外部环境中借用必要的物质。这种借用要求人对这一外部自然有一定的作用。但是,"人在作用于外部自然的时候,也在改变自身的本质"。在这些不多的话语中,包含着马克思全部历史理论的实质,虽然,这些话语本身没有给出适当的概念,还需要进一步解释。

富兰克林把人叫作"会制造工具的动物"。的确,使用和生产工具,是人的特点……

人在劳动工具中仿佛获得了新器官,这些新器官改变了人的解剖学结构。从人上升到使用工具的时代起,人就给自己的发展史赋予了全新的面貌:从前,人的历史像一切其他动物一样,可以归结为他的自然器官的形态变化;而现在,人的历史首先成为他的人造器官的完善史,成为生产力的增长史。

人作为制造工具的动物,同时也是社会动物,他来自许多世代生活于大小族群中的祖先。我们的祖先为什么要过群居生活,这个问题对我们不重要,这是动物学家应当和正在阐明的问题。但从历史哲学观点来看,头等重要的是指出,从人的人造器官在人的生存中开始发挥决定作用的时候起,人的社会生活本身就开始依赖于生产力发展的进程而改变……

这些新的人造器官为人的智力发展提供了新的帮助,而"理性"的成就又反过来影响到人造器官。在此我们面对的是一个漫长的过程,其中的原因和结果是不断变换的。但如果从简单的相互作用的观点来看待这一过程,是错误的。人为了能够运用自己的"理性"已经取得的成就,以便完善自己的人造工具,也就是扩大自己对自然的权力,他就应当处于一定的地理环境中,这种地理环境能够给他提供:1)为完善所必需的材料;2)对象,对这些对象的加工要求有完善的工具。(第7卷,第161—162,163,165—166页)

这样,地理环境的属性制约着生产力的发展,而生产力的发展又制约着经济关系以及随之而来的一切其他社会关系的发展。(第18卷,第205页)

社会的人与地理环境之间的相互关系是极其变动不定的。它伴随着人的生产力发展所取得的每一个进步而变化。因此,地理环境对社会的人的影响在生产力发展的不同阶段带来不同的结果。但在人与他居住地之间的相互关系的变化中,没有任何偶然性,这些相互关系具有自己的连续性,是一个有规律的过程。为了弄清这一过程,应该首先记起的是,自然环境构成人类历史发展中的重要因素,不是因为它对人的本性的影响,而是因为它对生产力发展的影响。(第8卷,第154页)

如果我们想要简短地表述马克思—恩格斯关于现在著名的"基础"与同样著名的"上层建筑"之关系的观点,那么,我们就可以指出以下几点:

1)生产力的状况;
2)受生产力制约的经济关系;
3)在一定经济"基础"之上生长出来的社会—政治制度;
4)社会人的心理,它部分是由经济所直接决定,部分是由在经济上生长出来的全部社会政治制度所决定；

5）各种意识形态，它们反映着这一心理的属性。

这一公式十分广泛，足以给历史发展的所有"形式"以适当的位置，同时，这一公式也是与这样一种折中主义格格不入的，这种折中主义不能比各种社会力量的相互作用走得更远，甚至没有料到，这些力量之间的相互作用这一事实，还完全不能解决这些力量的来源问题。这是一元论的公式。而这个一元论的公式贯穿着唯物主义。（第18卷，第231—232页）

因此，任何一个民族的法律、国家制度和道德，都是由它所固有的经济关系所决定的。这些经济关系还间接地决定着思想和想象的全部创造：艺术，科学等等。

为了理解某一国家的科学思想史或艺术史，只知道这个国家的经济是不够的。应该善于从经济转向社会心理，如果没有对社会心理的认真研究和理解，就不可能对意识形态的历史做出唯物主义的解释。（第8卷，第250页）

在当今时代，已经不可能认为人的本性是历史运动的最终的和最普遍的原因了：假如人的本性是恒定的，那么它就不能解释极其变动不定的历史进程，而假如人的本性是变化的，那么很明显，它的变化取决于历史的运动。在当今时代，应当承认生产力的发展是人类历史运动的最终的和最普遍的原因，生产力决定着人们的社会关系的不断变化。与这一普遍原因一道起作用的，还有一些特殊原因，也就是这样一种历史状况，某一民族的生产力发展在这一状况下进行，这一状况本身最终是由其他民族的生产力发展所造成的，也就是同样是由普遍原因造成的。

最后,特殊原因的影响还以个别原因的作用作为补充,也就是社会活动家的个性特点和其他的"偶然性",由于这些偶然性,事件最终获得了自己的个体面貌。个别原因在普遍原因和特殊原因的作用中不可能造成根本性的变化,而且个别原因的影响范围和方向是由普遍原因和特殊原因所决定的。但毕竟毫无疑问的是,假如影响历史的某些个别原因被代之以另外一些个别原因,那么历史也会具有另外的面貌……

伟人的伟大并不在于他的个性特点赋予了重大历史事件以个体面貌,而在于他有这样一些特点,这些特点使他最有能力为自己时代的伟大社会需要服务,而这些社会需要是在普遍原因和特殊原因的影响下产生的……伟人正是创始者,因为他比其他人看得更远,并且想要比其他人更强有力。他正在解决是先前的社会思想发展进程所提出的科学问题;他指出了由社会关系先前发展所创造的新的社会需要;他担负起满足这些需要的任务。他是英雄。这种英雄的含义不在于,仿佛他能够停止或改变事物的自然进程,而在于,他的活动是这一必然的和潜意识的进程的自觉的和自由的反映。这是他的全部意义所在,是他的全部力量所在。但这是巨大的意义,是可怕的力量……

但历史是由谁创造的?历史由社会的人创造的,社会的人是历史的唯一"要素"。(第8卷,第304—305页)

20. 列宁

列宁,原名弗·伊·乌里扬诺夫(Владимир Ильч Ульянов,

1870—1924年),马克思主义理论家,俄国政治活动家,俄国社会民主工党多数派(布尔什维克)奠基人,俄国十月革命领导人。虽然列宁不认为自己是职业哲学家,但他在政治斗争过程中也诉诸一般哲学问题。这些问题体现在他的主要哲学著作《唯物主义和经验批判主义》(1908年)和他去世后出版的《哲学笔记》(1929—1930年出版)中。前一部著作考察了19—20世纪之交自然科学的哲学方法论危机之原因和内容问题。列宁从辩证唯物主义观点概括了自然科学中的最新发现,提出了物质的不可穷尽性原理,这一原理得到了科学后来发展的证明;列宁还发展了马克思主义哲学的物质概念,实践概念,真理概念等。《哲学笔记》是列宁在阅读马克思、恩格斯、黑格尔、费尔巴哈、亚里士多德、拉萨尔等人的著作时所做的评论和总结。其中研究了辩证法问题,特别是关于矛盾在发展过程中的作用、辩证法和形而上学的否定观、辩证法范畴的本体论方面和认识论方面的统一等问题;还有认识过程的辩证法、实践在认识中的作用、绝对真理与相对真理的关系以及真理的标准等认识论问题。

[唯物主义,唯心主义,不可知论][1]

对"精神肉体二元论"的唯物主义的排除(这是唯物主义的一元论),就是主张精神不是离开肉体而存在的,精神是第二性的,是

---

[1] 选自列宁《唯物主义与经验批判主义》,《列宁全集》第二版,人民出版社1988年,第18卷。文中段尾所注为该卷页码。小标题为本书编者所加。

头脑的机能,是外部世界的反映。对"精神肉体二元论"的唯心主义的排除(这是唯心主义的一元论),就是主张精神不是肉体的机能,因而精神是第一性的,"环境"和"自我"只是存在于同一些"要素复合"的不可分割的联系之中。除了这两种截然相反的排除"精神肉体二元论"的方法之外,如果不算折中主义,即唯物主义和唯心主义的胡乱混合,就不可能有任何第三种方法。(第87页)

凡是说物理自然界本身是派生的东西的哲学,就是最纯粹的僧侣主义哲学。……如果自然界是派生的,那么不用说,它只是由某种比自然界更巨大、更丰富、更广阔、更有力的东西派生出来的,只是由某种存在着的东西派生出来的,因为要"派生"自然界,就必须有一个不依赖于自然界而存在的东西。这就是说,有某种存在于自然界以外、并且能派生出自然界的东西。用俄国话说,这种东西叫做神。唯心主义哲学家总是想方设法改变神这个名称,使它更抽象,更模糊,同时(为了显得更真实)更接近于"心理的东西",如"直接的复合"、无须证明的直接存在的东西。绝对观念,普遍精神,世界意志,心理的东西对物理的东西的"普遍代换",——这些都是同一个观念,只是说法不同而已。任何人都知道,而且自然科学也在研究,观念、精神、意志、心理的东西是进行正常活动的人脑的机能;把这种机能同按一定方式组成的物质分开,把这种机能变为普遍的抽象概念,用这个抽象概念"代换"整个物理自然界,这是唯心主义哲学的妄想,这是对自然科学的嘲弄。(第239—240页)

康德和休谟路线的维护者(马赫和阿芬那留斯包括在休谟路线的维护者之内,因为他们不是纯粹的贝克莱主义者)把我们唯物主义者叫做"形而上学者",因为我们承认我们在经验中感知的客观实在,承认我们感觉的客观的、不依赖于人的泉源。我们唯物主义者,继恩格斯之后,把康德主义者和休谟主义者叫做不可知论者,因为他们否定客观实在是我们感觉的泉源。不可知论者这个词来自希腊文:在希腊文里 a 是不的意思,gnosis 是知的意思。不可知论者说:我不知道是否有我们的感觉所反映、模写的客观实在;我宣布,要知道这点是不可能的。

……其实,马赫主义者是主观主义者和不可知论者,因为他们不充分相信我们感官的提示,不彻底贯彻感觉论。他们不承认客观的、不依赖于人的实在是我们感觉的泉源。他们不把感觉看作是这个客观实在的正确摄影,因而直接和自然科学发生矛盾,为信仰主义大开方便之门。相反地,唯物主义者认为世界比它的显现更丰富、更生动、更多样化,因为科学每向前发展一步,就会发现它的新的方面。唯物主义者认为我们的感觉是唯一的和最终的客观实在的映象,所谓最终的,并不是说客观实在已经被彻底认识了,而是说除了它,没有而且也不可能有别的客观实在。……

但是,像马赫主义者那样把关于物质的某种构造的理论和认识论的范畴混淆起来,把关于物质的新类型(例如电子)的新特性问题和认识论的老问题,即关于我们知识的源泉、客观真理的存在等等问题混淆起来,这是完全不能容许的。有人对我们说,马赫"发现了世界要素":红、绿、硬、软、响、长等等。我们要问:当人看见红,感觉到硬等等的时候,人感知的是不是客观实在呢?这个老而又老的哲学问题被马赫搞乱了。如果你们认为人感知的不是客观实在,那么你们就必然和马赫一起陷入主观唯心主义和不可知论,你们就理所当然地受到内在论者即哲学上的缅施科夫式人物的拥抱。如果你们认为人感知的是客观实在，那么就需要有一个关于这种客观实在的哲学概念，而这个概念很早很早以前就制定出来了，这个概念就是物质。物质是标志客观实在的哲学范畴，这个客观实在是人通过感觉感知的，它不依赖于我们的感觉而存在，为我们的感觉所复写、摄影、反映。因此，如果说这个概念会"陈腐"，就是小孩子的糊涂话，就是无聊地重复时髦的反动哲学的论据。在两千年的哲学发展过程中，唯心主义和唯物主义的斗争难道会陈腐吗？哲学上柏拉图的和德谟克利特的倾向或路线的斗争难道会陈腐吗？宗教和科学的斗争难道会陈腐吗？否定客观真理和承认客观真理的斗争难道会陈腐吗？超感觉知识的维护者和反对者的斗争难道会陈腐吗？（第128—130页）

唯物主义和唯心主义是按照如何解答我们认识的泉源问题即认识（和一般"心理的东西"）同物理世界的关系问题而区分开来的，至于物质的构造问题即原子和电子问题，那是一个只同这个"物理世界"有关的问题。当物理学家说"物质在消失"的时候，他们是想说，自然科学从来都是把它对物理世界的一切研究归结为物质、电、以太这三个终极的概念，而现在却只剩下后两个概念了，因为物质已经能够归结为电，原子已经能够解释为类似无限小的太阳系的东西，在这个无限小的太阳系中，负电子以一定的（正如我们所看到过的，极大的）速度环绕着正电子转动。……"物质在消失"这句话的意思是说：至今我们认识物质所达到的那个界限正在消失，我们的知识正在深化；那些从前看起来是绝对的、不变的、原本的物质特征（不可入性、惯性、质量等等）正在消失，现在它们显现出是相对的、仅为物质的某种状态所固有的。因为物质的唯一"特性"就是：它是客观实在，它存在于我们的意识之外。哲学唯物主义是同承认这个特性分不开的。……

新物理学陷入唯心主义，主要就是因为物理学家不懂得辩证法。他们反对形而上学（是恩格斯所说的形而上学，不是实证论者即休谟主义者所说的形而上学）的唯物主义，反对它的片面的"机械性"，可是同时把小孩子和水一起从澡盆里泼出去了。他们在否定物质的至今已知的元素和特性的不变性时，竟滑到否定物质，即否定物理世界的客观实在性。他们在否定一些最重要的和基本的规律的绝对性质时，竟滑到否定自然界中的一切客观规律性，宣称自然规律是单纯的约定、"对期待的限制"、"逻辑的必然性"等等。他们在坚持我们知识的近似的、相对的性质时，竟滑到否定不依赖于认识并为这个认识所近似真实地、相对正确地反映的客体。

物的"实质"或"实体"也是相对的；它们表现的只是人对客体的认识的深化。既然这种深化昨天还没有超过原子，今天还没有超过电子和以太，所以唯物主义坚持认为，日益发展的人类科学在认识自然界上的这一切里程碑都具有暂时的、相对的、近似的性质。电子和原子一样，也是不可穷尽的，自然界是无限的，而且它无限地存在着。正是绝对地无条件地承认自然界存在于人的意识和感觉之外这一点，才把辩证唯物主义同相对主义的不可知论和唯心主义区别开来。（第272—275页）

康德哲学的基本特征是调和唯物主义和唯心主义，使二者妥协，使不同的相互对立的哲学派别结合在一个体系中。当康德承认在我们之外有某种东西、某种自在之物同我们表象相符合的时候，他是唯物主义者；当康德宣称这个自在之物是不可认识的、超验的、彼岸的时候,他是唯心主义者。康德在承认经验、感觉是我们知识的唯一泉源时,他就把自己的哲学引向感觉论,并且通过感觉论,在一定的条件下又引向唯物主义。康德在承认空间、时间、因果性等等的先验性时,他就把自己的哲学引向唯心主义。由于康德的这种不彻底性,不论是彻底的唯物主义者,或是彻底的唯心主义者(以及"纯粹的"不可知论者即休谟主义者),都同他进行了无情的斗争。唯物主义者责备康德的唯心主义,驳斥他的体系的唯心主义特征,证明自在之物是可知的、此岸的,证明自在之物和现象之间没有原则的差别,证明不应当从先验的思维规律中而应当从客观实在中引出因果性等等。不可知论者和唯心主义者责备康德承认自在之物,认为这是向唯物主义,向"实在论"或"素朴实在论"让步。此外,不可知论者不仅抛弃了自在之物,也抛弃了先验主义,而唯心主义者则要求不仅从纯粹思想中彻底地引出先验的直观形式,而且彻底地引出整个世界(把人的思维扩张为抽象的自我或"绝对观念"、普遍意志等等)。(第204—205页)

唯物主义与唯心主义哲学信徒的基本区别在于:唯物主义者把感觉、知觉、表象,总之,把人的意识看作是客观实在的映象。世界是为我们的意识所反映的这个客观实在的运动。和表象、知觉等等的运动相符合的是在我之外的物质的运动。物质概念,除了表示我们通过感觉感知的客观实在之外,不表示任何其他东西。因此,使运动和物质分离,就等于使思维和客观实在分离,使我的感觉和外部世界分离,也就是转到唯心主义方面去。通常使用的否定物质和承认没有物质的运动的手法是:不提物质对思想的关系。事情被说成仿佛这种关系并不存在,而实际上这种关系正被偷运进来；议论开始时，这种关系是不说出来的，以后却以比较不易觉察的方式突然出现。

有人向我们说物质消失了，想由此作出认识论上的结论。我们要问，那么，思想还存在吗？如果它不存在，如果它随着物质的消失而消失了，如果表象和感觉随着脑髓和神经系统的消失而消失了，那就是说，一切都消失了，连作为某种"思想"（或者还说不上是一种思想）标本的你们的议论也消失了！如果它存在，如果设想思想（表象、感觉等等）并没有随着物质的消失而消失，那就是说，你们悄悄地转到哲学唯心主义观点上去了。那些为了"经济"而要想象没有物质的运动的人们向来就是这样，因为只要他们议论下去，他们就默默地承认了在物质消失之后思想还存在。而这就是说，一种非常简单的，或者说非常复杂的哲学唯心主义被当成基础了。如果公开地把问题归结为唯我论（我存在着，整个世界只是我的感觉），那就是非常简单的哲学唯心主义；如果用僵死的抽象概念，即用不属于任何人的思想、不属于任何人的表象、不属于任何人的感觉、一般的思想（绝对观念、普遍意志等等）、作为不确定的"要素"的感觉、代换整个物理自然界的"心理的东西"等等，来代替活人的思想、表象、感觉，那就是非常复杂的哲学唯心主义。哲学唯心主义的变种可能有 1000 种色调，并且随时可以创造出第 1001 种色调来。而这个第 1001 种的小体系（例如，经验一元论）和其余体系的差别，对于它的创造者说来，也许是重要的。在唯物主义看来，这些差别完全是不重要的。重要的是出发点。重要的是：想象没有物质的运动的这种意图偷运着和物质分离的思想，而这就是哲学唯心主义。（第 80—281 页）

[认识是现实的反映]

恩格斯的反驳的实质是什么呢？昨天我们不知道煤焦油里有茜素，今天我们知道了。试问，昨天煤焦油里有没有茜素呢？

当然有。对这点表示任何怀疑，就是嘲弄现代自然科学。既然这样，那么由此就可以得出三个重要的认识论的结论：

（1）物是不依赖于我们的意识，不依赖于我们的感觉而在我们之外存在着的。因为，茜素昨天就存在于煤焦油中，这是无可怀疑的；同样，我们昨天关于这个存在还一无所知，我们还没有从这茜素方面得到任何感觉，这也是无可怀疑的。

（2）在现象和自在之物之间决没有而且也不可能有任何原则的差别。差别仅仅存在于已经认识的东西和尚未认识的东西之间。所谓二者之间有着特殊界限，所谓自在之物在现象的"彼岸"（康德），或者说可以而且应该用一种哲学屏障把我们同关于某一部分尚未认识但存在于我们之外的世界的问题隔离开来（休谟），——所有这些哲学的臆说都是废话、怪论（Schrullen）、狡辩、捏造。

（3）在认识论上和在科学的其他一切领域中一样，我们应该辩证地思考，也就是说，不要以为我们的认识是一成不变的，而要去分析怎样从不知到知，怎样从不完全的不确切的知到比较完全比较确切地知。（第100—101页）

对于唯物主义者说来，"实际感知的"是外部世界，而我们的感觉是外部世界的映象。对于唯心主义者说来，"实际感知的"是感觉,而外部世界被宣称为"感觉的复合"。对于不可知论者说来,"直接感知的"也是感觉,但不可知论者既没有进一步唯物地承认外部世界的实在性,也没有进一步唯心地承认世界是我们的感觉。因此,你说"实在的存在(在普列汉诺夫看来)只有在一切直接感知的东西的界限之外才能找到",这是你站在马赫主义立场上必然要说出的蠢话。虽然你有权利采取随便什么样的立场,包括马赫主义的立场在内,但是你在谈到恩格斯的时候却没有权利曲解他。从恩格斯的话中,最明显不过地可以看出,对于唯物主义者说来,实在的存在是在人的"感性知觉"、印象和表象的界限之外的;对于不可知论者说来,超出这些知觉的界限是不可能的。(第110—111页)

从恩格斯和狄慈根的所有这些言论中可以清楚地看出:在辩证唯物主义看来,相对真理和绝对真理之间没有不可逾越的鸿沟。波格丹诺夫完全不懂得这点,他竟然说出了这样的话:"它(旧唯物主义的世界观)希望成为对于事物本质的绝对客观的认识,因而同任何思想体系的历史条件的制约性不能相容。"(《经验一元论》第3卷第 IV 页)从现代唯物主义即马克思主义的观点来看,我们的知识向客观的、绝对的真理接近的界限是受历史条件制约的,但是这个真理的存在是无条件的,我们向这个真理的接近也是无条件的。图画的轮廓是受历史条件制约的,而这幅图画描绘客观地存在着的模特儿,这是无条件的。在我们认识事物本质的过程中,我们什么时候和在什么条件下进到发现煤焦油中的茜素或发现原子中的电子,这是受历史条件制约的;然而,每一个这样的发现都意味着"绝对客观的认识"前进一步,这是无条件的。一句话,任何思想体系都是受历史条件制约的,可是,任何科学的思想体系(例如不同于宗教的思想体系)都和客观真理、绝对自然相符合,这是无条件的。你们会说,相对真理和绝对真理的这种区分是不确定的。我告诉你们,这种区分正是这样"不确定",以便阻止科学变为恶劣的教条,变为某种僵死的凝固不变的东西;但同时它又是这样"确定",以便最坚决果断地同信仰主义和不可知论划清界限,同哲学唯心主义以及休谟和康德的信徒们的诡辩划清界限。这里是有你们所没有看到的界限,而且由于你们没有看到这个界限,你们滚入了反动哲学的泥坑。这就是辩证唯物主义和相对主义的界限。(第136—137页)

[辩证法的要素][1]

[黑格尔《逻辑学》一书摘要]

(1) 从概念自身而来的概念的规定[应当从事物的关系和它的发展去观察事物本身];

(2) 事物本身中的矛盾性(自己的他者),一切现象中的矛盾的力量和倾向;

(3) 分析和综合的结合。

大概这些就是辩证法的要素。

或者可以较详细地把这些要素表述如下:

(1) 观察的客观性(不是实例,不是枝节之论,而是自在之物

---

[1] 选自列宁《哲学笔记》(人民出版社,1956年版),第238—240页。

本身)。

（2）这个事物对其他事物的多种多样的关系的全部总和。

（3）这个事物（或现象）的发展、它自身的运动、它自身的生命。

（4）这个事物中的内在矛盾的倾向（和方面）。

（5）事物（现象等等）是对立面的总和与统一。

（6）这些对立面、矛盾的趋向等等的斗争或展开。

（7）分析和综合的结合，——各个部分的分解和所有这些部分的总和、总计。

（8）每个事物（现象等等）的关系不仅是多种多样的，并且是一般的、普遍的。每个事物（现象、过程等等）是和其他的每个事物联系着的。

（9）不仅是对立面的统一，而且是每个规定、质、特征、方面、特性向每个他者［向自己的对立面？］的转化。

（10）揭露新的方面、关系等等的无限过程。

（11）人对事物、现象、过程等等的认识从现象到本质的深化的无限过程。

（12）从并存到因果性以及从联系到更深刻的相互依存的一个形式到另一个更深刻更一般的形式。

（13）在高级阶段上重复低级阶段的某些特征、特性等等，并且，

（14）仿佛是向旧东西的回复（否定的否定）。

（15）内容和形式以及形式和内容的斗争。抛弃形式、改造内容。

(16)从量到质和从质到量的转化。((15)和(16)是(9)的实例)

可以把辩证法简要地确定为关于对立面的统一的学说。这样就会抓住辩证法的核心,可是这需要说明和发挥。

21. 波格丹诺夫

亚历山大·亚历山德罗维奇·波格丹诺夫(Александр Александрович Богданов,原姓马林诺夫斯基)(1873—1928年),俄国哲学家,社会思想家,自然科学家,社会活动家。1893年进入莫斯科大学自然科学部,但1894年就因参加革命组织而被开除并流放到图拉。1899年毕业于哈尔科夫大学医学系。1904年先后在瑞士和彼得堡工作,后来被捕并流放国外,后来非法回国。1907年再度出国,1914年回国作为随军医生赴前线。曾任布尔什维克机关刊物《前进》和《无产者》以及《新生活》报的编辑。十月革命以后成为"无产阶级文化派"的主要倡导者并组建"无产阶级文化大学"。1918—1926年任共产主义科学院主席团成员。1921年以后完全致力于血液学和老年学领域的科学研究。1926年建立并领导了世界上第一个输血研究所。后来在自己身上做输血实验时不幸牺牲。

作为思想家的波格丹诺夫青年时代就试图建立一个包罗万象的哲学体系,这一体系能够提供完整的世界图景。他把自己的哲学观点叫做经验一元论。这是马克思、恩格斯的唯物主义、马赫的经验批判主义与奥斯瓦尔德的唯能论的综合。他认为19世纪建立的经典马克思主义在20世纪已不适应于科学最新成果,必须重新审视一些基本概念,特别是关于世界和认识的本原,不是物质,而是经验。

波格丹诺夫后来又提出"组织形态学",即普遍的组织学,其基本观点是,整个宇宙在我们面前是一块无限展开的布,它由各种组织类型和各种组织程度的存在形态构成,从不为我们所知的以太到人类集体和宇宙星系。

波格丹诺夫的主要哲学著作包括《经验一元论 哲学论文集》(莫斯科,1905年)、《经验一元论》(圣彼得堡,1906年)、《一个哲学流派的奇遇》(圣彼得堡,1908年)、《活经验的哲学 通俗概论》(莫斯科,1920年)、《组织形态学 普遍组织学》(莫斯科,1989年)等。

["马克思主义哲学应当是自然科学的"][1]

哲学作为知识体系的完成,应该以全部经验和科学的总和为根据,如果马克思主义是正确的科学理论,却没有与马克思主义有机联系的哲学,那么,就应该用马克思主义的方式为哲学提出根据。(《经验一元论》,第3册,圣彼得堡,1906年,第31页)

哲学是阶级意识形态的最高组织形式,一切其它东西都被归纳到这一形式之中或处于这一形式之下。(《一个哲学流派的奇遇》,圣彼得堡,1908年,第4页)

---

[1] 选自《哲学史文选:俄罗斯哲学》,国立莫斯科师范大学哲学教研室编 (Хрестоматия по истории философии. Русская философия. Сост. Москавский государственный университет, Кафедра философии. Москва, 1997. С. 340—347)。文中段尾所注为波格丹诺夫原著名称及页码。

……对无产阶级哲学的研究是必要的,这不仅是因为马克思和恩格斯并没有来得及充分完整地叙述它,而且因为积累了一些新材料,这些新材料是哲学应当加以考虑的。[……]马克思—恩格斯的传统对我们可贵的不是作为词句,而是作为精神。(《一个哲学流派的奇遇》,圣彼得堡,1908年,第65—66页)

马克思主义哲学应当是自然科学的。因为自然科学——这是社会生产力的意识形态,因为技术经验和技术科学是社会生产力的基础;而按照历史唯物主义的基本思想,社会生产力是社会发展的基础。(《经验一元论》,第3册,圣彼得堡,1906年,第23页)

[物质与经验]

普列汉诺夫学派自称为唯物主义学派,并且把整个世界图景建立在"物质"一词之上。但是,如果读者认为这种物质是物理和化学所研究的通常的物质,是牛顿研究其运动定律的物质,是拉瓦锡特许其具有永恒性而现代电学又试图消除其永恒性的物质,是可以归结为不可入的惰性、颜色、温度等一切"感觉属性"的物质,——如果读者认为"我们"唯物主义者的哲学大厦正是建立在这样的物质之上的,那么,他就完全错了。不是,这样的物质,按照我们唯物主义者的观点,是不够牢固和可靠的,它完全处于经验范围……

显然,……在我们唯物主义者的哲学中所说的物质,不是庸俗经验主义的"物质"……而是作为"自在之物"的物质。(《一个哲学流派的奇遇》,圣彼得堡,1908年,第6页)

这样，我们去请教自然科学……我们问，"什么是物质？"自然科学开始回答："物质这个名称意味着一系列现象……"；"请等一等，——我们打断它的话说：我们问的不是这个。您说的是现象，也就是经验？"——"是的，当然，——自然科学诧异地回答说，——难道还有别的东西吗？"——"我们要问的是经验之外的物质"；……自然科学冷冷地声明道："我不知道您在说什么；我的事业是经验；经验以外的东西与我不相干"。（《一个哲学流派的奇遇》，圣彼得堡，1908年，第10页）

色彩感、空间感、热觉、触觉等物理和心理经验的世界……这些现象的复合组成了各种不同的"现象"，既有物理现象，也有心理现象。（《一个哲学流派的奇遇》，圣彼得堡，1908年，第12页）

问题可以归结为区分两个经验领域——物理领域和心理领域，"外部领域和内部领域"。物理世界的复合体的特点是其外部和内部关系具有一定的稳定性。（《经验一元论 哲学论文集》，莫斯科，1905年，第17页）

具有自身属性的物理体是某种客观之物，这是因为，当我们把这些物理体当做现实和运用它们的明显属性的时候，我们不会陷入自相矛盾。（同上，第24页）

那些对我们和对他人具有同等重要意义的经验材料，被称作客观的经验材料……物理世界的客观性在于，它不是只为我个人存在，而是为所有人存在，我确信它对所有人都具有确定意义，就像对我一样。物理世界的客观性——就是它的普遍意义……普遍意义不是别的，正是不同人的经验的协调一致性，是他们的体验的相互符合。（同上，第25—26页）

物理经验和心理经验的对立,可以归结为两种经验的划分,即以社会方式组织的经验和以个人方式组织的经验。(同上,第41页)

以个人方式组织的经验进入以社会方式组织的经验体系之中,作为它的不可分割的部分,并且为了认识而不再构成一个特殊世界。心理的东西消失在有认识为"物理的东西"所创造的联合形式中,但是,一旦物理的东西没有了它的恒常对立面——心理的东西,物理的东西也就不再是"物理的东西"了。

统一的经验世界是统一的认识的内容。这就是经验一元论。(同上,第56页)

心理的东西完全不是"实体",而只是关系。这是各种现象的一定的联系,是经验的一定的规律性。当经验要素对我们表现出了客观的普遍规律性的时候,我们就把这些要素的复合体叫做"物理体",当它们表现出另外的、非客观的、非普遍的(也就是结合性的)规律性的时候,我们就把这些复合体叫做"心理复合体"。经验要素既不具有物理的性质,也不具有心理的性质,它们在这些规定性之外。(同上,第92—93页)

"生物",比如,"人",这首先是"直接体验"的一定复合体,这些"直接体验"一部分进入了一个基本的协同体——"心理经验",一部分(我们认为)没有直接进入这一协同体……

而对于另一个生物而言,人首先是一系列其他知觉之中的一种知觉,是一系列其他复合体中的视觉—听觉—触觉复合体。(同上,第128页)

[作为普遍组织科学的组织形态学]

……因此,哲学真理像任何其他的真理一样,是生活的工具。它正是人的实践活动的一般指导工具,就像指南针和地图是旅行的指导工具一样。满足于庸俗的、家常的哲学,这就好像是拥有不好的指南针(它只能粗略地、近似地指出世界上的国家)和旧的地图。因此,科学的哲学是需要的,是对每个人都有益的;它是为了有意识地生活、为了知道你在做什么和去哪里所必需的。(《组织形态学 普遍组织学》,第1册,莫斯科,1989年,第15页)

……像人类活动的一切其他产物和工具一样,哲学也是不断变化和完善的。因此,一个时代的哲学真理必然区别于另一个时代的哲学真理。任何绝对的和永恒的哲学真理都是不可能的。

由于不同阶级的根本任务是不同的,而任何工具应当适合于自身的任务,因此,一个阶级的哲学就不适合于另一个阶级。每一个阶级在对胜利和统治的渴望中,都应当制定出自己特有的哲学,——否则,它的斗争就将会在没有总体计划指导中流逝。(同上,第16页)

为一门把人类经验联合起来的、迫切需要的科学奠基——这是非常重要的事情。身为这件事情的首创者,我完全意识到这一举动的全部严肃性和全部责任。(《活经验的哲学 通俗概论》,莫斯科,1920年,第53页)

我们将把普遍组织科学称为"组织形态学"(тектология)。这个词在从古希腊语的字面翻译中的意思是"关于建设的学说"。

"建设"——是"组织"这一现代概念的最广义、最适当的同义词。（同上，第112页）

任何一门科学，它的方法都首先是由它的任务决定的。组织形态学的任务——是将有组织的经验加以系统化；显然，这是一门经验科学，它应当通过归纳方法来得出自己的结论。

组织形态学应当弄清，在自然界和在人类活动中可以看到哪些组织方式；其次，对这些方式进行概括和系统化；再次，对它们加以解释，给出它们的趋势和规律性的抽象公式；最后，根据这些公式，确定组织方法的发展方向及其在世界经济过程中的作用。这种一般纲要与自然科学的任何一个纲要相类似，但科学的对象完全是另外一类。组织形态学所研究的组织经验，不是这样或那样一个专门领域的组织经验，而是全部领域的组织经验；换句话说，组织形态学包括了全部其他科学的和这些科学所从产生的全部生活实践的材料；但它只是从方法方面拿取这些材料，也就是说，它在任何地方感兴趣的都是这些材料的组织方法。（同上，第127页）

任何一种人类活动在客观上都是组织性的或破坏性的。这意味着：任何一种人类活动——技术活动，社会活动，认知活动，艺术活动——都可以看作是组织经验的某种材料，都可以从组织的观点来研究。（同上，第56页）

但这一科学不可能没有历史准备而突然产生：组织经验在不断发展，它的新形式是连续性地逐步形成的。假如现实本身没有提供普遍组织学的要素，假如没有表现出这一科学产生的生动倾向，那么，谈论普遍组织学就是完全无效的。（同上，第107页）

无论是活的能动性，还是死的能动性，都是被组织的对象。

……一般说来，人对盲目自然力量的征服和利用、人与自然斗争全部过程，都不是别的，正是为了人、为了人的生活和发展而对世界进行组织的过程。这就是人类劳动的客观意义。

认识和一般思维的组织性就更加明显。思维的功能在于把经验事实加以协调，使其成为严整的集合——思想和思想体系，也就是理论、学说、科学等等；而这就意味着对经验加以组织。精确的科学对机器生产的全部现代技术加以组织；它们之所以有这样的能力，仅仅是因为这些科学自身就是组织化的先前经验，而且首先是技术经验。

当然，对思维的组织是由对劳动的组织决定的，是对劳动的组织的手段。（同上，第81页）

这样，从事实和现代科学思想出发，我们必然得出唯一完整的一元论宇宙观。宇宙是在我们面前无限展开的机体组织，由组织性的类型和程度不同的组织形式构成——从我们不知道的以太元素到人类集体和星系。所有的这些形式——在它们之间的相互交织和相互斗争中，在它们的不断变化中——构成了世界组织过程，这一过程在其各部分中是无限分裂的，在其整体中又是连续的和不可分割的。这样，组织经验的领域和一般经验的领域是相符合的。组织经验——这也就是从组织观点来看的我们的全部经验，也就是组织活动过程和破坏活动过程的世界。（同上，第91页）

问题的本质很简单。所有这些统一化的公式都是对经验加以组织的手段、工具或"形式"。当然，组织的工具也依赖于，是谁在组织，是谁在制定和使用这些工具，还依赖于，是什么被组织——

也就是依赖于经验材料。(同上,第102页)

……自然界——是第一个伟大的组织者;而人本身——只是自然界的组织化的作品之一。只有放大数千倍才能看见的最简单的活细胞,在组织的复杂性和完善性上也远远超过人所能组织的一切。人——是自然界的学生,并且暂时还是很弱小的学生。(同上,第71页)

[经验一元论的世界图景]

经验一元论是社会—劳动的世界观。这是它的本质和它的统一性,由此产生了它的全部特点。

1. 因果关系的新形式——社会技术形式。在具有多种多样的力量转化的机器生产基础上,形成了这样一种观点,按照这种观点,任何一个现象对于在实践中的集体来说,都是另外一些现象的技术源泉。这种相互关系成为因果关系的类型和模式。原因和结果——同样是两种连续阶段的能量的总和;它们是相等的,并且属于集体劳动或经验中的同一个连续过程。

2. 对经验要素的新理解,感性—劳动的理解。经验要素——是在劳动或思维中的社会努力的产物;它们依赖于实践需要而分离出来,随着劳动体系的增长和复杂化而积累和发展。无论是全部经验,还是一种经验要素,都同时是自发的对抗和合目的的积极性。

3. 从客观性和主观性的哲学概念中清除了抽象的拜物教。得到社会认同的东西,或者同样的,被社会组织化的东西,就是经验和思维中的客观之物。这样，客观的物理经验，就是被社会组织化的经验；相反，具有主观性的心理经验，只是被个人组织化的经验。这是对经验进行组织的两种不同程度，两者之间存在着转化的连续性。

4. 思维的社会形态论学说。实践方法给认识方法提供了基础。生产中技术要素的关系和人们之间的经济关系，是认识中的概念关系的根源和模式。这些事实通常被拜物教的各种形式、被实践关系在被改造成认识公式时所遭受的变异、组合、复杂化、简单化所掩盖。但是，在充分分析的情况下，这些公式的社会—劳动起源总是会暴露出来。

5. 一般代换理论。代换公式是从表达与所表达的内容之间的关系、象征与所象征之物之间的关系中产生的。代换方法得到了无限广泛的应用，但这些应用迄今为止还是无意识的和不系统的。在科学中，在各种解释理论中明显表现出来的一般代换趋势，是用更丰富的、组织化较弱的经验材料，也就是提供了大量组合并且比较容易加工的经验材料，来代替较少的、组织化较强的经验材料。代换在其科学形式中应当归结为社会劳动的因果关系；例如，如果用以太波来代换光的过程，那么，光作为以太波的结果，就应当被看作是在我们的直接经验中被转化了的以太波的能量形式。

6. 这样一种相互关系也应当在大脑生理过程与处于它们之下的心理现象之间确立：这样一些能量总和，它们在间接的、扩展的经验中是心理，但在直接生理经验中对其他人来说则变成了大脑的生理改变。于是就建立了全部经验链条中的代换的连续性，这种连续性导致了一元论的世界图景。

7. 这一图景给我们呈现了这样一个宇宙,它是这样一些形式发展的连续链条,这些形式通过斗争和相互作用而从低级组织性过渡到高级组织性。这个世界过程链条的理想开端,是宇宙要素的纯粹混沌,但这种混沌是在现实中无法想象的。至今达到的最高阶段——是人类集体,它能够对经验进行有客观规律性地组织,这种组织方式是人类集体在自己的劳动和世界建设中制定的。(《组织形态学 普遍组织学》,第 1 册,莫斯科,1989 年,第 241—243 页)

22. 布哈林

尼古拉·伊万诺维奇·布哈林(Николай Иванович Бухарин,1888—1938 年),俄国政治活动家,经济学家,哲学家。曾就读于莫斯科大学法学系经济学部,大学最后一年(1911 年)被捕,被流放。在侨居国外期间支持布尔什维克立场,积极参加工人运动。1917 年 2 月革命后回国。1917—1929 年间任苏共机关报《真理报》责任编辑。1924 年当选苏共中央政治局委员。1926 年当选共产国际执委会主席。1929 年当选苏联科学院院士。1937 年被指责从事反革命活动而被捕入狱,1938 年被判处死刑。1988 年平反,恢复苏联科学院院士称号。

布哈林在对人和世界的理解上反对唯心主义和机械论,坚持马克思主义的唯物论和辩证法。同时,也有对马克思主义哲学有所丰富和发展。传统的马克思主义哲学强调实践作为认识的标准,布哈林则对实践活动有更加全面的理解:人对世界的实践关系、认识关系和审美关系是一个统一过程。传统的历史唯物主义强调矛盾在社会发展中的作用,布哈林在研究社会时则提出平衡性、系统性、整体性原则。用当今术语来讲,就是社会和谐思想。布哈林平衡论的基本观点是:起初系统的各种力量是平衡的,但由于其中一种力量的改变而破坏了平衡,这导致系统中出现了内在矛盾,这促使系统中各种力量在进化或突变中重新结合,于是在新的基础上建立新的平衡。系统包括两种平衡状态,系统各要素的内部平衡和系统(在社会中就是社会存在物、人和思想的平衡)与周围环境的外部平衡(在社会领域中就是社会通过生产过程而适应于自然界)。这两种平衡状态都是动态的平衡。布哈林还对被大多数马克思主义者看作等同的"上层建筑"和"意识形态"概念进行了划分;提出了物质文化概念。

在社会主义理论方面,布哈林超越了马克思主义关于从资本主义内部生长出社会主义的观念,力图使马克思的理论适应于落后的俄国现实,提出"过渡时期经济学"理论,即通过无产阶级的计划和组织工作,用强制方法建立社会主义社会。

["人既是能提出目的的主体又是自然链条的环节"][1]

本能嗜好经过一系列我们可以不停留的中间站,在人那里转

---

[1] 选自布哈林的《哲学短论集(手稿选摘)》(Философские арабески(главы из рукописи))。译自《哲学问题》杂志(Вопросы философии. 1993, No 6.)。文中段尾所注为该刊页码。

变为目的。在这里产生了新的质,真正意义上的目的,某种预先提出的和可以实现的东西。出现了主体,理性的主体,能提出目的的主体。这是某种根本上的新东西,这里发生了飞跃(虽然一般来说,这个飞跃是由从前的发展所准备的),存在着间断性与连续性的统一。但这是特别的、边缘的题目,虽从另一个角度看也是很重要的。这里有真正的目的,严格意义上的目的,和合目的的活动。马克思在《资本论》第一卷中援引的例子是众所周知的,在此,他把建筑师和蜜蜂做比较,而且建筑师预先有一种样式,建筑计划,这是决定他的合目的活动的目的,而蜜蜂则没有这种样式,它的建造是无意识的。

自然在人身上分成两部分:主体在历史上产生之后,就与客体相对立。客体变成材料,变成知识和实践把握的对象。但人是一个矛盾,辩证的矛盾:他同时既是阿芬那留斯所说的"对立项"[①],也就是与自然相对立的主体,又是这一自然的一部分,这部分无法脱离这一辩证的、全部自然的普遍联系……但是,唯心主义哲学在这里做了这样一个手术:它把作为历史发展的结果而出现的、作为自然必然性的一种成分的范畴,变成了某种原初的现实物,把这一范畴普遍化;然后,这个仿佛是原初的被普遍化的现实画了一个巨大的圆圈并且又回到自身……然而实际上,人作为生物个体和社会历史个体,同时既是能提出目的的主体,又是自然必然性链条的环节。目的在这里是这一必然性的一个因素,尽管它已经不是隐

[①] 关于阿芬那留斯的"对立项"概念,参见列宁:《唯物主义与经验批判主义》(中文版),第一章,第四节;第三章,第一节。——译者

喻,不是目的的萌芽……这种理解也突然出现在黑格尔那里,例如,他说,人在自己的目的中依赖于自然和从属于自然。……

目的(在地球上)是人的目的。完全不可能把目的投射到地球和宇宙,作为普遍的隐德来希。如果就整个地球我们可以说地球有目的,那么,这是人的目的,是作为地球和自然的产物的人的目的,而不是超人的全世界的目的,它的放射粒子仿佛可以在人身上找到。辩证唯物主义不把人看作是机器,不否定人的特殊性质,不否认目的,正如它不否定理性一样。但辩证唯物主义把这些特殊性质看作是自然必然性链条的环节,它在人的二位一体中考察人,把人看作既是自然的对抗者,又是自然的一部分,既是主体,又是客体,而把独特的目的论原则看作是必然性原则的因素。这符合事物与过程的真实联系,而虚幻的联系则应当无情地彻底摧毁。目的论问题的一般提法,其处境就是这样。(第48—49页)

都市的神经衰弱者被封闭在石棺中,失去了太阳、森林、水和空气,被机器的轰鸣所困扰,被变成大机器的螺丝钉,他怀念阳光、明亮、绿叶、潺潺的小溪。他是受损伤的。他是被毁坏的。他的生物本性对抗着与普遍自然联系的脱离。这是社会主义正在解决的问题。但这不是认识问题。这是生活安排的问题。这不是对自然奥秘的高级认识问题。这是使生活更加完满的问题。要求与自然共同感受,也就是享受自然,接近自然,联系自然,从审美观点欣赏自然,——这是合理要求,是对片面城市化的和残害人的资本主义文化这一丑陋现象的合理反抗。但是,正如不能因此而拒绝机器和理论自然科学一样,也不能因此而拒绝一般理性认识。社会主义的人将享受自然和感受到自然的温暖气息。但他不会变成野

人—万物有灵论者。(第39页)

[机械唯物主义与辩证唯物主义的对立]

旧唯物主义是反辩证法的:实际上,这已经说明了一切。但这应当发展。

首先,这里提出了量—质的问题。机械论唯物主义具有鲜明的量的性质。无质的原子,原子的同一性。原子的量和量的规定性(数量,速度等)是一切的基础。它们运动的规律性是机械运动的、也就是简单的空间位移的规律性。它们本身是不可分割的,作为构成宇宙的砖块,是不变的。它们数量上的不同使主体对事物的感觉具有多样性。这样,质就主要是主观范畴。认识的任务——就在于把质的多样性归结为真正的、也就是量的相互关系。关系的唯一类型是机械的因果关系,其他的一切都应当抛弃。质的整体性是其各个部分的总和(或某种类似的东西),应当加以分解,应当用量的公式来表达等等。

在机械唯物主义的"极限"概念中就已经可以看出它的局限性。它的无质的和不变的原子,"不可分之物",实际上是有质的、可分的和运动的量。原子按照自己的质的属性来说是不同的:氢原子不是氧原子,它具有自己一系列专门的、特定的属性,它在与其他原子的关系中的"行动"与氧原子完全不同。因此,在这一出发点上,就可以看出无质性的缺陷。……然而质的多样性是客观范畴,质是存在的质,质也和量一样,是存在所内在具有的,并且从一个转变为另一个。……

既然物质在质上是不同的,那么,它的运动,"运动规律",也是不同的,不能简单分解为机械运动的因素。这里需要稍稍停留一下。通常在讨论"简化"问题时,都会出现这样一种争论:一方说,在反对简化的另一方那里剩下了神秘的沉淀物,不可分解的剩余物,比如在生物学中就是"隐德来希"、神秘的"活力"等等;另一方则指责自己的反对者否定质的特殊性,也就是犯了机械唯物主义的基本罪过。实际上,这样解决问题过于简单化。新的质完全不是在从新的方面看的先前成分的属性中附加某种东西;新的质不是与先前的属性并列的;它不可能被人同一队列。它是那些以特定方式联系在一起的若干因素的功能。如果这种联系瓦解了,这一功能也就瓦解了,这里没有给任何剩余物留下余地。"组成"因素存在于新的整体中,但用黑格尔的话来说,是以扬弃的形式:这些因素成为新整体中被转化的因素,而不是被简单地塞进新整体的,像把马铃薯塞进袋子里那样。

因此,机械唯物主义还有另一个不可容忍的缺点:它看不到发展,它是反历史的。……

旧唯物主义在这里具有一个一般性的罪过,他的"主体"也像在其他流派的哲学家那里一样,是片面的、历史之外的和社会之外的理性抽象物,而且其积极性系数更小。……

机械唯物主义是唯物主义,但它在对主体的理论研究方面是消极的。积极的是唯心主义,是对唯物主义的否定。辩证唯物主义是唯物主义,但是积极的唯物主义。

机械唯物主义是反历史的,但是革命的。跟随其后的进化论(历史学中的历史学派,地质学、生物学中的逐步演化学说,等等)

是历史的,但是反革命的。辩证唯物主义既是历史的,同时也是革命的。(第41—43页)

[″理论、实践和审美的统一″]

这种理性认识完全不是把我们引向自然之外,而是相反,它使我们越来越深入到自然的奥秘之中。但是,当然,任何显微镜都不能代替在生物学意义上享受山上的空气或朝霞的光辉。科学同样具有自己的审美。但无论科学本身,还是科学的审美,都不能代替与自然直接交往的生物学需要,正如认识不可能代替饮食和爱欲生活一样。剥夺人的性爱享受是对人的摧残。但由此不能得出,性爱的欣喜可以代替理性认识,不能得出,性爱的忘我和狂喜是比一般理性认识更深刻的最高认识形式。(第39页)

这样,正是在这里最明显地表现了理论、实践和审美的统一。如果在(进步的)阶级社会,这种统一在自己的全部方面表现了生命在与许多障碍的斗争中和在人分裂为片面主体的条件下的高涨(生产力的强调力量,认识的强大力量,生活紧张度的提高),那么,在真正的历史中,全部障碍都将消失,这个过程都会得到前所未有的加速,社会的断裂和个人的断裂都被消除,生命活动机能的统一性就将庆祝自己的历史性胜利。

不难看到,对生命活动一方面的夸大理解会导致思想上的幻想:思维的孤立和隔离,思维脱离实践。"思想王国"的自治化和分离主义具有这样一种倾向:把这一思想、"一般"、"概念"、"抽象"、"观念"转变成独立本质和世界实体。

实践脱离思维的独立化会导致粗糙的经验主义,而在实践脱离物质客体(贸易实践、社会实践等)的情况下,则会走向唯意志论、实用主义等等。

审美的独立化具有这样的趋势:代替理性认识,把艺术—审美体验变成神秘体验,也就是导致神秘直觉的世界观。(第34—35页)

在唯我主义者那里——毫无辩证法,毫无历史观。只有某种呆板的疯狂,孤独者的粗野,知识手工业者的极度贫乏和精神空虚,被塞入小脑壳中的贫瘠世界。(第25页)

[过渡时期的外部经济强制]①

1.暴力和强制与经济的相互关系。2.过渡时期的暴力。3.国家权力是集中的暴力。4.无产阶级专政的经济意义。5.对非无产阶级的暴力和强制。6.强制是劳动者自我组织的体现。7.强制的消除。

在理论政治经济学中,也就是在研究商品—资本主义社会的自然规律的科学中,"纯粹经济"范畴占主导地位。众所周知,在现实的历史中,征服、奴役、杀戮、掠夺,一句话,暴力,起着巨大作用。在温和的(sanft)政治经济学中,常常笼罩着田园诗。权利和"劳动"从来都是发财的唯一手段,当然每次都是"今年"除外。毫无疑

---

① 选自布哈林:《社会主义理论与实践问题》(Бухарин Н. И. Проблемы теории и практики социализма. М.,1989. С. 161—164)。

问,在全部历史过程中,暴力和强制的作用曾是非常巨大的。正是在这一基础上才能生长出这样一些理论,它们把暴力看作是历史的全部。另一方面,一系列相反的理论以否定暴力为根据,这些理论简直是不愿看见那些直接要求它们解释的经验现象材料和一系列事实。马克思主义不能"在思想上避开"作为最重要的历史因素而现实存在的事实。在英格兰对村社土地的掠夺和原始积累阶段,在古埃及对奴隶的大规模强制劳动,殖民战争,"大暴动"和"光荣革命",帝国主义,无产阶级的共产主义革命,苏维埃共和国的劳动大军——所有这些形形色色的现象难道不是与强制问题相联系的吗?当然是的。庸俗的研究者把所有这些都归到一个标题下就满足了。辩证方法的拥护者则应当对这些形式加以分析,把它们放在历史处境中,分析它们与整体的联系、它们的特点、它们的——有时是完全对立的——功能意义。

社会暴力和强制(我们所指的也只是这种暴力)与经济处于两种相互关系之中:第一,暴力是作为这一经济的功能而出现的;第二,暴力同时影响着经济生活。在后一种作用中,暴力的影响可能有两个方向:它或者沿着客观发展的经济关系的路线走,——于是它满足迫切的社会需要,加速经济发展,是经济发展的进步形式;或者,它与经济发展相矛盾,——于是它减缓发展,是发展的"桎梏",并且按照一般规则,它应当让位于另一种强制形式,带着另一种数学符号(如果可以这样表达的话)的强制形式。暴力的作用在"危机时代"特别突出地表现出来。"战争和革命是历史的火车头"。这两个"火车头"就是暴力的形式,而且是表现最鲜明的形式。关于从封建主义向资本主义的过渡,马克思写道:"这些方法一部分是以最残暴的暴力为基础,例如殖民制度就是这样。但所有这些方法都利用国家权力,也就是利用集中的、有组织的社会暴力,来大力促进从封建生产方式向资本主义生产方式的转化过程,缩短过渡时间。暴力是每一个孕育着新社会的旧社会的助产婆。暴力本身就是一种经济力。"①

在过渡时代,当一种生产结构被另一种生产结构所取代的时候,革命暴力即是助产婆。这种革命暴力应当摧毁社会发展的桎梏,也就是说,一方面,摧毁已成为反革命因素的"集中的暴力"的旧形式,摧毁旧的国家和旧的生产关系类型;另一方面,这种革命暴力应当积极帮助新生产关系的形成,建立"集中的暴力"的新形式,建立新阶级的国家,这一国家能够发挥经济变革的杠杆的作用,改变社会经济结构。因此,一方面,暴力起着破坏因素的作用;另一方面,它也是联结、组织和建设的力量。这种"外部经济"力量(它实际上是"经济力")越大,过渡期的"费用"就越小(当然是在其他条件相等的情况下),这一过渡期就越短,新基础上的社会平衡就会越快地确立,生产力的曲线就会越快地开始上升。这个力量不是某种超验的、神秘的量:它是实行变革的阶级的力量,是这个阶级的社会势力。因此完全可以理解,这一力量的大小首先依赖于这个阶级的组织性程度。而当革命阶级作为国家权力而成立的时候,它是最有组织性的。正因为如此,国家权力是"集中的、有组织的社会暴力"。正因为如此,革命的国家权力是经济变革的最强有力的杠杆。

---

① 中文版《马克思恩格斯选集》,第 2 卷,第 266 页。——译者

在从资本主义到共产主义过渡的时代,无产阶级是革命阶级,是新社会的创造者。无产阶级的国家权力,无产阶级专政,苏维埃国家,是摧毁旧经济关系和建立新经济关系的因素。"政权这个词的本来意义,是一个阶级的有组织的力量,这个力量以压迫另一阶级为目的"。由于这一政权作为对资本主义的"集中的暴力",其本身是一种经济力,因此,它是这样一种力量,这种力量摧毁资本主义生产关系,把生产的物质框架转交给无产阶级支配,并把非无产阶级的人的生产要素逐步纳入到新的社会生产关系体系之中。另一方面,这种"集中的暴力"一部分是针对内部的,它是劳动者的自我组织和强制的自我约束的因素。这样,我们必须分析强制的两个方面:一方面是针对非无产阶级的强制,另一方面是针对无产阶级本身以及与无产阶级相近的社会集团的强制。

居统治地位的无产阶级在自身统治的第一阶段,有这样一些自己的对立面:1)寄生阶层(从前的地主,各类食利者,与生产过程少有关系的企业资本家);2)从这些阶层中招募的非生产的行政贵族(资本主义国家的大官僚,将军,高级主教等);3)资产阶级的企业家—组织者和经理(托拉斯和辛迪加的组织者,工业世界的"强人",大工程师,与资本主义世界有直接联系的发明家和其他人);4)有专业技能的官僚——文职的、军事的、宗教的官僚;5)技术知识分子和一般知识分子(工程师,技术人员,农艺师,畜牧师,医生,教授,律师,新闻记者,大多数教师等);6)军官们;7)地位显要的富裕农民;8)中产阶级,也包括一部分城市小资产阶级;9)神职人员,甚至非专门的神职人员。

所有这些阶层、阶级和团体,在金融资本代表者的政治霸权和将领的军事霸权之下,必然进行反对无产阶级的积极斗争。应当击退这些进攻和破坏敌人。还需要镇压那些从敌人方面进行斗争的其他方法(暗中破坏)等等。所有这些都只有"集中的暴力"才能做到。随着无产阶级在这一斗争中的胜利和无产阶级的力量越来越团结在社会革命能量的结晶点——无产阶级专政的周围,敌对阵营中的那些有经济利益的和非寄生的团体,其旧的心理就开始了加速瓦解的过程。应当考虑到这些因素,把它们召集起来,置于新的位置上,放入新的劳动框架。这也只有无产阶级国家的强制组织才能做到。这一组织能够加速吸收那些在新体制中也有益的人的因素,首先是技术知识分子。显然,要在任何程度上有计划地、有社会合理性地运用这些力量,没有强制的压力是不可能的。因为在这些类人(他们具有部分是个人主义的,部分是反无产阶级的心理)的头脑中存在的旧心理残余,把社会合理性的计划看做是对"自由个性"权利的最粗暴的破坏。因此,在这里,外部的国家强制是绝对必需的。只有在发展进程中,在对这些阶层进行再教育的情况下,随着他们在阶级上的变形和变成社会劳动者,强制性的因素才会越来越少。显然,哪些人在资本主义等级制度中所处的地位越高,对他们进行心理再教育的过程就越艰难和痛苦;最难以进行社会改造的是这样一些社会团体,他们的存在与资本主义生产的一些专门形式和方法具有最紧密的联系。在革命的第一阶段就与他们进行直接斗争;把他们置于这样的条件下:使他们能够做有益于社会的工作,不可能对共产主义建设事业造成危害;合理安置这些力量;以正确的政策对待他们,并根据他们的内心世界来改变这一政策,——所有这一切,都最终要求"集中的暴力"加以核准,这种"集中的暴力"是为了捍卫形成中的共产主义。

但是,其中不仅仅限于先前的统治阶级以及与他们相近的集团的范围之内。强制在过渡时期也(以另外一些形式)推广到劳动者本身,推广到统治阶级本身。这方面我们必须进行非常仔细的研究。

在过渡时期,不应把分析局限于一个阶级的整体同类性这一前提。在研究资本主义结构的抽象规律的时候,没有理由停留在各阶级内部的分子运动上,停留在这些"现实的总和"的分化性上。在那里,这些因素被看作是某种整体的量,或多或少是同类的。这种观点在对"纯资本主义"进行抽象理论分析的范围内是完全正确的,但如果把这种观点照搬到对过渡时期的分析(这一时期具有极其多变的形式和根本的动态性),则是一个最粗鲁的方法论错误。不仅要注意到阶级之间的机制,而且应当注意到阶级内部的机制。无论是各种社会力量的相互关系,还是各阶级内部的相互关系,都是极其变动的量,它们的变动性在"危机时代"变动更加巨大。[①]

(二)新宗教意识与宗教哲学

19世纪下半叶的俄国知识分子最关心的问题是推翻专制制度和建立人民政权的政治问题,以及各种经济问题和社会问题。

[①] 因此考茨基及其同伙的观点是荒谬的,他们所想象革命是议会投票方式的,在此,由算术的数量(半数＋1)来决定问题。参见列宁:《立宪会议选举和无产阶级专政》。

到19世纪末和20世纪初,大多数俄国知识分子发生了思想目光和价值重心的转变:从外部转向内部,从表面转向深处,"出现了对宗教、形而上学和伦理学唯心主义、美学和民族思想的兴趣,总而言之,出现了对各种精神价值的兴趣"①。于是,在宗教和哲学领域出现了"新宗教意识"和"宗教哲学复兴"。

新宗教意识是20世纪初在俄国自由知识分子中产生的宗教哲学思潮,以罗扎诺夫、梅列日科夫斯基、别尔嘉耶夫、吉皮乌斯等人为代表。这一思潮具有两个特点,第一,它不是宗教内部的神学思潮,而是关于人性与文化的新思想探索。新宗教意识思想家具有深切的人文关怀和社会关怀,他们力图克服和超越在个性自由、生活社会、道德文化等方面的传统价值观念,寻求确立新观念,实现新理想。为此,他们与无神论、旧唯物主义、实证主义、虚无主义、传统理性主义作斗争,赞同和运用基督教的基本观念和价值;第二,由于传统基督教某些观念也不能满足新理想的需要,因此新宗教意识思想家力图对基督教加以更新和改造,力图建立新的宗教,在"新基督教"基础上建立"新文化"和"新社会性"。这些思想家不仅继承了俄罗斯宗教思想传统,而且借鉴了现代西方哲学家叔本华、尼采、克尔凯郭尔等人的思想。

与这一思潮相适应,这一时期也有一些哲学家从宗教观点研究纯粹哲学问题,在对一般哲学史的追溯考察中,深刻揭示了哲学与宗教的内在联系。

---

① 洛斯基:《俄国哲学史》,浙江人民出版社,1999年,第219页。

23. 罗扎诺夫

瓦西里·瓦西里耶维奇·罗扎诺夫（Василий Васильевич Розанов，1856—1919 年），俄罗斯哲学家，作家，政论家。1878 年从下诺夫哥罗德古典中学毕业后进入莫斯科大学历史语文系，大学四年级时与陀思妥耶夫斯基从前的情人 А. П. 苏斯洛娃结婚。1882 年大学毕业后在几个外省城市当中学历史和地理教师，1893 年来到彼得堡在税务部门任职，1899 年辞去公职，完全投入自由的创作活动，是《哲学和心理学问题》、《俄罗斯评论》、《新时代》等杂志的经常撰稿人，也是彼得堡宗教哲学学会的组建者之一。1917 年 9 月一家迁居到莫斯科郊区的谢尔吉耶夫—波萨德，一年半后在这里病逝。

罗扎诺夫是一位多产作家。他从 19 世纪末到十月革命前的 20 年间出版了数十本书和大量论文、随笔、评论等。他在去世不久前计划出版自己的选集 50 卷本。

俄国哲学家津科夫斯基在其 1948 年出版的《俄国哲学史》一书中对罗扎诺夫的宗教思想给予了高度评价："根据其不倦的思想工作内容来看，罗扎诺夫是最有天赋和才干的俄国宗教哲学家之一，同时也是勇敢的、富有多方面修养的、极端真诚的思想家。因此他对 20 世纪俄国哲学思想具有巨大（虽然往往是潜在的）影响。与列昂季耶夫一样，罗扎诺夫研究上帝与世界的关系和联系问题。把罗扎诺夫看作是为了世界而忘记上帝的人是错误的；他如此深怀自己的希望和探索，以至于为了不让世界上任何一个有价值的东西毁灭而使自己的宗教意识发生变形和改变。在上帝与世界的争论中,罗扎诺夫(也和列昂季耶夫一样)仍然站在宗教方面,但是,如果说列昂季耶夫为了他所理解的上帝的真理而准备弃绝世界,'冻结'世界,那么,罗扎诺夫则相反,他准备为世界的真理而拒绝基督教,因为他认为基督教'无能'接受这一世界的真理。列昂季耶夫和罗扎诺夫在这一点上是正好相反的,但他们在此有彼此惊人地接近。难怪他们二人常常被说成'俄罗斯的尼采',——他们二人身上的确有与尼采接近的特点(虽然在不同方面)"。[1]

《基督教是消极的还是积极的?》(1899年)[2]

我不准备解决这个问题。我的思想更加简单,更加合理;我只是在这个问题上画一个红圈,以引起人们的注意,让它进入每个人的心灵并开始刺痛人的心灵——正是作为一个问题。我预见,在遥远的未来,这个问题同样会令基督教人类感到不安,并把他们聚集在自己周围,就像在基督教的最初几个世纪人们为"父"与"子"是"同质"还是"同样"而痛苦不安并聚集在一起一样。寓居于我们之中并滋养我们的神经是"动力性的"还是仅仅为"感受性的"? 或者,最后,难道它也不是"感受性的",而只是在我们身上发光和使我们神圣化的? 我们两千年文明大厦里发出的旋律是什么? 它是

---

[1] 津科夫斯基:《俄国哲学史》,罗斯托夫,1999年版,第一卷,第524页。
[2] 选自《罗扎诺夫著作集》(Розанов В. В. Том1: Религия и культура. Москва. Изд. "Правда"1990. С.186—198)。

召唤我们,还是仅仅安慰我们?这是些奇怪的问题;如果我们没有在周围看到对这些问题的十分坚决却缺乏深思熟虑的片面的解决,那么,我们是不会提出这些问题的。

[索洛维约夫的消极基督教观]

下面就是其中的一种解决。普希金死了;死在折磨诗人心灵和污染他生活的环境中,使得人们在回忆他的时候产生悲痛和不由自主的愤怒;我想——我们心中的这种悲痛与愤怒是自然的。但在我们面前出现了这样一种安慰思想:诗人也是怀着同样的愤怒和痛苦而"自杀"的,是"合乎情理地得到了"自己的死亡:

不是敌人夺去了他的生命,
他因自己的力量而牺牲,
成为致命愤怒的牺牲品……①

弗·索洛维约夫先生在诗人墓前逐字逐句朗诵了这首诗(《普希金的命运》,《欧洲导报》1897 年 9 月号),以此安慰自己,也试图安慰我们。可为什么要这样呢?难道没有神圣的愤怒吗?"没有,"——他回答;进而发展出了作为其思想基础的消极基督教观念:

---

① 不确切地引自茹科夫斯基的叙事抒情诗《胜利者的庆典》(1828 年)。

在教父书信中，在耶路撒冷牧首圣索夫洛尼的《柠檬苗圃》①中，我读到了这样一个故事。一个初入道的修士去向一个著名的苦修者询问指示他完善之路。长老对他说："今天夜里，你到墓地去，赞美那些安葬在此的长眠者，直到早晨。然后你来告诉我，他们怎样对待你的称赞。"第二天，修士从墓地回来，"我照着你的吩咐行了，神父！整整一夜我都高声赞扬这些长眠者，尊称他们为圣徒、得福的神父、伟大的义人和神的侍者、全世界的明灯、智慧的源泉、尘世之盐；把那些只有在圣经中和希腊书籍中才读到的美德归到他们身上。""那怎么样呢？他们怎么向你表达他们的满意呢？""根本没有，神父：他们一直保持沉默，我没有听到他们任何一句话。""这太奇怪了，"长老说，"不过，你这样：今天晚上你再去，辱骂他们，直到天亮，尽可能骂得厉害，那大概他们就会开口了。"第二天，修士又回来汇报了，"我千方百计地辱骂和侮辱他们，称他们是肮脏的狗、酒囊饭袋、叛教者；把他们与杀弟的该隐、出卖者犹大、疯狂的奋锐党人、欺骗神的亚拿尼亚和撒非喇等旧约与新约的恶人相提并论，谴责他们所有人都是西蒙异端、瓦伦廷异端和新出现的一志论异端。""那怎么样呢？你怎么逃出他们的愤怒呢？""根本没有，神父！他们一直都一言不发。我甚至

---

① 在此索洛维约夫和随后的罗扎诺夫都搞错了：记载基督教苦修者生平事迹的《精神牧场》（在俄罗斯的名称是《柠檬苗圃》）一书的作者是巴勒斯坦修士约翰·莫斯赫（逝世于619年）。后来做了耶路撒冷牧首的索夫罗尼（逝世于638年）是莫斯赫的朋友和学生。索洛维约夫援引的这个故事在我们今天版本的《精神牧场》中没有。——俄文编者

都把耳朵贴到坟墓上了,可是没有任何动静。"长老说:"你看见了吧,你达到了天使生活的第一阶段,就是顺服;只有当你像这些死去的人一样,无论对赞美还是对屈辱都无动于衷的时候,你才能达到在尘世中这种生活的顶峰。"(《欧洲导报》**1897 年 9 月号,第 142—143 页**)

我感到十分惊讶;但无论如何我要保持克制。我克制着教父作品在我心中引起的愤怒,把它驱赶到深处,我一次、两次地浏览当今这位神学家和哲学家的这篇文章,我看到,他虽然建议我们"安静"且其自身也是"平静"的,但他并不是对一切都漠不关心的。他在这篇小心翼翼而又深思熟虑的文章中,背离了《柠檬苗圃》,更换了放在皮萨列夫墓地的花环("明朗的、始终如一的、杰出的作家",第 145 页),向梅列日科夫斯基开火(第 146 页),赞同斯帕索维奇的观点,说普希金实际上是一个空虚的人,甚至还补充说,他是个虚伪的人(同上,第 136—137 页及第 150 页);但他并不与恩格尔哈特、布列宁和罗扎诺夫等先生的观点相矛盾:说普希金作为一位诗人,当然是很伟大的。"一天的难处一天当就够了"……我们的事情很好地完成了,"圆满地"结束了;那么诗人呢?就是诗人:

坟墓中的长眠者——安息吧;
活着的人——当享受生命。

我想说,消极基督教思想有令人痛苦的一面:它在给我们"安慰"的时候,又最终把我们冻僵;我们变得有几分像"已经作古的"圣索夫罗尼的《柠檬苗圃》,或是寻常的冰柱,在这种状态下,我们就不仅在这样说、想和感觉——

坟墓中的长眠者——安息吧;

而且仿佛把活人也当作"坟墓中的长眠者","不记挂"他们,甚至不因他们而抱愧。骇人听闻的自私,闻所未闻的冷漠……让我们四面打量一下:所有这一切——就在我们周围,这也正是一幅被冰封的、本质上是基督教的文明的景观。这里一切都在美德中,可一切都有名无实;如果我们进一步思考:为什么会如此?那么,我们就会发现,其根源在于对基督教的无神经的理解。

[列斯科夫关于基督像的对话]

无神经的基督教……是的,但深刻而伟大的奥秘在于,它具有自身的基础。我们暂且从这篇关于普希金命运的文章(它是摇摆不定的作者所写的),跳跃到一位坚定而思想深刻的作家,虽然他既不是"哲学家",也不是"神学家"。他就是列斯科夫[①]。他的这些观点显然不是在宗教诗情的"瞬间"灵感中说出的,而是经过了数年乃至数十年的酝酿积累。这些观点是在杰出的小说《在世界的边缘》中,通过一位老年主教的谈话的形式来表现的,这位主教

[①] 列斯科夫,尼古拉·谢苗诺维奇(1831—1895年),俄国作家。——译者

把西方和俄罗斯的救主画像的各自优点进行了对比。这位经验丰富的主教通过一系列精细的对比,指出了对基督面容的理想化理解。但我们感到这里有更多东西:这就是力图把握基督教本身的清晰真理。不是在进行"争论"——主教自己拒绝用这个名词,而是在进行"对话";我们在此援引全部对话,包括对话者的回答。

主教从桌上拿起一本带有象牙雕饰的大相册,翻开,说:
——这就是我们的主!请你们过来看看!我在这里收集了许多幅救主画像。看这幅,他和撒马利亚的妇人坐在井旁——神奇之作。可以认为,画家既理解了人物,又抓住了瞬间。
——是的,大主教,我也认为这是带着理解画出来的。——对话者答道。
——不过在这张神圣面容上是不是有过多的温和?你们没看出来吗?他已经完全不在乎这位妇人有几个丈夫,现在的丈夫是不是她丈夫了。
所有在场的人都沉默不语。大主教发觉后继续道:
——我认为,在这个地方稍加仔细观察不是多余的。
——也许您是对的,大主教。
——这是一幅很流行的画。我常常在一些太太家里看见。我们看下面一幅,也是大师的作品。基督被犹大吻。你们觉得这幅画里主的面容画得怎样?多么镇静,多么慈善!不是吗?美妙的画像。
——美妙的面容!

——但这里是不是过于努力克制了呢？你们看：我觉得他的左脸在颤抖，他的嘴上仿佛带着厌恶。

——当然，是有的，大主教。

——哦，是的；犹大当然值得厌恶；奴才，献媚者——他可以引起任何人的厌恶……不过不应该引起基督的厌恶，基督是什么也不厌恶的，而是怜悯一切。好吧，我们略过这点不谈了。这幅画好像不完全令我们满意，虽然我认识一位高官，他对我说，他认为这幅基督画像再成功不过了。这又是一幅基督像，同样是大画家之作——提香①。主面前站着一个狡诈的法利赛人，手持银币。看啊，多么狡猾的老头，可是，基督……噢，我害怕！你们看，他的脸上不是有鄙视的表情吗？

——也许是有的，大主教！

——也许有，我不争辩：这个老头是可恶的；但我在向主祈祷的时候，不能想象主是这个样子的，我觉得这是不适宜的。不是吗？

我们表示同意，认为这样来表现基督的面容是不适宜的，特别是在向他祈祷的时候。

——我完全赞同你们的观点，甚至关于这一点我还想起了我曾经和一个外交官发生的争论，他只喜欢这个基督；不过怎么办呢？……外交方面嘛。我们继续看：从这里开始，我收藏的就都是些基督单人的画像，旁边没有别人了。你们看，这

---

① 提香(Tiziano Vecellio, 1490—1576 年)，意大利文艺复兴盛期威尼斯派画家。——译者

是雕塑家考耶尔①的《基督头像》的照片:多漂亮,太好了!——无话可说;可是,随便你们怎么看,我觉得,这座学院式的基督头像不那么像基督,更像柏拉图。还有这幅,一个受难者……梅苏②给他画了怎样一副可怕的样子啊!……我不明白,他为什么这样毒打、折磨基督,使他鲜血淋漓?……这当然很可怕!眼皮浮肿,周身青紫,血迹斑斑……他的全部灵魂好像都被打出来了,甚至看一眼他受难的身体都令人恐怖。我们快点翻过这页。基督在这幅画里只让人受苦,毫无其他。看看这幅拉丰③的画,他可能不那么知名,但现在看来他的画却令许多人满意;你们看见了,他对基督的理解与前面那些人都不一样,他给我们展现的基督也不一样:身材匀称,富有魅力,面容善良,光亮的额头下深蓝的目光,卷发轻轻波动:这些卷发,像雄鸡旋转着伏在额头上。太美了,真的!在他的手上是被荆棘枝遮住的炽热的心。这是耶稣会神父所传布的"圣心"(Sacre coeur);有人曾告诉我,就是这些耶稣会士激发了这位拉丰先生画这幅画;不过,那些认为与耶稣会神父毫无共同之处的人也喜欢这幅画。我记得,在严冬的一天,我去彼得堡一位俄罗斯公爵家,他给我看他的豪华宅院,就是在这儿,不是在房间里,而是在冬天的花园里,我第一次看到了这幅基督像。画像装在画框里,放在桌上,旁边坐着女公爵,正陷入

---

① 考耶尔(Кayer-Старший,1831—1893年),德国雕塑家。——译者
② 梅苏(Метсу,Габриель,约1629—1667年),荷兰画家。——译者
③ 拉丰(Лафон, Ал,1815—1901年),法国画家。列斯科夫在此所说的是他的《洞窟中的基督》。——译者

幻想。一幅美妙的景象：棕榈树，аурумы，芭蕉树，小鸟唧唧喳喳，飞来飞去，她在幻想中。幻想什么呢？她告诉我，"在寻找基督"。这时我才仔细看这幅画。真的，你看，他的外表多么动人，更确切地说，他冲破了这一黑暗；在他身后一无所有：没有那些衣着褴褛、甚至紧紧抓住皇帝马车的令人厌恶的先知——完全没有：只有黑暗，幻想的黑暗。这位太太——愿上帝赐予她平安——第一次给我解释了如何寻找基督的秘密，在此之后我再也不同大尉先生（大主教的论敌）争论了：外国传教士在我们这里不会只向犹太人展现基督，而是向所有想看的人展现，以便让基督来到棕榈树和芭蕉树下听金丝雀的鸣唱。只有基督一人来吗？没有另一个人跟随他来吗？我向你们承认，我更喜欢这个衣着考究的、听金丝雀的基督，胜于格维尔奇诺[1]的这幅犹太式的基督头像，虽然这幅头像向我展现的是一位善良的、充满激情的拉比，按照勒南先生[2]的观点，应当爱这位拉比和愿意听他的教导……你们看，关于这一位我们大家都需要的基督，有多少不同理解和观点啊！现在我们把所有这些画都合上，转身看看你们身后的墙角：那也有一张基督的面容，这次已不是基督的面孔，而是面容。这是典型的俄罗斯的救主画像：直率而单纯的目光，高高的额头，这

---

[1] 乔瓦尼·格维尔奇诺（Giovanni Guercino，1591—1666年），巴洛克时代意大利画家。——译者

[2] 欧内斯特·勒南（1823—1892年），法国哲学家、历史学家和宗教学家，著有《耶稣的一生》等。——译者

按照拉法特的学说①意味着高度的敬神能力;面容上有表情,但没有激情。我们过去时代的大师是怎样达到这样的美妙境界的?——这是他们的秘密,这个秘密已经和他们以及他们的受排挤的艺术一起死去了。简洁——在艺术中达到了不能再简洁的地步:线条轻描淡写,却令人印象完满;虽然他很土气,却应当受到崇拜,任何人都应当崇拜他。在我看来,我们朴实的画师最清楚,他应当画的是谁。我再说一遍,画上的基督很土气,没人叫他到冬天的花园去听金丝雀的鸣唱,多么不幸!——他在那里怎样展现自己,在那里就被当作怎样的人;然而他是以奴仆形象来到我们这里的,虽然从彼得堡到堪察加在哪里都得不到崇拜,他仍然会这样到来。他喜欢知道这一点,愿意和我们一起接受那些饮他的血和使他流血的人的耻辱。正是在这个意义上,我认为,我们的民间艺术对基督肖像外部特征的理解是更朴实和更恰当的,——我们的民族精神也许也更真切地认识了基督性格的内在特点。(《在世界的边缘》,第一章;《列斯科夫文集》,第一卷,1889年版,第682——686页)

这一思想实际上就是我们前面引用的索洛维约夫先生那段话中所包含的思想,只不过发展得更深刻和更确切,主要的是,达到了根源本身。无论在索洛维约夫那里,还是在列斯科夫这里,都有

---

① 拉法特·卡斯帕尔(1741—1801年),瑞士作家,神学家,著有《相面术》一书。——译者

某种形式的神学思想作为基础。"有表情,但没有激情"——这是全部推理的核心;"画师最清楚,他应当画的是谁","他应当受到崇拜",也就是说,我们在欧洲艺术中看到的是一幅画,但在我们俄罗斯画师的笔下却产生了受崇拜的形象。这是一种完整的观点,是一种完整的哲学,它还没有被奉为经典,还保持着自己的谦逊,我们还可以对它加以批评。

"没有激情",根据认真制定的辩证法,显然可以表达为,没有这些激情的根源,没有这些激情作为被压抑的、被战胜的、最后得到克服的对象。那么,在救主身上"人性的因素"在哪里,又是如何表现的呢?关于这种人性,大公会议已经驳斥了这样一种假设,即认为基督的人性"被神性所吞没",这种观点实际上可以在列斯科夫这里找到,而倾向于这种观点的人在古代被认定为"异端分子"。"线条轻描淡写"——这是一句意味深长的用语,也就是说,所画出的仿佛是人的框架,是这样一个容器,在它的外壳里面马上就装满了神性。那么来自人性因素在哪里呢?面颊和皮肤的颜色,它本身只是薄薄的一层吗?人性因素不仅被吞没了,而且,在这种观点下,被根除了——然而我们无权决定这样的思想。显然,大公会议的理解也已经直接指出,在救主身上神性与人性融为一体不仅在其属性中,而且在其本质中。救主不仅是"全能的"和"全知的"人,而且是神;正因为如此,人在基督里的存在不仅仅是作为肖像轮廓,而且更加深刻,也就是作为激情的交织,或者至少是激情根源的交织。从教堂里驱逐经商者并不能完全消除愤怒;即便在马太那里,我们也读到了他在反驳文士和法利赛人时的厌恶和愤怒:"你们这假冒为善的文士和法利赛人有祸了!因为你们建造先知的坟……"(太23:29)。一般地说,我们在四位福音书作者那里看到的他们所描绘的救主形象,都是包含人的全部激情的完整轮廓,但这些激情与神性的融合是在激情世界中表现出来的;激情与神性到处都处于和谐之中,这不会给任何一颗人的心灵造成这样一种反感,也就是人们企图在艺术中表现他的面容时所造成的反感,大主教和列斯科夫也公正地拒绝这样的表现。这些画家是不对的,但列斯科夫也是不对的。基督是不能描绘的,是人力所不及的;这是奥秘,也许,这就是他的神性的本质。企图用"有表情,但没有激情"的画法来表现他,这是最深层的错误,"线条画得轻描淡写"——这是逃避任务,而不是完成任务。"从来没有人见过神"(约一4:12)。他在世间生活了33年,他周围的人见过他,但我们没有被赋予力量和才能来想象和理解他的外部特征。这是值得注意的,但也是确定无疑的:在画有基督形体的那些画上所有的是基督的签名,也就是关于他的名字的字句,但在画上没有基督,这无疑是因为,他是不可想象的,不可描绘的。我们更喜欢古代的黑色的基督面容是因为,这些面容是模糊的,我们在此无法辨别出任何确定的东西;有我们思想所关注的地方,但没有描绘那不可画出的基督的确定线条。那些由于时代久远而变黑的艺术品,就像"轻描淡写的线条"一样,之所以更好是因为它们更接近于没有线条,更接近于拒绝与艺术不相称的任务:"仿佛完全没有画"——这句话可以作为我们向基督画像祈祷的开头。但我们在此暂时放下艺术,来谈谈艺术家,也就是这样一个人自身,他深深地服从于那些充满他内心的各种形象,并且他自己的成长也依赖自己对神的想象。

通过对列斯科夫的简要概述,确切地说是转述,我们明显地看到,他内心的激动达到了何种程度。基督的观念,并且是"没有激情"的基督,充满了大主教的思想,当然也充满了站在大主教背后的列斯科夫的思想,但令人惊讶的是,我们所引述的这段话是粗鲁的,这段话在一定程度上被一些刻画的词句所破坏,变得畸形,这些刻画词句触及和记录了几乎全部社会地位,包括外交官、高官、公爵、女公爵,甚至有橄榄树和芭蕉树。没有那种我们用含糊不清的(正因为含糊不清才是正确的)"仁慈"这个术语所表达的东西。这一点在此令我们惊奇:

> 全部自然万物,
> 他都不想祝福。[①]

这是令人惊奇的,这也是情感游戏,就像索洛维约夫先生的"忧虑"一样。无论在列斯科夫这里,还是在索洛维约夫那里,这种情感游戏都是从这样一种观念发源的,这种观念仿佛根本上排除了世俗的忧虑和"精神的反叛"。在这两种场合,"不要忧虑"(太 6:25)的原则都以某种神秘的内在曲折的形式反映出来,而且总是反映为无尽的世俗"忧虑",但这是以被扭曲和污染的形式反映出来的。这是从哪里来的?是如何可能的?转折点在哪里?

正是在这种消极理想中,在这种关于"有表情,但没有激情"的基督的观念中。我们把热情的愿望、"祈祷"、情欲都埋在坟墓里,

[①] 出自普希金的诗《魔鬼》(1823 年)。

第四章　19世纪末—20世纪上半期诸哲学流派

然后躺在柠檬园圃的"安息者"身旁；按照"神学"的另一个版本，是"无情无欲地"躺在安息者身旁。这一点似乎是可以容忍的。然而完全的现实在于，我们同时仍然在世间，在白天的阳光下，但我们在此已没有了任何祈祷——没有了为最深重最腐朽的罪恶而祈祷。"天"对我们来说在那边，在坟墓里，而在这里——只有"俗世"，这是丝毫没有被"天"所照亮的俗世，没有贯彻于我们的每次呼吸之中，伴随着我们劳动和情欲的每一时刻的祈祷。这里只有魔鬼，而一切"神圣"都完全被我们归属于天上，也就是"无情无欲地"躺在"安息者"身旁。这样，在对基督教的理解上的极端唯灵论，用"神性"吞没基督中的"人性"（大公会议曾警告防止这一错误）——这表现为把基督教完全物质化，把无时无刻不在喧嚣的基督教海洋物质化。

[基督教的二律背反]

基督教的二律背反就是从这里产生的；康德把我们理性的根本的来自本源的矛盾叫做"二律背反"，在我们的文明中也有这样的"矛盾"。我们列举几个。福音书是无肉体关系的经书——贞洁被置于绝对地位；然而，仿佛是建立在福音书基础上的文明，却是历史上第一个对卖淫进行登记、使其规范化和具有自己法规的文明。"我实在告诉你们，骆驼穿过针眼，比财主进神的国还容易呢！"（太19:24）——我们看到，正是"贪婪财富的少年"，是我们生活中的主导类型。"财主和拉撒路"（路 16:19—31）①——这是一个永恒的寓言；但还有比我们的文明更加奢侈华丽的文明吗？一切都是反向的：不是分道扬镳——"话语"向右，"行动"向左；不是，两者是径直地彼此相遇。"我的国不属这世界"（约 18:36）……但还有比我们当今文明更加属于"这世界"的"国"吗？还有更加世俗化的、彻底空虚和客观的、没有任何奥秘、没有感动和温情的世界吗？"不要为明天忧虑，因为明天自有明天的忧虑"（太 6:34）——不，没有哪一个世界比我们的世界更加深远地关注于自己的忧虑：我们害怕彗星撞击地球，担心我们星球上的水干枯，害怕地球表面的空气消失，害怕太阳变冷，害怕地球掉到太阳上，引起宇宙"大火"。胆怯和"忧虑"是史无前例的。"爱和仁慈的宗教"……阿拉伯或西藏的朝圣者，当他走进贝陀因人的窝棚或塔塔尔人的毛毡帐篷，所得到的不仅是保护；他不仅得到用冷水"洗脚"（多么富有预见性的细心关照啊！），而且得到生命和安全的保护，甚至如果走进仇敌的帐篷，这个敌人将会献上生命。主要的是，这是一种习俗，在任何地方对任何人都如此，没有一个帐篷例外。尽管你刚一走出仇敌的帐篷，他马上就会杀了你。是的，然后就会杀你——东方不像西方那样对任何欺侮都能"宽恕"，东方人会复仇、激动、愤怒，不懂得我们的"无为"和"不抗恶"。但当你在敌人帐篷里的时候——你不是在茂密的森林，也不是在野兽的洞穴，而是在某种神圣的避难所，你显然受到宗教律法的保护，这律法是任何狂怒和不

---

① 有一个天天奢华宴乐的财主，又有一个讨饭的拉撒路。财主死后在阴间受苦，拉撒路死了被天使带去放在亚伯拉罕的怀抱里得安慰。

理智都不能触犯的。现在来看我们西方世界：你往哪里走，你敢于进入哪个人的家吗？在这里人们会用惊诧的眼光看着你，会无声地说"我们的国不属此世界"，会在你面前把门关上。"你们看野地里的百合花：就是所罗门极荣华的时候，他所穿戴的，还不如这花一朵呢"；"飞鸟也不种，也不收，天父尚且养活它们"（太 6：27—28；26）——这就是你在极端贫困、痛苦无望、完全失意中向"兄弟"求助时会听到的安慰话语；这种口头上的"面包"常常是——哦，几乎永远是——你所能得到的食物。在战场上牺牲，在大街上冻死，为挣钱糊口而死去，——哦，这就是我们的历史，这就是我们报纸上的新闻时事，是报纸上"不重要的"和最令人好奇的"消息"。"不重要的消息"——这是多么有代表性的称呼！人的生命对我们来说是"不重要的"，生命已习惯于不重要，它对大家来说是"不重要的"，报纸只是表达大家的意见，遵循大家的判断……

这就是我们文明中的"二律背反"。我们不再讲述这些，回到那个在我们心里激发了这些一般思想的局部事实。

索洛维约夫先生在评价《普希金的命运》时对基督教的理解是根本错误的。他指责诗人过于富有积极性，这种指责如此严厉，甚至是判了死罪。他提出了这样一个问题，假如普希金打伤了、甚至打死了那个如此折磨他、侮辱他、如此令人厌恶的赫克恩（丹特士），那么诗人会怎么办呢？他真的以为，普希金会"痛苦地"去阿托斯山进修道院（第 155 页）。一个人在社会上受迫害，被驱赶，当他跑回自己家门口，回头一看，发现迫害者没有宽恕他，已循着脚印追上门来。——"等一等，我还有足够力气开枪！"——这就是在真实愤怒中的整个普希金。"他杀人以后会怎么办？"——就像在战斗中忠诚地保卫自己祖国的战士那样,或者,就像曾经在塞瓦斯托波尔堡垒战斗过的托尔斯泰伯爵所做的那样,他确实没有在那里虚度。普希金保卫了自己最切近的祖国——自己的住所,自己的家庭,自己的妻子;保护这一切都是"为了荣誉",就像军人保卫自己的祖国并不总是保护祖国的生存,而往往只是保护它的"荣誉"、好名声和尊严。这一切与积极的基督教、与存在于神人内心的激情"根源",都丝毫没有矛盾,大公会议确认了这种激情的"根源",而列斯科夫和索洛维约夫先生却对此毫无根据地怀疑。

关于我们所评论的这篇文章,我还要说两句:索洛维约夫先生收集普希金的虚伪性的文献,但对这些文献的心理分析到处都是错误的。他问道:"普希金怎么能够在同一个时间、关于同一个人物既写了著名的诗《我记得那个美妙瞬间》,又在私人通信中把这个人物叫做'我们的巴比伦荡妇,安娜·彼得罗夫娜'?"(137页)——索洛维约夫作为陀思妥耶夫斯基的朋友或"相好",在这方面应该更有洞察力。肉体的美是可怕的和强大的东西,它不仅是物理存在,而且是精神之物;无论这个"皮囊"里装的是什么东西,它本身都是有意义的,其自身就是精神性的,而且能够激发精神的诗篇,比如刚才说的这首诗,它完全不是"展现明知虚假的情报",像我们这位没有什么洞察力的"哲学家"所说的那样。第二个指责:在接受了赫克恩的挑战之后,诗人对沙皇食言了,他曾向沙皇承诺说如果接受挑战要向沙皇呈报。但这种行为也是可以理解的,在心理上是迫不得已的:因为假如呈报了沙皇,他一定不允许决斗,那样的话,极度痛苦的诗人(他的妻子被侮辱,只有他自己能够真切感受到这种侮辱的深深痛苦和创伤)就会失去留给他的消除这一痛苦的唯一办法。"等等,我要开枪"——仅此而已,也没有任何谎言。应当进入诗人所经历的躁动和情感慌乱的世界,他的一系列异常复杂的回忆,他对自己和自己的使命的观点。此时忽然有一群可怕的猎犬来追赶他,追到了家门口,追到了妻子的卧室;狮子回过头来……可毕竟是受迫害的。但已经身受致命伤的普希金,他当年在《莫扎特与沙莱里》里曾写下这样的诗句:

> 到那时,所有人都将感受到和谐的力量!
> 不,到那时连世界都不可能存在;
> 谁也不会去关心低级的生活需要——
> 大家都会献身于自由的艺术!
> 我们中间很少有优秀的、闲暇的幸福者,
> 藐视卑鄙利益的,唯一美丽的祭司。
> 不对吗?可我现在身体不适,
> 我有点沉重;我要走了,我要睡了……

——就是这位已经身受重伤但还有一口气的普希金,微微抬起身,用愤怒的语言让决斗见证人走开,"用不颤抖的手向对手开了枪,使他受了轻伤"。这就有一个问题:他为什么要开枪,而不是祈祷?"这极度的内心紧张也彻底摧毁了普希金的力量,决定了他的世间命运",正是这种内心紧张"杀死了普希金,而不是赫克恩的子弹"(《普希金的命运》第 151 页)。

> 你将要长眠了,莫扎特!……

> 莫非他是对的,我不是天才?
> 天才与作恶——
> 是两种不相容的东西……

这样,在自己的这首神秘的"安魂曲"的"天堂之歌"中,诗人如先知般地猜想和解释了自己的真正命运(而不是杜撰的《普希金的命运》)的全部细节:

> 他给我们带来几曲天堂之歌,
> 为的是在我们这些尘土之子的内心
> 激发起无翅膀的愿望,然后飞去!
> 就这样飞去吧!……

"无翅膀的愿望"这句话是可怕的,不仅对说出这句话的那一时刻是可怕的,它和整个这首"安魂曲"的心理部分一样,成为永世之作。

"我们知道,普希金的决斗不是外部偶然事件,而是他内心风暴的直接结果,这一风暴控制了他,他也自觉地投身其中,不顾任何预见性的阻拦和警告。他自觉地把自己的内心激情当作自己行动的根据,自觉地决定把自觉的敌视达到极致,把自己的愤怒进行到底。他的最亲密的朋友之一维亚捷姆斯基在那封描述他的基督教式的死的信中,在回顾决斗的历史时指出:'他需要流血的结局'。我们无法说出他的内心状态,但是,有两个明显的事实足以证明,他的个人意愿在这方面是已完全确定了的,是任何日常生活

的影响都无法达到的,——我说的两个事实就是:对沙皇失言和最后向对手开枪"。(第153页)

——就这样飞去吧!……

《萌芽》(1899年)[①]

1

"怎么办?"一个失去耐心的彼得堡年轻人问。"什么怎么办? 如果是夏天,那就洗浆果、煮浆果酱;如果是冬天,那就喝带浆果酱的茶。"

2

西方生活按照抒情诗的规则进行,而我们直到如今还处于史诗形式中;但总有一天我们也要进入抒情诗形式。

车尔尼雪夫斯基在其长篇小说标题[②]中所提出的问题,实质上是抒情诗的问题,是不合时宜的问题,对它只能做出日常生活的回答:应当去做昨天做过的事。

---

① 选自《罗扎诺夫著作集》(Розанов В. В. Том1:Религия и культура. Москва. Изд. «Правда»1990. С. 287—306)。
② 车尔尼雪夫斯基的长篇小说《怎么办?》。

3

只是60年代没有在颓废派和象征主义中认出自身;这是为经过了三十年"自由"后已疲惫不堪的肉体进行平反;这是"个人"对环境的胜利;这是一些忽然之间没有能力生育子孙的"孩子"。惩罚很快便随着犯罪而到来。①

4

形式的完善是堕落时代的优势。

5

当一个民族正在死去时,它留下一些形式:这就是它的骨骼,它的精神、它的创造、它的内外运动的骨骼。共和国、君主制——这难道不是形式吗?悲剧、史诗、"六音步抑扬格"——难道不是形式吗?帕特农神庙与第九交响曲一样,难道不是形式吗?最后,柏拉图或者黑格尔的形而上学不也是形式吗?

再说一遍,这就是为什么当一个民族正在结束自己的存在时,

---

① 颓废派的思想世界与60年代之间的相互关系问题,罗扎诺夫另有一篇文章《略谈颓废派、"灯油"以及我们批评家的洞察力》,载《俄罗斯评论》,1896年第12期,第1112—1120页;更完整文本在手稿中(国立中央文学艺术档案馆)。

["19世纪是一个欣赏自己堕落的时代"]

6

19世纪是一个欣赏自己堕落的时代；它在最高程度上固有萨达纳帕尔[①]的情感——与自己的女人一起在自己的财宝上耗尽生命。

7

天才通常是无后的——这是他深刻的、也许是最明白的特征。他不能生育，谁知道他是否需要生育呢？他是某种 Ding an sich（物自体）。

就像工具，就像低劣手段，就像天上奥秘的尘世一面——性反常，这常常在天才们那里遇到；纵欲；性发育较早；"童年恶习"。

莱蒙托夫和拜伦11—14岁时就体验到了爱；这是多么反常，又是多么天才啊！拉斐尔和马其顿的亚历山大同样无后；恺撒与牛顿同样无后。

天才的后代，如果有的话，也体弱多病和很快死亡；这大部分

---

① Сарданапал，古亚述国王，以华贵和娇嫩著称。引申为极端娇气而沉湎于情感享乐的人。

是女性后代。回想一下拿破仑一世和我们的彼得大帝吧。这也解释了,为什么在天才君王之后,大部分王朝都中断了,开始了"动乱时代"。

8

阿米耶里①的《日记》如此芬芳,如此细腻,如此深刻,如此优美,可其中也有尚未被发现的致命缺点:可怕的消极性——缺乏激动的、活跃的、因此是建立在作者本人身上的情绪。托尔斯泰伯爵敏锐地把它与马可·奥勒留的书作对比——但这并不是对这部日记的赞扬,像托尔斯泰所认为的那样。这两部著作同样是黄昏的,秋天的,——是这一历史年代的作品,这时候,人类的精英不是向上奔跑,向高攀登,而是力图向下,朝向地面,进入地下。

阿米耶里的思想和批评都处于痛苦的处境,而且没有任何创造性。这是死亡的芬芳。读完每一页,我都想问:他活着的日子还剩下几天?

马克·奥勒留的妻子对他不忠;阿米耶里似乎没有勇气结婚。他们都是只会留下优美的死后《日记》的人。一个是枯萎的、忧郁

---

① 亨利·阿米耶里(1821—1881年),瑞士哲学教授。他死后出版了一本《心灵日记片断》。在这本书的俄译本前言中,列夫·托尔斯泰写道:"被阿米耶里铸造成现成形式的一切,包括演讲、论文、诗歌,都是死的;而他在自己的日记中没有考虑形式,只是在说他自己,——他的日记充满了生命、智慧、教益、安慰,这部日记将永远是像马克·奥勒留、帕斯卡尔、爱比克泰德这样的人无意中留给我们的最优秀的著作之一"(《阿米耶里日记选》,由托尔斯泰从法语译成俄语并写前言,第二版,莫斯科,1905年,第5页)。

的皇帝;另一个是更糟的学者和教授,非常胆小和孤僻。

多么强烈的对比啊——布斯拉耶夫,在衰老之前一直健壮如牛,充满活力,带着一帮热情洋溢的学生,他们把导师的话语传遍俄罗斯,并把他的思想运用到无数对象上。多么强烈的对比啊——彼得,"炮兵连上尉",在利普齐找到了铁矿泉,在北方制造了海船,作为领航员遇到了涅瓦河上第一艘荷兰船。他的每一步都是大业,每一次运动都是历史的事实……这是诞生时代的人们;在母亲的"羊水"和血液中,在她的叫喊和不由自主的痉挛中——出来了一个神奇的男孩。在那里我们看到了芬芳的、涂油的尸体……

世界是属于他们的;我们不想历数他们——否则就仿佛面临死亡。

9

整个世界是潜能的游戏;我想说——这是某些精神的或肉体的、死的或活的胚胎的游戏。三角形是被用某种方式分开的矩形的一半,它的性质、度量、与不同形状的关系都是建立在这个基础上的;地球是脱离了太阳、与太阳断裂又聚成一团的"土星环",因此受到太阳的引力;任何一件东西都是无数其他东西的部分,是它们的胚胎和潜能状态——因此,它只有进入与其他东西的相互关系中,与它们相联系,而与其他东西的关系则相反,是相互排斥的。因此,我说,自然的生命就是胚胎的生命;自然的法则——就是胚胎性的法则;整个科学,亦即所有的科学,只是某种宇宙胚胎学的一支。

10

我们把什么叫做神秘的呢？——我们首先把不清楚明白的东西称为神秘的；但我们在这种东西中感觉到深奥，虽然我们既不能证明，也不能研究它；其次，我们把那种我们猜想其中有神光反射和折射的东西称为神秘的；最后，我们把这样一种东西叫做神秘的，我们识破了其中有对万物来说是最自然、最原始的东西。

比如，被石头砸伤——这当然并不神秘；但由此而来的死，——就完全是神秘的了。死作为一种活动是神秘的，甚至作为人的命运中的一个要素，作为他因罪过而可能得到的惩罚，都是神秘的。

可以说，神秘的东西与其说在自然中，不如说在人身上；可以神秘地来看一切事物、一切现象，但也可以自然地看待这一切。石头落到人身上，接着，他死了：到此为止，这是自然主义；但石头为什么会落到这个人身上——这已经是神秘主义了。

在自然主义中，人和狗是相似的：狗也被砸伤——它就尖叫；受伤严重，它就死了；接下来没有问题了。但人不知为什么从来也不想仅限于此；他接着追问下去：这就是人开始的地方。

11

闪电划过夜空：木板被照亮了，狗——会战栗一下，人——则会思考起来。这存在的三条边界,我们徒劳地努力将其混淆。

12

全部天才都向往极度安宁的东西。这一特点是否预示着,所有人都向往非同寻常的、奇怪的,甚至可怕的东西呢?狗不向往可怕的东西,而只是逃离之;人也逃离,但还回头看它,对它产生兴趣。这就是人的主要特点。

13

我寻找手套——两只都在腰间。"可怕的是没什么可怕的东西"——忧郁的屠格涅夫说:他审查了自己身上令他忧郁的东西。为什么毫不可怕的东西对他来说是可怕的——难道这不是人的灵魂、他的灵魂的可怕奥秘吗?我看着白天,却想着黑夜,思念黑夜;我整个一生都只看见白天——从来和到处都不看黑夜,我却问:"为什么不是黑夜?黑夜在哪里?没有黑夜我会害怕和难过吗?"这不是黑夜的体验吗?——这是可怕的奥秘,比他在垂暮之年在预感到不可见的黑夜时所作的《胜利的爱情之歌》(1881年)中一切令人害怕的魔法更加可怕。

这恰恰是令人害怕的黑夜;我们所有的恐惧是有充分理由的——因为黑夜不是臆造,不是虚构,它是存在的。梦就是从这里飞到我们这边来的。在这些梦里有某种相对的真实,虽然也有某些被我们的想象所歪曲的成分。当我们朝向它,朝向黑夜的时候,我们祷告，我们是惊恐的、战栗的；我们的心羞怯地缩紧，我们彼此紧紧拥抱……这——就是教会。

宗教的全部奥秘——就是由此而来。从这里曾经响起了"不要害怕……"的声音，曾经传来了"福音"。

昨天被惊吓的人们——今天受感动了。这就是福音书和圣经。

14

对神体验是人心中最超验的、离人最远的、最难达到的东西：只有最丰富、最强大的灵魂，并且只有通过考验、忧伤、痛苦，最重要的是通过罪孽，常常是已到垂暮之年的时候，才能达到这样的高度——也只是以自己发展的边缘、枝杈稍稍触及"另外的世界"；而其他的人，只是间接地——在灵魂纯洁的条件下——达到第二地带：这就是教会。触及"另外的世界"的基督教世界的教父——留下了关于这一接触的话语；它们形成为仪式、圣礼、要求；成长为习俗、机构；固化为正典，设立了礼拜，建造了教堂。创造了物质的、具有时间与空间形态的圣物。在这里，神之光，就像义人一样，安息在自己的干尸中。这里的接触已经是任何人都可以达到的了；这就是为所有人提供的拯救手段。

这个全人类的最高圣物是不能用人的手触摸的。如果在这里使某种东西发生动摇，改变，对此加强修改，甚至改善（没有"另外世界"的知识）——都比引发流血的战争，签订把领土出卖给敌人的和约更是犯罪，更加可怕。在神学院中引进不成功的教学大纲、让助祭们远离礼拜——比在塞瓦斯托波尔战败,比签订巴黎协定,甚至比"重建波兰"都更糟糕。

哎,这些神秘的、活的历史的修理工!

15

人们经常把斯多亚派与基督徒进行对比,也把晚期异教哲学与新的"传福音"之间作对照。然而没有任何东西比它们更加对立了:甚至伊壁鸠鲁派也离基督徒更近些。

斯多亚主义是死亡的芬芳;基督教——是生产母亲的流汗、痛苦与欢乐,是新生婴儿的哭叫。"你们要常常喜乐!"使徒这样说;难道随便一个斯多亚主义者会这样说吗?"我的孩子,你们要保守传统"——难道这是垂死的罗马人的语言吗?基督教——没有狂暴,没有醉酒与酗酒——是完全的欢乐;令人惊叹的精神轻松;没有任何忧郁,没有任何沉重。苦修者与受难者是喜乐的,一些人在旷野,另一些人去殉难。某种内心的欢乐之流甚至在这些人身上,甚至在这样的时刻,都会驱走他们脸上的任何阴影……

奥普塔的安布罗斯神父和喀琅施塔得的约翰神父[①]——是我们所看到的最优秀和最典型的基督徒,——他们两人都是非常开朗的、快乐的、富有生气的。在安布罗斯神父那里几乎只有笑话、

---

① 安布罗斯(俗世名亚历山大·米哈伊洛维奇·格连科夫,1812—1891年),高级修士,1860年起为奥普塔修道院长老。喀琅施塔得的约翰(1829—1908年),大司祭,喀琅施塔得安德烈大教堂主持,公众布道者和祈祷者。——译者

俏皮话——在书信和谈话中。约翰神父的面容是众所周知的——就是快乐本身。

而斯多亚主义者——我们说这些,是因为基督徒不能不真心地嘲笑他——"在糟糕的游戏中做出好的表情";他克制自己,加强力量,竭尽全力,可一点也不明白,这实际上是为了什么。

快乐的基督徒把手放在他肩上,就会嘲笑他:"斯多亚主义者——这个法隆酒鬼!你在想什么呢?"基督徒有可能会打落他的酒杯,但他什么也回答不上来。

有一种难以捉摸的细微特点,把斯多亚主义者与法利赛人连接起来:他们在对待世界的态度上都有洁癖;一个离开世界到浴盆中自我展示肌肉,一边读着《斐多篇》;另一个离开世界到一边去,开始祷告。

["基督教是喜乐,只有喜乐,永远喜乐"]

16

这一点是怎么坚持都不过分的:基督教是喜乐,只有喜乐,永远喜乐。

"我们又与神同在了":难道这不是基督徒的自我感觉吗?哪里有忧郁呢?

17

有人把基督教与佛教作比较:"它们有一些共同的美德";是的,但缺陷是不一样的:

忧郁的精神……离我而去吧。①

——这是基督徒的祷告。佛教徒的祷告——或者与其说是祷告,不如说是静默——则是在永恒的忧郁中。

在佛教与基督教之间还有另外一个相近而又对立的特点:佛教是世界的悲观主义,因此它是无神论。由此开辟了人的灵魂深度:神是欢乐,没有神——就是绝望。

18

东正教的全部奥秘——在于祈祷,成为东正徒的奥秘也在于会祈祷。

我们承认:当我们说出君主—教皇主义或者教皇—君主主义时,每次都会觉得厌恶。当你站在教堂里并看到祈祷者的时候——怎么会把他们是君主—教皇主义者或者教皇—君主主义者这些概念运用到这里呢?所有这些——都是对我们有趣的主题,

---

① 出自叙利亚的叶夫列姆(公元3世纪)在大斋期诵读的祈祷文。

我们在多大程度不再会祈祷了,这些主题就在多大程度上是有趣的。

19

努力使教堂里的布道成为习以为常的甚至是必要的,这是我们不喜欢的:这未必是东正教的,也绝非是民族性的。这是在东正教教堂附近的新教徒的努力。

东正教的礼拜已经是布道了:因为布道是教导,而弥撒是一个完整系列的教导,在此之上人不需要任何东西了。在优美的助祭祷告中,助祭以及和他一起的人们所祈祷的不正是这样的教导吗?——什么都没有忘记:无论是灵柩、哭泣者、主的胜利、全世界的和平、空气的清新。"八个基路伯"——难道不是教导吗?"现在就放下所有的日常操劳"——何种教导、何种呼召能与此相比呢?圣像前的摇炉散香,神父的欢呼——都渗透着意义与美。

在新教空荡荡的教堂中,布道的经常性与必要性是可以理解的。这里的一切都是通过教导的内涵和诗意来显露的;如果他们不唱诗篇,牧师不向他们说话,音乐不演奏——他们就会打盹:不然他们干什么呢?这里什么都没有;没有礼拜本身。演讲和音乐会构成了新教公众集会的实质,因此,他们如此顽固地坚持这些瓦解了的教会的残余。在我们这里,长时间的和笨拙的布道只是会掩盖其他礼拜过程的美和实质。

大众不太喜欢布道:在布道者开始布道的时候,教堂信众就会分成两半,前一半走向圣坛,后一半人则走向出口;前几排的许多人也悄悄溜向出口。

什么能把教堂的全部信众聚集到一起——这就是弗坐词[①]。弗坐词里只有祈祷,弥撒的任何一部分都不能引起人们如此的感动和热情,许多人泪流满面,无论是对耶稣的还是对圣母马利亚的弗坐词。这才是大众性的和东正教风格的。"她的面颊发红,最高主教看见了,想:她不是喝醉了吧?"——在唱弗坐词的时候,目光敏锐的人总是能在一个人、两个人、三个人身上看见这样的情景。在唱弗坐词的时候所有人都开始跪下——哦,这就是东正教风格!许多人会背诵弗坐词,在神父还未开始唱之前就已经低声念颂一些词句——总是针对自己的词句……这时,在热烈的眼神里,你可以看到许多个人的、家庭的秘密,有的悲伤,有的快乐。

可以说——弗坐词养育了俄罗斯。

20

19世纪的基督教中最危险的方面是,它开始成为修辞性的。这甚至在三流作家的写作风格中明显表现出来。没有使徒——只有"加利利的渔夫";没有耶稣基督,——有"神圣教师"。夏多布里昂的抒情诗集《基督教的真谛》(1802年)要比伏尔泰的《贞女》[②]这部基督教地位较低时代的作品,更加缺少基督教作品的风格。因

[①] 弗坐词(Акафист),东正教礼拜中信徒对圣母或基督唱的赞美歌,礼拜者要站着或跪着唱,故此得名。

[②] 伏尔泰在其叙事史诗《贞女》中贬低圣女贞德,讽刺教会。——译者

为反对基督教的都是些讽刺、挖苦、放肆无礼——这在基督教初期就有了;而基督徒自己开始以修辞方式理解自己的信仰——这是最近才有的现象。

这就是为什么遵循"Исус"写法的分裂派信徒是好的。也许他们还能依靠他们所珍藏的信仰宝库而拯救世界;更好的是,他们是"没有被磨平的",其他人都在历史上顽强地磨平自己,祛除了自己的内核,已经什么都不剩了。

21

没有比米开朗基罗的《摩西像》①更具有欺骗性的塑像了:这样的摩西是没有的——艺术家的想象和他的先验思想犯了错误。

摩西是口齿不清的;他写了世界上无与伦比的书,却完全不能说话。这岂不令人奇怪吗?语言的全部力量都集中于精神之中,对于肉体,对于这块会动的肉来说——什么都没有。

但他还是带领以色列人走出了埃及;他率领他们穿过了沙漠;把他们带到了"应许之地"。令人惊奇的人物;海涅的话多么正确,多么富有洞察力:"当摩西站在西乃山上,西乃山多么矮小"。这句话是我们所知道的在多神教时代的多神教作家那里赞叹摩西的最伟大的话。

我想——摩西是矮小的和虚弱的;也许没有胡须或头发稀疏。

---

① 米开朗基罗的《摩西像》,大理石雕像,高 235 厘米。创作于公元 1513—1516 年,现位于罗马梵蒂冈圣彼得大教堂。——译者

我想,他在自己的身体上对他所完成的事业是沉默无语的,正如他在语言上对他所写的书沉默无语一样。

他是完全内在的,凝神思索的。无疑,他是美的,任何人——基督之前的任何人也没有这样美;但这是不能把握的、不能传达的、无论如何也无法传达的美。

米开朗基罗被欺骗了,他也欺骗了别人。

24. 梅列日科夫斯基

德米特里·谢尔盖耶维奇·梅列日科夫斯基(Дмитрий Сергеевич Мережковский,1865—1941年),俄国作家,文学批评家;宗教哲学家。生于彼得堡,1888年毕业于彼得堡大学历史—语文系。1890年代与妻子吉皮乌斯游历意大利和希腊,为他的"基督与敌基督"三部曲收集材料,即《诸神之死(叛教者朱利安)》、《诸神复活(列昂纳多·达·芬奇)》、《敌基督(彼得与阿列克谢)》。这三部曲的写作花了12年时间(1893—1905年)。1901年,梅列日科夫斯基成为彼得堡宗教—哲学学会的组织者之一。十月革命以后,梅列日科夫斯基由于不接受苏维埃政权而于1920年移居西方,定居在巴黎,直到去世。

梅列日科夫斯基出版了大量文学评论、小说和宗教哲学著作,除了上述三部曲之外还有《托尔斯泰与陀思妥耶夫斯基:生活与创作》(1905年),《诸神的诞生》(1925年),《圣三的奥秘》(1925年),《西方的奥秘:大西洲与欧洲》(1931年),《不为人知的耶稣》(1932年)等。

梅列日科夫斯基被认为是俄国文学象征主义运动的奠基人之一,他发展了"新艺术"观,其基本要素是"神秘内容"与"象征"。在宗教思想方面,他的核心观念是精神与肉体的神秘同一性思想。他认为,这种同一性在人类历史之初就已经体现在印欧语系各民族的简朴而壮丽的宗教中,原初的或真正的基督教并不否定肉体的神圣性,而历史的基督教由于极端夸大精神原则而导致了对肉体的否定,不理解精神与肉体的神秘同一性,因此,"新宗教"应当克服这一错误,充分实现这种同一性。新宗教是旧约和新约之后的"第三约的宗教",其中实现了多神教与基督教的综合。"基督教是关于天的真理,多神教是关于地的真理,在这两种真理的未来结合中,才有完满的宗教真理"。

《托尔斯泰与陀思妥耶夫斯基》(1905年)[①]

"两种世间仅有的、极端对立的思想发生了冲突:人神遇到神人,贝尔维德尔的阿波罗遇到基督。"

——陀思妥耶夫斯基[②]

[①] 选自梅列日科夫斯基:《托尔斯泰与陀思妥耶夫斯基:生活与创作》(Мережковский Д. С. Толстой и Достоевский: жизнь и творчество. М. 2000. С. 7—12;129—132)。

[②] 引自陀思妥耶夫斯基的文章《两个一半》,发表于《1880年作家日记》。见《陀思妥耶夫斯基全集》(30卷)第26卷,列宁格勒,科学出版社,1984年,第169页。

引 言

19世纪80—90年代进入自觉生活的这一代俄罗斯人，在未来俄罗斯文化这一问题上，陷入一种艰难而责任重大的状况之中，这或许是自彼得大帝以来任何一代人都不曾遇到的困境。

我说自彼得大帝之后，是因为，正是对彼得大帝态度的分歧形成了近两个世纪以来俄罗斯历史观两大流派的分水岭，虽然事实上，早在彼得大帝之前，在更为久远的历史中用"西方派"与"斯拉夫派"这两个十分肤浅与不完善的术语所指称的两个流派的斗争就已开始。西方派否定俄罗斯文化中的独特思想，希望在俄罗斯文化中看到的仅仅是对欧洲文化的延续，甚至仅止于模仿；而斯拉夫派则承认俄罗斯文化中的独特思想，将俄罗斯文化与西方文化截然对立起来，在这种极端而纯粹的形式中，两个流派在任何地方都没有彼此相遇，除了一些抽象思辨之外。而在科学—历史或艺术等活动中，这两个流派则不自觉地相接近、相统一，然而却从不混合在一起，也绝不最终融合为一体。这样，俄罗斯的伟大人物们，从罗蒙诺索夫、经过普希金、到屠格涅夫、冈察洛夫、列夫·托尔斯泰及陀思妥耶夫斯基，尽管深受西方的影响，然而，在他们身上仍然表现出俄罗斯的独特思想，当然，这种思想的清晰性与自觉性要弱于一般欧洲思想。这种清晰性与自觉性的不足，至今仍是斯拉夫派导师们的主要弊病。

而西方派则能够指出全欧洲文化与彼得大帝的功绩，将其作为明确的、自觉的理想，斯拉夫派注定停留在对逝去时光的浪漫而模糊的惋惜中,或是沉浸在对未来浪漫而模糊的希冀中,他们所能指出的仅仅是异常清晰的,但却是静止的、僵死的历史形态,或是极不清晰的、无形体的、迷雾般的未来,指向那已经逝去的,或是还未出生的东西。

陀思妥耶夫斯基意识到并指出了斯拉夫派的这一弊病——缺乏清晰性与自觉性,如他所言,即,"斯拉夫派的幻想因素"。"斯拉夫派迄今为止仍停留在自己模糊的、不确定的理想之中。因此,无论如何,西方派较之斯拉夫派都要现实一些,尽管西方派也犯有错误,然而,毕竟他们走得更远,他们仍在行动,而斯拉夫派则在原地踏步,并认为这是一种巨大的荣誉。"[①]

在陀思妥耶夫斯基看来,西方派比斯拉夫派现实,是因为,前者能够指出欧洲文化一定的表现;而后者,虽然一直在寻找,却没能在俄罗斯文化中找到同等价值的,具有同样意义,并且是确定的完善之物。陀思妥耶夫斯基在1861年时是如此思考的。16年后,他已经找到了在他看来是斯拉夫派所没有找到的,俄罗斯文化中自古就有的、确定的、伟大的表现,这种现象是自觉的,具有绝对的清晰性,与欧洲相对抗并昭示给欧洲看,陀思妥耶夫斯基在起源于普希金的俄罗斯新文学的世界意义中找到了这一表现。

陀思妥耶夫斯基在1877年的作家日记中就刚刚出版的列夫·托尔斯泰的《安娜·卡列尼娜》一书写道,"这本书在我的眼里直接形成了这样一个事实尺度,它能够代我们回答欧洲,而这个我

[①] 引自陀思妥耶夫斯基的文章《最后的文学现象——报纸"白昼"》。见《陀思妥耶夫斯基全集》(30卷)第19卷,列宁格勒,科学出版社,1979年,第60—61页。

们所寻找的事实,是我们可以指给欧洲看的。首先,《安娜·卡列尼娜》作为一部文学作品是尽善尽美的,当代欧洲的任何一部类似的作品都不可与其相媲美;其次,从思想上看,这已经是某种我们的,我们**自己的**,亲生的东西,亦是在欧洲世界面前所显示的我们自己的特质。既然我们拥有具有如此思想力量与表现力量的作品,那么,为什么欧洲仍不承认我们的独立性,不承认我们**自己的****文学**呢?这是一个自然而然产生的问题。"[1]

曾经这些话显得多么的大胆与自恃,然而,今天在我们看来,这些话显得近乎胆怯,无论如何不够清晰与明确。陀思妥耶夫斯基只指出了在俄罗斯文学中以越来越大的清晰性向我们展现出来的那种世界意义的一小部分。为此,正如我们所看到的那样,不仅应当看到列夫·托尔斯泰艺术创作的完整高度,同时也应当看到列夫·托尔斯泰道德与宗教个性全部悲剧性的发展;应当认识到,列夫·托尔斯泰与陀思妥耶夫斯基在对普希金共同的继承中最深刻的一致与最深刻的对立。而这,如陀思妥耶夫斯基所言,已确实是一个"具有特别意义的事实",是几乎被意识到的、虽未说出却已经明确的、具体体现的俄罗斯文化现象,同时也是世界文化现象。在西欧,只有那些最敏感的人士,如勒南、福楼拜、尼采,即使他们没有猜到,至少也已预感到了这一现象的意义。虽然最近几十年在欧洲兴起俄罗斯热,但是欧洲评论界大部分人对俄罗斯文学的

---

[1] 引自陀思妥耶夫斯基的文章《具有特别意义的事实——〈安娜·卡列尼娜〉》。见《陀思妥耶夫斯基全集》(30卷)第25卷,列宁格勒,科学出版社,1983年,第198—202页。

态度仍停留在偶然性与表面性上。时至今日,欧洲评论界仍没有意料到俄罗斯文学世界性影响的真实规模,我们俄罗斯人已经看到这一规模,俄罗斯诗歌的源泉——普希金已为我们开启了这一规模,然而,普希金从外人的眼光来看仍然是难以理解的。我们已经既不可能返回到否定俄罗斯文化具有独特思想的西方派那里,也更不可能返回到斯拉夫派那里,并不是因为他们所宣扬的东西对我们而言太过大胆与骄傲——或许,我们对俄罗斯未来的信仰更勇敢,更专断——而是因为,这些40年代的不切实际的幻想家和理论家在我们看来不过是德国形而上学主义者胆小驯顺的信徒而已,是乔装改扮的亲德派,天真无邪的黑格尔分子。如果说陀思妥耶夫斯基的预言"俄罗斯将向全世界说出它曾听到过的最伟大的话语"[1]还为时尚早,只是因为他没有将话说完,没有将自己的意识表达到最可能清晰的程度,害怕从自己的这一思想中得出的最终结论,他折断了这些思想的利刃,弄钝了它们的锋芒;在行至深渊的边缘之际,为了不跌入深渊,他退缩了回来,重新抓住斯拉夫派静止的、僵死的历史形态,而他曾经对其所做出过的破坏或许比任何一个人都更强烈。事实上,需要理智的高度明晰性与清醒性,才能够不头脑发热地、不迷醉于民族虚荣心地承认俄罗斯文学中所揭示的世界性思想。或许,对于我们羸弱、病态的这一代人,在这一承认中恐惧多于诱惑:我所指的是可怕的、近乎无法承受重大责任。

---

[1] 陀思妥耶夫斯基:《作家日记》(1877年1月,第二章,科学之外的和解梦想),莫斯科,现代人出版社,1989年版,第371页。

然而，尽管如此，或者更确切地说，正是因为我们承认了俄罗斯的独特思想，我们已经不能——无论代价多大，也无论怎样重大的矛盾威胁着我们——像斯拉夫派那样或是高傲地无视西方文化或是胆怯地闭上眼睛。我们不能忘记，正是陀思妥耶夫斯基，恰恰是在他曾经是，或者至少他自认为是最极端的斯拉夫主义者的时候，他极为有力而明确地说出了俄罗斯对欧洲的爱，俄罗斯对故乡西方的思念，而西方派却无一人能够说出此样的话："我们，俄罗斯人，有两个祖国：我们的俄罗斯与欧洲"。"欧洲，令人敬畏而又神圣的地域！噢，先生们，你们是否知道，对于我们这些幻想者——斯拉夫主义者，这个欧洲，这个'充满神圣奇迹的国度'是多么的宝贵！""你们是否知道，这个亲爱的、我们**自己的**祖国的命运如何折磨、激动着我们，我们为之哭泣、为之心悸，当晦暗的乌云越来越多地积聚在她的天边时，我们感到何等的恐惧。对俄罗斯人而言，欧洲如俄罗斯一样宝贵。哦，要甚于俄罗斯！我无法做到爱俄罗斯甚于欧洲，但是我从不因认为威尼斯、罗马、巴黎的科学宝藏，它们的历史较之俄罗斯于我而言更亲切而感到自责。噢，对俄罗斯人而言，这些古老的异域的石头，上帝古老世界的奇迹，神圣奇迹的碎片是多么的珍贵；这对于我们甚至比对于他们自己更宝贵。"[①]

伊万·卡拉马佐夫说："我想去欧洲，阿廖沙，因为我知道，我去的仅仅是一个墓园，但却是最最宝贵的墓园，道理就在这儿！那里埋

[①] 引自陀思妥耶夫斯基的文章《承认斯拉夫主义者》，收录于《1877年作家日记》。见《陀思妥耶夫斯基全集》(30卷)第25卷，列宁格勒，科学出版社，1983年，第197—198页。从"对俄罗斯人而言，欧洲如俄罗斯一样宝贵"至此处引文最后，为梅列日科夫斯基语。

葬着亲爱的逝者,每座坟墓上的石碑都诉说着逝去的激荡的生活,诉说着对自己的功勋、自己的真理、自己的斗争及自己的学术的强烈信念。我早就知道我将跪在这片土地上,亲吻这些石头,并俯伏其上哭泣——那时,我将全身心地相信,这里早已是墓园,仅此而已!"①

难道仅仅是一处墓地吗?然而,要知道是陀思妥耶夫斯基自己说的,欧洲对俄罗斯人而言乃是第二故乡。难道墓园可以成为活着的民族的祖国吗?不能,尽管他是如此满腔热情地、强烈地表达了这种情感,他还是没能讲完我们俄罗斯人对欧洲这个故乡的思念,正如同他没有讲完自己对俄罗斯未来的信心一样。就假定欧洲是一座墓园吧。我们现在已经知道,这个墓地里不仅埋葬着人、英雄、还有众神。神灵具有一种属性,在棺木里他们仍然保持永生,所以,无论怎样埋葬了众神,任何时候都不可以认为他们真的已经死去了。或许,他们只是佯装死去,其实他们只是在睡着,在等待复活,正如种子等待春天的到来一样。在中世纪最黑暗的深夜,他们不是以恐怖的、诱惑的魔鬼形象出现在笃信宗教的最虔诚的基督徒面前吗?当众神复活,走出坟墓时,所有"古老的石头"将聚汇在一起形成新的圣殿,"神圣的奇迹的碎片"将聚汇在一起组成新的、活的奇迹。

就在不久前,我们目睹了两位奥林匹斯神:阿波罗与狄奥尼索斯在古老的欧洲墓园,在弗里德里希·尼采如春天般朝气蓬勃的

---

① 陀思妥耶夫斯基:《卡拉马佐夫兄弟》,《陀思妥耶夫斯基全集》(30卷)第14卷,列宁格勒,科学出版社,1976年,第210页。

新书《悲剧的诞生》中的复活。对我们俄罗斯人而言,这一新的阿波罗与狄奥尼索斯现象是如此重要,它使我们想起了少年普希金的梦幻,他逃脱了双眸"如碧空般明亮",言语"充满神性"的基督教教师的训导,奔向"异域花园的巨大晦暗"——异教偶像:

> 他们之中的两个巧夺天工
> 以魔幻的美吸引了我。
> 俨然是两个魔鬼的造型:
>
> 一个是德尔菲的偶像,年轻的面庞
> 愤怒,充满可怕的骄傲,
> 浑身散发着非尘世的力量;
>
> 另一个是鲜活的女性,极为淫荡,
> 伪善,而又令人怀疑,
> 是魅惑的恶魔,虚伪,但却妩媚妖艳。[①]

我们也曾在更为奇异而神秘的查拉图斯特拉现象中,见证了这两个对立的魔鬼抑或是神灵的结合。在这一现象中,我们不可能辨认不出那个追踪并折磨了陀思妥耶夫斯基一生的人,不能不辨认出超人身上的人神。对我们而言,极端的欧洲人中最新的、最

---

① 引自普希金的《我记起早年的学校生活》一诗,此处引文略有改动。见《普希金年全集》(10卷,第4版)第3卷,列宁格勒,科学出版社,1977年,第191页。

极端的一位与俄罗斯人中最具俄罗斯特性的一位,两者的结合是多么的神奇,近乎不可能。这里绝对谈不到什么影响抑或借用。他们从两个不同的,对立的方向走向了同一个深渊。超人——这是终点,是具有愤懑、孤寂、离群索居个性古老根源的欧洲哲学伟大山脊的峰点。接下来则无处可去:历史的道路已经走完;继续下去则是悬崖与深渊,堕落还是飞升——这是超历史的道路,是宗教。

对我们俄罗斯人而言,查拉图斯特拉现象具有极其特别的意义,还因为,我们属于这样一个民族,它给世界提供了超人意志的体现——在彼得大帝身上,这或许是整个近代欧洲史上唯一的、最伟大的体现。俄罗斯民族的宗教意识编造了奇异的、迄今为止很少研究的关于彼得大帝的传说,说他是敌基督,是《启示录》中"从无底坑里上来的兽"。俄罗斯人中,在精神上与彼得大帝最为接近、最深刻地理解他的人,阿波罗与狄奥尼索斯的俄罗斯歌颂者——普希金,不是对他提出了这个充满了我们所熟悉的预言式恐怖的问题吗?

> 啊,命运的强大主宰者,
> 你是否如此紧勒钢铁的辔头,
> 在高处,在深渊之上,
> 令俄罗斯前足跃起?[①]

[①] 引自普希金的长诗《青铜骑士》,此处引文略有改动。见《普希金全集》(10卷,第4版)第4卷,列宁格勒,科学出版社,1977年,第286页。

陀思妥耶夫斯基说道:"延续至今的彼得大帝的改革,终于已经走到了它的尽头。无法再继续下去,也已无处可去:没有路了,**整条道路已经走完。**"①在另一处,在他临终前的一封信中他写道:"整个俄罗斯伫立在某个终点上,在深渊的上面徘徊"②。这是否是普希金所说的那个深渊呢?在这个深渊上面,冰封的花岗岩巨石上的青铜骑士拉紧钢铁的辔头,令俄罗斯前足跃起。我们这一代人对深渊的恐惧感是自彼得之后的几代人都不曾有过的。在西方,也即是在欧洲——"战斗精神",在东方,也即是在俄罗斯——"恩典精神",正如17世纪的莫斯科文士在宇宙志中所确认的,或者用陀思妥耶夫斯基的话来说——人神和神人,基督和敌基督,这是对立的两岸,是这一深渊的两极。我们的痛苦抑或幸福就在于我们的确有"两个祖国——我们的罗斯与欧洲",我们不能抛弃其中的任何一个,我们应当或者毁灭,或者于自身中将深渊的两极相接通。

陀思妥耶夫斯基说得对:无论是从这一面,还是从那一面,无论是从东方,还是从西方,整条道路都已走完,历史的道路已经完结,接下来已经无处可去;但是我们知道,历史终结之时,亦是宗教开始之日。在深渊的最边缘,必然,也自然会生出羽翼的思想,飞升的思想,超历史道路的思想——宗教的思想。尼采为了人神而同神人作战,他战胜神人了吗?陀思妥耶夫斯基为了神人而同人神作战,他又战胜人神了吗?这不仅是俄罗斯文化,而且也是世界文化未来走向所取决的问题。

---

① 订阅1861年《时代》杂志的声明(1860年)。
② 陀思妥耶夫斯基1878年4月18日给莫斯科大学学生的信。彼得堡。

几年前,我曾在一篇关于普希金的文章中[①]表达过这样的思想:与欧洲其他的伟大诗人相比,普希金最主要的特点在于他解决世界性矛盾的方法,即将异教与基督教的因素空前和谐地结合起来。人们指责我将个人的、似乎是"尼采式"的思想强加于普希金。事实上,任何思想都不可能比将两种源头结合起来的思想与尼采哲学最后的结论更加矛盾、更为敌对。我比任何人都更能感觉到自己所说的这些话的不充分与不完善,但我仍然不会放弃。

我的审判官们,如果要做到始终如一,那么也应当谴责陀思妥耶夫斯基将个人的思想强加于普希金。陀思妥耶夫斯基说道:"正是现在,在欧洲,一切都忽然之间同时出现了——全部的世界性问题连同所有的**世界矛盾**。"[②]在《普希金讲演》的结尾处,当陀思妥耶夫斯基说到作为"未来俄罗斯文化不可理解的预言家"——普希金的世界观的实质时,他再次提及这一矛盾:

"因此,我相信,我们,即,当然,不是我们,而是未来的俄罗斯人,将最终懂得,成为真正的俄罗斯人将意味着:努力调和欧洲矛盾。"[③]这是些什么矛盾?这不正是那些只有他终生为之所困扰,只有他一生都在思索的矛盾吗?他曾在临终前的一篇日记中极为明晰地道出了这些矛盾,而此前从未有人如此清楚地将其言明:

---

① 梅列日科夫斯基的《А. С. 普希金评述》,收录于《俄罗斯诗歌的哲学流派》(П. 别尔措夫编),圣彼得堡,1896年。
② 陀思妥耶夫斯基:《作家日记》(1877年5—6月,第二章3)。
③ 《陀思妥耶夫斯基全集》(30卷)第26卷,列宁格勒,科学出版社,1984年,第148—149页。

"两种世间仅有的、极端对立的思想发生了冲突:人神遇到神人,贝尔维德尔的阿波罗遇到基督。"[1]

然而,要知道这就是那个"世界矛盾",对此我曾在关于普希金的一篇文章中提及过,我也在普希金那里寻找对这一矛盾的解决。的确,就是在这里,陀思妥耶夫斯基似乎因为恐惧,没有将话讲完,也没有得出最后结论。然而,在现今**普遍的**、必然的意识的程度上,我们已经不能停止,不能不说完,也不能不迈出最后的一步。我迈出了这一步,本书即是我所做的全部;凡是对陀思妥耶夫斯基有更深入理解的人都清楚地知道,我所做的是多么微不足道。

无论如何,反对我的同时,应当先记起他;然而,他已经被遗忘,似乎他从来就不曾在俄罗斯文学中存在过,似乎陀思妥耶夫斯基从来就没有谈论过普希金,似乎我们视为某种外来的、陌生的、病态颓废的、"尼采式"的东西,不是只有在我们这里过去、现在、将来都存在的,我们最亲切的、血亲的、永恒的、俄罗斯的、普希金的东西。然而,我认为俄罗斯的评论界将不得不返回到这一问题:这一问题不可回避,也无处躲藏:普希金的谜语伫立在新俄罗斯意识的所有道路上,如同斯芬克斯之谜伫立在俄狄浦斯面前一样。

当然,尽管对普希金有众多的赞誉与尊敬,尽管对其的研究与解读不可计数,普希金于我们仍然是一个谜,而且,似乎他越是接近我们,就越是难以捉摸,不可理解。普希金是我们呼吸的空气,是白色的光,在其中我们可以看到其他的色彩,他是俄罗斯一切的

---

[1] 陀思妥耶夫斯基:《作家日记》(1880年8月,第三章3)。

标尺,是我们看待一切的自己的见解,他是尚未被揭示的,最深处的我们自身,正因为如此,对我们而言了解他才会如此困难,正如了解我们自己一样不易,或许,揭开普希金的秘密也正意味着在他身上找到我们自己。

在俄罗斯文学中没有哪两位作家像陀思妥耶夫斯基与托尔斯泰那样在内心上是如此接近,同时却又那么彼此对立。他们两人都源自普希金。陀思妥耶夫斯基认识到了这一点,托尔斯泰似乎从来没有想过,也从没感知到这一点,然而,我们知道,如果没有普希金,也就不会有托尔斯泰。他和陀思妥耶夫斯基彼此接近又彼此对立,就像一棵大树上两个主要的、最强壮的枝干,他们的树冠向相反的方向伸展,而他们的基部却聚汇于同一个躯体。深入研究列夫·托尔斯泰和陀思妥耶夫斯基,我们就会到达他们共同的根基——普希金。他们折射了普希金的白色光芒,将其化为虹之七彩。但是,不应当忘记,七彩的多样性和矛盾性中隐藏了白色光芒的一致性。

研究列夫·托尔斯泰和陀思妥耶夫斯基意味着揭开俄罗斯新诗学中的普希金之谜,陀思妥耶夫斯基在《普希金讲演》的最后具有预言性的言语中提及了这一伟大的奥秘:

"普希金在自己的全盛时期离开了,毫无疑问,他也将某种伟大的奥秘带入了坟墓。而我们现在正在没有他的情况下破解这一奥秘。"[1]

---

[1] 《陀思妥耶夫斯基全集》(30卷)第26卷,列宁格勒,科学出版社,1984年,第149页。

对于看到了深渊两极的我们这一代人,普希金的秘密以及整个未来俄罗斯文化的奥秘就是解决世界矛盾,"两种世间仅有的、极端对立的思想的冲突",——这或许是东方精神与西方精神,"战斗精神"与"恩典精神",神人与人神之间的一场新的、最伟大的和最后的斗争。

["神圣的肉身"]

"神的造物",不仅是"神的人",还有"神的兽"——在这个民间的、普通百姓的、显然是通常的、自然的词组里,难道不能感觉到某种从未体验过的奥秘、某种奇怪的不解之谜吗?

人是"神的造物",神的兽。整个世界是个完整的活物,动物($ζωου$)——神的活物,或许也就是神的动物——神兽。

陀思妥耶夫斯基笔下的佐西马长老说:"你们要爱上帝创造的一切,包括整体也包括每一粒沙子。你们要爱每一片树叶,每一道上帝之光。爱动物,爱植物,爱一切事物。如果你爱每一件事物,那么就能领悟到事物中包含的上帝的秘密。最后,你将以一种无所不包的普遍的爱来爱这个世界。……人啊,你要抬举自己到高于动物!"[①]

"神的造物"——这是基督教的用语,是"农民的"、虔敬的、几乎是教会的说法;但其中难道没有某种前基督教的,甚至是前历史

[①] 陀思妥耶夫斯基:《卡拉马佐夫兄弟》,徐振亚、冯增义译,浙江文艺出版社,1996年版,第386页。——译者

的、印欧语系民族的、一般雅利安民族的成分吗？……

北方的半野蛮民族刚一离开荒野山林，就以其儿童般的朴实和野蛮人的粗鲁，接受了两种混合的、历史悠久的，但已经虚弱的文化的最精致的和最危险的成果。正是基督教的这样一个方面震撼了他们，征服了他们，正如现在恐惧还在征服他们一样，引诱了他们，正如深渊现在仍然引诱他们一样，——这个方面是与他们的本性最格格不入和对立的，这个方面完全是闪米特式的：把美德看作是禁绝肉欲，弃绝尘世，孤独地居住在可怕的精神旷野和柱头（那些柱头苦修士僵坐其上），把自己的身体看作是某种有罪的、野兽的、牲畜的东西，把全部自发的动物本性（他们自己刚刚从中脱身出来并仍然深爱这一本性）看作是魔鬼的产物。

这种复活的犹太教精神，这种旷野精神（以色列在这一旷野中流浪），在中世纪越来越得到强化，像火旋一样在整个欧洲文化中迅速蔓延，烧毁了古希腊罗马文化的最后花朵和果实，直到文艺复兴时代，显然，这种精神在文艺复兴时代已经毫无力气了。

但这种精神甚至在我们时代是已经彻底无力了吗？在当代欧洲人类中，是否还保留着古老的闪米特的宗教积淀——被控制但至今仍然没有被消灭的传染病的种子？把精神加以神化，崇尚无血肉无成果的"纯粹精神"和孤独的旷野苦修，这种已经不自觉地进入我们血肉之中的思想，还有把动物本性即便不看作是罪孽和魔鬼之物，也看作是低贱和牲畜之物，最后，这种与古代雅利安族如此格格不入的、如此纯粹闪米特式的对裸体的恐惧、把裸体看作是羞耻的、淫荡的、不洁的东西——这些思想和观念在我们心中是否已遭到毁灭了呢？

但是,摧毁生命的闪米特飓风只是掠过了雅利安森林的顶端:在密林深处,在接近大地、接近人民、接近地下泉水和树根的地方,还保留着许多古代西方雅利安的潮湿和清凉,以便对抗东方西蒙风的毁灭性炎热;在这里,在神话的影子中,在童话的朦胧中,仍然孳生出、蠕动着、爬行着多神教的动物,从闪米特的观点看,这是"类似野兽的恶鬼",而从雅利安的观点看,它们虽然不会说话,但仍然是无罪的"神的造物"。在雅利安民族中世纪宗教传说(这些传说与印欧语系时代很相似)中,经常出现这种"神的造物",神性野兽,神圣动物:猎人圣古贝特看见的神鹿,两角之间有一个发光的十字架;一只小绵羊进了教堂,在举行圣餐礼的时候,这只小羊虔敬地叫着双膝跪地,羔羊面对神的羔羊,仿佛救主为它受难;帕都安的圣安东尼给鱼祝圣;阿西西的圣方济各对鸟讲道;我们俄罗斯的遁世者圣谢尔盖·拉多涅日斯基用画十字的方法驯服了几只凶猛的熊;圣弗拉西、弗洛尔和拉弗尔是家畜的庇护者;殉教者圣赫里斯托弗尔至今受到俄罗斯人民的尊崇,在17世纪的一幅圣像画"原作"中记载了他:"这位奇怪的殉教者长着狗头,来自贪食者的国度",也就是来自埃塞俄比亚,来自埃及低地。

"难道它们(也就是野兽)也有基督吗?"——在《卡拉马佐夫兄弟》中佐西马长老讲的故事里一个小伙子问。

"怎么会没有呢?——我对他说,因为上帝之道是赋予万物的,全部造物,所有动物,每一片树叶都奔向上帝之道,都赞美上帝的荣耀,都为基督哭泣,都通过自己清白生活的奥秘不知不觉地实现着这些。我对他说,你看,那头可怕的在森林里到处乱闯的熊,样子凶恶,脾气暴躁,但它这样没有一点过错。"接着我给他讲了一个故事。有一次一头熊闯到了一个在森林里一间小修道室修行的伟大圣徒那儿,伟大圣徒可怜它,毫不畏惧地出来迎接它,给了它一块面包:"去吧,基督与你同在。"那凶狠的野兽居然服服帖帖地走开了,一点也没伤害他。小伙子听那头熊一点也没伤害圣徒就走开了,而且基督与它同在,心中也生出感动。"啊,这太好了,上帝创造的一切太美好了!"他坐在那儿静静地甜蜜地沉思起来。①

是的,这里有某种远古的、尚未彻底弄清的、不断返回的、无法抗拒的人类宗教思想,不仅是关于无肉体的神圣性的思想,而且是关于神圣肉体的思想,关于人性之物不仅通过精神之物,而且通过动物而转化为神性之物的思想,——这一思想是远古的,同时又是年轻的、新的、先知性的,充满了巨大的恐惧和伟大的希望:仿佛人在回想自己的"野兽"本性,也就是自己尚未完结的运动和转化的时候(因为动物主要是活物,不是僵死的,不是停止不动的,而是自然改变的,从一种肉体形态转变成另一种肉体形态,正如关于动物形变的现代科学所确认的那样),也预感到,人不是最终达到的目的,不是自然界不变的最后结局,而只是道路,只是过渡,只是暂时搭在深渊上的桥梁,是从前人走向超人,从兽走向神的桥梁。

"野兽"的阴暗面容朝向大地——但是要知道,"野兽"还有翅膀,而人却没有。

---

① 参见同上,第358页。——译者

《论新宗教行动——致别尔嘉耶夫的公开信》(1905年)[1]

万分尊敬的尼古拉·亚历山德罗维奇先生：

您的《论新宗教意识》[2]一文对我来说，无疑是俄国内外所有对我的新宗教思想的阐释与评论中最为深刻和最富有洞见力的文章。您几乎讲出了在当今文学及社会条件下有关新宗教思想一切可能讲出和应该讲出的内容；进而开始了一个新的领域，在这一领域中不仅要说，还应该说与做并行，在这一领域中**证明**即意味着**展示**。

"不要爱我，而要爱我的东西"——这是任何一位这样的作家——在他那里有某种东西比他自己更为他所珍视——都具有的不可抑制的需要，这绝不是外在的文学成功的需要，而是在对**唯一者**的爱中与读者有内在生命联系的需要。迄今为止，我几乎不曾拥有这种联系。在俄罗斯，我并不为人们所喜爱，而是尽遭批评；在国外，人们爱戴我，赞扬我，但无论是在俄罗斯还是在国外，人们都并不理解**我的东西**。我曾经历过极为孤独的时光，甚至感到恐慌：有时候会觉得，或者我是个哑巴，或者大家都是聋子；有时候则不禁想高声呼喊出这样一种最后的绝望，我永恒的诱惑者 В. В.

---

[1] 选自《别尔嘉耶夫：赞成与反对》(Н. А. Бердяев：Pro et Contro. M. 1994. C. 146—159)。

[2] Н. А. 别尔嘉耶夫：《论新宗教意识》，刊登于《生活问题》杂志，1905年第9期，第147—188页。

罗扎诺夫在他的文章《在外邦人中》[①]带着一丝温柔的、背叛的狡猾用这种绝望诱惑了我：所有的人什么都不明白，所有的人永远什么都不会明白。如果说我没有陷入绝望，如果我还抱有希望，那只是因为，虽然在文学中我是孤独的，但是在生活中我不曾是一个人：不管现在我们是多少人，但是终将会越来越多；问题不在于数量；不过您自己也知道，在这三位一体的符号：1,2,3[②]中包含着怎样神秘而又不可战胜的力量与权柄。

希望并没有令我蒙羞。如今在文学的道路上我已不再是一个人。您，是否与我共行？抑或是我跟随着您？这又有什么差别呢？重要的是，我们在一起。您所喜爱的不是我，而是我的东西。这是无上的喜悦。因为，对我而言，文学是我的第二生命，其深度绝不逊色于第一生命。

"梅列日科夫斯基正在接近某种秘密的谜底，他在其附近徘徊，然而，他是已经知道这个秘密，还是他仅对其有所了解呢？我和他的愿望是共同的，我们都想要揭开这同一个奥秘，正因为如此我们的道路是相同的。"我不想质疑，这些话之于我的意义有如之于您的意义，以及之于**我们**的意义一样重大。当您将一个渺小的词语"秘密"（我没有任何的"秘密"，而且我也不需要秘密）同一个

[①] B. B. 罗扎诺夫:《在外邦人中》，发表于《艺术世界》杂志,1903 年第 7—8 期，第 69—86 页。后又再次刊登于《新路》杂志,1903 年 10 月,第 219—245 页，并附有副标题"Д. С. 梅列日科夫斯基"。

[②] 三位一体的符号 1,2,3 是基督教哲学特别关注的对象。对梅列日科夫斯基来说，这不仅是三位一体教义的要素，而且是"自我"与"他者"的辩证关系的标志。（参见：吉皮乌斯-梅列日科夫斯卡雅:《德米特里·梅列日科夫斯基》，巴黎,1951 年,第 136—137 页。）

伟大的词语"奥秘"混为一谈的时候,您或许是故意这样做的,为的是用这两个词汇掩蔽第三个伟大而神圣的词语,您不想将其说出来,而我也不敢将其说出口;但是您知道它,所有应该知道它的人都知道。"我们的道路是同一的",这是否意味着,我同您正走向**这个**不可能仅停留在言语上,而应该结束于行动中的词语呢?这是否意味着,我们道路的同一不仅是思想上的、道德上的、生活上的、而且是**宗教上的**呢?我这样理解您,正确吗?如果是这样,当您写下有关我们的道路的一致性这些话语时,您也就签下了神圣而可怕的契约,对于我们两个人,对于所有的人,对于我们所有人心中的唯一者,都是神圣而可怕的。您知道这一点吗?您不会退却吧?无论如何,我是不会退却的。然而,如果您也像我这样接受这个契约,而我不能不这样接受它,那么,您就已然无从退却了。

在接受契约之前,我应当回答您向我提出的几个问题,同时我也将向您提出一个问题:对这个问题的回答将最终定夺我们的道路是否一致。

您非常公允地指出了我的不足之处——"缺乏哲学批判",正因为如此,我这里常常出现极大的模糊性,主要不是在宗教概念上,而是对这些概念的表述上。在这一点上您给予了我极大的帮助:我带着或多或少晦暗的宗教嗅觉所走近的东西,您用哲学意识之光将其照亮。您指出,我以一种不充分的坚定性所提出的关于"精神"与"肉体"的形而上学问题,其解决不是在形而上学的层面上,而是在神秘主义的领域中,在三位一体的启示中,在父与子两个面孔的结合中,在第三个面孔圣灵中;您指出我与历史基督教的修道禁欲主义及唯灵论的斗争太外在化,太表面化,太"实证化",

这一斗争应当在更深入的层次中进行；主要的不是要战胜形而上学的"唯灵论"，而是要战胜奠定历史基督教基础的神秘主义"二元论"。精神与肉体、深刻的两极性、二重性的宗教问题，不是产生于人性本体论的二元论，而是产生于这样一个对我们而言最大的奥秘，即上帝如何分化出两个面孔，以及这一分化与那个从上帝流向大千世界者的关系；当二重性和解于上帝的第三个面孔中的时候，这一问题也就得到了宗教的解决。

在这些我希望将作为指导而不断重复的话语中，您给出了一个非常清晰的形而上学公式，这一清晰性只可能存在于现在，我完全接受这一公式。在历史基督教中，不应该用形而上学克服形而上学，用思想克服思想，而应该用经验克服经验，用启示克服启示，不应该说二就是一，而应该使一显现于二中，**做到使二成为一**。在这还没有出现，没有完成之前，不应该为了神秘主义而放弃形而上学。应当走过人类思想的所有道路直到最后，只有从其**最后的**极点处才能"腾飞"，而过早的向"新天空"的神秘主义的飞跃，只能是在"旧大地"深渊中的形而上学的陷落。

我沿着陡峭的壁崖向上攀登，在我迷路，滑脱并坠落的地方，您勾画出一个明亮而宽阔的楼梯的蓝图，如同人类智慧即哲学的山门，所有的人都能够沿着它的阶梯走进上帝的最高智慧，神圣索菲亚的圣殿。这一蓝图应当由未来一代的劳动者来实现。当这一蓝图实现的时候，或许人的智慧和上帝的最高智慧，哲学和圣索菲亚，都走向同一个目标，即洞见圣三位一体。当我们的这个太阳升起的时候，也就不需要尘世蜡烛的光芒；然而，在它还没有升起的时候，我们就如同行走在地下的黑暗中。对于迄今为止还几乎是摸着行走的我，怎能不因您感到高兴？因为您愿与我同行，并用哲学意识的光辉照亮我那黑暗的，有时甚至恐怖的道路，将我从错误的，或许是无法挽救的步伐中拯救出来。在这一意义上，您比任何人都为我所需要。

［梅列日科夫斯基与罗扎诺夫的不同］

只举一个例子——我与罗扎诺夫的关系。俄国的神学家们都愿意将我们捆成不可分割的一对："我们的新基督徒罗扎诺夫先生和梅列日科夫斯基先生"。在黑暗中只能看到，或者更确切地说，只能听见我们彼此接近。但是，没有人料到，这是相遇的对立极端的接近，两个准备决斗的敌人的接近。您第一个用哲学批判之光照亮了我们彼此之间不可调和的状态；您第一个在文章中指出："尽管表面上梅列日科夫斯基同罗扎诺夫相接近，但实际上，梅列日科夫斯基同罗扎诺夫站在一个直径的两端：罗扎诺夫揭开了似乎是世界初始之前的性（'肉体'）的神圣性，他想将我们复归到堕落前的天堂状态；梅列日科夫斯基则揭示了世界终结之后的性的神圣性，召唤我们在变革的世界中走向肉体的神圣盛宴。梅列日科夫斯基是正确的，因为他是在向前看，而不是向后。"

我认为罗扎诺夫是一个天才的作家；因为他所给予我们的一切是用任何感激所无法回报的：他对历史基督教的批评较之于"敌基督"尼采本人的批评更为深入。然而，尽管我很感激罗扎诺夫，尽管我个人与罗扎诺夫有不变的友好关系，但是，在宗教思想领域，只要他能够或者想要理解我所说的一切，那么，他就会成为我最恶毒的敌人。大概,我们为之而相遇的那场决斗,将永远不会发生,并不是因为罗扎诺夫不想接受我的挑战,而是因为他根本就不可能听见我的挑战。我们的相遇只是瞬间的,只是在一个点相吻合,如同两条相交的直线,相交后就将永远分离。如果要返回到罗扎诺夫那里,我必须回到过去,然而,我不想回到过去。如果将开始最后的斗争,这已经不是我与罗扎诺夫之间的斗争,而是**我们所有的**寻求普世教会的人们与那些自认为是希腊—俄罗斯地方教会的代表之间的斗争,尽管罗扎诺夫对一般基督教持否定态度,但他仍将站在历史基督教的一方来反对我们。不管怎样,您给予了我们很大的帮助,您打破了这个并不是我们所缔结的虚假的联盟:我宁愿成为罗扎诺夫明显的敌人、秘密的朋友,而不是正相反。

[国家政权与宗教原则]

您极为敏锐地指出了我在"精神"与"肉体"这个问题上的本体论的模糊性,这影响到我对教会与国家问题的理解,使其亦具有一种不可避免的、相应的模糊性。于是便产生了我想要回答的三个问题中的第一个问题。

您问道:我现在是否如我写《列夫·托尔斯泰与陀思妥耶夫斯基》时一样,承认在国家政权之中包含着积极的宗教原则。我不得不简短地回答,但是我希望,这个简短的回答对您,以及所有对我的思想感兴趣的人,都具有对我自己一样的分量。

不,我不承认这一点;我认为我那时对国家的看法不仅是政治的、历史的、哲学的误解,而且也是深深的宗教的误解。对我们走入第三约,进入圣灵的第三王国的人而言,国家权力中没有,也不可能有某种积极的宗教原则。对我们而言,国家与基督教之间不可能有任何结合与任何妥协:"基督教国家"是一个骇人听闻的谬论。基督教是神人的宗教;而任何一个国家体制的基础中都具有或多或少自觉的人神宗教。教会,不是古老的、历史的,通常附属于国家或是将要成为国家的教会,而是新的、永恒的、真正的普世教会,它与国家的对立,如同绝对真理与绝对谎言、神的王国与魔鬼的王国、神权政治与民主政治的对立一般。"一切政权来自上帝",这意味着人的,只是人的政权,不是政权,而是暴力,不是来自于上帝,而是来自于魔鬼。未来教会、神权政治对尘世人类政权的关系,可以用"无政权"、"无政府"这样的词语来表达,不过这个表达是极不完善的,并不是因为这个词太过分,而是因为这个词不足以表达神权政治公社思想中对政权否定的力度;赤裸裸的否定弱于对对立面的肯定;神权政治不仅是否定新的人的政权,而且是确认"神的政权",神的政权只是表面上看是"政权",而其内在则是在爱中的无限自由,是相互的政权:在神的国里所有的人都是国王,所有的人都是君主,而独一的万王之王、万主之主是基督自己。神权政治的超政权性对国家而言比任何形式的政治无政府主义更加可怕,更为致命。

您说道:"梅列日科夫斯基没有用任何这样的东西来损害自己和俄罗斯宗教复兴的伟大事业,比如在国家性与社会性问题上的虚假腔调。如果他彻底地说出了自己的见解该多好啊!"

我如您一样意识到了这一点。我何尝不想,我们又何尝不想"彻底地说出自己的见解"呢。然而,现在,在我们所经历的这个危急时刻可能做到"彻底地说出自己的见解"吗？如今，所有的言语仍为事件的轰鸣所淹没。但是，我相信，它们，这些事件将加速并简化我的及我们的生命所献与的宗教工作。我暂时只能略说几句。

您感到惊奇，"梅列日科夫斯基没有立即意识到（如今看来已经开始意识到了），国家、王国都是魔鬼的一种诱惑。"而我感到惊奇的是您竟为此感到惊奇。您自己也指出，不仅是我，就连那些人，如陀思妥耶夫斯基和索洛维约夫，也没有"立即"意识到这一点，甚至完全没有认识到。我以为，诱惑比看起来更恐怖。无怪乎魔鬼用尘世的王国诱惑人子；不是人子，而是神子战胜了诱惑。正如从前耶稣经受诱惑一样，如今整个人类也在经受诱惑。战胜诱惑的将不是人类，而只是神人。

魔鬼的狡猾之处在于他从不展示自己真实的面貌，野兽的面孔，而是将其隐藏在三个似神的面孔之下。第一个相似物是理性：用理性的必要性证明政权的暴力的正确性；相对于为了似乎是所有无政府主义所具有的危险的混乱与癫狂的暴力，为了秩序和理性的暴力被认为是小恶，即福祉。第二个相似物是自由：每一个人内在的人格自由受到所有人外在的、共同的自由的限制并由其决定；在这样或那样的情况下，自由被认为只是某种否定的东西，是要**摆脱**什么的自由，而不是**为了**什么的自由，渐渐地自由归于不存在。最后，第三个也是最为奸诈的相似物——是爱：人渴望个体的自由，而人类渴望"全世界的统一"；魔鬼许诺满足这种渴望，教导人们牺牲自己个体的自由换取全世界的团结一致与平等。为了揭露这些相似物的虚假性，仅仅**知道**真理是不够的，还要**在**真理之中。

您说:"神权政治是爱与自由的王国"。说起来很容易,做起来却很难;在我们当前的力量下很难,几乎不可能为神权政治活动找到哪怕是第一个**现实的**支点。"爱与自由的王国"? 但是难道您没看到,在人们所称作"爱"的东西与他们所指称"自由"的东西之间,存在着多么可怕的悖论? 成为自由人,对他们而言意味着肯定自己,即便要反对其他人;爱则是要肯定他人,即使是反对自己。如何将否定自己与肯定自己结合起来? 人们不仅不去这样做,而且不设想能够并应该这样做:当他们爱,或者更确切地说,渴望爱的时候,自然地就会拒斥自由;当他们是自由的人,或者更确切地说,渴望成为自由的人的时候,自然地就会排斥爱。

人们之中最强大的一位为了那句将最后的爱与最后的自由相结合的话付出了血的代价:"不要从我的意思,只要从你的意思"(《路加福音》22:42)。我们为这句话又将付出怎样的代价呢?

"我赐给你们一条新命令:乃是叫你们彼此相爱"(《约翰福音》13:34)。如果这只是对旧约训诫的重复:"要爱邻人如爱自己"(《利未记》19:18),那么这就不是新的圣训了。基督所宣扬的爱,之所以是"新的",是因为它不仅是爱,还是自由,不仅是**个体拯救**的道路,还是共同的、全人类的、全世界拯救的道路。这种爱是无限的自由,同时也是如圣经上所说的无限权力:"天上地下所有的权柄都赐予我了"(《马太福音》28:18)。如果基督活着(他的确活着,因为的确复活了),那么我们的王活着,除了基督,无论是在尘世还是在天上,都不可能有别的王、别的政权。基督的政权是新的普世之爱的政权,相对于以往全部的尘世政权,是新的无政权的、无政府的社会机体的唯一的、真正的基础,是尘世中神的国及神权政治唯一的、真正的基础。历史基督教将新的圣训当作旧的圣训,将爱看作是个人的、单独的拯救,而不是社会的、全世界的拯救事业,因此不可能承认基督的新政权是一种真实的,不仅是天国的,也是尘世的现实;历史基督教将基督的新政权提升到理想的领域,事实上则是提升到了空洞的抽象领域中,而在尘世社会现实领域中却将来自于魔鬼的政权(国家政权暴力)当作来自于神的政权;历史基督教似乎怀疑我们独一的王和最高主教的诺言:"我就常与你们同在,直到世界的末了。阿门!"(《马太福音》28:20)将真实的、与我们永在的、永恒住在我里面的基督偷换成两个死去的幽灵、会幻化的巫师,"基督的全权代理人":在西方——罗马教皇,在东方——罗马的恺撒。出现了极为荒谬的,渎神的妄想——"基督教国家","东正教王国"。然而,幻想变成了恐怖的现实。而新的爱,基督的新政权仍是未揭开的奥秘,未实现的奇迹。我们已经预感到这种爱,或许,曾经从没有人预感到过。但是,这还不够。为了不落入历史基督教的迷途,我们不应该用理想的抽象性来回应国家的现实性,而应该以新的爱、新的政权的更大的现实性来回应国家的现实性。这一政权的奥秘向我们之中的谁揭示了呢?又是在谁身上实现了这个奇迹呢?

"我必教你们晓得真理,真理必叫你们得以自由"(《约翰福音》8:32),基督如是说。应当爱,以成为自由人。不是自由先于爱,而是爱先于自由。先成为自由的人,然后再认识真理——这是人神的欺骗。先认识爱这个真理,然后才能成为自由的人,这是神人的真理。被称为无政权、无政府主义的尘世政权就摇摆于这个欺骗与真理之间。

宣扬无政府主义,还不意味着宣扬神权政治。远离国家,也不意味着进入神权政治。为了**无爱的**自由的无政府主义不是一条通往神的秩序的道路,而是一条通往魔鬼的混乱的道路。

为了揭穿像卢贝、罗斯福或者小拿破仑[①]这样一些总统的人神性,无须任何无政府主义,无须上帝的或者魔鬼的自由;为此只要人的自由就足够了,因为这一自由至少已被写入《人权宣言》。然而,拿破仑一世则是"太阳神新的化身"。"你比所有的人子都更美好!"——拜伦准备对拿破仑说出此番话,如同先知称颂弥赛亚一般。不言而喻,拜伦对自由的宗教神圣性的感知并不亚于大革命的领袖。但是,对拿破仑而言,他既不吝惜自由,也不吝惜大革命,这种革命只是贫民的暴动,是新神光辉灿烂面孔前"渐渐死去的皮同":

> 弓在鸣,箭在飞,
> 尘土飞扬,皮同倒毙在地,
> 你的面容闪耀着胜利的光辉,
> 贝尔维德尔的阿波罗。[②]

[①] 卢贝(1838—1929年),1899—1906年间任法国总统;罗斯福(1858—1919年),1901—1909年间任美国总统;小拿破仑(1808—1873年),即路易·拿破仑·波拿巴,拿破仑三世,1852—1870年间任法国总统,是拿破仑·波拿巴的侄子,被德国人俘虏。——译者

[②] 引自А.С.普希金的《讽刺短诗》,见《普希金全集》(20卷)第3卷,第一部分:诗歌(1826—1836年)。童话。莫斯科,苏联科学院,1948年,第51页。

"贝尔维德尔的阿波罗遇到了基督",陀思妥耶夫斯基就存在于古罗马恺撒政权中的人神思想说道。在自由中,在**无爱**的自由中,拜伦也没能找到可与恺撒的具有诱惑力的伟大相对立之物。人们当中最自由的人,"该隐"的创造者,为了人类的自由起来反抗天上的上帝,"俯首在地,膜拜"于尘世的神前。要知道,与所有的种族和民族都向其顶礼膜拜的那个人相比,即使是拿破仑一世也显得很渺小,正如圣经所言:"谁能比这兽,谁能与它交战呢?(《启示录》13:4)他给我们带来了天上之火。"

在我以前的对政权、对世界君主制思想的错误观点中,您只看到了"老的斯拉夫主义","旧的浪漫主义"。这并不正确。将我诱惑的谎言更为深刻与危险。这不是旧的,而是永恒的浪漫主义,复活的多神教的永恒恶魔。

很难做到看一眼魔鬼的面孔,就撕下他的普罗米修斯、撒旦、恶魔的面具:

骄傲的恶魔如此美妙
如此灿烂与强大——

难以一眼就看到他最平庸的、也正因为平庸才更恐怖的面孔。很难用上帝真理的朴素白光与**现实主义**,战胜魔鬼谎言的复杂的、如彩虹般绚烂的浪漫主义。无论如何,都不可能"立即"做到这一点。为了最后战胜诱惑,应当经受住这一诱惑直至最后。

我现在才意识到,我曾经与敌基督是多么地接近,当我在梦呓中说着未来的"教皇—恺撒","君王—神甫"作为未来基督的先驱时,我在内心深处感受到他的致命的吸引力。但是,我感谢上帝,我最终经受住了这个诱惑。我以高昂的代价换来了某种真正的、毋庸置疑的、以其他方式不可能获得的知识。我曾经对我的浪漫主义恶魔相当礼貌,为的是最终有权可以完全不必对我的真实的魔鬼谦恭。我充分地感受到了敌基督的伟大,为的是有权说出那个未来的冒充者,他将占据基督——独一的万王之王、万主之主的位置:**他不是君王,而是无耻之徒。**

["敌基督的奥秘"]

与您向我提出的第二个问题相关联的是关于敌基督,即未来的无耻之徒的概念。

"梅列日科夫斯基尝试摆脱恶魔的诱惑,他贬低撒旦,将魔鬼看作是完全微不足道的、卑躬屈膝的东西。他将恶的灵,非存在之灵归结为中间性、平面性与庸俗性。然而,如果这样的话,敌基督在哪里,他因什么而显得恐怖,又用什么进行诱惑呢?"您解答道:"不能将关于人神的傲慢思想以及所有隐藏其后的思想归结为魔鬼——斯梅尔佳科夫,归结为中间性与庸俗性……这里难道没有别的秘密了吗?"

我的回答很简单:敌基督富有诱惑力并不是因为他的真理,而是因为他的谎言;要知道谎言的诱惑也正在于,谎言表现得不像谎言,而更像真理。当然,如果所有的人都认识到敌基督是无耻之徒,那么他就谁都不可能诱惑了;然而,问题在于并不是所有的人都将看到这一点,甚至几乎将没有人能够看到这一点。他作为真正的无耻之徒、从永恒观点看的"仆人斯梅尔佳科夫",将是尘世的王中最伟大的一位,人子中最美好的一位。根据教会古老的传说,"敌基督在一切方面都与基督相似"。他正是用这种虚假的相似诱惑了除选民之外所有的人。为什么在您看来这是不可能的事情呢?难道我们没有看见在世界历史中正发生着这样的事情:真正的无耻之徒看起来像伟大的王,而伟大的王看起来则像真正的无耻之徒。这样的情况发生过,现在也在发生着,将来也将会发生,而且将在比以往任何时候更强烈的程度上发生。现代国家是市侩习气,最终得胜并称王的市侩习气是无耻行为。如果上帝是绝对的自由,那么魔鬼就是绝对的奴役。走上上帝的位置,走上万王之王位置的奴隶,就是最后的最大的无耻之徒。

您认为不可能将人神的"傲慢思想"归结为庸俗性与平面性。然而,如果是这样,您又是以什么为根据将所有的国家思想,甚至是人民政权的思想,归结为庸俗性与平面性的呢?要知道这些思想的形而上学的极限不是什么别的思想,而正是"人神的傲慢思想"。只要对"人神的傲慢思想中是否有某种真理"这一点稍稍有一点怀疑,就会仍然存在这样的怀疑:在国家政权中是否也有某种真理。如果敌基督不是绝对的谎言,那么敌基督的王国,所有尘世的王国,所有国家政权也不是绝对的谎言。不解决关于人神的问题,您怎么能够解决关于国家的问题?

二者必择其一——或者您应当同意我的观点,即敌基督的奥秘就是谎言的奥秘,在这个谎言背后没有隐藏任何一点真理的影子;或者您应当承认,您对国家的否定,您的无政权不是宗教的。在此种情况下,或许可以对您做出指责,一如您对实证论者的指责:"实证论者们,无论他们如何假装成极端主义者和无政府主义者,他们永远都不可能摆脱国家政治的诱惑。"

在您看来,对我而言,有关魔鬼的问题也还没有解决。您错了:对我而言,这个问题已经最终解决。我毫不怀疑"非存在之灵"就是永恒的中性、庸俗和平面的灵;要知道,庸俗不是什么别的东西,就是绝对的非存在,它想要成为绝对的、唯一的存在。您感到困惑不解,如此一来,与上帝对立的"下层深渊",启示录中"所谓的撒旦深度"在哪里?如果魔鬼是平面,他怎么能够同时又成为有深度的呢?不言而喻,平面不可能成为有深度的,但是如果平面具有镜子般的反射性,那么它可能看起来也像是有深度的。我亦肯定,魔鬼,按照我们在他的表现中对他所能做出的判断——更多的判断我们还不能做或者暂时不能做——就是这样一个镜子式的、虚假的、平面的有深度之物,是平面的深渊。所谓魔鬼、恶魔、撒旦的"伟大"是反射上帝的伟大,是上帝面孔的虚假的相似物。魔鬼的无限诱惑正位于这种虚假的相似之中。完美的镜子般的表面变得不可见,成为完全的**视觉欺骗**,以致我们几乎不能区分影像与真实的物体。我们对上帝的形而上学的直观越完善,魔鬼的镜子也变得越完美。下层深渊,下面的、颠倒的、翻转的天空用向下飞行、自由飞行的诱惑吸引朝向它的飞翔,这种飞行无须向上飞行所需的那种努力。当我们只是在看,只是在进行形而上学直观的时候,我们不可能确信:看似的深渊,事实上不是深渊,而是平面。只有到那时,当我们最终被诱惑,当我们因想要飞翔而滑脱、坠落的时候,我们打碎了镜子,这时我们才太迟地意识到"撒旦深度"是平面的,我们才确信已无处可飞。

"但这里难道没有别的秘密了吗？"无论如何，这个奥秘不在现象中，而在最后的实质中，在恶的起源中。这个问题就是，不是对我们人而言，而是对上帝来说，什么是恶；恶来自哪里？为什么恶存在于世界的终极秩序中，此秩序应当最终实现上帝智慧，使得"**神在万物之上，为万物之主**"（《哥林多前书》15：28）？如果神在万物之上，为万物之主，那么，哪里还会有恶？神子见证道："我曾看见撒旦从天上坠落，像闪电一样"（《路加福音》10：18）。天使中最明亮的一位，上帝的儿子中最接近独生子的一位怎么会堕落呢？为什么需要这个堕落？堕落者将起来反抗吗？撒旦将会被原谅吗？在奥利金这个永恒的问题中隐藏着真正的难以理解的奥秘，在这个奥秘面前，迄今为止审视的理性仍滞留于驯顺中。"一切受造之物一同叹息着拯救，直到如今"。如果是"一切受造之物"，那么魔鬼也是受造物。这个叹息会被听见吗？魔鬼憎恨上帝。然而，上帝——完善的爱，他会憎恨魔鬼吗？

与恶的永恒性问题相联系的是审判的永恒性、地狱痛苦的永恒性问题。"你们这被诅咒的人，离开我，进入那永苦里去。"（《马太福音》25：41）为什么欺骗自己？我们已经不可能像从前那样接受这诅咒了。如今揭示于我们的东西在那时是最为隐秘的。"永恒的痛苦"是什么？在形而上学的意义上，永恒是独一的。然而，或许，在神秘主义的永恒中反映了上帝的三位一体？或许，在独一的永恒中有三个位格，三个时代——圣父的永恒，圣子的永恒，圣灵的永恒？在第二位格时代中的永恒的审判，在第三位格的永恒性中——在圣灵时代，不是永恒的？"圣灵亲自用说不出来的叹息替我们祈祷"（《罗马书》8：26）。这不是圣灵祈祷父与子的最后仁慈吗？这个仁慈将清偿最后审判,用永恒的爱消除永恒的痛苦。

或许,所有这些在第二位格、圣子的启示层面中无法解决的问题,将在第三位格圣灵的新的启示层面中得到解决。子不知道世界的终结,只有父知道;或许父与子都不知道恶的终结,只有圣灵知道？或许,正因为如此,圣灵才被称作安慰者？当父后退,子离开的时候,圣灵不会退缩,不会离开,并将安慰那些悲苦的人？

然而,当我们的信仰结束的时候,也就开始了我们的希望,这种希望是那么新,那么脆弱,以致我们几乎不敢用言语将其说出,而只能与圣灵一起用"说不出来的叹息"祈祷。这就是我们对父最后的、子一般顺从的爱:"父啊,(然而)不要成就我的意思,只要成就你的意思"(《路加福音》22:42)。无论如何,我所重复的这个难以理解的奥秘,不是阴暗的,而是明快的,不是魔鬼的,而是上帝的。魔鬼不能令上帝黯然,但是上帝能够用自己的光照亮魔鬼——最后的黑暗,圣经亦如此记述:"光照在黑暗里,黑暗不能吞灭光"(《约翰福音》1:5)。

在您对我的关于魔鬼概念的评论中,我感觉到某种深刻的,主要不是形而上学的,而是神秘主义的误解。似乎您在反对我的同时仍然同意我的观点;似乎您在同意我的观点的同时又依旧反对我。最终,我也不能明白,我们是完全一致呢,还是完全不同。您赞同地说道:"噢,当然,中间性,平面性,小市民的庸俗,实证论者的非存在是魔鬼……当人带着奴仆一般的(我说的是'无耻之徒的')自满将自己摆在了上帝的位置,就出现了平面的人神。在此没有对立的深渊,只有中间性。"我完全接受了这一理论。但对于您向我提出的问题:在此种情况下,非反射的,非虚假的,而是真正的"对立的深渊"在哪里？您的回答又和我的回答一样："在那些反抗上帝的人(不言而喻，那些反抗上帝的圣徒，如，同上帝斗争的雅各，低声抱怨上帝的约伯)身上安息着圣灵，而不是魔鬼的灵……上帝爱那些反抗他的人；这就是深渊，但是出自上帝面孔中的一个的深渊。"接下来，您阐释了三位一体的学说，亦如我的叙述："梅列日科夫斯基所说的两重性，两个极性对立的深渊，不是上帝与魔鬼，不是善与恶的原则，而是两个同样神圣的，同样神性的、和解于三位一体中的原则。**在包含了无限完满的三位一体之外，还存在着非存在的、中间性的和庸俗的灵**"。要知道这意味着：在魔鬼的份上除了庸俗与平面性什么都没有留下；魔鬼被毫无保留地归结为平面性；魔鬼就是魔鬼，而在自己的虚无和非存在中的伟大的撒旦，正是这个魔鬼，永恒的平面的灵。**别种魔鬼不存在**，没有另外一种与上帝相对立的魔鬼。恶魔并不是相反的上帝，也不是相反的绝对真理，而是与绝对真理和上帝相对立的绝对谎言。人神，不是相反的神人，而是虚假的神人；敌基督不是相反的基督，而是虚假的基督。如果把恶魔毫无保留地归结为平面性，那么，恶魔的化身，人神、敌基督也将毫无保留地被归结为平面性。您又怎么能断言："不能将关于人神的骄傲的思想归结为平面性。"如果不能这么做，那么，关于三位一体的学说就不是真理学说，然而您刚刚已经将其作为真理学说而接受了。这里有某种于我而言无法理解的矛盾。

您完全公正地指出，三位一体性是走出两重性，走出形而上学二元论(即关于两种平等对立的善与恶的原则、光明与黑暗的原则的学说)的唯一的、彻底神秘主义的途径。除了三位一体的宗教，所有的宗教都因撞到二元论的暗礁而破碎。三位一体的学说是对形而上学一元论的必要的神秘主义的揭示,是对形而上学二元论的必要的神秘主义的克服。三一,是宗教一元论对宗教二元论最后的胜利。然而,您在接受了三位一体学说之后,却仍然断言不能将恶魔归结为平面性,这样,您就推翻了您所接受的学说,由逐渐走向胜利的统一性返回到了不可战胜的两重性,由一元论回到了二元论。

"关于恶的意义的问题,您说道,或许能够得到两种解决办法。或者,恶魔是这样一种可怜的受造物,他为了非存在而挑起上帝与尘世的纷争,因为他不可能确认任何存在,那么,在他之中就没有任何深渊,只有中间性,在恶魔性中也没有任何诱惑的东西。或者,魔鬼是独特的、世界之先的、非受造的因素,那么,我们就会走向关于两个供我们选择的永恒王国的二元论学说。"您得出结论:"梅列日科夫斯基还没有解决这个问题。"的确,似乎是魔鬼本身打乱了我们的思路!哪能呢,我怎么能够不解决关于一元论和二元论的问题就接受关于三位一体的学说!您与我都承认,三位一体的学说是最终从二元论走向一元论的神秘主义的出路,是一元论对二元论的最终胜利。不接受一,不最终弃绝各种上帝位格以外的双重性,我怎么能够接受圣三位一体?不,不仅现在,就是在我写《列夫·托尔斯泰与陀思妥耶夫斯基》[1]的时候,这个问题就已解决。而您认为这个问题对我而言没有解决,我只能用那时我的

---

[1] 梅列日科夫斯基:《列夫·托尔斯泰——生活与创作》,《艺术世界》,1900年第1、2期。

哲学表述的不清晰性来解释。然而，现在的问题不在我，而在您。您怎么能够在接受并仿佛非常清晰地表达了关于三位一体上帝的统一学说后，仍然认为关于恶魔问题可能有两种解决方法，您继续摇摆于这两种解决方法之间，摇摆于一元论和二元论之间。我拒绝相信，这只是您的智力的失误。我再次重申，在这个问题上，不是在您的抽象理性结论中，而是在您的实际神秘体验中，有某种对我来说不可理解的奥秘。

[道成肉身的基督和未来的基督是同一个基督]

您向我提出的最后一个，也是最重要的一个问题，是关于我个人的奥秘，或者，如您的表述，我的"秘密"的问题，这个问题令我返回到我这封信的开头，回到关于我们的宗教道路的一致性问题上来。"存在某种奥秘，梅列日科夫斯基无法将其表达出来，虽然他痛苦地尝试去这样做。他是不是遇到了无法表达的，只有**在行动中才能够理解**的困难呢？"

在回答您关于我的**最后一个**奥秘（它还只是使我走向新宗教行动）这个问题之前，我应当回答有关我的第一个奥秘的问题，这个奥秘已经引领我走向了新宗教意识。这个奥秘在几乎两千年前就已经成为了启示；然而，这个启示在今天对我们而言又成为了奥秘；这个启示和奥秘在于，本丢·比拉多在任时被钉上十字架的人耶稣，不仅仅是人，还是上帝，他是真正的神人，上帝的独生子，"神本性一切的丰盛，都有形有体地居住在基督里面"(《歌罗西书》2：9)，"在天下人间，没有赐下别的名，我们可以靠着得救。"(《使徒行

传》4：12）

这对我们所有的人而言是坚定的,不可动摇的;这是唯一一种我们所最终获得的、永远都不会被剥夺的东西;这还远不是一切,只是一切的开始。

我可以向您请教吗,在您那里有这一切的开始吗？我并不认为我有权要求您的认信,我也承认您有权不回答,至少是现在不回答。但是迟早您都不得不回答这个问题,这个问题不是我向您提出的,而是您藉由您的关于新宗教意识的文章向自己提出的。只有您对这个问题的回答才能解决我们的道路是否一致的问题。我已经预感到,并猜测到您的答案,但是,我完全不是要催促您,并用这种催促破坏您信仰和怀疑的自由。我根据切身的体验知道,对于经历了"怀疑的熔炉"的人,对于已经没有了历史基督教传统意义上的信仰的人,对于这样的人来说,若要信仰基督,仅仅正确地思考、了解基督是不够的,他还应当认识基督本人,就像再一次在自己的道路上遇到他,并重新在人子身上认出神子。这是一个瞬间的点,然而,上帝的奥秘,上帝的奇迹就在这一点上。这不取决于人的智慧,也不取决于人的意志。"不是属血肉的,乃是在天上的父"才能向我们揭示有关人子的奥秘,亦如向最初的认信者揭开这一奥秘一样。除了父,任何人都不能够使我们走向子。我们已经在他里面爱您,因为我们希望并相信,这个伟大的奥秘已经在您身上正在实现。

但是,我再次重申并坚持,然而,这一重申与坚持与其说是对于您,不如说是对于那些可能被我们为时过早的达成一致所迷惑的人：只有从这一点,也正是从这一点,从信仰基督是神人这一点开始,才可能开始我们道路的真正的宗教统一性,绝不可能比这一点更早。如果我们在这一点相遇,那么我们所有其他的重合就可能成为现实;反之,所有的吻合只是视觉的欺骗,只是形而上学的海市蜃楼,如同在镜子中相反的、颠倒的、虚假的相似。事实上,只有一个几乎难以捕捉的边界,一根细丝,将真正的上帝的深度与其在"镜面上的"映像,与虚假的"撒旦深度"分离开来。我们应当记住这一点,以避免最危险、致命的谎言。

我举三位一体学说为例。关于三位一体的**形而上学的**概念完全无法保证对圣三位一体的神秘主义的接受。魔鬼在他虚假的相似物中反映了上帝的所有本质,同时也展现了上帝面孔的三位一体性。魔鬼的三个位格与上帝的三个位格相对应,在启示录中记载着魔鬼的这三个位格:第一个兽,第二个兽与假先知——不洁的三位一体。恶魔的最大诱惑即是不可战胜的二元论,二重性(魔鬼与上帝平等,**两个上帝**),这个诱惑亵渎神灵地将三位一体神圣的一分解,将其一分为二,使其加倍。在高处的三个,位于真理中;在下面的三个,位于虚假的镜像的相似物中,两倍的三即是六。上帝的三位一体中每一个位格都是其他两个的结合,因此,三位一体的完满性可以用象征性的数字 333 来表达。在魔鬼的镜子中所重复的,双倍的 333 得到 666。二元论(双重性)和三位一体的相互关系也是这样,可以通过 2 和 3 这两个象征数字的另一种组合来表达:2 除以 3 = 666……,得到连分数,用黑格尔的话来说,就是"恶的无限性",这个分数的前三个数字构成了 666——"人的数字"和"兽的数字"。这也就是为什么,已经走向形而上学三位一体的人还不能够确定,他走向的是真正的还是虚假的,上帝的还是魔鬼的三位一体。只有当二元论最终为一元论所战胜,即二元论被信仰独一的圣父与独一的圣子所战胜的时候,这一胜利才是接受真正的上帝三位一体的确定无疑的保证。您在信仰道成肉身的基督这个第一出发点上的宗教意识不够清晰与坚定,我以此来解释您在一元论和二元论之间,在神子与人子之间的摇摆。

所有这一切都意味着,没有基督教不可能走向三位一体的宗教,您说道:"梅列日科夫斯基的宗教不是历史基督教,也**不是基督教**,因为基督教这个词只是由三个位格中的一个所构成的,而三位一体的宗教还没有被任何人所揭示出来。"这些话可能成为对我最危险的误解的借口,似乎我认为可能有一种脱离基督教的三位一体宗教。然而,我认为这是**绝对不可能的**。不是脱离基督教,而是经过基督教,走向三位一体的宗教。正是关于三位一体的教义用不可切断的联系将历史基督教与启示录的基督教联系起来。后者不是破坏,而是在实现着前者。新的启示不是别的什么,而是运动的、积极活动的关于三位一体的启示,这一启示在历史基督教那里还只是静止的、无所作为的教义,被封印的泉源。不是人类的智慧,不是人类的意志,而是圣灵自己,化身的神人类,未来的普世教会,上帝的智慧圣索菲亚,"身披日头的妇人",将从这个被封印的源泉上撕下七个封印,流出新启示的"活水的江河"。但是,第二次降临的教会不可能与第一次降临的教会相矛盾。启示录的基督教将接受历史基督教所有的传统,所有的教义,全部的奥秘,全部的启示,全部的神圣性。启示录的基督教中所包含的都是真理,除了真理,再无其他,**但并不是一切真理只在它之中**。脱离历史基督教不可能走向启示录的基督教。离开道成肉身的基督,不可能走向未来的基督。道成肉身的基督和未来的基督是同一个基督。

只有接受道成肉身的耶稣基督的人,才能够区分出基督与敌基督。根据教会传说,敌基督的降临将在于**谎言与真理的混淆**。现在,在我们亲眼看到这种混淆已经发生的时候,比任何时候都更应当记住我们的(主要是我们的)使徒约翰——雷霆之子的话,这些话是将谎言与真理劈开的利剑:

凡灵认耶稣基督是成了肉身来的,就是出于神的,从此你们可以认出神的灵来;凡灵不认耶稣,就不是出于神,这是那敌基督者的灵。你们从前听见他要来,现在已经在世上了。(《约翰一书》4:2—3)

这就是我对您的问题的最后的回答:我们的道路是一致的,如果我们这条一致的道路就是基督的道路,就是主所说的那条道路:**我就是道路,真理和生命**。在这条路上,也只是在这条道路上,我们等待着您,并寄希望于您,我们祈祷,为了您能够尽快走上这条道路,为了我们大家和您一起从我们的第一个奥秘走向我们最后的奥秘,从新宗教意识走向新宗教行动。

主啊,帮帮您吧,而您,帮帮我们吧!

《为什么复活？——宗教个性与社会性》(1916年)[①]

一

如果宗教个人主义正确；如果宗教是"个人的事情"(Privat-Sache)；如果在基督教中可能的只有宗教个性，而宗教的社会性是不可能的；如果"我的国不属这世界"意味着没有尘世的王国和反对尘世的王国；如果神的国只存在于我们内心，而不是在我们中间，只存在于每个单独的个人中，而不是存在于整个人类中；如果普世教会必定是不可见的，不可能显现在全世界历史进程中；如果一切是这样的话，那么基督的复活也就毫无必要了。至多，只是**肉体上复活**。而那些亲眼看见复活的基督本人的人相信复活不仅是灵魂上的，也是肉体上的——这一点毫无疑问。

"正当说这话的时候，耶稣亲自站在他们当中，说：'愿你们平安！'

他们却惊慌害怕，以为所看见的是魂。

耶稣对他们说：'你们为什么愁烦？为什么心里起疑念呢？

你们看看我的手、我的脚，就知道实在是我了。摸我看看，魂无骨无肉，你们看，我是有的。"(《路加福音》**24：36**）

[①] 选自《19世纪末至20世纪初的俄罗斯哲学（文选）》(Русская философия. Конец XIX начало XX века. Антология. Изд. С.-Петербургского университета. 1993. С. 151—158)。

当然，如果神的国只存在于灵魂中，而不是既在灵魂中，又在肉体中，那么肉体的复活就是无稽之谈，最伟大的无意义之物，因为是最伟大的不需要之物。在这种情况下复活的宗教现实主义渐渐消解，导向哲学唯心主义，即"灵魂的不朽"。无论基督复活与否，灵魂都是不朽的，所以，基督的复活毫无必要。

然而，宗教个人主义是否正确，它最终"存在还是非存在"，基督教未来的命运就取决于这一问题。

二

反对宗教个人主义还是赞成宗教社会性，这是引起我们兴趣的最抽象形式的问题。

我们知道，所有实证主义宗教最危险的敌人不是无神论，也不是诚实的否定，而是个人主义，虚伪地承认宗教的价值。洋洋自得的无神论是意识的过去阶段，是哲学的幼稚抑或贫乏。"我不知道上帝是否存在"，这是一贯的实证论——不可知论者所能说出的话。对上帝非存在的信仰正如对上帝存在的信仰一样，两种信仰都同样地毫无凭据。在他们之间的选择不仅要依靠理智，还要用感觉、意志——人的心灵力量的总和。如今谁都不会再去争辩宗教体验的内在可能性。无神论的哲学堡垒最终被放弃。

无神论，作为自然的人类的虚弱（"我信，请帮帮我的不信"），是所有宗教的起点。不信滋养着信仰，正如干柴引燃烈火：木柴愈干燥，火焰愈旺盛。在这个意义上，不可抑制的、找寻的、受难的（而现在也只可能如此了）无神论，要比自足的信条更接近信仰。

然而,当教条的无神论的角色为宗教个人主义所充满的时候,问题已经不在于能否相信**什么**,而在于能否与谁一起信仰。"宗教是个人的事情";信仰并沉默,将自己的信仰隐藏起来;个体秩序与社会秩序是不可相提并论的,所有将两者结合起来的尝试对于两者都是致命的;人们孤独地被拯救,一起死亡,但是共同的死亡并不妨碍个人的拯救;不信仰宗教的社会是人世间苦海,应当超越这一苦海,以便到达天国——这就是宗教个人主义的主张。与其相斗争异常艰难,其原因在于,宗教个人主义是狡猾的、隐蔽的、用亲吻出卖了人子的敌人。

宗教个人主义的根源位于基督教教义的深处,在那里进行着新的宗教体验。我们都是宗教个人主义者。然而,这不是我们的旧衣衫,可以轻易地将其脱去,而是旧的皮肤,撕去它是痛苦而恐怖的。

基督教有关个性的思想如此地被曲解,并在个人主义中变得模糊不清,以至于几乎不可能返回到它最初的源头。基督的个性深深印刻在基督教中,比在任何一种其它的宗教中更不可磨灭。实质上,基督教唯一的、全面的教义就是那个明确的、历史可见的、可以触摸到的面孔——"本丢·比拉多在任时被钉上十字架的耶稣",即,三位一体的第二位格。这个面孔是历史可见的,可以触摸到的,同时也是非凡的,唯一的,无与伦比的,与任何东西都不相像的,两千年来一直那么新的,熟悉而又陌生的,寻常而又罕见的,切近而又遥远的。我们越是仔细地看他,越是感到惊奇:这是谁?这是什么?

三

基督教确认个性;个人主义确认个体。然而,个体是自然的个体,而不是个性。

个人主义无法补救的错误就在于将两种秩序——自然的、天生的秩序与另一种更高的秩序混合在了一起。自然是无个性的,是各种"种"、属的母亲,是个性的继母。自然看不见,不知道,不想要个性,或者,更确切地说,看见也佯装没看见,知道也权作不知道,想要也装作不想要,自然似乎通过众多个体无穷尽的重复向个性接近,就在它几乎触碰到个性的时候,它却退缩了回来:"这不是我的",它似乎猜到,个性是自然秩序的终结,是另一种秩序的开始。

个性是果实;个体是花朵的子房。然而,正如南方的果实在北方无法成熟,个性在自然中也不可能成熟。个体的花朵是个性的无实花。

没有两片完全一样的槭树叶子;每一片都有自己的特征抑或特征的胚胎。自然会暂时忍耐这种个体中的神化之物,无个性中的个性之物;然而,一旦它跨越了某种严禁触犯的界限,就将成为病态的、可怕的、破坏自然规律之物。对此的刑罚是——死亡。在自然中只有无个性之物才是不朽的。

"我存在"——个性意识说道;"我将不存在,我不存在"——死亡意识说道。个性越高,死亡越不可能,越荒谬和不可思议。然而,如果在自然面前变形虫和基督的个性是一样的,那么关于个性的概念也就是无稽之谈。矛盾似乎是没有出路的。为了走出困境,应当从两者之中择其一:或者无我,无个性,那么死亡的法则不可能被废止;或者我存在,那么死亡的法则将被废止,即使是在自然秩序的一个点上,但正是在那一点,死亡的法则与某种别的秩序相联系。那个点就是基督复活。关于复活的教义就是关于个性的教义。

对提出个性的宗教意义这一问题的人而言,基督教就是唯一的现实的宗教,因为它是唯一的、个性的宗教。现代欧洲文化,无论它怎样弃绝了基督教,它仍然是完全基督教的文化,因为它是完全个性的文化。

如同健康的肺感受不到所呼吸的空气一样,我们也感受不到我们生活所依托的教义。然而,为了感受我们空气中的氧气,有必要将我们的世界同另一些世界相比较,在空间维度上与非基督教的东方相比较,或者在时间维度上与基督教之前的古代相比较。佛教的无个性在神身上,犹太教的无个性在种族中,希腊—罗马的无个性在城邦中——所有这些世界对我们而言已是荒无人迹。

在反基督教的极限,我们又回到了这样一个基督教的教义:如果在过去不是基督,不是神人,那么在将来就是敌基督,人神,超人。但是,基督也好,敌基督也罢,离开了绝对人格我们都无处可去。无论是向上还是向下,人类的金字塔都在那个尖端终结。

个性只是基督教教义的一半;另一半是社会生活。

绝对的意味着独一的。如果基督不曾存在,那么承认自己的绝对人格,说"我存在",意味着说:"我是独一的,我是基督。""我不明白,怎么能够说:我存在——而在同一时刻却不能说:我是上帝",陀思妥耶夫斯基笔下一贯的个人主义者基里洛夫说道。

如果基督存在过,那么说"我存在"就意味着说:"我在基督里,在绝对个性里"。如此一来,所有的人类个体就是基督这个一的无数微尘。

在所有活的有机体中都存在着一个中心或是将成为意识中心的单一的细胞——"单子"。利用化合、聚合及使得所有的低等细胞从属于这个"单子"的办法将"我"与"非我"区分开来,将活着的与死去的区分开来。人类的这种"单子"就是基督。不只每一个单独的人,而且整个人类都在基督里面说:"我存在"。教会中单独的个体也将如机体中单独的细胞一样,通过伟大的聚合力量进行化合、聚合,这种力量只存在于尘世之中,是上帝里的绝对统一——爱的力量。"使他们都合而为一。正如你父在我里面,我在你里面,使他们也在我们里面"。①

这个独一的绝对的社会就是教会。

四

在基督教中完成了关于基督—个性的教义,但是关于教会—社会的教义仍未完成。在教会中出现了两种秩序——教会秩序与国家秩序的混合。

国家与教会的关系正如同自然个体与个性的关系。机械的必要性、暴力性、强制性使得国家法律如自然法则一样对个性是致命

---

① 见《圣经·新约》之《约翰福音》17:21。

的:所有的个体,在自然面前都是平等的、一样的、无个性的。按照国家法律,基督被审判,并宣告有罪;按照自然法则,他死了,没有复活。

只有弃绝了自己形而上学的本质,教会才能够与国家相结合,或者,更确切地说是与国家相混合。"基督教国家"——教会思想唯一的、现实的历史体现——这是荒谬之谈抑或渎神行为。这种渎神行为在全世界基督教中以完全一样的方式发生着,无论是在东方还是在西方:在这里教会变成国家;在那里国家变成教会。

教会的分裂,事实地拒绝作为基督身体的历史的、现实的可见性、可感性的普世教会统一性,这是关于教会的启示在基督教中没有完成的一个可靠标志。通常援引"不可见的教会"的统一性为根据,这种做法丝毫不能动摇这一标志。

身体的实体感就是它的真实可见性、可感性。作为绝对个性的基督,其身体是现实可见的;是可以在圣体血圣礼中感知的;同样,作为绝对的社会的教会,其身体亦应当在人类历史的身体与血液中可见、可感。

新教以及从新教得出的必然结果,即现代宗教个人主义:先是两个教会,之后是三个,最后是无数个,有多少人就有多少教会;每个人,自己就是自己的教会,自己就是自己的基督——它们表明了援引"不可见的教会"的统一性为根据,将导致怎样的后果:没有基督,也没有教会。

关于教会的教义在基督教中没有完成的另一个同样可靠的标志,是末日感的丧失,这种自我感觉在早期基督教中是那么生动、有效,与世界末日和变革的思想相联系,同时,还与基督的**启示**,主要是与启示录相联系。

关于复活的教义肯定了世界自然秩序的终结、**中断**以及另一种更高秩序的开始。复活的实在论不仅确认了内在的、个性的终结、中断与变革的实在性,也确认了外在的、宇宙的终结、中断与变革的实在性。在基督教中,这个教义具有特别的内在意义。教会继续存于世界自然秩序中,正是在这个秩序中基督被审判,宣告有罪,他死了,没有复活。

亲眼看到基督复活的人,也亲眼见证了世界末日,如果说他们有什么错,也只是错在历史前景上,错在时间的计算上;然而,他们的眼睛是可靠的,没有把云当作山;是我们的眼睛看错了,把山当作云,把世界历史的终结、启示录当作神话。

对现代"基督教"、新教意识(而全部的现代"基督教"意识在这一点上完全是新教的意识)而言,"世界末日"、"第二次降临"不过是呓语抑或神话。

对于历史教会而言,显圣者圣尼古拉比那个伟大的启示天使更必需,这位天使对那永生者起誓说,"时间再也不存在了"。基督教是这样被建立的,似乎时间将永远存在。教会的自我感觉不是末日感,而是历史感,这种自我感觉不是作为最高幸福的终极感,而是"恶无限"。教会早就不再与时间斗争了,而是屈从于时间并为其所带走,如同失去了舵与帆的沉没的船只。

五

然而,关于教会的教义,从教会中脱离出来,跌落到信仰基督教的人类,如同种子落入大地。这个大地就是**解放**的社会生活。无论种子多小,都能够在其中看到真正的教会的三个标志。

第一个标志:个性与社会生活的悖论。

在形而上学范畴里,"解放"不是某种有限的、相对的个性的解放,而是无限的、绝对的个性的解放。"解放"意识为了更好的国家制度而斗争;但是解放的自然力量不应满足于任何一种已经取得的制度;要一个制度接一个制度,就像在某种上升的楼梯上一个阶梯接一个阶梯。"解放"的道路是经过所有的国家形式走向不为人知的社会形式。这就是为什么"解放"的思想本身只可能与基督教关于个性的教义一同产生。在基督教以前的人类中,解放思想是不存在的:那时只有暴动、骚乱、革命群众的起义,却没有我们现代意义上的作为世界历史方法的"解放"。这正是为什么"解放"的起源与基督教社会性的终结会那么显著和准确地、几乎是编年式地吻合:教会一解除武器,膜拜"此世之王",也就开始了"解放"。

第二个标志:末日的自我感觉。

"解放"意识是完全积极的。然而,有必要仔细看一看人民大众的自然灵魂,以确信,如果在现代人类的某处还保存着这种末日的自我感觉,那么正是在这里,也只能在这里。亲身体验过这种感觉的人清楚地看到,这种体验与那种从中产生了早期基督教中的"终结"思想的体验是多么的吻合。在那里这个思想是宇宙性的,在这里是社会性的;但是两者的本质是一样的。越接近群众,就越革命;越革命,就越有末日感。

第三个标志:世界性。

任何一个开始"解放"的民族,都意识到自己是全人类真理的载体。经历过将世界教会统一的不成功的尝试后,"解放"成为人类唯一现实的、力图用其他途径实现这个目标的力量。社会正义的胜利或者是不可能的,或者是世界性的——这一意识已经进入"解放"思想,就像从前走进基督教一样。

然而,具有决定意义的标志——**宗教意识**,在解放中仍不存在。它能产生吗?革命的社会性能变成宗教的吗?

"**神的国在你们心中**",对个人主义而言有关教会的所有教义内容仅限于此。但是,如果一般来说有可能通过任何语言来穷尽教义的内容,那么,难道对教义内容的理解仅限于思维层次上,而不在意志与行为层次上?

教义的结构是悖论式的。任何一个教义的论断,都对应着一个相反的论断。按照赫拉克利特的话:"对抗的即是统一的","借助于对立面来确立和谐"——人性与神性相结合,肉体性与精神性相结合,外在性与内在性相结合。

这就是为什么福音书的所有教义都处于运动中,在渴望中,在飞翔中,在火焰中。建造起来的东西为火焰所照亮,然而,在火焰上是不可能建造的。

"神的国在我们心中"。然而,没有什么内在之物不可能成为外在的,没有什么内心深处的东西不可能表露出来。道成肉身、上帝显现的道路也就是由内在通向外在的道路。如果不否认基督教义的本质本身,就不应该否认道成肉身,以及神的国在世界历史进程中的显现。

神的国在绝对的人格中。但是绝对的个性不是个体。个体是独立之物,不可再分之物,是所有可能的划分的终点与极致,是不可联合、不可沟通之物。这也正是为什么个人主义要极力否定基督教,它对基督教的否定正在于此,即确认爱是上帝中的绝对统一。"使他们都合而为一。正如你父在我里面,我在你里面,使他们也在我们里面"。

个性与社会生活的无法解决的悖论,宗教个人主义的最危险的诱惑,即是最高程度的敌基督。

克服这个诱惑意味着提出新宗教体验的问题。

绝对的社会生活如何能够存在?

教会如何能够存在?

回答这个问题,意味着回答另一个更为基础的问题,这个问题是整个基督教的缘起与终结:基督为什么复活?

对于那些克服了宗教个人主义的人,答案是清楚的:为了从人类个体,自然个体中创造出神人的、绝对的个性;为了确立绝对个性在绝对社会——教会中的结合,不是在仇恨与暴力的国家秩序("永恒的战争")中结合,而是在爱与自由的教会秩序("永恒的和平")中结合;为了确立教会——神的国不只在天上,而且在尘世,就如在天上一般。基督就是为此而复活的。

25. 布尔加科夫

谢尔盖·尼古拉耶维奇·布尔加科夫(Сергей Николаевич Булгаков,1871—1944年),生于俄国奥廖尔省的利夫内古城,一个神父之家。1890年考入莫斯科大学法律系,1894年毕业于该校政治经济学和统计学专业。从世纪初到1917年,布尔加科夫积极参加了俄罗斯20世纪初的宗教哲学复兴运动,写了一些哲学著作,包括《从马克思主义到唯心主义》(文集,1906年)、《英雄主义与苦修精神》(载《路标》文集,1909年)、《两城》(1911年)、《经济哲学》(1912年)、《不夜之光——直觉与思辨》(1917年)、《静静的沉思》(1918年)等。1918—1920年俄国内战期间,布尔加科夫在克里米亚从事教学和著述,写了《哲学的悲剧》、《名称哲学》两部著作。这是布尔加科夫的哲学时期。

1922年底,布尔加科夫被苏维埃政府驱逐出境,途经君士坦丁堡转到布拉格,1925年以后一直住在巴黎,在这里的东正教神学院任信条神学系主任,直到去世。这是布尔加科夫的神学时期,也是他东正教神学创作的高峰期。他先后发表了大小"三部曲",述及东正教神学的许多方面和题目。"小三部曲"有《烧不毁的荆棘》(1927年)——对东正教圣母崇拜的教义解释;《新郎的朋友》(1927年)——论东正教对先知约翰(施洗约翰)的崇拜;《雅各的梯子》(1929年)——论天使。他在"大三部曲"中展开了自己的"神人论"正教神学体系:《上帝的羔羊》(1933)——论基督;《安慰者》(1936)——论圣灵;《羔羊的新娘》(1945)——论造物主与受造物、教会和末世论等。

《不夜之光：直觉与思辨》(1917年)[①]

导论　宗教意识的本质

7. 宗教与哲学。信条是用概念把不是概念的东西信号化，因为信条在其抽象性上高于逻辑思维；同时，信条又是在概念中表达的公式，是对宗教经验中所给定之物的逻辑拼音。因此，信条在进入思维的时候，它对思维来说是异类的，这个意义上是超越于话语思维的，不是思维的结论和产物。信条违背逻辑话语的基本要求，确切地说，是不考虑这一要求（科亨十分明确地表述了这一要求），也就是思维的连续性（Kontinuität des Denkens），这种连续性是以思维产生自己的客体（reiner Ursprung，纯粹第一本原）为根据的。思维自己为自己创造对象和问题。关于信条的哲学问题，其困难性在于对它进行逻辑描述是有矛盾的：一方面，信条是由概念构成的判断，因此应该属于内在的、自我产生的、连续性的思维；但另一方面，信条又是超越于思想的，给思想带来了间断性，破坏了思想的自生性，像陨石一样降落在被压平的思维场上。

在我们面前出现了关于宗教与哲学关系的难题。宗教哲学是不是可能的，在何种意义上是可能的？宗教信条主义与哲学思维的最神圣尊严、与哲学对真理的自由探索、与哲学的这样一些规则

[①] 选自布尔加科夫：《不夜之光：直觉与思辨》(Булгаков С. Н. Свет невечерний. Созерцания и умозрения. М. 1994. С. 69—71)。

是不是相容的？这些规则就是，怀疑一切，尝试一切，把一切不看作是信条，而看作是问题，是批判研究的对象。如果真理已经以信条—神话的形式被给定，那么，哪里还有哲学探索的位置？如果研究的指导规范是忠于信条，那么，哪里还有自由研究的位置？如果信条学占统治地位，那么，哪里还有批判的位置？这就是反对宗教哲学的一些成见，由于这些成见，关于宗教哲学或哲学信条学之可能性的问题常常被以否定的方式来解决（这里令人想起经院哲学的公式：哲学是神学的女仆，并且女仆总是被理解为婢女——不是仆人、帮手，而是奴隶）。

　　哲学与宗教之间的根本差别在于，哲学是人的理性以自己的力量探索真理活动的产物，它是内在的、人性的，但同时它具有超越自己的内在性和人性的愿望，力图加入超自然的、超人性的、超验的、神性的存在；哲学渴望真理，真理是哲学思考的主要和唯一动力。哲学的上帝观念（无论它是怎样的）在任何情况下都是体系和"体系精神"的产物，只是体系的一个要素，一个部分。对上帝的哲学定义和证明必然以体系及其建立和发展为根据。一切"上帝存在的证明"，无论任何形式，都是来自哲学的，只是由于误解才进入信条神学，对信条神学来说，上帝是被给定的，是高于证明或在证明之外的；而在哲学中（对哲学来说上帝是作为体系的产物或结论而被设定的），关于上帝的观念是与学说的全部观念联系在一起的，只有通过这些联系才能存在。上帝在体系中的逻辑地位取决于该学说的一般性质：可以从这种观点来比较一下具有其神圣第一因学说的亚里士多德体系与同样具有宗教倾向的斯宾诺莎体系，或者比较一下康德、谢林、费希特、黑格尔的上帝学说。

对哲学来说,上帝是问题,就像一切对哲学来说都是和应当是问题一样。……

哲学在自己的这种问题主义中,本质上是永无满足的、永不熄灭的"对智慧的爱"。一旦得到满足,哲学本身也就死了,不再存在了。哲学所追求的对象永远处在它所拥有的东西之外,哲学是"永远的问题"(ewige Aufgabe,科亨语)。这首先是因为,宗教真理完全不是哲学所寻求的理论真理。真理在其神性存在中是"道路和生命"①。作为生命,这个真理是无法说出来的,是不可分割的完满生命。真理作为最高现实,也是在生命的三者统一中的善和美。上帝是真理,但不能说真理就是上帝(像黑格尔那样);上帝是善,但不能说善就是上帝(像康德那样);上帝是美,但不能说美就是上帝(像席勒、歌德那样)。作为理论思辨对象的真理已不是活真理,而只是真理的一个方面,从不可分割的统一中"抽象出来"的方面真理本身是超越于哲学的,哲学只知道真理的一个片段,是它的一个方面。

《哲学的悲剧》(1920年)②

第一章 论思想的本性

对于哲学思想来说,存在着某些自然而然的、不可避免的疑难

---

① 耶稣基督说:"我就是道路、真理和生命"(约14:6)。
② 选自《布尔加科夫著作集》两卷本(Булгаков С. Н. Сочинения в двух томах. Том 1. С. 312—328)。——译者

问题,哲学思想为了摆脱这些疑难问题就要付出沉重的代价和牺牲,也就是陷入"抽象原理"[①]、哲学异端的片面性(如果把异端理解为随意选取某个局部来取代全体,也就是片面性的话)。这样的选取作为异端,决定了哲学体系的主题和性质,使得该体系对于其他体系来说要么是正题,要么是反题,并进入思想辩证法的链条,黑格尔就不无根据地把全部哲学史都放入这样的链条中。哲学史上的全部哲学体系都是这样的"异端",是自觉的和明知的片面性,并且在这些体系中都是一个方面想成为全体,企图推广到全体。可以预先回答这样一个问题:它们的这种片面性或单一性(后来必然由此发展出全部多样性)是由什么引起的呢?这个原因不难指出:它是明显的。这就是**体系**的精神和体系的热情,而体系不是别的,正是把全体或多归结为一,或相反,从一中引申出全体或多。逻辑上连续不断地从一中引申出多,这使得整个体系成为一个核心周围的圆,在全部方向上都是连续的,没有任何裂口或中断——这就是人类思想的自然努力和必然追求的任务。逻辑一元论是理性(ratio)的自然需要,它已经意味着相应的、无矛盾的世界观的可能性,这样的逻辑一元论是所有这样一些哲学体系的不可消除的特征,这些体系或朦胧或明显地、或本能或自觉地、或胆怯或战斗地奢望成为绝对的哲学,把自己的世界草稿看作是世界体系。

首先产生一个问题:这样的一元论世界体系是可能的吗?绝

[①] 抽象原理,索洛维约夫的哲学概念。他认为哲学对象是万物统一的自在者,但在哲学史上,这一完整对象的某些个别属性被独立化和实体化,取代了整体。这些被独立化和实体化的属性就是抽象原理。索洛维约夫认为抽象原理的统治是西方近代哲学的主要缺陷。布尔加科夫在此赞同和发展了索洛维约夫的这一观点。——译者

对的哲学是可能的吗？理性对自己的力量、自己的任务的正确性的这种信仰，是以什么为根据的？人们常常以怀疑主义、相对主义的观点回答这个问题，像本丢彼拉多蛮横而故作聪明地反问"真理是什么"一样。但是，且不说怀疑主义也是一种具有许多奢望的绝对哲学，它自身就是与理性的自我意识、理性的严肃性、坚决性和不让步性、或确切地说，理性必然具有的问题性——相矛盾的。理性不可能被怀疑论的腐化所伤害，因为理性意识到自己的力量和自己的努力。理性的严肃性如此重大，乃至怀疑论的轻率根本不可能达到它，真正的自觉的怀疑主义在历史上是罕见的现象。理性企图并且不能不企图新的起飞，但是，每一次这样的起飞都必然伴随着坠落，哲学史不仅是关于哲学起飞的故事，而且是关于必然坠落和注定失败的可悲故事。尽管就连哲学体系的创造者自己都没有发现这些失败，他们为这一努力耗尽自己，终生热爱自己的体系，像叔本华，或者自认为达到了真理本身，像黑格尔。更糟糕的是，历史双倍地驳斥了他们的这一盲目性和揭露了他们的幻想。的确，如果断言自己的体系具有绝对价值，那么如何能够在众多体系面前站得住脚呢？是不是要把对手们都驳斥为白痴和骗子，像叔本华所做的那样？但这只是轻易地暴露了坏的兴趣和恶的性格。要么，把其他人都解释为自己思想的前人，把他们都包容在自己的绝对体系中，像黑格尔那样，因此全部哲学史本质上都只是黑格尔哲学自身的历史，是黑格尔体系的辩证展开？这无疑意味着消除了问题本身，但思想史的进一步发展会嘲笑这样的奢望。每一个这样的体系都想要达到世界的尽头或历史的完善，然而世界和历史却仍在继续。要么是荒谬之谈，要么是思想的早产——这是哲学史自己对全部理性努力所做出的判决,就像吞下自己孩子的克洛诺斯一样。好一幅令人伤心的场景!只有那些迂腐的学究才能摆脱这种状况,他们的兴趣在于收藏,把哲学史变成博物馆,其中收集了某些稀有的物品和优雅的思想。但是,如果我们记得,在这一陈列馆中收藏的并不是贝壳和叮当响的装饰品,而是人类理性进展探索的成就,那么,博物馆的观点对我们来说就是完全不适宜的,甚至是亵渎性的。

哲学史是一场悲剧。这是一个关于伊卡洛斯[①]不断重复的坠落和他又不断重新飞起的系列故事。哲学的这一悲剧方面(这也是每一个思想家的命运),已被某些哲人所强烈感受到了,比如赫拉克利特和柏拉图。康德在自己关于二律背反的学说中走近了深渊的边缘,便停住了。悲剧的本质在于,人在这里不是犯了个人的错误,甚至当他个人是正确的并自己要求服从上方指令的时候,他也注定要毁灭。哲学家不能不飞,他应当飞到空中去,但他的翅膀必然要被太阳的炎热所融化,他将坠落和毁灭。但他在飞起来的时候毕竟看到了某些东西,于是就在自己的哲学里讲述自己的所见。真正的思想家,就像真正的诗人一样(他们在终极意义上是同样的),从来不撒谎,从来不编造,他是完全真诚的,然而他的命运仍然是坠落。因为他想要体系,换句话说,他想要从自身,从自己的理性原则(逻辑地)创造世界。但是这种对世界的逻辑演绎对人

---

① 希腊神话中建筑师代达罗斯之子。代达罗斯用蜂蜡把羽毛黏结起来,做成翅膀,和儿子一道飞离克里特岛。在途中,伊卡洛斯飞得太高,阳光融化了蜂蜡,这少年便坠海而死。——译者

来说是不可能的,这首先是由于这样一个不依赖于人的意志和理性能力的原因:"演绎的"哲学和哲学体系(这样的哲学在黑格尔那里得到了经典的和极致的表达)本身想要认识的世界,不是在这种哲学所希望的意义上合乎理性的。确切地说,即便世界是受理性统治的,也不能说,所有现实的东西都是合乎理性的,像黑格尔所认为的那样。这不是说,现实的东西是不合乎理性的甚至是反理性的;现实的东西不仅是合乎理性的,而且是外在于理性的,理性完全不是唯一的、全能的世界创造者,像一切构建世界的哲学体系所信奉的那样。在一定意义上理性只能进行对世界的反思,而不是寻求世界的本原。因此在对世界的认识中,理性依赖于存在的指引,依赖于某种神秘的和形而上学的体验,不过实际上,那种总是寻求在直观中发现本原的哲学,也并不拒绝这些体验。这种发现不是思想活动,不是由思想的努力所给予的,不是推理链条,它是世界本身在人的意识中的启示,是某种知识。

于是马上产生一个新问题:存在物的知识作为它的自我启示,是在理性中燃起的,但理性能够掌握对自己开启的东西,把它同化,联结成一个统一体或一个体系吗?理性正是这样做的,它也不能不这样做,这一点是很清楚的,这是理性的本性,用康德的话讲,这是"它的构造性理想"。但如果理性本身是空洞的和没有能力从自己中创造自己,那么,它有足够能力把全部向它展现的东西归结为统一体或体系吗?显然,如果世界,现实,不仅仅是理性存在物,那么,即使它向理性展现,也不可能彻底展现,它永远都只是正在展现的东西,本质上是一个奥秘,此奥秘中包含着新的认识和启示的源泉,如果是这样,那么,使理性之光进入宇宙的全部秘密角落,消除全部奥秘,使奥秘对理性来说成为透明的,像黑格尔和以他为代表的全部哲学所认为的那样,就是不可能的。由此得出的唯一结论,是一种独特的经验主义,不是有限的、被庸俗解释的经验主义,而是深入到神秘的生命体验深处的经验主义。经验主义是真正的生命认识论,是奥秘的启示,对现实的认识和关于现实的思维总是奥秘的启示。然而哲学永远不能仅仅停留于经验主义,其实(纯粹的)经验主义也是不可能的,因为理性认识万物与万物的联系,能够把多归结为一和从一引申出多。这样,理性不可能自己从自己开始,自己从自己中产生思想,因为思想也是在存在物中产生的和关于存在物的,是在存在物的自我启示中产生的;然而理性却是在自己的道路和自己的事业中自我总结和自我合法的。

既然理性不是第一性的,而是第二性的,不是原初的和自我产生的,而是在本体论上先于理性的东西中产生和诞生的,那么,它的力量就是相对的,是相对于它在其中诞生的东西、相对于成为它的认识对象的东西而言的。理性的状态也和思想者的状态一样,可能是有差别的,有不同程度的。因为既然在哲学中划分健全理智或日常实践理智,然后是知性,最后是理性(这种划分在黑格尔那里特别显著),那么,在理性本身中也有不同程度,有更为理性的理性和不太理性的理性:知性是不理性的理性,它的智慧在理性面前是有局限性的,但同时它毕竟是思想和理智的能力,无论在知性中还是在理性中都是同样的理性力量实现自身。为什么不容许再进一步上升到超理性领域?尽管现在这些领域对理性来说还是不可企及的,但在原则上是可能的,而且,按照基督教苦修者的见证,这些领域不是不可企及的。换言之,是疾病、损伤、人的全部存在的扭曲，也就是原罪，破坏了理性，使它不能进一步上升，用基路伯的火焰之剑——悖论，挡住了通往天堂知善恶树的道路。但无论如何，智慧本身要求理性进行自我认识，但不是仅在康德的意义上——把机器拆卸成零件以便加以清洗，然后再重新组装，而是在认识理性的现实界限的意义上，这些界限应当被意识到，虽然理性也遇到了二律背反的障碍。由此可见，理性的最基本意图——追求逻辑的一元论，也就是从一个本原中符合逻辑地解释世界，这样的意图是不可实现的，绝对的哲学体系是不可能的。当然，这并不妨碍以下情况：如果说哲学是不可能的，那么哲学思考则是完全可能的和必要的，理性的反思和理解工作仍然具有自己的意义（较之理性的不正确的自我夸大而言）。

理性在追求一元论、追求从自身中逻辑地构造世界的时候，实际上是在进行一种任性的活动，从它可以达到的经验原理中选取了这个或那个原理，走上了哲学异端（在前面所解释的意义上）之路。关于世界的启示是神关于自己的启示。宗教信条、宗教"神话"，在认识论意义上也是理性所把握和理解的问题。哲学思考的宗教基础是一个不争的事实，无论这个事实是否被意识到。在这个意义上哲学史可以被解释为宗教异端学。在基督教神学史上对异端所进行的哲学说明正是：异端就是某种复杂的、多主题的、理性无法解释的学说被简单化，被适应于理性认识，因而被曲解。一切主要的异端都是在对信条的理解上的这种理性主义。理性主义作为这种对理性的滥用，其源泉是理性的傲慢，这一傲慢的含义不是某些哲学家的个性傲慢，而是在客观意义上——它不知晓自己的本性、界限和状态。

思想有三种基本的自我规定,这三种规定构成了思想的出路,决定了思想的方向,全部哲学体系及其基本原理都可以按照这三种界限加以划分:1)是本体还是人格;2)是它的观念还是理想样式、逻各斯、意义;3)实体存在是全部要素的统一体,还是存在状态的统一体,即正在实现着的全体。**我是某物**(潜在的全体)——这个表达一个判断的公式,以浓缩的形式不仅包含着存在物的图式,而且包含着哲学史的图式。进行哲学思考的思想(这一思想也因对个别原理的随意切割和选择而成为异端思想)必然把这个三项式(它包含着三者的逻辑统一,把三联结为不可分割的一)切割成不同的派别,这种切割的方式决定了哲学思维的风格。在自我意识及一切思想活动的基础中,有三种合为一体的因素,这个三位一体可以用一个简单判断来表达:我是 A。如果用逻辑语法术语,即主语、谓语、系词来表达,就可以说,自我意识的基础是句子。精神是活生生的、不断实现自我的判断。一切主语,名词或代词,都是按照与第一人称代词类似的形式存在的:它分解和增加成无数镜子中的重复版本。第一人称代词,这个神秘词语,具有完全是唯一的本质,是作为名词的一切事物的基础。每一个判断都可以归结为"我"与它的谓语的某种联系,甚至可以说,每一个句子在把"我"作为真正主语的时候,都完全是这个"我"的谓语,因为在与"我"的关系方面一切和全部意义都是谓语,每一个判断都是在形式上或本质上对"我"的重新定义。每一个判断在本体论上都被归结为主体和客体的一般关系,而主体正是作为本体的我,客体正是自我的本质,它是对我的内容的展现,是我的谓语,它通过存在的系词而与主语联系起来。在判断形式中包含着思想的奥秘和本质,包含着理解哲学学说的关键。"我"是一个自我封闭的、处于不可达到的岛上的东西,任何思维或存在都达不到它,然后这个"我"找到了某种存在形式,在"谓语"中表达出来,并把这个形式认识为自己的产物,是自己的展开,而这个自我展开也就是系词。在这个意义上,我们的全部生活,因而我们的全部思维,都是不断实现的句子,是由主语、谓语和系词构成的句子。但正因为如此,哲学很少关注作为思想的普遍形式和自我指称形式的句子(只是逻辑和语法在此以自己的方式有限地提出问题)。康德的批判也没有发现判断——句子及其普遍意义。在句子中包含存在的本质和样式,句子带着存在的奥秘,因为在句子中隐藏着三一性的样式。根据句子的证明,本质关系是与一切一元论、同一性的哲学相对立的,这种同一性力图把句子的三项归结为一:要么归结为主语,要么归结为谓语,要么归结为系词。一切哲学体系都遵循这样的意图,因为哲学体系是同一性的哲学:它宣布主语或谓语或系词是谓语本原,并从这一本原中推导出一切,或把一切归结为这一本原。从谓语中推导出主语,或从主语中推导出谓语,或从系词中推导出主语和谓语,这样的"演绎",对于力图追求一元论、力图把一切归结为原初统一的哲学思想来说,是它的主要任务,同时也是它无法解决的困难。追求原初的统一,否定句子的三一本性,这是一切哲学体系及其悲剧的根源。这种统一性不仅被当作设定,而且被作为思想的出发公理,这一公理是全部哲学史的基础。

然而这个公理是不正确的,因此哲学的全部努力都是徒劳,不能不成为一系列悲剧性的失败,并且具有典型性:太阳的热量必然烤化用蜂蜡黏结成的伊卡洛斯的翅膀,无论他朝哪个方向飞。因为,正如判断句(它反映了自在者的结构本身)的形式所证明的,自在者(сущее)的基础不是单一的,而是三位一体的,三者统一的,虚假的一元论,统一性的哲学的奢望,是哲学的迷失,是哲学的初始错误。本体(субстанция)是统一的,但又是三位一体的,这个一与多的张力任何东西都无法克服,因此也不应当朝这个方向努力。位格(ипостась)、个人、"自我",是存在着的,具有自己的自然本性(природа),也就是具有恒常的谓语和永远不能被彻底说出来的自己的启示,本体自我实现这一启示,就是实现自己的存在(在各种细节和样式中)。"本体"不仅"自我"(по себе)存在,作为主语,而且"为自己"(для себя)存在,作为谓语,而且在系词中,"既自己存在又为自己存在",作为存在。这三个要素完全不只是一个东西的三个辩证要素,彼此取代并消解在综合中,不是,这是三个同时存在的、同等存在的要素,仿佛是在总体上体现本体之生命的存在之根。

作为位格的"自我"就其本质来说是不能定义的。每个人作为自我,作为位格,都知道所说的是什么,虽然这是无法说出的(只能被说)。位格的本质正在于它是不可定义的,不可描述的,是处在语言和概念的界限之外的,虽然又不断地在语言和概念中展现。面对大写的位格(Ипостась)应当做的是沉默,只能做无言的神秘手势,这已是第二性的、反思的活动了,不是直接指称,而是用"代词""我"来指代[①]。但是,这个不可定义性不意味着空无、逻辑的零,相反,位格是逻辑活动的前提,是思想的主体。认为思想是自

[①] 详见我的《名称哲学》(手稿)(该书在布尔加科夫去世后于1953年在巴黎出版)。

立的、以自己为根据的,这种观点是错误的:思想是在不是思想的东西中产生和存在的,但这个东西又不是与思想格格不入的、异质的,思想在这个东西里诞生之后,又不断地以自己缠绕这个东西。康德关于本质与现象的划分十分适合于用来说明位格与它的自然本性、主体与客体、主语和谓语之间的关系。因为自我、位格确实是自在之物,本质,这个位格,也就是精神,按其本性、地位和与思想的关系来说,永远是超验于思想的。但超越之物又总是与内在之物紧密联系的,不断地内在化的;主语、位格总是在谓语中展开的、被言说的。显然,在这个意义上位格不是心理学上的自我,不是心理学上的主体性,因为这个心理学上的主体性已经是对位格的定义了,已经是谓语,而不是主语;精神不是心理上的,位格无论在任何意义上也不是心理主义。位格甚至也不是认识论上的自我,即康德所说的那个先验统觉的统一体。这只是自我的外壳,它的"先验的"谓语。把位格性的精神的不可测量的深度归结为这个光点、这个认知意识的火炬,这是错误的。对此已经有一个证明,即被康德在其全部批判之外所考察的一种状况:我的位格、本质,是一个牢不可破的统一体,它不仅实现于认识中,而且实现于意志、情感、活动以及整个生活中。它把纯粹理性、实践理性和审美理性联系在一起。位格的我是活的精神,它的生命力量是任何定义也不可穷尽的。它体现在时间里,但它自身不仅是超时间的,而且是超时间性的。对位格来说不存在产生和消灭、开端和终结。它是在时间之外的,超时间的,是永恒性,它的永恒就像上帝一样,上帝在造人的时候从自身中吹出自己的灵气给人。人是神之子,是受造的神,他的永恒形象是他所固有的。因此人不可能希望自己消亡,也就是"自我"的熄灭(一切自杀的企图都是某种哲学的误解,不是针对自我本身的,而是针对自我的存在形式,不是对主语,而是对谓语)。位格的我是主体,是全部谓语的主语,他的生命是这一谓语,是深度和广度方面的无限之物。

但这是不是把一个无论如何不可定义的、对思想来说是超验的东西,当作形而上学的基本原则呢?这里是否包含着误解和错误?如何思考不可思考的东西?如何说出不可说的东西?难道代词的神秘手势是语言吗?或者说,当自我以其唯一性和统一性消灭了一切概念,即一般之物、观念的时候,难道这样的自我是概念吗?总之,我们在这里是否遇到了这样一个严厉的批判性的否决,只有完全的哲学上的幼稚才不会惧怕这个否决呢?

这些恐惧是由于胆怯的认识论想象造成的。是由于这样一种偏见,仿佛思想具有自生的力量,能够把内在于自身的东西、也就是自己当作对象:思维,思考自己的思维,同时既是主语又是谓语。然而,实际上,思想是在主体中产生的,是位格具有思想,位格在思想中不断开启自己。只有完全超验的东西,才是在思想的界限之外的,是思想的零,也就是完全不存在。但这样的超验性正像数学上的无限,是依靠思想永远不能实现的,是"自在之物",但毕竟是可思性的东西。那个被思想思考为超验之物的东西,正是非思想,在这个意义上对思想来说是异质的,但同时又是亲近的、可及的,在思想中展现的。一般来说超验性是与内在性相对的概念,在这个意义上可以把这样一个思想对象看作是超验的,这个对象也是思想的主体、位格、主语。对思想来说,超验的东西不是不可思的东西、与思想相矛盾的东西、消灭思想的东西(而且这样的东西对思想来说也是不存在的,是"一片漆黑",是纯粹的零),而是那种非思想(确切地说,不仅是思想),但是还要通过思想来实现的东西。正如我们看到的,在这一超验性问题中包含着思想对象的可思性问题。可以任意扩大范畴综合的领域和把事物看作思想范畴,但这个基本问题,即关于不是思想或不仅仅是思想的东西的可思性问题,都依然有效,只是转移到了另一个位置上。

显然,思想依靠自己的力量不能回答这样的问题,即超验之物是如何被思考的,不是思想的东西是如何进入思想和成为可思之物的,逻各斯之光是如何进入此前全然无光的领域的,逻辑之网和范畴综合是如何把握思想材料的。这里存在着某种前逻辑的认定,出现了思想的界线,这条界线把思想与不是思想的东西分开。这样,思想的基础是生命活动,它被活的思想形式、也就是句子所证明,这个生命活动有三个相互联系(但又不能一个归结为另一个)的要素。这三要素就是:自我的纯粹位格性,主体,主语;在主体中和面对主体展现出来的我的自然本性,谓语;自我认识,自然本性的自我实现活动,存在或系词。永恒的自我把全体或世界作为自己的谓语,在这个意识活动中活着,意识到自己的存在。位格,思想形式,存在(本质)——这是本体的三位一体,是本体的静态与动态,而思想在这个三位一体中是谓语,仅仅是谓语。这三项要素是不可相互废除的,因为位格脱离了自己的自然本性是不可思议的,一切本体的自然本性如果不拥有自己的位格,便也是不存在的,而这种拥有,位格的展开,就是存在活动,是一般存在,是生命,因此这样的存在或生命完全不是概念或逻辑定义,虽然也与逻辑定义紧密关联。因此一般自在者（сущее）是最初之物（prius），在存在（бытие）或存在之物（существующее）之前；实存（существование）是位格与它的自然本性的不断完善的综合，是在存在活动中的自我展现。哲学思想一直寻求对本体的定义，却不能找到，这是因为（如果不算基督教关于三位一体的教义的话），哲学寻找的是坏的、抽象的统一性——简单的和单一的实体性。逻辑一元论（它决定了各种哲学体系的任务，是它们的普遍公理）的全部努力，就是把上述三要素归结为一个统一体，思想力图把这样一种作为思想之基础的东西加以同化，但这种东西是不能思考清楚的，或者用逻辑语言来说，是类似于$\sqrt{2}$的东西。思想的基本"定律"，思想的自我定义和自我意识，是同一律（相反形式是矛盾律），它保证思想的连续性，保持思想的内在渠道不弯曲和跳跃。但是，同一律只适合于思想的全部过程和范围，却完全不能运用于思想的源泉。同一律在基本的思想形式中，在判断句中，就不被遵守了。康德进行了完全任意的和不正确的划分，即分析判断和综合判断的划分，这种划分对他的体系具有重要意义。实际上（正如黑格尔在《逻辑学》中所指出的），一切判断在形式上都既是综合的又是分析的，它们在已知之物和被理解之物（分析）的借口之下，跨越了不可跨越的鸿沟，把鸿沟的两端连接起来（综合）。我是A，这个思想单元就意味着对同一律的最初否定。这个同一律可以导致一长串同语反复：我是我是我是我……是我，等等。这是我的毫无成果的重复和自我吞噬。不过，应该说，后一个我，谓语，在"我是我"这个句子中，已经不是那个不可言说的位格性的我了，已经包含了谓语的思想（在这个意义上，在与位格性的主语我的关系方面，它已是非我)。

主语和谓语——这正是全部问题所在——完全不是逻辑的综合,演绎,三段论,证明(只有对已有句子的结合来说才可能是这样),而完全是一种非逻辑的,确切地说,是逻辑之外的综合。我是非我,我＝非我,我在非我中和通过非我展现出来,非我通过这个成为我。句子永远包含着我和非我的综合。主语如何可以通过谓语来定义,我如何能够在非我中被定义？对这个问题不可能有符合逻辑的回答,虽然这种定义有着基本逻辑事实的效力,而正是依靠这一事实的力量,思想才是可能的。自觉的、自身明确的、在自身运动和发展中内在的和连续的思想,不能够在自己的诞生中,在自己的第一细胞中理解自身。主语和谓语的关系不能被确定为必然的和连续的思维,而只能被确定为自我诞生:正如语言是在还不是语言的东西中诞生一样,思想是在还没有逻辑联系的地方诞生的,在这里逻辑联系正在产生之中。哲学经验主义和实证主义以幼稚的私语表达了这种关系,这一哲学流派完全正确地感觉到了自在者(сущее)的不可言说性,以及逻辑没有能力从自身中证明具体知识。这里自然会产生这样一个问题:把一切"A 是 B(包括它的各种形态)"类型的判断归结为"我是 A"类型,这样的归结是正确的吗？当然,这两种类型的判断在内容是不同的,但在结构上是相同的。无疑,在认识论上(和人类学上)初始的和典型的判断类型是"我是 A"。从"我"中发展出第二人称和第三人称代词,在第三人称代词中通过概念拟人化的途径,又发展出一切判断形式。同时可以说,一切对象性内容的判断,都可以看作是"我"的谓语,是"我"的自我定义:虽然独立的主语("这张桌子是黑色的")使它像是位格性的类似物,这种类似物是我们的"我"在无数原样重复中不断创造的,但是,在本质上(认识论和形而上学上)一切这种类型的句子都只是"我"的谓语:我看到、我想到、我感到这张桌子是黑色的。这个判断可以用一个对桌子存在(像"我"存在一样)的断定来简略表达:这张桌子是黑色的。无论如何,思想的第一源泉不在这里,不在这些对象性的主语中,而是在这个初始公式中:我是某物,我是非我(正如费希特所出色洞见的那样)。我作为位格是自我封闭的和不可企及的,它在自身中,在自己的深处,在自己的自然本性中应当产生自己的启示,这个启示对"我"来说已经是某种另外的东西,在这个意义上就是"非我",但同时又是"我"的启示。这一点是系词"是"所证明和告知的(这是一个在语法中习以为常的和毫无危害的、但在哲学中却是神秘的和重要的"助动词")。这个"是"作为思想活动的主要工具,同样是在逻辑上完全不可知的,因为它把不同的东西和另类的东西结合在一起,作为相同的和同类的东西。"A 是 A"要么是一句无意义的话,是同语反复,使词语对于思想来说失去了确定内容和操作意义;要么是把不同的东西作为相同的东西、把另类的东西作为同类的东西的综合。一切"是"在第一源泉中不是具有语法的和逻辑的意义,而是具有本体论的意义:在其中实现了位格的自我启示,这个"是"是深渊上的桥梁,它把自在者和存在、主语和谓语联结在一起,依靠它使现实性和实存得以确认。它在存在中奠定了自在者的形象,使其有了生命,活起来。系词"是"是自在者的生命。这样,本体,也就是精神,是主体、客体和它们之间的关系的实有的三位一体,并且这三个要素是不可分割又不可混同的。没有离开自然本性的位格,自然本性是客观性的基础,也没有离开主语、离开自在者、离开其谓语即自然本性的存在。自在者为实存奠定基础,存在是自在者的现实性,自在者在其独特性上仍然是高于存在的。这些要素的不可分割性是很明显的,但它们的不可混同性也应该是明显的。哲学在这两方面都犯了错误,为了统一性而抛弃了三位一体性。此外,这三个要素中的每一个都携带着和包含着另外两个。如果没有存在上的规定性,也就是没有谓语和在存在的语境之外,纯粹的位格性无法成为思想的对象。无自然本性的和存在之外的赤裸的位格性,是抽象的纯粹的零,这个零只有借助于抽象思想才能得到,它是思想掏空了全部内涵之后的剩余物。系词"是"把位格、主语与谓语联结起来,这个系词如此牢固,以至于天上、地上和地下的任何力量都不能破坏它。这个系词在生命活动、存在活动中把位格与它的自然本性联结在一起,后两者彼此观照,彼此对应,每一个都借助于系词而变成另一个。如果没有客体或没有谓语,位格甚至不是位格,位格必然是某种东西的或对某种东西而言的位格,同样,也没有任何没有自己的位格的规定性或谓语,作为虚无的谓语。显然,存在或系词必然具有关联项,主语和谓语,是某人的存在或某物的存在。这样,本体仿佛是一个等边三角形,它的三个角可以通过任何一种途径达到,但每一个角都以另外两个角为前提。

这样,本体是在句子中表达出来的形而上学的三位一体。这个三位一体应当严格区别于黑格尔的(虚假)辩证法的三段论,在黑格尔的三段论中,其三个要素要么是对一种被综合叙述的思想进行简单分割,要么是某一种简单思想的三个要素,在这三个要素中,每前一个要素都被后一个所吞没或扬弃,最后,正题和反题都失去了自己的独立意义和独立存在,生活在合题中。尽管故意强调和夸大了辩证法,但它的矛盾完全被扬弃或在其相对性中得到解释,要么成为概念发展的要素,要么成为误解。相反,我们这里所说的本体的三位一体性,则完全不是辩证性的,其中没有进行任何概念发展,其中没有正题、反题与合题。当然,这里也有连续性、顺序和从各要素的相互联系中产生的各要素之间的联系。主语,位格,是第一要素;谓语,$ειδος$,是第二要素;系词,存在,$φυσις$是第三要素。但无论以任何方式和在任何意义上,也不能说第三要素是前两要素的合题,不能说第一要素是正题,第二要素是反题。总之,这三个要素完全不具有辩证矛盾所必然具有的逻辑本质。相反,这里的三要素所表达的是本体论上的关系,这些关系是不可能被逻辑所克服的,虽然它们给逻辑制造了巨大难题。把本体的三一性变成辩证的三一性加以解决,就意味着在逻辑上消除三一性和逻辑一元论的胜利,也就是具有统一核心体系的绝对哲学的胜利。但这是不可能的。不可能削掉或磨钝本体三一性的角,这种三一性是一切思想的基础,也是一切思想的出路。这样的三一性在逻辑上对思想来说甚至是不可接受的,因为思想寻求一个原则,只能从一个原则中建立自身。如果思想要成为自足的和内在的,如果听从巴门尼德的说法,那么,思想不可能以三个原则为根据,巴门尼德说:"思想与所思之物是同一的,——你找不到没有存在物的思想,思想是在存在物中被说出的。除了存在(在此也就是逻辑的第一原则——布尔加科夫注)之外没有也不可能有任何别的东西"[1]。思想的超逻辑的或逻辑之外的方式,也是反逻辑的方式,或者可以这样说,思想的对象——实体、自在者——不是内在于思想的,像哲学总是试图利用巴门尼德的嘴所说的那样,思想对象对思想来说是超验的,对思想来说是个莫名其妙的奥秘,理性在自身内感知到了这个奥秘。理性合法地依据悖谬,此悖谬决定了理性的结构和任务。理性没有丧失这样的可能性,即通过悖谬直观自在者,并对这些直观的意义进行哲学思考,但理性被束缚在哲学直观上,思想具有经验的根源。而这就意味着,理性不是从空地出发的,不是从自己身上开始自己的线,像蜘蛛一样,而是从神秘事实和形而上学给定物出发的。换言之,任何一种哲学都是启示的哲学——神性在世界中的启示的哲学。哲学的公理不是演绎推论出来的,而是表述出来的,自主的、纯粹的哲学要么是不可能的,要么是注定遇到无法消除的疑难,导致无路可走的悲剧。在这些话里完全听不到怀疑论的声音:恰恰相反,对比理性更深的和在理性之外的真理的信仰,完全不削弱和麻痹对这一真理的追求。也不能把这看作是消灭哲学,哲学应当确立属于自己的地位,摆脱那些错误的奢望。这里反对的只是理性主义的奢望,它企图建立统一的、绝对的、明晰的世界体系,这种奢望构成了笛卡尔以来的近代哲学的灵魂,而在黑格尔体系中得到了极端的、经典的表达。黑

---

[1] 巴门尼德:《论自然》。《古希腊哲学家著作片断》,第一册,莫斯科,1989年。第291页。参见《古希腊罗马哲学》,北京大学哲学系外国哲学史教研室编译,商务印书馆,1961年,第53页。——译者

格尔完全坦诚地和符合逻辑地提出哲学高于宗教,认为两者的对象是同一的,但把握方式不同。我们则提出相反的观点:宗教作为启示,作为非理性的、信条的或神话的学说,是先于哲学的,因此宗教高于哲学。在这个意义上,任何哲学,作为关于世界、关于万物的学说,都必然也是神学思考。假如人能够以逻辑方式创造世界,也就是通过理性直接达到存在,那么在这种情况下他就是神,或者完全与创造世界的神融合在一起了(黑格尔实际上就有如此奢望)。那么,他的哲学当然也就会成为达到高度自觉性的神学。当然,由于世界和神的奥秘在人所能达到的哲学领域是以逻辑方式、通过思想的发展来显现的,因此人所能达到的哲学是自然神学。但我们在此说的不是无任何需要的内在思想的自我意识,因为这种自我意识通过自我诞生创造自己的内容。我们所说的是一些在思想彼岸的、思想所达不到的要素,但这些要素又是思想的基础。折磨理性的二律背反——它们也创造和决定着理性。

"批判的二律背反论"在形而上学和认识论中因此成为教条的理性主义。这种理性主义是理性的沉醉,是陶醉于自己的力量,是希望彻底依靠理性,进行对整个世界加以理性解释的实验。显然,这位黑格尔已经以宏大的形式进行了这样的实验。批判主义的宗旨正在于阐明理性的结构和基础,其目的不是损坏理性的声誉,而是相反,是为了使理性更加牢固。从这种批判哲学方面看,哲学史也正是悲剧性的异端学。

26. 伊里因

伊万·亚历山德罗维奇·伊里因（Иван Александрович Ильни,1883—1954年）,俄国哲学家,宗教思想家,政治思想家。1901—1906年在莫斯科大学法律系学习,毕业后留校任教,1909年晋升为副教授。1910—1912年赴德国和法国进修,准备学位论文。回国后继续在莫斯科大学教学并在《哲学和心理学问题》、《俄罗斯思想》等杂志积极发表文章。1918年举行题为《黑格尔哲学是关于神与人的具体性的学说》的学位论文答辩,答辩结果同时获得硕士和博士学位。在这部大部头著作中,他从现象学—直觉主义观点对黑格尔哲学的独特解释,使他成为20世纪俄国新黑格尔主义的杰出代表,这部著作至今仍然是俄国黑格尔哲学研究的杰作之一。

十月革命以后,伊里因因反对新政权而多次被捕,1922年被驱除出境,1923—1934年在柏林俄罗斯科学研究院任教。德国纳粹上台后他被迫离开研究院,1938年移居瑞士,住在苏黎世郊区,直到去世。

伊里因的学术研究领域十分开阔,包括哲学和哲学史、法学和法学史、伦理学、逻辑学、俄罗斯文学、俄国文化史、苏联学等,发表著作有《哲学的宗教含义:三次演讲》(1925年)、《论以暴力抗恶》(1925年)、《精神更新之路》(1935年)、《艺术原理:论艺术中的完善》(1937年)、《基督教文化原理》(1938年)等,此外还有许多小册子和文章。

《哲学是一种精神活动》一文可以说是伊里因的哲学信条,他认为这些的目的、基础和意义不是哲学的对象和方法所能穷尽的。对于哲学家来说,对象的第一实在性本身完全不是对象性的,而只是看上去如此。哲学家不可能被外表所迷惑,他必然更加深入,把握对象的精神意义。向对象的深入运动也改变着主体的经验或直觉,使主体充满对象性内容。方法论的价值只在于帮助对象保持自身,不被方法所歪曲。并非所有人,而只有具有相应的精神和宗教立场的人,才具有哲学天赋。

《哲学是一种精神活动》(1915年)[①]

所有热爱哲学的人(我这篇文章正是写给他们的)大概都不止一次地兀自发问:为什么哲学中有那么多不同的见解和分歧、无果的争议和相互的否定?这是如何发生的,怎样形成的?哲学已经有2500多年的历史了,它自认为是某种崇高的、美好的和绝对可靠的知识,可为什么它至今仍追求更完美,然而其自身却有那么多的不确定性?研究哲学的人常常得出如下看法:正是这些形形色色的分歧和无果的争议使得哲学创作受个人的性情和武断所支配;哲学思考是一种主观兴趣、个人爱好和个人情绪的活动;每个

[①] 本文是伊里因1914年冬在莫斯科大学大学生哲学学会开幕式上的演讲。首次发表于《俄罗斯思想》杂志1915年第3期。后收录于《哲学的宗教含义》(1925年)一书。译自《19世纪末至20世纪初的俄罗斯哲学(文选)》(Русская философия. Конец XIX- начало XX века. Антология. Изд. С.-Петербургского университета. 1993. C. 452—467)。

人都按照自己的兴趣和好恶进行哲学思考,在此项活动中任何人对别人都无权干涉;因为反正不存在大家公认的真理,或者这样说(其实意思是一样的),真理是找不到的,至少是**尚未被发现**。即使突然发现了真理,找到了那个唯一共同的、人人必须遵守的真理,即真正的真理,那么,也可以断言,它也不会得到普遍的、完全的承认。于是便形成了一种"自慰式的"观念:我们这个世纪的哲学充满了太多的教派精神,各种分歧和主观论断不会很快销声匿迹,在多种思想的碰撞中,在多种分歧的漩涡中,也许能够卓有成效地铺设一条通往"独创性的"哲学体系之路;因为正像古希腊辩士早已指出的那样,能够说服别人的理才是真理。

每一门科学都有自己独特的研究对象,其命运与其研究对象的特性密切相关。一门科学,它为了发现和感受其"对象"的最初现象所需要的内部张力和能力越小、内部成熟度越低,那么,这门科学就形成得越早,其内容和形式就成熟得越快。在这方面,所有这样的科学都具有优势,它们的研究对象一开始就以**外在形式**呈现出来,具有易感的"物体"和"物质"形式。在这里,似乎只需"认真观察",侧耳聆听,衡量测定,进行物与物之间的比照,最初的知识即可形成。对起初常常以我们周围物质形态呈现出来的研究对象,每个人都可以认知它,只要他有足够的时间、兴趣和愿望,集中精力去感知某一具体物体或者某一组具体物体,并对该对象进行"实实在在的"思索就可以了。在这里,具有可感知的现实,那些一开始就被认为是研究对象的事物,是以外在物理形态存在的——这个巨大优势是哲学所没有的。在这里,关于物质世界的经验知识起着某种保障作用,使得分歧不会无休无止,也不会蔓延开来。

在此，有可能诉诸对感性实在的认识，这种认识是易于实现的、可重复的，如果需要的话，可以不断地重复认识；有可能通过简单的观察，来不断地修正和检验研究对象具有（或没有）某些基本的、固定的属性。这种宝贵的可能性及其较为容易实现，正是关于外部自然的经验科学所最终依赖的认识手段。主观幻想、心理任性和恶性谬见的浪潮，都不能动摇科学认识；可重复的认识经验、实验，或测量仪所绘出的冷静曲线，终会修正视觉和听觉上的错误。最后，在这些科学中，知识的进步及其客观统一性可以靠未来可能产生不良后果的威胁来维系：如果事物本身遭到曲解，或者人的意识对之沉默不语，那么，事物本身就会站出来说话。在这方面，人类不可能也**不敢**掉以轻心，减弱对知识的渴求，主观地歪曲客观现实，不然就会遭到迅猛无情的**实践的报复**，直至使那些犯错者丧生。这样，关于外在物质世界的知识似乎以其内在的、自然的方式，避免了哲学所遭受的如此不幸：追求真理之愿望的瓦解，理论良知的减弱。这里有一只无情指责的手指：人的经验存在本身依赖于他对外部世界的科学知识以及在此基础上培养出来的技术能力。忘记理论良知要求的人，因此而违背常理的人，很快就会受到物质自然的提醒：他自己就是以**物**的形式存在着，而一个不能在认知上驾驭物的人定会遭灭顶之灾，这是潜在规律的作用。

[人文科学与理论良知]

这种客观保障在人文科学领域中的实现，则远没有这样的力量和可靠性，这正是因为，人文科学研究的不是人外在的物质结构,而是内在的心灵结构。在这里,研究对象的原初形态以**内在形式**给定出来,也就是说,并非以时间—空间状态呈现,而是以纯粹的时间状态呈现的,因而它不是一个所有研究者都能同样掌握其外在"客观性"的基本物质单位,而是一系列独特的、内在的、因而是只有每个人自己才能直接获得的主观感受。心灵之物总是一种**主观意识或者主观无意识**的过程,研究相互作用着的**众人**的心灵之物,既不能去掉人文科学研究对象的过程性,也不能去掉其"主观"性。这里需要更加复杂的心理及认知技术,才有可能达到作为科学知识对象的**心灵**。从这个视角看问题就能够理解,为何直到19和20世纪,心理学和精神病理学才逐渐成为科学知识,而现如今人们对社会心理学及精神病理学史的科学性仍表示怀疑。的确,在这些"未来的科学"中还存在诸多偶然的感悟、正确的预感、错误的预见、尚未梳理与无法理解的资料、深奥而又未成体系的直觉……毫无疑义,认知对象的这种难以琢磨性可以靠某些**实践**保障来纠正。因为教育、心理治疗、政治这些活动都建立在有关心灵、心灵的个人及社会生活的知识上,这些活动本身就具有一定的保障性,它们使认知研究不会过度偏离,也使认知的渴望大大提高;那些因扭曲的教育而遭受心灵摧残的人,那些在亲人(或虽然非亲却心心相印的人)精神崩溃时却痛感无助的人(荷尔德林、舒曼、尼采、弗卢贝尔);那些时时品尝到他们一手造成的文化衰落和道德沦丧苦果的政客们——所有这些人以及我们自己,都会通过对他们的了解而受到实际的、有效的召唤,使我们积极行动起来活跃和振奋我们的理论良知。尽管人文科学并不缺乏一些使认识结果不至于过度失真的实践保障;尽管在人文科学中也可能有对象性的检验(通过使偏离的意识去认识对象本身),也有可能受到实用主义的威胁——尝到认知的惰性或谬误造成的苦果;尽管如此,仍然需要经常唤起人们对真理本身的纯真无私的渴望,这仅仅是因为,真理本身美轮美奂,关于真理的知识本身就无比快乐。在人文科学中,对于因认知偏离而导致的实践恶果,常常不会返回到失误者的头脑中。关于"心灵"的错误学说造成的严重后果,太容易分散于周围的社会环境中,以至于很难直观地证明错误理论与实践结果之间的因果关系。所以,在人文科学中,纯真而有力的理论良知的要求才是达到科学水准的**唯一保障**。

毋庸置疑,理论良知的要求以及由此而生的责任感应该是所有真正科学创造的基础,这是由科学活动的基本任务及其统一而又唯一的目的决定的,即**认识真理**。学者**不**以此为己任,学者不为此目标而工作,乃是一种可悲的怪事或者道德沦丧的现象。毫无疑义,在各式各样的实践活动中,这样的事屡见不鲜,于是研究者在内容上就更加偏离了他的目的。在这些偏离中,就造成最为严重的精神损失和扭曲人类生活方面的后果来看,**神职人员、艺术家和学者**的偏离最甚,他们偏离了他们的最高任务的内容对他们的活动所做的纯粹和彻底的规定。这些人就其本身的地位来看,就其明确而又自觉地为之献身的事业的类型来看,他们所**直面**的是**这样一些崇高的、至高无上的生活内容**,全部人类生活皆因这些内**容而有了价值和意义**。如果从人类生活中剔除这些内容:即神职人员以明显的宗教形式揭示出来的善,在艺术—现实形象中展现出来的美,在科学的明确性状态中发现的真——如果剔除这些内容,就意味着把人类生活推入本能欲望的漩涡和为满足欲望而进行的混战之中。神职人员、艺术家和学者的终身事业是这样一种劳动,它贯穿于不断地**面对最高之物**的过程之中;他们的工作与普通人生事业的区别正在于这样一种**直接性**和**连续性**,他们以此来面对**终极之物**和**绝对之物**,面对这样一些领域,在这些领域里,所有"仅仅属人的东西"都正在消失,展示出来的是真正的**精神和神性**。

这一切在日常琐事之中,在追名逐利之中,在为满足本能的欲望而进行的争斗中(无论这些活动是赤裸裸的,还是稍加掩饰的),都会被忘记和轻易蜕化,人们的意识已不知不觉地习惯于某种程度的腐化堕落,这种意识只有在发现了严重不端行为的时候,才会感到惊异和愤怒。直接生活过程制造出了某种"深藏不露"和"可以容忍"的歪曲形式,只是到了道德警醒的关键时刻,它们的本质和作用才公然暴露在人们面前。如果神职人员为了金钱而滥施祝福,如果艺术家为取悦自己和他人而工作,如果学者罗列的是"需要的结论"且为了讨好而让科学创造顺应时势,那么这些现象往往就是一种深痛的悲哀。那些在自己生命的最基本事业上最接近**精神意义**这潭活水源头的人,那些直接献身于发现和实现善**本身**、美**本身**、真**本身**的人,那些自愿担负起伟大的重任及其重大责任的人——如果这些人压制**理论良知**的呼声,那真称得上是最大的堕落,因为他们的任务是最高的,他们的责任是最大的。

如果这里讲的是所有的学者,那么针对哲学家,这番话就有更深的含义了。这是因为,第一,哲学家是各类学者中唯一负责解决**什么是真理**的问题的人。他也像神职人员一样,总是直面善本身,感受着善的本性并向别人展现这种感受;他也像艺术家一样,与**美**

本身打交道,研究美的本质以及发现美、实现美的方法。这样,认识论揭示的是真的本性;伦理学研究的是善的本质;美学考察的是美的天性。第二,哲学作为一种科学创造,是一种特殊的深层含义上的**内心活动**,且是这样一种内心活动,它的研究对象无论在其重要性、复杂程度上,还是在其难以为任何外部机械检验所把握上,都要求有某种特殊的、很强的**心理—精神素质**(душевно-духовная культура),要求有强烈的、敏锐的理论良知,要求有特别纯正的意愿。哲学与其他科学不同,它面对的是终极的、最深刻、最精细且最具精神意义的问题。在这一领域中做出某种断言就是勇敢行为,因而,哲学家要比其他任何人都应该谨记自己的责任范围。

[哲学思考是心灵有意识的创造活动]

如所有认知实践活动一样,哲学思考不是外在的招数或行为,而是内心活动;是**心灵有意识的创造活动**。但它又不是单纯的心灵活动,而是**心灵—精神**活动。心灵并不等同于精神。心灵是变动不居的日常感受、感觉、痛苦、愉悦与气愤、回忆与忘却、思考等心理活动。而精神却不同,它在任何情况下都只是这样一些心灵状态,在这些状态中,人的生命的主要力量和深层境界是朝向认识真理,洞见和实现美,行善,抑或与最高本质进行交流,总而言之,都是朝向人类认可的**最高和绝对的善**。精神是心灵中具有**客观重要性的因素**,进行哲学思考的人正是生活在这种具有客观重要性的状态之中。参与精神活动首先意味着在自己心灵中创造出这样一种必需的内在生活境界,若没有这一境界,就会不可避免地走向堕落和庸俗。那些创造了这一境界的人,就能体会到某种**至美和崇高**,并将之视为至高无上;然而他能意识和体会到,这种美好不仅仅是对**他一个人**而言,不是主观上最可接受的、令自己愉悦的美好,而是**客观上的完美**;它不仅仅**对**所有人来说是完美的,而是不针对任何个人,它**本身**就是绝对完美的,即使谁都不认可它,或者所有人都拒不接受它,否认它的完美,它都毫发无伤。这个"某物"在其性质上被感受为具有某种崇高的内容的**存在**或者**现象**,同时,它又被感受为逻辑的、道德的或美学的客观尺度的实现;也许,它是一种自我展示的**本质**;是终极方面和终极标准中的完美;是**上帝面前的完美**。

正因为如此,由于自身的这种完美,这个"某物"就成为爱与快乐的对象。它被全心全意和全部思维所爱着;心灵因它而兴奋,对它就像对待快乐一样趋之若鹜。但这个"某物"并非因它令人欢愉而美好;它令人欢愉是因为它确实是美好的,客观上是完美的。心灵对它的爱不是心灵上的爱——不是出于强烈而又盲目的嗜好,从自己的情感出发设定它的尊严;心灵对它的爱是精神上的爱——是出于同样强烈的、理性的、有眼光的和越来越有远见的意向。心灵被研究对象的客观品质征服,循着研究对象的呼声,时刻准备接纳它,因它的出现真挚地欢欣鼓舞。对完美之物的这种爱,是一种吞没了个人兴趣、个人爱好、个人私欲的爱;这种爱之所以到来,是由于意识到不能不爱这个对象;是由于这样一种坚定信念:只要一见到这一对象,就会跟随它走,而将他物抛开。这种情感,这种对**对象的客观品质表现出的无私的快乐**,教导人这样思考问题：他本身具有的一切统统**仅仅是**个人的，**仅仅是**主观的，而这些都是次要的、不重要的。重要的、珍贵的和有价值的东西——包括他自身的，包括其他人身上的，也包括物品身上的——是那些**客观上珍贵**、**客观上重要的东西**；心灵之爱应该属于、也不能不属于对象的客观的和绝对的品质：即知识的真理性、心理情绪和活动的道德完善、被创造和接受的形象之美，以及对象内容本身的客观深度。能够对对象的客观的和绝对的品质感到由衷高兴——这是真正的和高尚的哲学氛围的第一基础和首要条件。只有到达这种水平，哲学思考才能真正获得**精神活动**的意义。

无私精神，自我牺牲，以及追求真理的意志所具有的道德纯洁性，这是哲学立身和发展的必要条件。当然，这不仅是指不让认知和公布认知结果的过程臣服于个人生活私利的卑俗意图。不；一个人，只要他的心灵有一次为对象的客观品质感受到忘我的快乐，对于这个人来说，这些基本的败坏道德的偏离危险就是不可怕的。但是，在哲学认知的过程中还有一种不易察觉的，但更加危险的偏离真理道路的可能性，我们每个人都需终生与之斗争。哲学作为一种精神活动，即便在此也应该防范不知不觉的妥协、对**个人兴趣和潜在的好恶迁就**、对可怜的主观经验的姑息，摆脱由上述原因导致的错误和虚假的问题。

这是因为，哲学的研究对象在其"存在"的基本的、原初方式方面不同于其他科学的研究对象。它呈现给我们的不是一种空间上稳定且相对不变的事物，也不是易于重复的外在形态。进行哲学思考的人，在其内在视野面前呈现的对象不可目测、不能耳闻、无法感知，它不是实物，既不存在于空间范围内，也没有时间上的延展。当然,所有展现在其他人眼前的事物也展现在哲人面前:有繁星、有河流、有山脉、有花卉、有人群;话语也对他倾诉,声音也在他耳畔回响;色彩、线条和远景也会映入他的眼帘。但哲学思想在现象中寻找的并**不是现象**,它不为表象所迷惑,也不会在**符号层次**上止步。看到的和听到的,身体的和心灵的,都会使哲学思想亢奋,它们作为一种忠实的符号,等待着被感受和领悟。须知,灵光总是在埋藏宝藏的地方徘徊。哲学思想在一切现象和情状的内容中看见和揭示其**精神含义**,并认为自己的对象就在这一精神含义之中,自己的任务就在于把这一精神含义合理地、令**每个人信服地**揭示出来。当人以认知的态度对待研究对象、与它进行认知"交流"的时候,人是完全**孤独的**,内心封闭的,与外界隔绝的,几近**无助的**,无论如何是**毫无监督地**面对自己。在这种无助的、内部隔绝的状态下,哲学家应该自己、通过一个人独立地集中意志、想象、记忆、注意力和思想,来**唤起对自己应该研究的内容的现实感受**;他应该提供其心灵之力,借此使应该得到研究和认知的内容得以实现,并使之成为直接的现成材料。这个内容应该好像控制了心灵的组织结构一样,在心灵中实现;对象应该像是研究它的心灵之布上的客观图案一样。这样,**也只有这样**,哲学家才能置身于研究对象的客观本质这一类学者的地位。上述所有心灵之力组成创造性的、同心协力的共生体,在紧张的互动以及共同关心研究对象应有的准确性和明确定位的情势下,使哲学家有可能在对自己对象的观点上获得统一性和客观性。哲学家用心灵之力在自身建立对研究内容的现实和真实的感受,然后他就独自**用心地对该对象的内在本质进行内在观察**。这种内在观察可能再度需要心灵各方力量的参与，根据研究对象的特性，动员心灵中所有的意识能力和无意识领域。在这个阶段的研究中，**心灵以特有的直觉方式融入到研究内容之中**。心灵接受、引导以及现实融入到其生命体的东西，让其客观属性得以实现的东西，对于心灵来说，现在都是**系统直觉研究的对象**。自然，在这种情况下，研究的并不是现实感受，不是总以时间延展形式形成的心灵之主观功能，亦不是在联想和感情色彩等情态中的主观心理状态的品质和特点；而是**客观的、超时间的本质**，它内容丰富地摆在研究精神面前，直接呈现给研究精神，这一本质作为令人愉悦的、可爱的和被哲学认识的、就其意义和重要性来说是绝对的景况，对象性地指示给研究精神。

对研究对象的这种系统直觉观察，是迄今所知的、在**理论良知规范下的最高水准**[①]。到达该水准后，它就让位于第三个阶段：以理性逻辑揭示研究内容。进入到这一最后阶段的心灵，当然应该坚信它做的工作具有客观的纯洁性和符合实际的力量。一开始它就应该就使用**所有方法**、调动**所有潜力**在这方面提供保障；它应创造性地怀疑，审慎地提问，公正地检审。它应该树立**坚定的、有根据的信心，相信主观歪曲不会存在**。唯有这一切都做到及实现以后，它才应该着手对其直觉发现进行理性和科学的揭示：逻辑鲜明而又清晰地揭示这样一种对象内容，这个内容似乎也期待着被人彻底揭示；使对象摆脱令其受苦的非理性迷惑的假象。真正的哲

[①] 不可能在这篇简短的讲话中考察和分析全部哲学认识过程、它的根本特点和次要特点；在此只能指出这样一个途径，它的实现能够给每个人提供关于哲学方法的本质的知识。

学思考总能提供**科学知识**；科学知识就是知识；知识就是思想；思想承载着一切它以理性方式所扬弃和包容的东西。因此，哲学永远有一个统一的任务：以符合事实以及科学真实性之力，去揭示研究对象真正属性（在**系统直觉**的过程中，认知已经渗入其中）的客观理性内容。

正如目前所示，在这种内心高度集中细致的**精神活动**中，进行哲学思考的心灵确实一直处于与外界隔绝的孤独状态中。它处在一种其他人的意识无法穿透的封闭状态中，它独自面对那个**直接获取**、**直觉跟踪以及思维展示**的内容。谁都无法让他人进入自己的心灵；在这件事上谁都无法取代他人；谁都无法从他人的心中消弭独立思考、灵魂自我洗涤以及孤独、直觉、理性的哲学认知带来的重负；哲学认知需要高尚的、**自己**培养和实现的精神素养。这里需要的正是费希特倡导的那种内心自发的、始终如一的对**认知**的**道德诉求**；这需要研究者本人追求**完美**和**真实**知识的百折不回的意志，需要异常敏锐的个人理论良知。理论良知会向求知的心灵提出一个亘古不变的要求："**你可以也应该承认和公开信奉的真理只有一个：在认识它的时候，你要尽最大可能去理解，反复检验，避免所有的主观曲解，用人类所知的所有方法净化自己，深层了解对象，并在这条体验道路上获得这样一种认识上的明确性，它在经验形态上是个人的，但在内容和意义上是超个人的**"。理论良知的这种呼声的确始终不变，永不止息：哲学家应该比其他任何学者都恒常具有理论良知，这仅仅是因为，除了**理论良知之声**这唯一的保障外，哲学认知活动没有其他任何让自己不被歪曲的保障，也没有其他任何防止主观堕落的保障。因为只有那些已经在哲学水准的要求中锻造自己心灵的人,才能清清楚楚地看到和感受到虚假的哲学思考所带来的实际危害。这种危害不是物理性的或生理性的、亦不仅仅是心灵性的(如在其他知识领域中那样),这是精神性的危害。它表现在生命的认知、道德、审美及宗教水准的根本退化,这种退化具有这样的属性,它长期不被察觉的特征,等它发出振聋发聩的呐喊突然出现的时候,哲学和精神氛围业已堕落和瓦解了。

哲学思考担负着责任。这种意识应该时时闪现在那些以哲学家身份讲话的人心中。之所以担负责任是因为哲学是**知识**;而所有的知识都提供精神权利,负有精神义务;知识是**天赋**和财富,因为知者(正因为他知道)且不是"大概其"知道,而是确切知道,**真正知道**,**客观地**知道;他在观点上就走出了举棋不定的泥潭。在知者那里知识与信仰**不会**分道扬镳,也不会矛盾对立:他所知道的东西因这样一种**统一**的可靠而是可靠的,因这样一种**统一**的明显性而是明显的,这种统一的可靠性和明显性以其客观性的力量创造了**信仰中的知识和知识中的信仰**。可以相信和信仰的只能是可靠的、**事实上确实如此**的东西;不可能明明知道某种东西**事实上**"不是这样"却去相信它;这种人没有责任感;但也不可能在相信某种东西**事实上**"不是这样"的时候知道它;这种人既没有信仰,也没有知识。知道——意味着一种具有**客观依据的信心**;那么,**讲述知识的人**怎么会**不信**他所知道的东西呢?相信——意味着充满对真理的承认;那么,承认真理的人怎么会没有具有客观依据的知识呢?知识也许尚未被揭示;信仰可能**暂时**仅仅是心灵一方的财富。但本质上它们是**一回事**。因为假说和假设还算不上知识;而倾心与渴望、需要与期待、夙愿与陶醉根本不是信仰。之所以说知识是天赋和财富，原因就在于此。

但哲学作为一种关于最重要之物、关于**绝对之物**、**关于精神**的知识，是更好的天赋和更大的财富。哲学在认识精神的本质时，应建立有客观依据的信心，寻求这样一种统一的可靠性和统一的明显性，离开了这一可靠性和明显性就**既不可能"知"，也不可能"信"**。但这种可靠性和明显性不能也不应**处于保密状态**或仅仅展示给"诉求者"。对所有人来说，对象都是客观的和统一的。它应该让所有求知者都能够了解。人所知道的东西、人所信仰的东西以及被认定为真实可靠的东西，都应该向所有的求知者敞开大门。因为哲学是**科学**；它沿着科学的道路前行：哲学确定自己的对象，用屡次进行的、纯粹的直觉去体悟它，描绘它的内容，对它进行分析、综合、指示、检验和论证。哲学中不该有随心所欲、空穴来风的发明创造，那只能是自欺欺人和妖言惑众。哲学不会故弄玄虚，对自身和其他事物都是如此。哲学与暗中毁谤以及阴谋诡计格格不入。它能够也应该彻底摆脱这样的**迷信**，也就是人为了恐惧而充分"相信"，为了**不**恐惧而不充分"相信"，由于恐惧而"相信"，由于"信仰"而恐惧。哲学寻觅**光明**并且找到光明，它总是在已被赐予之光或自己攫取之光的照耀下劳作。因此哲学无惧也不制造恐惧，而且它还尽可能让恐惧无处藏身；因为恐惧只在这样的地方出现，在那里，没有被理解和揭示的力量在昏暗中作祟并从黑暗中发出威胁。哲学如所有知识一样始于经验；精神是哲学经验的对象，哲学没有理由把经验赋予它的对象财富懒惰地隐藏起来，不让所向披靡、令人愉悦的理性探索去揭示①。如果笃信宗教的人所接受及相信的,仅仅是在真正的精神经验中可靠而明显地向他展现的东西,那么,费希特和黑格尔就言之有理,他们说:**哲学**就其内容来说**是真正的宗教**。

大家看到,多么重大的责任摆在决定献身哲学的人面前。一个做哲学研究的人如果重视摆在眼前的这一崇高的哲学使命,倾听理论良知亘古不变的要求,他就会即刻发现且始终铭记前进道路上可能出现的危险和歧路。我相信,对于大多数人来说,考虑到这些危险并看到它们导致的后果,就意味着踏上了克服这些危险的道路。

[哲学思考之路上可能遇到的三个危险]

第一个危险是,哲学思考有可能丧失其唯一的、至高无上的目标,变成**失去本我**的活动,换言之,开始为旁门左道的目的服务。这里且不谈那些有意为之的、对真理的故意歪曲;诡辩派对强权的辩护只有在从不知晓什么是真正哲学的人那里才能得逞。但这里还有其他偏离。如所有真正的科学知识一样,哲学知识只能建立以脱离了其他动机的、独立获取和体验的明显性为基础。这种对仿佛是从对象自身的深处生长出来的明显性的体验,不能被**任何事物所**取代或挤掉。当然,权威具有强大的科学和文化力量;但权

---

① 参见我的文章《作为良知宗教的费希特哲学》,《哲学和心理学问题》杂志,1914年,第122期。

威的任务仅仅在于**暂时地、初步地取代明显性,**作为教育或入门的基础,这一基础在初级阶段和传授优良传统方面是很有必要的。权威指导的任务就是培养一个没有经验的人学会独立认知;教会他如何在获得具有对象性依据的明显性;最后,及时发现此人的成熟,给他指出自由发展的道路。权威无法**替代**科学的明显性,一旦后者出现,那么严格意义上讲,连冲突都不可能发生。哲学家可以效忠的只有一件事——对象的明显性。任何一个权威都必将**心甘情愿地**给它让路,正如以前的权威们曾给它让路一样。**不听命于对象,不听命于上帝**,却听命于人,这不是哲学家的善行。哲学作为一门科学,其基础是**科学研究的自由**。

第二个危险是,为客观可靠而又符合事实的直觉而进行的、为真正以直觉方式深入到对象之中而进行的、严酷但可以净化个人心灵的斗争——这一斗争有可能被轻而易举获得的主观印象或一大堆个人无意识的混乱想法所取代。

在第一种情形中,哲学经验在不知不觉中被主观印象、猜想或其他观点所取代,于是哲学就退化为空论,成为诉求报告(虽然看上去没有任何要求),这种报告也许不乏个人自传的兴趣,但却没有丝毫哲学意义和客观意义。正是在这条道路上,哲学思考被这样一些人所掌控,他们与哲学没有任何干系,却仍然就对象和问题发表轻率论断与意见。

于是探寻就脱离了对象,失去了与明显性和可靠性的所有关系,哲学周围开始形成无所不可的氛围;哲学交流退化为多少还算成功的辩证法,于是哲学就失去了其深刻的精神和道德意义。沿着这条路很容易走上彻头彻尾的相对主义,得出一套自我安慰的学说,说什么"一切都是相对的"。哲学就成了编造出来的多少还说得过去的故事,讲的是"我是什么样的人"以及"我的看法如何如何",而对对象性、科学客观性以及超个人的明显性的要求,则将被解释为要求者的自以为是。

在第二种情形中,对象性哲学直觉被一大堆个人无意识的混乱想法所取代;于是哲学思考就踏上了占卜之路。沿着这条路在这样一个范围内走下去,人们就会变成"神秘学家",他们又分为两大类,一类人在技术层面掌握了"神秘学"方法,并人为地把这些方法传授给听话而又朴实的门徒;另一类人被他们自己的虚假启示所控制,不知所措地随波逐流,摇摆不定。

现今成倍增长的"神智论者"和"人智论者"就属于第一类人,他们喜欢用"科学"一词作伪装,而事实上却在传授和进行着某种类似神秘主义的心灵实践。在他们看来,这种昏暗的心灵实践即使不算是智慧,至少也算是通向智慧的真理之路。然而在此,纯粹的哲学知识之光却黯然失色,**精神**的自觉生命和理性生命则消解于对**心灵**的物理方面和能力的培育中:他们的"未卜先知"便是这样的,它以失去思维和拒绝自由的对象性直觉为代价。其实他们没必要谈"科学",因为他们的科学与真正的科学毫无共同之处,后者客观地研究对象,公开确认,当众证明;而他们的科学却是一种**妖术**,他们"学说"的内容是一种模糊的妄想。"人智论者"企图用**魔法掌握**他**本人**无意识范围中的秘密,并为此与他**本人的无意识**进行实际的生活交流。这种交流使他的个人生活中心陷入了他无法理解的类本能的深渊;这样做**不是**为了知识:作为名副其实的"术士",人智论者寻求的不是知识,而是**统治**,是控制自身那不屈而又不幸的自发性的权力。他在"导师"指定的"沉思"中嬉戏和惶惑,痛苦和享受,而在此过程中,自己的**个人精神**逐渐慢慢消失,他沉沦至底,不能自拔,什么知识都未获得,只是有些新感受而已;他终于用拒绝**理性**和精神功绩的代价为自己换得**个人安慰**。他的悲剧在于,他为了追求权力和统治,却走上这样一条路,这条路使他走向安静的顺从,让无意识自发性在内容上战胜了意识;个人保持着他的外在躯壳和内心平衡,可被人智论者称作"精神"状态的东西,却与哲学创造精神的自觉生命没有任何干系。

他们的"知识"便是如此,他们的"智慧"就是这般。不过,他们具有理论学说的某种外表,但这种学说只是从属的、了无生趣的折中的拼盘。把知识看作建立在个人真实感受基础上的一种想当然和自信的状态,这样的知识全然没有价值,也不能传承。知识作为以个人体验的明显性为基础的信念和理解的状态,这样的知识完全没有得到他们的重视和推行,而被他称作"通灵"知识、即内心知识的东西,则没有揭示任何新东西。他们不知道,科学的对象性直觉更远更深地渗透到无意识生命之中,不是用"内心的"、而是用公开的知识进行渗透,他们神秘活动的秘密本身已经在科学掌握的范围内。他们终生都为自己不能理解的事"算卦",却全然没有注意到,大地之光因他们的"智慧"而变得暗淡。

与他们很接近却力图与他们划清界限的,还有另外一类真理哲学的敌人和歪曲者。这些探索者被自己看起来像"宗教启示"的东西控制,被它们模糊不清的、常常完全属于个人的内容所折磨,他们的迷失是因为承受不住个人心灵不幸的负重,并由此变得更加迷茫,由是越发觉得自己不幸。哲学直觉的特点是需要全部心灵力量的参与才能实现,这一特点带来的结果是,全部无意识领域都被吸引到研究工作上来,作为服从于理性和被理性所利用的环境。但与此同时,还有这样一些隐秘的喜好和个人愿望,它们不被容许进入白天意识的门槛,像尼贝龙根人一样藏在夜晚意识的最深处;还有一切从经验中得来的、没有得到精神净化的个人喜好;还有我们每个人童年时期留下的全部心灵创伤,它们终生不愈,蚕食着心灵并让很多人患上神经衰弱及其他可能的病痛——所有这一切,如果缺乏应有的净化工作,缺乏**对自己的心灵习性**和自己经验上的自我感觉的**残酷无情**,它们就会侵入到哲学工作之中,使得心灵没有能力掌握客观的科学知识。于是,哲学就会成为秘密私欲的玩偶;哲学的意义就成为或多或少成功地找到病态的无意识与有意识的思想体系之间的妥协;在这种人那里,"哲学"不过是一种个人的"生活方式"。在他们那里,认知的能量熔化为主观的盲目信念,他们愈难找到内心妥协,他们的直觉思维能力愈弱,就愈加病态地抓住这一盲目信念。这些探索者彷徨常常以此收场:他们会像弗里德里希·施莱格尔的经历一样,附着于某种宗教信条,于是即刻形成两种歪曲:哲学因他们的情感流露与"理论建构"而退化为一种拙劣的宗教。而宗教由于充满了激动而又病态的主观因素失去了其深度和意义,失去了客观启示的特性,蜕变为一堆乱糟糟的主观夙愿和绝望,甚至有可能会像在琴采多夫[①]伯爵那里

[①] 琴采多夫,尼古拉·路德维希(Цинцендорф,1700—1760年),德国宗教活动家,新教某一教派运动的领导者,主张新教各派应当在对神与人的爱的基础上结成统一联盟。——译者

一样,变成精神病理学家所关注的素材。

还存在第三种危险,也不能不讲它。那是脱离了鲜活的对象性直觉的知性带来的危险。不久前,大约十年前,人们会有一种感觉,觉得欧洲哲学已经踏上了这条路,且无力脱身;出于对德国唯心主义伟大体系"崩溃"的担心,思想让自己学会更高程度的臆想,进行纯粹的假设,它只会分析"抽象的"概念,不敢观察真实的对象,不敢走近它让自己冒险和恐惧。哲学或转变为对他人思想(这些思想曾谈到过对象)的研究,或变成一种知性分析,失去了与哲学中所研究的精神状态的认知统一。看来,当前的哲学正在离开这条道路,对直觉主义与日俱增的关注便是证明,这种关注在不同的研究领域体现出来。这种(目前已经痊愈的)知性思想与直觉的脱离,让哲学走向的不是轻浮,也不是占卜,更不是主观主义的蜕化,而是在没有水和空气的虚无中走向死亡。在这里,哲学只是保留了科学知识的表象,它终会持枪荷弹地死在岗位上。人们开始尤为重视概念在形式上的区分、观念在表面上的体系性以及形式主义的定义和论题。由于失去了与对象的生动关系,因而没有意识到,在这种状况下,哲学必然退化为一套无根的概念,他们自然是依然处于没有任何对象性根据的状态中,他们在用**别人思想**的根据取代对象性根据。可别人的思想兴许也是无水之源无本之木,依靠的只是更早的体系和学说;这样哲学领域就出现了遗传性的空洞。一些书在讨论另一些书;把别人的观点当作某种独立价值加以研究;历史上有过的观点放在一起组成博物馆;培育图书馆式的博学。思想似乎正在蒸发,在自己了无生机的考究之网中纠缠。**知性的模仿**一统天下。

这些就是哲学道路上的主要危险。只有坚定不移地忠实于对象性直觉以及理论良知,才有可能克服这些危险:哲学家应该只信奉一点,即他在自己用直觉和理性所研究的客观状况中所明显看到的东西。如果他忠实于这种要求,那么哲学中无果的争论和分歧的数量会迅速减少,哲学就有可能转变为统一的科学,转变为关于精神本质及其发展道路的真理知识。

黑格尔曾经为这样的低级民族文化和精神文化感到难过,它没有创造出自己独有的形而上学上帝观、世界观和人观。他知道(他之前也许只有亚里士多德一人知道),形而上学的创造和直观构成了一个民族全部精神生活最为深刻的本质;对精神生活的**客观揭示**,正是少数人的活动和创造,为了这样的活动和创造,多数人在盲目无知中生活,在盲目无知中受苦和死去;**形而上学**正是理性热情的最顶峰,它养育、圣化和完善着作为活的统一体的民族的精神文化,它确实应当成为**真正的精神纯洁性的源泉**。

我们大家的任务是,在这个领域用心灵和精神去工作,我坚信,在这条道路上,仍将出现伟大的哲学建树。

《黑格尔哲学是关于神与人的具体性的学说》(1918年)[①]

概念本身固有某种内在辩证法:陷入与自己的"内在矛盾",分

[①] 选自伊里因:《黑格尔哲学是关于神与人的具体性的学说》(Ильни И. А. Философия Гегеля как учение о конкретности Бога и человека. С.-Петербург. 1994. С. 115)。

化出彼此对立的新概念。这是概念的普遍的、基本的和专门的属性：没有自身不包含内在"矛盾"的概念；没有不在自身中分化成彼此否定之物的概念。概念的这一属性不仅不会对认识和哲学造成毁灭性影响，而且能够促成它们的确立和繁荣。

按照这种观点，哲学的任务显然不在于与矛盾作斗争和克服矛盾，而在于寻找矛盾和存在于矛盾中。"逻辑矛盾"——这几乎成为整个哲学的本质。找到矛盾，确认矛盾，培育矛盾，揭露这一独特的内在瓦解和在认识上欣赏这一瓦解——这就是"真正哲学家"的活动。对这一活动的无能就是对哲学和科学认识的无能。黑格尔的"功绩"在于他发现并永远确立了这一"哲学的辩证本质"。

人们长期以来都认为这也是黑格尔的最重要"发现"；此外，他的学说的几乎全部本质都被归结为培育逻辑矛盾。至今有时还可以找到这样的思想家，他从外表上迷恋这一独特的"矛盾"美学，"喜欢"这一古怪的、但又是合乎规律的思想瓦解游戏，试图把黑格尔看作是无成果的哲学思考的同路。

与此不同，必须指出，"辩证法"既不是黑格尔哲学的主要内容，也不是黑格尔哲学的最高成就；"寻找和培育逻辑矛盾"永远也不会成为他的真正继承者的事业。

概念的辩证状态不是黑格尔臆想出来的，而是他在认识对象的本质自身中直觉到的。不是他"发现了"这一矛盾状态，偶尔撞见了矛盾的表现，而是矛盾"向他展现"，在失去了坏的主观性和经验的随意性的系统的思辨直观中向他展现。思想与直观融合，但并没有不再是思想；直观浸透了思想，但并未失去自己的天赋。这样的思想和直观使得黑格尔能够达到那个表现出"内在矛盾"的对象。黑格尔所制定和掌握的这种认识活动结构，必然导致他"看见"辩证法。

这样，按其哲学思维方法而言，应当认为黑格尔不是"辩证法家"，而是直觉主义者，确切地说，是具有直觉思维能力的未卜先知者。如果把"方法"理解为哲学家主观实行的认识"形式和方法"，那么，只有从纯粹外部的、抽象推理的观点看，才能认为黑格尔是"辩证法家"。他没有"寻找"概念中的矛盾，然后也没有"努力"衡量它们；他的思考不是先"分析"后"综合"。他总是在聚精会神地进行直观，在紧张地描述对象本身中发生的变化：他用思想进行直观。这就是他的"主观"认识方法。不是他在运用"辩证法"，而是对象在实行辩证法。

因此，辩证法不是人的主体施加于或运用于对象的方法，而首先是被认识客体的方法。这种方法独立地属于客体；但在认识过程中，它也充满了认识主体的心灵，控制了主体的心灵，在其中实现自身，结果是这一方法既是客体的方法，也是主体的方法。在认识活动中人的心灵之所以开始了"辩证法的"生活，只是因为对象是这样生活的；只是因为对象本身的辩证法达到了这样的程度；只是因为对象中发生了这样的过程。可以说，人的心灵从对象那里得到了"辩证法的传染"，如果这一描述不是过于表面化的话。

（三）直觉主义认识论

俄国哲学往往因对人的问题、宗教问题、道德问题、历史问题的特别关注,而与西方经典哲学论题有一定差异。但在20世纪的俄国哲学中有这样一个"纯粹哲学"流派,它所研究解决的问题正是传统的哲学认识论问题——这就是俄国直觉主义,即以对认识对象的直觉为基础的认识论学说,主要代表人物是洛斯基和弗兰克。

直觉主义的基本宗旨是试图克服近现代哲学在知识论上所陷入的主观主义和唯我论的困境,尽可能使认识能够达到对象本身,而不仅仅是关于对象的主观表象。"客体是按照它的原有样子被认识的,进入意识之中的不是被认识之物的摹本、符号或现象,而是该物的原本自身"①。洛斯基认为,这种对其他事物本身的直观之所以可能,是因为世界是某种有机整体,"一切内在于一切",而认识主体、个体人的自我,则是某种与整个世界紧密联系的超时间和超空间的存在,主体与对象之间存在着"认识论协调"。洛斯基主张广义的直觉概念,他把直觉划分为三种,即感性直觉、理性直觉和神秘直觉。

弗兰克的直觉概念则是相对狭义的,他把人类的全部知识划分为对象性知识和活知识。对象性知识指向固定的、僵死的存在,具有间接性,不能达到事物本身。通常的经验知识和抽象的理性知识都是对象性知识。活知识是通过主体与对象的超理性的、本体论的融合,通过主体与存在的共同感受而获得的,其中意识不仅反映存在,而且加入存在之中。"意识直接照亮(意识到,认识到)

---

① 洛斯基:《直觉主义的证明》(Лосский Н. О., Обоснование интуитивизм. 3—е издание, Берлин, 1924, С. 67.)

与自己对立的存在,不是通过在自身之中对存在的复制(二元论的实在论),也不通过幻想[这一幻想使得意识把自己内部的内容当作外部存在(现象主义,观念论)],而是通过对意识之外的存在的真正认知把握"[①]。弗兰克认为只有活知识才具有直觉性。

在洛斯基和弗兰克之后,俄国直觉主义认识论在波尔德列夫(Д. В. Болдырев,1885—1920 年)、列维茨基(С. А. Левицкий,1908—1983 年)的著作中得到了进一步发展。

27. 洛斯基

尼古拉·奥努弗利耶维奇·洛斯基(Николай Онуфриевич Лосский,1870—1965 年),出生于维捷布斯克省(现白俄罗斯境内)克列斯拉夫卡小镇的普通林务员家庭。在当地上小学和中学。七年级时因"宣传社会主义和无神论"而被开除学籍。为继续求学他偷越国境经奥地利到瑞士,曾入伯尔尼大学,但因无力支付学费和生活费未能正常学习,不久返俄,终得一亲戚之助获准通过中学毕业考试,于 1891 年入圣彼得堡大学数学—物理系,后转入历史—语文系,1898 年获双学位,1900 年留校哲学教研室,当年即赴德深造,曾就学于新康德主义哲学家文德尔班、现代心理学奠基人冯特和 G. E. 缪勒。1903 年回国,完成硕士论文《从唯意志论观点看心理学主要学说》;1907 年完成博士论文《直觉主义的证明》,

---

[①] 弗兰克:《简明哲学导论》(Франк С. Л. Введение в философию в сжатом изложении. Петроград. 1922. С. 35)。

这是他的认识论学说的代表作。后又在《作为有机整体的世界》(1917年)、《感性的、理智的和神秘的直觉》(巴黎,1938年)等著作中对直觉主义做了进一步论证。

1922年以后,洛斯基走过了一大批俄国哲学家、作家和艺术家所共同经历的流亡学者的生活之路——驱逐出境、侨居欧美、著述、讲学。他的学术活动遍及世界多所大学和宗教机构:圣彼得堡大学、布拉格俄罗斯大学、布拉提斯拉发大学、美国斯坦福大学、纽约圣弗拉基米尔神学院等等。牛津大学和哈佛大学珍藏着他的讲义。他的著作不仅限于认识论领域,还广泛涉及逻辑学、形而上学、意志自由论、价值哲学、伦理学、美学、宗教哲学和社会哲学等,除上述四部外还有:《逻辑学》(柏林,1924年)、《意志自由》(巴黎,1925年;中译本,三联书店,1992年)、《价值与存在》(巴黎,1931年)、《世界观的类型:形而上学导论》(巴黎,1931年)、《上帝与世界之恶》(柏林,1941年)、《至善的条件:伦理学原理》(巴黎,1949年)、《俄国哲学史》(纽约,1951年;中译本,浙江人民出版社,1999年)、《陀思妥耶夫斯基及其基督教世界观》(纽约,1953年)、《哲学通论》(法兰克福,1956年)、《俄罗斯民族性格》(法兰克福,1957年)等。其中多被译成英、法、德等多种外文。

1965年1月24日,洛斯基在巴黎去世。

《感性的、理智的和神秘的直觉》(1938年)[①]

导 言

我在30多年前就已开始研究直觉主义。直觉主义是这样一种学说,它认为,认识对象,即便是关于外部世界的知识,是原本地自身进入认识者的意识之中的,因此,对认识对象的认识不依赖于认识活动。

直觉一词的含义是认识主体对客体的直接看见、直接观照。这一术语的一切更进一步的细微含义和特点,我都是从上述基本含义中引申出来的。要批评我的观点,必须从"直觉"一词的这一基本意义出发,即直接拥有对象原本,而不是复本、象征、构建等等。

这样,"直觉"一词在我这里完全没有在文献和日常用语中广泛流行的下述多种意义。

1. "直觉"一词在我的体系里不意味着被直观之物是非理性的(柏格森的直觉);无论是存在的理性方面,还是非理性方面,既然它们是存在的,就同样可以成为直觉的对象。

2. "直觉"一词在我这里不意味着看见具体的不可分割的存在整体:实际上,推理的、抽象的知识也能够成为对原本存在诸多

[①] 选自洛斯基:《感性的、理智的和神秘的直觉》(Лосский Н. О. Чувственная, интеллектуальная и мистическая интуиция. М., 1995. С. 137—160)。

方面的洞见,如果在存在中有断裂和结合的话;这样,我可以说推理思维具有直觉性,甚至知性(不唯独理性)也有直觉性。但另一方面,直觉作为对存在原本的直观,正是从这种直觉学说中,才能解释何以能够洞见对象的有机完整性,从这一直觉学说甚至能够解决推理知识的某些难题,因为它指出了,对象整体的直接实在性历来都同样是推理思维的基础。

3. "直觉"一词在我这里完全不意味着这样一种在潜意识领域里流动的、跳越中间环节的思维,这种思维依靠灵动、顿悟或天才悟性等等。

4. "直觉"不意味着先知的预言。

5. 我的直觉学说不是传布一种新的、不平常的认识方法:这是那些老的、普通的认识方法(感觉、记忆、想象、思维,包括判断、概念、推理)的新理论。的确,由于直觉理论确认,知识是主体对原本的超主体的存在的直观,虽然此存在在空间上(有时也在时间上)远离主体,因此,直觉理论甚至把最普通的感觉,比如我用眼睛看见距离我10米远的树,与未卜先知相提并论。当然,这样的理论容许人的认识能力走独特的发展道路的可能性,能够为解释心灵交通、未卜先知等罕见的知识类型提供基础。

在我过去写的关于作为唯一知识源泉的直觉的书和文章中,在关于感性的超主体性、关于理想存在与现实存在的关系、关于指向元逻辑存在的直觉等问题上,还有许多内容没有说清楚。现在这本书就主要是解决这些问题的,正如书的标题所表明的那样。主体所认识的对象是其原本,而不是它的复本、象征和构建,关于这一观点的一般根据,我只是在第一章中简短地加以叙述,其部分目的是为了把它们与和我的直觉主义同时存在的、在西欧和美国发展的其他一些同类学说加以对比。

第一章　直觉主义的一般依据

在17—19世纪的哲学中最流行的是这样一些学说,它们认为,在我的意识中现实存在的被感知对象,这张桌子、这棵树等等,只是一个主观的形象,是我头脑中的个人心理现象,而超主体的实在本身仍然在我的意识之外,是超验于我的意识的。在这些学说中,有的确认,内在于意识之中的形象是超验于意识的对象的复本;还有的认为是对象的象征;另有的认为这是进行认识活动的意识所进行的构建,等等。

现代哲学在最近30年发生了剧烈转变:出现了许多这样的学说,它们承认,被感知的对象不是形象,而是现实的存在本身,是进入主体意识的超主体的实在本身。

接受这些学说——这意味着走上一条全新的道路,脱离某些为有文化的人所习以为常的关于世界的观念,这些概念不仅是在哲学的影响下,而且是在物理学、生理学和心理学的影响下树立起来的。把所有在意识中找到的对象主观化和心理化,这种倾向甚至被现代语言所深深地固定起来,乃至许多人很难马上理解这样一些哲学家的学说的确切含义,他们开始了我下面要说的一场运动。当然,儿童和没有文化的人们到现在依然倾向于素朴的实在论:当他们看见松树的绿色针叶,听见树枝忧郁作响的时候,他们相信,这绿色就在针叶上,响声充满了松树周围的空间,无论人有没有看见和听到这些。但当今有文化的人们却几乎都完全相信,吩咐是得到证明的:色彩和声音是观察者的心理状态,仿佛认识主体所直接知晓的只是树在他身上引起的感觉,所以在他意识里现场存在的只是树的形象,也可以说是心理上的树,而不是物质的、超主体的存在。

按照这一学说,我在自己意识中找到的一切,都已经不是外部世界了,而只是我的心理状态。我不能直接认识自己的孩子,自己的妻子,自己的朋友;进入我意识的不是他们本身,而是我对他们的反应。我封闭于自己意识的笼子里,仿佛被关进了永远孤独的牢狱;能够从外部世界达到我的至多只是信号,我甚至有理由怀疑,我意识之外的某种东西是不是真的存在。

这些理论剥夺了大自然的全部宝座,使其成为主体的组成部分,从而使世界失去价值,然而完全没有使主体更富有:在确认天空的蔚蓝、大海的蓝色、海浪的声响、兰花的芳香只是在我之内存在,只是我的主观心理状态的时候,我就剥夺了大自然的重要性和无限生命力,然而我自己却并未获得巨大力量。

然而现在出现了这样一些哲学流派,它们给大自然恢复了它的充满生机的丰富内容和动态性,同时把主体本身看作是活的、具有创造积极性的存在物;是离我几米之外的大海自己显出蓝色,是凉的海浪自己慢慢涌向岸边拍打沙滩发出声响,兰花的芳香确实充满了空气中。当儿童玩捉迷藏的时候欢乐地喊叫,在这些笑声和喊叫声中,是他们的欢乐本身出现在我的意识中;如果其中一个孩子被门夹了手指而大哭起来,是他的真正的痛苦本身进入我的意识之中。

在俄罗斯文献中,关于知识是对现实本身的直接理解的学说,其萌芽可以上溯到斯拉夫主义者 И. 基列耶夫斯基和 А. 霍米亚科夫[①];这一学说后来在弗·索洛维约夫哲学中得到了系统研究,索洛维约夫建立了关于真理是经验认识、理性认识和神秘认识的结果的复杂学说(神秘认识进入了超主体的实在本身领域)。到了二十世纪初,我对关于直觉知识的学说进行了研究,称作直觉主义;我着手这项工作是由于谢林和黑格尔的学说,而不是由于索洛维约夫的学说。只有当我从认识论转向形而上学的时候,我才意识到我的观点与索洛维约夫学说有许多相近的特点。后来,弗兰克的《知识对象》一书展开了一种直觉主义的独特形式,作者把这本书不仅看作是认识论体系,而且看作是阐明了直觉可能性的形而上学条件的本体论体系。最后,不久前在莫斯科出版了一本 Б. 巴贝宁、Ф. 别列什科夫、А. 奥格涅夫、П. 波波夫的论文集,题为《实在论之路》(莫斯科,1926 年)。文集作者把自己的流派叫做直觉主义的实在论。

关于对象本身的知识的学说也为英美新实在论的代表人物所发展。这一学说以最接近于俄国直觉主义的形式体现于英国文献中,比如在 S. 亚历山大和 J. 莱德的著作中。在美国文献中,新实在论的主要代表应当是《新实在论》文集(1912 年)的六位作者:E. 霍尔特,W. 马尔文,W. 蒙太格,R. 培里,W. 皮特金和 E. 斯鲍尔丁。

[①] 参见 Э. 拉德洛夫的文章《斯拉夫派的认识论》,《人民教育部杂志》,1916 年 2 月。

法国非理性主义的直觉主义在柏格森哲学中得到了出色表现。德国有两种彼此有深刻差别的关于对象本身知识的学说：雷姆克的哲学和 M. 舍勒的学说，他们是由于胡塞尔的意向性理论而发展自己的认识论的。P. 林克在这条路上走得更远，他把胡塞尔的体验现象学改造成了对象现象学，自称这一学科是本体论的。E. 巴特尔也发展了一种独特的直觉主义。

从亚里士多德开始，经由中世纪哲学，直到现代新经院哲学，这条直觉主义之流在哲学史上显然从来没有停息。黑衣教士学者格雷特维护这一流派，称之为自然实在论，他在自己有价值的著作《我们的外部世界》(Unsere Aussenwelt)一书中历数了与这一流派相关的现代新经院哲学家。

关于直觉中对象是在其原本中被给定的学说，有各种不同的哲学流派都对它进行证明。我的方法是这样的：在研究康德之前的经验主义、理性主义和康德的批判哲学的时候，我看到，有两个前提是所有这些认识论流派的基础，这就是，其一，意识的全部内容都是个人心理状态；其二，感觉的内容是由于对象对主体身体的因果作用而发生的。我在拒绝了这两个前提，分析了在知觉和认识中的意识的构成，描述了意识要素的这样一些可观察到的细微差别，这些细微差别是在错误前提影响下通常被忽视的，我还确定了这样一些概念，它们用以思考意识结构的各种被找到的方面。当然，只有了解整个学说才能明白，"观察"、"思考"、"确定概念"等词语的意思是什么。

假定我看见和触摸一棵白桦树的树干，我说出了我认为是真理的知识："这棵白桦树的树皮是白色的，坚硬的"。或者又假定，对这样一个问题:"现在你最强烈的愿望是什么?"——我回答说:"我想听沙里亚平演奏的鲍里斯·戈杜诺夫,这是我最强烈的愿望",或者,对"是什么让你这么高兴?"——我回答:"我解出了一道数学难题让我感到很满意"。在这三种判断表述中,我通过对意识的组成进行观察和分析,发现其中都有三个要素:(1)进行意识活动的主体——我;(2)被意识的对象——白桦树皮,我的愿望,我的满足;(3)主体和对象的关系。

当我全神贯注于对客体的感觉时,比如我用心观察白桦树皮上的蚂蚁的时候,我的自我,也就是主体,就从被观察物的范围里完全消失了。但是,一旦我开始观察意识的组成,我就会立刻在其中不仅能找到蚂蚁,而且能找到正在用心观察蚂蚁的自我。

某些哲学家力图把世界的成分简单化,对世界的某些成分感到厌恶,比如自我,他们确认,在大部分时候(甚至总是)某种看法都可以描述为被动意义上的"我认为"(думается),而不是主动意义上的"我认为"(я думаю)。心灵生活的这些细微差别是确实存在的,我完全不否认;我的《从唯意志论观点看心理学主要学说》一书整个都是建立在对这些差别的研究之上的。甚至可以进行这样的试验,使自己的心灵生活具有这样一种风格,即总是用被动意义上的"我认为"、"我想"、"头脑里闪现"等等的形式来表达。但在这样的意识中,也不难找到"自我",正是这个"自我""在关注"、"在指出"所有这些被动意义上的"我认为"、"我想"等。为了使自己的心灵生活具有这种客观的风格,必须消除主动意义上的"我认为"、"我想"等,但必须保留一种(即便是作为偶然表现的形式)最起码的主导功能:是我在关注和指出所有这些被动意义上的"我认为"、

"我想"等;如果这个功能连同作为其核心的同一个自我被消除了,那么就没有意识的统一性了。

现在我们来仔细看看意识的客体,看看在这些客体中能够找到什么,看看什么可以成为新的表达所说出的客体(树皮,它的白色,它的坚硬等等;我的愿望,我的满足,我推白桦树的努力等)。我们注意这样两类客体的区别,一类是我的愿望,我的满足,我的努力,另一类是树皮,白色,坚硬。我的愿望、满足和努力是我直接观察到的,是与我的自我即意识主体具有内在联系的:是我在愿望,我感到满足,我在努力。这些事件中的每一件都是"我的":这都是我的表现、活动和感受;其中包含着我的生命。至于树皮、白色、坚硬、树的运动(比如一块树皮从树干上掉落到地上),则是另一码事:这是些外在于我的现象,是从外部"被给予我的",而不是我的表现。根据这种直接看到的明显区别,我说,这后一类对象和事件对我来说是外在世界,而前一类,我的愿望、感觉、努力,则是我的*内在世界*。

当然,"外在的"和"内在的"这两个词在这里不具有空间意义。谁习惯于观察不具有空间外观的对象,他就会毫无顾忌地在比喻的意义上运用这些词语,而不会像雷姆克及其学派那样担心自己的思想被歪曲。

也可以从主体的观点来称呼这两个存在王国,把它们分别叫做超主体的世界和主体的世界。

许多哲学家会说,我所观察到的树皮、白色、坚硬也是内在于我的意识的,因此,这些现象已经是我的主体世界的成分,而不是超主体(外在)世界的成分。对这种说法可以做以下反驳。在我的自我和存在于我意识中的白桦树之间,当然是有联系的。但这种联系是怎样的呢?在此,白桦树与我的自我的联系只在于它是我观察的对象;它与我的自我的独特联系(这种联系的本质将在后面讲)在于,它使我有可能把我的注意力指向它,但这种联系并没有紧密到如此程度,足以使得我把白桦树叫做我自己的表现。而"我的"愿望、感受、努力等等则不同:它们属于我的自我,是我的表现。对于它们来说,正如林克所说的,它们与我的联系是"它们本质的律"。这是它们本质结构,如果我在观察自己的感受的时候没有发现我的自我,那么,这种状况就好比我在观察对象的空间形式的时候没有发现它的大小一样,但这不意味着这个空间形式完全没有大小[1]。

在此适于提及早已被哲学制定出的两个概念:实体及其属性(偶性)。同一个自我是其在时间中的各种表现的创造源泉和承载者;我是实体,而愿望、感受等表现是属性。为了强调愿望、感受不是被动加给我的,而是我的积极活动,我们在下面将不把这个自我叫做实体(这个词会引起这样的想法,仿佛它所指称的对象是某种抽象物,像数学观念一样),而把它叫做实体活动者。

这样,在我的意识中"被给予我的东西"与我的联系只在于它是我的观察对象,而"我的"表现与我的联系则不仅在于它们是我的观察对象,而且在于它们还是我的属性,是我的存在的成分。"被给予我的东西"也可以具有自己的承载者,也可以成为属性,但不是我的属性,比如我所直接观察到的白色和坚硬,是白桦树皮的属性。当我去折白桦树枝的时候,我直接感到的是白桦树枝对我

---

[1] Linke, P. F., Grundfragen der Wahrnehmungslehre, 第二版,第38章,第110页。

的反作用。当然,在许多情况下很难确定,"被给予我的东西"的哪些成分是哪些实体活动者的表现,但毫无疑问的是,全部"被给予我的东西"的构成原则与我的主体生活的构成原则是同样的:"被给予我的东西"也是由实体活动者及其属性构成的。"我的"表现构成了作为一个独特个人的我的存在范围;闪亮、炽热等等,是这块燃烧的煤的表现;高兴地叫,摇尾巴等等,是向我跑来的狗的表现;燃烧的煤,高兴的狗,是和我完全不同的个体存在,但这并不妨碍它们存在于我的意识中。

根据上述观察,可以作出以下区分:内在于意识还不等于内在于意识主体(也就是还不属于主体存在的成分,还不是主体个人的组成部分)。被意识到的"我的"表现(愿望、感受等)是内在于意识的,但这还不够,它们还内在于意识主体(它们是我的存在的要素)。我意识中的"被给予我的对象"(树,狗等等)是内在于意识的,但是超验于意识主体的(它们的存在是处于我的存在之外的)。外部存在内在于我的意识,意味着这个对象进入我的意识视野,但这个进入不是把外部对象变成我的状态,变成我的心理过程。意识是这样一种主体活动,它能够使意识超出自己的个体性范围之外。作为既包含主体也包含客体(此客体属于"被给予我的东西"领域)的完整意识,是某种超个体的东西,它至少包含两个或更多个体性。

至此,在区分意识中的主体世界和超主体世界的时候,我们所关注的是经验中的这样一些成分和细微差别,即我们上面所说的"我的东西"和"被给予我的东西",实体承载者、活动者和它的属性。在这些概念的组成部分中已包括了依赖性概念,也就是因果依赖性。下面,我们将按照自己的方法着手研究与此相关的另外两个概念,即原因和活动,以便在经验中也为这两个概念找到材料。"我的"感受,"我的"愿望,推动重物时"我的"努力,都在因果关系上依赖于我的自我:它们在经验中是被直接体验到的,是我的活动。作为实体的自我,是这些感受、愿望和努力的源泉、原因,而这些感受、愿望和努力则是实体自我的活动。自我的一种表现往往被认为是另一种不表现的原因,比如我在过马路的时候看见一辆汽车开过来,我担心被撞到,因此决定向后退。我们说,我的担心是我决定后退的原因。但这有些不准确:担心和决定不是两个独立存在的事件,而是我的自我的表现,这两个事件之间的紧密联系不是它们自己的表现,而是我的自我的表现:决定后退的原因不是担心,而是我的自我,因为是我在担心。在我的心灵生活的复杂结构中,这两个事件通过直接体验而内在地联系在一起,表明是作为担心者的我作出后退的决定。因果联系首先是产生关系,此关系是通过实体活动者的活动而实现的;而这种联系的规律性,亦即同样方式的可重复性,是任意的,而完全不是必然的[①]。

现在我们来看这样一个问题:对树皮的白色、坚硬等的感知,是否意味着白色、坚硬依赖于我的自我。当然,感觉的实现离不开我的某些活动:在感觉的构成中,总是有关注活动和对比活动(同时把握几个对象,从中得出它们的相同和不同),还有其他一些活动,我们稍后要讲。可不可以认为,这些活动(比如关注活动,确切

[①] 关于动态的因果性概念参见我的《意志自由》一书和我的论文《神话思维与现代科学思维》(《路》杂志,1928年第4期)。

地说是进行关注的我)是白色和坚硬的原因,即产生了白色和坚硬呢?回答只能是否定的:关注与关注对象之间的关系完全不像产生关系和因果关系;对白色的关注所指向的是主体所面临之物,而不是他所创造之物。

为了看到客体对认识主体的不依赖性,需要明确区分认识活动与被认识客体;这个问题在现代认识论中是布伦塔诺在其著作《从经验观点看心理学》(1874年)中提出来的。学会了区分主体活动与客体,就不难更进一步,亦即看到主体活动与客体之间的联系不是产生关系。

我们将把自我的这样一些表现,即关注、对比等(它们指向某对象,又与此对象不具有因果关系),叫做意向活动。我们看到,指向"我的"表现的意向活动,也与我的表现不具有因果关系:"我的"关注指向"我的"决定(如果我想认识我的决定的话),此决定处于我的意识活动领域,它不是我的关注所产生的,而是担心被撞的我所产生的。这样,当意向活动(比如关注)指向我的表现的时候,我的表现也可以叫做"对象"(客体)。

意向活动是对不依赖于意识和认识而独立存在的对象进行意识和认识的手段。乔治·爱德华·穆尔把这些活动叫做"透明的"(diaphanous):穿过这些活动,就像穿过透明的介质一样,对象可以无歪曲地被看见。

除了关注和对比之外,还有许多意向活动。比如视觉活动、听觉活动、触觉活动等等,它们彼此之间的区别不仅在于在各自感官中所实现的机体感觉的不同(例如鼓膜被拉紧时感觉到的肌肉紧张),而且在于它们作为自我的表现,以不同方式指出了外部世界的不同方面。所有这些活动,以及一些其他活动(这些活动不仅是为指出色彩和声音所必需的,而且是为指出有色的和有声的事物所必需的),构成了直觉活动。

记忆活动是专门指向过去事物的活动。通过记忆、想象等方式来指出对象的活动,是表象活动。关于判断、推理等思维活动,我们将在稍后讲。除了我们至此所讲到的理智活动之外,还存在着情感活动和意志活动,它们也具有指向对象的意向性:愿望、意图、爱好是指向一定目标的,此目标可能属于主观感受领域,但也可能成为外部对象(事件等);感觉是指向价值的意向活动[①]。

这样,由于在意识中具有意向,意识总是包含着两方面因素的整体:主观活动和客观因素,即对象。在具有意向的意识整体中,这两方面具有如下区别:1)意向活动总是某种主观的东西,它是意识主体自我的表现;至于客观方面,它可能由世界的任何片断组成,无论主观的存在(比如我所观察到的"我的"感觉),还是超主观的存在(比如我所观察到的树木等),都可以成为意向活动的对象;2)意向活动是意识主体的个人心理表现;活动的对象可以是任何一类存在:无论是心理的(我的和别人的)还是物质的[②],现实的还是观念的,个体的还是一般的,等等;3)意向活动是某种被时间所定型的事件;其对象可能是时间性的存在(例如我所听到的节奏器

[①] 在舍勒的《伦理学中的形式主义和质料的价值伦理学》一书中发展了关于感觉作为意向活动的学说,这些意向活动仿佛是加入客观价值的特定手段。我在《价值与存在》一书(第 4 章第 1 节)中对价值的本质和价值感作出了区分。

[②] 我用"心理的"一词所指称的是由时间所定型的事件,而"物质的"一词所指称的是不仅为时间所定型,而且为空间所定型的事件。

的滴哒声),但也可能是非时间性的、观念的存在(例如我所思考的数学观念)。

由于意识的客观方面总是与主观活动同时存在的,所以,我们不能确切地使它们各自独立,不能在思想上使它们彼此分开,而且,在大多数情况下我们所感兴趣的是客体,而不是活动;我们把意向活动和它的对象混合为一个整体,并用一个词来表示这个整体。比如,我们说,我们所看见和触摸到的桌子,是"我的知觉";然而在这里只有知觉活动属于"我的"领域,而具有其颜色、硬度等的桌子本身,则是"被给予我的"。在回忆1917年俄国革命的时候,我可以说:"我的头脑中涌现出许多回忆":这里,动名词"回忆"所说明的既有回忆活动,也有所回忆的对象本身,即过去的事件,因为它们重新出现在我的意识中。

为了有利于明确区分意识中的主观方面和客观方面(活动和对象),在更重要的场合应当用单独的词语来分别表示每一个方面:认识活动和被认识之物,感觉活动和被感觉之物,表象活动和被表象之物,回忆活动和被回忆之物,理解活动和被理解之物,思维活动和被思之物[1],等等。

如果把主观活动和客体混合为一个不可分割的整体,就很容易导致下列三种片面的、彼此对立的关于意识构成和世界的学说。一些人只看到意识的客观方面,也就是这样一些具有外部广延性

---

[1] 在英语文献中,劳埃德-摩根、亚历山大等人用一个词的两个不同的词尾 -ing 和 -ed 来表示这一区别,如 sensing—sensed, experiencing—experienced 等。了解这一区别的一本好教材是 A. Messer 的 Empfindung und Denken, 1908 年。

的物质客体,它们在数量上优越于意识的全部其他成分,而且在实践上更加重要。这些人倾向于唯物主义。

还有些人,关注意识的主观心理表现,并把它们与超主观的对象混淆起来,他们把意识的全部构成因素都加以主观化和心理化。这些人走向泛心理主义、心理学唯心主义和唯我主义等等。比如,叔本华用这样一句话表达自己的体系:"世界是我的表象",他没有划分意识中的表象活动和对象。乔治·爱德华·穆尔第一个指出,"存在就是被感知"的错误原理是把对象本身与对对象的体验加以混淆的结果[①]。

最后,还有一些人,在复杂的哲学文化基础上,受到某些前提的影响,他们的思想具有这样的风格,即看不见心理活动,只关注"被给予我的东西",如色彩、声音等,但他们既不是唯物主义者,也不是泛心理主义者,而是确认,世界的这些要素本身是"中性的",也就是既不是心理的,也不是物质的,只不过这些要素的组合因组合规律不同,而被称作是心理的或物质的:例如,壁纸的深绿色,由于此颜色是与光照相联系的,所以是物理的,又由于它进入我的生活,令我想起了海藻的颜色,所以是心理的[②]。

物质过程具有广延性,心理意向活动只具有时间表现,而不具有任何空间形式——认识到这两个方面并对其作出明确划分,就可以摆脱上述所有片面性,既摆脱唯物主义,也摆脱泛心理主义,

---

[①] 见他的论文《反驳唯心主义》,发表于 Mind N-S, VII,1903;后载于他的《哲学研究》一书(1922年)。

[②] 马赫、罗素及某些美国新实在论者如培里等人的学说。参见我的《世界观的类型》一书。

又摆脱把物质和心理相对化的倾向;此外,这一划分甚至可以解释这些错误学说是怎样产生的:真理是其自身和谬误的尺度(斯宾诺莎语)。

我们还可以运用真理的这一属性来消除和解释另一个重要的谬误。如果我们把意向活动及其对象混为一体,把对象主观化,我们就势必跟随贝克莱和休谟之后,承认被观察的对象只在感知的时刻是存在的,如果我不再感知它,它就不再存在了;按照这一学说,对象在进行感知活动的时刻之外的时间里是否存在,这是无法通过经验的途径来确认的。相反,如果我们把意向活动与它所指向的对象加以区分,把对象看作是不依赖于意识和认知活动的存在,那么,我们就会理解,被观察的对象的存在时间在大多数情况下都不同于进行观察活动的时间。我在欣赏一首完整乐曲的时候,我的意识中现在具有的,是几秒钟之前存在的这首乐曲的要素;我用不到一秒的意识活动,就可以领会长度超过一分钟的整首乐曲。此外,我也可以把意识活动运用到回忆中,回忆昨天、一年前发生的事件。

我们在对意识进行分析的时候,在其中找到了三个要素——1)主体,2)客体,或最好叫做对象,3)主体与对象之间的关系。我们现在来集中研究意识主体与属于外部世界的对象(比如树木,太阳等)之间的关系。例如,在表达一个判断的时候,主体与"被给予我的"外部对象之间的关系的存在,是显而易见的:我是进行意识活动和观察活动的主体,外部对象是被意识和被观察的对象,两者构成意识的统一体。

这是哪一种联系类型?这一关系是怎样的?——不难确认,

这是一种特有的关系,不能归结为任何一种另外类型的关系。首先,这不是空间关系——不是靠近,不是混杂,不是远离。无论对象与主体的身体之间有多大的空间距离,无论对象是我的衣服袖子,还是远处生长的一棵树,还是遥远的天狼星,无论如何,主体和对象都构成意识的统一体。这是主体与对象之间的超空间的关系,此关系克服了呈现与主体与对象这两个物体之间的空间鸿沟。其次,这种关系也不是时间关系:既非同时性,也非连续性等等。知识对象甚至可以是非时间的,或属于与认知活动不同的另外一个时间:知识对象可以是在一秒钟之前已经成为过去的事件,或发生在数十个世纪之前的事件,例如古希腊的苏格拉底之死。这样,从关系是超时间的关系,它克服了过去和现在之间的鸿沟。

主体与(被给予我的)外部世界对象之间的关系也不是因果关系:主体不产生对象,对象也不产生主体。这里没有从属关系,不是一个存在依赖于另一个存在,像在原因和作用的情况下那样。主体和外界对象,这两方面在意识中的存在是平等的。在弄清了意识中的主体与对象关系的独特性之后,我们把它们彼此之间的关系叫做"协调",以便强调两者在存在方面的平等。确切地说,应当把主体与对象的这种结合叫做"认识论的协调",因为它是关于对象的真理之所以可能的条件[1]。

主体与被认识的外界对象的直接的非因果联系,可以与它们

---

[1] 阿芬那留斯在其《人的世界概念》一书中所阐述的第二知识论中,提出了协调概念,它称之为"基本的协调"。

第四章　19世纪末—20世纪上半期诸哲学流派

的因果作用并存。被视觉、听觉和触觉所感知的外界对象,通过光波、声波等媒介作用于这些感官。但由此在观察者的神经系统中所产生的生理过程不是内在于意识的感知对象的原因。这一系列具有因果关系的物理—生理过程对认知具有怎样的意义,关于这个问题我们将在下一章论述。

主体与之相协调的对象,也完全可以不是现实存在:比如说,它也可能是某种相信的产物,或只存在于某一民族的神话中(例如古希腊的尤比特),但即便如此,这样的对象与认识主体之间的协调也是存在的。实际上,甚至这种不属于现实存在领域的对象,也在某个活动者特定活动(比如幻想)的基础上,成为世界的组成部分,并通过这一活动者的协调,而与全部认识主体相协调[1]。

如果主体和对象完全是时空性的,那么,协调的超时刻性就是不可能的。至于主体,作为实体活动者的自我,我们可以明显看到,只有自我的表现,而且不是全部表现,只是部分表现,例如离开,才是具有空间形式的,而自我本身不具有空间形式,它不是立方体的,不是球性的,不是直线,不是点,等等。只有自我的表现才是在时间中产生、消失和延续的事件;自我本身不具有时间形式,不在时间中产生和消失,不按照时间存在的类型进行流动和延续:自我本身是超时间和超空间的。

---

[1]　参见布伦塔诺在《论心理现象的分类》中反对关于主客体关系的这一学说的看法,另参见 O. 克劳斯为布伦塔诺的《从经验观点看心理学》所写的前言。克劳斯教授指出,知识对象也可以是"非存在之物"。为了对此进行回应,应当指出,否定性也是有限存在的组成部分,是存在的特殊方面。参见我的论文《肯定判断和否定判断的逻辑方面和心理方面》(《逻各斯》,IV,1912)。

不仅仅是对作为实体活动者的自我的这一直接观察告诉我们自我的超时空性。对任何事件的理性思考，比如对持续几秒钟的快乐感，对沿着一定路线离开等等，对这些事件的理性思考也会发现，其中所具有的是在时间或时空中彼此外在的许多片断，这些片断只有在从它们的统一源泉出发的条件下，才能形成某个统一事件。这样，任何时间性和空间性都只有在超时间和超空间原则的基础上，才是可能的，这些超时空原则在时空形式中表现自身。这个统一源泉自身不可能是时空性的，因为否则的话就会再次提出统一的条件问题，从而陷入恶无限。此源泉不仅不是时空性的，而且是超时空的，因为给自己的表现赋予时间形式，给自己的某些表现赋予了空间形式，它超出了这些形式的分裂之上，保证了它们的统一性。我们已经知道了这个事件的源泉：这就是作为事件的原因和载体的实体活动者。现在，我们将只把实体活动者叫做超时间的和超空间的，以便指出它们对时空形式的支配和对这些形式的统治，而把一切其他不具有时空性的东西（比如说数学中的数的概念等等），我们则称之为非时间的和非空间的。

协调克服了认识主体与一切外部世界事件之间的时空深渊，此协调也可以用刚才所展开的关于事件的学说加以解释：任何事件都是某实体活动者的表现。不依赖于时空的协调不是别的，正是超时间和超空间的实体活动者之间的联系，依靠这一联系，一个活动者作为自己的表现所经历的一切，都不仅对自己而存在，而且对全世界的所有其他活动者而存在。

外部世界的要素超出自己存在的界限，它们为观察主体而存在，这种超越性，是作为意识之基础的一个无疑的事实。甚至主体自身的表现也超越了自己时间片断的界限,因为这些表现对主体来说是在他的意识活动中存在的,而意识活动是在另外的时间中进行的,已不同于它们实现的时刻了。不过这种超越性并不那么令我们惊讶,因为在这种情况下,无论是被意识到的表现,还是对此的意识活动,都属于以超时间的方式把它们统一在一起的主体。此超越性令我们惊讶的是当主体认识外界对象的时候。实际上,主体是独立的活动者,它只能成为自己表现的载体;外部时间则由其他一些同样独立的活动者构成,这些活动者中的每一个都是其自身表现的载体。怎样能使这些独立的实体活动者连同自己的表现一道超越宗教的界限,在意识中以特定方式彼此在场呢? 对这个问题的回答只有在一种情况下才是令人满意的,也就是考虑到实体活动者的两个无疑的属性,一是它们的独立性,一是在意识活动中表现出来的合一性。只有通过把实体活动者存在中的这方面结合起来的途径,才能找到摆脱困境的出路:它们既不是绝对独立的,也不是绝对融为一体的。每一个实体活动者作为创造力的载体,作为自己表现的原因,都是独立的,但全部实体活动者在自己存在的其他方面,例如作为时空形式、数量关系等共同观念原则的载体,它们又是融为一体的,具有同一性。不过它们的这种同一性只是它们存在的非独立方面,因此可以叫做抽象同一性。它只决定统一宇宙的共同框架,在这些框架内部,则由于每个活动者的独立创造而充满了各种极其不同的、往往是相互对抗的内容。

但是,依靠同一性,活动者的全部独立方面及其表现都是彼此协调的,彼此互为存在,以自己的方式超越自身,彼此以观念的、非现实的(非时空的)方式在对方中存在,此观念性的存在在意识发展阶段上表现为"在意识中拥有对象",并且在意识之前成为活动者相互作用的条件。为了指出这样一种超越性,可以说,在世界上一切内在于一切。

必须说明的是,主体(实体活动者)与对象的协调是使关注活动指向对象的条件;这一协调是意识的条件,而不是意识的产物。就好像在实践领域,比如要用手拿到一只盛水的玻璃瓶,前提条件是手和玻璃瓶的空间距离近,同样,要意识到某个对象,其条件就是主体与对象的直接联系,它们的协调性,由于这一协调性,此对象在意识之前就已经对主体有意义了,它已经在观念上存在于主体之中了;这种在意识之前对象在主体中的观念上的内在性,可以叫做前意识。

只有在主体认识自身和自己的表现的情况下,协调才是不需要的,因为主体对于其自身的表现是依靠更深层的统一性来保证的,这就是这些表现对主体本身的隶属关系,而在自我意识中主体对自身的存在,是由意识者和被意识者的同一性决定的。

可能有人会问:从什么样的源泉可以得知,协调是主体与外界对象的前意识联系?我们将给出以下回答。我们在观察自己的意识的时候,不仅看到意识的要素,而且看到了意识的结构,也就是意识诸要素彼此之间的联系,它们的独立性或彼此依赖关系,一个要素对另一个要素的意义;例如,我们发现,关注活动对于协调的存在来说,是没有关系的,相反,协调对于关注活动的可能性来说,就不是毫不相干的;协调无论在逻辑上还是在现实上,都是意识可能性的条件,而不是相反;这一必要的联系是意识的本质结构的一个特点。说到前意识的协调,我们完全不是确立一个在意识中找不到的新的世界要素;我们所说的是存在于意识之中的协调,只不过它仿佛是在更简单的、没有意识的状态下存在的。在把意识作为对象加以研究的时候,我可以进行思维的抽象,把意识的某些方面从它身上抽象出来,把前意识作为我所观察的客体,这时候就发现,前意识是意识之可能性的条件。

回顾自己走过的道路和考察自己研究认识论的方法,我确认:我没有用新的前提来取代被抛弃的先前认识论的前提,而是在这些前提的位置上,放置了某些通过分析意识结构而证明的原理:关于外部世界在意识中的被给定性的学说,关于认识主体与被认识对象之间的非因果联系的学说。

谢·弗兰克在寻求直觉的可能性的条件、也就是对原本对象自身进行直观的条件的时候,发展了与我不同的另一种学说。按照他的学说,任何一种存在都根源于绝对存在,他把绝对存在理解为万物统一,也就是"一与多的统一体",在这一统一体之外一无所有。根据一切存在都融合于万物统一的绝对者之中的观点,弗兰克这样来解决意识对不依赖于意识的存在的意向性之谜:对象在我们关于它的一切知识之前,就"完全直接地接近于我们了,它作为自明的、无法消除的一般存在,不是我们通过最直接的方式'知道'的,而是存在本身,也就是与我们融合在一起的,不是通过意识,而是在我们的存在本身之中与我们融合在一起的"[①]。对象在我们的全部意识和知识之前,已经"在我们之中和与我们在一起了"。

---

① 弗兰克:《知识对象》,第177页,以及第141—161,218—239,257,320页。

我在自己的《作为有机整体的世界》一书中所发展的关于世界的结构和世界与绝对者(上帝)的关系的形而上学学说,与弗兰克的学说有重大差别。我认为,超世界的本原不是万物统一:万物统一自身不包含它自己所创造的世界多样性;由于万物统一具有与世界的完全不可比性和非同类性,因此它无论如何不仅限于作为相对于世界之外的存在。但是,无论我和弗兰克学说之间有多大差别,我们两人都承认世界的有机统一性和世界各部分之间的内在联系是直觉可能性的条件。在俄罗斯哲学的其他代表人物那里,在弗拉基米尔·索洛维约夫、谢尔盖·特鲁别茨科伊公爵、叶甫根尼·特鲁别茨科伊公爵那里,直觉学说也是与有机世界观相联系的。我们在先前时代的哲学家那里也找到了同样的东西:例如在谢林那里,自然作为理智直觉的对象是有机整体;同样,在黑格尔那里,世界作为具体思辨对象(黑格尔的具体思辨就是直觉),也是一个有机整体。

美国新实在论的某些杰出代表则选择了完全不同的另一条道路,比如培里,霍尔特等,他们试图在无机世界观基础上发展关于外界对象在其原物自身中的给定性的学说。马赫就已经奠定了这种实在论的开端(甚至可以在休谟那里找到它的萌芽)。按照马赫的观点,进行认识活动的人不是实体性的统一体,而是感觉的集合;甚至外部世界的物质存在也只不过是感觉的集合;在这个世界上,各要素以外在方式构成的联合体,其要素之间的关系是松散的,任何东西都不妨碍任何一个物质要素一方面是此物质的一部分,另一方面有暂时成为人的意识综合体的一部分。

一些美国新实在论者在与布莱德里的唯心论及其夸大的有机

世界观的斗争中,把马赫的上述学说发展成为完整的认识论体系。按照布莱德里的有机世界观,关于个别事物的思维不是关于真正存在的知识,因为真实存在是作为绝对整体的绝对者。布莱德里把一切关系都理解为"内在"关系;他想用内在关系这个术语表达这样一种思想:两个或多个成员之间的关系改变了这些成员本身的本性。因此,被认识的对象不可能像它不依赖于对它的认识那样的存在,因为认识关系必然改变它的本性。

新实在论者正确地查明了这种极端有机论的不成立性和矛盾性。他们正确地确认了外在关系的可能性,也就是不改变关系成员之本性的关系也是可能的。但是,他们为了外在关系学说而否定有机整体性观念和发展无机世界观,他们在这方面是不正确的。新实在论者把大脑或神经系统放在主体的位置,用神经系统的反应取代了指向对象的心理意向活动,把事物和个人都变成了只具有外部联系的要素组合,彼此间是相互脱离的,新实在论者可以确认,在有的情况下,同一个要素一方面属于外部世界的组成部分,另一方面又属于主体生命的组成部分。然而,把同一个要素从属于两个综合体,仿佛同一根杆同时属于两个彼此交叉的藩篱一样,这样的外在从属性还不能解释直接知识学说的拥护者所敏锐察觉到的意识和知识的深层特定属性。实际上,比如说我们假设,在距离人体 X 5 米处有一棵树 B;这棵树所反射的光波在视网膜上引起了视觉神经、视觉中枢和决定着视觉器官适应于客体的肌肉的反应。这个反应是什么呢?无疑,它是身体 X 所占据的空间内部的许多分子的移动。如果站在无机世界观的立场上,只容许外部关系,那么就无法理解,一方面是身体 X 内部的运动,另一方面是树的颜色、形态等外观,这两者何以构成"我(X)看见树"这句话所表达的事实,因为距离我5米远的树,对我来说不只是在我身体中的分子因受树的一定影响而移动这个意义上存在的,而是在这样的意义上存在的,即这棵树本身同时也加入了我的生命,当然与我的身体器官不同。

不能不同意 M. W. 卡尔金斯(Calkins)的观点,他在批评上述学说时说,新实在论者没有考虑到意识者对意识对象的关系具有特定的唯一性。希克斯(G. D. Hicks)教授说,由于新实在论者把意识只归结为外部关系,否定意识活动的特定意向性,因此,在他们那里意识只剩下一个名词[①]。

意识中的现实性是世界要素以特有的方式互相包含、彼此内在的表现,此内在性对于所有那些习惯于只可能有世界要素之间的外部关系的人来说,是一个不可认识的奥秘,是一个不可实现的奇迹。这一内在性只有依据有机世界观和关于超时空实体活动者的同质性的学说,才能够理解,这些实体活动者包容时空过程,以间接方式表现它们的超越性和彼此之间的理想的内在性。当然,有机世界观应当摆脱布莱德里学说的极端性,此学说把全部现实存在变成绝对者的统一整体。我们把绝对者与世界分开,把世界看做是独立的实体活动者的集合,这些实体活动者只有通过抽象的同质性才能结合在一起,它们可以在爱的统一性基础上自由地实现具体的同质性(或者相反,因彼此敌对而拒绝实现具体的同质

[①] 希克斯:《批判实在论原理》,第346页。乔治·大卫·希克斯,20世纪20—30年代应该批判实在论的主要代表。

性),这样,我们就得到有机世界观①,按照这种世界观,世界上既可能有内在关系,也可能有外部关系,外部关系的存在是为了说明世界的可理解性与合目的性而需要的②。

主体的知识是完全符合对象的真知识,这种可能性是世界的可理解性的最重要条件之一;这种真知识是依靠上文所说的世界结构,即超时空实体活动者的同质性及其协调来保证的,由于协调,意识和认识活动可以指向不依赖于这些活动而独立存在的对象,此对象也不受指向它的意向活动的影响而改变自己的本性。在此,既认可了主体的实体性以及外部世界全部对象的实体性基础,同时又没有把实体的绝对性绝对化,比如像莱布尼茨那样确认单子"没有门窗"。

上述关于协调的学说,也与英国实在论者亚历山大的理论有深刻差别。亚历山大认为,认知的精神(mind,它是拥有高度自觉性的时空片断)与客体之间的关系是共存(compresence 或 togetherness)。这就是把整个世界的全部对象结合在一起的最简单最初始的关系,也就是两个对象同属于一个世界,全部终极之物在同一个时空中相互联系③。在精神与作为较低级存在的对象共存的情况下,对象在因果关系上决定着精神的生理心理反应,即指向对象的认识活动。这样就产生了知识,它是低级存在对高级存在的启示(revelation)。心灵"直观"外部客体;它对自身却不是直观,

---

① 参见我的书《作为有机整体的世界》。
② 关于存在只能成为有意义的存在,参见我的书《价值与存在:上帝与上帝国作为价值的基础》。
③ 亚历山大:《时间与上帝》,1920年,Ⅰ,第27页;Ⅱ,第75页。

而是"感受"(enjoys, I, 12)。共存关系也存在于所有其他对象之间,比如桌子与地板之间,植物与光之间,等等。这些对象彼此引起反应,一物向另一物"开启"(revealed),但其方式是低级存在向高级存在开启,或者,如果两物处于同一级别,则是一物的低级领域向另一物开启(例如地板和桌子是在其"第一"性质、机械性质中,而不是在"第二"性质中彼此开启)。描述存在的低级领域中的这些关系只能用精神的术语,因此,亚历山大说,必须"用广义的认识这个术语来说明任何终极存在物与较低级的经验存在物之间的关系"(II, 103)。不仅精神,而且任何终极存在物,都能够感受自身和"直观"较低级的存在物,和拥有关于它们的知识(II, 104)。由于时空的连续性,每一个时空点都直接或间接地与所有其他时空点相联系;如果把"awareness"(意识)这个词义加以扩展,就"可以说任何一个点,它都可以'意识到'任何另一个点,正如诸灵是可以互相意识到的一样"(II, 144)。我们对亚历山大的这些学说表示赞同,因为他接近于一切内在于一切的思想,容许某种类似于前意识的东西。但为了解释世界的一些要素对另一些要素的感知,只有"共存"概念是不够的,这个概念过于简单,就像关系词"和"一样,以外在方式涵盖世界万物。亚历山大的下述学说也不能令人满意,即认为"实体是特定的时空容量","性质的承载者(the support of qualities)不是别的,正是时空,在它的空间轮廓内各种性质结合在一起"(I, 276),所以,"实体的统一性就是对同一个时空轮廓的从属性"(II, 24)。按照这个形而上学体系,最基本的初始的存在是纯粹的空间和时间,也就是它们的基本要素——点和时刻;它们之间紧密联系,构成一个没有任何性质内容的事件;这些"纯事件"(pure events)是产生具有数量、惯性和运动等第一性质的物质机械过程的创造源泉,由此又产生了进化的第三等级,具有热、光、声等第二性质的自然界;再后来又产生植物和动物有机体,再后来就产生了有意识的存在物(mind)。

把空洞的纯粹时空当作创造进化的出发点,不需要任何高级原则的作用就从低级存在中引出高级存在,这种尝试有诸多令人费解之处,起码是因为,空间和时间只是消极形式,不能离开内容而存在,不能成为创造的源泉。为了理解世界的有机统一性和世界存在物的创造积极性,必须从最高的绝对者走向众多的超时空的真正的实体活动者(它们依靠同质性而联结在一起),进而走向由实体活动者所创造的事件,这些事件的内容是实体活动者按照时空原则组织起来的。

主体和对象的存在以及它们的相互协调,还不是知识,甚至还不是关于对象的意识;为了有关于对象的意识,必须有意向性心理认识活动,此活动包含着对意识对象的关注,使得主体开始在一定意义上以对象为生,而不仅仅是自己的表现。然后,在这种意识基础上,如果主体开始进行各种理论的意向活动,从而得到知觉、回忆、判断、推理、概念,这样,才能产生关于对象的知识。

只有在下面关于感性直觉和理智直觉这两章中,我们才能阐明上述这些活动之间的差别,并发展关于它们的客观方面的学说。在此,我们只是指出某些预先的观点,以便说明以后的叙述次序并预防某些误解,这些误解是由于对相互依赖的问题的逐步解决而有可能产生的。

充分发展的,也就是包含真理内容的知识,是以这样的判断形式存在的："这个树皮是白色的"，"这个锅里的水开了"等等。构成判断的组成部分或作为其基础的知识要素，知觉、表象、概念以及尚未充分发展的知识，都是在考察了判断之后，才能成为可理解的。因此我们从关于判断的问题开始。

认清了"这个树皮是白色的"，意味着不只是意识到树皮和白色，不只是通过向外部世界的超越而丰富了自己的生命；意识活动在生命意义上仿佛被对象所削弱了，因为作为理论活动的知识中，主体忘记了自己，把自己的兴趣集中于对象本身，也就是对象的本性如何及其与其他对象的关系如何。在这种与主体之间生命的脱离中，包含着理论活动的独特的非自然性；在自然存在的低级阶段，理论活动只在短时间内是可能的，只是作为达到实践目的的手段。

理论活动要求主体脱离自己的生命，一个起码的原因是，它在理智上把一个对象从世界多样性中划分出来，这是通过把一个对象与其他对象进行对比而实现的，在这样的对比中，对象的规定性作为某种区别于其他规定性的东西而得到考察，比如"是白色的，不是紫色，不是绿色的"，等等。这就是区分活动，或者如果从它的全部方面来看，也就是导致区分和同化的比较活动。通过这样的活动，当主体认清了"这棵白桦树的树皮是白色的"时候，当然不是主体创造了这个区别，而是找到了这个区别。

在区分活动中达到了对对象的辨认，但不是完全认清了，而只是辨认出了对象的某个方面，有可能只是对象内容的无限分之一；能够提供越来越完全的对象信息的区分和辨认活动可以继续下去：这棵白桦树皮是白色的；这棵白桦树的白色树皮是坚硬的；这棵白桦树的白色坚硬树皮是光滑的,等等。由于一切内在于一切,对象是完全被给予主体的,但具有有限能力的人对它的辨认,却不能同时进行无限多的区分活动,而只能是局部的辨认:对象中被认清的东西只是从对象的复杂成分中选择出的某一方面,其他方面仍然只是被意识到,而全部完满性还深藏在主体的潜意识中。

区分活动对关于对象的某个方面的问题作出回答(例如对这个问题:"这棵白桦树的树皮是什么颜色的?"——回答是"这棵白桦树皮是白色的");区分活动(与某些其他的意向活动一道)的结果是得到了一个三项式,它构成了判断的客观方面。这个三项式包括:1)判断的对象,2)判断的谓语(在这个判断中在对象中辨认出来的东西),3)谓语与对象的关系(联系)。

在区分的形式中考察对象与它的某一方面的关系,或此对象与其他对象的关系,只能通过理智直觉的方式(关于理智直觉我们在后面讲)。当然,这一关系在知识中的呈现不是作为由主体所进行的综合,也不是主体所实现的构建,而是主体在对象本身中所找到的结构。

判断的客观方面可以用下面的公式来表达:SA——P。

对象——是世界的一个不封闭的片断;SA——是在先前的判断活动中辨认出来的对象的方面("这个树皮是白色的";——在关于对象的第一判断活动中,对象在知识中呈现为 X,关于它的判断用一个无人称句子来表达);P——是谓语;破折号——是谓语与对象的关系。

在这个被分解的公式中,主体在回答关于对象的某个方面的问题时,常常伴随着对这个方面加以赞同的心理活动,也就是承认这个方面是关于对象的真理,并用语言即一个符合语法的句子,把这个方面表达出来。当遇到某人不赞同这个方面的时候,此主体通常站出来维护这个方面的真理性,努力向对方指出或证明,"在有 SA 的地方,也有 P",因此,如果承认 SA 的在场,就不能不承认 P 也在场。这种必然性的从属关系就是根据与结果的关系。

酌定根据与结果的联系,是每一个判断和每一个真理的本质。在"沉入水中的物体所失去的重量等于被它所排掉的水的重量"这个判断中,作为判断的出发点的对象的一部分包含着在谓语中所表达的这个部分的根据。甚至以感性认识为基础的确定单一事实的判断,也具有这样的结构。在说"炉灶上的锅里的水开了"的时候,我是在确定"开了"对"炉灶上的锅里的水"这个世界片断的从属关系,如果保持对这个判断的客观性意识,就不可能否定"开了"这个谓语,这表明,"炉灶上的锅里的水"这一对象中,包含着承认这一谓语的充分根据。

我们把这一联系叫做根据与结果,是因为此联系是被思维主体所认识的,领导思维主体从关于对象的思想,走向关于谓语的思想;这一联系作为有客观意义的联系的基础,是一种逻辑联系。在对象的存在本身中,这一关系是本体论的因果关系(热水和开了),或属性与载体的从属关系(因果关系的变种),或理想存在的函数关系,也就是超时间的必然从属关系(例如,直角三角形的斜边的平方等于两直角边的平方之和)。

这样,对康德提出的必然的综合判断如何可能的问题,直觉主义者的回答是:存在本身具有从世界的一个内容走向另一个内容的引导作用,存在本身的这种活联系也引导主体的理性跟随着对象，如果主体的目标是认识对象本身，而不是幻想和制造新的非存在的对象的话。按照康德的观点，认知主体通过思维的先验范畴使经验中给定的多种多样感觉具有定形，从而建立综合判断体系；按照直觉主义者的观点则相反，存在的形而上学范畴结构是原物自身进入主体意识和被主体意识所认知的，它是作为必然性的综合体系出现在理智眼光之下的，也就是作为一个整体，其中一个方面必然与另一个不同的方面相联系，因此，从第一方面到第二方面转化的必然性，不是推论的分析的(建立在同一律和矛盾律基础上的)必然性，而是综合的必然性[1]。

谓语的充分根据总是包含在对象的构成成分中：在表达真理判断的时候坚决维护自己的真理性，正是建立在确认这一联系基础上的。但是，在多数情况下，不是判断的全部成分，而是它的某一部分，是谓语的充分和必要根据：例如，在"锐角三角形的内角之和等于两个直角"这一判断中，作为对象组成部分的锐角三角形这一特征，不具有证明谓语的意义。我们把对象的那个能够成为谓语的充分必要根据的部分，叫做判断的主体。常常有这样的情况，在许多作为感性认识的第一结果且尚未进一步研究的判断中，例如"这只锅里的水开了"、"这棵果树干枯了"等等，在这些判断中，谓语与对象的联系是完全确定的，但在此能够成为谓语的充分根据的对象的核心内容，却没有被明确划分出来[2]。

当我们通过抽象的方式从判断的成分中划分出它的对象，例

---

[1] 参见我的《逻辑学》，§14,20,27,29,31,53—55,131—135。
[2] 参见同上书，§64 关于肯定判断。

如"这只锅"、"这棵果树",或者"开了"、"干枯了"等等的时候,我们的理智就拥有了知觉、表象或概念,也就是在一个或多个判断活动中被认识的对象("这是只锅","这只锅里有水"),但这是脱离了对根据与结果之联系的考察而认识的;因此,知觉,表象,概念,既不包含真理,也不包含错误,其中什么也不证明,什么也不否定。

知觉和表象也可能在时间上先于判断:什么东西也不会妨碍我们在不知晓对象统一体中包含着根据与结果之间的联系的情况下,就了解对象的某些方面。

根据上述观点,真知识就是对对象的直观,是在分化的形式中考察根据与结果之联系的直觉。这样,按照直觉主义观点,真理与对象的符合达到了最大的可能性:真理不是对象的符号表达,不是对象的复制,而是对象本身,因为它以分解的形式出现在认知意识中。对象是存在(广义的存在,也包括想象的和一切非现实的存在);这有可能造成一种诱惑,说真理是存在。然而这么说是不准确的:实际上,真理不是存在本身,而是存在的某个方面,也就是它与以一定方式对它进行直观的主体的关系。

在进入与认识者的关系之后,存在成为真知识的客观方面,但并未失去自己的本真性,就像我用手拿起的一顶帽子仍然是帽子一样(这个比喻不太确切,因为帽子在我手里可能变皱),或者比如,我庄园的围墙使庄园成为我的私有财产,但庄园地上的任何一粒泥土也没有因为我与庄园的这一关系而改变自己的地位。

这种直觉主义的实在论学说可以用以下原理来表达:事物的知觉、表象和概念,以及关于事物的判断,就是事物本身,因为这是对事物加上了新的关系,也就是事物的可知性、可表象性、可理解性或可论断性。中世纪哲学家加百列·比尔就表达了这样的学说。

当代美国新实在论者培里也用另外的语言表达了这一思想,他说:"观念不过就是事物的一定方面;或者,事物在其可知性方面,就是观念"[1]。克莱默在谈到美国新实在论者所确定的真理概念时说,这一真理概念接近于托马斯·阿奎那学说,托马斯确认,真理是与存在等同的,区别只在于观察活动,也就是真理给存在增加了一种知性关系[2]。实际上,由于新实在论者否定了自我的实体性,把主体与客体之间的关系归结为肉体的反应,所以他们不能解释而且仿佛是没有发现主体与对象之间的这样一种特殊的神秘交流,即主体虽然在自己身上不包含外界对象,但它却以外界对象为生;由于新实在论者把主体变成各要素之间的关系,因此,他们当然可以在语言上使对象与主体更接近(相对于托马斯主义者和直觉主义者来说),也就是他们可以确认,对象可以暂时成为主体的组成部分(成为被称作主体的"系词"的组成部分)。但实际上,在这种情况下谁也没有在内心上更接近谁,不仅主体关于外界对象的知识没有成为不可理解的,而且我们不再能理解,被分解成彼此外在的许多碎块的主体,何以能够认识和意识到自身。

中世纪哲学家敏锐地感觉到了存在的独特属性及其深层结构,根据亚里士多德制定的灵魂是"形式的形式"学说,确认真理是"理智与事物的符合"。亚里士多德说:"灵魂的知觉和认识能力潜

---

[1] 培里:《当前哲学趋势》,第 308 页。
[2] 克莱默,R.:《美国新实在论》,第 252 页。

在地与相应对象一致";"知识或知觉应当成为"(如果实现了知识与被认识之物的一致的话)"事物本身或者事物的形式。但前者只是可能性,因为在灵魂中存在的不是石头本身,而是它的形式,它的观念"。这样,能够把握一切形式的灵魂,就是形式的形式,"在一定程度上灵魂就是所有存在物"[①]。

根据亚里士多德思想,圣托马斯发展了与直觉主义根本不同的知识学说,其不同是在关于对个体对象的认识问题上,特别是在关于这些对象的存在问题上。按照托马斯·阿奎那的学说,外部世界的对象不能与人的理智达到这样一种紧密的统一,使得此对象原物本身的个体存在成为在本质上被认识的。

我所叙述的关于全部实体活动者具有抽象同质性的学说,则为确认这样一种一切内在于一切的原则提供了根据,按照这一内在性原则,主体能够在自己的意识中不仅直接拥有对象的一般特征,而且直接拥有它的个体本质,甚至拥有它的存在。当然,不能由此得出,仿佛对存在的个体性的认识是件容易的事。在这条道路上遇到的困难,我们将在关于神秘直觉一章中加以考察。

从亚里士多德关于灵魂是"形式的形式"的学说出发的中世纪实在论,可以理解为一种与批判实在论的现代变种相近似的理论,这一理论确认,对象的某些本质特征能够原本地进入意识。这些批判实在论者说,对象的存在(existence)不能在知觉中给出,因为在事物之间存在着不可逾越的时空鸿沟,但对象的性质,作为"逻辑本质"(logical entities)和共相,它们在对象中和在知觉中可能

[①] 亚里士多德:《论灵魂》,卷三,第八章。

是相同的;对象脱离了存在的本质(脱离了 that 的 what),可以原本地被认识①。

批判实在论所发展的这一不彻底的理论,既不能令认识论和观念论的代表满意,也不能令新实在论和直觉主义的代表满意。此理论对直觉主义实在论作出了部分让步,回答了关于外部对象的真正本质的知识是如何可能的问题,但它和所有超越的知识论一样,仍然不能回答如何认识和证明外部对象的存在这个问题。此外,正如布劳德所正确指出的,即便是在对性质的认识问题上,批判实在论所回答的只是关于一般性质、普遍性质的知识的问题,而不是关于单一性质的知识的问题。

新实在论,以及直觉主义,都不容许这样的不彻底性:按照这些学说,进入意识的是石头本身,包括它的本质和它的存在。但对这是如何可能的问题,直觉主义和新实在论给出了截然不同的回答:新实在论(比如培里、霍尔特、马尔文)拒绝主体的实体性和世界的有机结构,而直觉主义则确认主体的实体性和世界的有机结构。直觉主义所发展的一般世界观更接近于亚里士多德主义,确切地说,更接近于普罗提诺和托马斯主义,而不是新实在论。但与托马斯主义不同的是,直觉主义者对关于对象本身的知识所作的解释,不是说,主体的灵魂本身接受对象的形式,而是说,由于两个原因,一方面是诸实体的本质同一性,另一方面是诸实体之间的协调,因此一切内在于一切,每一个实体都是一个微观宇宙,它不仅

---

① 参见美国批判实在论者德雷克(D. Drake)、普拉特(J. Pratt)等人的《批判实在论文集》,1921年。

自己生活,而且于整个世界共同生活,当然,这种共同性的程度和参与的性质是不同的,这取决于对其他存在物的爱或者不爱,对其他生活道路的赞同还是不赞同。

直觉主义通常会遭到这样一种嘲讽:"直觉主义者好幸福啊!他看见两公里之外的篝火就在自己的意识中有真的篝火,就可以在自己的篝火表象中烧开水了"[1]。这样的反对意见是建立在这样一种倾向基础上的,即把全部对象及其存在的全部内容都放置在空间和时间里;这些人把意识安放在颅骨之内,认为篝火本身进入意识就是篝火转移到颅骨内。为了理解直觉主义理论,必须思考主体与外界对象之间的超空间和超时间的联系;经过这样的思考就会明白,为什么有可能在两公里之外在意识中理想化地(超空间地)拥有篝火,而现实地运用篝火烧水则要求我们的身体运动两公里以便在空间上接近篝火才行。批判实在论的代表 Sellars 认为,外部对象的存在(existence)不能进入意识,因为不能跳越把对象与主体分离开来的空间和时间。他的这种观点是不正确的,主体乃至一般实体活动者无须跳越,因为它们是超空间和超时间的。

对直觉主义有时还有这样的嘲讽:"直觉主义者好幸福啊!他们不需要显微镜、望远镜、复杂的研究方法以及绞尽脑汁的思考:他可以直觉得到一切,只要他愿意,他就可以马上拥有关于全部对象的完善知识"。

这些反对者没有看到,直觉主义在承认万物具有前意识的彼

---

[1] 参见《批判实在论文集》,1921年,第200页。

此内在性的同时,又确认,从这一最初的给定性到领悟和认识其全部要素,还有漫长的路程,像人这样的力量有限的存在物是不可能在这条道路走到尽头的:人类的知识永远注定只是从无限复杂的世界中作出的不完善的选取,这些选取是借助于各种彼此牵制的方法而艰难实现的。万物的彼此内在性决定了直觉的可能性的,也就是理性目光认识对象原物的意向,这种内在性只是外部对象知识的必要条件,而完全不是充分条件。那些否定对象原物在意识中的给定性的理论,完全不能彻底地解释关于外部世界的知识是如何可能的,这些理论最终必然导致自我毁灭的唯我论和怀疑论。对直觉主义的证明,首先是通过本章中所简要叙述的意图而直接达到的,其次,是通过揭露其他理论的不成立性而间接达到的。我在本书中将不再对其他理论进行清算:我在《直觉主义的证明》和《哲学导论》两部著作中已对这些理论进行了批判。

在确立了一切内在于一切的基本论题之后,就应当认识对象的各种方法。我们从感性直觉开始,也就是依靠感觉器官——眼、耳、触觉神经末梢等的参与而实现的直觉。

28. 弗兰克

谢苗·柳德维果维奇·弗兰克(Семен Людвигович Франк, 1877—1950 年),生于莫斯科的医生家庭。他青少年时代的思想转变体现了当时许多俄国知识分子所共有的精神历程。中学时代的弗兰克就阅读了米海洛夫斯基、皮萨列夫、拉甫罗夫等激进社会思想家的作品,并在此影响下加入了马克思主义小组。1894 年进入莫斯科大学法律系以后,他积极参加有关政治经济学和社会主义问题的讨论,并从事革命活动。在1899年的全国学潮中,弗兰克被捕并被判处驱逐出莫斯科两年。此间,他先后到柏林、慕尼黑研究政治经济学和哲学。也是在这段时间,他的世界观发生了巨大变化:从唯物主义和马克思主义转到了宗教唯心主义。

1901—1922年,弗兰克成为俄罗斯宗教哲学复兴运动的主要代表人物之一,发表了多篇政论和哲学论文。这段时期也开始了他在"纯粹哲学"领域里的杰出建树:1915年,他的硕士论文《知识对象》一书出版,立即引起了俄国哲学界的广泛瞩目,被誉为"俄国认识论思想的一部杰作"。在随之而来的革命和战争岁月里,他先后在萨拉托夫和莫斯科从事哲学活动并撰写博士论文《人的灵魂》(1917年),试图继《知识对象》之后进一步建立"哲学心理学体系"。1922年,弗兰克同一批知识分子一道被驱逐出境。从此至"二次大战"前,他一直住在柏林,参加别尔嘉耶夫组织的宗教哲学学院,同时执教于柏林大学。此间他出版了一系列社会哲学著作:《偶像的毁灭》(1924年),《生命的意义》(1926年),《社会的精神基础》(1930年)等。1939年出版了大部头哲学专著《不可知物》,总结和发展了他的万物统一的认识论和宗教本体论。

弗兰克的犹太人出身使他在1937年被迫流亡巴黎。战争促使他深深思考世界之恶的本质,出版了《上帝与我们同在》(1946年)和《黑暗中的光》(1949年)两部宗教哲学和伦理学著作。战争结束后,他又移居伦敦,撰写最后一部著作《实在与人:人的存在的形而上学》,此书在他去世后出版。1950年12月10日,弗兰克在伦敦去世。

《知识对象——论抽象知识的基础和界限》(1915年)[①]

第七章 第一判定与直觉的本质

1. 我们看到,在分解的规定性体系中所表达的知识,其基础是对万物统一的直觉知识。我们现在的任务是阐明这一直觉的逻辑本质。对象 x 如何展现为一个内容的完整统一体,这个统一体后来又如何通过在规定性定律基础上的分析,从而分解成一个规定性体系? 为了回答这个问题,必须首先说明"第一判定"(первое определение)[②]的逻辑本质,它的表达式是"x 是 A"。

当我们"判定"某种未知的东西,当我们在无法表达的非理性体验中看到了某种确定的东西,这时候我们所指的是什么?这个过程是如何实现的?比方说,某一时刻在我的视野中出现了一个东西,它最终被我们判定为"红色的东西"。这个判定活动的含义如何,它是怎样进行的呢?

在上一章中我们已指出了确定规定性的三个要素,它们是通过三个思维定律(同一律,矛盾律,排中律)来表达的。现在我们应

[①] 选自弗兰克:《知识对象。人的灵魂》(Франк С. Л. Предмет знания. Душа человека. М. 2000. С. 307—353)。

[②] "判定(определение)"这个词在俄语中有两层含义:它一方面意味着对对象的判定,也就是从未被判定的对象中显现规定性(determinatio, Bestimmung),另一方面,也意味着对概念的判定,也就是确定已判定的对象的逻辑地位(definitio)。我们在本章中所指的是前一方面,我们叫做"第一判定",后一方面含义(definitio)我们叫做"概念的定义"。

当注意的是，这三个要素可以分为两组。实际上，矛盾律和排中律具有共同之处，它们都表达否定的意义，也就是通过否定关系来说明规定性，而同一律是从这样一个方面来确定规定性的，这个方面本身还不包含任何否定。这样，通过这三个定律，我们看到确定规定性的两个基本特点。

不难说明这两个基本特点是什么，它们构成规定性的本质。一方面，当我们在某种具体的、个体的经验中看到某种规定性的时候，我们就在其中确认了某种超时间的要素。如果我眼前的这个"某物"是"红色的东西"，那么，这首先意味着，它是"红色"这一自身统一的超时间本质的局部体现。无论我们怎样解释这一超时间本质或观念的逻辑本质和可能性，只要我们从现象学角度不带偏见地看待知识，我们就必须承认，当我们把某物叫做"红色的东西"的时候，我们就指出了其中有一种统一的要素——"红色本身"在场——这个红色本身不受时间和地点的束缚，被思考为某种在时间中不变的东西，即超时间的东西。这是规定性的同一性方面。规定性的另一方面在于，任何一种被规定的内容都是某种特别的、唯一的、与他者不同的东西，它是不应与任何其他东西混淆的独特内容，因为它只有在与所有其他东西相分离和对立的情况下才能实现自身。这两个要素具有一个共同特点：它们从不同方面表达了规定性本身所固有的唯一性。规定性是唯一的，其含义之一是，它的全部众多的具体表现，也就是时间性的表现，是一个统一本质的表现；另一个含义是，规定性在内容体系中占有一定的、也就是唯一的、与他者不同的地位。这种唯一性也是这样一种东西，它把自发的和流动的体验变成被判定的内容。

下面我们分别考察规定性的这两个方面。

2. 作为超时间统一体的规定性问题,也就是"一般"本身的本质问题。众所周知,对这个问题的解决,在历史形态上分为三种类型:唯名论、概念论和实在论;我们在这里不可能检验在这个问题上的所有各种各样的观点,我们在此只从这样一个基本原理出发,这个基本原理我们认为已经被当代逻辑研究所完全令人信服地证明了[①],这就是:"一般"不可能从个别本身和个体之间的关系中推论出来;因此,既然"一般"存在于知识之中,是知识的一个不可分割的要素,那么,我们就应当承认在对象本身中也有一个使"一般"得以给定的方面。所有试图指出一般产生于个别的尝试,都总是最终以这样一种恶循环为根据:在证明的某个步骤容许待证明的一般本身作为证据。不带偏见的逻辑分析把一切心理学和"形而上学"问题搁置一边,对于这样的逻辑分析来说,显然,当我们从个别过渡到"一般",比如从某个红色的东西的具体形象过渡到"红色"概念的时候,我们就实现了真正的过渡,进入某个新领域,这个领域不是在个别之物本身的范围内展开的,而是与个别之物的领域对立的;我们从只有在某一时刻才具有真实性的具体内容和体验,过渡到了超时间的规定性,它在其多种多样的个别表现中是同一的。在这个意义上,逻辑实在论上自明真理,未发现这一真理或对它存有争议,只是由于心理学和形而上学的成见和假设。

但重要的问题恰恰在于解释逻辑实在论的真正含义。什么是

[①] 参见:胡塞尔:《逻辑研究》第二卷第二章;洛斯基:《直觉主义的证明》第八章,一般与个别;霍姆佩茨:《世界观学说》第二章,第167页及以下。

拥有"一般本身"？既然全部"给定的实在",知识的一切内在材料都存在于个别之物、具体之物的形态中,也就是时间形态中,那么,怎样才能"拥有"一般呢？

如果"一般"是知识的要素,因此应当认为是对象本身的特定内容,那么显然,我们就应当得出结论,"一般本身"也应当像个体之物一样,是直接被给予我们的。如果我在看见我面前的红色物体的时候说出"这是红色的"这个判断,那么,这显然要求一个前提：就像我直接知道无法用逻辑表达的、具体的"这个"红色物体、可以用手指出它一样,我也直接地知道在这个物体中或与它相关,还有它的一般规定性——"红色本身"。对一般的发现,在一定意义上具有直接知识的性质,也就是不依赖于任何先前的知识——这一点是无可怀疑的,因为否则知识就没有开端了。但另一方面,我们也不能忽视,"一般"由于其自身本性,必须是超越于一切在经验中呈现的"给定现实"的。比如,"一般"无论如何不存在于"此时此地",即某一时刻我们视野中的某个地方,因为它按其本性是超时间的(当然也不局限于空间中)。我们在此依据我们已经确定的观点(参见本书第一章第5节)：直接给定的现实,也就是在某一时刻作为意识的组成部分而内在于意识中的形象,永远不是知识的内容,而只是知识的材料；任何知识都只有通过深入到非给定之物、也就是超验之物中,才能实现。

显然,只有通过超越时间现象的界限、进入超时间的存在统一体,才能看见"一般"。这一状况在考察规定性的第一方面的时候是显而易见的。实际上,在规定性中祛除了它的第二方面,也就是使它成为某种特殊规定性的方面之后,还剩下什么呢？只剩下超时间的一般存在了。

由此可见,唯一性在这个意义上不是别的,正是对超时间存在统一体的从属性。因为我们不是盲目地沉入变动不定的、作为意识流的体验之中,而是意识到被体验的东西与绝对的超时间存在的联系,我们因此而超越了体验本身的界限,在其中看到了超时间统一体的一部分。被体验的东西之所以能成为"一般内容",也就是某种超时间的唯一物,是因为其中向我们展现了超时间的存在本身。它的唯一性在这个意义上不是别的,正是绝对存在本身的唯一性:被体验的内容是与绝对存在相联系的,是作为绝对存在的一部分而被感知的,它也获得了绝对存在的超时间的统一性。这样,内容的唯一性是在万物统一的直觉中被给定的,这一直觉也就是把被体验的东西看作是包罗万象的统一整体的一部分。

3. 确定独特的规定性,也就是使某物"正是这样而非那样"的规定性,这个问题要复杂得多。初看起来,似乎确定独特的规定性只要通过运用矛盾律和排中律就可以直接实现:被思考对象通过分解为"这一个"和对立的"他者",通过这种对立,正是成为了"这一个",也就是独特的规定性。但实际上,规定性的独特性包括两种因素,一般因素和个别因素,在上述两个定律中所给出的只是第一种因素。一方面,独特性是所有规定性的一般属性:每一种规定性本身都同样是某种特定的规定性,它成为"这一个"正是由于在一切思维中都同样起作用的矛盾律和排中律。但如果只有这个一般特点而没有个体化的特点,那么独特性就不可能成为独特性:每一种规定性不仅是某种一般而言的特定规定性,而是某种唯一独特的规定性。例如,全部个别的颜色——绿色、红色、蓝色等,都具有这样一个一般特点,即都是一种特定颜色;但因为这个特定性的一般特点都同样多地分别为绿色、红色、蓝色等所具有,因此,显然,不是这个一般特点本身决定了绿色成为绿色,红色成为红色,蓝色成为蓝色等等。试问,对这种个别规定性的确定是如何实现的?如果对"一般"的发现总是超越此时此地的感性现实,进入新的超时间领域,那么,我们在这个超时间领域如何判定对象呢?我们根据什么来判断某一对象所具有的正是"这一个"规定性,比如"红色",而不是其他规定性?这个个别对象的独特性是我可以用手指出来的:我可以指出这个对象所在的地方,并把它与其他对象区分开来。但我们怎样确定"一般之物"的独特性?我根据什么从这一特定对象过渡到"红色",而不是其他颜色,从而确认这个对象是"红色的东西"呢?显然,"红色"是不可能用手指出来的,像这个对象一样,因为"红色"不存在于此时此地。

求助于这个对象与其他"红色物体"的相似性,显然是无济于事的:这样做是依据了"一般之物"的唯名论,因此也和唯名论一样是不能令人满意的:每一个个别对象都具有许多方面,因此必须与许多不同对象相似;如果我们从这些组对象中选择了一组"红色的对象",那么显然,只是因为我们已经事先发现了对象的这个方面,也就是"红色本身"。

显然,这里,从问题的本质中产生了三种可能的解决方法,实际上这些方法在逻辑学著作中已经提出了。(1)经验主义。规定性的独特性只有在给定的现实本身中才能看到,也就是只能直接来自经验现实、知识的内在材料的独特性。(2)知识的"质料"与"形式"的二元论。规定性的独特性是给定现实的独特性与思维的逻辑形式相结合的结果,也就是依靠概念进行推论的过程的结果,但这一过程也是以"给定现实"本身的本质为基础的。(3)理性主义。规定性的独特性只是"纯粹"思维的独立创造,这种思维以自己的手段把不确定性变成"这一个",也就是特定的规定性。无疑,上述三种解决都表达了真理的某一方面;但任何一种解决都没有给出令人满意的答案。

至于第一种解决,无疑,判定的结果——把"给定的现实"归属于"这一个"规定性——显然取决于我们在知识的内在材料中直接被给定的东西。因为我们在"此时此地"看见某种东西不是偶然的和随意的,比如在某一时刻和某一确定的地点看见某种"红色的东西",而在另一个时间和另一个地点看见的就是另外的东西,这不是偶然的。但这样的解释与其说是对问题的解决,不如说是对问题的简单重复。说我们认为某物是"红色的"是因为它的独特性迫使我们认为它是如此,就意味着说,此物本身就是如此。这当然是完全正确的,但这没有对下面的问题作出任何回答:我们是从哪里得知它确实如此的? 显然,具有自己规定性的对象,不可能在它被判定之前"被给予"我们,否则我们就会又回到那种幼稚荒谬的二元论的实在论,这种实在论认为知识复制实在;这种实在是在知识之前就以某种方式被知晓的。如果一个对象对我们来说成为"这样的"、获得独特的规定性,这只能是判定活动的结果,那么,在判定之前,它就仿佛是一团混沌,不能作为判定的根据。

第二种解决区分了知识内容的"质料"和"形式"方面,"经验"和"逻辑"方面,这种解决是由康德之后的某些现代思想家提出的(李凯尔特,约纳斯·孔)。这种解决通过上述二元划分,完全正确地指出了，一方面，判定为了不是随意的，应当包含简单的"确认"因素，也就是依据某种眼前呈现的东西，也就是依据对象本身的不依赖于逻辑活动的独特本性；另一方面，判定毕竟不是对现成材料的一种消极把握，而是一种独立的思维活动，通过此活动使经验材料变成概念体系并服从逻辑形式。但这种解决本身没有对这两个方面的结合给出任何正面解释，包含着经验主义和理性主义的自相矛盾的结合。如果经验材料在判定之前还不是独特性质，那么它如何能够决定判定的结果？如果经验材料一开始就已经是独特性质，那么如何还要再判定？按照李凯尔特的学说，判定就是给被判定的质料内容加上"这个"（данность）或"此物性"（этость，Diesheit）范畴，由于这个范畴，使得材料第一次作为"这一个"被给予我们；同时，"此物性"范畴作为一个一般范畴，按照自己的含义又是具有个体化作用的范畴，也就是设定各种内容的多样性，使"这一个"区别于他者[1]。

在这个学说中，正像经常发生的那样，谜通过引进一个新词而"被破解了"，不过这个新词的含义之令人费解并不亚于问题本身。"此物性"范畴要么意味着对独特规定性的一般性指定，这样的话，正如我们看到的，它不足以揭示独特规定性的个体内容；要么，这一范畴确实能够为我们揭示每一个规定性的个体独特性，这样的话，就应当指明，为什么一个范畴可以在一个地方创造一个内容，在另一个地方则创造另一个内容，这个范畴是怎样与不依赖于它的知识材料相结合的。

---

[1] 李凯尔特：《认识的对象》(1892年)，第二版，第166页及以下。

第三种解决①正确地指出了这样一些理论所固有的矛盾,这些理论认为,逻辑上先于判定本身的规定性对我们来说是某种现成的东西。我们所拥有的一切都是作为知识而拥有的;因此,认为有某种外在的、不依赖于知识的知识标准和根据,这在逻辑上是有矛盾的。因此,按照这一理论,判定活动总是自主的,没有任何在自己之外的现成根据或标准,而是从自身之中创造自己的内容。这就是,"给定的"规定性 A 不是在封闭的当下之物中被看到的,而是在某个未知物 χ 与其他内容 B、C 等的逻辑关系体系中被看到的。作为一般规定性的内容 A 是从对立的"非 A"中通过同一律而"产生的";而作为特定内容的 A 则是从自己与"其他内容"及 B 的关系中被创造的②。这就自然产生了一个问题:"其他内容"是从何而来的?这一理论对此的回答是:其他内容同样也归结为关系,对规定性的独特性 A 的最终认识要求对全部关系体系的观察。无论这一理论包含着多少正确内容,特别是它试图在知识的统一性和连续性基础上来证明关系体系,但是显然,对于"这一个"特定规定性的含义和根据是什么这个基本问题,此理论没有给出任何回答,因为要回答这个问题就会陷入无限循环。因此,知识的开端问题,知识的第一支点问题(只有依靠这一支点,才能有知识的进一步运动,从"这一个"规定性到另一个规定性),在此仍然是不可知的。因为无论"原初判断",还是"集合判断",其本身都是不充分的:它们对全部思维对象都有同样的关系,不能作为发现"这

---

① 这种解决是在所谓"马堡学派"的逻辑唯心主义中提出的。
② 科亨:《纯粹认识的逻辑》,第 124 页及以下。

一个而不是另一个"规定性的根据。"假说"概念是思想所随意创造的认识前提,这个前提是深入认识进一步联系的工具,并且随着认识的深入,这个前提自身也要不断修正,——这个"假说"概念只是表达了认识的苦难性,而不是对困难的解决。为了使第一个假说成为有成果的,它就应当哪怕以局部的、不完善的形式包含着真理成分;这个真理从哪里来?它怎样从虚无中产生?我不得不在此时此地,在一定的时间地点,看到"红色"而不是其他规定性,这个判定不依赖于我的概念的强化或修正而包含着自己的真理性——这是一个基本的和自明的事实,从我们所考察的观点来看,这个事实完全没有被解释清楚。

显然,我们面临着一个无出路的两难选择:一方面,判定过程为了能够开始,就应当在自身之外,在先于逻辑活动而直接给定的对象中拥有一个支点;另一方面,真正的直接"给定"之物,知识的内在材料,其中还不包含任何"知识内容",为了获得对我们来说具有意义的知识内容,它就要求以判定过程为前提。如果这个两难选择有出路,那么,出来就应当在于寻求这样一个中介,它一方面先于对已有内容的判定,另一方面又不是盲目体验或仅仅是知识的"材料",而应当包含着知识的根据。

我们在此所遇到的困难,其根源正在于这样一种有偏见的假定,即认为与知识相关的东西要么是知识的原材料,不具有任何知识意义,要么是概念和判断,即已经是逻辑活动的结果。但我们在前几章中试图指出,抽象知识或在思维中形成的知识,是以对万物统一的直觉为根据的。知识的内在材料与知识的结果、判定活动(说明各规定性之间的关系)的结果之间的中间环节,就应当在这一直觉中。

我们在前面已经看见，规定性的唯一性（在同一性的意义上）不是别的，正是它对超时间存在统一体的从属性。同样不难预见，在独特性意义上的唯一性，也具有同一个源泉。但在这里应当克服一个根本性的困难。初看起来，仿佛把内在材料归属于万物统一就会消灭一切独特性和局部性。因为万物统一是某种统一体，归属于它就会导致同样的结果，因此任何具体现象都不应成为这种归属的材料。然而，为了解释规定性的独特性，也就是为了划分出不同于"非A"的A，其他道路对我们来说都是被阻断的。如果规定性的独特性既不能从知识材料的内在现成本性中得到解释，也不能从一种规定性与其他规定性的关系中得到解释，那么，它就只有一种解释：它是由它与统一体即万物统一本身的关系决定的。下面的看法将有助于我们理解这一点。

A是A，也就是"这一种"独特内容，只有通过A与"非A"的关系，也就是在与他者的区别中，才能成立，这是显而易见的。但是，如果"非A"是相对应A而言才出现的，因此在逻辑上不可能在A之先，那么，要使A在与"非A"的关系中得到解释而不陷入恶循环，其唯一形式就不是将A归结为"非A"，而是将A归结为统一体（A+非A）。如果我认为某物是"红色的"，这意味着，它被作为"红色的东西"从一切"非红色的东西"中划分出来。但"非红色的东西"和"红色的东西"是彼此相对而言的。因此，那个从中"划分出"红色的东西、并且红色的东西通过与它的关系而确认自己的本质的东西，就是这样一个统一体，它是先于"红色的东西"与"非红色的东西"的区分而存在的。

与空间地点的指定进行类比,最有利于说明这一思想。怎样才能判定空间中的某个地点呢?任何一个空间地点的判定都是相对的:指定任何一个空间中的地点,都只能通过这个地点与其他地点的关系,其他地点的判定又必须通过与另外一些地点的关系,等等。仿佛我们在此只拥有无定量的等式,只有未知数:x 通过与 y 的关系来判定,y 通过与 z 的关系来判定,等等,从这一观点看,似乎无法理解,我们是怎样能够确定空间中的一定地点,也就是把一个地点与另一个地点区分开来。显然,能够进行这样的区分只是由于,在判定关系之前就已经指定了某个地点。但指定意味着什么,它是如何可能的?显然,指定意味着拥有整个空间范围中的所有地点。当我们面对一个完整的空间范围的时候,我们就潜在地拥有了它的所有地点;或者相反:"拥有"单独的一个地点(这是判定各地点之间的关系所必需的)正是意味着潜在地拥有整个范围,并通过局部与整体的关系而拥有局部。空间上的定位是这样,逻辑上的判定也是如此。在体验本身中看到某种特定内容,就是直接意识到这一内容是整体中的一部分,在存在的完整统一体中占据自己的地位。这就是在超时间存在的理想化领域对某一内容的指定,就像在感性空间领域用手指出某物的位置一样。万物统一是理想化的地点的体系,其中被思考的每一个局部内容,之所以成为"这一个"特定内容是因为它在万物统一中占有自己独特的、唯一的地位。因此,我们所说的"指定",也就是对特定内容的发现,就是发现这一内容在万物统一结构中的地位,这一地位虽然在对其他地位的关系上是不确定的,但对整体的关系上是确定的。

为了正确理解对万物统一中的局部内容的这一发现,必须充分注意到万物统一作为对立物的统一所具有的特殊的、元逻辑的本质。万物统一作为"此物"与"他者"的统一,不是多样性彼此对立意义上的统一,而是多样性与统一性的统一。万物统一不是在自身之外拥有各局部内容的多样性,而正是这一多样性的统一,是这样一个统一体,特定的局部只有在与它的关系中才能被思考,因此,这一统一是局部多样性本身的条件。因此拥有万物统一不意味着失去局部内容的多样性,就像把多样性内容淹没在无差别的同一中那样,而是相反,意味着立刻拥有全部内容多样性的基础。假如各个局部的简单相加或总和,那么,每一个局部的独特性就是它的内在品格,而对整体的从属性就只是所有局部的一般属性,与每个局部的独特本性毫无关系。然而万物统一是原初的或有机的整体:它作为整体与局部的统一,其含义是,局部具有独特性正是由于它是整体的一部分,也就是在整体中占有自己的特殊地位。在万物统一中"局部"是整体的不可分割的要素,也就是只能被理解为从一方面看的整体;反之,整体不能脱离它的各个局部的多样性,而只能被理解为多样性本身的统一体。一个点属于一个空间整体,这种从属性并不使它失去独特地位,并不使它扩散或消融在整个空间范围中,而是相反,只有这一从属性才能使它成为单独的点(也就是在整体构成中占有特殊地位);同样,对作为万物统一的不可分割要素的内容的发现,并不消除这一内容的独特性,而是第一次证明了这一独特性。

这样,作为"这样的"特定内容的规定性,我们是通过直觉而拥有的,或者说,我们对此特定内容的事实上的拥有,是通过深入到万物统一之中和对作为其组成部分的内在材料的直觉。在这一直觉中,对局部的关注,正如我们已经指出的,同时也是对整体的关注,这正是因为,局部正是被在与整体的关系中被理解的;指定"这一个"内容就意味着在万物统一中发现它,看到了它作为 ax,也就是在万物统一中被当下指出的不可分割的部分。正如我们在前面看到的,在体验中给定的知识的内在材料,是通过在超时间统一基础上的直觉,才成为一般知识内容的。但依靠这一直觉,知识的内在材料也同时成为"这一个特定内容",正是因为,对万物统一的直觉就是对多样性统一的直觉。被思考的内容,也就是在万物统一基础上的内容,在超时间同一性意义上是唯一的,同时在区别于他者的"特殊性"意义上也是唯一的。比如说,一个对象对我们来说成为某种特殊的、也就是局部的对象——不是作为认识所关注的完全未知的存在,即纯粹的 x,而是作为 ax,即我们当前所面临的局部内容。

这样,对知识内在材料的判定不是专制的"纯粹思维"的自主活动,不是只依靠后来证明的臆造或任意假设,也不是对"给定现实"的简单把握。这是在万物统一的构成中发现这一材料,是对万物统一中某一个当下被强调的领域的直觉;在这一直觉基础上,就已经有可能确定所寻求的内容与万物统一体系中其他内容的关系,这就构成了第二判定或逻辑判定的任务(见下一章)。

4. 现在我们已经准备好来阐明按照我们分析顺序来说的最后一个认识活动,却是实际上的第一认识活动——这就是深入到万物统一的过程本身。我们知道,知识的第一出发点,或直接出发点,一方面是在一定时刻呈现给我们的"形象",另一方面是围绕这些形象的潜在"具有的"黑暗背景,也就是绝对存在,其内容是遮蔽于我们的。知识的产生就是在与这一绝对存在的联系中意识到某一材料,是这样一种直觉,由于这种直觉,自发的"体验"被意识为万物统一的内容,从而成为知识内容。这一直觉是如何实现的?

简单的自我观察告诉我们,注意[①]是这一活动的基本条件。

注意在心理学上是一个复杂过程,具有许多方面。但在此对我们重要的只是其中的一个方面。注意以某种方式改变了简单的不自觉的体验。当我们只是"拥有"一些印象或体验的时候,它们构成了一个意识流,意识完全沉入其中,或者确切地说,意识的生命住在其中。注意活动把这一消极的、整体的、流动的生命改造成了双重性的东西:于是我们一方面拥有自己,"意识流",另一方面拥有与我们对立的东西,即我们的意识所指向的对象。从这一观点可以把注意定义为意向性状态,是意识的分化和结合:分化成主体和客体,"自我"和"与我对立之物",然后又通过第一个成员("自我")对第二个成员("对象")的意向而把这两者结合起来。其他的意向性——通过"愿望"、"评价"等——都是以这个第一意向性(注意)为基础的,正是由于注意,才第一次出现了主体与客体之间的二重性以及前者对后者的关系。注意不是意识对体验本身的内在关注,而总是意识对对象性内容的关注,即注意所指向的内容是对象的内容,是超时间存在的内容。我们所体验的是"红色之物"的感觉,这是直接的体验是自发的体验之流;但我们所关注的不是对"红色之物"的感觉,而是"红色之物"本身,是红色的对象,我们看到了它的红色,这是超时间的内容,而不是我们的体验。

---

① 当然,我们在此所说的注意,不仅是有意的注意,而且包括无意的注意。

在这个意义上,注意是意识的对象化、客体化功能。这并不与下列状况相矛盾,即当注意力高度集中、意识深入到对象中的时候,我们会失去意识"自身",仿佛生活在对象本身之中。实际上,任何一个注意活动都在一定程度上包含着这种向对象的沉入。因为这个统一体不是以作为体验之流的"自我"与客体的交融为基础的,而是以弃绝体验之流为基础的。意识本身或主体的生命不是"被发现的",因为意识的全部生命正在于对客体的意向;我们所沉入其中的东西不是"意识流",不是我们的生命(印象的交织和更替),而是对象,是从意识流中划分出来和在逻辑上与它对立的东西,即便意识流本身仍然是没有被指出的。

但这样的客体化是如何可能的呢?怎样把注意所指向的东西从总的体验之流中分离出来,使它成为独立的、不依赖于意识流的本质?因为注意只是意识的某种适应(无论这种适应在心理学上的含义是什么),也就是更加明确和生动地拥有体验本身,被体验的东西还没有从直接意识流中提取出来,而只是在意识范围内构成其最明亮的核心部分。显然,为了使被体验的东西成为对象内容,也就是与意识流对立起来,必须把它归属于某种在体验之流范围之外的东西。我们在前面看到,对象存在的基础是超时间统一体或绝对存在,由于这一绝对存在,使得体验之流、意识流每时每刻都被无边无际的他物之背景所包围。因此,注意的对象化功能只在于一点:不是在意识流本身的内在范围之内拥有内容,而是在与绝对存在的超时间统一体的联系中直接拥有内容。在这个意义上,注意是超越的功能,是向超越之物的深入:绝对存在在简单的自发体验中,只构成伴随和环绕着现实体验的未知的黑暗背景,这一绝对存在正是由于注意活动而进入了与被体验之物的内在联系,正因此,被体验之物才成为特殊"内容",超出了在意识流中简单在场的范围。

我们这里所说的最初的过程,它的本质只有通过直接的自我观察才能确定。注意在这个意义上是潜在之物现实化的过程:当我们"集中"注意于体验的内容的时候,我们不是停留在体验的范围内,而是相反,我们超出了这一范围,"意识到了"某种超时间的内容,也就是这一内容不仅仅存在于体验之中,而是从属于超时间的存在。当我观察某个"红色对象",也就是通过注意或直觉活动把体验改造成对象的时候,我在其中看到了"红色",我因而进入了超越体验范围之外的东西之中,把我潜在"拥有"的绝对存在现实化了,在其中看见了"红色",也就是看到了它的内容,因为看见"红色"(而不仅仅是体验到它)正意味着获得对万物统一的局部领域的直觉。注意或直觉总是理智的直觉,或者同样的,是创造性的想象:无论我们的意识指向什么,它永远不是指向作为其自身的内在体验,而是指向作为绝对存在(万物统一)的一个方面或局部的体验。我们在前面已经确定,对知识的内在材料的"第一判定",也就是在其中看到一定内容,这依赖于对在万物统一的构成中的这一内容的直觉。这就是说,只有通过对万物统一本身(现实内容是它的一个方面或要素)的直觉,才能对某种东西进行"直觉"或"意识"(而不仅仅是体验)。这样,注意或直觉永远意味着对被体验内容的直接扩展,意味着看到处于与不在场之物的统一之中的当下在场之物。我们"意识到"的东西永远比内在材料自身中"给予"我们的多。这样,注意活动具有创造性,或者确切地说,具有现实化的性质：在注意活动中，正是通过对内在之物与超越之物的统一体的体验，使得内在之物与超越之物同时被改造：内在体验成为超出现实体验之流的界限之外的绝对存在的要素，而绝对存在的超越背景也从它所具有的现实内容方面向我们展现出来。深入到超越之物和认识到内在之物，这不是两个不同活动，而是潜在之物现实化的统一过程，此过程是在直觉或注意中实现的。于是，我们获得了这样一种对 ax 的第一直觉——对存在的一个部分的直觉，这个部分是与存在的未知方面密切联系的——这种直觉构成了知识进一步运动的出发点。

以上论述给下面的观点提供了解释，即我们只以某个未知数的形式直接拥有的对象，如何能够作为"已知的"对象展现给我们。未知物向我们展现过程的奥秘，可以在作为现实化的直觉概念中得到解释。这种现实化的直觉也可以看作是最初结合的过程。如前面（第三章）所解释的，认识的直接出发点由两个要素构成："给定之物"（"内在材料"）和"拥有之物"（"未知的超越之物"），这两个要素仿佛是明亮的核心和它周围的黑暗背景。在我们意识生活的每一时刻，我们都一方面拥有当下直接呈现在我们面前的形象，它们只是知识的材料，其自身还不包含任何知识；另一方面拥有这些形象周围的绝对存在的超时间背景，其内容对我们也是遮蔽的。这样，如果这两个要素的任何一个都不能单独提供知识，那么，把两者统一起来，在与绝对存在的联系中获得内在材料，把它不是作为自我封闭的东西，而是作为绝对存在的一个方面来体验——这样就把给定的材料变成了知识的内容。因此，"深入到未知的超越之物"作为任何知识的条件，正是对这样一种统一性的直接意识，这种统一性把"给定之物"(内在材料)与非给定的超越之物联系起来。这种统一性是在直觉中给予我们的,由于这一直觉,"给定之物"超越于自己给定性的范围之外,自己的"此时此地"之外,同时,超越之物作为这样一个环境展现给我们,这个环境包容了"给定之物",为它指出了自己在该环境中的确定地位。

第八章 知识作为万物统一体系

1. 这样,全部知识的第一基础是对万物统一的直觉,是直接看到局部内容与一切他者之整体的关系,正是由于这一关系,局部内容作为某种独特的"这一个"内容而第一次得到确认。知识的出发点所具有的这一属性决定了知识的全部本质,也就是既决定了知识的终极理想,也决定了知识逐步实现的途径。正是由此阐明了作为逻辑判定的认识的本质。假如每一个局部内容都是自成一体的,因而是在它与其他存在物的关系之外向我们敞开或为我们所知的,那么,我们只能要么拥有它,要么没有它,但认识,作为对某一已知对象的判定这个意义上的认识,就成为不可能的,因为我们已经拥有了某个特定的对象,但我们还应当认识它,这是相互矛盾的。古人就已提出这样一个难题,既不可能寻找(即认识)你已经知道的东西,也不可能寻找你还不知道的东西,因为认识已知的东西是多余的,而对不知道的东西,你不知道你要认识什么。这个难题只有在下述条件下才能解决:原初的知识中已经包含着认识的进一步运动的任务。在知识的第一内容(即 ax,也就是万物统一构成中的局部要素)之中,我们拥有了这样的知识对象,它已经被独立化为"这一个"特定对象,但还没有可以说出的内容。在这个 ax 中,一方面给出了某种完全确定内容的概念(因为确定内容 a 在 x 的构成中占有自己的特定地位,与所有他者不同),另一方面给出了知识的无限任务的概念。由于局部内容只有作为整体要素才能确定,因此,对局部内容的揭示就等于对整体本身的揭示。这样,我们在 ax 中已经以潜在的形式拥有了无限完满的内容,此完满性要求展开,也就是现实化。这个现实化的任务也就是对某一局部内容 A 的逻辑定义。这个任务在理想形态中是通过阐明 A 本身与万物统一中的所有其他内容的关系来实现的。例如,如果我通过直觉,也就是通过把某个被体验的具体形象归属于万物统一,因而我在此形象中获得了某个原初内容,我可以把它称作"红色",那么,对这个尚且是直接指定的万物统一的部分进行定义,就要通过把它归属于一系列与它有必然联系的内容。比如说我给"红色"下定义的时候,就是看到它是颜色,并且在色谱中占有一定地位,等等。换言之,我们所直接指定的 ax 通过直觉的进一步扩展,就被我们认识为 $abc...x$,通过分析,在我们面前展现为 A—B—C...,并且,随着分析(即揭示 A 与 B、C 等的关系)的每一步深入,内容 A 变得越来越准确,被描述得越来越确定。接下来,如果注意到我们用以阐明 A 的其他内容 B、C 等等,它们自己也要求同样的进一步分析,那么,我们就应当承认,对内容 A 的彻底判定要求完整地观察全部规定性体系。在这个意义上说,任何规定性都不是真正地直接给予我们的,任何一个内容(规定性)只是近似划定的、"假说的"概念,这一概念的作用是深入到进一步联系之中的工具,它随着深入的程度而发生改变,完全准确地确定的概念只能在完整的知识体系中;指出了这种逻辑理解的上述学说,是完全正确的。但为了使这一逻辑定义的过程不成为空中楼阁,而是拥有自己的坚实基础,为了使这一过程能够开始,就必须使它以先于它自身的知识为根据,必须使它有自己所追求的目标,即有待判定的客体。这只有在下述条件下才是可能的,即所判定的内容已经作为万物统一的局部领域而被我们事先所直觉。

用空间点的判定作类别,在此也能够有利于我们阐明上述相互关系。如果通过简单的"指定"来确定某个地点,也就是直接指出我们面前的空间范围中的某个单独地点,那么,判定它的位置只能通过判定它与整个地点体系的关系来进行。一方面,我们应当知道所看的地点与其他地点的关系;另一方面,这些另外地点应当是这样的,即通过它们(例如在坐标系中)判定所求地点与整个空间范围的关系。无论所求地点与任何其他单独地点的关系,还是所求地点与作为多样性之机械总和的统一整体(这个无差别的、包容一切的统一体仿佛把各部分的多样性消解于自身)的关系,这两者都不能单独做到判定所求地点的位置:只有在所求地点与作为各部分之统一的整体、即有序的多样性体系的关系中,才能判定所求地点的位置。逻辑上的判定也是如此。如果万物统一整体在我们观察它的时候,是作为相互联系的各要素 ABCD 的体系而向我们开启的,那么,我们在这一整体中和通过这一整体,也将完全现实地拥有它的每一个部分。这就是说,每一个部分都将一方面通过自己与其他部分的关系、另一方面通过自己与整体的关系,而得到确定:如果我们把万物统一整体设定为 x,那么 $A=(x-BCD)$,$B=(x-ACD)$ 等等。每一个局部内容都由于下列原因而成为整体的确定要素,这个原因就是,每一个局部内容是由它与其他部分的关系决定的,而这些其他部分也是被给定的,因为作为所有部分的统一体的整体是直接被给予我们的。当然,这样的判定必然包含着相对性,但此相对性不损害此判定,也不等于恶循环。当然,假如整体 x 等同于自己各部分的简单总和,那么,A＝x—BCD 这个公式就是纯粹的同语反复(就等于说 A＝ABCD—BCD,或者等于说 A＝A)。但是,正如前面指出的,由于整体不等于各部分的总和,而是与各部分内容相联系的特殊内容,因此,通过局部与整体和其他部分的关系来判定局部,就能给出真正知识。

2. 与此相联系也可以阐明概念的本质和给概念下定义的本质。概念的本质通常被如此描述:如果我们有一组对象,它们有某种相似的特征并与全部其他对象不同,那么,阐明这些特征(这些特征把这组对象划分出来并结合成一组),就给我们提供了"概念"。这些"特征"的总和叫做概念的"内涵",而适合于这一内涵的一组对象,则是概念的"外延"。显然,这样的理解把概念与对象紧密联系起来并依赖于对象。但进一步考察表明,这种依赖性是虚假的,只意味着心理的依赖性,意味着确切概念从模糊的一般表现中发生,而不是概念内涵本身对其对象有逻辑上的依赖性。实际上,诸对象的这样或那样的组合,完全依赖于我们注意的是存在的哪些方面,或哪些特征。世界上没有这样的事物,在它们之间一方面找不出任何相似,另一方面找不到任何差别。因此,如果我们把对象划分为这样的组合而不是那样的组合,那么,这仅仅是因为我们已经知晓了某些确定的特征,也就是概念的某种内涵。这种情况通常不被发现仅仅是因为,我们的思想依恋于某些已经确定的、广泛流行的划分对象的方法,这些方法仿佛是自我给定的、不依赖于任何概念的,然而实际上,它们却是某些原初的、在潜意识中形成的概念的结果。如果是这样,那么,从纯粹逻辑观点看,概念的内涵是某种完全独立的东西,相对于概念的外延来说是绝对第一性的。于是,从逻辑上看事情就是这样的:我们通过抽象思维,找到了一组普遍特征,它们是我们周围现实的组成部分。通过用各种方法把这些特征加以组合,我们得到了各种不同的"内涵",每一种内涵都有与之相符合的外延,也就是这样一些个体对象的总和,我们在这些对象中能够找到这一内涵。从这个观点看,"概念"和"概念的内涵"在本质上是同一种东西,因为概念不是别的,正是在有限数量的特征中所表现出来的某种局部的、自我封闭的内涵。此内涵与概念的"外延"的关系,也就是与概念所指的现实对象的关系,从概念的逻辑本性来说是完全非本质性的;甚至当概念内涵不符合任何现实对象的时候(比如说,假如符合此内涵的全部对象都消失了或事实从来没遇见过),从内涵仍然是它本身;因此,现代形式逻辑也完全合情合理地引入了一些外延等于零的概念。

对概念的这种理解所遇到的主要困难,在于定义问题。概念的定义是全部列出概念的特征,也就是指出概念的内涵。但如果概念就等于概念的内涵,那么,我们有了概念,也就有了它的内涵,因此就不需要定义了,如果我们没有概念,也就没有定义的客体,那么,就不能给出定义。因为概念等于概念的内涵,所以"给概念下定义"是无意义的和不可能的,正因为如此产生了一种很流行的学说,按照此学说,定义永远是对词语的意义的规定,也就是给意义模糊的词语指出确切含义,而永远不可能成为严格意义上的给概念下定义,也就是确定概念的一定内涵①。定义在认识过程中起着手段的作用,借助于这一手段,使得词语的模糊意义得到阐明——这是毫无疑问的。同样确定无疑的是(从逻辑观点看,这是我们所考察的关于定义的学说的最有价值的方面),概念的内涵不是客体,而是定义的总和;我们不是一开始就有现成内涵,然后再定义它,而是相反,概念作为概念的内涵,是从定义中第一次产生的。不过也不能赞同这样的观点,即认为定义的本质仅在于说明词语的含义。假如是这样的话,那么,一方面,定义就是与非逻辑的条件、也就是人的词语运用的非理性因素相联系的,在这种情况下定义词语的含义甚至永远是不可能的,因为人类大量词语是多义的,乃至不可能既保持词语的日常意义,又规定出它们的单一的无矛盾的内涵。这样,如果定义在多少情况下要求词语通行意义的预先改变(例如扩大、缩小或转义)。那么,另一方面,定义就成为完全随意的、假设的、只依赖于研究者意愿的活动,划分出某一组被选出的特征作为该词的含义。但是,我们知道,如果说科学研究开始于必要的随意定义,这是预先确定研究对象所必需的,那么,它结束于这样的定义,这种定义是对已经划定的对象进行认识的结果,也就是追求客观意义的真理。例如水的定义,把水定义为"在河、海、雨中的可以饮用的透明液体",与定义为化合物 H_2O,这两个定义显然具有完全不同的含义:如果说前一个定义只是指出了这样一个对象,我们按照通常的词语运用,约定把它叫做"水",那么,后一个定义则是对这个对象的内涵的客观揭示,这种

---

① 参见:穆勒:《逻辑体系》,第一卷,第 8 章。

解释是由对象自身的本质预先决定的,既不依赖于词语运用,也不依赖于研究者的任性。在这个意义上,唯名论定义与实在论定义的古老划分是完全有效的,前者是对概念对象的随意划定,后者则是对此概念的必要内涵的阐明[①]。

由此应当清楚地得出一个结论:"概念"(或"概念的内涵")必然包含与自己对象的关系,并且不是外在关系(按照这一关系,一定的内涵符合一组相应的现实),而是内在关系(由于这一关系,对象是必然决定着相应概念内涵的逻辑统一体)。例如,"人"这一概念的对象不是"所有人",或者只有在派生意义上才是所有人,因为假如是这样的话,则这一对象本身就是由概念的内涵决定的了(把"所有人"组合成一组只有在他们所固有的共同特征基础上才是可能的)。"人"这一概念的真正对象是作为统一体的"一般人",但不是"内涵",也就是有限特征的总和,而是人的一切特点的无限完满性,这些特点是一切关于人的科学的研究客体。"人"这一概念所指的是某种自身统一的、不依赖于定义的存在;而这个概念的内涵是决定着这一存在的特征的总和。概念标志着对象,意味着它的内涵;内涵只能被思考为某个对象的内涵,也就是在与这一对象的关系中。

这种相互关系可以在上述一般看法的基础上轻易得到解释。概念的对象,或某个局部对象,我们所指的应该是通过直觉预先确

[①] 我们对唯名论定义与实在论定义的理解接近于 A. И. 维坚斯基教授在他的《逻辑学》(第454页及以下)中所表述的理解,但在对概念对象的理解上与他不同,这一不同我们下面马上就讲到。

定的存在的某个部分,是万物统一体系中的某个特定部分,我们在万物统一整体的基础上直接拥有了这一部分。换言之,概念的对象是对我们上面所说的第一判定的总结。当我们拥有了存在的这个部分的时候,我们还不知道它是什么,也就是说,我们只是在直觉上指定了它,但还不知道它在整个万物统一构成中的地位,只有明确了这个部分与其他部分的关系,才能通过这一关系来确定它在整体中的地位。概念的内涵,我们所指的是这样一些领域的总和,通过与这些领域的关系来确定某一对象在存在的坐标系中的地位。确切地说,我们可以在每个概念中划分三个方面:1)概念的对象——通过直觉指定的存在的部分(在它与整体的关系中),也就是前面用符号 ax 所表示的对象;2)规定性本身,也就是存在的这样一个部分,它区别于所有其他部分,也就是处于与整体的关系之外——A 作为其自身;正如我们所见,这一规定性不可能被孤立地加以思考,因为部分的本质就在于它与整体的关系,也就是它在整体构成中的一定地位;但在这一关系范围内我们有理由抽象地把关系的成员与作为整体的关系统一体加以区分;3)概念的内涵或特征的总和,也就是万物统一的这样一些部分,通过与这些部分的关系,可以确定所求的部分在整体中的地位。譬如说,"人"这一概念的对象作为存在的一个局部领域,是通过它与万物统一整体的关系来确定的;"人性"要素本身是"人"这一对象中的这样一个局部领域,它是处于关系之外的关系成员;最后,人是"理性动物",这是对"人"在万物统一构成中的确切地位的定义。因此可见,定义作为对所定义对象的分析,也就是在内容 ABC 中揭示 ax 的本质,——在规定性本身方面,则是综合,因为它是通过 A 与 B

和 C 的关系来确定 A 的地位的:如果"人"是"理性动物",那么这意味着,在万物统一体系中,"人性"要素是与"动物性"和"理性"相联系的。这样,任何一个概念,由于它是某种规定性的概念,都是关系成员的概念,对它的定义(指出它的内涵),也就是指出存在的这样一些部分,此概念就是通过与这些部分的关系来确定的,也就是含义明确地确定此规定性在万物统一体系中的地位。

3. 但是,这里产生一个新问题。如果定义的任务在于说明某一局部对象在万物统一中的地位,也就是说明它与全部所思考内容的关系,那么,如何可能通过指出有限数量的特征来定义概念呢？这个问题是在此产生的更一般问题的一部分。如果一切知识都是万物统一的知识,一切概念都指出作为局部与整体之统一的对象,因此说明这概念就要求通观整个万物统一体系,那么,这就仿佛表明,如何知识都要求全知;但由于全知是人所达不到的,因此,这仿佛使任何知识都成为不可能的。

这里还可能产生另一种反对我们观点的意见:如果一切知识都是整体的知识,也就是全部所思考内容的统一体,那么,显然会由此得出,局部知识是不可能的;然而,科学的有效分类,部门学科的存在和发展,这一事实却证明了相反的情况。

这两种怀疑从不同方面触及了同一个问题:关于局部知识与万物统一知识的关系问题。我们先来考察第一个怀疑,从这一考察中,我们将获得解决第二个怀疑问题的出发点。

无疑,全面彻底地考察万物统一体系,作为人类知识的终极理想和顶峰,实际上仍然是尚未实现的。但是,不能由此得出,只要这一理想尚未实现,我们就不可能在万物统一体系中有任何定位。

问题在于,万物统一作为整体,是在每一个所思考的局部内容中都潜在地被赋予我们的。因此,直觉的每一步扩展(它向我们揭示一个内容与另一个内容的联系),都同时也是在整体中的进一步定位。假如局部内容不是与整体有潜在联系的,那么,在整体中的定位就只有通过通观此整体的所有部分才是可能的。然而,万物统一整体不是离我们无限遥远,我们不需要走过无限远的道路才能达到它。它作为整体与每一个所思考的局部内容相联系,在每一个瞬间,我们都拥有它,只是其现实性和潜在性的程度不同而已。如果把定义内容 A 的过程用符号表示为从 ax 到 abx、$abcx$、$abcdx$ 等等,那么,每一个进一步的式子都是通过揭示内容 A 与其他内容的联系而越来越确切地判定 A 在万物统一构成中的地位。这样,一切知识确实都是万物统一的知识,但它不要求全面彻底地考察万物统一的内容,它作为不完善的知识仍然是可能的,因为知识在其任何阶段,都潜在地具有与整体的关系,因此都是整体的局部知识。这样,按照我们的规定,如果说与整体知识相脱离的局部内容知识是不可能的,那么,由此不能得出局部知识是不可能的,也就是认为任何尚未达到全知理想的知识就不是知识。相反,人类的任何知识实际上都永远是局部知识,但其含义不是说局部知识是只知道局部不知道整体、在与整体相脱离的情况下所达到的知识,其含义是,它总是对整体的局部知识,也就是在整体中有这样的定向,在这一定向中万物统一只是部分地现实化,其他部分则仍处于潜在状态。如果一切定义都是确定某一内涵在万物统一体系中的位置,那么,这一万物统一体系事实上就在不同程度的精确性和完满性上被揭示出来了。为了说明这一相互关系,我们再次利用空间定位、比如说地理位置的确定来作类比。显然,为了精确地确定某一地点的地理位置,我应当通观整个地球表面,通过经线和纬线的划分来确定地球表面上的地点体系,指出所要找的地点在这一体系中的位置。看起来仿佛是,要么任何地理定位只有在关于整体的精确知识基础上才是可能的,要么,如果地理定位在没有整体知识的情况下实际上也是可能的,那么,定位与整个体系就毫无关系,也不要求整体知识。然而实际上,一方面,人们完全认识整个地球之前当然能够确定方位和制作出精确的地图;另一方面,任何定位毕竟都只有通过某种整体知识才是可能的,即便是近似的知识。实际上,在任何最不完善的地理知识中,都至少包含着对地球基本方位的指定——东、西、南、北,这意味着对近似地说明了某些地点与地理整体的关系。最早的旅行家为了认识自己近处周围的位置,他们就把目光投向整个天穹,虽然他们的地理知识还是很不完全很不准确的,但这毕竟是整体的知识;这一知识的任何进一步发展,都是在对整个体系的更完全更准确的观察的形式中进行的。任何一种逻辑定义也是这样。为了活动最初的局部知识,显然不需要成为通观整个存在体系的全知者或智者——哲学家。但在我们所表述的每一个判断中,无论它的含义怎样简单有限,都潜在地给出了某一对象与整个存在体系的关系,因此包含着某种近似的、模糊的整体知识。

因此,借助于有限数量的"特征"给某一局部对象下定义,这样的定义之所以是可能的,只是因为这些特征中的每一个都潜在地包含着它自身与整体的关系,在这个意义上起整体的代理者的作用,所以特征的总和就在单一意义上决定了该局部对象在万物统一构成中的地位。例如,如果我们有了水概念的定义,水是"化合物 H_2O",那么显然,这个定义中不仅包含着其中所明显表达的某些概念,而且包含它所要求的全部概念,比如一般化学元素概念,因此还有物体概念,一般实体概念,以及重量概念、数的概念等等,总之,包含一切作为此概念的前提和背景的"更高级"概念。在每一个局部概念中,都通过自身与这些更高级概念的关系而包含着对它在万物统一结构中的地位的指定,因此,在定义中所确定的某一局部存在与其他内涵的关系,也就意味着它与万物统一整体的关系。

4. 但是,如果由此表明,在全面了解万物统一体系之前,局部知识只有在不完善的、潜在的知识形态中才是可能的,因为它依赖于尚未明确的、只是潜在指定的概念,——如果是这样,那么就产生一个问题:在没有全面了解整个万物统一体系之前,精确的科学知识及其发展是如何可能的,在多大程度上是可能的?这个问题也就是关于部门科学知识的可能性问题,也就是使我们所提出的知识学说顺应专门科学学科的有效发展这一事实的问题。

这个问题在一般形式中的解决是非常简单的。对于具有哲学修养的思想来说,有一种情况从一开始甚至不需要严密的逻辑分析,就是很清楚的:认为可能有绝对自足的、自我封闭的专门科学,这种观点是一种偏见。不仅存在着知识等级性,由于这一等级性,使得较为局部的知识应当依据更一般的知识(所以,正如孔德对科学进行分类的时候所表达的那样,生物学家应当依据物理学和化学,物理学家应当依据数学,等等),而且,从属领域的知识也常常表现出彼此之间的依赖性,甚至往往是某个狭小领域中的知识进步能够带来一般科学观点的变化。科学史充满了完全不同的知识领域之间产生出人意料的相互影响的例子。比如说，对放射性的局部物理学发现对化学产生了深远影响，或者，光的传播速度的局部问题引起了人们对力学基本概念的重新考察；还有，对天体运动的观测出人意料地发现，天文学必须考虑到心理领域的因素和规律；为社会生活现象所制定的或然性理论对生物学和物理学产生了影响，等等。这些众所周知的事实本身引起了这样一个思想：真正的精确知识正是在包罗万象的知识体系中，也就是在作为万物统一体系的知识中实现的。这一思想康德就已明确表达了，现在又在"马堡学派"的唯心主义逻辑学说中得到了优先发展[1]。

从这一观点看，在科学知识中实际存在的劳动分工不是把对象分割成个体封闭的、彼此脱离的部分，不是把知识田野划分成若干地块，每一块都归单独耕作者完全私有，而是在统一的不可分的对象的共同工作中的任务划分，因为，正如我们所见，任何一部分都不是脱离整体的：局部知识也是整体知识，因为整体知识在自己的局部方面表现出来。科学劳动分工的有效性——就像农业劳动分工一样——不在于它的划分，而是相反，在于统一任务的各种部门成果之间的相互联系和相互决定。局部知识的发展是掌握万物统一的局部方法（库萨的尼古拉所说的"情势"）的发展。

但这些观点毕竟是完全一般性的观点。无论所有局部知识之间的联系多么重要，仍旧毫无疑问的是，在一定知识领域和在一定

---

[1] 这一思想本身完全不依赖于该学派的一般哲学前提，而且可能是脱离这些前提的。

界限内,存在的某个局部或某个方面的知识毕竟是不依赖于其他方面的知识的。任何人都不会怀疑,社会知识的任何发展也不可能影响到数学真理,或者,显微镜观察的进步不会造成法学理论的转变。此外,当适合于更广领域的真理对局部领域的知识有可能或无疑会产生影响的时候,我们认为这种影响是和保留已取得成果相容的。例如,欧几里得几何学真理,也就是在"欧几里得空间"范围内的几何学概念的局部联系,在罗巴切夫斯基的几何学发现之后应当仍然保持自己的意义(只是在几何学体系中占有另外的地位)。同样,古代天文学所确定的某些宇宙论基本真理,仍然没有被哥白尼所带来的天文学革命所触及,等等。问题在于,精确科学如何能够、在哪些领域和由于什么原因能够在对万物统一体系的完全考察之外取得这样的成就。

这样,如果某个局部体系在万物统一体系中的地位还没有彻底弄清,那么在这个领域里的精确定位是如何可能的,在多大程度上可能的?例如,如果我有一个领域 Ax,它作为一个整体还没有被弄清,也就是它在万物统一中的地位尚未确定,那么,我在多大程度上能够拥有关于这一体系各部分(例如从属于 Ax 领域的内涵 $B、C、D$)相互关系的确切可靠的知识呢?这显然依赖于,整体中各部分之间的相互关系(也就是类中的种之间的相互关系)在多大程度上是从类的内在本质中产生而不依赖于它与一切其他领域的关系。为了解决这个问题必须考察从属关系,也就是总体与部分、类和种的关系。

（四）俄国存在哲学

存在哲学是20世纪上半期西方哲学的主流之一。但与此同时，在俄罗斯宗教哲学中也有哲学家阐述了存在哲学思想，而且具有不同于西方哲学家的思想特点。西方存在哲学家在存在与非存在的关系中，在"存在与虚无"的关系中考察存在问题，关注生命的极端情感体验，在这种情感体验中揭示人的生存状态——生命面临存在与非存在之间的临界状态，展现人在这种状态下的生存悲剧：孤独、厌烦、恐惧、荒诞、绝望等。这种西方存在哲学与西方古典哲学的区别在于，古典哲学只看到了世界的合理性和存在的意义，现代存在哲学家看到了世界与人生的非理性、荒诞和无意义。但他们断言这种荒诞和无意义就是客观真理，无可置疑，不可动摇，人被抛入其中便孤苦无望了。而俄国哲学家则在存在与完满存在或绝对存在的关系中考察存在，他们也深刻地揭露世界的荒诞与虚无，人的奴役与悲剧，但并不把这作为客观的终极实在，而是诉诸生命与存在的终极本原——最高创造者，不是传统意义上的上帝，而是现代性语境中的人的精神深处的上帝，力图通过这样的创造与斗争，来超越荒诞与悲剧，走向生命的完满。舍斯托夫反抗理性主义，用"以头撞墙"的精神追问"被科学和道德所拒绝的人们还有没有希望"的尖锐问题，认为哲学"不是反思，而是伟大的、最后的斗争"；别尔嘉耶夫则强调人的精神性、超越性，人的自由，人的创造性，人的力量和人的伟大。相信人能依靠固有的神性最终战胜客体化，改造这个世界并宣告这个世界的终结。

如果说西方存在哲学具有消极的悲观主义倾向,那么,俄国存在哲学则具有积极的、创造的乐观主义特点;如果说西方存在哲学主要是一种学说和理论体系,那么俄国存在哲学则诉诸开放的生命过程。

29. 舍斯托夫

列夫·舍斯托夫(Лев Шестов,1866—1938年),原名列夫·以撒科维奇·施瓦尔茨曼,1866年1月31日生于基辅的犹太富商之家。1884年中学毕业进入莫斯科大学物理—数学系,后转入法律系。曾在柏林大学学习一学期。在莫斯科大学期间,由于和一位著名学监发生争执而离开莫斯科大学,转入基辅大学法律系,1889年毕业。所以也是基辅大学的校友,而且后来曾在此任教,现在也被算做乌克兰哲学家。大学毕业后,舍斯托夫志愿参军。然后在莫斯科短暂工作,做律师助手。1891年不得不回到基辅料理父亲的家庭企业。但料理家业毕竟不符合舍斯托夫的天性和志趣,他把大量精力用在了文学和哲学上。1895年底,他终因疲劳过度而患了严重的神经衰弱症,于1896年春到国外治病,也为了能够更多地从事自己所喜欢的文学和哲学。在国外为找到适合的医生和气候而辗转于维也纳、柏林、巴黎等地。1895—1898年,舍斯托夫发表了自己第一部哲学著作《莎士比亚及其批评者勃兰兑斯》。1898—1914年间,舍斯托夫主要居住在瑞士,此时适逢俄国思想文化的繁荣时期,即"俄国宗教哲学复兴运动"。舍斯托夫经常回国,参加彼得堡、莫斯科和基辅的宗教哲学学会活动,结识了别尔嘉耶夫、布尔加科夫、梅列日科夫斯基等人。这期间他出版了三部重要哲学著作:《托尔斯泰与尼采学说中的善(哲学与布道)》(1900 年),《陀思妥耶夫斯基与尼采(悲剧哲学)》(1903 年),《无根基颂》(1905 年)。1914 年一战爆发后,舍斯托夫回到俄国生活,先在莫斯科,后来在基辅大学开设希腊哲学课。1920 年再次离开俄国流亡国外,此后一直定居巴黎。在索邦斯拉夫研究院和巴黎大学任教,开设俄国宗教哲学等课程,也曾在法国电台举办哲学讲座,经常在杂志发表文章,与胡塞尔、马克斯·舍勒、海德格尔、马丁·布伯、安德烈·纪德等西方著名哲学家和作家相识并有通信往来。1938 年 11 月 20 日,舍斯托夫在巴黎去世。

《陀思妥耶夫斯基与尼采(悲剧哲学)》(1903 年)[①]

前言

一

悲剧哲学!也许这个词组会引起这样一位读者的抗议,他习惯于把哲学看作是人类理智的最高概括,看作是被称之为现代科学的大金字塔的顶峰。他也许会容许"悲剧心理学"这个表达——但也是很不情愿和带有许多限定,因为他在灵魂深处确信,在发生

---

① 选自《舍斯托夫著作集》两卷本,第一卷(Шестов Л. Сочинения в двух томах. Томск, 1996. Том 1, С. 319—328)。

悲剧的地方，实际上我们的兴趣应当终结。但是说悲剧哲学，这难道不是说无希望的、绝望的、疯狂的，甚至是死亡的哲学吗？！这里还谈得上任何哲学吗？我们被教导说，"任凭死人埋葬他们的死人"(《马太福音》8:22)——我们马上明白了并且快乐地同意接受这一学说。上世纪一位伟大的唯心主义者，著名诗人，以自己的方式把这句解放的话改写在自己的诗里——他喊道：und der Lebende hat recht(活着的人有权利……)。但我们走得更远：脱离死人对我们来说还不够，确认活人的权利对我们来说还不够。我们这里还有这样一些活人，他们以自己的生存比那些被埋葬的死人更折磨我们。我们这里还有一切没有世间希望的人，一切绝望的人，一切因生命恐惧而疯狂的人。拿他们怎么办呢？谁能够承担起非人的义务来把这些人埋入地下？

可怕的任务——初看起来，在按照神的形象与样式被造的人们中间找不到任何一个具有足够残酷和勇气的人来承担这个任务。但这只是初看起来。既然世界上存在着一些为了拯救自己生命而杀害邻人的人(因为被判处死刑或无期监禁的人大部分是刽子手)，那么凭什么设想这就是人类残酷武器的极限了呢？每当一个人面临着这样一个两难选择——是牺牲自己还是杀死他人的时候，他的全部最深层和最神秘的本能都会武装起来反抗临近的危险，保护自己孤独的"自我"。刽子手的角色被认为是最可耻的，这只是由于误解。各民族精神生活的历史，"文化的历史"，都告诉我们这样一些残酷现象，与这些现象相比，准备在断头台上处死十几个或几十个人自己的邻人，这显得不值一提。我指的不是由帖木儿们、阿提拉们①、拿破仑们所造成的民族灾难,甚至也不是天主教裁判所。我们说的与这些剑与火的英雄人物无关——他们与哲学有什么共同之处吗?没有,我这里说的是精神的英雄,是善和真理以及一切美与崇高的布道者,是理想的宣扬者,是那些至今被认为是唯一负有与人类天性的全部恶的表现作斗争的人。我不会说出名字,我这样做是有重要理由的。因为如果说了,就不得不说许多本来不妨不说的东西。问题不在于名字,而在于各民族道德生活中所发生的重要事件——这些事件不知不觉地慢慢发展,仿佛并无来自个别人物方面的任何努力——这就是唯心主义的诞生。

唯心主义已经存在了很久,有两千多年了,但直到现代以前,它的作用还是相当不显著的。虽然柏拉图从形式方面被完全公正地认为是这一高尚学说之父和鼻祖,但甚至在柏拉图本人那里,您也会不止一次地发现其思想和论据中有奇怪的不彻底性,这种不彻底性只能用唯一的理由来解释,即柏拉图距离我们时代所达到的唯心主义观点的"纯粹性"还很遥远。在他的论述中还如此明显的带有对神性的拟人化理解的痕迹,以至于稍稍深入了解现代科学的当代大学生,在阅读柏拉图对话的时候都会因意识到自己的优势而多次发笑。从我们的观点看,柏拉图还是野蛮人,他完全不晓得我们的统一化原则:甚至亚里士多德还划分天与地。这不是真正的唯心主义,真正的、纯粹的唯心主义是近两个世纪的成果。

---

① 阿提拉(Attila,公元406—453年),古代欧亚大陆匈人最伟大的领袖和皇帝,史学家称之为"上帝之鞭",曾多次率领大军入侵东罗马帝国及西罗马帝国,并对两国构成极大的打击。

它是随着科学中追求"一元论世界观"的趋势得到巩固而同时出现的。

现代头脑不能忍受向它提供具有几种基本原则的哲学。它无论任何都要追求一元论——像我们这里大家所说的,追求统一化的原则,确切地说,追求统一原则。现代头脑甚至已经很难忍受二元论:肩负两个原则对它来说已经是十分沉重的负担。它千方百计地为自己寻找轻松,它在必要的时候甚至可以接受任何精致的荒诞作为信仰,只要不顾及复杂之物。精神和物质——这太多了:只要一个,要么是精神,要么是物质,不是更好吗?或者,至少是认为精神和物质是同一个本质的不同方面,岂不最好吗?当然,至今也没有人能理解,精神和物质是如何成为"不同方面"的,但在哲学中,特别是在现代哲学中,这却远远不是任何人从来也不理解的唯一解释。甚至不止如此:正是因为这些解释很巧妙和很合时宜,所以哲学也依靠这些解释而得以牢固地维持自身。主要是为了没有多余的原则!……

显然,在这个意义上最令人满意的是被以适当的方式加以坚持和解释的泛神论观点,以及它的普及形式——唯物主义,众所周知,唯物主义是最少使用外语和抽象概念的。但是,外语和抽象概念只害怕不习惯于此的大众;而在哲学领域则恰恰相反,外语和抽象概念是受到完全信任的,甚至具有很大的吸引力。内行的人们知道,这些困难是很容易适应的。多余的术语、新的概念,无论它们是怎样建立的,最终都不但不妨碍任何事情,而且甚至在一定情况下能够使人摆脱困境。因为它们不是偶然地、而是系统地挑选出来的,是为了一定的明确目的而确定的。碍事的只有这样一个

"原则",它给哲学领域带来许多新的、不适合于体系的、大胆地要求关注的现象。正因为如此,哲学家还必须有强有力的信念,才能阻止令人厌恶的外人的进入。正因为如此,还需要有穿不透的唯心主义高墙,才能可靠地保护科学不受生活的侵犯。哲学千方百计想成为"科学",成为像数学一样的科学,如果通过任何其他途径都做不到这一点,那么不管怎样认识论将能胜此任。它将证明,不是关于所有事情都可以问哲学,甚至根本不应该问哲学,而只能听它怎么说。在这些条件下,只有在这些条件下,哲学才答应向渴望真理的人们展现自己的奥秘,由于至今还无处可寻觅真理,那么,就只能是在不得不解决某种生活难题的情况下,至少是在需要去"教导"别人的情况下,才能去找哲学,听它讲话和回忆它的学说。

但是,如果谁想要把认识论为自己提出的任务仅仅看作是理论上的奢求,那他就会犯大错。假如仅仅是这样,那么,现代世界观就或许不会有这样的传播,而且也不会遇到如此多的敌视。尼采确认,任何哲学都是哲学家的某种回忆录和不情愿的自白。我想,这句话尚未说完。在哲学体系中,除了自白外,您肯定还可以找到某种更重要的东西:作者的自我辩护,同时还有责备,责备所有那些通过自己的生命而唤起了对该体系的绝对正确性和其作者的高尚道德品质的怀疑的人。对真理的无私探索我们已经不相信了。也无法相信。怎么相信它呢?因为现在大家都很清楚,我们在说想要真理的时候,我们不知道自己到底要干什么。也许想要真理是想要安宁,也许想要真理是想找到斗争的新动力,也许想要真理意味着想要找到某种独特的、任何别人还未想出来的"观点"。一切都是可能的。如果从形式方面来看,任何体系都力图终止无限的追问"为什么",这一我们的头脑的精巧发明(我们的头脑在所有其他方面都很少有这样的发明),那么,从内在方面来看,任何哲学,我再重复一遍,都必然地和绝对地追求自我辩护的目的,当然它自己没有意识到这一点。唯心主义就总是具有这个目的。它给人们提出任务,提升那些同意接受这些任务的人,而对那些拒绝这些任务的人则加以诅咒和侮辱,从来不宽容,从来不愿意过问自己的学说为什么在一定情况下(而且是经常!)遭到拒绝。它提前准备好了对一切不成功的情况的解释,如果在什么地方不接受它,它就硬说是遇到了疯狂或恶意。它置备了一个绝对命令,此命令使作者有权认为自己是专制君主,有权把一切拒绝服从的人看作是应该受到拷打和处死的叛乱者。当绝对命令的要求被违反的时候,它表现出怎样的残酷啊!谁在这方面没有经验和缺乏想象力,我建议他去读读莎士比亚的《麦克白》。它会给轻信的人解释,唯心主义取得了怎样的成功,主要的是通过什么样的手段!也许,人的心灵也正像是十分坚固的材料,也许,对可怜的凡人,除了赋予他们以其他的"鞭笞"之外,还需要赐予他们以唯心主义。但这只是一些乐观主义的猜测,而从人道的、严格科学的现代人的观点看,这甚至不是猜测,而是纯粹的、不值得相信的神话。谁会严肃地承认,鞭笞的惩罚不是由于机械规律,而是为了什么最高目的呢?既然如此,就毫不奇怪,何以在接受鞭笞教育方式的人们中间,不是所有人都愿意去吻那只惩罚的手……

二

在我们这里,而且不仅在我们这里,而是在欧洲(因为现在所有国家的思想水平都是一样的,就像相通容器中的水一样),早已通行这样一种观念,即认为艺术创作是一个无意识的心理过程。显然,正是这种观点造成了所谓文学批评的诞生。艺术家没有足够自觉地意识到自己所做的事,因此需要对其进行检验、解释、实际上是补充。文学批评家自己就是近似这样理解自己的角色的,他们竭尽全力地把自己的自觉思维与所讨论的艺术作品的无意识创作联系起来。有时候这个任务显得比可以期待的要困难得多。艺术作品与任何一种大家公认的这样一些思想都不符合,如果没有这些思想,就完全无法想象与生活的"自觉"关系。当批评家不得不与二流的或无才的艺术家打交道的时候,在这些情况下他们不作深入思考。缺乏思想被认为是缺乏才能,甚至更甚,被看作是缺乏天分的原因,这样便仿佛确证了这样一个"永恒"真理:诗人们如果想要自己的劳动不白费,他们就应当追随批评家也具有的目的,他们自己也不怀疑这一点。最终结果是,诗人的无意识创作毕竟应当效力于那种批评家的有意识创作所效力的东西——于是危险的时刻顺利度过了。

但也有过这样的情况,即某个批评家拿到手的是一个大艺术家、一流明星的作品。这时这个批评家事先就对作者有好感,他愿意向作者提出最低要求。他就会原谅作者缺乏政治理想,虽然他非常希望能在这位艺术家那里找到对自己党派的支持;他克制自己,也会原谅艺术家对社会任务的冷淡,虽然在他看来为社会任务效力是国家全部力量都应当做的。但他相信,在这部新作中一定会找到至少是无意中(下意识地)表达出来的对永恒道德理想的好感。至少如此,即便仅仅如此。哪怕是诗人对真善美的歌颂——如果他有这一点,批评就会去关注所有其他的东西了。但如果连这至少的一点也没有呢?如果艺术家忘记美,嘲笑真,忽视善呢?人们会对我说,这不可能。但我想从抽象谈话转向个别例证。当然,只是一个例子。前言的范围过于狭窄,不便于列举过多的文学素材。但我希望,这个例子能够体现那些不再害怕回忆的人,以及许多其他诸如此类的人。

我说的是莱蒙托夫的《当代英雄》。众所周知,别林斯基关于这部小说写了一篇很长的、富有激情的和热烈的文章,其中证明,毕巧林之所以敢于做恶事,是因为他在上世纪初的俄国没有给自己的巨大力量找到真正的用场。我现在记不准了,这篇文章是针对《当代英雄》的第一版还是第二版写的。但无论怎样,莱蒙托夫自己也同样认为有必要对自己的小说做些解释,他在第二版前言中也确实做了。这个前言很短——不足两页。但它毫无疑问地证明了这样一种情况:当莱蒙托夫愿意的时候,他善于非常"有意识地"对待自己的作品和提出"思想",他的这种能力不亚于任何一个批评家。他在自己的前言中直接表示,不管那些流行的意见怎么说,作者完全没有也不想在毕巧林身上塑造自己,甚至不想塑造任何人物,而是只有一个目的就是表现我们时代的"缺陷"。你要问,为什么?对此也有回答。社会首先要理解自身,知道自己的缺陷。他在这个简短解释的最后说:"情况将会如此:病已经被指出了,至于怎么医治——只有上帝知道"。可见,莱蒙托夫在前言中几乎与别林斯基类似。毕巧林是社会的疾病,可怕的疾病。只是在他的解释中没有热烈和激情,也表现出一种奇怪的状况:他非常关心此社会的疾病,却对治疗毫不关心,仿佛与他毫无直接关系……

为什么一个如此善于揭露和描写疾病的人,却没有任何治疗疾病的愿望?总之,为什么前言写得那么平静,虽然写得很有力量?

这个问题您将在小说中找到答案:从小说开头几页您就会确信,如果说毕巧林有病,那么,这也是这样一些疾病之一,这些疾病对作者来说比任何健康都可贵。毕巧林是病人,但谁又是健康人呢?马克西姆·马克西莫维奇上尉,格鲁什尼茨基和他的朋友们,最后,如果算上女人的话,还有可爱的梅丽公爵小姐和野女贝拉,他们有谁是健康人吗?您一旦提出这样的问题,您马上就会明白,为什么要写《当代英雄》,为什么后来又写这个前言。毕巧林在小说中被描写成胜利者。在他面前,所有人,一切其他人物,都要卑躬屈膝。甚至没有像普希金的《奥涅金》那样,有一个塔吉娅娜,她哪怕在全部时间里只有一次提醒主人公,世上有某种比他的、毕巧林的意志更神圣的东西,有义务、理念或某种类似的东西。毕巧林在自己的道路上遇到了暴力和诡计,但无论暴力还是诡计,都被他凭着理智和自己性格的顽强不屈而战胜了。试评价一下毕巧林:他没有任何缺点,除了一点——残酷之外。他勇敢、高尚、聪明、深刻、有教养、英俊,甚至富有(这也是优点!),至于残酷,他虽然也知道自己的这个缺点并且常常说到它,但是,唉!当这样一个天分很高的人表现出了某种缺点的时候,这个缺点也是与他相称的,并且这个缺点本身仿佛开始成为他的品质,并且是优秀品质。毕巧林自己由于自己的残酷而把自己比作不幸命运!况且,既然一大堆各类小人物都成为伟人的牺牲品,从这方面看毕巧林的缺点又算什么呢?!"主要的是指出疾病,至于怎么医治——只有上帝知道"。在这篇长篇小说的简短前言结尾处的这个小小谎言,是非常典型的。您不止可以在莱蒙托夫一人这里找到。几乎在所有大诗人那里,普希金也不例外,当对"疾病"的描写成为很有诱惑性的时候,这种谎言总是很快作为应有之物被顺便抛给读者,即便最有特权的人也无法摆脱。在普希金那里也是这样:回想一下他笔下的那些冒名者、普加乔夫关于鹰和乌鸦的故事以及格里涅夫的回答,便可明白这一点。在批评家指出疾病的地方,"无意识的"创作也看到了某种不正常,看到了这是某种具有自己的可怕而神秘方面的东西。但批评观点除了疾病之外什么也看不见,并且急于寻求医治方法。而艺术家不考虑这一点,只是为了礼貌才用公认的语句来使自己的判断变得温和……从这一切可以得出,既然已经使用了"无意识的创作"这个词语,那么这个词语不应该用到艺术家身上,而正是应当用到这样一些批评家身上,他们总是力图给艺术作品中所描写的生活事件挂上一些现成的、被作为信仰来接受的思想。艺术家没有"思想",这是真的。但这表现了他们的深度——艺术的任务完全不在于屈从于由各种不同的人以这样或那样的根据臆造出的准则和规范,而在于打断压在渴望自由的人身上的锁链。"毕巧林们有病,但怎么医治,只有上帝一人知道"。只需改变一下形式,您就会在这句话的背后发现莱蒙托夫的一个真诚而深刻的思想:无论毕巧林们怎样艰难,他也不会使他们成为中庸和规范的牺牲品。这位批评家正是想医治他们的疾病。他相信或应当相信现代思想，相信人类的未来幸福，相信世界和平，相信一元论，相信这样一种必要性，相信必须消灭所有吃活肉的鹰，用普加乔夫的话说，以便保护吃腐肉的乌鸦。鹰和鹰的生活，这是"不正常的"。

不正常！正是这个可怕的词，那些科学的人们曾经而且至今依然用它来恐吓每一个这样的人，他尚未拒绝一种正在死去的希望——希望在世界上找到某种在统计学和"铁的必然性"之外的东西。谁若企图以同现代世界观的要求不同的观点看待生活，那么，他就可能和应当等待着被划归不正常人之列。这种划归还没什么，这可能是一个区分的标志！全部可怕之处在于，任何一个现在活着的人，他自己显然都不能长期忍受关于另外的世界观之可能性的想法。每当他想到，现代真理只是这个时代的真理，我们的"信念"可能就像我们遥远的祖先的信仰一样是虚幻的时候，——每当这个时候，他自己都会开始觉得，他抛弃了唯一正确的道路，而直接走向了不正常。托尔斯泰伯爵就是这方面的突出例证。他曾经多么憎恨、多么反感整个现代思想体系啊！从青年时代起，对一切科学说"是"的东西，他都说"不"，甚至在说谬论的危险面前也不停步。他愿意相信不识字的农夫、愚蠢的村妇、孩童、身穿粗呢外衣的小市民、肥胖的商人——只要他们说的话与科学的人不同！然而结果，他却基本上接受了科学所教导的一切，也像大多数欧洲改革者那样坚持"积极的"理想。他的基督教是安顿好生活的人类的理想。他要求艺术传布善的情感，要求科学帮助农夫。他不理解，为什么诗人苦于表达自己的细腻情感，他感到奇怪，为什么一些不安的探索者漫游北极或在观察星空中度过不眠之夜。所有这些对未知的东西、未体验的东西的追求都是为了什么？这一切都是无益的,就是说是不正常的。

"不正常"这个可怕的幽灵一直压迫着这颗伟大的心智,迫使他与"平常"和解,在自己身上寻找"平常"。他的恐惧是可以理解的:虽然现代性也提出了天才与疯狂的同源性思想,但我们还是像从前一样比怕死还怕疯狂。无论怎么同源——天才就是天才,疯狂就是疯狂。更主要的是疯子损害天才的名誉,而不是天才证明疯子的正当性。我们可以怀疑随便什么东西,但这一点对我们来说则是公理,不论我们在自己身上进行任何试验,一旦面临疯狂的危险,我们就会停止。伦勃罗佐[①]的研究丝毫没有照亮我们对疯狂的无知,这种无知由于我们的盲目和现代实证性而加重。当然,伦勃罗佐是不适合此事的人。他终究也是一个实验者,只是根据他完全不理解的心理状态的外部特征来做出判断。假如他自己身上哪怕有一点点天才的或疯狂的火花,那么,他的研究或许会更加富有成果。但无论天才还是愚蠢他都没有。他是个有才干的实证论者,仅此而已。理论不会迫使一个人超越界限进入疯狂境地——托尔斯泰伯爵也回到了实证理想。但有人的精神的这样一个境地,这个境地还没有自愿进入者:人们只是不得已才来到这里。

这也就是悲剧领域。来到这里的人,其思考、感觉和愿望都开

[①] 伦勃罗佐(Cesare Lombrose,1835—1909 年),意大利精神病学家,犯罪学家。——译者

始与众不同。那些所有人都喜欢和亲近的东西,对他来说成为不需要的和非自己的。当然,他还在一定程度上与先前生活有联系。在他身上还保留着某些他从儿时就被灌输的信念,还多多少少存活着先前的恐惧和希望。也许他不止一次地意识到自己现在的可怕地位并力图回到自己安静的从前。但"从前已回不去了",船已被烧毁,全部退路已被截断,应当朝前走向未知之地和永远可怕的未来。人在走着,几乎已经不询问等待他的将是什么。年轻时不可企及的梦想对他来说成为虚假的、骗人的、反自然的。他带着痛恨和残酷从自己身上抛弃了一切自己曾经信仰和爱过的东西。他试图向人们讲述自己的新希望,但所有人都以恐惧和疑惑的目光看着他。在他那张被忧虑的思考所折磨的脸上,在他那双燃烧着陌生的光芒的眼里,人们想看到疯狂的特征,以便获得弃绝他的理由。他们求助于自己的全部唯心主义和自己所经历的认识论,这些唯心主义和认识论曾长时间地使他们有可能在他们眼前所发生的可怕现象的神秘之中平静地生活。因为唯心主义能够帮人忘记许多东西,难道它的力量和魅力消失了吗?难得它应当在新敌人的进攻面前退却吗?他们带着愤怒和难以掩饰的不安重复着那个老问题:这些陀思妥耶夫斯基们和尼采们到底是谁?他们像有权柄的人一样说了些什么?他们教导我们什么?

然而他们什么也没有"教导"我们。没有比俄国大众中流行的一种观点更错误了,这种观点认为作家是为读者而存在的。相反,读者是为作家而存在的。陀思妥耶夫斯基和尼采说话不是为了在人们中传播自己的信念和给人们启蒙。他们自己在寻找光明,他们不相信他们自己觉得是光明的东西确实是光明,而不是骗人的迷火,或者更糟,是他们紊乱想象的错觉。他们把读者叫来当作见证人,他们想从读者哪里得到按自己方式思考和希望的权利,即生存的权利。唯心主义和认识论直接向他们宣布:你们是疯子,是无道德的人,是被谴责的人。而他们却诉诸可能的最高法庭,指望这个可怕的判决被撤销……也许大多数读者不想知道这一点,然而陀思妥耶夫斯基和尼采的作品所包含的不是答案,而是问题。这个问题就是:那些被科学和道德所拒绝的人们还有没有希望?也就是说,悲剧哲学是不是可能的?

《在约伯的天平上》(1929年)[①]

代前言:科学与自由研究

一

有一则古老的、众所周知的却又被大家忘记的传说。一个聪明的色雷斯妇人嘲笑古怪的老人泰勒斯,他只顾思考所看见的天上之物却未看脚下是什么,而掉进了井里。一切有健全思想的人也都像色雷斯的妇人一样断定和相信,天上的"事物的秩序和关系"也和地上的一样。这个古代笑话所说的泰勒斯,是第一个思考世界统一性的人。完全可能他在掉进井里时听到年轻姑娘的嘲笑

---

① 选自《舍斯托夫著作集》两卷本,第二卷(Шестов Л. Сочинения в двух томах. М., 1993. Том 2, С. 5—22)。

之后,惊恐地感到她是对的,甚至为天上奥秘所困扰的人也的确应当先看看自己脚下。

泰勒斯是古代哲学之父,他的恐惧和由恐惧所生的信念传给了自己的学生和学生的学生。遗传律在哲学中也和在所有其他有限存在领域中一样,起统治作用。如果你怀疑这一点,请看一看任何一本教科书。在黑格尔之后谁也不敢于认为,哲学家能够"自由地"思考和探索。哲学家是从过去之物中生长起来的,就像植物从土地里生长起来一样。如果说泰勒斯被色雷斯妇人的嘲笑和挖苦的话吓坏了,那么,他的全部后继者都被他的经验吓坏和"充实"了。他们已经坚信,在探索天上之物之前,应当仔细观察自己的脚下之物。

翻译成学院语言就是:哲学无论如何都想成为科学。哲学也像科学一样力图把自己的知识建立在牢固的基础之上,建立在磐石之上。也许,康德在《纯粹理性批判》中有合法权利提出自己的著名问题,也像在写一切未来形而上学导言一样。既然泰勒斯在地上掉进了井里,那么,色雷斯妇人就说得对,泰勒斯的天上漫游就没有预示任何好东西。应当学会在地上走好,这时才能保证在天上有所成就。反过来说:有谁不善于在我们这个世界上确定方向,那么他在另外的世界上也将一无所获。

由此仿佛应当得出,黑格尔对康德认识论所提出的著名反驳是完全错误的。众所周知,黑格尔把康德比做一个在未下水之前就想知道怎样游泳的游泳者。假如康德和在他之前的所有人都一次也没有试图研究过广义的世界,即天和地,所有人只局限于问"怎样研究"这个问题,那么,黑格尔的批评就是正确的。然而实际上并非如此:在康德之前几百年间的人们就已经游泳了,游得很多,游得很好(康德在自己的主要著作中特别强调了这一点),康德是在自己不止一次跳入水中之后才提出自己的问题的。

因此,黑格尔的反驳,如果从字面来理解的话,是不成功的、匆忙编造的诡辩。但是,也没有理由认为黑格尔如此幼稚,真的以为用这种轻率的想法就可以避免康德所提出的问题。所有人都认为黑格尔的思想是更加深刻和严肃的,正因为这一思想是深刻和严肃的,所以黑格尔才给它赋予了玩笑的外表。因为康德的问题实际上是只能提出而无论如何也不可能回答的问题——不仅用康德的方法无法回答,而且用任何其他方法也无法回答。也许,康德自己感觉到了这一点,所以他只揭示出了这个问题的一半和远不那么困难和重要的部分,而把最困难最重要的部分隐藏起来,就像黑格尔在自己的玩笑的反驳中所做的那样。康德既然想要建立认识论,给科学以哲学证明,那么他就不应当从我们拥有科学(数学、自然科学等)这一原理出发。科学是存在的,但这还不够。因为问题在于如何为它们的存在提供证明。许多东西的存在是不能也不应得到证明的。贼巢、赌场、卖淫窟——它们的存在这个事实既不说明其应当存在也不说明其不应当存在。科学的存在甚至科学总是得到荣耀,这丝毫不能保证科学不会受到可能的指责。假如相信这些科学和以其为根据的人,最终等待他的是比泰勒斯所遭到的更坏的东西呢? 也许,哲学家如果想要摆脱不幸,不是应当寻求与科学的联系,而是千方百计地割断这些联系?

如何回答个问题,到哪里去找答案,问谁,有没有一个可以到它那里去问这个问题的存在物,如果有,那么我们根据什么特征知道,我们到它那里是到了应当到的地方?

我认为,康德没有提出这些问题。他"确信",有可去的地方,在我们内心或在我们之外有某种绝对正确的东西,它能够一劳永逸地、完全正确地解决黑格尔的反驳中所包含的怀疑。换言之,我们会游泳,不可能沉底,我们需要的只是懂得用什么方法保持浮在水面上。

康德的这一信念是从哪里得来的?他对此沉默不语,仿佛这里没什么可问的。但这里有可问的东西,如果康德不回答,那么我们就不得不到别的地方去寻找答案。

在博马舍的《费加罗的婚礼》中,苏珊娜与费加罗在关于他们未来的家庭建设问题上发生争吵。在费加罗做出第一个反驳的时候,苏珊娜就终止了谈话,她明确地(我们总是在寻找这种明确性,但即便在那些最优秀的哲学家那里也远不是总能找到)向费加罗声明,她不想和他争论,以便证明自己的"正确性"。她解释说,因为我一旦进行争论,就等于承认,我也可能是不正确的。这就是真正的、终极的、彻底的正确性——也就是这样的正确性,它善于不容许怀疑和问题!费加罗不得不让步了,不得不承认,面对任性的、但又令他无法克制地着迷的女人,应当停下来,用亚里士多德的话来说,"必须停止"。于是突然发现,使一切争论彻底和永远结束的最高审判级别,在于那个偶然的、暂时的,但又是可爱和亲近的存在物的任性之中。我认为,这就是敏感而富有洞察力的博马舍所建立的自己人物的认识论。当我们所说的不是法国喜剧的人物,而是哲学流派的著名领袖的时候,我们还有没有理由运用博马舍的洞察力呢?可不可以假设,康德、黑格尔、亚里士多德都有自己的苏珊娜,只是这些哲学家不能或不想叫出她们的真正名字,但他们在这些苏珊娜面前都不自觉地或庄严地服从,就像费加罗面对自己心爱人的服从一样?

我知道,这样的对比会引起愤怒!一方面是黑格尔、康德、亚里士多德,另一方面是放荡不羁的费加罗。但"愤怒"无论如何不能成为反驳,即便如此,这一次我可以引用传说,甚至是经典传说,也就是前面讲过的泰勒斯的故事。因为柏拉图自己都不休于向我们讲述泰勒斯与色雷斯妇人的故事,确切地说,是关于年轻的没文化的(显然也很迷人的)姑娘羞辱哲学之父的故事。无疑,老泰勒斯为年轻的色雷斯妇人的嘲笑感到羞辱,因为她站在坚实的地上高兴地笑,而他却在自己的井里挣扎着无助地呼救。被嘲笑的泰勒斯坚决地决定,从此不再听凭神的差遣去瞎碰,而是在前进之前就仔细看看向哪里迈脚。

通常被叫做认识论的东西的基本任务就在于此。康德最不关心给科学和纯粹理性提供证明。他像黑格尔一样深知不应提出科学知识的根据(权利)问题。他只需要使任性的形而上学威信扫地,亦即指出形而上学没有把自己的大厦建立在坚固的磐石之上,而是建立在沙土之上。黑格尔的反驳应当这样理解:既然我们想保持对探索真理的方法论手段之不可动摇性的信念,那么,最好完全取消这一信念从何而来的问题。重要的是使信念存在,而它是从哪里来的,这已是次要的事情。甚至更进一步,只有这个信念是牢固的,谁也不可能记起,谁也不可能猜到,它是何时出现的,从哪里来的。因为,一旦开始回忆和追问,怎样能够保证我们的好奇心将一定能给我们带来所希望的结果呢?如果得到的是相反的结果怎么办呢？或许证明信念的愿望不但不能加固信念，反倒动摇了信念。我们有知识，知识带给我们许多东西：身在福中应知福。我们应当满足于现有之物而停步，克制主内心的不安诱惑，哲学家不应忘记泰勒斯的危险经验以及由此而产生的亚里士多德的原则："必须停止"。

二

这样，就不需要任何形而上学了，或者如果容许有形而上学，也只能是善于同科学和睦相处甚至服从于科学的形而上学。因为——可以预先知道——如果形而上学和科学发生了冲突，那么它就将被消灭。近代哲学就是在这种意识中产生和得到巩固的。在笛卡尔以后，特别是在斯宾诺莎以后，任何一个公认的哲学家都不能不这样说和这样想了。

斯宾诺莎给我们留下了用几何学定律来阐明伦理学的传统。许多人相信斯宾诺莎与康德所创立的批判主义格格不入。哲学教科书上常说，假如斯宾诺莎生在康德之后，那么他就不可能说他所说的话了。但这未必正确。显然，康德批判主义中的本质内容已经完全包含在斯宾诺莎的几何学定律里了。像康德一样，斯宾诺莎也不想要任性的形而上学。他达到了严格的科学性，如果给自己的思想赋予数学推论的形式，那么正是因为，他和他之后的康德一样，最关心的是一劳永逸地结束意见的多样性，创造判断的恒常单一性，这种单一性是与必然性观念相联系的。公理、公设、定理——所有这些对哲学著作的读者来说很不习惯的、仿佛无益的词语,是斯宾诺莎给自己的真理所做的包装,这些包装是有自己的职责的。它们就像奴仆每日提醒波斯国王记住雅典人一样,时时提醒斯宾诺莎,在形而上学中不应有任性,它应当成为严格的科学。

顺便说说,在斯宾诺莎那里,也像在许多其他大哲学家那里一样,找不到什么是科学这个问题的回答。甚至康德在写《纯粹理性批判》的时候,也没有对这个问题给予详尽的回答。科学? 谁都知道,什么是科学。科学就是——几何学,算数学,天文学,物理学,甚至历史学。对理性的真正定义在哪里也找不到,甚至在写了理性批判的康德那里也找不到。仿佛人人皆知什么是理性,就像人人都知道什么是科学一样。如果你想自己从哲学家的著作中总结出他们关于什么是理性和科学的观念,那么就会得出同一个结论:理性和科学给我们提供普遍必然判断。至于这些普遍必然判断是从哪里和怎样得到的,对此就不应当有任何怀疑和争论了:在那里所有人从来和永远都是思想一致的。因此,在那里有永恒真理。

因此,从古代开始直到如今,哲学家的目光都朝向数学。柏拉图把不懂得几何学的人从自己身边赶走。康德把数学叫做王者的科学,甚至斯宾诺莎,这位诚实的斯宾诺莎,也认为自己有责任装出这样一副样子:仿佛他苦苦探求的真理在本性上与数学真理没有区别。当他的一个通信者问他,他根据什么理由认为自己的哲学是最好的时候,他回答说,他完全不认为自己的哲学是最好的,而是认为自己的哲学是真的哲学,根据是这样的理由,人们根据这个理由认为三角形的三个角之和等于两个直角。

斯宾诺莎是这样回答愤怒的通信者的,他在自己的著作中也是这样说的。在《伦理学》中,他许诺要像谈论平面和三角形一样来解释上帝、理性和人的情感,他庄严地发誓,要从自己的词典中清除一切类似于人的愿望、探索和斗争这样的词语。他说,无论善恶、美丑、好坏,都不影响他探求真理的方法。人是统一的无限整体中的环节或无限多个环节中的一个,他把这个整体有时叫做上帝,有时叫做自然,有时叫做实体。而哲学的任务就在于"理解"这样一种复杂而奇妙的机制,在这个机制作用下无限多的个体形成统一的和自足的整体。他没有消除"上帝"一词,甚至(在他给自己的愤怒的通信者的信中)强调,在他的哲学中上帝被赋予了像在其他哲学中一样的荣耀地位:诚实的斯宾诺莎连这样的谎言都不忌讳。

我特别注意到这一状况,是因为在斯宾诺莎之后,这样的伪装几乎被作为哲学美德。盲人都清楚,上帝,自然,实体,这样的等式意味着,在哲学中不应该也不需要给上帝一席之地。换言之,当你寻求终极真理时,应当到数学家在解决自己的问题时所去的地方去寻求。当我们问三角形的三个角之和等于什么的时候,难道我们能够期待为我们回答这个问题的人拥有以不同方式回答的自由吗?也就是拥有我们赖以区分活物与死物、灵性存在物与无灵性存在物的属性吗?数学之所以具有令我们着迷的精确性和可靠性、判断的普遍性和必然性,正是因为它拒绝一切人性的东西,它既不想哭,也不想笑,它只需要斯宾诺莎所说的理解。

既然哲学想要这样的可靠性和普遍性,它就没有另外的出路。它应当只追求理解,而不能被理解所容纳的一切,都应当作为不存在之物和虚幻之物而加以抛弃。我们已经知道,斯宾诺莎所说的理解是什么意思。理解意味着把世界想象成按照自古存在的规则运动着的无数粒子（莱布尼茨后来叫做单子），这些粒子没有任何可能性和权利来改变不依赖它们而设立的秩序。在这个意义上，上帝与人没有任何区别。上帝的"自由"只在于服从于秩序，这一秩序最终也表现了他的本质。

因此，还在《神学政治论》中，斯宾诺莎就已经提出和毫不动摇地解决了圣经和圣经上帝的意义问题。他告诉我们，圣经中没有真理，圣经不适合真理。圣经中只有道德教导。这是我们应当从圣经中接受的，要寻找真理应当到另外的地方。是的，圣经不奢望真理，圣经中所讲述的东西与真理毫不相似。上帝不曾六天创造世界，上帝从来不曾祝福人，没有在西乃山启示摩西，没有带领犹太人逃离埃及等等，这些只不过是史诗形象，也就是虚构，对此理性的人是在假定的和有限的意义上加以解释的。圣经中所讲述的上帝不存在，从来不存在——这一点也是被理性所证明的，也就是被这样一种东西所证明的，它最终解决了数学问题，在数学中教导人区分真理与谬误。最后——这一点对未来也许具有特别重要的意义——不仅没有圣经中所讲的上帝，而且也不需要有这样的上帝。由理性来提出一切，那个我们借以知道三角形三个角之和等于两个直角的理性，那个不承认任何高于自己的权力的理性，可以决定一切。这个理性认为，对人来说最重要的，不是上帝是否存在，而是能否完全保持那种对于受几百年圣经教育的人们来说已经习惯了的虔敬。相信理性绝对正确的斯宾诺莎，完全服从于理性的这个决定。是的，上帝是可以和应当抛弃的，但虔敬和宗教性应当和需要保持。既然如此，不侮辱受数学教育的人的理性的"实体"和"自然"这两个概念,就取代了对所有人都开始不好接受的上帝观念。

斯宾诺莎的"上帝—自然—实体",以及从《伦理学》及其之前的著作中得出的全部结论,仅仅意味着,上帝不存在。斯宾诺莎的这一发现成为近代哲学思考的出发点。无论人们如何谈论上帝,我们都确知,所说的已不是那个活在圣经时代的上帝了,那个上帝创造了天地并照自己的形象和样式创造了人,那个上帝有爱,有情感,有愤怒,有懊悔,并和人进行争论,甚至有时向人让步。那个统治着三角形和垂直线的理性,那个认为自己有主权区分真理与谬误的理性,那个宣布自己寻求的不是好的哲学,而是真的哲学的理性,——这个理性以自己所固有的自信,带着不可反驳的口吻宣布,这样的上帝不是全能的,甚至不是完善的,因此他根本就不是上帝。谁要是不抛弃这样的上帝,那么,等待他的就是泰勒斯的命运:掉进井里,得不到任何人间快乐。

三

诚实的斯宾诺莎这样教导我们。他找到了审判活人和死人的最高法官,自己拜倒在他脚下并用遗嘱告诉我们,最高的、终极的智慧在于服从这样一个法官,三角形的三个角之和等于两个直角就是按照这一法官的意志实现的,生活中的一切也都是按照这一法官的意志实现的。

无论哲学史家怎么说,斯宾诺莎的后继者至今尚未挣脱他所宣告的观念的统治。无论是康德的"批判主义"、黑格尔的"活动论"、费希特的知识学,还是莱布尼茨和谢林的尝试,甚至当代批判哲学都没有力量超出斯宾诺莎所划定的范围。许多人谈论斯宾诺莎的理性主义,许多人用我们的"经验"来对抗他的"理性",但这一切都毫无结果,也不可能有结果。因为斯宾诺莎的基本原理谁也不敢触及。在他之后的所有人都确信,我们需要真理,我们应当到那个"不正义的"法官那里去寻找真理,我们从这个法官那里得知,三角形的三个角之和等于两个直角。所有人都相信,没有另一个"正义的"法官,也不可能有,还相信斯宾诺莎自己是到不正义的法官那里寻找真理的,并且恭顺地甚至快乐地服从这个法官的判决。服从在我们世界上从来被认为是最高美德,因为只有在所有人都同意服从一个原则的时候,在我们看来,才能实现所谓的"和谐",这个和谐也被认为是最高理想。任何一个哲学家也不敢于说出轻率的苏珊娜向爱上她的费加罗所说的话,即她的任性、活的生命的任性,高于无灵性的规范和律法。因为苏珊娜是先征服了费加罗,然后才和他争论的。而哲学家们却不得不面对这样一些听众,他们对哲学家们很冷漠,如果哲学家们不用强制的力量(无论用物理的力量还是辩证法的力量,反正都一样)令他们顺从的话,他们根本就不服从。

于是,我们成为一种惊人现象的见证者。哲学家们本来最珍视真理和应当成为诚实的人,但他们却不如没文化的妇人诚实。色雷斯妇人看见在井里挣扎的泰勒斯就嘲笑他,苏珊娜坦率地说,对她来说,任性是真理的唯一源泉。你们从智慧的代表们的口中听到过类似的话吗?即便是古代的诡辩派,这些如此勇敢的人,这些因自己的勇敢而在历史法庭前损害了自己名声的人,他们也从来不曾容许自己有这样的诚实。他们同苏格拉底辩论:他们想让苏格拉底和所有其他人承认他们的真理,也就是同意,他们的论断不是他们的"偶然"愿望和意图的表现,而是来自这样一种东西的,这种东西在人们和诸神之上,而且没有任何人性因素,甚至没有任何灵性特征。正是在这一点上,仅仅在这一点是,他们被苏格拉底抓进了自己的辩证法之网中,如果柏拉图给我们讲述的苏格拉底与诡辩派之争符合历史事实的话。因为,假如诡辩派像快乐的色雷斯妇人或无忧无虑的苏珊娜那样,对反驳回以大笑或拒绝回答,那么,不可战胜的苏格拉底就会缴械投降了。但是显然,诡辩派相信他们有颁布普遍真理的主权(省略一段)。

哲学史以各种方式向我们证明,对人来说,探索真理总是追求普遍遵守的判断。真理很少能被人所拥有。人想要的是另外的东西——即在他看来是"最好的"东西:以便使他的真理成为"所有人的"真理。为了拥有这个权利,他制造了一种假象:他不是自己创造真理,而是接受现成的真理,并且不是从像他自己这样的(亦即有生命的,首先是不恒常的、变动的、任性的)存在物那里接受的,而是从不变的、与任何人都毫无关系的东西(也就是那个教我们三角形的三个角之和等于两个直角的东西)那里接受的。据此,既然真理以这个特别的、必定无灵性的东西为自己的源泉,那么人的美德就完全归结为弃绝自己。一方面是无个性的和公正的真理,另一方面是愿为此真理牺牲一切,这就是古代哲学的"第一推动力"。在中世纪,甚至更早——从公元初年开始,一些接受圣经灵感的哲学家和神学家企图同希腊人留给我们的"智慧"作斗争。但他们注定不能成功。在欧洲民族发现圣经之前几十年,犹太人菲洛就开始致力于"调和"东方启示与西方科学了。但他的调和是背叛。有些教父比如德尔图良知道这一点。但不是所有人都像德尔图良那样知道希腊精神的实质及其影响的危险性。只有他一个人明白，雅典同耶路撒冷永远也不会达成妥协。只有他一人（也只有一次）承认那段著名格言是一句咒语，唯有这句咒语能使我们摆脱自古以来的魔法。这段格言我多次引用过，我认为我们每个人都要在每天睡觉和起床时反复念颂。"神子被钉十字架，我不感到羞耻，因为这是必须羞耻的。神子死了，这正因为是荒谬的，才是可信的。他被埋葬又复活了，这是可靠的，因为是不可能的"[①]。自西方人开始读《圣经》以来，只有德尔图良一个人产生了这样的想法：被理性所颂扬的 pudet（羞耻）、ineptum（荒谬）、impossibile（不可能）剥夺了我们最需要和最珍贵的东西。但德尔图良的话要么被完全忘记，要么即使有时被世俗的或宗教的作者所引用，也是当作无意义和不合理的典型。大家都认为自己有责任不仅调和雅典和耶路撒冷，而且有责任要求耶路撒冷到雅典去寻求辩护和祝福。菲洛的思想甚至渗透到了圣经并美化了第四福音书。太初有道——这就是说，先有雅典，后有耶路撒冷。这就意味着，一切来自耶路撒冷的东西，都应当放到雅典的天平上来称量。圣经的上帝，由于他不符合希腊关于最完善的存在物的观念，他就应当同意改变自己的"本质"，首先必须放弃"形象和样式"，因为希腊人知道

[①] 德尔图良：《论基督的肉身》5。德尔图良以这段著名的话来反驳异端分子马基昂的观点，后者认为基督被钉十字架对神来说是羞耻的，因而《圣经》是不可信的。而在德尔图良看来，《圣经》作为神的启示正是"因为荒谬而可信"。——译者

最完善的存在物不应有任何形象和任何样式,更不能有人的形象和样式……

例如,现在还诱惑许多人的上帝存在的本体论证明(虽然康德反驳它,但黑格尔劝告我们要回到它),就意味着把耶路撒冷交给雅典来审判。完善的存在物的观念是在雅典创造的,圣经的上帝为了具有存在的属性,就应当卑躬屈膝地到雅典那里去寻找这一属性,全部离开了普遍承认就不能存在的属性都是在雅典制定和传播的。任何一个"理性的"人都不能容许,上帝可以按照德尔图良的"因为必须羞耻而不羞耻,因为不可能而可靠"来获得他所需要的属性。说任何一个理性的人,这不仅是指我们现代人和古代人:不应忘记,具有"宗教"情绪的中世纪也把亚里士多德尊为"自然中的基督的先驱者",并暗自认为,哲学家也是"超自然的"基督的先驱者。

这一古代的、在中世纪"黑暗时代"也没有死亡的思想,在近代的斯宾诺莎哲学中得到了完全的表达。这一思想如此控制了人们的头脑,以至于现代人甚至谁也没有料到,诚实的斯宾诺莎完全不如通常所认为的那样诚实。他所说的,经常说的,完全不是他所想的。他认为自己的哲学不是最好的,而只是真的——这不是真话。他创立这一哲学的时候不曾哭、笑和诅咒,而只是倾听这样一个理性对他所说的话,这个理性也就是那个对一切都漠不关心的(因而不是活的)法官,他宣布了三角形的三个角之和等于两个直角——这也不是真话。如果你不信,就请你去读一读《理智改进论》,哪怕是这本书的序言。那时你就会知道,斯宾诺莎也像当年的泰勒斯一样,掉进了深渊里,他在深渊里也呼唤上帝。同样,说他在解释上帝、理智、人的情感时就像解释直线和平面一样,他也像他强加给人们的那个法官那样对善恶、好坏和美丑都漠不关心,而只是达到"理解"——这也不是真话。他给自己的思想穿上的数学法衣,是他"租赁"来的,为的是给自己的叙述增加几分重量,因为人们如此愿意把重量和重要性等同起来。但如果"剥下"这些法衣,你就会看到,真实的斯宾诺莎和历史给我们保留下来的斯宾诺莎很少相似。他认为自己的哲学不是真的,而是最好的,而不是像他对通信者所断言的那样。实际上他的观点并非如他向通信者所说的那样,而是认为自己的哲学是好的,而非真的。他自己在《伦理学》的最后承认了这一点。他说:"(如果我所指出的足以达到这目的的道路好像是很艰难的,但是这的确是可以寻求得到的道路。……)一切高贵的事物,其难得正如其稀少一样"。他寻找的不是真的东西,而是好的东西,但诚实的斯宾诺莎却对人们说了谎言:只有那个决定了三角形的三个角之和等于两个直角的人,能够解决人的躁动不安的灵魂中所产生的一切问题。诚实的斯宾诺莎何以一生都在宣告这种丑陋的谎言,关于这一点我将在另一个地方说(见《斯宾诺莎的历史命运》)。在这里我只是再次指出,近代人是把这一谎言当作唯一可能的最高真理来接受的。斯宾诺莎不仅表现为一个智慧者,而且表现为一个圣徒。他对我们来说是醉汉中的唯一清醒者,正如亚里士多德曾经说阿那克萨哥拉那样。他也被封为圣徒——不妨回忆一下施莱尔马赫赞扬斯宾诺莎的话:"请你们和我一起敬拜神圣的受迫害的斯宾诺莎的幽灵吧!"[1]

四

诚实的斯宾诺莎以前所未有的力量和灵感向人们宣告了谎言。当然,正如我已经指出的,这个谎言不是他杜撰出来的。这个谎言自从人的思想努力使"知识"统治生活的时候开始,就已经存在于世界上了。如果相信哲学教科书的话,这发生在公元前6世纪,这个谎言之父是泰勒斯。如果相信圣经,这发生得更早,在世界上一共只有两个人的时代,这个谎言之父不是人,而是化成蛇形的魔鬼。我们不信圣经:斯宾诺莎告诉我们,在圣经里可以找到高尚的、还适合于我们的道德,但寻找真理需要到另外的地方。但无论这个谎言是来自泰勒斯还是来自魔鬼,有一个事实是不变的:人们深信并视之为自明真理的是,他们受自古就存在的、无身体的和冷漠无情的力量的统治,这个力量既能够决定三角形的三个角之和等于什么,也能够决定人和宇宙的命运。或者,正像斯宾诺莎带着神秘而不祥的平静所表达的:上帝的理性和意志与人的理性和意志所具有的共同之处,就像天上的猎犬星座与地上的叫着的动物犬的共同之处一样多。一切脱离这一自古形成的信念的企图,都被一系列预先准备好的、同样是"自明的"和在其自明性中不可

---

[1] 参见施莱尔马赫:《论宗教》,俄文版,莫斯科,1994年,第85页。接下来的话是:"他身上贯穿着高尚的世界灵魂,无限之物是他的全部,宇宙是它的唯一的永恒的爱;以自己的圣洁和深刻的谦卑呈现在永恒世界,他自己成为这永恒世界的一面最适当的镜子……"——译者

战胜的"羞耻,荒谬,不可能"所打碎。

也许,现代哲学思想受制约性的一个最鲜明的例子,是休谟与康德之间的著名争论。众所周知,康德不止一次宣称,休谟把他从梦中唤醒。的确,在阅读休谟和康德援引休谟的地方的时候,仿佛令人觉得,休谟所看到的和在休谟以后对康德明显可见的东西,不仅能把睡着的人唤醒,就连死人都能唤醒。休谟写道:"在自然界中难道还有比灵魂与身体的联系更加神秘的原则吗?依据这个原则,设定的精神实体获得了对物质实体的如此权力,乃至最精细的思想都能够作用于最粗糙的物质。假如我们通过神秘愿望的途径而拥有推动高山或操纵轨道中的行星的力量,那么,这个扩大化的权力难道不比上述权力更加非同寻常,或者更加超出我们的理解吗?"[①]康德在复述休谟的时候,几乎用同样的话说:"确认我的意志支配我的手的活动,这个论断对我来说,就像某个人说他能阻止月亮看运动一样,是无法理解的"。还能说什么呢?看来,对于看见了这种情形的人们来说,接着做梦,继续相信理解,相信**intelligere**(理解),已经成为不可能的和不需要的了。他们也像德尔图良一样,将挣脱魔鬼诱惑的法力,并将在彻底清醒到现实中来之后,完全打碎束缚他们的一切"羞耻、荒谬、不可能"。

然而事情并非如此。无论休谟还是康德,都是在梦中醒来。他们的觉醒是虚幻的。甚至他们在自身中发现了能够推动高山和支配轨道中的行星运动的神奇力量,这种状况也没有使他们懂得,他们具有与垂直线和三角形不同的使命。休谟开始谈论"习惯",

---

[①] 休谟:《人类理解研究》。

忘记了他所看见的奇迹。康德为了不看见奇迹,把它们转移到"自在之物"领域,而只给人们留下了先天综合判断、先验哲学和三个可怜的"公设"。也就是完全履行了斯宾诺莎的纲领:他维护虔诚和道德,而背叛了上帝,用他按照数学真理的最高标准的形象和样式所创造的概念取而代之。这样的哲学对所有人来说都显得是最"崇高"的哲学。道德也像它所从产生的理性或被叫做理性的东西一样,成为自主的、自律的。道德越"纯粹"、越自主,人们就越崇拜它。在康德之后,费希特也在自己的"伦理唯心主义"中重建了斯宾诺莎。人首先应当服从,并且要服从远离人的原则,像斯宾诺莎所称颂的垂直线和三角形一样——它们在对最高原则的温顺服从方面对躁动不安的和无理反抗的凡人来说是永恒的和不可企及的榜样。黑格尔也是沿着这个方向走的:无论他怎样同斯宾诺莎作斗争,无论他怎样力图在自己的动态论中克服自己老师的静态性——他还是强化了人们对理性"自主性"的信念。对黑格尔来说,哲学是精神的"自我发展",也就是绝对者的自动展开,这个绝对者在本性上的"理想性"和非活物性甚至超过数学概念。至于现代哲学家我就不说了。他们对"理性"的恐惧如此巨大,对先天综合判断的信仰如此牢不可破,乃至谁也无法想象这里还能有什么斗争。曾瞬间展现在休谟和康德面前的"奇迹"被遗忘了。谁不跟随科学,谁就会遭到泰勒斯的命运。他就迟早要"从地面上"掉下,像泰勒斯一样,掉进井里,成为年轻美女的笑料。

我说过,诚实的斯宾诺莎向人们宣告了明显的谎言。可能有人会问:但为什么人们相信了他呢?他是怎么成功做到迷惑住人们——消除了他们的视力和听觉的?用心的读者也许自己已经猜到了应该怎样回答这个问题。我在前面多次提到泰勒斯,这不是徒劳无益的。因为他真的掉进井里——这不是谎言,不是虚构。任何人如果不看着自己的脚下,他迟早会遭到不幸。换一种说法:忽视健全理智和科学不可能不遭到惩罚。因此,休谟和康德如此迫不及待地忘记了他们所看见的奇迹,紧紧抓住了习惯和先天综合判断。他们的学生和崇拜者也感觉到了这一惩罚,这保证了他们的哲学成就。谁害怕失败,他就应当相信斯宾诺莎的"诚实",听从休谟和康德,拒绝一切非凡与奇迹。

全部斯宾诺莎和他的后继者以及受他的精神养育的人,都向人们说了谎言。不用说:忽视健全理智和科学不可能不受惩罚——这是人们的"日常经验"告诉他们的。但也有另外的经验——它说明了另外的东西。它说明,相信健全理智和科学也同样不可能"不受惩罚",无论是相信的人还是忽视的人,都同样面临"惩罚"。那个嘲笑泰勒斯的色雷斯妇人,死亡的深渊放过她了吗?她在哪里?她的笑声在哪里?历史对此沉默不语!历史,这门讲述早已过去时代的事件的神秘的科学,从来也不提示"胜利者"的命运是怎样的,他们将面临怎样的深渊。你可以背诵许多卷历史书,也不可能知道这个"简单的"真理。你读的历史著作越多,就会越有理由地忘记这样一个古老的真理,即人是有死的。仿佛历史给自己提出的任务是如此重建生命,即假定人是从来不死的。在历史那里有自己的哲学,这种哲学要求它正是应当这样来重建人的生命。否则人们怎么会产生这样一种荒诞的神话,即愿意跟从科学和健全理智是不受惩罚的保证? 不过,应当认为,历史学家用自己的手段无法胜任这样的任务。在历史学家的背后推动他们的,是某种另外的、不可知的力量——或确切地说,是意志。他创造了帕斯卡尔所说的"超自然的魔力和迟钝"①,关于这种魔力,康德和走康德道路的认识论学者甚至从来都没有预料到。无论数学,还是等同于数学的科学,都不能解除人的意识的魔力,不能使其摆脱超自然的魔法。那么,科学是在追求自由研究吗?科学在寻求通往现实的道路吗?我已经举出了像康德和休谟这样的勇敢者的思维的典型例子。一旦在他们的道路上出现了某种另类的东西,他们立刻就藏到了自己的贝壳里去了,认定这是不应看见的东西,甚至是不存在的东西,这是"奇迹"。为了更加显而易见,我再从一位当代非常著名的和颇有影响的哲学史家的书里举一个例子。为了给自己的读者解释黑格尔从谢林那里继承的(谢林也是从斯宾诺莎的著作里"领悟"到的)"同一哲学"的含义,博学的哲学史家写道:"只要我们还力图在认识中使思想'符合'它的对象,换言之,只要对象是认识的目的,而无论认识多么接近对象,对象对认识来说仍然是外在的,——在这个时候,'主观'与'客观'的一致就仍然是不可知的奇迹。这个奇迹只有在下述情况下才能消失……"②,等等。

这样的例子我可以随便举出许多。从这些例子中可以明显看出,科学和哲学的基本"信念"是什么,哲学总是看着科学的神色行事,它相信,如果它不与科学协调一致,它就必将"从地球上被消

---

① 帕斯卡尔:《思想录》,何兆武译,商务印书馆,1985,第94页。——译者
② 原文为德语。未注明出处。

灭"(引号里的话也不是我说的,而是一位非常著名的现代哲学家说的①)。奇迹是"不可知的",因为它不能被纳入"普遍必然判断"体系中。因此,假如奇迹出现在我们面前,我们的科学也将教会我们看不见它。只要奇迹没有离开科学的视野,科学就不会安心(das Wunder schwinde)。在这种自愿的自我限制的情况下(显然,人类思想在任何一个历史时代都不曾知晓这样的自我先限制),科学还完全真诚地把自己等同于自由研究。我再问一遍,这不是使帕斯卡尔如此备受折磨的"超自然魔力"又是什么?依靠科学所制定的探索真理的方法,我们注定会陷入这样的境地,也就是使对我们来说最重要的东西成为基本上不存在的。当这种东西出现在我们面前的时候,我们就被疯狂的恐惧所控制,灵魂害怕自己会被那巨大的虚无永远吞噬,于是头也不回地逃跑——跑到快乐无忧的色雷斯妇人幸灾乐祸的地方。

从这里走出来的出路何在?当可怕的魔法被超自然的力量派遣下来的时候,怎样战胜这一魔法?"人怎能与神争吵?"②超自然的魔法只有靠超自然的力量才能驱散。那个不满足于统治三角形和垂直线,还要让活人服从自己的斯宾诺莎的法官,不会给隐藏在超自然中的任性祝福,而是仍将像从前一样用自己的"必然性"的灾难来恐吓我们。但是,无论他的祝福,还是他的威胁,当魔法已经消失的时候,就不可能发挥从前的作用了。我们的先祖从天堂的树上摘下的全部"羞耻,荒谬,不可能",都将被遗忘。还有那些

---

① 很可能是胡塞尔。
② "你这个人哪,你是谁,竟敢向神犟嘴?"(《罗马书》9:20)

曾经诱惑我们的"普遍必然判断"和独立的虔诚信仰,也将被遗忘。到那时,只有到那时,才能开始自由研究。也许,如果哪位读者没有对本书中在众多灵魂中的长久漫游产生反感,那么,他将会确信,圣经中有真理,斯宾诺莎为了履行派遣者的意志,注定使我们现代人失去这一真理。

30. 别尔嘉耶夫

尼古拉·亚历山德罗维奇·别尔嘉耶夫(**Николай Александрович Бердяев**,1874—1948年),俄国哲学家,政论家。出生于基辅,1894年进入基辅大学自然系,一年后转入法律系,1898年因参加社会民主运动被开除学籍。1900年被流放到沃洛格达省3年。1904—1908年住在彼得堡,成为俄国"新宗教意识"的政论家和理论家[①]。1908年迁到莫斯科,参加《路标》文集(1909年),参加莫斯科宗教哲学学会,组建精神文化自由学院(1919年)。1922年被驱逐出境。1922—1924年住在柏林,1924年迁居巴黎市郊的克拉玛尔,直到1948年去世。

别尔嘉耶夫的主要著作有《自由的哲学》(1911年),《创造的意义》(1916年),《俄罗斯的命运》(1918年),《施本格勒与西方的没落》(1922年),《历史的意义》(1923年),《陀思妥耶夫斯基的世界观》(1923年),《自由精神哲学》(1927—1928年),《论人的使命》(1931年),《我与客体世界》(1934年),《精神与实在》(1937年),

---

[①] 参见本书:梅列日科夫斯基《论新宗教行动——致别尔嘉耶夫的公开信》。

《论人的奴役与自由》(1939年)、《俄罗斯思想》(1946年)、《精神王国与恺撒王国》(1949年)等。

别尔嘉耶夫是近些年来中国学界翻译和研究最多的俄国哲学家。他的大部分著作都已译成汉语。本书特意选译了两篇尚无中译文的文章和著作片断。前一篇论文是为了与舍斯托夫的呼应，以便使读者在两位哲学家的比较和批评中更好地理解他们的存在哲学思想；后者关于精神与自然的划分，关于精神自由，则是别尔嘉耶夫全部哲学的最基本观念。

《悲剧与日常性》(1905年)[①]

……人类文化在自己的根本性上是二重性的，但这种二重性还从来没有像我们时代这样尖锐、悲惨和危险。在现代文化的表面上，一切都或多或少被抹平，一切都一点一点地安排好，正在进行着健康的、生命的斗争，发生着进步。当然，现代社会的文化是由"矛盾"创造的，这些矛盾甚至肉眼都看得见：无产阶级与资产阶级之间的矛盾，进步与反动之间的矛盾，实证"科学"与唯心主义哲学之间的矛盾，最后是某种"善"与某种"恶"之间的矛盾。但在这些"矛盾"中还没有任何悲剧因素，这是斗争的冲动，这样生活进行得更加热烈。

---

① 原载《生活问题》杂志，1905年3月号。这是别尔嘉耶夫为舍斯托夫的两本新书《悲剧哲学》和《无根基颂》所写的书评。选自《舍斯托夫著作集》两卷本第一卷附录(Шестов Л. Сочинения в двух томах. Томск, 1996. Том 1(Приложение), С. 467—491)。

这就是"历史的大道"。人类社会在这条大道上安排生活,走向未来幸福。在这条大道上一切都踏实可靠的,尽管有许多"矛盾",有一切看得见的生活苦难和恐惧。安身于"大道"上,抓住这上面的某种被认为有价值的东西,也就意味着在生活中给自己找到了位置,把自己安置于日常的和普遍的"善"与"恶"的范围内。在历史的大道上找到自己故乡的人,就暂时为自己找到了免于陷入悲剧的保险。关于在深处、在地下王国里发生了什么,关于最隐秘的和最重要的东西,人们在现代世俗文化的表面很少谈论,或者以十分抽象的、概括的和圆滑的、适应于"历史目的"的形式来谈论。

但是地下的小溪开始冲上地面,并带来了地下沉积的东西。现代文化把生命的悲剧问题赶入地下;在那里空前尖锐地提出了个体问题,个人命运问题,在那里发展了病态的个人主义,"善"本身被要求为单独的"自我"个人的悲剧牺牲负责。在地下发展了人的空前孤独,断绝于世界,一个人与世界的对立。这一地下工作在现代文化中表现出来,在颓废派艺术中表现出来,颓废派是一种很深刻的现象,不能将其仅仅归结为一种当代艺术流派。我们文化之中的复杂的、精致的人不能容忍这样的人格分裂,他要求普遍的历史过程把他的隐秘的个人悲剧放在中心,他诅咒善、进步、知识和类似的公认幸福,如果这些东西不想考虑到他被扼杀的生命、他破灭的希望和他命运的悲剧恐怖的话。在欧洲出现了尼采,在我国出现了陀思妥耶夫斯基,这是真正的革命,不是外在政治意义上的,而是最深刻的内在革命。

人经历了前所未有的新体验,脚下失去根基,崩溃了,悲剧哲学应当研究这一体验。个人命运的悲剧在一切时代都有,它伴随着全部生命,但是,深切的经验,在精微性和复杂性上都是前所未有的体验,以新的方式尖锐地提出了个体性问题。历史上有过解决个人灵魂命运问题、找到摆脱悲剧的出路的伟大尝试——这就是基督的宗教。基督教承认个人灵魂的绝对意义和其命运的超验意义。这是悲剧的宗教,它至今还统治着人们的思想,有意识的或无意识的。但企图在它的帮助下解决现代悲剧,拯救地下人和颓废者,这种企图已经被称作新-基督教。现代基督教复兴经历着任何一种复兴的命运。从前的、曾经是伟大的创造,掩盖了新的创造,新的探索。而地下的悲剧正在书写着自己的哲学。

"问题是:那些被科学和道德所拒绝的人们还有没有希望? 也就是说,悲剧哲学是不是可能的?"[1]

※　　　※　　　※

这一切都是导言,我现在转到列夫·舍斯托夫,早就应该写他了。我认为忽视舍斯托夫的著作是非常不公正的,这种忽视的唯一解释是,舍斯托夫的主题和研究这些问题的方法对历史大道来说是不需要的,这是地下的小溪,只对为数不多的人是明显的和需要的。在自己的世界观中安置良好的"实证主义者"或"唯心主义者",把自己与普遍的生活牢固地联结在一起,他们只会耸耸肩,感到困惑不解,舍斯托夫为什么提出不必要的恐慌。在我看来,正是

---

[1] 舍斯托夫:《悲剧哲学》,前言。

舍斯托夫著作的这种深刻的不必要性,这些著作的不可通用性,使它们成为特别有价值和有意义的。舍斯托夫是一位非常有才气、非常独特的作家,我们这些没有安置好的、永远在寻找的、充满恐慌的、理解什么是悲剧的人,应当重视这个真诚而独特的人如此尖锐提出的问题。我认为舍斯托夫是我国文学中的大人物,是现代文化二重性的重要征候。

刚刚出版了舍斯托夫的书《无根基颂》,但我想一般地写舍斯托夫,甚至主要写他的前一本书《陀思妥耶夫斯基与尼采》,我认为这是他的最优秀著作。我感到很可惜,"无根基性"开始写自己的"结局"(Апофиоз)①,无根基性在此成为教条式的,尽管这本书的副标题是"非教条式思维的尝试"。丧失一切希望的无根基性变成了安心的独特体系,因为绝对的怀疑主义同样能够扼杀不安的探索,和绝对的教条主义一样。无根基性,悲剧性的无根基性,不可能有另外的"结局",除了宗教的结局之外,而这已经是肯定的结局。悲剧的主题在《结局》中被削弱了,这也是某种悲剧性的命中注定。

首先谈谈舍斯托夫的"心理学"方法。"'理性与良知'的千年王国对人来说结束了;开始了新纪元——'心理学'时代,这个时代在我们俄国是陀思妥耶夫斯基最先开辟的"②。舍斯托夫首先反

---

① 别尔嘉耶夫在此似乎把舍斯托夫的《无根基颂》(Апофиоз беспочивенности)理解为《无根基的结局》。因为 Апофиоз 一词兼有"颂扬"和"庄严结局"两个意思。我们根据舍斯托夫这部著作的内容仍然倾向于理解为"无根基颂"。——译者

② 舍斯托夫:《悲剧哲学》,第7章,见《思辨与启示》中译本,世纪出版集团,2005年,第225页(译文略有不同)。——译者

对和最憎恨的是任何体系、一切一元论,一切理性对生动的、具体的和个人的现实的暴力。他渴望揭开埋在托尔斯泰、陀思妥耶夫斯基和尼采作品下面的现实,他感兴趣的不是"文学"和"哲学",不是"思想"和"理论",而是所有这些作家的真实感受,他们的真实灵魂和活的经验。在舍斯托夫那里过分理想主义地要求真实,无论如何的真实,真实与虚伪对他来说是最基本的范畴。在这一基础上甚至形成了一种独特的认识论乌托邦:否定概括、抽象和综合的认识论价值,最后否定一切理论,一切思想体系,把它们揭露为虚伪之物,努力争取某种新型的认识,也就是认识个人的现实,直接体验,再现活的经验。他希望写出的作品不是文学,希望其中没有"思想",而只有感受本身,经验本身。音乐对舍斯托夫来说高于一切,他希望哲学变成音乐或至少更具有音乐性。他之所以开始写格言,也是因为害怕对自己个人体验的暴力,害怕把自己的经验理性化。

在这一切中有许多对理性主义和一元论霸权的正当反抗。心理学方法很有成果,但这里也有某种无望的、巨大的误解。

感受只能感受,活的经验只能体验,而一切文学、一切哲学,都已经是对感受和经验的加工,这是完全注定的。格言也是人为的,也是对混乱的感觉的理性化,也是由判断句构成,虽然这些判断不是人人必须遵守的。舍斯托夫在音乐中仍然要表达他所追求的关于自己心灵的真理,而音乐是早已存在的,不是为任何人定做的,结果是,从前的认识方法被废除了,但任何新方法也没有出现。"我开始惊奇和疑惑地发现,有一种东西最终成为'思想'和'连续性'的牺牲品,这就是在文学创作中最应当维护的东西——自由思想"①。在这个地方我抓住了《无根基颂》作者的矛盾。什么是自由思想,什么是思想?这已经是某种"前提",因为任何思想都已经是用那种致命的工具来对体验进行加工的结果,我们把这种工具叫做理性,在思想中已经必然具有"连续性"。

人的感受,人的经验有许多种表现方式,许多种加工方法。为此有音乐,也有哲学,哲学对经验实施自己的作业必然要借助于理性,能够抽象、概括、综合、能够制定关于我们新经验的理论的理性。这是注定的,这"在心理上"是不可避免的,这是人的本性。可以反抗各种理性主义和一元论体系,我对此深为同情,但这样我们就要注定用另外一些非理性的、多元论的体系来取代它们。这从舍斯托夫本人那里也可以看到,他那里,请他原谅我,也有许多"思想",常常是独特的和深刻的。

舍斯托夫借助于自己的心理学方法打开了掩盖在托尔斯泰、陀思妥耶夫斯基和尼采作品下面的可怕的和新的现实,说出了这些令我们内心不安的伟大作家的真实感受。舍斯托夫还是陷入了心理学的公式化,陷入了他所憎恨的抽象和概括。在舍斯托夫那里有几个心理学公式,他把这些公式运用于他所分析的作家,实际上是两个主要公式。按照舍斯托夫,在文学作品中几乎总是通过自我否定和自我辩护,反映出作家的感受。例如,尼采受到来自"善"的苦,不理睬生活,因此他高唱狄奥尼修斯的生命颂歌,反抗"善"。"命运没有容许尼采平静地研究全人类乃至整个宇宙的未

---

① 参见舍斯托夫:《无根据颂》,华夏出版社,1999,第4页。——译者

来，而是给他，也像给陀思妥耶夫斯基一样，提出一个小小的和简单的问题——关于他自己的未来问题。"[①]"但当命运在尼采面前提出的已不是理论问题，而是实践问题——保存什么，是他所歌颂的人类文化奇迹，还是他的孤单的、偶然的生命？在这个时刻，他就将不得不拒绝自己最珍爱的理想并且承认，如果不能拯救一个尼采，那么全部文化、整个世界都一钱不值。"[②]"他在自己的著作中给我们讲述的是自己的生活。这样一种不幸的生活，它暗自破坏一切崇高与伟大之物，它为了保护自己而怀疑人类所崇拜的一切。"[③]最后，舍斯托夫希望发现"关于人的真相，而不是令所有人厌恶和深受折磨的人的真理"，舍斯托夫渴望绝对的、超人的真理。在尼采作品中，就是这样体现了尼采的"经验"，不顺利的生活，被扼杀的希望，在自己个人命运面前的恐惧。他为了自我保护而重估一切价值，诅咒"善"，因为它不能拯救他免遭毁灭，他在自己关于强力的梦想中，在"强力意志"中否定自己的无力，自己的软弱。这是一种心理学公式，心理学抽象和概括，它无疑阐明了尼采的悲剧，展现了一小块"关于人的真相"。

舍斯托夫为列夫·托尔斯泰设立了另一种心理公式，他关于托尔斯泰说出了许多深刻而正确的思想（是的，正确思想，否则我无法称呼它）。舍斯托夫对待托尔斯泰的态度是很有特点的，他揭露了关于托尔斯泰自己的某些"真相"。托尔斯泰不让舍斯托夫安

[①] 舍斯托夫：《悲剧哲学》第19章，见《思辨与启示》中译本，第289页。——译者
[②] 舍斯托夫：《悲剧哲学》第21章，见《思辨与启示》中译本，第299页。——译者
[③] 舍斯托夫：《悲剧哲学》第21章，见《思辨与启示》中译本，第301页。——译者

宁,舍斯托夫对他同时既爱,又恨,又怕,怕托尔斯泰不正确[①]。显然,舍斯托夫在自己的著作中也否定自己,诅咒"道德",因为道德妨碍他生活、以自己的虚幻权力压制他。在舍斯托夫关于托尔斯泰的话语背后,展现了他自己的血肉,他暴露了自己。

"但是能不能让自己陷入没落者的等级,让自己承受'完全被剥夺公民权',失去受人律和神律庇护的权利呢?对此他无论如何也不能自愿地同意。无论怎样都比这样更好。最好与吉提结婚,最好务农,最好伪善,最好自我欺骗,最好像大家一样——只要不脱离人们,只要不成为'被活埋的人'。""这一斗争决定了托尔斯泰伯爵的全部创作,我们在托尔斯泰身上看到了这样一个天才人物的唯一例子,他无论如何都要力图与平凡的人为伍,力图使自己成为平凡的人。"[②]"托尔斯泰伯爵遇到了另一种怀疑论,在他面前展开了一个也可能吞噬他的深渊,他看见了死亡在世间的胜利,他把自己看作是活的尸体。他被恐惧所包围,他诅咒自己灵魂的一切最高需要,他开始向平凡者学习,向中庸学习,向庸俗学习,他真实地感觉到,只有用这些成分才能建立一堵墙,它即便不能永远,也能长久地挡住可怕的'真理'。他找到了自己的'自在之物'和先天综合判断,也就是知道了,怎样才能避开一切有问题的东西,建立其人可以赖以生活的坚实原则。"[③]这就是关于托尔斯泰的可怕真相。因为托尔斯泰的基督教确实是"安置好了的人类的理想"。托

[①] 舍斯托夫在自己的第一部著作《莎士比亚与他的批评者勃兰兑斯》中还深受托尔斯泰的影响。
[②] 舍斯托夫:《悲剧哲学》第9章,见《思辨与启示》中译本,第234页。——译者
[③] 舍斯托夫:《悲剧哲学》第9章,见《思辨与启示》中译本,第237页。——译者

尔斯泰的宗教和哲学是对托尔斯泰自己所经历的悲剧经验的否定,是在日常性中摆脱崩溃,摆脱一切有问题之物的恐惧。在宏大的探索与这些探索带来的安慰体系之间,存在着巨大的不一致。

这就是舍斯托夫的第二个心理学公式,同样是非常成功的。他也把这样的方法运用于陀思妥耶夫斯基,在陀思妥耶夫斯基身上发现了那些至今没有被充分注意的方面。许多人谈论陀思妥耶夫斯基的上帝,但在陀思妥耶夫斯基那里更厉害的是魔鬼,魔鬼的反叛。陀思妥耶夫斯基的伟大在于伊凡·卡拉马佐夫,而不在于阿廖沙。舍斯托夫揭示了陀思妥耶夫斯基的地下王国。按照舍斯托夫的观点,陀思妥耶夫斯基是"魔鬼的辩护人"。他力图根据《地下室手记》来破解陀思妥耶夫斯基。"显然,没有另外的通往真理之路,只有通过苦役,地下室……然而,难道一切通往真理之路都是地下的吗?一切深度都在地下室吗?但是陀思妥耶夫斯基的作品如果不给我们讲这些,还会讲什么其他东西呢?"[①]在陀思妥耶夫斯基那里,地下室人说"让世界毁灭还是让我不能喝茶?我要说,让世界毁灭吧,让我永远能喝茶"。在这句著名的话里,个人命运与整个世界对立起来,向"世界"发出挑战,"世界"被要求对个人毁灭做出回应。这是被驱逐到地下室的个体性的悲剧。

按照舍斯托夫的观点,陀思妥耶夫斯基自己就曾经是地下室人,在一个美妙的日子里,他突然袒露了自己内心的这样一种"丑陋的和恶劣的思想":"即使理念一千次地取得胜利:即使解放了农民,即使建立了公正仁慈的法庭,即使废除了兵役——即使如此,

---

[①] 舍斯托夫:《悲剧哲学》第3章,见《思辨与启示》中译本,第211页。——译者

他的内心并不会因此而感到轻松和愉快。他被迫对自己说,如果取代这一切伟大的和幸福的事件的是俄罗斯遭受不幸,那么他的感觉不会更不好,而且也可能更好"①……"如果有一天他少年时代的伟大理想得到实现,那么更糟糕。如果有一天人类世间幸福的理想能够实现,那么陀思妥耶夫斯基会预先对此加以诅咒"②(第六章)。"陀思妥耶夫斯基逃离了现实,但当他在路上遇到了唯心主义之后——他又转头回来:全部生命恐惧都不如理性与良知所杜撰的观念更加可怕。与其为捷乌什金流泪,还不如宣布实话:让世界毁灭吧,让我永远能喝茶……人们曾经认为,'真理'安慰人,令人坚强,使人保持精神振作。但地下室的真理完全是以另外的方式构成的"③。下面我再摘录一大段,其中十分尖锐和鲜明地突出了悲剧的本质。"如果人的任务是获得世间幸福,那么这就意味着,一切都将永远毁灭。这个任务只因一个原因就是不可能实现的,这就是,难道未来幸福能够以过去和现在的不幸为代价吗?难道在19世纪受侮辱的马卡尔·捷乌什金的命运,会因为22世纪任何人也不允许侮辱自己的邻人而变得更好吗?不仅不会更好,而且将会更遭。不,如果真的这样,那么宁愿未来的马卡尔们受侮辱。陀思妥耶夫斯基现在不仅不想为未来的水晶宫的宏伟壮丽准备根据,——而且,他带着这样的想法仇恨地、凶狠地、同时又快乐地预先庆祝,这就是,总会出现这样一位绅士,他不容许幸福

---

① 舍斯托夫:《悲剧哲学》第6章,见《思辨与启示》中译本,第221页。——译者
② 舍斯托夫:《悲剧哲学》第6章,见《思辨与启示》中译本,第223页。——译者
③ 舍斯托夫:《悲剧哲学》第12章,见《思辨与启示》中译本,第251页。——译者

在世间实现……陀思妥耶夫斯基不想要未来的普遍幸福,不想用未来辩护现在。他要求另一种辩护,与人道理想中的安宁相比,他更愿意以头撞墙直到筋疲力尽"[1]。

按照舍斯托夫的观点,陀思妥耶夫斯基"一生都在与理论上放弃'善'的人战斗,虽然在全世界文学中这样的理论家总共只有一个——陀思妥耶夫斯基自己"。陀思妥耶夫斯基同自己战斗,他为此发明了阿廖沙和佐西马长老,他想拯救自己免遭地下室的悲剧恐怖,向另外一些人传布基督的宗教,传授走出悲剧的古代经验。他努力倾听自己洪亮的布道声音并安慰自己,为自己辩护。舍斯托夫企图通过这样的途径揭露关于陀思妥耶夫斯基的真相,揭露地下室的真相。人们关于陀思妥耶夫斯基的宗教,关于他对俄罗斯的先知意义,已经说了许多,需要指出相反的方面。但舍斯托夫人为地简化了陀思妥耶夫斯基的复杂个性,通过"抽象"的途径抛弃了许多东西。

"魔鬼与上帝交战,而战场——是人们的内心"——米佳·卡拉马佐夫说。陀思妥耶夫斯基的内心比任何其他人都更是这场永恒战斗的战场。我愿意赞同舍斯托夫的观点,即认为,在陀思妥耶夫斯基的创作中,一切有问题的、反叛的、"魔鬼的"东西,都要更加强大得多,而一切正面的、使人和解的、"神性的"东西,则都要软弱得多。他的伟大在于伊凡·卡拉马佐夫,而不在于阿廖沙。但在这一创作的背后隐藏着人性最深的、达到了最后极限的分裂。在陀思妥耶夫斯基心里也住着上帝,因此他的悲剧才这样可怕。下

---

[1] 舍斯托夫:《悲剧哲学》第12章,见《思辨与启示》中译本,第253页。——译者

面我还将谈到,任何真正的悲剧都不仅要求"不",而且要求某种终极的"是",没有在"正"和"负"之彼岸的悲剧。

但我也想一般地反对舍斯托夫的心理学公式化,我想维护心理学的个人化。无论在托尔斯泰、尼采还是陀思妥耶夫斯基,舍斯托夫都把自己投入其中,他给我们讲述了许多有意思的东西,但这些作家都要更加复杂,更加富有多面性,在这里,关于人的完全的、彻底的"真相"可能根本就达不到。应当认为,还有另外一些悲剧,人们不是通过舍斯托夫式的途径,而是通过完全另外的途径达到这些悲剧的。对舍斯托夫来说,现代人的悲剧总是面对生命、无力和崩溃的某种惊慌和恐惧的结果。但我认为,过多涌现的生命创造力,过多的勇气,对超人之物和超自然之物的积极渴望,对无限自由的愿望,这些也可能导致悲剧。在这一基础上也可能出现非日常的,超越的经验。舍斯托夫强行让一切都接受一种类型的体验,因此陷入了他所憎恨的一元论倾向的统治[1]。

※　　　※　　　※

悲剧的本质是什么?悲剧开始于人的个人命运与全世界的命运发生断裂的地方,但个人命运总是在发生断裂的,甚至在那些不理解悲剧的常人那里,也会因死亡而断裂。生命本身充满死亡,希望的死亡,情感的死亡,力量的消失,疾病的降临。在客观上每个人生都是悲剧性的,但只有某些人才能在主观上感觉到悲剧,这些

---

[1] 舍斯托夫有时用令人不快的怀疑和仿佛是揭露的语气。比如他关于梅烈日科夫斯基的文章就是用这样的语调写的,其中有一些尖锐的和有道路的评论。这主要是舍斯托夫"方法"的缺点,而不是他个人的写作气质的缺点。——作者

人自觉而尖锐地提出了关于他们个人命运的问题,他们向所有人都承认的普遍价值提出挑战。在个人之物与普遍之物彼此交织的地方发生崩塌——这就是悲剧的本质。作为活生生的个人存在的我,正在毁灭,正在死亡,虽然我是这样一种存在物:具有无限需要,希望达到永恒、无限力量和自我的终极完善;然而,人们安慰我说,存在着"善",我们所有人都应该服从;存在着"进步",它会给未来的人类准备更好的、更快乐的、更完善的存在,不是给我,而是给别人,外人,远人;存在着"科学",它提供自然规律的普遍知识,这个自然是无情压迫我们的。但"善"、"进步"、"科学",遥远世界的全部价值,都没有力量拯救我,不能归还给我任何一个被消灭的希望,不能阻止我的死亡,不能给我开辟永恒。不懂得悲剧和希望用日常性来掩盖悲剧的人,把人的精神渴望的无限性从个人转移到人类,提出要使自己依附于人类的历史命运。他们说:人类是不死的,每一个人只有在人类中才拥有未来。

"让世界毁灭还是让我不能喝茶?我要说,让世界毁灭吧,让我永远能喝茶。"悲剧的人这样说。"善"和"进步"等等的存在更糟糕,我要求它们为我的命运负责。最重要的是判明,这里所说的不是日常的"利己主义",即认定自己的利益重于他人利益。不是的,日常的"利己主义"是到处都可以遇到的,其中不包含任何悲剧,甚至常常可以保证自己不受悲剧的危害。认为让自己喝茶比让别人喝茶更重要的利己主义者,通常懂得把自己的个人生命与普遍的历史生命联系起来,善于使自己依附于公认的价值,他们常常是有益的人,需要的人。这里关于"喝茶"的问题是一个哲学问题,伦理问题和宗教问题。这是一个"被诅咒的问题",是陷入地下之国的问题。如果每一个人的个人存在不能得到永生,他得不到最大快乐、力量和完善,那么,未来人类的、无个人的世界的未来快乐、力量和完善就是应该受到诅咒的。这是个体性的问题,是人的生命的根本问题,是全部宗教的根源,如通常所说的,是神正论的问题。

这也是舍斯托夫的根本问题。他向"善"发出挑战,因为善是软弱无力的,善不能拯救孤独的、失去希望的、走向死亡的人生,而是残害人生。对舍斯托夫来说最凶恶的敌人——是道德律的神化,康德的绝对命令,托尔斯泰的"善是上帝"。舍斯托夫对善进行了道德审判,令其为那些由于此善而充满历史的牺牲负责。"它(唯心主义)自己备置了绝对命令,此命令使它有权认为自己是这样一位专制君主,他可以合法地把一切拒绝服从他的人看作是应受到拷打和处死的反叛者。每当绝对命令的要求被违反的时候,它就表现出怎样的凶残!"[1],"全部生命恐惧都不如理性与良知所杜撰的观念更加可怕","'良知'迫使拉斯科尔尼科夫站在了罪犯一边。它的批准、它的赞同、它的同情已经不是带着善,而是带着恶。'善'和'恶'这两个词已经不存在了。它们被代之以'平凡'与'非凡',并且与前者相联系的是关于庸俗、无用、不需要的观念,而后者是伟大的同义词"[2]。"良知自己接受了恶行"。按照舍斯托夫的观点,"拉斯科尔尼科夫的真正悲剧不在于他决心去违法,而在于他意识到自己没有能力迈出这一步。拉斯科尔尼科夫不是杀

---

[1] 舍斯托夫:《悲剧哲学》前言。——译者
[2] 舍斯托夫:《悲剧哲学》第14章,《思辨与启示》中译本,第258—259页。——译者

人犯,他没有犯任何罪。关于高利贷老太婆和利扎维塔的故事是编造的,是诬告,是冤枉"。"他(陀思妥耶夫斯基)的思想在自己灵魂的旷野上徘徊。它从这里带来了地下室人、拉斯科尔尼科夫、卡拉马佐夫等人的悲剧。这些没有犯罪的罪犯,这些无辜的良心谴责也就构成了陀思妥耶夫斯基多部长篇小说的内容。这才是他自己,这才是现实,这才是真正的生活。其他的一切都是'学说'"[①]。"他(拉祖米欣)也许还会建议他做好事,以这种方法来安慰不幸的良心!但是拉斯科尔尼科夫在有一点善的念头的时候已经陷入愤怒。在他的思维中已经感觉到了绝望的冲动,这一冲动后来对伊凡·卡拉马佐夫悄悄说出了自己的奇怪问题:'为什么要认识这魔鬼的善恶,既然这要付出这么多代价'。魔鬼的善恶,——你知道陀思妥耶夫斯基的图谋是什么。要知道人的勇气不可能比这更进一步了。要知道我们的全部希望,不仅是在书本中的,而且是人心里的希望,至今都是依靠这样一种信念来支撑的,即为了使善战胜恶付出任何牺牲都是毫不可怕的"[②]。

魔鬼的善恶,——这样追求上帝的舍斯托夫,也像尼采一样,站在了"善恶的彼岸",他为了某种比善更高的东西而反抗善。舍斯托夫要求"地下室的人权宣言",要求用悲剧的道德取代日常的道德。但舍斯托夫的非道德主义是建立在极大的误解基础上的。因为他只反对一种"善",带引号的善,"日常的"善,为的是另一种善,没有引号的善,最高的善,真正的善,悲剧的善。他反对这个

[①] 舍斯托夫:《悲剧哲学》第14章,见《思辨与启示》中译本,第260页。——译者
[②] 舍斯托夫:《悲剧哲学》第15章,见《思辨与启示》中译本,第268页。——译者

"善"是因为它做了恶。甚至可以进一步说,舍斯托夫是善的幻想家,他的"非道德主义"是他的道德热忱、他的良心痛苦的产物。舍斯托夫也是人道主义者,他出于人道而保护地下室人,想写地下室人的人权宣言,他也许甚至思念基督的宗教,在他那里也许会表现出基督之光。基督教导爱和召唤悲剧的人到自己身边,但基督一点都没有说绝对命令和道德。当《无根基颂》的作者说出基督名字的时候,他的声音是颤抖和沙哑的。

舍斯托夫有自己的哲学,自己的伦理学,甚至自己的宗教,无论他怎样对我们说"思想是不需要的"。对舍斯托夫来说悲剧哲学是真理和正义。日常的哲学是谎言,日常哲学的真理是谎言,它的善是不道德的。实证主义和唯心主义——只是日常哲学的不同形式。实证主义公开谈论这一点,它想建立人类,创造牢固的基础(无论在理论上还是在实践上),想从生活中驱逐全部有问题的东西。但唯心主义,特别是康德的唯心主义,则力图巩固日常性,创造观念和规范体系,借助于这些观念和规范来组织认识、道德和人的生命。

"悲剧哲学是与日常的哲学根本对立的。在日常生活宣告'终结'和转身的地方,尼采和陀思妥耶夫斯基看到了开端并继续寻找"[①]。"悲剧哲学远离寻求普及性和成功。它不是与社会意见作斗争,它的真正敌人是'自然律'"[②]。"任何社

[①] 舍斯托夫:《悲剧哲学》第29章,见《思辨与启示》中译本,第347页。——译者
[②] 舍斯托夫:《悲剧哲学》第29章,见《思辨与启示》中译本,第345页。——译者

会改革都不能从生活中驱逐悲剧,可见,已经到了不否定痛苦的时代了,不把痛苦作为这样一种虚假的现实来否认,就好像用一句'它不应该存在'的咒语就可以避免,而应该接受痛苦,承认它,也许彻底理解它。我们的科学至今只会回避生命中的一切可怕之物,仿佛它完全不存在,把它与理想相对立,仿佛理想是真正实在"[1]。"只有当人们对能够在实证主义和唯心主义学说的保护下得到拯救的现实的和想象的希望全都没有了的时候,人们才能抛弃自己的永恒梦想,才能从那些有限天地的半黑暗中走出来,这种半黑暗至今还叫着真理的伟大名字,虽然它的标志保守的人类天性面对某种神秘之物的无名恐惧,这个神秘之物叫做悲剧"[2]。"哲学就是悲剧哲学,陀思妥耶夫斯基的小说和尼采的书只是在讲述'最丑陋的人'和他们的问题。尼采和陀思妥耶夫斯基也和果戈理一样,他们自己就是没有日常希望的最丑陋的人。他们企图在这样的地方找到自己的东西,在那里谁也不寻找,按照一般信念在那里除了黑暗和混沌之外什么也找不到,在那里甚至穆勒自己都认为可能有无原因的活动。在那里,也许每一个地下室人的意义就相当于整个世界,在那里,也许悲剧的人们能够找到他们所寻找的东西……日常的人们不想为了追逐这个不可思议的'也许'而越过致命的边界"[3]。

---

[1] 舍斯托夫:《悲剧哲学》第 29 章,见《思辨与启示》中译本,第 346 页。——译者
[2] 同上。——译者
[3] 舍斯托夫:《悲剧哲学》第 29 章,见《思辨与启示》中译本,第 349 页。——译者

在这里,舍斯托夫仿佛在我们面前开辟了一片新天地,新光明,新创造、新真理、悲剧的善和悲剧的美的可能性。这首先是反抗"自然",反抗"规律",反抗必然性。人无法忍受这一软弱性,这种对"自然"的依赖性,这种不可避免的死亡。日常的"思想"只是加固人的软弱性,容忍这种依赖性,驯服妨碍人类安置和安宁的一切"暴动"。宣布善的"主权"的道德"唯心主义"是日常性霸权的最鲜明表现。

我认为,对各种实证主义、各种对日常性的确认(尽管在唯心主义的面具下)的尖锐而深刻的心理学批判,是舍斯托夫的巨大功绩。与此同时,舍斯托夫为超验的探索提供了心理学的证明,他是自己的全部渴望方面的形而上学家。"形而上学家颂扬超验之物,但他们小心翼翼地回避与之相遇,尼采憎恨形而上学,歌颂大地——却总是生活在超验之物的领域"[1]。舍斯托夫鄙视理性主义者的形而上学,由范畴思维、概念演绎所创造的形而上学,但他承认形而上的经验,他感觉到了这样一些体验,向这些体验的超越意味着永远弃绝任何形式的实证主义。我认为舍斯托夫的另一个功绩是使"善"的主权的思想丧失声望,揭露了"善"的软弱无力。当然,"非道德主义"是误解,但道德主义的世界观是应当推翻的,这一点我们时代那些最有洞察力的人都感觉到了。舍斯托夫的悲剧心理学标志着从无力的、日常的"善"转向超越力量,转向上帝。只有超越力量才能清算个人悲剧,而不是无力的"思想",不是服从日常性的"规范"。用哲学语言来说,这应当叫做从"道德"转向"形

---

[1] 舍斯托夫:《无根基颂》,华夏出版社,1999,第104—105页。——译者

而上学"。生命所需要的不是道德的、日常的合法性(санкция),而是形而上学的、超验的合法性,只有这样的合法性才能经得起反叛的个体性和悲剧体验的审判。"自然律"的存在不能为孩子的眼泪辩护,敏感的人已经开始明白,对因恐怖的生命悲剧而发疯的人讲"伦理规范"是羞耻的。我甚至说,在悲剧的人面前说"善"是不道德的,在此应该寻找某种比"善"更高的东西。

但舍斯托夫应当承认,任何悲剧在一定意义上都是"道德"悲剧。因为在最高意义上的善和恶之外,在"是"与"不是"之外不可能有悲剧。舍斯托夫没有站在价值的彼岸,他只是要求价值重估,使价值取向把孤独的人的个性、它的命运和悲剧体验放在世界的中心。当舍斯托夫要求"地下室人的人权宣言"的时候,他的讲话达到了道德高潮。道德主义应当通过道德革命的途径来推翻。

※　　※　　※

我完全赞同舍斯托夫的观点:哲学流派应该按照它们对悲剧的态度来划分。一切来自悲剧和考虑到悲剧的哲学,都必然是超验的和形而上学的,而一切忽视悲剧和不理解悲剧的哲学必然是实证主义的,虽然它可能自称为唯心主义。超验的形而上学是悲剧哲学,它应当抛弃学院的理性主义,转向尼采和陀思妥耶夫斯基的经验,把它们作为自己最高认识的最重要源泉。一切类型和形态的实证主义都是日常性的哲学,它总是企图为人的认识和人的生命建立牢固基础,但悲剧的存在这一事实本身就已经推翻了实证主义,面对这一悲剧它的一切设想都崩溃了。理性主义的和康德的唯心主义——同样是实证主义,同样是日常性的哲学。这听起来好像奇怪,但要深入到事情的本质。这种唯心主义建立了理性观念和规范的体系,这些观念和规范的任务是巩固生活秩序,实现日常的高尚。所有这些理性主义者和批判哲学的唯心主义者都不理解悲剧,害怕地下之国,他们的"理念"掩盖了远处的天地,固定在有限世界,限制一切无限追求。一切真正的理性主义者虽然自称为形而上学家和唯心论者,但他们的内在本质是实证主义者。我可以提出这样一种对实证主义的终极定义:这样一种思想倾向就叫做实证主义,在这种思想倾向下为人的意图和体验提出界限,并用这个界限创造牢固性和稳定性。从这种观点看,不仅许多唯心主义者,而且某些神秘主义者,只要他们的宗教是安慰人和限制人的,都是实证主义者。超验的形而上学——悲剧哲学——否定人的意图和体验的任何界限,否定彻底安慰和彻底稳定的任何体系。那种可以称作认识的魔鬼主义的东西,也就是否定我们在破解奥秘时有任何界限,断定没有任何被禁止的东西,断定我们从认识之树上摘取果实的行为不是不需要的和无益的——这种东西也正是超验的形而上学的心理基础。

舍斯托夫应当承认,悲剧以自己存在的事实本身揭开了永恒之幕的一角,新的、对日常性来说可怕的经验,开启了无限性。假设的、唯心主义的边界消失了,在舍斯托夫那里已经有彼岸世界之光照进来。令人忧郁的是,这个天才的、聪明的、独特的、勇敢的人不愿意或不能够转向新的创造。要知道创造的努力也是悲剧性的,而不是日常性的,它不能被看做是安慰。破坏与创造的因素总是交织在一起的,创造的因素在舍斯托夫那里也有,但我担心他安心于终极的、不反抗的怀疑中。我希望他沿着"狭窄的、难以通过的、位于深渊之上小路",沿着那些"只为头脑不发昏的人"准备的道路继续攀登[1]。但愿他开辟新的天地,否则的话就似乎总是原地踏步。我再说一遍:我感到很遗憾,"悲剧哲学"变成了"无根基的结局",这是不够的。我的遗憾不是因为无根基性教导恐惧,不是,而是因为无根基诱惑人走向更深的根基,位于大地最底部的根基。

哲学的怀疑主义很时髦,但我想反对这种时髦。我们大家都是从心理的怀疑主义开始的,从致命的怀疑、从感觉的某种混乱开始,但我们力图使我们心灵生活达到和谐。哲学是我们心灵生活的投影,是试图使心灵生活有序和谐,它用大的理性来加工我们的感觉体验。任何哲学都不可能完全消除我们心理的原初的怀疑主义,只有宗教有这样的能力。但哲学可以成为、也应当成为我们精神生活的这样一个部分,在这一部分中不和谐变成和谐,混沌变成宇宙。在音乐中不应当有不和谐音,在音乐中全都是和谐音,虽然世界充满了不和谐的音响。同样,哲学可以成为理性的王国(大的理性,不是知性),虽然我们的精神世界充满了不合理性,非理性。进行哲学思考是人的本性所固有的,为此而反对激情,就像为了创作音乐的声音和谐而反对激情一样,很少引起反对。我们不能不创造哲学假说和理论,并且在哲学上我们不可避免地不是怀疑论者,而是教条主义者,"批判的教条主义者"。是的,我愿意维护被诽谤的和遭屈辱的哲学教条主义。哲学有自己很重要的破坏方面,它的全部结论在一定意义上都是有问题的,但哲学的怀疑主义我认为是一个不合理的词组。哲学不是别的,正是企图通过形而

---

[1] 舍斯托夫:《无根基颂》,华夏出版社,1999,第170—171页。——译者

上学理性的创造性努力来克服我们体验中的怀疑,哲学之所以存在,就是因为怀疑被思想所克服,因此怀疑主义永远是从哲学回到我们试图在哲学中进行加工的体验。我更能够理解宗教的怀疑主义,不接受过快建立的信仰。

最不应该说舍斯托夫是站在真理的彼岸的,相反,他不切实际地寻求真理,没有失去这样的希望,即如果我们直接面对地下的、发生悲剧之所的新"现实",真理就会最后展现。当然,舍斯托夫十分憎恨"先天综合判断",否定一切"普遍规则"。在此舍斯托夫仿佛感觉到了可恨的康德—托尔斯泰式的对日常性的巩固,他机智地、苛刻地、也许具有某些根据地定义 a priori(先天),像"尼古拉·罗斯托夫"那样。舍斯托夫在否定认识论上的普遍规则的时候,却做出了这样的判断(因为他的话也是由判断组成的),这些判断希望成为心理学上的普遍规则,而心理主义比认识主义的更加深刻。他在尼采、托尔斯泰、陀思妥耶夫斯基思想中发展出来的心理学的形而上学,必然奢望成为对自己和对读者都是可信的,虽然他没有通过逻辑证明的方法和利用任何体系来说服人。如果不希望给意识中注入某种东西,如果不确信自己所写的是真理性的,甚至连《无根基颂》也不可能写出来。舍斯托夫正确地说,作家最想要和首先想要的是说服自己和证明自己的正确性,但这要求某种说服和证明的手段,要求古老的和永恒的真理。舍斯托夫反对"自然"和"自然律",这是他的主要敌人。但同时他处于康德唯心主义的魔力之下,康德唯心主义把"理性"看做是自然律的来源。因此,并且仅因为如此,舍斯托夫才憎恨理性,把它作为自由的敌人。日常的哲学珍视经验的"规律性"、牢固性、稳定性;悲剧哲学则想要和期待奇迹,它的全部希望都是与河水倒流相联系的。只要有"自然"的统治和"理性"的合法性,死亡的恐惧就会控制人的生活。因为我们真正的全部希望,度过悲剧的希望,是与"自然"的不牢固性,与推翻"规律性"的可能性相联系的。战胜作为一切悲剧之基础的死亡,也就是战胜自然,改造自然。

康德给舍斯托夫造成了十分强烈的、十分沉重的印象。康德的幽灵纠缠着舍斯托夫,与托尔斯泰的"善"的幽灵一起,舍斯托夫与它们进行了艰苦的斗争,也是与自己的斗争。应当与康德斗争。康德具有很大的危险性,他的思想中包含着最无希望的、同时也是最坚硬的日常哲学的种子。康德的精神之子们试图在理性基础上组织人类,确认理性的道德,理性的经验,在这样的经验中,全部超验性、全部通往无限的出路,都被永远关闭了。但康德自己是双重性的,他的"真理"不像舍斯托夫所认为的那样强大和不可战胜,向康德挑战还不是向真理挑战。

哲学总是与"有问题的存在物"打交道。不是任何认识论和形而上学都必然是理性主义的和一元论的,否定理性主义和一元论不是否定哲学,像舍斯托夫所倾向于认为的那样。认识论可以恢复直觉主义的权利;形而上学可以不把有限的、假设的、理性化的经验作为自己的源泉,而是把超越的、无限的经验作为自己的源泉。哲学可以不是一元论的,而是多元论的,可以认为形而上学的存在和形而上学的意义是个体性的,是存在的具体多样性。在此舍斯托夫的判断又有某些公式化,他做出了不正确的"概括",认为一切形而上学的唯心主义必然是理性主义的,必然是一元论的,必然是"康德主义的"和"道德主义的"。舍斯托夫只给了我们悲剧

"心理学",但这种"心理学"可以翻译成哲学语言,于是我们就将得到悲剧哲学。这种哲学将不是理性主义的、安慰性的、安顿此世生活的,将不是使个人从属于整体的一元论的。对于这样的哲学、未来的哲学来说,个体性的问题将是基本的出发点和界限。我们的全部哲学的和道德的世界观都应当这样来改造,使其核心问题是关于个人命运的问题,使我们的内心悲剧成为基本的兴趣和动因。即便这样的世界观只是针对少数人的,但它不因此而失去其真理性。我们早就应该站在超验个人主义的观点上,这是唯一的悲剧哲学的观点,而不是日常哲学的观点;我们早就应该按照这一观点重估一切道德价值。

※　　※　　※

我将在自己的正面论点上保持谦虚,也将认为自己的最后结论是有问题的,但有一点是毫无疑问的:使得个体性问题尖锐化和深刻化的悲剧,只有在存在着不死,存在着对个体性的超验确认的条件下,只有在这样的条件下,才能承认任何世界价值、"进步"、"善"等等。实证主义者和唯心主义者则持相反的看法,他们想用对进步和普遍价值的信仰取代对不死和个体永恒生命的信仰。但是,当悲剧哲学的时代到来的时候,这样的取代已成为不可能了。从此之后,人的个性要同意承认世界生活的任何价值,只能在这样的条件下,即承认个性具有绝对价值和超验意义,用个性的永恒希望来补偿他的暂时希望的毁灭。自我作为世界上唯一的、不可重复的存在物,应当参加世界普遍价值的实现,参加绝对完善,我永远也不能拒绝对自己终极力量、终极自由、终极知识和美的渴望,否则就让世界毁灭。每一个个体的自我都应当参加终极事业,只有为了这个终极性,价值才被承认。只有让我能"喝茶","世界"才能存在,否则"世界"就毫无价值。如果不站在个人主义的、因此是多元论的形而上学观点上,世界就将变成虚构。只有确认超验的个体性,在世界上履行自己的个体使命,才能确认世界及其价值,实现普遍存在的完满和完善。如果我们否定个体性的超时空存在,我们就注定走向否定全部存在,走向空想主义和虚无主义。

舍斯托夫对这一切都应当承认,这只是悲剧哲学(已经是哲学而不仅仅是心理学)的另外一面。因为悲剧归根到底是对非存在(**небытие**)的恐惧,但在对非存在的反叛本身之中已经包含着某种存在,某种确认和创造①。如果某种生存经验不引向悲剧的、超验的问题,那么,悲剧的、超验的问题就永远也不可能提出来,而在这种经验中,我认为,已经包含着对超验存在的确认。如果实证主义及其幻想的那些价值,那些日常的"善"和"进步"等等是正确的,那么,内在的日常性就会取得完全胜利,悲剧也永远不会对它进行超验的反抗。那样一切都将是内在的适应,一切都没有悲剧,任何地方都不会有向彼岸世界的断裂。悲剧经验存在这一事实不仅要求超验之物,而且证明了超验之物的存在。舍斯托夫不能相信不死,不想以此为根据建立哲学理论,但他必须承认他所理解的悲剧与个体性的超验存在的直接联系,否则他所提出的问题就会失去全部内容。我不想证明超验个体存在的不死,我只想确定这样一

---

① 在基督教思想背景下,"非存在"具有"不应有"之意。反叛的正面意义不在反叛的结果,只在反叛本身,反叛活动。生命是对作为非存在的死亡的反叛,生命是过程,是对走向死亡这个不可逆转过程的阻止,所以说死的过程也就是生的过程。——译者

个对我来说是无疑的、基本的真理：对世界价值的承认或否认是与这种超验个人主义的命运紧密相连的，如果不在个体性面前开辟出永恒，"善"就会被彻底推翻，如果进步不为那个流泪的孩子而实现，那么进步就是不可容忍的。个体性，它的价值和使命不应当抽象地、理性主义地理解，像"唯心主义者"所理解的那样。旧的理想主义的、规范论的、对所有人都一样的、暴力性的"道德"，无论如何应当推翻，这要求我们全部文化的再生。

对哲学家来说，把善理性化并由此来确立道德律和普遍伦理规范，这是很有诱惑力的。这样的诱惑我很熟悉。而个人主义的伦理学违背了这种理性化。例如，康德竟能做到把伦理学完全形式化，把健全的个人主义变成了学院式的形式主义。逻辑规范性被引入道德问题，在探索形式的"规律性"中扼杀了它的内在本质。一切康德主义者、批判的实证主义者、理性主义—唯心主义者，都在原地踏步，都想从理性中建立道德。但哲学应当与这样一些企图彻底决裂，这些企图就是把道德问题理性主义化，强加理性的善，按照逻辑规范或法律规范的样子确立伦理规范。在所有这些理性主义和道德主义的企图背后，隐藏着现代社会根深蒂固的庸俗习气，摆脱不掉的、自足的日常性。鼓舞了德国教授唯心主义的康德的伦理规范，是这种德国所特有的庸俗习气、市侩精神喂养起来的。从进行哲学思考的市侩的理性中可以建立日常的伦理，但道德问题是从悲剧开始的地方开始的，只有悲剧的人有谈论善恶的内在权利。与舍斯托夫相反，我说，"日常性"处于"善恶的彼岸"，它的"规范"是无关紧要的，是只为生活富足才需要的，而"悲剧"是与善恶问题紧密相关的，它是折磨人的道德分裂，是道德体验，因此是流动在"善与恶"的范围内的。我认为，悲剧的经验是道德哲学的主要的、基本的材料；只有考虑到悲剧，才能建立伦理学。因此尼采在这些问题上比康德更明白，更有权谈论新体验中所赋予的问题本身。伦理学只有作为悲剧哲学的一部分才是可能的，它的源泉不应该是理性，而应该是经验。道德领域是在理性之外的，没有规律性，善恶问题是非理性的问题。康德臆造了"实践理性"，并想要以此来伪装自己的理性主义，自己对能够揭示出道德问题的那些体验的深刻无知。所有这些谈论伦理规范和普遍道德律的新康德主义者和唯心主义者，他们都不知晓道德经验，因为这样的经验只在悲剧中，只在对个体性问题的体验中。道德问题也就是个体性问题，这一切也就是人的个体性命运和个体性使命问题。人在道德痛苦中寻找自我，超验的自我，而不是寻找调理生活的道路，不是寻找日常的人际关系，像理性的道德主义者所确认的那样。因此道德问题只有以个体的方式才能解决，人为这一解决不对任何人负责，这里的法官只能是超人的法官。善是人与生活在它内心的超人本原的内在关系。善是绝对的，对每个人来说它是履行自己个人的、在世界上唯一的使命，确立自己的超验的个性，达到永恒存在的绝对完满。这种善的绝对性不阻碍，而是要求否定对所有人都一样的道德规范。世界上有多少种个性，就有多少条解决道德问题的途径，虽然通过这些途径所实现的是同一种绝对的善——超验存在的完满和自由。应当特别强调的是，善不是理性的律，这是活的、总是个体性的意愿。在道德体验中总是出现无法无天，这已经是非理性领域，在这里日常的界限总是被超越。

在自己生活中体现善,这个任务是纯粹创造性的个体任务,需要以个体方式创造善,而不是刻板地履行理性的或任何其他东西的命令。善的体现不是服从外部给定的"律"、服从"规范"等等,这是通过创造性的个人努力而实现的最高超验意义上的自然确立。在这种情况下就是一切都是允许的,这样就会发生混乱!——胆怯的道德家将会这样大喊。我为了善的尊严而首先反对这种警察式的提出问题方法。如果真理导致混乱,就让混乱到来吧!在我说过的一切中,无论如何不能得出一切都是允许的;相反,个体存在的人要担负高尚与侠义的义务,人由于害怕失去自己的个性,害怕丧失自我(当然不是经验上的自我),而应当以个体方式创造善,履行自己唯一的使命。这是沉重的义务,虽然不是在日常的、庸俗的意义上。但必须警告道德的那些伪善地穿上实证主义、唯心主义、宗教等制服的警察局和检察院,善的人物不应当是保持秩序、安宁、稳定、安全等日常幸福。为做这些有其他机构,其他力量。

新的最高道德,经过了悲剧的道德,应当自觉地把个体性、它的命运、它的权利、它的唯一价值和使命放在世界的中心。这比康德主义者和唯心主义者所宣布的、对人的个性的绝对意义和价值的抽象承认,理性主义地承认,要求更多的责任。因为这意味着在完全另外的、全新的前景中安置世界的全部内容,意味着重新评价一切。超验的个人主义可以通过法哲学为民主政治提供基础,但无论如何不能为大众化伦理学提供基础。大众化的道德为了所有其他人的个体性的幽灵否定每个人的个体性,确切地说,对大众化道德来说,没有个体性本身,没有人的心灵的活历史。大众化道德必然蜕化成自满和贪权的庸俗习气,蜕化成不懂得心灵敏锐和优雅的蛮横无理,蜕化成刻板的训练和规范。在超验的个人主义的悲剧道德将被接受之后,就已经不可能宣布对人们的日常的、总是伪善的道德审判了,已经不可能鄙视地下室人,已经不可能否定那些习惯于被认为是"不需要的"和"无益"的人们的价值和重要性了。需要这样一些新的感受,它们使得把人的个体性当做某种外在目的(即便是最高目的)的手段这种做法实际上成为不可能的,需要对人的内在自由、对每一个个人使命的独特性予以前所未有的尊重。主要的是,要少些指责他人,少些要求解释,少些施加责任,少些制定标准。要恭敬地对待隐藏在每个人内心的秘密,个体性的秘密。还需要承认美至少与善具有同等价值,它能使人变得高尚。也许,抽象的审美主义比抽象的道德主义的危害更小,至少不那么令人厌烦和不那么独裁。因为只能把上帝放在既高于美也高于善的地位,作为美与善的绝对完满。但是"善"根据什么认为自己是统领美、真和世间万物的某种主要的、基本的、主宰的价值呢?善的专制只能有日常的、实证的、功利的根据。从宗教的和形而上学的观点看,美的道路不次于善的道路,它也能把人引向上帝,甚至更可靠,甚至更直接。我愿意听到的是对"道德"在世界上的特殊意义和作用进行这样的证明,即不是实证的证明,不是为生活福利的证明,而是宗教的和形而上学的证明。但愿人们不再把那些最有益的、最适应的日常生活的建设者和创造者看做是最好的人,最后,但愿那些不需要的东西、对日常生活无益的东西、但是美的和对超验个体性的永恒确立有价值的东西,但愿这些东西充分表现自己的力量。每个人都有自己在世界上的使命,不应当从普遍有益的观点来评价个人目的。在个体灵魂与上帝之间不可能也不应该有日常的过于人性的中介者和法官。

到那时,也许就会产生新的爱,就会确认个体超验存在的最高完满,但关于这种爱我现在不能说。会有许多道德家和"善"的狂热分子有兴趣关注个人灵魂的奥秘、关注地下室人的心理学(从中只能生长出他们所憎恨的"恶之花")吗?"善"的维护者有兴趣关注的只是应当普遍遵守的规范,他们把这些规范附加在不幸的人们身上,他们所关注的只是普遍有益的和能普遍运用的东西。但是,知晓另外的、新的、黑暗的、同时又令人醒悟的经验的人,只能鄙视那些运用像"规范"这样的不完善的工具来发挥作用的维护者。我说,这不是仅仅反对康德主义者这一小撮人,而是反对所有那些用人们的流血牺牲为功利主义和实证主义的生活建设献祭的人。把人的个性从必须遵守的善中、从规范中、从理性的命令中、从最异己的抽象目的的服从中解放出来,只有这时才能正确提出道德问题,才能开始真正的善的创造,这样的善才不会在悲剧的恐惧面前让步、黯淡和被诅咒。这样的时代到来了,不是"善"审判人,而是人审判"善",这是神的审判。善应当被证明无罪,但日常的善,压制我们的善,显然不可能被判无罪,应当让位于悲剧的善,不是善—神,而是神—善。让位应当是"在道德上的",因为"在实际上",创造了自己的不公的、伪善的法庭日常的善,还将长时间地统治,直到世界末日。它是"魔鬼的善","此世之王"。日常性——是内在的,实证的;悲剧是超验的,形而上的。世界生活的这两种原则在展开斗争:巩固无个性的、个性必然毁灭的此世原则,与确立个性永恒存在的新世界原则。这一斗争也可表达为两种道德的冲突,日常道德与悲剧道德。最可怕的敌人应当是那种戴着永恒性的面具、口头上为超验宗教而斗争的日常道德。而没有跨越鸿沟、没有体验过个体性悲剧的宗教的实证主义，常常加强日常性。最致命的问题是：如何使超验的东西成为内在的，如何把新的真理带给世界。

怎样在这种无序化的、有问题的道德基础上建立和巩固人类社会呢？我想，调节人际关系只能依靠法律，因为在法律背后隐藏着超验的荣誉感。可以否定理论规范，但必须承认法律规范，它能够保护人的个性。法律也是道德中可以被理性化的方面。大众化的伦理学——是一种令人厌恶的荒诞之物，在根本上是与个人主义相矛盾的，但民主的社会制度是从个人主义基础中得出的结果。但愿人们放心，神圣的、在本性上是超验的法律，不会容许混乱，会保护人们免遭暴力。拉斯科尔尼科夫不会杀人，警察，不是道德警察，而是真正的警察，将预先防止一切恶行，而且悲剧的人也不需要进行日常的、刑事的犯罪。拉斯科尔尼科夫的可怕在于，他想做出新的、具有超验意义的尝试，他想做出新的功绩，但却发生了最通常的犯罪故事。道德革命不但不会使"人权和公民权宣言"受到毁灭的威胁，而是相反，将会使它得到进一步确立。我不知道怎样建设和巩固人类幸福的大厦，但我深信，新的道德将具有解放的意义，将带来使我们与新世界接近的自由。自由是悲剧道德的价值，而不是日常道德的价值，它是不可置疑的。但是怎样避免这种根本上的二重性，我不知道……也许，新的，来自另一个世界的爱能够拯救我们免遭这种二重性，并使创造性的自由受人尊崇……

在结束的时候我想说：应当阅读舍斯托夫和重视他。舍斯托夫——是对我们全部文化的警告，用最高尚的、但也是最通常的

"理念"来对付舍斯托夫是不那么容易的。应当接受他给我们讲述的悲剧经验,应当经历这样的体验。绕过鸿沟已经不可能了,在这个危险的跨越之前一切都失去了意义。如果忽视舍斯托夫给我们讲述的东西,忽视所谓的颓废派早已警告我们的东西,对这些东西保持沉默,如果按照"唯心主义"的鲁莽,在这种情况下就有从地下室发生爆炸的危险。让我们对舍斯托夫说"是",让我们接受他的思想,但让我们继续登高,以便创造。

《自由精神哲学——基督教的问题与辩护》(1927年)[①]

第一章 精神与自然

我们已经不再相信抽象形而上学的可能性和有效性。抽象形而上学的基础是把某些现象加以实体化,要么把人的心理生活现象实体化,要么把物质世界现象实体化,要么把思维范畴实体化,要么把观念世界实体化。唯灵论、唯物主义和唯心主义就是这样形成的。正如生命被这些形而上学学说疏忽过去一样,存在的具体性和存在本身也同样被这些形而上学学说疏忽过去了。现实的抽象部分和认识者的抽象观念冒充了现实的本质和现实的全部。抽象化或实体化造成了自然主义的形而上学——无论是唯灵论的形而上学还是唯物主义的形而上学都一样。生命被客体化为自

[①] 选自别尔嘉耶夫:《自由精神哲学》(Бердяев Н. А. Философия свободного духа. М. 1994. C.22—27;92—94)。

然，物质自然或精神自然，认识这一形而上学自然的基本范畴是实体范畴。存在是客观的、对象性的实体，精神实体或物质实体。上帝是实体、对象、客体、自然。观念也是实体。全部形而上学的主要流派都是自然主义的和实体性的形而上学。它按照物质对象的样式来理解现实。神和精神是与物质对象世界同一序列的实在。自然主义形而上学与现象学相对立，对于现象学来说存在现象，但不存在否定认识第一生命之可能性的现象。19世纪的德国唯心主义在摆脱自然主义形而上学方面是一项重大事件，是在对精神的认识方面迈进的一步。但黑格尔的唯心主义把思维范畴实体化，没有达到精神的真正具体性，虽然他有此奢望。泛逻辑的形而上学与自然主义的形而上学同样远离精神的具体性。把认识主体实体化并不比把认识客体实体化更多地达到了目的，把主体思维绝对化和把自然客体绝对化一样忽视生命的本质。但德国唯心主义的形而上学比康德之前的自然主义哲学更具有动态性。这是它的无可置疑的成就。这种动态性的根源在于摆脱了物质自然、精神自然和神的自然的实体静态性。德国唯心主义尽管具有基督单性论和抽象性的罪过，但它毕竟提出了精神哲学和精神生命的问题，为精神哲学清理出一块地基。它觉悟到了这样一个真理：存在是活动而不是实体，是运动的而不是静止的，是生命而不是对象。各种形式的自然主义形而上学意味着"精神"受"自然"的压制，它对宗教思想和神学体系也产生了决定性的影响。许多神学体系都带有客观—对象性的、自然主义的形而上学的致命印记，它们以自然主义世界观的素朴实在论为前提，在这种世界观看来，上帝是对象，是客观实在，和其他自然实在同处于一个序列。这样，对上帝的认知是通过自然范畴,而不是通过精神范畴,上帝的实在性被认为是非常类似于物质实体的实在性。但上帝是精神。而精神是主动性。精神是自由。精神的本质是与消极性和必然性相对立的。因此精神不可能成为实体。亚里士多德—托马斯主义把上帝作为纯粹活动的上帝观念恰恰是使上帝失去了内在的主动生命,把上帝变成了静止的对象。在上帝中没有潜能,也就是没有运动和生命的源泉。无论托马斯主义如何断言"自然之物"与"超自然之物"的区别,它仍然受到自然主义形而上学神学的统治。"超自然之物"仍然是"自然的",只不过地位更高和规模更大。"超自然之物"一词没有给出任何具体的内容,其中大部分是与"自然之物"相一致的,只有一小部分用没有提供任何具体内容的"超"来表示。

某些哲学家认为,可能有完全自主的哲学,不依赖于宗教生活和脱离了与"生命"的一切关联的哲学。这种观点是无根据的。……

并非精神与物质、心理与物理的区别是基本的和最终的对立。唯灵论和唯物主义的形而上学就把自己建立在这种对立基础上,但两者都同样是自然主义的。在"自然"内部发现了心理与物理的区别,同时把精神与心灵等同或混淆起来。宗教形而上学和神学进得更深,确立了创造者与受造物、恩典与自然的对立。但在这一具有深刻实用主义含义的对立中,受造物被自然化或客体化了,因此创造者也被自然化或客体化了。在受造的自然世界没有精神,这个世界是完全自然的,没有深度。深度只有在与它对立的创造者中才有,精神只是上帝的恩典活动中,这就是说,只有神的精神。人被以自然主义观点来考察,其中只有心灵,没有精神。人是完全自然的存在物，而不是精神的存在物，他只有借助于恩典作用才能成为精神存在物。基督教神学通常确认，人由灵魂和肉体组成，而精神只是它们的一种状态，这一状态由圣灵的作用所引起。在托马斯·阿奎那体系中明确而经典地表达了"自然"与"超自然"的对立。托马斯主义把受造物世界的存在和人的存在彻底地自然主义化了，使哲学成为对自然之物的自然认识[①]。在这种自然受造性的思想中包含着人的道理和人的真正体验的真理性。但是，奢望以此来表达关于存在的终极真理的宗教形而上学和神学，则是自然主义形而上学和神学。不仅"自然"，而且"恩典"都被自然化了，因为它们被客体化、对象化了，仿佛是"从外部"被制定的，而不是"从深处"被认知的。

基本的对立应当是精神与自然的对立。这一对立完全不意味着某种二元论形而上学观点。这一对立完全是在另外的方面确立的，而不是在被客体化的亦即自然化的存在方面确立的。精神完全不是自然意义上的实在和存在。自然主义神学把关于创造者和受造物、超自然之物和自然之物的极端二元论与关于存在性和实在性的极端一元论结合起来。超自然之物与自然之物同属一族，只不过是更高层次的自然之物。精神与自然的对立不是关于存在的二元论形而上学，而是在对实在的性质本身的理解上的差别。这首先是生命与物质的对立，自由与必然的对立，创造活动与消极

[①] 参见几位当代法国新托马斯主义者的著作：Jacque Maritain. Reflexions sur l'intelligence et sur sa vie proper. Paris, 1924; Garrigou-Lagrenge R. Le sens commun. La philosophie de l'etre et les formulas dogmatiques. Paris, 1909；吉尔松：《托马斯主义》。

忍受外部推动的对立。为了认识精神,首先应当确立一个基本前提,就是"精神"与"心灵"的根本区别。心灵属于自然,它的实在性是自然序列的实在性,它的自然性不亚于身体。心灵在自然世界中是不同于身体和物质的另外一种品质[①]。但精神完全不是与身体和物质对立的,精神的实在性不与身体和物质世界的实在性属于同一序列。精神从内部、从深处把身体和物质以及心灵吸纳于自身之中。但精神具有另外一种实在性,属于另外的层面。自然没有被否定,而是在精神中被照亮。精神从内部与心灵结合在一起,改造心灵。精神与心灵的区分不意味着属精神之物与属心灵之物的划分。但哲学中的心理主义却是自然主义的形式之一。唯灵论还不是精神哲学——唯灵论是这样一种自然主义形而上学,它企图在心理现象中,在被客体化的心灵现象中看到存在的实体。属精神之物和属心灵之物的划分是一种很古老的划分。柏拉图就已经知晓这种划分。使徒保罗带着天才的宗教热情表达了这种划分:"属心灵的人不接受来自神的灵(精神)的东西,因为他认为这是愚拙;也不能理解这种东西,因为应当在精神上来评断它,属精神的人能够评断一切,但任何人都不能评断他"[②]。"所种的是血

[①] 在埃·罗德的杰出著作 Psyhe 中考察了古希腊思想是如何走向心灵和心灵不死思想的。心灵不死不被认为是人所自然具有的,它只为神、英雄和魔鬼所拥有。心灵最终被认为是属于人的。但即使在基督教思想内部,精神也不被认为是属于人的,而只属于神。只有神秘主义者在人身上看到了精神。而浪漫主义则以心灵削弱了精神。

[②] 此处据俄文译出。汉语版《圣经》中此句为:"属血气的人不领会神圣灵的事,反倒以为愚拙,并且不能知道,因为这些事唯有属灵的人才能看透。属灵的人能看透万事,却没有一人能看透他。"(林前 2:14—15)

气的(属心灵的)身体,复活的是灵性的(属精神的)身体"(《哥林多前书》15:44)。精神性和心灵性范畴是宗教范畴,而不是形而上学范畴。诺斯替派特别提倡精神性和心灵性的划分,并把这种划分加以滥用。……

第四章 精神自由

圣奥古斯丁就已经说过两种自由——小的自由和大的自由。的确,马上就可以看到,自由有两种不同含义。可以把自由理解为原初的、非理性的自由,先于善恶并决定善恶选择的自由;也可以把自由理解为最终的、理性的自由,在善之中的自由,在真理之中的自由。也就是说,自由既可以被理解为起点和道路,也可以被理解为终点和目的。

苏格拉底和希腊人只承认第二种自由的存在,这是理性、真理和善所给予的自由。福音书里的话"你们当知晓真理,真理必使你们得自由"所说的也是第二种自由,在真理之中和来自真理的自由。当我们说,人只有战胜自己身上的低级天性,使其服从于最高精神原则或真理和善,这时我们所说的也是第二种含义的自由。当我们说某人或某民族应当摆脱精神奴役和获得真正自由的时候,我们所指的还是这第二种自由。这是人所走向的自由,是生命的顶峰和圆满,是努力的目标,是应有的、从生命最高原则的胜利中获得的自由。

但还有另一种自由,人从这种自由出发,通过这种自由来选择自己的道路,接受真理本身和善本身。这种自由是生命的黑暗源头,是第一体验,是比存在本身更深的深渊,存在就是从这种深渊中被规定的。人在自身中,在自己的原初本质中,感受到了这种无底的、非理性的自由。自由是与潜能相联系的。托马斯主义由于坚持亚里士多德的潜能论和活动论而最终不得不否定自由,认为自由是不完善。在陀思妥耶夫斯基《地下室手记》主人公的话里,自由得到了出色的表达。人是非理性的生物,他最看重按自己的自由愿望生活。他为了自己的自由愿望情愿去受苦。他宁愿抛弃一切合理的生活秩序,抛弃一切和谐,假如这种秩序与和谐将会是强制性的、使他不能自由选择的话。

只承认真理所给予的自由,上帝所给予的自由,而否定选择的自由和接受真理的自由,就会导致暴政。精神自由被代之以精神组织。即使说真正的最高的自由只有在基督里和通过基督才是可能的,但是基督应当是被自由接受的,引导我们走向基督的应当是精神自由行为。基督需要我们自由地接受他。基督想要人的自由的爱。基督永远不可能作任何强制,他的面容永远朝向我们的自由。神只接受自由人。神期待来自人的自由的爱。人期待来自神的自由,也就是期待神的真理使人得自由。但神也期待来自人的自由,期待人对神的呼唤的自由回应。真正的自由正是神向我要求的自由,而不是我向神要求的自由。人的自由,人内心无限深处的自由,就是以这一深刻道理为根据的。真理给予我们最高的自由。但还需要对这一真理的自由接受。真理不可能强制任何人,它不可能强行给予人自由。只接受真理和神还不够,还需要自由地接受。自由不能是强制的结果,即便是神的强制也不行。不应从组织化的、和谐的、完善的生活制度中等待自由,此生活制度本身应当是自由的结果。拯救来自给予我们自由的真理，但强制的拯救是不可能的也是不需要的。人的得救不能在没有人的自由的情况下完成。人的得救是人在真理中，在神中得解放。但人的解放不可能强行地、脱离人本身的自由而实现。

当确认了在真理中的自由，在善中的自由，也就是把这第二种自由作为唯一自由的时候，也就是确认了神的自由，而不是人的自由。但精神自由不仅是神的自由，它还是人的自由。而人的自由不仅是在神中的自由，而且是对神的关系的自由。人在对神、对世界和对自身的本性的关系上都应当是自由的。在对真理的接受上的自由不可能是从真理本身中获得的自由，它存在于真理之先。自由不等于善，不等于完满，不等于符合真理的生活。如果把它们等同和混淆就会导致对自由的不理解和否定自由。善、完满、符合真理的生活应当自由地达到。善、完满、真理、神不可能也不愿意强行把人引向自己。这些东西是被人自由地接受和达到的，在这种自由接受和达到之中，包含着精神生活、宗教生活和道德生活的品格和特质。在精神世界中，在精神生活中，不可能得到来自必然性的自由，哪怕是神的必然性。

自由的巨大奥秘完全不是隐藏在人们通常在此寻找自由的地方，不在人们通常用来论证自由的证据中。人的自由完全不是人的要求和奢望。人可以为了安宁和幸福轻易地拒绝自由，他难以承受自由的太重负担，愿意放下这副重担，把它转嫁到更强有力的肩膀上。人无论在其个人命运中还是在其历史命运中，都经常地、太经常地拒绝自由，宁愿要在必然性中的安宁和幸福。无论在旧的神权政治思想中，还是在新的社会主义思想中，我们都看到了人的这种对自由的拒绝和对强制生活的偏爱。

精神自由要求精神的燃烧。而精神的燃烧是不那么常见的,人类社会通常也不是建立在此基础上的。人类生活和人类社会通常都因精神之火的熄灭而沉淀和凝固了。人可以逃避自由,对可能导致生活悲剧和痛苦的精神自由,对这种精神自由的要求,不是人的要求。对精神自由的要求是神的要求。不是人,而是神不能不要人的自由。神要求人有精神自由,神只需要精神自由的人。神关于世界和人的构想不可能离开自由、离开精神自由而实现。人的自由是以神的要求、神的意志为根据的。人应当履行神的意志,但神的意志正在于要人成为精神自由的人。

只说人应当履行神的意志是不够的,应当猜想神的意志是什么。如果神的意志是要人成为自由的,那么确认人的自由就是履行神的意志。所以,为了神,为了实现神关于人和世界的构想,为了神的理念,就应当确认人的自由,不仅是第二种自由,而且还有第一种自由,不仅是在神之中的自由,还有承认神的自由。在这一深刻思想基础上,就可以理解这样一种自由,它是存在的第一基础,先于一切组织化的、和谐的、完善的生活。

自由不是与生命的形式相联系的,而是与生命的内容相联系的,与生命的非理性内容相联系的。自由是与存在的无限性、生命的无限性,是与存在的无底深渊相联系的。这种存在的无限性和无底性希腊思想还没有发现,因此希腊思想没有制定出自由观念。这种无限性和无底性是在基督教世界中,在基督教所揭示的精神世界中发展起来的。自由是与精神的无限潜能相联系的。否定自由永远是对有限性的服从。

(五) 语言哲学与艺术哲学

20世纪10—20年代，与东正教"耶稣祈祷"的灵修实践有关，在俄罗斯东正教神学内部产生了"赞名论"（имеславие）的争论，即在呼唤耶稣基督之名的时候，这个名称仅仅意味着一个人为的名词，还是意味着神的真正临在。这一争论后来引起了宗教哲学家的关注，于是争论扩展到哲学领域，成为对名称和语言本身的哲学研究。最早研究这个问题的著作是弗洛连斯基的《唯心主义的一般人类根源》(1909年)，后来他又写了《思想与语言》（收录在《思想的分水岭》一书中)。此外还有布尔加科夫的《名称哲学》(1918年)和洛谢夫的《名称哲学》(1927年)。

弗洛连斯基认为，在语言与现实之间存在着不是主观的联系，而是本质的联系。事物的名称不是被主体偶然给定的，在名称中表现了事物的本质。唯名论观点认为，事物的名称只不过是人想出来的，名称里不体现事物的本质属性。与此不同，在弗洛连斯基看来，名称和词语是存在的能量的承载者。它们不是别的，正是向人显现的存在本身，是存在的象征。词语是人的能量，既是个人的，也是人类的，是通过个人而展开的人类的能量。词语作为认识活动，把思维能力带到了主观性的范围之外，与世界相连接，这已在我们自己心理状态的彼岸了。

布尔加科夫认为他的《名称哲学》是自己最有哲学性的书，其核心问题是探讨词语—名称的产生及其与它的载体之间的关系问题。与弗洛连斯基一样，布尔加科夫也属于语言的实在论者。他强调语言的本体论本质,语言与存在结构的共生,语言也具有宇宙性、身体性、索菲亚性。词语不仅属于它在其中发生的意识,而且属于存在,在存在中人是世界舞台,微观宇宙,因为世界在人身上和通过人来说话。

俄罗斯不仅具有辉煌的艺术成就,也有对艺术的哲学沉思。20世纪初俄国哲学家特鲁别茨科伊对东正教圣像艺术的研究具有宗教和艺术的双重意义。他在圣像的苦难和禁欲主义这一外部表象的背后,揭示了圣像的更深层含义——圣像中的快乐。这种快乐不是艺术欣赏带给人的快感,圣像的快乐是从内向外的,是寻求和向往神的心灵通过圣像而感到的快乐和安慰。所以圣像大于艺术。圣像中的快乐精神是通过圣像的题材和色彩表现出来的。

洛谢夫深刻阐述了音乐的哲学本质和音乐与生命的内在关联。音乐作为时间的艺术,其终极实在是意义的生成。只有生成才是音乐现象的第一实在。生成是哲学概念。生成首先是产生,但同时又是消失。生成是连续性与间断性、密实性与间隔性的辩证融合,是产生和消失、到来和离去、发生和毁灭的辩证融合。正是这样的生成作为音乐的基础,才能够给我们解释音乐不同于其他艺术形式的特殊效果。全部运用这样或那样的固定形象的艺术(建筑、雕塑、绘画),都不能描绘生命的生成本性,而只能展现那些由无形的生命本能所生成的某些不动形式和固定形象。只有纯粹音乐具有自己的手段来表达这种无形的生命本能,也就是生命的纯粹生成。音乐现象给人带来的内心激动,是看一幅画或读一首诗所不可比的。人之所以有这样内心激动的感受是因为,音乐给予他的不是任何稳定的和不动的形象;而是给他描绘着这个形象的发生本身,描绘着它的产生,虽然同时也是它的消失。这正是生命过程本身。

31. 叶·特鲁别茨科伊

叶甫根尼·尼古拉耶维奇·特鲁别茨科伊(Евгений Николаевич Трубецкой,1863—1920年),俄国哲学家,法学家,政论家,社会活动家。1885年毕业于莫斯科大学法律系,1906年成为莫斯科大学教授。1917年因不接受十月革命而离开莫斯科,内战期间参加白军,1920年去世。

叶甫根尼·特鲁别茨科伊是俄国哲学家谢尔盖·尼古拉耶维奇·特鲁别茨科伊的弟弟。他们两人少年时代都迷恋过虚无主义和唯物主义。后来受到索洛维约夫、斯拉夫派和德国古典哲学思想的影响,特鲁别茨科伊转向宗教哲学立场。他的硕士论文和博士论文都是研究西欧基督教社会政治思想的,即《五世纪西方基督教的宗教社会理想:圣奥古斯丁的世界观》(1892年)和《九世纪西方基督教的宗教社会理想:格里高利四世及其政论家的天国思想》(1897年)。他的两卷本《索洛维约夫的世界观》(1913年)是迄今为止研究索洛维约夫最深入翔实的著作之一。他的其他哲学著作有《尼采哲学》(1904年),《法哲学史》(1907年),《柏拉图的社会乌托邦》(1908年),《认识的形而上学假设:克服康德和康德主义的尝试》(1917年),《生命的意义》(1918年)等。

特鲁别茨科伊在宗教艺术哲学领域作出了重要贡献,这就是他对古代俄罗斯宗教绘画的研究,体现在三篇较长的论文中:《色彩中的思辨：古代俄罗斯宗教绘画中的生命意义问题》(1916年)，《古代俄罗斯圣像画中的两个世界》(1916年)，《圣像中的俄罗斯》(1918年)。这些论文是俄国文献中最早对古代圣像进行的美学、哲学、神学和历史学解释。

《色彩中的思辨：古代俄罗斯宗教绘画中的生命意义问题》(1916年)[①]

一

生命意义问题也许从来没有像世界之恶和无意义充分显露的今天这样，被如此尖锐地提出来。

记得四年前，我在柏林去一家电影院，那里正在放映水族世界，表现的是凶猛的水甲虫的生活场景。在我们面前展现了一幅幅生物互相吞食的画面，这是充满自然生命世界的普遍的无情的生存斗争的鲜明展现。在同鱼类、软体动物、蝾螈的斗争中，胜利者总是水甲虫，它有两件技术完善的凶器：强有力的牙齿，用来咬死敌人，和毒液，用来毒死敌人。

自然生命世界千万年来就是这样，在不确定的未来也将会如此。如果这一场景令我们不安和愤怒，如果刚才描述的发生在水

[①] 选自《16—20世纪俄罗斯宗教艺术哲学》(文选)，Н. К. 加弗留申编 (Философия русского религиозного искусства XVI-XX вв. Антология. Сост. Н. К. Гаврюшин. М., 1993. C. 195—219)。

族馆里的情景在我们心中引起道德上的厌恶,那么,这就表明,在人心中有着另一个世界、另一种存在方式的萌芽。因为,如果这种动物生活类型对我们来说是世界上唯一可能的生活类型,如果我们没有在自己身上感觉到实现另一种生活方式的使命,那么,我们在面对上述场景的时候就不可能有人的不安和愤怒。

在人身上,有另一种东西与这种无意识的、盲目的和混乱的外部自然生命相对立,这是对人的意识和愿望的最高指令。但尽管如此,使命毕竟还是使命,而且,人的意识和愿望在我们眼前正在沦为应当与之斗争的低级动物欲望的工具。这就是我们现在看到的可怕场景。

当我们看到,尽管有高级使命,但人类生活在整体上仍然很像在水族馆里所看到的那样的时候,我们的道德厌恶感达到了极限。在和平时代,这种相似性是隐蔽的,被文化掩盖着;相反,在国家战争期间,这种相似性则无耻地公然表现出来;不仅如此,在这样的时候,它不是被文化所遮掩,而是被文化所强调:因为在战争期间文化本身成为凶残生活的工具,主要被用作像水甲虫生活中的牙齿的作用。实际上支配人类生活的原则酷似统治动物世界的规律:"失败者遭殃"、"谁牙齿锋利谁有理",这些原则今天被宣布为国家生活的指导原则,这些原则不多不少,恰恰是被抬高到原则高度的生物学规律。

在这种把自然规律变成原则的转变中,在这种把生物学必然性提升到伦理原则的提升中,表现了动物世界与人的世界的根本区别,这个区别是不利于人的。

在动物世界,杀伤武器的技巧只是表明动物没有精神生活:这些武器的获得是动物的天赋,不依赖于它的意识和愿望。相反,在人的世界里,杀伤武器则完全是人的理智所发明的。我们看到,许多国家把自己的全部力量都基本上集中于这一个目的——就是建造用来毁灭其他国家的尖利牙齿。当这一目的统治人类生活的时候(这种统治必然采取强迫的性质),就最强烈地表现出低级物质欲望对人的精神的奴役。当世界舞台上出现了某一个强盗国家,它竭尽全力地提高自己杀伤技术的时候,所有其他国家为了自我保护,就不得不效仿它,因为武装力量的落后就意味着有被吃掉的危险。所有人都要关心自己怎样拥有比敌人更多牙齿。所有人都要或多或少地学会动物生活方式。

正是在人的这种堕落中,包含着战争的主要恐惧,在这种恐惧面前,其他一切都将黯然失色。甚至血流成河淹没宇宙,与这种人性扭曲相比,都算是小恶。

所有这一切都异常有力地提出了一个对人来说从来都是最基本的问题——生命的意义问题。此问题的本质永远都是同样的:它不可能依赖于所面临的时代条件而改变。但是,那些试图在世界上确立流血的混乱和无意义的恶力量,这些力量在生活中的表现愈明显,生命意义问题就愈是被人明确地提出和意识到。

在无数个世纪里,地狱统治着这个世界——以死亡和杀人的必然性的形式。人,这个全部造物之希望的体现者,另一个最高意图的见证者,他在世界上做了什么呢?他没有进行反抗这一"死的王国"的斗争,而是对它说"阿门"。这样,地狱在唯一负有反抗它的使命的人的赞许下统治着世界:它用人的技术的全部手段武装自己。各民族活活地互相吞食:为了普遍消灭而武装起来的民族——这就是曾一度在历史上取得胜利的理想。它的每一次胜利都是由同一首颂扬胜利者的赞歌来宣告的——"那个类似于这野兽的人!"

如果实际上全部自然生活和人类历史都是以对恶原则的这种颂扬来完成的,那么,我们值得为此生活的生命意义何在?我自己对这个问题不作回答。我更想给大家提示我们的遥远祖先对这个问题的解决。他们不是哲学家,而是洞见神灵者。他们不是用语言表达自己的思想,而是用色彩。然而他们的绘画却是对我们这个问题的直接回答。因为在他们的时代这个问题的尖锐性不亚于当今。我们现在所强烈感受到的战争的恐怖,对他们来说是经常不断的恶。蹂躏俄罗斯的无数鞑靼军队类似于那个时代的"兽的形象。兽的王国在当时也向人们提出了那个永恒的诱惑:'你若俯伏拜我,我就把这一切都赐给你'"[1]。

全部古代俄罗斯宗教艺术就是在与这一诱惑的斗争中诞生和成长起来的。作为对这一考验的回答,古代俄罗斯的圣像画家通过形象和色彩非常鲜明和有力地表现了那充满他们心灵的东西——这就是对另一种生命真理和另一种世界意义的洞见。我试图用语言来表达他们的回答的本质,当然,我知道,任何语言都无法传达这些宗教象征之美和力量。

---

[1] 这是魔鬼对耶稣的考验(试探),参见《马太福音》4:9。

二

古代俄罗斯宗教艺术把生命真理与兽的形象对立起来,这种生命真理的充分表达不是在某一幅圣像绘画中,而是在古代俄罗斯的整个教堂中。在这里,正是教堂被提升为应当在世界上居统治地位的原则。整个宇宙都应当成为神的殿堂。全部人类,以及天使和低级造物,都应当进入教堂。正是在这一包容全世界的教堂的观念中,包含着对全部造物未来和平的宗教期望,这种期望是与普遍战争和普遍流血动乱的事实相对立的。我们在此要追踪研究这一问题在古代俄罗斯宗教艺术中的发展。

在此,包容整个世界的教堂所表达的不是现实,而是理想,是全部造物的尚未实现的希望。在我们所生活的世界上,低级造物和人类的大部分都暂时处于教堂之外。教堂所体现的是另一种现实,是未来的天国,它在向人们召唤,但人类目前还不能达到。这一思想非常完美地表现在我国古代教堂特别是诺夫哥罗德教堂的建筑中。

不久前,在一个晴朗的冬日,我来到诺夫哥罗德郊区。我看见四处是无边无际的空旷雪原——这幅图景最鲜明地表现了此世的贫穷与匮乏。但在这旷野之上,仿佛来自富有的彼岸世界遥远形象,只见深蓝色背景下白色石头教堂的许多金色圆顶在熠熠发光。我从来没有看见过比这更鲜明的宗教思想的图解,这种宗教思想是通过俄罗斯式的葱头圆顶形式来体现的。它的意义可以通过对比来说明。

拜占庭式教堂圆顶像一个覆盖大地的天穹。相反哥特式教堂的尖顶表达了不可遏止的上升渴望,把石头做的庞大重物从地上提升到天上。最后,我国教堂的"葱头圆顶"则体现了对天上之物的深切热情祈祷的思想,通过这样的祈祷使我们的俗世加入彼岸世界的丰盛。俄罗斯教堂的这种顶部仿佛是这样一个火舌,它以十字架为顶端,朝着十字架越来越尖。在观看莫斯科伊凡一世教堂的时候,我们仿佛面对一支巨大的蜡烛,它朝向莫斯科的上空燃烧;而克里姆林宫的大大小小的多顶教堂则像是一些放置许多蜡烛的巨大烛台。不仅教堂的金色圆顶表达了这一祈祷上升的思想。当你在晴朗的天气遥望某一座古老的俄罗斯修道院或城市的时候,看到其中耸立的许多教堂,你就会觉得它仿佛整个笼罩在多次的火光中。当这些火光在远处的茫茫雪原上闪烁的时候,它们仿佛在诱惑,就像是遥远彼岸的天国异象。有人把我国教堂圆顶的葱头性状解释为具有实用目的(比如说教堂必须用尖顶是为了不积雪和受潮),但所有这些解释都没有说明我国教堂建筑的葱头圆顶形式所具有的主要意义——宗教审美意义。因为有许多其他办法也可以达到同样的实用效果,包括哥特风格教堂的尖顶。为什么在所有这些可能的方法中,古代俄罗斯宗教建筑选择了葱头圆顶呢?显然,这可以解释为,这样的圆顶能够造成符合一定宗教情感的审美印象。这一宗教审美体验的实质被一句民间的说法非常确切地表达出来——说教堂圆顶是"热烈地燃烧"。而把葱头圆顶说成是"东方影响"所造成的,这样的解释无论怎样貌似真理,显然都不能排除我们刚才所说的宗教意义,因为正是这种宗教审美动机也可以影响东方建筑。

关于俄罗斯教堂的葱头圆顶还必须指出,古代俄罗斯教堂圆顶的外部建筑和内部建筑所表达的是同一个宗教思想的不同方面;这种宗教生活不同方面的结合,正是我国宗教建筑的重要特点。在古代俄罗斯教堂内部,葱头圆顶保留着一切穹顶的传统意义,即象征不动的天穹;但葱头圆顶从外面看是向上运动的火苗,这动与不动如何统一在一起呢?

不难确认,这里出现的矛盾只是表面上的。教堂内部建筑表达了教堂包容宇宙的理想,教堂是上帝的居所,世界在教堂中,教堂的界限之外一无所有;显然,教堂内部穹顶也象征着宇宙的界限,象征着上帝所统治的天空。从外面看则是另一种情景:教堂上方是另一个、真正的天空,它提示着世间的教堂还没有达到最高处;为了达到最高需要新的热情,新的燃烧,因此这圆顶从外面看是向上燃烧的火苗的运动形式。

无需证明,在此内与外之间是完全符合的:正是通过从外面看见的燃烧,天空降临大地,贯穿于教堂内部,成为教堂内部的穹顶,在此,全部世间之物都处于最高者的那只从深蓝色天穹上祝福之手的庇护之下。这只战胜了世间纷争和使万物走向统一的手,掌管着人类的命运。

这一思想在古代诺夫哥罗德圣索菲亚教堂(11世纪)中得到了鲜明的形象表达。在这座教堂中,画家多次试图画出救主祝福的右手,都没有成功:无论他们怎样努力,可画出来的都是握拳的右手;据传说,画手的尝试最后被天上传来的声音制止了,这声音紧张对画出的形象再做修改,说救主的手所紧握的是伟大的诺夫哥罗德城,如果松开,这座城市就面临毁灭。

这一主题的另一种出色表现是位于弗拉基米尔的克里亚济马的圣母升天大教堂：在这里，在著名的鲁布廖夫所画的古代壁画上，有"神手中的女义人"的形象——穹顶上画着许多头带光环的女义人，她们被握在神的大手中；还有被上下众天使的号角唤起的许多义人从四面八方朝向这只巨手。

这样，在教堂中确立了一种内在联合，它应当战胜世界与人类的纷争与敌对。全部造物的大团结（собор），天使、人类和世界所有生物的未来和平——这就是我国古代宗教艺术的基本理念，它盛行于我国古代建筑和绘画艺术之中。这一理念也被拉多涅日的圣谢尔盖完全自觉和深刻地表达出来。按照他的传记作者的说法，圣谢尔盖在组建了自己的修道社团之后，"就建造了一座三位一体教堂，作为他所召集的众人共同生活的镜子，以便通过观照圣三位一体来战胜在世界仇恨与纷争面前的恐惧"。圣谢尔盖在此是受到基督及其门徒的祷告的灵感："叫他们合而为一，像我们一样"（约17：11）。他的理想是按照圣三位一体的形象和样式对宇宙加以改造，也就是在神之中的全部存在物的内在联合。这一理想也鼓舞着全部古代俄罗斯的虔敬；我国的圣像绘画也是以此为生的。战胜世界的仇恨与纷争，把宇宙改造成一座大教堂，其中全部造物都联合在一起，像神的三个位格结合为神的统一本质一样——这就是古代俄罗斯宗教绘画中所遵循的基本主题。为了理解宗教绘画所使用的象征描绘的独特语言，必须略说一下那迄今为止令我们难以理解的主要障碍。

毫无疑问，圣像画所表达的是古代俄罗斯文化中最深刻的内涵；而且，我们在圣像画中所拥有的是世界最伟大的宗教艺术宝库之一。但是,直到不久前,圣像对俄罗斯文化人来说还是全然不理解的。俄罗斯文化人对圣像漠不关心,毫不理睬。他简直不把圣像与覆盖在圣像古董上的浓重烟垢加以区分。只是在最近几年,我们才看见了圣像的非凡之美和覆盖在这烟垢下面的鲜艳色彩。只有现在,由于现代清洗技术的杰出成就,我们才看见了遥远时代的这些色彩,关于"黑暗的圣像"的神话才彻底消失。原来,我们古代教堂中的圣徒面孔之所以黑暗,仅仅是因为它们对我们来说成为另类;它们表面的烟垢越积越厚,一方面是因为我们不注意和漠视对圣物的保护,另一方面是因为我们不善于保护这些古代文物。

与这种迄今为止对古代圣像画的色彩的无知相联系,还有对圣像精神的全然不解。圣像的主要倾向被片面地描述成为"禁欲主义",圣像被作为腐朽的破旧之物被抛弃。然而与此同时,俄罗斯圣像中的一种最根本最重要的内涵却没有得到理解——这就是圣像向世界传达的无比快乐。现在,当圣像成为历代最色彩鲜艳的绘画作品之一的时候,我们常常听到它所表达的生命快乐;另一方面,圣像中所固有的禁欲主义也是无法否认的,这样,我们就面临一个重要的谜,这个谜也是艺术批评所面临的。禁欲主义如何与这些非常鲜明生动的色彩共存呢?最大的苦难与最大的快乐结合在一起,其奥秘何在?理解这一奥秘,也就是回答我们这个报告的基本问题——我国古代圣像画中体现了怎样的生命意义观。

毫无疑问,我们现在所说的是同一种宗教思想的两个紧密联系的方面:因为没有受难周就没有复活节,不经过主的赋予生命的十字架就不能走向普遍复活的快乐。因此在我们的圣像画中快乐的主题与苦难的、禁欲主义的主题是同样必需的。我先说后一方面,禁欲主义主题,因为现在正是俄罗斯圣像的禁欲主义最妨碍对圣像的理解。

17世纪,由于其他方面的教会革新,追随西方样板的现实主义绘画侵入了俄罗斯教堂。这时,古代虔敬精神的捍卫者,著名大司祭阿瓦库姆在他的信中,正是把古代圣像画的禁欲主义精神与这些西方样板对立起来。"由于神的纵容,在俄罗斯一些不好的圣像绘画正在增多。画家作画,当权者赏赐他们,这些人都将一个接一个地堕入毁灭的深渊。他们画救主以马内利的形象——脸是浮肿的,嘴唇是红色的,头发是卷曲的,手是肥胖的,大腿也是肥胖的,整个像是德国人,只是没画出腿上带的马刀。这一切都是敌人尼康所蓄谋的,仿佛是画活人"……"然而古代的好画家不是这样画圣徒肖像的:脸和手以及所有感官,都因斋戒、劳动和苦难而成为消瘦的。而你们现在改变了他们的画法,你们所画的是像你们自己那样的人"。

大司祭阿瓦库姆的这些话经典而准确地表达了古代俄罗斯圣像画的最重要倾向之一;应当永远记住,俄罗斯圣像画的苦难禁欲主义方面只具有从属的和准备的意义,其中最重要的当然是快乐——神人彻底战胜兽人的快乐,全体人类和全部受造物进入教堂的快乐;但人应当以自己的苦修来为这样的快乐做准备:人不能以他现有的样子进入神的殿堂,因为在神的殿堂里没有未经修整的心灵和肥胖自足的身体的位置:正因为如此,圣像不能根据活人画出来。

圣像不是肖像,而是未来教堂人类的典型。由于这样的人类我们在当今有罪的众人身上是暂时看不见的,而只能猜测,所以圣像只能是对其所进行的象征性描绘。在这样的描绘中瘦削的身体意味着什么？这是强烈地否定这样一种生物主义，它把肉体的饱满纳入最高的绝对的诫命。因为正是这一诫命不仅为人类粗野地、功利地、残酷地对待低级造物提供了辩护，而且为一个民族对妨碍它饱满的其他民族的摧残提供了辩护。圣像中圣徒的消瘦面容不仅用"瘦削感"来与自足的丰满肉体的王国相对抗，而且用一种新的生命关系规范与此相对抗。这个新规范的王国是"血肉之体不能承受的"(林前15:50)。

　　克制饮食特别是坚持素食，在此要达到两个目的：第一，肉体的克制是人的面貌灵性化的必要条件；第二，这种克制也是为人与人及人与低级造物的未来和平做准备。在古代俄罗斯圣像画中既鲜明地表达了前一个思想，也鲜明地表达了后一个思想。我们暂且关注前一个思想。对从表面上观看的人来说，这些苦修的面孔可能是显得毫无生气的，彻底枯萎憔悴的。实际上，正是由于对圣像面容中的"朱唇""肿脸"的禁止，灵性生命才得到了无比有力的表达，穿透了限制圣像画家自由的严格传统规范。在圣像画中，似乎不是那些不重要的线条，而是重要的轮廓受到圣像规范的规定：圣徒躯体的状态，他的十字交叉的双手的相互关系，他手指的祝福状；运动受到极大的限制，尽可能不使救主和圣徒像"我们自己的样子"。甚至在容许运动的地方，运动也被放入某些仿佛是束缚运动的不动的框内。但是，即便是在完全没有运动的地方，圣像画家仍然可以有权自己表现圣徒的目光和眼神，也就是最集中体现人的面容的精神生命的东西。正是在这里以惊人的力量表现出了宗教艺术的最高创造，正是这一创造用天上之火从内部照亮了人的整个面容，无论这一面容如何显得不动。例如，我不知道什么东西比一幅丝绣的受难圣徒尼基塔的形象更能强烈地表达他对全部天下造物的苦难和罪孽的神圣悲伤，这幅形象保存在弗拉基米尔的克里亚济马的档案委员会博物馆，传说是约翰·格罗兹内的妻子、来自罗曼诺夫家族的安娜斯塔西亚所绣的。另外一些表现悲伤面容的典型形象可以在莫斯科的 И.С. 奥斯特罗乌霍夫的收藏室中看到：这就是义人西门像和《入殓》，后者对圣母的悲伤的描绘完全可以同乔托的作品、乃至同佛罗伦萨艺术的最高榜样相提并论。但与此同时，我们在古代俄罗斯圣像画中还看到其中所出色传达的这样一些内心情感，比如热烈的希望或在神之中的安宁。

我在许多年间，一直对瓦斯涅佐夫为基辅圣弗拉基米尔教堂所做的著名壁画《义人为主而快乐》保持强烈印象（众所周知，这一壁画的习作在莫斯科特列齐雅科夫斯基画廊有收藏）。但我承认，当我了解到鲁布廖夫在为弗拉基米尔克里亚济马的圣母升天大教堂所做壁画中对同一题材的深入挖掘之后，我对瓦斯涅佐夫壁画的强烈印象有所减弱了。这幅古代壁画比瓦斯涅佐夫作品的优越之处对古代俄罗斯圣像画来说是具有典型性的。在瓦斯涅佐夫那里，义人向天堂的飞升过于具有肉体运动的自然性质：义人升入天堂的努力不仅通过思想，而且通过整个躯体；这种形态，还有某些人物的病态的歇斯底里的表情，使得整幅壁画具有与教堂不相称的过于现实主义性质，它削弱了教堂的印象。

我们在弗拉基米尔圣母升天大教堂的古代鲁布廖夫壁画中所看到的则完全不同。在这里，非常强烈的希望完全是通过努力向前的眼光的运动来传达的。义人们十字形交叉的双手完全不动，像脚和躯体的不动一样。他们向天堂的运动完全是用眼睛来表现的,在他们的眼里感觉不到歇斯底里的情绪冲动,而是内心深处的热情和对达到目的的平静信念;但正是这身体的不动,却传达了内心强烈的、坚定不移地精神上升的力量:身体越是不动,就越强烈越鲜明地感觉到精神的运动,因为身体世界成为他的虚幻的外壳。正是在只靠完全不动的面容上的眼睛来传达精神生命的地方,才象征性地表现了精神统治肉体的非凡力量。这里令人产生这样一种印象,仿佛全部肉体生命在对它所要倾听的最高启示的期待中完全不动了。否则就不可能听到启示:为了听见启示,需要首先号召"人的全部肉体沉默不语"。只有这一号召被我们听见的时候,人的面貌才被灵性所充满:他张开了眼睛。他的眼睛不仅向另一个世界张开,而且给他人展现了另一个世界:在我国圣像画优秀作品中,这种身体的完全不动与眼睛的灵性意义的结合经常反复出现,正是这种结合给人造成震撼的印象。

但是,认为不动性是古代圣像中全部人物所固有的属性,是错误的:在我国的圣像画中,不动性不是被惯用于人的一般面貌,而是惯用于人的一定状态:当人被超人的、神性的内容所充满,当他进入不动的神性生命的时候,他是不动的。相反,当人处在没有恩典或尚未得到恩典的状态中,当他还没有达到在神之中的安宁或尚未达到自己的生命目标的时候,他在圣像中就往往被画成运动的。在这方面非常典型的是古代诺夫哥罗德的一些主变容像。在这些画像中,救主、摩西和以利亚是不动的,相反,使徒被画得具有强烈动感,以表达纯粹人性对天上雷霆的恐惧效果;在许多这一题材的圣像中三使徒被描绘成仿佛头朝下倒地的样子。在彼得格勒亚历山大三世博物馆保存的杰出圣像《阶梯约翰的异象》中,可以看到对运动的更加强烈的表现:一些罪人脚朝天地从通往天堂的阶梯上向下坠落。圣像中的不动性只用于描绘那些不仅肉体,而且整个人都处于默祷状态的人,他所过的已经不是自己的生活,而是超人的生活。

当然,这种状态所表现的不是生命的停止,而是相反,所表现的正是生命的最高的强烈力量。只是对那种无宗教的或肤浅的意识来说,古代俄罗斯圣像才可能显得是无生气的。古代俄罗斯圣像中也许有某种冷淡性和抽象性。但正是在这方面俄罗斯圣像是与希腊圣像完全对立的。在彼得格勒亚历山大三世博物馆的圣像展中可以方便地加以对比,因为这里在四个俄罗斯展厅旁边,还有一个希腊展厅。在此你会吃惊地发现,正是俄罗斯圣像画具有希腊圣像所没有的热烈情感,令人感到如此温暖。在观看莫斯科奥斯特罗乌霍夫藏品的时候也会得到同样感受,在此,与俄罗斯的经典圣像一道还有一些希腊的,或尚且保留着希腊风格的更古老的俄罗斯圣像。在加以对比的时候我们惊奇地发现,与希腊圣像不同,正是在俄罗斯的圣像画中,人的生命没有被消灭,而是得到了更高的灵性化和意义;比如说,奥斯特罗乌霍夫藏品中的《非手造的救主像》或《先知以利亚像》的面容可能是更加静止不动的。但仔细观察就会清楚地可看到,其中贯穿着灵性化的俄罗斯民族的面容。这样,不仅是一般人性的因素,而且包括民族的因素,都被纳入造物主的宁静之中,被以明显的形式保留在这一宗教创造的高度。

三

在谈到俄罗斯圣像的禁欲主义的时候,不可能避开它的另一个特点,这是与禁欲主义有机联系的。圣像在其观念上与教堂构成不可分割的整体,因此圣像是服从于教堂的建筑构想的。因此,我国宗教绘画具有奇妙的建筑性:不仅是圣像服从教堂整体的建筑形式,而且在每一幅单独的圣像画中也服从建筑形式:每幅圣像都有自己特有的、内在的建筑结构,这种建筑结构可以在与狭义教堂的直接关系之外观察到。

这种建筑构思也可以在描绘众多圣徒的圣像中的个别人物身上、特别是在圣徒人群中看到。一些人物被表现为神性的静止不动形态,这也促进了对我国圣像的建筑性的印象:正是借助于这一不动性,在我们的教堂绘画中才实现了彼得前书中所表达的思想。在不动的敬拜姿势中的先知、使徒和圣徒,聚集在"被人所弃却被神所拣选的活石"基督周围,他们的这种不动的站立仿佛是自己变成了"活石,被建造成灵宫"(彼前 2:4—5)。

这一特点比其他特点更大地加深了古代圣像与现实主义绘画之间的鸿沟。我们看到,与教堂的建筑线条相适应,圣像人物的形体有时过于平直,有时则相反,这些人物适合于穹顶的曲线而非自然地弯曲;为了符合窄而高的圣像壁的向上意向,这些形象有时身体过长;头过小,与躯体不成比例;躯体则非自然地瘦高,以此来强调整个人物形象的禁欲的瘦削。在受现实主义绘画教育的人看来,这些直线人物的整齐队列聚集在主要形象周围总是显得过于拥挤。

也许，对无经验的眼光来说更难习惯于这些绘画线条的对称性。不仅在教堂中——在许多圣徒聚在一起的个别圣像中——有某种与理想的中心相符合的建筑中心。在这一中心的两侧，总是站着数量相同的、常常是同一姿势的圣徒。作为多个圣徒聚集围绕的中心，其人物形象有的是救主，有的是圣母，有的是神的智慧索菲亚。有时为了对称性，中心形象分成两部分。例如，在古代对最后的晚餐的描绘中，基督被画成两个，一个给众使徒饼，一个给他们圣杯（酒）。他的两侧站着对称的两排向他倾斜的使徒。有些圣像，它们的名称就指出了建筑的意图：例如，基辅索菲亚教堂中的《圣母牢不可破的墙》就是这样：圣母向上举起的双手像墙一样支撑着主祭坛的天穹。建筑风格的主导性特别强烈地表现在一些类似于小圣像壁的圣像中，例如《索菲亚——神的智慧》、《圣母的庇护》、《为你道喜》等。在这些圣像中我们总是看见一个核心人物周围的对称组合。在《索菲亚》圣像中我们看见，画面核心是坐在宝座上的圣索菲亚，在她两侧是对称站立向她敬拜的圣母和施洗约翰，上方还有两排对称的天使和翅膀。在刚才所说的圣母像中，建筑理念除了表现在圣母周围人物的对称分布之外，还表现在圣母身后的教堂中。对称性在此所表达的，正是确认在众人中和在诸天使中的聚和性的统一：他们的个人生命属于普遍的聚合性计划。

不过，这不仅仅是对圣像对称性的解释。圣像画的建筑性不是由某种外在的、偶然的建筑的方便的意图所决定的。圣像的建筑性表现了圣像的一个根本的思想。我们在建筑性中看到了圣像的共同性本质；在建筑线条对人的面貌的统治中，表现了人对共同理念的服从，表现了普世性对个体性的优先。在此，人不再是自足的个人，而是从属于共同的整体建筑。

我们在圣像画中看见了对未来教堂人类的描绘。这样的描绘应当是象征性的，而不是现实性的，这仅仅是因为，实际上聚和性还没有实现：我们所看到的只是聚和性在世间的不完善的萌芽。现实的人类中还是纷争与混乱的统治：人类还没有进入统一的神的殿堂；未来引导人类进入教堂和实现真正的聚和性，需要"斋戒和劳作，以及艰辛和苦难"。

我们现在将从圣像的这一苦难性过渡到圣像的快乐：快乐只有在与苦难的联系中才能理解。

四

叔本华说过这样一句美妙而正确的格言：面对伟大的绘画作品应当像面对伟大人物一样。我们自己先开口和他们说话是不礼貌的；应当心怀崇敬地站在他们面前等待他们理睬我们，和我们讲话。这句格言对圣像来说非常正确，正是因为圣像大于艺术。要等待圣像和我们讲话，必须长时间地等待，特别是由于我们与圣像之间有很大距离。

距离感——这是我们在观看古代教堂时所感觉到的第一印象。在这些严肃的面容中有某种东西吸引我们，同时又排斥我们。他们弯曲成祝福状的手指既呼唤我们，同时又阻挡我们的路；为了听从他们的呼唤，需要拒绝那条在世界上实际盛行的生活大道。

圣像的排斥力量是什么？它所排斥的东西是什么？当我有一

次在彼得格勒亚历山大三世博物馆看完圣像之后很快来到埃尔米塔什博物馆的时候,我深有感触地明白了这一点。我在观看鲁本斯绘画中的放荡不羁时所产生的强烈厌恶感,给我解释了我所思考的圣像中的这种属性:放荡不羁也就是圣像所排斥的那种生活的极端体现。肥胖的摇摆的肉体,为了自我享受而吃,为了吃而不断杀生——这就是祝福的手指首先所阻挡的道路。但这还不够,祝福的手指要求我们放弃一切生活的庸俗事务,因为那些应当抛开的"生活琐事"同样确认肥胖肉体的统治地位。当我们尚未摆脱它的诱惑的时候,圣像就不会和我们说话。而当它说话的时候,它就向我们通报了最高的快乐——生命的超生物学意义和兽的王国的终结。

这种快乐已被我们的宗教艺术表达出来,不是在词句中,而是在不可模仿的色彩异象中。其中最鲜明最快乐的东西——即完全揭示了一种新的生命观,取代了兽崇拜的生命观的东西——就是那包容世界的教堂的异象。正如前面已经说过的,在圣像绘画中人的形象仿佛献身于建筑线条。我们看到,把人带到天穹之下的教堂建筑,证明了这种献身的正当性。请容许我举几个例子来说明这一思想。

也许,在我国的全部圣像中没有哪一幅比施洗约翰的形象更鲜明地体现禁欲思想。然而,我国宗教建筑中的最富有生命快乐的古代建筑之一正是与这位圣徒的名字相关的——雅罗斯拉夫尔的先驱者圣约翰教堂。正是在这里最容易看到,苦难与快乐结合为一个教堂有机体。

这两个方面的结合体现在对圣约翰的圣像描绘中,对此我在另一个地方曾顺便提到过。一方面,作为基督的先驱者,他体现了弃绝世界的思想:他通过宣讲悔改、斋戒和一切节制来教人知晓新的生命意义;这一思想通过他画像中的消瘦的面庞和不自然的细瘦肢体表达出来。另一方面,他正是在这瘦弱身体的内部找到了快乐精神上升的力量;这一思想在圣像中通过他的强大的美丽的翅膀表现出来。整个教堂建筑,它的五彩瓷砖,带许多花的奇异的装饰图案,所表达的正是这种向最高快乐的上升。这些花环绕着教堂的外柱,一直上升到镶嵌着金色鳞片的葱头圆顶。这种禁欲主义与非此世的彩虹的结合,我们也可以在莫斯科圣瓦西里教堂中看到。这座教堂的缤纷色彩所表达的实质上也是关于从苦难中生长出幸福的思想,关于新的宇宙教堂建筑的思想,它超越了人间苦难,使一切得到提升,伸向圆顶,而在路上则生长着茂盛的天堂植物。

这种建筑同时也是布道:它宣告了一种新的生活方式,它应当取代兽性的生活方式;它对统治低级自然和人的生物主义构成积极的思想对立。它表达了这样一种新的世界秩序和形式,其中不再有流血的生存斗争,而是全部受造物在人类的带领下走向教堂。……

五

……俄罗斯宗教建筑和绘画无疑属于这些最好的创作之列。在这里,我们的民族灵魂展现了其中最美好最内在的东西——这样一种明澈深刻的宗教灵感,这种深刻灵感后来又在俄罗斯文学的经典作品中向世界展现。陀思妥耶夫斯基说,"美拯救世界"。索洛维约夫在发展这一思想的时候宣告了"通神艺术"的理想。当这些话说出的时候,俄罗斯还不知道它拥有这样的艺术宝藏。法术艺术在我们这里已经有了。我们的圣像画家看到了这一赖以拯救世界的美,并用颜料把它永远保存下来。关于美的救治力量的思想早已活在神奇显灵的圣像的观念里了!在我们正在进行的艰苦斗争中,在我们正在经受的无尽苦难中,愿这一力量成为我们安慰和振作的源泉。我们将确证和热爱这样的美!其中体现了永不泯灭的生命意义。把自己的命运与这一意义结合起来的民族也不会泯灭。宇宙需要这样的民族来打破兽的统治,把人类从沉重的压制下解放出来。

《古代俄罗斯圣像画中的两个世界》(1916年)[1]

一

发生在我们眼前的圣像的发现——既是俄罗斯现代文化史上的最重大事件之一,同时又是最反常的事件之一。必须说这是发现,因为就在不久以前,圣像的一切对我们的眼光来说还是隐蔽着的——无论是它的线条,还是它的色彩,特别是这一世界上独一无

---

[1] 选自《16—20世纪俄罗斯宗教艺术哲学》,Н.К.加弗留申编(Философия русского религиозного искусства XVI-XX вв. Антология. Сост. Н.К.Гаврюшина. М., 1993. С. 220—225)。

二的艺术所包含的精神意义。而这个意义,正是我们俄罗斯整个古代文化所赖以生存的意义。

我们从圣像旁边走过,却没有看见它。圣像在我们看来仿佛是丰富的金质衣饰中的黑暗斑点。我们从前所知道的圣像正是如此。然而现在,却忽然发生了完全的价值重估。覆盖着圣像的金质或银质法衣是16世纪末的后来发明;它首先是缺乏虔敬鉴赏力的产物,这证明了圣像的宗教和艺术含义的丧失。实际上,在此仿佛是在进行潜意识的圣像破坏:因为把圣像镶嵌在衣饰里就意味着否定圣像的绘画性,把它的描绘和色彩看作是无论在审美方面还是在宗教方面都是无关紧要的。衣饰越丰富,越奢华,它就越明显地表现出对圣像的深刻的不理解,这种不理解在我们与圣像之间建立了一道无法穿透的金墙。

如果我们看见波提切利或拉斐尔的圣母像被镶嵌在金质衣饰里和挂上各种自己发光的钻石,我们会说什么呢?!然而,对古代圣像画的伟大作品所进行的犯罪行为不亚于此;离我们大家都明白这一点已经为时不远了。

现在,我们此前对圣像的全部认识都在我们眼前崩塌了。黑暗的斑点得到清洗。在圣像的金质衣饰外壳上(当然遇到我国一些无知的人的反对)被打开了某些缺口。圣像之美已经展现在眼前,但我们在此常常停留在半路上。圣像在我们这里还常常仅仅是审美观赏的对象,尚未深入到它的精神含义。然而我们在它的线条和色彩中所看到的主要是意义之美。它们的美只是作为其中所体现的精神内容的明澈表达。谁若只看到这一内容的外表,那么,他离金质法衣与黑暗斑点的崇敬者就没有多远。因为这些法衣的奢华终究是这种表面的审美主义的一个变种。

圣像的发现毕竟还没有完成。在我们眼中，这样的发现可以说还只是开始。当我们破译出这一我们至今还不理解的象征描绘语言的时候，我们必须不仅要重写俄罗斯艺术史，而且要重写整个古代俄罗斯文化史。因为我们的目光至今还被束缚在古代俄罗斯文化的表面现象上。在其中，就像在圣像中一样，我们只是直观到了它的法衣，而没有理解它的活灵魂。现在，圣像的发现使我们有可能深入探究俄罗斯民族的灵魂，倾听它通过这些美妙的艺术品所做的信仰表白。在这些艺术品中，表现了12—17世纪俄罗斯人的全部生命理解和世界感受。我们从中可以了解到，他是如何思考的，他喜欢什么，他如何判断良心，他怎样解决他所经历的生活悲剧。

当我们深入理解了这些神秘艺术直觉的奥秘的时候，圣像的发现就以自己的光明不仅照亮了俄罗斯生活的过去，而且照亮了它的现在，乃至未来。因为在这些直觉中所表达的不是俄罗斯生活发展的某个暂时阶段，而是它的永久意义。虽然这个意义暂时尚未隐蔽于我们，甚至被丢失，但它现在重新向我们开启了。而它的开启意味着，俄罗斯灵魂中包含着丰富的宝藏，蕴藏着许多还没有显现于现代世界的可能性。我们不去对这些可能性做任何随意的猜测，而是力图从圣像中了解它们的表现。

二

在古代俄罗斯圣像中所描绘的不仅是神的荣耀的彼岸世界。

我们在其中看到了两个世界、两种存在领域的生动有效的关联。一方面,彼岸的、永恒的世界;另一方面,苦难的、罪孽的、混沌的、但又是在追求在神中的安宁的存在物,——寻找但还没有找到神的世界。与这两个世界相对应,在圣像中反映了两个彼此对立的俄罗斯。一个已经在永恒安宁的形态中得到确认;其中不断发出这样的声音:"我们把现有的全部生活都不放在心上"[1]。另一个则倚靠着教堂,力求达到教堂,期待着得到它的庇护与帮助。

这首先是农业的俄罗斯;我们在教堂中看到对它的生动祈祷和希望。在圣徒中有专门的农业庇护者和祈祷者。谁不知道先知以利亚和常胜者乔治与农业的切近关系,后者的希腊名字就有农业的意思,还有备受崇敬的神的侍者弗洛尔和拉弗尔。新教以自己的傲慢笼统地指责我们是"多神教",他们显然所指的首先是这一类圣徒的名字,认为这些圣徒实际上和多神教的诸神——雷神或田地和畜群的庇护者相似。但如果看看古代诺夫哥罗德的杰出圣像,就会马上发现,这样的类比是非常肤浅的。在这些圣徒的圣像中所具有的重要特点,在他们与具有人的形象的多神教诸神之间划定了严格的界限。

这些特点在于,第一,此类圣徒像具有禁欲主义的、非此世的圣像面容;第二,这些圣像从属于整个教堂建筑;第三,对十字架的专心渴慕,这是我们教堂建筑和圣像绘画的鲜明特点。

我们从先知以利亚说起。诺夫哥罗德圣像喜欢把他描绘成乘着火轮飞驰的形象,背景是鲜艳的朱红色雷电天空。他与此世的、

---

[1] 出自礼拜中的"天使颂歌"。

世俗的存在相连接,这表现在两点,第一,他的向天上飞驰的马戴着俄式的轭;第二,他从雷电的天空中把自己的斗篷交给了留在世间的自己的门徒以利亚。但就在这里已经表现了与多神教对天的理解的差别。以利亚没有自己的意志。他与自己的火轮和闪电一起跟随天使飞行,天使带领着他的马。与多神教雷神的另一个明显区别,可以在奥斯特罗乌霍夫收藏的以利亚半身像中明显看到。这幅像的特点是先知的禁欲主义面容。他身上的一切世间的东西都干枯了。他周围的红色背景,特别是他的眼睛的强大内心火焰,都证明了他保持着驾驭天上雷霆的力量。他仿佛就要站起来,发出隆隆巨响,把火或天上的湿气引到地上。但他瘦削的面容证明了,这种力量是非此世的、精神的力量。在他身上还可以感觉到吸引和引导他的天使的飞翔。他的轮廓表现了永恒的宁静。神的恩典和神的愤怒不是从此世的天空降临给他的,而是从无限遥远的、超越雷霆之上的天空。

我国圣像中的另一个雷霆形象的表现是常胜者圣乔治。他的耀眼的白马,火红的罩衣,战胜恶龙的长矛——所有这一切都表明他是一位来自天上的神的雷霆和闪电的灵性化形象。但同时我们也看见了一位驾驭灵性白马的苦修骑士的形象。这匹马不是自然力量的表现,而是有意识的、有视力的力量的表现:它的眼睛没有向前看,而是向后看,看着骑士,仿佛要从骑士那里得到某种启示。

32. 弗洛连斯基

帕维尔·亚历山德罗维奇·弗洛连斯基(Павел Александрович Флоренский,1882—1937年)——俄国宗教思想家,科学家。生于格鲁吉亚,父亲是通讯工程师,母亲出自卡拉巴赫王侯家族。他毕业于第比利斯贵族中学。1900—1904年在莫斯科大学物理—数学系学习。1904年进入莫斯科神学院。1908—1919年任莫斯科神学院哲学史教研室副教授。1911年成为东正教神父。

弗洛连斯基1914年通过了硕士论文答辩,《论宗教真理:东正教神正论》,我们本书选译的《理性与辩证法》即是作者在答辩会上的发言。同年,他在硕士论文基础上出版了自己宗教哲学的主要著作《真理的柱石与确证:东正教神正论》。这部长达800多页、形式和内容都很独特的著作引起了神学家和哲学界的广泛关注,虽然后来也有批评意见[1]。他也因此成为莫斯科神学院教授。1917年以后,他又出版了另一部主要宗教哲学著作《思想的分水岭:具体形而上学的特点》(1918—1922年),其中包括艺术哲学、语言哲学等内容。此外还有《崇拜哲学概论》(1918年)、《圣像壁》(1922年)、《关于基督教与文化的札记》(1924年)等。20年代以后,莫斯科神学院和三一谢尔盖修道院的相继关闭,弗洛连斯基主要从事具体科学研究和技术工作。1933年被捕并判10年监禁,1937年11月在索洛维茨集中营被处决。

弗洛连斯基在数学、物理学、电气工程、艺术学、语言学等多领域都有成就。在《反透视》中,通过对圣像的分析引申出了一般绘画的世界观意义问题:绘画中的形象是客体的一种象征,是广义的

---

[1] 参见弗洛罗夫斯基:《俄罗斯宗教哲学之路》,吴安迪等译,上海世纪出版集团,2006年,第564—568页。

语言符号,并非只有外表的描摹才是唯一的真实。所以,在弗洛连斯基看来,通行的透视法不是绘画的唯一真理标准。透视只是一种示意图,而且是多种可能的示意图之一,它不反映全部世界观,而只适合于对世界的多种可能的解释中的一种解释,它是与一定的生命理解和生命感受相联系的。世界的透视形象、对世界的透视解释,并不代表世界的真正本质,而只是一定时代的某些人创造出来的一种正字法、构词法,根源于创造者自己的生命理解,表达他们自己的风格,但完全不排除另外的正字法、另外的拼音系统,它们适合于另外时代的生命理解。

《理性与辩证法》(1914年)[①]

我从自己著作的副标题——《东正教神正论》开始,也就是从本书的内容开始,然后再谈谈方法。

在何种意义上可以认为所讨论的书是神正论呢?

为了弄清这个问题,必须提示一下关于宗教本质的几种最基本的看法。

宗教是,或者至少是奢望成为拯救的艺术家,它的事业是拯救。宗教拯救我们脱离什么呢?它拯救我们脱离我们——拯救我

[①] 这篇论文是弗洛连斯基1914年5月19日在莫斯科神学院举行的自己的硕士论文《论宗教真理。东正教神正论》答辩会上的开场白。首次发表于《神学学报》杂志1914年第3卷(9月出版),第86—98页。选自《19世纪末至20世纪初的俄罗斯哲学(文选)》(Русская философия. Конец XIX- начало XX века. Антология. Изд. С.-Петербургского университета. 1993. С.334—338)。

们的内心世界脱离隐藏于其中的混乱。它战胜我们心中的地狱,这地狱的语言透过心灵的裂缝伸向意识。宗教击败潜意识生活的"巨大而广阔的"海洋中的爬虫("它们有无数多"),打伤栖居于此的蛇。宗教调整灵魂。它通过确立心灵的平和,来使得这个社会和全部自然界安宁平和。

这就是宗教的事业,是故意在缩小的范围内来讲的,——对宗教的这一基本事业未必有人提出异议。

这样,虽然宗教并不抛弃外部世界,但是,宗教的真正场所是心灵。因此,如果说在本体论上,宗教是我们在上帝中和上帝在我们中的生活,那么在现象学上,宗教是那些保证灵魂得到拯救的活动和体验的体系。换言之,从最广义的心理学意义上讲,拯救心灵生活的平衡。

抽象地说,相对的平衡可能有几种类型:有些是所谓宏亮的,有些则是贫乏的;有些是牢固的,有些则是不稳定的,有些具有很大的潜力,有些则潜力很小。一定类型的平衡可能是不够的,正如给出这种平衡的宗教也可能是非绝对的一样。抽象地说,应当有一种类型是完善的、潜力巨大的、符合人性的平衡。本书所研究的就是这种类型。

从上述内容可知,在研究宗教的时候,按照宗教的描述,就会产生两个问题:第一,这一体验和活动的体系在多大程度上具有拯救性和为什么能够拯救,也就是宗教中的什么能保证拯救的实现?第二,怎么样使得这一体验和活动体系对我来说具有拯救性,因为我确信它的拯救性是普遍的。

换言之,是这样两个问题:第一,理性应该通过怎样的思想进程才能认识这一宗教的拯救性？第二，我应当在怎样的现实环境中交往，应该与这一环境建立怎样的关系，才能使我自己得到拯救？

这都是现象学的术语。如果现在改用本体论术语，那么，我们的问题应该大致这样来转述：第一，人应当通过怎样的途径才能确认，上帝正是上帝，也就是真正具有拯救力量和真正给予人拯救的上帝，而不是这一神圣名称的篡位者？第二，人应当通过怎样的途径才能在自己的内心接受上帝的拯救和被自己的救主所拯救？

或者再换言之，在第一个问题中我们通过自己的理性感受到了上帝，认识到了他是真正的上帝，是自有的真理，是拯救者。在第二个问题中，我们感受到了自己的"错误"和不洁，看到了自己与上帝真理的不相称，因此必须进行净化。

这就是宗教的两条道路。第一条道路，为上帝的辩护，或神正论，只有依靠上帝的恩典力量才是可能的，第二条道路，为人的辩护，或人正论，也只有依靠上帝的力量才是可能的。我们信仰上帝，我们活在上帝之中，这都是依靠上帝而进行的，而不是我们自己能够做到的。因此，第一条道路仿佛是恩典从我们上升到上帝，第二条道路则是恩典下降到我们深处。……

"我们上升到神"和"神下降到我们"这两条道路，在宗教生活中是结合在一起的，只是在方法论上才可以在一定程度上分开来看。但是，下述状况又促进了这种划分，即在个人发展和社会意识发展的一定时期，要么主要是走第一条道路，要么主要是走第二条道路。

向上的道路——主要是进入精神苦修的人的道路，而向下的道路——主要是沿着苦修之路上前进的人的道路。正因为如此，我才认为现在这本书适宜于研究神正论，而把更为困难的人正论留到更成熟和更富有经验的年龄。但对于可能有人问到的关于神正论之内容的问题，或许应该这样回答："神的向下的各种类型和阶段，应该是它的基本主题"。换言之，这里应该说的是宗教意识的范畴和圣经中的神的启示；关于宗教圣事和圣礼；关于教会及其本质；关于教会艺术和教会科学，等等等等。而所有这些都应成为人正论的核心问题——基督论问题的框架。

但是，我们还会从应当研究的内容、亦即作为主要是实践道路的人正论，回头讨论已经做过的内容——作为主要是理论道路的神正论。这条道路从理性中开始，然后超出理性的界限，诉诸理性的根源。

神正论是如何建立的？

为了回答这个问题，我们想起了那位"仇恨神的柱石"[①]，他是当今反宗教思想的根源，神正论必须摆脱他，才能在"大写真理的柱石"上确立自身。当然，你们会猜到，我指的是康德。

"大写真理是如何可能的？"——康德问，他的回答是：

——真理作为一种系统认识是可能的，也就是作为永远在建立的、永不完结的知识体系，这座近代的巴比伦塔。

"但是，同样地，系统认识是如何可能的呢？"

---

① "仇恨神的柱石"，是东正教复活节前的受难周的大礼拜五晨祷中的一句话。指的是巴比伦皇帝那布哈涅扎尔（Навуходоносор），他下令把三个拒绝向金像祈祷的儿童扔进火炉里。

——它作为先天综合判断是可能的，——康德连忙解释说。

"那么，在这种情况下，先天综合判断又是如何可能的呢？"——康德又产生了一个不安。

——这是理性组织的功能，——康德带着满意的样子说。然后就完全沉默了。但后来的思想史对这个回答仍不满意。

"那么具有全部功能的理性组织是如何可能的呢？"——有人问康德。但对这个问题康德已不愿作出回答了，许多提问都该停止。批判思想陷入了理性组织，就像陷入泥沼一样。然而还不清楚，这个理性组织是否真的存在，而且理性本身是否真的存在。

康德企图证明，这两者都是存在的。怎么证明的呢？——通过现存的理性功能。理性及其组织在哪里呢？在科学中。而我们为什么知道它们具有一般适宜性（普遍性和必然性）呢？——因为科学是全世界性的。这样，康德的最后根据是科学事实，或者确切地说，是数学自然科学的事实。理性是存在的，因此，真理也是存在的，因为康德相信机械自然科学的巴比伦塔。

我们的讨论从康德结束的地方开始。

"理性是存在的吗？"——我们这样自问。

——不是，我们不知道有这样一个固定的量。理性是某种变动的东西。这是一个动态概念，而不是静态概念。理性有自己的下限和上限，下限是先验理性，因为它是瓦解，是完全的虚无，是地狱；上限是超越理性，是完满和不可动摇。

"那么试问，理性是如何可能的呢？"

理性渴望拯救，换句话说，理性在自己的现有形式中，在知性形式中走向毁灭。马丁·路德在某个地方说："人的理性好像一个喝足的醉汉,你从一边扶着他,他就朝另一边倒下"。这是对理性的矛盾性的形象表达。理性在矛盾性中瓦解,在自己的知性存在中死亡,因此它要寻求生命的本原和牢固性。在理论领域里的拯救,首先被认为是找到理性的稳固性,也正是回答这样一个问题:理性是如何可能的？如果说宗教许诺了它能够给出这个稳固性,那么,神正论的任务就是指出,这个稳固性确实可能被给出并且是如何给出的。当然,如果理性被理解为一个空洞形式,可以向其中装入各种内容,而不破坏这一形式的属性,那么,它的固有的不稳固性或矛盾性就会成为绝对的不稳固性,神正论就会提前注定失败。由此可以理解,从"先验地"承认宗教之中,也产生了对理性的另一种观点。理性不是一个用来盛东西的盒子或别的什么几何学容器,可以装任意什么东西;理性也不是粉碎机,既可以粉碎谷物,也可以粉碎垃圾,也就是说理性不是一个永远发挥自己同样功能的机械装置,无论在任何条件下都同样适合于任何材料。不,理性是某种活的、追求目的的存在物,是有机体的器官,是认识者和被认识者的相互关系样式,也就是存在的联系。显然,它不可能总是同样地发挥功能,因为它本身,它的"如何"取决于它的对象是"什么"。理性的性质——是灵活的和多层次的,它如何起作用依赖于它的生命活动的强度。因此,认识者的任务不是在理性与任何客体的关系之外、在理性起作用的过程之外,揭示理性的本质,因为这个任务实际上是不确定的;认识者的任务在于弄清,理性什么时候、在什么条件下会成为真正的理性,它在什么时候会有自己的最高表现,它在什么时候会开花和发出芳香。这项认识论工作在建立神正论的时候就会自然完成。而对所提出的理性如何可能的问题,在此只可能有一种回答:当理性认识大写真理的时候,它就不再是病态的理性了,也就是不再是知性了;因为大写真理使理性成为理性的,也就是智慧,而不是理性使大写真理成为真理。因此,对所提出的关于理性的问题,也就是"理性是如何可能的"这个问题,应当这样回答:"理性通过大写真理而成为可能的"。但在这种情况下,是什么使得大写真理成为真理呢?——是它本身。

指出大写真理使自己成为真理——这也就是神正论的任务。这个大写真理的自我真理性,正如研究所揭示的,是用 ομοουσια 一词,即本质同一,来表达的。这样,三位一体教义成为宗教和哲学的共同根源,其中克服了两者自古就有的对抗性。

这就是本书的内容。下面谈谈方法。

《思想的分水岭》(1918—1922年)[①]

三、反透视

1. 历史观察

(一)

初次接近者在注意观察14和15世纪以及部分16世纪的俄罗斯圣像的时候,会惊异于其中非同寻常的透视关系,特别是对具

---

① 选自《弗洛连斯基著作集》两卷本(Флоренский П. А. Сочинения в двух томах. Том 2. М., 1990)。文中段尾标注页码为该卷页码。

有平面或直线边的物体的画法上,比如建筑物、桌子、宝座,特别是通常与救主和主教圣徒画在一起的书,也就是福音书。这些特别的关系与正透视规则有着明显的矛盾,从正透视观点看不能不看作是绘画上的粗糙外行。

在进一步注意观察圣像的时候不难发现,在画具有弯曲界面的物体的时候,其缩小比例也是透视规则所不容许的。无论有曲线的物体,还是有棱角的物体,在圣像上往往展现这些物体的那些从透视观点(这种透视的隐现关系可以从任何一本最基本的透视教科书上了解到)不能马上看见的部分和表面。比如,当正常的视线对着所画建筑物正面的时候,此建筑物却同时展现出两个侧面墙壁;可以同时看见福音书的三个或全部四个截面;在画人的面孔的时候,头顶、鬓角、耳朵转向前面,仿佛是平铺在圣像平面上的,鼻子和脸的那些不应该看见的侧面却被展现出来,相反,有些本该朝前的侧面却转过去看不见;在圣像壁祈祷排[①]中所画的驼背人物也有这样的特点,在使徒约翰领导下的圣普罗霍尔,他的后背和前胸是同时展现的,还有其他一些正面和侧面、前面和背面等等的类似组合。由于画中的这些辅助侧面,那些按照透视法应当画成在画面的地平线处相交的平行线,在圣像中却相反,画成了发散的。一句话,类似这些对所画之物的透视统一性的破坏,是非常明显和确定的,乃至一个从第三手资料间接知晓透视的学生,都可以指出来。

这些对素描的"不懂"本应使任何一个懂得这样画"显然不得

[①] 在圣像壁中从下往上数的第三排。——译者

当"的观众产生愤怒,但奇怪的是,相反,这没有引起任何缺憾的感觉,反而被认为是应该的,甚至得到喜欢。而且,当两幅或三幅大致同一时期、画技大致相同的圣像并列摆出来的时候,观众完全明确地认为,其中违背透视规则的一幅具有更高的艺术造诣,而素描比较"正确"的圣像则被认为是冷漠的、无生命的、缺乏与所画现实的切近联系的。对直接艺术知觉来说最具有创造性的圣像,总是那些有透视"缺陷"的圣像。而更适合于透视教科书的圣像,则是毫无生气的、枯燥乏味的。如果容许暂时忘记透视法的形式要求,那么,直接的艺术感觉会使任何一个人承认违背透视的圣像更具优势。

这里可能产生一个推测:有人所喜欢的不是绘画方法本身,而是不关心绘画知识的儿童艺术的天真和简单:确有爱好者宣称,圣像是小儿的咿呀之语。然而并非如此:那些更多违背透视规则的圣像正是技艺最高的画师的作品,而较少违背透视规则的圣像则主要是二流、三流画家所作,这就令人觉得,关于圣像是幼稚的论断不是很幼稚的吗?另一方面,这种对透视规则的违背如此顽固和经常,如此不断出现,以至于使人不自觉地产生一种想法:这种对透视规则的违背不是偶然的,而是描绘和感知圣像中所画现实的一种特殊方法。

这个想法刚一出现,在圣像观察者那里就会产生一个坚定信念,并且这一信念会逐步牢固:这些对透视规则的违背是圣像艺术的方法的自觉运用,无论这些违背是好是坏,都完全是故意的和自觉的。

违背透视规则是自觉性的,这一印象因上述特殊画法对某些部分的强调而得到加强，这种强调是通过运用特殊的配色，或者如圣像画家所说的，раскрышка（表层配色），而实现的：虽然在画面的相应地方运用了某种中性色彩，或因共同的色彩效果而使得线条不清晰，但对象的轮廓特点不仅没有因此而被意识所忽略，而且在共同的底色上显得更加突出了，仿佛是带着呼唤，甚至几乎是带着呼喊而表现出来的。比如，楼馆的侧面不但没有隐藏在阴影里，相反，常常被涂上鲜亮的颜色，而且与正面的颜色完全不同。在这种情况下，最突出的对象是用各种方法突出自身和力图成为圣像的绘画中心的福音书：它的侧切面通常被画成朱红色，是整幅圣像画的最显眼的部分，这样就非常突出地强调了它的辅助面。

这就是强调某个方面的画法。这些方法完全是自觉的，与对所画对象的通常配色相矛盾，因此无法用对通常物体的自然主义模仿来解释。福音书通常没有朱红色的侧切面，建筑物的侧墙通常也不画成与正面不同的颜色，因此在圣像的独特配色中不能不看到，这是力图强调这些侧面的辅助性，没有把它们按照正透视的比例缩小。

（二）

上述画法有一个共同名称叫做反透视，有时候叫做倒透视、虚透视。但反透视还没有穷尽圣像在素描和明暗上的全部特点。作为反透视法的最切近的推广，应当指出绘画中的不同中心性：在作素描的时候，仿佛是眼睛在变换自己的位置来看对象的不同部位的。比如，一座宫殿的某些部分基本上是按照普通的正透视规则的要求来画的，不过其中的每个部分都有各自的观察点，也就是

特定的透视中心,有时候还有自己的地平线;但宫殿的另外一些部分则是用反透视法画的。(第43—46页)

(三)

经过了上述提示之后,我们面前就会出现一个问题,关于违背透视规则的意义和正当性问题。换句话说,我们所面临的是一个同源的问题:透视的意义和运用范围问题。透视确实如它的拥护者所希望的那样,表达事物的本质,因此时时处处都应当被看做是艺术真实性的绝对前提吗?或者,透视只是一种示意图,而且是多种可能的示意图之一,它不反映全部世界观,而只适合于对世界的多种可能的解释中的一种解释,它是与一定的生命理解和生命感受相联系的?或者还可以这样问:透视、世界的透视形象、对世界的透视解释,是世界的自然形象、从世界的本质中产生出来的自然形象、世界的真正语言吗?或者,透视只是一种正字法,多种构词法中的一种,是为这一方法的创造者所特有的,是属于这些创造者的时代和他们的生命理解的,是表达他们自己的风格的,——但完全不排除另外的正字法、另外的拼音系统,它们适合于另外时代的生命理解和艺术风格?(第48页)

(七)

这样,在绘画的整个历史时期,用透视法还是非透视法,完全不能看做是会或者不会的问题,而是有更深刻的原因,是由根本愿望决定的,即具有哪个方面的创作动机。我们的论题是——我们还将多次回到这个论题——在没有发现运用透视法的艺术创作历史时期,造型艺术的创作者不是"不会",而是"不想"运用透视法,确切地说,他们想运用的是与透视法不同的另外的造型原则,而之所以想如此,是因为那个时代的天才具有自己理解和感受世界的特有方式,在这种方式中也内在地包含着这种造型方法。相反,在其他时期,人们已忘记了非透视造型法的含义和意义,完全丧失了对这种方法的感觉力,因为这时人们具有了完全不同的生命观,这种生命观带来了世界的透视图景。无论透视法还是非透视法,都有自己的内在连续性,以及作为其基本要素的强制逻辑性,如果某一方法没有非常迅速地达到全盛,这不是因为其逻辑的复杂性,而是由于时代精神在这两种彼此排斥的自我定位之间进行着双重意义的摇摆。

因为归根到底,只有两种世界体验——一般人性的世界体验和"科学的",亦即康德式的世界体验,同样,也只有两种对生命的关系——内在关系和外在关系,也只有两种文化类型——直觉性—创造性的文化和掠夺性—机械论的文化。全部问题都在于选择哪条文化道路——是中世纪的黑夜还是启蒙的白天;然后,就一切都确定了,正如所预料的那样,完全顺理成章了。但是,在历史上交替的这两个文化时期完全不是很快就彼此分开的,因为在一定时期精神本身处于不明确状态,它一方面已对某一文化状况感到厌倦,另一方面却尚未对此弃绝而走向另一种文化。

我们先不急于匆匆考察破坏透视的意义问题,以便使得后面对这个问题的讨论具有更大的心理可靠性,我们现在只提示一个中世纪绘画的事实,即对透视规则的破坏完全不是随着时间以这样或那样的方式出现的,而是遵从一定的常规:延伸的平行线总是向视野的远处发散的,并且越是要求区分平行线所限定的对象,这种发散就越明显。如果说我们不把埃及浮雕的特点看做是无知的偶然性,而看做是一种特定的艺术方法,因为这一特点的出现不是一次两次,而是成千上万次,所以不是偶然的,而是故意的,那么,由于同样原因,我们也不能不承认中世纪绘画中破坏透视的特点也正是一种特定方法。而且在心理学上也无法想象,在许多个世纪里,那些有才能的和深刻的人,那些独特文化的创造者,他们怎会没有发现如平行线在视野的远处相交这样一个基本的、不变的、可以说十分突出的事实呢?

如果这个事实还显得不够,那么,还有一个证据:儿童画在非透视方面,也正是在反透视方面,很像中世纪绘画,不管教育者如何努力教导孩子们正透视原则:只是随着丧失对世界的直接关系,孩子们才失去了反透视的画法,而服从于他们所不喜欢的公式。所有孩子都这样做,不约而同。这就意味着,这不是简单的偶然性,不是某个拜占庭化的孩子的随意杜撰,而是一种造型方法,此方法是从对世界的综合理解的特点中产生的。由于儿童思维不是一种不发达的思维,而是一种特殊思维类型,而且能够达到很高程度的完善性,直到天才性,甚至多半与天才类似,因此,就应当承认,在描绘世界时用反透视法,这完全不是对正透视的没做好、不理解或没学会,而是对世界的一种独特把握,对此应该像对待成熟的和独立的造型方法一样对待,可以憎恶它,把它看做是敌对的方法,但无论如何不必要带着同情或保护性的迁就来谈论它。(第60—62页)

2. 理论前提

（十三）

在刚才所叙述的内容中提出了一系列历史的解释。现在应该进行总结并说说更加实质性的问题了，虽然作者要把相应问题的研究推迟到下一本书中来进行，因为这需要对绘画中的空间问题做专门分析。

这样，绘画史家，也像造型艺术的理论家一样，都在力图（至少是不久前还在力图）使听者相信，对世界的透视描绘是唯一正确的、唯一符合真正知觉的绘画，因为自然的知觉方法是透视性的。按照这个前提，脱离透视的统一性就应当受到指责，然后，是对知觉的正确性的背叛，也就是对实在本身的歪曲，其原因要么是画家不会线条画，要么是为了使绘画服从某种自觉的任务——装饰的、布景的或构图的任务。无论如何，只要背离了透视统一性的规范，就被认为是非实在性的。

……正如前面所说的，为了画得"自然"，也就是具有透视感，就必须学习这种画法，无论对任何民族和文化，还是对任何个体的人，都是如此。儿童作画没有透视；在没有经过一定规矩的训练之前，任何一个第一次拿铅笔的成年人作画也没有透视。而且学过透视法的人，甚至许多学过透视法的人，都很容易犯错误，确切地说，是在某些地方用真诚的直接性克服了透视统一性的古板的体面。比如，很少有人用椭圆形线条来画球，或用连续扩展的柱子来画柱廊，尽管透视的投影图是这样要求的。难道你很少听说就连大画家也犯透视错误吗？这样的错误总是可能发生的，特别是在构图复杂的素描中，只有在把绘画替换成具有辅助线的制图的时候，才能真正避免透视错误。这时，素描者所画的不是他在自己之外或自己内心所看到的东西（想象的、但又是明显的、而不是抽象思考的形象），而是几何结构的计算所要求的东西，这样的素描者的观点是以几何学的有限意义为根据的，按照这种观点，几何结构的计算是自然的，因而是唯一容许的计算。甚至多年用几何绘图法来训练自己的眼睛和自己的世界观的人，如果不依靠几何绘图的拐杖也不能掌握的造型方法——这样的造型方法能称得上是自然的吗？不是有人指出过吗，透视错误有时不是画家的弱点，相反，这是画家的能力，是他脱离社会说教之羁绊的真正知觉能力。透视教育真实刻板的训练。甚至当初学绘画的人自愿地竭力使自己的画服从透视规则的时候，也远不总是意味着他理解了透视的含义，也就是透视要求的艺术造型含义：回想自己的童年时代，许多人会记得，他们正是把绘画的透视性看做是不理解的、却不知为什么是普遍强制性的设定，看做是 usus tyrannus（霸王习俗），人们之所以服从它完全不是由于其正确性，而是由于"人人都这么做"。

不懂的、常常是愚蠢的设定——这就是儿童对透视的理解。恩斯特·马赫说："你们好像觉得看一幅画和把握它的透视是小事一桩，可是，人类在学会这小事一桩之前却走过了几千年，而且我们中的许多人是受了教育的影响才学会的。我清楚地记得，在我大约3岁的时候，遵守透视的画在我看来是对所画对象的歪曲。我不能理解，为什么画家把桌子的一端画得那么宽，而另一端画得

第四章 19世纪末—20世纪上半期诸哲学流派

那么窄。真实的桌子在我看来,它的近端和远端是一样宽的,因为我的眼睛在没有经过我的促使就已经进行了自己的运算。看画在平面上的桌子的画像不能像看涂了油漆的真实桌面那样,画像就意味着桌子,应当想象成向深处延伸的——这是我所不懂的小事一桩。我安慰自己说,有许许多多人也都不懂呢。"[1]

这是一个实证主义者中的实证主义者的证明,此人似乎无论如何也不会被怀疑具有"神秘主义"的偏好的。

这样,全部问题在于,一个对象的画像作为画像,完全不是这个对象本身,不是对事物的复制,不是把世界的一角增加一倍,而是对真实物体的指示,是它的象征。认为画像具有外部真实性、是对现实的模仿,是制作两个相同事物,是世界的幽灵,这样的自然主义不仅是不需要的,像歌德说宠物狗和狗的画像那样,而且简直就是不可能的。透视的真实性如果存在的话,如果它真的具有真实性的话,也不在于外部的相似性,而是放弃了外部相似性——也就是在于内在意义——因为透视是象征性的。的确,比如说,既然故意把平行的边画成两条相交的线,把直角画成锐角和钝角,本是相等的截面和角,被画成不相等的,把不相等的画成相等的,既然如此,还谈得上什么"相似"呢?画像是象征,所有的画像,无论是透视的还是非透视的,从来都是象征,不同造型艺术形象之间的区别不在于有些是象征性的,有些仿佛是自然主义的,而在于,它们作为同样是非自然主义的东西,只不过是事物的不同方面、不同世

---

[1] 马赫:《为什么人有两只眼——科普概论》,Г. А.科特里亚尔译,《教育》,1909年,第64页。

界观、不同综合程度的象征。不同绘画方法的区别不是事物与它的描绘之间的区别,而是在象征范围内的区别。这些艺术形象有的粗略些,有的精致些,有的不太完善,有的更加完善,有的较多民族性,有的较多全人类性。但全部艺术形象的本质都是象征性的。

绘画的透视性完全不是事物的属性,如庸俗自然主义观点所认为的那样,而仅仅是象征性的表现手法,是多种可能的象征方法之一,这种方法的艺术价值需要专门研究,但它正是一种象征方法,不能说它的真实性这样的大话,也不能奢望它获得"现实主义"的专利。因此,讨论透视问题,正透视或者反透视,单点或多点透视,必须一开始就从绘画或其他造型艺术的象征任务出发,以便弄清透视法在其他象征方法中占有什么地位,它意味着什么,它能达到怎样的精神成果。透视的任务,也和其他艺术方法一样,只能是进行一定的精神激发,激起人对现实本身的关注。换言之,透视,如果它有某种价值的话,就应该是现实的语言,是现实的见证者。(第78—81页)

四、思想与语言

5. 词语的构成

1. 词语在运用的时候,矛盾性地把两种属性结合在一起,即内容丰富性和容易接受性。显然,应当在词语本身之中寻找这两种属性的根据;因此,词语功能的矛盾性取决于它的构成。如果关注于这个方面,你马上就会看到,词语在具有不可分割的统一性的同时,还构成一个多种多样内在关系的世界。

话语为了具有普遍意义,就必须以某些最基本的要素为根据,这些要素在全部关系中是自我同一的,因此是语言的原子。在这样的理解之下,词语就将是不变的,是给予我来使用的,但不是我创造的。

但为了使话语成为我说出来的,它就必须表达我的思想、我的个性的最细微之处,而且是在当下这次;为此,语言就不应该包含任何坚固的、不能进一步分开的硬核——而应该是有层次的,具有复杂组织结构的,这样才能使话语的每一个元素能够接受我的运用方法的印象,具有我的特性,这特性也就是我的精神需要,而且不是一般性的需要,而是当下的,在世界历史上只有这一次。

对话语所提出的这些矛盾性的要求,只有在这种情况下才能得到满足,即在词语的构成中包含着与功能的矛盾性相对等的结构的矛盾性:固定性和流动性,并且这两者都是人的精神所制定的。换句话说,这两者应该成为词语的形式,应该构成词语的形式。

2. 的确,语言学早就在词语中划分了外部形式和内部形式,或者:一方面,词语是一个语言事实,它存在于我之前,在我之外,在任何运用场合之外;另一方面,词语一种个人精神生活事实,是精神生活事件。

外部形式是一切词语赖以支撑的那种不变的、普遍的、固定的成分;它可以比作是有机物的身体。如果没有这个身体,就没有作为超个体现象的词语;这个身体作为精神存在物,我们是从自己的民族中获得的,如果没有外部形式,我们就不能参与我们民族的语言。这个身体是绝对必要的;但它自身的生命力量只是暗存的,局限于狭窄领域,不能温暖和照亮周围空间。

相反,词语的内部形式可以自然地比作是这个身体的灵魂,它无力地封闭于自身,尚未具有表现的器官,一旦它被赋予这样的器官,它就会立刻把意识之光洒向远方。这个词语的灵魂——词语的内部形式——来自精神生活的活动。如果可以说,虽然是近似地说,外部形式是永远不变的,那么,可以把内部形式理解为不断诞生的东西,是精神生活本身的表现。

如果不脱离与我所属的民族(我又通过自己的民族与人类相联系)的联系,我就不能改变词语的固定方面,不能使词语的外部形式成为个体的、依赖于个人和运用场所的形式。个体的外部形式是荒谬的,是对语言结构本身的破坏。甚至当出现了某种外部形式的新现象(无论它成功与否)的时候,这种新现象也不会像通常那样适合于个人状况,不是内部形式,而是全民族的语言创造,是对语言宝库的贡献。如果这个贡献是成功的,那么它在今后就会得到普遍运用,如果它不是民族的创造,无论是合法的还是冒充的,它就不能得到普遍运用。但语言外部形式的新现象是依靠全民族的力量形成的,而无论如何不是个人的构想。例如,近年来有一位诗人把 небесная голубезна(天蓝色)叫做 голубель[1],那么,这个词如果能进入语言的话,也许将不会被语言所理解,不管怎样,这个新词被作为一个词提出来的,虽说是一个尚未被使用的词,但它已事先存在于语言宝库里了。有理由说"幸运地找到了"某种表达

---

[1] 这是叶赛宁所造的一个新词,他作于1917年1月18日的一首诗标题为《Голубель》。

语言,但永远也不能说编造出了某种表达语言,任何一个作者,如果听到有人这样说他所运用的语言,他就会生气。书——是创作的、写作的、发明的,但它的言语和词句是找到的或寻得的、获得的。

相反,内部形式应当是个人的;它的精神意义在于它正适用于词语运用的当下场合。非个体的内部形式是荒谬的。如果不能说语言是"我的语言",而不是"民族的语言",那么,也不能说语言只是"来自民族的",而不是"来自我的":我们是用一般语言来表达我们自己。

语言过程是说话者加入超个人的共同体的过程,是个体精神的能量与民族的、一般人类的理性能量的相互催生。因此在作为两种能量之会合的词语中,必然有这两种能量的形式。外部形式是属于普遍理性的,而内部形式则属于个人理性。

3. 但是,外部形式,正是作为具有某种合理性的外部形式,其本身必须是两者统一的,具有客观存在,但不是作为物理或生理过程,而是某种理性现象。如果继续先前的比喻,把词语比作有机体,那么词语的身体应当这样划分:一部分是骨骼,它的主要功能支撑身体和给予它以形式,另外的部分是其他组织,它们承载着生命本身。用语言学的语言来说,前者叫做词语的音位(phoneme),后者叫做词素(morpheme)。显然,词素是在词语的音位与内部形式或义位(sememe)之间的起统一作用的环节。

这样,词语的构成是一分为三的。词语可以想象为三个圆圈,依次一个包围另一个,并且为了便于用示意图来直观表示,可以把音位作为基本的核心,或骨架,它被词素包围着,而义位也像这样由词素来支撑。

这就是词语的构成,如果从词语的功能来看的话。如果对词语进行心理生理学分析,这个简略的结构就很容易填上自己的内容。

4. 作为物理世界的外部过程,词语首先是声音或被拟定的声音:词语本身是语音($φωνη$),把它叫做骨架也是由此而来的。但这个声音不是作为纯粹物理学现象产生的,而是作为生理学的、心理生理学的现象。它是与发出它的发音作用力和接受它的听觉作用力不可分的;而这些作用力是与发动这种作用力的原初心理因素不可分的。这样,某种感觉、感受、情感波动,加上发音和听觉的作用力,再加上声音——这一切就构成了词语的心理生理学骨架的一种成分——音位。

但词语的内容不限于上述这些,虽然这些就意味着词语的内容。词语不仅仅是感觉等,而且是表象——概念。它是作为对象出现在我们面前的,作为在我们之外的某种东西面对我们;这能够通过把现存的心理现实归入某个一般概念的途径来达到:为了使感觉成为对象性的,就要使它脱离自己的偶然现实,对其加以范畴的综合。词语的词素就是这样形成的,它来自 $μορφη$(它在词源学上和含义上相当于拉丁语的 forma,也就是 $φορμη$)235(2,II,232—237),意为外部形式,是表达存在的规律或规范的。原初现实被归入其中的一般概念,是词语的根本意义,是词语的最初的或真正的意义,因此所考察的词语在这个剖面上主要属于词源学。但对现实的词源学概括还要经过某种模压,于是,和派生成分一起出现的词根,就获得语法形式,以词尾结束,通过词尾,词本身成为话语的组成部分,换言之,构成某种整体。现在,原初现实被语法范畴所模压,并通过语法范畴被逻辑范畴所模压。

最后,这个活的和有理性的、但尚且不动的身体,当它具有了自己的灵魂、自己的含义,具有了个人意义的时候,它就获得了灵活性。但如果认为词语的这个义位是某种确定的、稳固的东西,这是不对的,同样,如果认为这个现有的不确定性是暂时的、以后可以消除的缺点、认为在某个活的话语中义位总是确定的,具有完全确切的意义,这也是错误的。词语的这个意义即便是在同一句话的范围内,有时也会发生根本的改变,甚至变成相反的意思:比如说讽刺的或辛辣嘲讽的词语运用,就把义位变成了直接对立面。例如,如果对话者问我,外面暖不暖,而我讽刺地回答说"暖",那么,"暖"这个词在问者口中的义位和在我的口中的义位(虽然两人的话是紧接着说出来的)就是直接对立的,因为我所说的"暖"的意思是"一点都不暖,而是冷";我这里所用的"暖"这个词在义位上相当于"冷"的义位,假如我的对话者用这个词,就会努力对我所用的"暖"的义位加以解释,强调说外面现在暖是荒唐的。

这样,词语的义位是在不断飘动、呼吸、不断闪现着五光十色的,没有任何脱离具体语境的独立意义,它的意义不能脱离我的此时此地的话语,不能脱离我的生活经验背景。如果是任何一个别人说出的这个词语,或者是我自己在另外一种语境中说这个词语,那么,它的义位将是不同的;而且,甚至同一个人在逐字逐句地重复同一句话的时候,词语的细微含义也会发生变化。这种情况的一个明显证据是,不同的演员可能对同一部戏剧作出不同的解释,甚至是同一个演员在重演时也可能有不同解释。词语是不可重复的;它们每次都是重新被说出,也就是每次都具有了新的义位,至少是对先前主题的变奏。如果暂时把交谈中是否有神秘的共同感受、共同思考、心灵交通的问题放在一边,那么,谈话中的客观统一的方面只是词语的外部形式,而无论如何不是内部形式。

А.А.波特博尼亚指出,"说话者和理解者的思想只是在词语中才是彼此相似的",也就是在词语的不变部分中,"这可以用两个三角形的示意图来表示,其中两个对顶角 BAC 和 DAE 具有共同的顶端 A,由 BE 和 CD 两条线段交叉而成,这两个角必然是彼此相等的,但两个三角形的其他方面则具有无限多样性。用洪堡的话来说,'任何一个人在说某句话的时候,都不会想着另外一个人说的是什么'。任何一种理解都同时也是不理解,任何一种在思想中的同意都同时也是不同意"[1]。

我们是为了义位、为了词的意义而说话的;对我们来说重要的是说出我们想说的东西。如果一个词不能表达我心中所想的、具有最细微含义的东西,那么,这个词的一般的或普遍的词源学意义就与我毫不相干。但正因为义位完全是非强迫性的,完全是不稳定的,是我的,是我的个人表现,所以它不能在感性知觉中给出,因此不能通过知觉来传达。语言深受矛盾性之苦。

但我们不相信这一矛盾是不可克服的:这就意味着,我们相信可以通过超感觉来克服这一矛盾,通过超感性的发音和知觉来克服它。我们相信并承认,我们的相互理解不是来自谈话,而是通过内在交流的力量,词语促进了意识的强化,促进对已经发生的精神交流的意识,但词语本身不能产生这一交流。我们承认,可以在意

---

[1] А.А.波特博尼亚:《语言与神话》,莫斯科,1989年,第123—124页。

义的细微之处,甚至在意想不到的细枝末节上达到相互理解,但这种理解是在已经发生的精神交往的共同背景上建立起来的。(第232—242页)

7. 赞名作为一个哲学前提

Ⅰ.词语——它是人的能量,既是人类的,也是个人的——是通过个人而展现的人类的能量。但词语的对象或它的内容不能认为是这一能量本身:词语作为认识活动,把思维能力带到了主观性的范围之外,与世界相连接,这已在我们自己心理状态的彼岸了。词语作为心理—生理的存在,它不是世界中的无影无踪的东西,而是使我们与现实面对面,因此,它关涉自己的对象,可以被认为是对象在我们内心的启示,正如使我们在对象面前出现一样。在此我们走近了一个与一般人类思想不可分离的信念:本质与它的能量之间的关系。这一学说暗含在全部生命思想中,在所有时代和所有民族中,它都是世界观的基础;这一思想在哲学上被古希腊唯心主义、后来被新柏拉图主义零散地表达出来,后来被中世纪实在论所意识到,14世纪东方教会在关于他泊之光的神学争论中深刻地表述了这一思想;再后来,它给歌德提供了营养,在马赫那里也初具轮廓,虽然不明显,当今[①],这一思想又在阿托斯山关于神之名的争论中,作为对哲学和神学幻想主义和主观主义的激烈反抗,而凸显出来(2,Ⅱ,281)。

[①] 此文写于1922年。

Ⅱ．人类的基本自我感觉——"我活在世界上并与世界在一起"——指出了两种真实的实在,自我的、即人类自身的存在,和自我之外的、不依赖于人类意识之物的实在。但与这一存在的二重性一道,人类意识还指出了此二重性的结合或对此二重性的克服,并且这种结合或克服也是真实的。认识者和被认识者真实地结合在一起,但在这种结合中还真实地遵守着它们各自的独立性。在认识活动中不可能把认识主体和它的客体分割开:认识同时既是主体又是客体;确切地说,认识正是主体对客体的认识,它是这样一个统一体,其中只能抽象地划分主体和客体,但同时,客体并不被这一结合消灭于主体中,主体也不消融在外部认识对象中。主体和客体在结合的时候,一个并不吞灭另一个,而是保持着独立性,虽然两者不是分离的。"不可融合又不可分割"①这个神学公式完全适用于主体和客体的认识关系,正如人类过去和现在对这一认识关系的理解那样。可以说,任何一个人,假如他没有被灌输学院哲学中的相反的思想的话,他对认识活动的理解就应该是这样的。是的,对人来说,对人类的成员来说,一个自明的、几乎是最自明的真理是,认识的客体不是他的概念或他的表象,正如人本身不是这样或那样的组合体、不是外部世界现实的某种随意构成物一样,外部世界通过认识和在认识中向人展现自身,但外部世界的实在性不可能被认识活动所穷尽。

既然人类深信如此,没有拒绝这个信念,而且如果不失去精神

---

① 指基督教第四次大公会议(卡尔西顿公会议)制定的关于基督神性与人性关系的教义。

平衡，不丧失文化活动的全部动机，人类就不可能拒绝这一信念，——既然如此，那么，承认主体本身和客体本身中的某种二重性，就也是与一般人类意识不可分割的。存在有其内在方面，它以这个方面朝向自己，不与一切不是它自己的东西融为一体，存在还有其外在方面，这个方面指向另一种存在。这两方面不是一个加入另一个，而是在原初的统一中；它们是同一个存在，虽然方向不同。一个方面是用来使存在得到自我确立的，另一个方面则是为了使存在得到显露、表现、展开，或随便用一个名词来称呼这种把一个存在与另一个存在联系起来的东西。按照古希腊术语，这两个方面一个叫做本质，ουσια，另一个叫做活动或能量，ενεργεια。这一术语被新柏拉图主义、教父文献和晚期中世纪东方教会神学所掌握，在一定程度上也被现代科学所掌握（我主要指的是能量这个名词在物理学和自然哲学中的运用），显然，这些术语最符合哲学思想的要求。但这些术语也很愿意被日常话语所接受。当中世纪思想家说，任何存在都有自己的能量、只有非存在才没有能量的时候，这个本体论公理完全被通常意义所赞同：因为这就是说，一切真实存在物都具有自己的生活并表现着这一生活，通过表现自己的生活来证明自己的存在，并且不仅给他者证明，而且也给自己证明。这种生活的表现也就是本质的能量。

既然如此，那么，存在虽然在自己的本质上是不能融合的，不能彼此归属，不能彼此消融于对方之中，但存在能够依靠自己的能量而真正地彼此结合：这种结合不能理解为是把一个活动附加于另一个活动，不是一个存在机械地推动另一个，而是两种能量的彼此共生，它们的共同作用，συνεργεια（合作），其中已没有某个能量的单独存在了,而是出现了某种新的东西。于是,存在的相互关系被认为不是机械的关系,而是有机的关系,或更深刻地说,是本体论上的关系;这是认识上的婚姻关系,由此诞生了第三人,孩子,但这个既与母亲的存在又与父亲的存在有关系的孩子,他要比父母所自我展现的能量的总和更多。认识就是这个孩子,它是进行认识活动的精神与被认识的世界之间的交流的成果;这个成果把精神与世界结合为真正的、非外表的统一体,它并不导致这两个父母中的一个或它们两个一起被吞没,精神与世界结合为一体,相互丰富,仍然作为存在的中心而继续存在。

这样,这两种存在之间的联系,它们的相互关系和相互启示,其本身就是某种实在物,它虽然不脱离被它联系起来的两个中心,但也不归结于它们。这一联系是两种存在的合作,是两者的共同活动,不断地开启这两种存在。这一联系不与两种存在中的任何一个完全等同,对其中的任何一个存在来说都是新的东西,但它又是每一个存在,因为相应的存在是通过它来展现的,存在如果不通过自己的能量,并且是被掌握的能量,就仍然是为敞开的,未显现的,因此是未知的。存在的某种能量只能被掌握者的能量所掌握。如果一个能量流没有相遇的流作为接受环境,那么,这就意味着,认知者的存在没有作为认知者表现自身,没有通过认知活动表现自己。于是,认知者对于被认识的存在来说,就不存在,就是什么也没有,于是,能量流就透过和穿越了认知者,而不触及它,没发现它,自己也不是被认识者和被发现者。

比如,当电磁波经过了没有接好的电路的时候,这个电路与另一个振动电路的电磁相互作用就没有实现。为了建立连接,电路应当表现出反应活动,接受传来的能量。如果是这样的话,那么这个活动已不仅仅是这个电路自己的活动了,因为共振是与激起共振的振动分不开的:共振已不是某一个电路的活动,而是两个电路的共同活动。在共振器中振动的不仅仅是它自己的能量,也不仅仅是振动器的能量,而是两者的合能。由于这个合能的存在,使得在空间上彼此分离的电路成为同一个。振动器是通过共振而展现给共振器的存在的。在研究共振存在的时候,我们有理由通过合成能量而看见振动器本身的实在。而且不仅是"有理由",而是我们不得不如此。在电磁场的存在中,如果不通过共振所实现的连接,我们就不知道也不可能知道振动器的存在。因此我们有理由说,由于我们的感知仅仅局限于一定长度的电磁波,所以,在我们的接受仪器上是把共振现象当作振动电路本身来判断的,看到的是共振,但所说的不是它,因为它只是手段,所说的是电路,因为电路是电磁认识的真正对象和目的。这样,共振是这样一种合能,这种合能承载着产生共振的存在。共振是大于其本身的,它既是共振,又是作为产生共振之原因的存在。因为我们认为更有价值和更重要的是后者,因为被我们当作首要的是通过自己的能量而被发现的存在,而我们把促成这个发现的能量当作次要的。这样我们就得出了象征概念。

Ⅳ. 大于其自身的存在——这是对象征的基本定义。象征——是某种不是它自身、大于它自身、但在根本上又要通过它自身来显现的东西。我们来展开这个形式的定义:象征是这样一种本质,其能量与另一种更有价值的本质的能量结合在一起,确切地说是融合在一起,这前一种能量包含着后一种本质。由于象征在我们所关注的方面具有更高价值的本质,因此,虽然象征有自己的名称,但也可以具有更高价值的名称,而且在所关注的方面它也应当具有这后一种名称。(第284—287页)

五、总结

从远古时代,就有两种认识方法被尊为最高尚的:听觉和视觉。不同民族对此两者各有偏重;古希腊所推崇的主要是视觉,而东方则更看重听觉。虽然在哪一种是第一位的问题上有所动摇,但是,正是这两种能力在认识活动中占绝对地位,对此从未产生过怀疑,因此,对造型艺术和语言艺术的首要价值,也未产生过怀疑:因为这两种活动都是以最重要的认识能力为根据的。

通过上述对这两种最高活动的考察,我们有权对一般认识活动作出某种总结。它创造象征——我们对现实之关系的象征。无论是造型艺术,还是语言艺术,其活动的前提都一样,也就是现实。我们只有感觉到我们所触及之物的真实存在,才能使必需的和有价值的文化活动成为可能;没有这一现实主义前提,我们的活动就会要么是追求外部利益的,即获取某些切近的私利,要么是外部消遣性的,是娱乐,人为地消磨时间。如果某种文化活动意识到现实,也就是现实没有进入我们的意识,那么,我们就不能承认这一活动是具有内在价值的,也就是具有真正人性的。幻想主义是一种不顾及现实的活动,它在本质上是对人的尊严的否定:单独的个人封闭于主观领域,从而割断了自己与人类的联系,因此也就断绝了和人性的联系。(第341—342页)

人名译名对照表

A

阿波利纳里 Аполлинарий Лаодикийский
阿波罗 Аполлон
阿芬那留斯 Авенариус, Рихард
阿廖沙·卡拉马佐夫 Алёша Карамазов
阿列克谢 Алексей
阿列克谢·米哈伊洛维奇 Алексей Михайлович
阿米耶里 Амиель, Генри
安布罗斯 Амвросий
阿那克萨戈拉 Анаксагор
阿那克西曼德 Анаксимандр
阿纳耶夫斯基 Анаевский
阿耆尼(火神) Агни
阿泰密斯(女神) Артемида
阿提拉 Аттил
阿瓦库姆 Аввакум, Петров
爱比克泰德 Эпиктет
埃德尔松 Эдельсон, Е. Н.

爱留根纳 Эриугена
爱尔维修 Гельвеций
艾希特迈耶尔 Эхтермейер
安东诺维奇 Антонович
安拉 Аллах
安娜斯塔西亚 Анастасия
奥格涅夫 Огнев, П
奥古斯丁 Августин
奥古斯都 Август
奥加廖夫 Огарёв
奥涅金 Онегин
奥斯特洛夫斯基 Островский
奥斯特罗乌霍夫 Остроухов
奥斯瓦尔德 Оствальд

Б

巴贝宁 Бабынин
巴克尔 Бокль
巴枯宁 Бакунин
巴门尼德 Парменид
巴托 Батте
巴西尔 Василий

拜伦 Байрон
鲍里斯·戈杜诺夫 Борис Годунов
保罗 Павел
鲍威尔 Бауэр
贝尔维德尔的阿波罗 Аполлон Бельведерский
贝克莱 Беркли, Джордж
贝拉 Белла
贝朗热 Беранже
本丢·比拉多 Понтий Пилат
毕达哥拉斯 Пифагор
彼得三世 Петр III
彼得一世(彼得大帝) Петр Великий
比尔 Билъ, Гавриил
别尔嘉耶夫 Бердяев, Н. А.
别列什科夫 Берешков, Ф.
别林斯基 Белинский
毕巧林 Печорин
俾斯麦 Бисмарк
彼特拉克 Петрарк
波波夫 Попов
波尔德列夫 Болдырев, Д. В.
波格丹诺夫 Богданов
柏格森 Бергсон, Анри
柏拉图 Платон
勃兰兑斯 Брандес
博马舍 Бомарше
波墨 Бёмм
波特博尼亚 Потебня, А
波提切利 Боттичелли

波义耳 Боил
波扎尔斯基公爵 Князь Позарский
布伯 Бубер
布尔加科夫 Булгаков
布哈林 Бухарин
布莱德里 Бредли
布劳德 Broad
布列宁 Буренин
布鲁诺 Бруно
布鲁图 Брут
布伦塔诺 Брентано, Франц
布斯拉耶夫 Буслаев
布瓦罗 Буало

C

查拉图斯特拉 Зарастутра
车尔尼雪夫斯基 Чернышевский

D

丹尼列夫斯基 Данилевский
德尔图良 Тертуллиан
德谟克利特 Демокрит
狄奥尼索斯 Дионис
狄慈根 Дицген
狄德罗 Дидро
笛卡尔 Декарт
顿斯科伊 Донской

多玛 Фома | 弗卢贝尔 Врубель

E | G

俄狄浦斯 Эдип | 盖基 Гейкей，Кунингам
恩格尔哈特 Энгельгард | 该隐 Каин
恩格斯 Энгельс | 冈察洛夫 Ганчаров
| 格奥尔基（雅罗斯拉夫大公）Георгий Князь Ярославский
F | 哥白尼 Коперник
| 歌德 Гёте
梵天 Брама | 哥伦布 Колумб
费多尔 Федор | 格尔松 Герсон
费尔巴哈 Фейербах | 格雷特 Гредт
费加罗 Фигаро | 格里高利 Григорий
腓利门 Филимон | 格里高利七世 Григорий VII
菲利普二世 Филипп II | 格里高利四世 Григорий IV
菲洛 Филон | 格里克 Герик
菲洛费伊 Филофей | 格里涅夫 Гринев
费希特 Фихте | 格林 Геринг
冯特 Вундт, Вильгельм | 格鲁什尼茨基 Грушницкий
佛陀 Будда | 格罗兹内 Грозный
福格特 Фохта | 哥伦布 Голумб
伏尔泰 Вольтер | 格维尔奇诺 Гверчино
弗拉基米尔大公 Князь Владимир | 贡斯当 Констан
弗兰克 Франк | 果戈理 Гоголь
福楼拜 Флауберт |
弗洛尔 Флор | ## H
弗洛连斯基 Фроленский |
弗洛罗夫斯基 Флоровский | 哈格 Гааг, Луиза

哈姆雷特 Гамлет
海德格尔 Хайдеггер
海姆 Гайм
海涅 Гейне
海克尔 Геккель，Эрнст
汉尼拔 Аннибал
荷马 Гомер
荷尔德林 Хёльдерлин
赫尔岑 Герцен
赫克恩（丹特士）Геккерн
赫拉克利特 Гераклит
黑格尔 Гегель
亨利八世 Генрих Ⅷ
洪堡 Гумбольдт
胡塞尔 Гуссерль
惠更斯 Гугений（Гюйгенс）
霍布斯 Гоббс，Томас
霍尔巴赫 Гольбах
霍尔特 Голт
霍夫曼 Гофман，Э. Т. А.
霍拉旭 Горацио
霍米亚科夫 Хомяков

J

吉本 Гиббон
纪德 Жид，Андре
基里尔 Кирилл
基里洛夫 Кириллов
基列耶夫斯基 Киреевский

吉列诺克 Гиренок
基路伯 Херувим
吉皮乌斯 Гиппиус
吉提 Кити
加里森 Гаррисон
伽利略 Галилей
阶梯约翰 Иоанн Лествичник
捷乌什金 Девушкин，Макар
津科夫斯基 Зеньковский，В. В.
君士坦丁一世 Константин Великий

K

卡贝 Кабе
卡拉姆津 Карамзин
卡拉马佐夫 Карамазов
卡莱尔 Карлейль
喀琅施塔得的约翰 Иоанн Кранштадский
卡尔金斯 Calkins，M. W.
喀提林 Catilina，Lucius Sergius
开普勒 Кеплер
恺撒 Кесарь
康巴塞莱斯 Камбасерес
康德 Кант
考特斯 Кортес
考耶尔 Кауер
克尔凯郭尔 Киргегардт
科亨 Коген Герман
克拉克 Кларк

克拉索夫 Красов
克莱默 Кремер
柯勒律治 Колеридж
科里奥兰 Coriolan
克里奥帕特拉 Клеопатра
克里希纳 Кришна
克娄巴特拉 Клеопатра
克洛诺斯 Кронос(Хронос)
肯皮斯基 Фома Кемпийский
孔德 Конт
库萨的尼古拉 Николай Кузанский

L

拉法特 Лафатер
拉斐尔 Рафаэль
拉丰 Лафон
拉封丹 La Fontaine
拉弗尔 Лавр
拉甫罗夫 Лавров
拉吉舍夫 Радищев
拉克坦修 Лактанций
拉美特利 Ламетри, Жюльен Офре де
拉加尔普 Лагарп
拉萨尔 Лассаль
拉斯科尔尼科夫 Раскольников
拉瓦锡 Лавуазье
拉祖米欣 Разумихин
莱布尼茨 Лейбниц
莱德 Лэрда, Дж.

莱蒙托夫 Лермонтов
莱辛 Лессинг Г. Э.
勒达 Леда
勒季谢夫 Ртищев
勒南 Ренан
勒威耶 Леверриер
雷姆克 Ремке
李凯尔特 Риккерт, Генрих
利扎维塔 Лизавета
列昂季耶夫 Леотьев
列宁 Ленин
列斯科夫 Лесков
列维茨基 Левицкий
林克 Линке
六翼天使(色拉芬) Серафим
卢贝 Лоубет, Эмайл
鲁布廖夫 Рублёв
路德 Людер Мартин
鲁缅采夫 Лумянцев
卢梭 Руссо, Жан Жак
罗巴切夫斯基 Лобачевский
洛克 Локк, Джон
罗蒙诺索夫 Ломоносов
罗斯福 Рузвельт, Теодор
洛斯基 Лосский
罗斯托夫 Ростов
罗素 Рессель, Б.
罗特希尔德 Ротшильд
洛谢夫 Лосев
罗扎诺夫 Розанов

伦勃罗佐 Ломброзо

M

马蒂诺 Мартино.
马尔皮基 Мальпигий
马尔斯 Марс
马尔文 Marwin
马赫 Max
马可 Марк
马可·奥勒留 Аврелий Марк
马克思 Маркс
马克西姆·马克西莫维奇 Максим Максимович
马拉 Марат
马勒伯朗士 Мальбранш Никола
马利亚 Мария Богоматерь
马蒙特尔 Мармонтель
马其顿的亚历山大 Александр Македонский
马太 Матфей
麦克白 Макбет
梅丽公爵小姐 Княжна Мери
梅列日科夫斯基 Мережковский
梅苏 Метсу, Габриель
蒙太格 Montague, W.
米尔-爱德华兹 Мильн-Эдвардс
米哈伊尔·费奥多罗维奇
米海洛夫斯基 Михайловский
米开朗基罗 Микеланджело

闵采尔 Менцель
缪勒尔 Мюллер
抹大拉的马利亚 Мария Магдалина
摩莱萧特 Молешотт
莫洛赫 Молох
莫诺马赫 Мономах
摩西 Моисей
莫扎特 Моцарт
墨子 Ми-Ти
穆尔 Moore, G. E.
穆罕默德 Магомет

N

拿破仑（波拿巴）Наполеон
尼采 Ницше
索拉的圣尼尔 Нил Сорский
尼古拉一世 Николай I
尼基塔 Никита
尼康 Никон
尼撒的格里高利 Григорий Нисский
涅斯托尔 Нестор
涅斯梅洛夫 Несмелов
牛顿 Ньютон (Невтон)
诺维茨基 Новицкий

O

欧几里得 Евклид

P

珀拉斯戈斯 Пелазг
帕斯卡尔 Паскаль
佩恩 Пенн，Вильям
培根 Бэкон Фрэнсис
培里 Перри
皮萨列夫 Писарев
皮特金 Pitkin，W.
普加乔夫 Пугачёв
普列汉诺夫 Плеханов
蒲鲁东 Прудон Пьер Жозеф
普鲁塔赫 Плутарх
普罗克汝斯忒斯 Прокруст
普罗米修斯 Прометей
普希金 Пушкин

Q

奇尔豪森 Чирнгаузен
恰达耶夫 Чаадаев
琴采多夫 Цинцендорф

R

认信者马克西姆 Мксим Исповедник
瑞亚 Рея

S

萨达纳帕尔 Сарданапал
撒旦 Сатана
撒非喇 Сапфира
撒拉 Сара
萨沙 Саша
塞内卡 Сенека Луций Анней
沙莱里 Сальери
沙里亚平 Шаляпин
莎士比亚 Шекспир
神学家约翰 Иоанн Богослов
圣安东尼 Святой Антоний
圣方济各 Святой Франциск Ассизский
圣弗拉西 Святой Власий
圣古贝特 Святой Губерт
圣赫里斯托弗尔 Святой Христофор
圣基普里安 Святой Киприан
圣普罗霍尔 Святой Прохор
圣乔治 Святой Георгий
圣索夫洛尼 Святой Софроний
圣伊波利特 Святой Ипполит
圣以撒 Святой Исаак
圣伊西赫伊 Исихий Иерусалимский
舍勒 Шелер
舍斯托夫 Шестов Лев
施本格勒 Шпенглер Освальд
释迦牟尼 Шакьямуни

施莱尔马赫 Шлейрмахер
施莱格尔 Шлегер
施泰因塔尔 Штейнталь
施特劳斯 Штраус
湿婆 Шива
施洗约翰 Иоанн Креститель
斯鲍尔丁 Spaulding, E.
斯宾诺莎 Спиноза
斯芬克斯 Сфинкс
斯梅尔佳科夫 Смердяков
斯帕索维奇 Спасович
斯坦凯维奇 Станкевич
斯特拉霍夫 Страхов
斯特罗耶夫 Строев
斯图谟 Штурм
斯维亚托斯拉夫 Святослав
司智天使（基路伯）Херувим
叔本华 Шопенгауэр Ареур
舒曼 Шуман
苏格拉底 Сократ
苏珊娜 Сусанна
苏斯洛娃 Суслова
索洛维约夫 Соловьев

T

塔列耶夫 Тареев
塔吉娅娜 Татьяна
塔索 Тacco
塔西佗 Тацит

泰尔 Телль
泰勒斯 Фалес
堂吉诃德 Дон-Кихот
汤因比 Тойнби
特罗耶库罗夫 Троекуров
特鲁别茨科伊, 谢尔盖 Трубецкой, С. Н.
特鲁别茨科伊, 叶甫根尼 Трубецкой, Е. Н.
提香 Тициан
帖木儿 Тамерлан
托尔斯泰 Толстой, Л. Н.
屠格涅夫 Тургенев
托勒密 Птоломей
陀思妥耶夫斯基 Достоевский Ф. М.

W

瓦尔拉姆 Варлаам
瓦格纳 Вагнер
瓦根海姆 Вагенгейм
瓦伦廷 Валентин
瓦斯涅佐夫 Васнецов
瓦西里 Василий
瓦西里三世 Василий III
维坚斯基 Введенский
维科 Вико
维纳斯 Венера
维亚捷姆斯基 Вяземский
文德尔班 Виндельбанд

人名译名对照表

沃尔夫

X

希波克拉底 Гиппократ
希尔 де ла Гир
希克斯 Hicks, G. D.
席勒 Шиллер Фридрих
西蒙 Симон
西面 Симеон
希帕库斯 Иппарх
西塞罗 Цицерон
夏多布里昂 Шатобриан
夏甲 Агарь
夏娃 Ева
谢尔盖·拉多涅日斯基 Сергий Радонежский
谢尔吉耶夫 Сергиев
谢林 Шеллинг
新神学家西蒙 Симеон Новый Богослов
休谟 Юм Дэвид

Y

亚伯拉罕 Авраам
亚当 Адам
雅季科夫 Языков
雅科夫列夫 Яковлев
雅罗斯拉夫 Ярослав
亚历山大 Александр
亚历山大三世 Александр III
亚里士多德 Аристотель
亚略巴古提的狄奥尼修斯（托名狄奥尼修斯）Дионисий Ареопагит (Псевдо-Дионисий)
亚拿尼亚 Анания
叶戈尔·费奥多罗维奇 Егор Фёдорович
耶和华 Яхве
耶稣基督 Иисус Христос
伊凡·卡拉马佐夫 Иван Карамазов
伊凡雷帝 Иван Грозный
伊凡四世 Иван IV
伊凡·瓦西里耶维奇 Иван Василиевич
伊凡一世 Иван Первый
伊戈尔 Игорь
伊卡洛斯 Икар
伊拉里昂 Иларион
以利亚 Илия
伊里因 Ильин, Иван Александрович
以实玛利 Измаил
伊希达女神 Исида
犹大 Иуда
约翰 Иоанн
约翰三世 Иоанн III
约翰四世 Иоанн IV
约纳斯·孔 Йонас Кон

Z

扎戈斯金 Загоскин

宙斯 Юпитер
朱利安 Юлиан Отступник
佐西马长老 Старец Зосима